렉서스와 올리브나무
The Lexus and The Olive Tree

THE LEXUS AND THE OLIVE TREE

Copyright ⓒ 1999, 2000 by Thomas L. Friedman
All rights reserved.

Korean Translation Copyright ⓒ 2009 by Book21 Publishing Group
Korean translation rights arranged with Creative Artists Agency
through EYA Co., Ltd.

이 책의 한국어판 저작권은 EYA Co., Ltd를 통해
Creative Artists Agency와 독점 계약한 ㈜북이십일에 있습니다.
저작권법에 의하여 한국 내에서 보호받는 저작물이므로
무단전재와 무단복제를 금합니다.

THE LEXUS AND OLIVE TREE

렉서스와 올리브나무

토머스 프리드먼 지음 | 장경덕 옮김

21세기북스

| 옮긴이의 글 |

세계화의 참 얼굴을 그린 현재의 역사

2000년 1월 나는 눈 덮인 다보스에 있었다. 이 스위스 알프스의 휴양도시에는 해마다 지구촌을 움직이는 파워엘리트들이 모여 브레인스토밍을 벌인다. 당시 『매일경제』 런던특파원이었던 나는 이 별들의 잔치에서 놓칠 수 없는 취재원들을 쫓느라 눈코 뜰 새가 없었다. 식사 시간까지 아까운 터라, 생각해 낸 게 행사장에서 멀지 않은 데 있던 맥도날드였다. 맥도날드에 가면 다보스의 몇 안 되는 레스토랑에서 줄을 설 필요도 없고, 주문한 음식이 입에 안 맞을까 염려할 필요도 없으며, 봉사료까지 포함된 계산서를 받아들고 (한껏 떨어진 원화로 따져보고) 깜짝 놀랄 필요도 없었다.

하지만 얼마 가지 않아 나는 가장 실용적인 먹거리를 잃어버릴 위기를 맞았다. 행사장 주위에 딱 하나밖에 없었던 맥도날드 가게를 반세계화 시위대가 때려부순 것이다. 맥도날드의 부서진 유리창을 보면서 가장 먼저 떠오른 생각은 참으로 단순한 것이었다. 그것은 세계화의 혁명과 반혁명에 관한 거대담론이 아니었다. 당장 오늘 저녁은 어떻게 해결할 것인가 하는 걱정이었다.

그때 다보스 컨벤션센터 안에서는 세계화를 주도하는 미국의 대통령(당시 빌 클린턴)이 열린 시장을 역설하고 있었다. 그 안에서는 빌 게이츠와 조지 소로스와 다른 수많은 거물들이 어떤 나라나 기업이나 개인도 디지털 경제에서 낙오하면 미래가 없으며, 장벽이 무너진 세계를 소떼처럼 우르르 몰려다니는 글로벌 자본의 논리를 거스르면 살아남기조차 어렵다는 걸 거듭 경고하고 있었다. 하지만 회의장 밖에서는 어떻게 해서든 저항의 목소리를 들리게 하려는 이들이 미국화된 세계화를 상징하는 패스트푸드 가게를 때려부수고 있었다. 나는 그 사이에 우두커니 서 있었다.

『렉서스와 올리브나무』는 다보스 컨벤션센터를 휘젓고 다니는 세계화의 주역들과 토론의 장에 들어가지도 못한 채 추운 거리에서 반세계화의 메아리를 만들어보려 몸부림치는 이들 모두에게 조명을 비춘다. 그리고 그 사이에서 오늘 저녁은 어떻게 해야 할까를 걱정하는 보통사람들의 눈으로 다시 바라본다.

저자 토머스 프리드먼이 이 책에서 세계화를 옹호하기 위해 일방적인 웅변을 하는 것은 아니다. 세계화의 첨병인 거대 글로벌 기업의 최고경영자나 자유시장 자본주의의 최종적인 승리를 자신하던 미국의 논객들뿐만 아니라 세계화 체제 저 너머에 있을 것 같았던 중국 지린성 외딴 마을 사람들, 체중계 하나로 지나가는 사람들의 몸무게를 재 주며 자본주의 체제의 '빠른 세계'로 가는 첫 걸음을 내딛는 하노이 거리의 이름 모를 여인을 포함해 지구촌 구석구석에서 온갖 얼굴의 민초들까지 만나본 다음에 자신의 주장을 편다. 프리드먼은 지구촌의 절대 다수 사람들이 바리케이드 앞으로 나아가 싸우기보다는 디즈니랜드에 가 즐겁게 놀 수 있기를 바란다고 밝혔다. 세계화에 관한 프리드먼의 논리에 동의하지 않는 이들도 탁상공론이 아니라 사실과 현장의 목소리에 절대적인 가치를 두는 그의 저널리스트 정신에는 경의를 표할 수밖에 없을 것이다.

『렉서스와 올리브나무』는 현재의 역사를 말하고 있다. 그는 이 책이 언젠가 서점의 시사 관련 코너가 아니라 역사서 코너에 자리잡기를 원한다고 했지만 이 책은 아직도 펄펄 뛰며 살아 있는 역사다. 글로벌 금융위기로 세계 자본주의 체제에 대한 본질적인 고민이 다시 깊어지고 있는 지금은 더욱 그렇다. 세계화globalization와 거의 동시에 시작된 반세계화anti-globalization의 물결은 물론 탈세계화deglobalization나 역세계화reverse globalization의 움직임까지 나타나고 있는 지금, 세계화의 참된 얼굴을 찾아보려는 이 책의 값어치는 오히려 커진다고 할 수 있다. 지구촌의 모든 나라와 기업과 개인이 절박하게 찾고 있는 기회와 그에 따르는 위험을 참으로 진지하게 생각해볼 수 있기 때문이다.

프리드먼은 이 책이 전자책이라면 매일 고쳐야 할지도 모르겠다고 말했다. 그만큼 세계의 모든 정치와 경제와 시장과 기업은 빠르게 변하고 그와 함께 사회와 문화와 정서와 사조도 변하기 때문이다. 더욱이 대공황 이후 최악이라는 경제위기가 오자 영미식 자유시장 자본주의의 전도사들조차 시장과 기업에 대한 정부의 개입을 확대하고, 개방을 부르짖던 나라들이 앞다퉈 상품과 서비스 교역에서뿐만 아니라 금융의 영역에서도 보호주의의 장벽을 다시 쌓으려 하는 지금은 더욱 그럴 것이다. 하지만 『렉서스와 올리브나무』가 고스란히 드러내 준, 지금 이 세계를 움직여가는 본질적인 힘들은 쉽게 달라지지 않는다. 그 힘을 둘러싼 고민과 갈등도 계속되고 있다. 나와 우리 사회는 지금 어느 쪽으로 나아가야 하는지 더욱 절박한 물음을 던지게 된다.

내가 이 책을 다시 집어 든 건 그 때문이다. 마침 번역까지 맡게 돼 현재의 역사를 탐사하는 흥분과 뛰어난 저널리스트가 그리는 세계의 생동감을 느낄 수 있었다. (그 감칠맛을 독자들에게 전할 수 있을까 끊임없이 스스로를 의심하면서.) 독자들이 이 책을 통해 지금 이 순간 우리가 숨 쉬고 있는 세계에 대한 지적이면서도 실용적인 탐사를 떠나기 바란다.

2009년 2월
장경덕

| 개정판을 내며 |

세계화는 일시적 유행이 아니다

『렉서스와 올리브나무』 개정판으로 독자들을 다시 만나게 돼 기쁘다. 이미 초판을 읽은 독자는 개정판에서 상당 부분 달라진 내용을 볼 수 있을 것이다. 하지만 이 책의 핵심적인 메시지는 달라질 수 없다. 세계화는 일시적인 추세나 유행이 아니라 하나의 국제체제다. 세계화는 이제 냉전체제를 대체했으며, 냉전체제와 마찬가지로 고유한 논리와 법칙을 갖고 오늘날 사실상 전 세계 모든 나라의 정치와 환경, 지정학, 그리고 경제에 직간접적인 영향을 미치고 있다.

개정판에서 달라진 건 무엇인가? 내 핵심적인 이론과 주장을 독자들이 더 쉽게 이해하고 소화할 수 있도록 앞쪽 몇 개 장을 재구성했다. 1999년 4월 초판이 나온 후 1년 동안 더 많은 증거자료를 모으고 업데이트하고 세계화를 더욱 고조시키는 기술과 시장의 혁신을 반영해 내용을 확장했다. 나는 또한 상대적으로 많은 논란을 불러일으킨 몇몇 소주제들을 다시 검토했다. 그 중 하나는 각기 맥도날드 체인을 가진 두 나라는 맥도날드가 들어온 이후 전쟁을 벌인 적이 없다는 황금아치이론이다. 나는 이 이론의 밑바탕에 있는 논리는 어느 때보다 확고하다고 생각하며, 코소보전쟁을 근거로 이 이론을 비판하는 이들에 대해 개정판을 통해 반박했다.

또 하나 달라진 부분은 초판에 '대만: 매수, 이탈리아: 보유, 프랑스: 매도'라는 제목으로 썼던 장을 2개로 나눈 것이다. 추가된 장은 '틀을 짜는 자, 틀에 맞추는 자'이다. 이 장은 내가 초판에서 제기했던 문제, 즉 '세계화 체제에서 경제력을 가늠하는 척도가 처음엔 그 나라의 가구당 PC 대수였고, 그 다음엔 1인당 초고속통신 용량이었다면 그 다음은 무엇인가'라는 질문에 바탕을 두고 있다. 세계화 시대에 경제력을 가늠할 수 있는 새로운 방법을 살펴봄으로써 질문에 답하려고 노력했다. 마지막으로, 초판이 나온 후 독자들에게 가장 많이 받은 질문 가운데 몇 가지에 답하려고 노력했다. 그 질문은 '당신이 새로운 체제에 대해 설명을 했는데 그렇다면 우리는 아이들을 위해 무엇을 준비해야 하는가?' '사이버공간에 신이 있는가?'—다른 식으로 묻는다면 '도덕적 가치가 낄 자리는 어디인가?'이다.

새로운 세계 질서는 너무나 빨리 진화하고 있어 나는 가끔 이 책이 내가 매일 업데이트할 수 있는 전자책이었으면 하고 바랄 때가 있다. 더 현실적인 바람은 지금부터 몇 년이 흘러 이 책이 더 이상 서점의 시사문제 코너에 있지 않고 역사 코너에 편안하게 자리잡는 것이다. 그리고 이제 우리와 함께 하는 새로운 세계화 체제의 시작을 포착하고, 그 체제를 처음으로 규정하는 데 도움을 준 책으로 기억되기를 바란다.

2000년 1월
메릴랜드 주 베데스다에서
토머스 프리드먼

CONTENTS

옮긴이의 글 세계화의 참 얼굴을 그린 현재의 역사 · 5
개정판을 내며 세계화는 일시적 유행이 아니다 · 8

서장 | 세계는 열 살이다 · 15

제1부 세계화 바로보기

01 새로운 체제 · 31
    슈퍼스토리를 찾아서 · 33   냉전체제의 룰 · 36
    세계화의 무늬들 · 39   100분의 1초만 늦어도 탈락한다 · 42
    세계화 무대를 움직이는 슈퍼배우들 · 45

02 정보 차익거래 · 48
    다차원 렌즈로 세계를 보라 · 51   6차원 정보 차익거래 · 52
    모든 정보는 연결되어 있다 · 57   경계를 허무는 지적 유목민 · 60

03 렉서스와 올리브나무 · 63
    새로운 것과 오래된 것 · 65   렉서스, 올리브나무 숲으로 돌진하다 · 70
    올리브나무의 반격 · 74   렉서스와 올리브나무의 공존 · 77
    끝나지 않은 싸움 · 80

04 그리고 장벽은 무너져 내렸다 · 83
    빠른 세계는 느린 세계를 무너뜨린다 · 84   기술의 민주화 · 86
    생산의 세계화 · 90   금융의 민주화 · 94
    멕시코는 이렇게 무너졌다 · 97   느림보 일본 · 102
    정보의 민주화 · 104   정보 민주화의 꽃, 인터넷 · 106
    웹 브라우저, 검색엔진, 암호화 · 111   더 이상 섬은 없다 · 113

05 마이크로칩 면역결핍증 · 120

세계화 시대의 질병 · 124
결정은 여기서 시작된다 · 136
전사적 정보통합 · 144

진입장벽은 없다 · 131
위성시스템과 정밀농법 · 141
e-비즈니스의 네 가지 규칙 · 149

06 황금 스트레이트재킷 · 157

황금 스트레이트재킷 · 161

전자소떼는 수중발레를 싫어한다 · 165

07 전자소떼 · 171

맹수들이 들끓는 정글 · 174
천의 얼굴을 한 파생금융상품 · 181
집시자본 · 193
전자소떼를 화나게 하면 · 202

짧은 뿔 소떼 · 177
위험한 사다리, 레버리지 효과 · 185
긴 뿔 소떼 · 197
준비됐나요? · 207

제2부 세계화에 접속하기

08 DOS캐피털6.0 · 213

부패의 먹이사슬, 도둑체제 · 215
최악의 도둑체제, 알바니아 · 225
"메모리가 부족합니다" · 233

국가의 하드웨어와 소프트웨어 · 221
전자소떼는 국가의 품질을 주시한다 · 229
지루한 배움의 과정 · 238

09 세계화혁명 · 241

세계화의 역설 · 243
표준 · 250
언론자유 · 261
민주화 · 266

투명성 · 247
부패 · 257
채권시장과 주식시장 · 263
세계화의 딜레마 · 270

10 틀을 짜는 자, 틀에 맞추는 자 · 274

네트워크에 얼마나 연결돼 있는가 · 278
가치사슬의 조형자 · 287

틀을 만드는가, 틀에 맞추는가 · 283
행동주의자 그룹 · 291

11 대만: 매수, 이탈리아: 보유, 프랑스: 매도 · 296

얼마나 빠른가 · 297
얼마나 가벼운가 · 310
내부가 얼마나 열려 있는가 · 319
변화를 이해하지 못하는 경영자를 갈아치울 수 있는가 · 320
상처입은 자를 쏘고, 살아남은 자를 돌볼 수 있는가 · 325
친구를 얼마나 잘 사귀는가 · 329
당신의 나라는 지금 어떤 나라인가 · 337

지식을 얼마나 수확하고 있는가 · 305
외부에 얼마나 개방적인가 · 312

얼마나 좋은 브랜드를 갖고 있는가 · 334

12 황금아치이론과 분쟁예방 · 341

황금아치이론에 대한 공방전 · 344
중국, 전자소떼에 접속되다 · 354
글로벌 모슬렘 · 362
올리브나무를 위한 파반느 · 371

전자소떼는 체스를 하지 않는다 · 349
슈퍼시장과 이스라엘 · 358
다섯 가지 이슈 · 365

13 데몰리션 맨 · 377

전자소떼의 탐욕을 활용하는 법 · 379
인터넷 행동주의 · 392
지속가능한 세계화 · 409

사회를 지키면 나무도 지킬 수 있다 · 386
글로컬화 · 396
뿌리 깊은 나무는 바람에 흔들리지 않고 · 413

14 승자 독식 · 417

승자 독식 사회 · 419
정보기술 격차 · 432

세계화의 가장 큰 수혜자, NBA · 422
사자의 도시와 산 자의 도시 · 436

제3부 세계화에 대한 저항

15 저항 · 443

조지 소로스와 겐나디 주가노프 · 444
가장 강력한 반동세력 · 455
상처입은 가젤들 · 463

인간 거북이들 · 450
체계적 오해 · 459
올리브나무의 저항 · 469

16 저항에 저항하라 · 472
    사고의 대전환 · 477   잘못된 평론 · 482   인터넷과 세계화 · 486
    가난한 사람들도 디즈니월드에 갈 권리가 있다 · 492

제4부 미국과 세계화

17 이성적 과열 · 497
    강대국의 조건 · 498   미국만이 지닌 강점들 · 505
    미국이 가야 할 길 · 509

18 미국식 세계화혁명의 명암 · 513
    5개의 주유소이론 · 515   세계화와 미국화 · 517
    거대한 사탄 · 520   전 세계의 보안관 · 526
    불청객 · 533   인터넷 근본주의자들 · 538
    테러리스트들의 주 표적 · 542

19 인간과 통화하려면 1번을 누르세요 · 548
    너무 힘든 세계 · 550   일본 · 552
    중국 · 555   러시아 · 558
    너무 많이 연결된 세계 · 564   너무 단절된 세계 · 569
    너무 간섭하는 세계 · 573   너무 많은 이들에게 너무 불공평한 세계 · 578
    너무 비인간적인 세계 · 580

20 우리 앞에는 길이 있다 · 584
    세계화 시대의 정치 · 591   생명줄 · 598
    트램펄린 · 600   안전망 · 604
    세계화 시대의 지경학 · 606   세계화 시대의 지정학 · 621
    세계화 시대의 올리브나무 · 626

감사의 말 · 636

서장

세계는 열 살이다

정말 열받아요. 우리는 러시아나 아시아와 아무 관련도 없습니다. 우리는 그저 성장을 바라는 조그만 미국 기업일 뿐이죠. 그러나 러시아와 아시아 각국 정부의 잘못된 국정 운영 때문에 성장의 길이 막히고 있어요.
록키 마운틴 인터넷의 CEO 더글러스 핸슨이 1998년 금융시장 붕괴로 1억 7,500만 달러의 정크본드 발행이 연기된 후에 한 『월스트리트저널』과의 인터뷰에서

1997년 12월 8일 아침, 태국 정부는 국내의 58대 금융회사 가운데 56개 사의 문을 닫겠다고 발표했다. 이 민간은행들은 태국 통화인 바트화의 붕괴로 거의 하루아침에 무너져버렸다. 금융회사들은 미국 달러를 대규모로 빌려와 태국 기업들이 호텔, 오피스 빌딩, 호화로운 아파트와 공장을 짓도록 빌려주었다. 금융회사들은 모두 자기들이 안전하다고 생각했다. 태국 정부가 달러화에 고정된 바트화 환율을 반드시 유지할 것으로 생각했기 때문이다. 하지만 정부가 환율 유지에 실패하자 태국 통화는 30%나 폭락했다. 태국 경제가 생각했었던 만큼 강하지 않다는 인식이 퍼지면서 바트화 가치 하락을 겨냥한 엄청난 투기가 일어났기 때문이다. 이는 기업들이 빌려 쓴 달러를 바트화로 갚을 때 대략 3분의 1을 더 줘야 한다는 의미였다. 많은 기업들이 금융회사에 빚을 갚지 못했고, 많은 금융회사들이

해외 부채를 상환하지 못했다. 금융 시스템 전체가 마비됐으며, 2만 명의 화이트칼라 근로자들이 일자리를 잃었다. 다음 날, 나는 마침 방콕에서 약속 장소로 가기 위해 아소케 거리를 지나고 있었다. 파산한 금융회사 대부분이 태국의 월스트리트인 이 거리에 자리 잡고 있었다. 우리가 느린 속도로 파산한 금융회사들을 하나하나 지나칠 때마다 택시 기사는 그 회사들을 하나씩 가리키며 말했다. "망했고!… 망했고!… 망했고!… 망했고!… 망했고!"

그때 나는 몰랐지만—사실 아무도 몰랐다—이 태국 투자회사들은 냉전 후 새로운 세계화 시대의 첫 글로벌 금융위기에서 쓰러진 첫 번째 도미노였다. 태국 경제위기는 한국, 말레이시아와 인도네시아를 비롯해 거의 모든 동남아 신흥시장에서 그 나라 통화가치를 떨어뜨리는 광범위한 자본 유출을 촉발했다. 글로벌 투자자와 미국 투자자들은 모두 이들 경제를 더욱 꼼꼼히 살펴보기 시작했다. 투자자들은 결함을 발견하면 현금을 안전한 피난처로 옮겨놓거나 높아진 리스크를 보상할 만큼 높은 이율을 요구했다. 얼마 후 방콕 지역에서는 '옛날엔 부자 Former Rich'라는 문구를 넣은 셔츠가 대단한 인기를 끌었다.

동남아 경제의 침체는 몇 달 안에 전 세계 상품시장에 영향을 주기 시작했다. 아시아는 세계 경제성장의 중요한 엔진이었다. 이 엔진은 엄청난 양의 원자재를 소비했다. 이 엔진이 덜컹거리기 시작하자 금, 구리, 알루미늄, 그리고 무엇보다 원유 가격이 떨어지기 시작했다. 세계적인 원자재 가격 하락은 동남아 위기가 러시아로 전이되는 메커니즘을 만들어냈다. 당시 러시아는 자국의 경제위기 때문에 정신이 없었다. 러시아는 스스로 불러온 경제적 곤경에서 벗어나 안정적인 성장의 길로 다시 올라서기 위해 국제통화기금(IMF)의 도움을 받으며 발버둥치고 있었다. 하지만 러시아의 문제는 많은 공장들이 어떤 가치 있는 것도 만들지 못한다는 데 있었다. 실제로 공장에서 생산한 많은 제품이 '마이너스 부가가치'를 내는 것으로 여겨졌다. 예를 들어 러시아 공장에서 나온 트랙터는 너무나 조악해 완제품보다 차라리 고철이나 철광석으로 파는 게 값이 더 나갔다. 게다가 해외에서 팔릴 만한 제품을 생산하는 공장들은 정부에 거의 세금을 내지 않았다. 이 때문에 크레믈린은 만성적인 현금 부족에 시달렸다.

세수 기반이 많지 않은 상황에서 러시아 정부는 재정을 확보하기 위해 원유를 비롯한 수출 원자재에서 나오는 세수에 크게 의존하게 됐다. 외국 투자자들에게도 많이 의존했다. 각종 국채 투자자들에게 터무니없이 높은 이자를 주며 자본을 끌어들였다.

1998년 초 러시아 경제가 계속 내리막길을 달리자 러시아 정부는 외국 투자자들을 계속 끌어들이기 위해 루블화 채권 이율을 20%에서 50%로, 다시 70%로 올려야 했다. 헤지펀드와 외국 은행들은 계속 채권을 사들였다. 러시아 정부가 원리금을 상환하지 못하더라도 IMF가 개입해 러시아를 구제하면 외국인들은 돈을 돌려받을 수 있으리라 계산했기 때문이다. 헤지펀드와 외국 은행들은 5% 이율로 더 많은 돈을 빌려 20~30% 이율의 러시아 국채를 샀다. 이를 우리 할머니가 봤다면 "대단한 투자"라며 놀랄 것이다. 하지만 할머니는 이렇게 말할 것이다. "너무 좋아 보이는 건 대개 실제가 아닌 거야!"

정말 그랬다. 아시아 경제위기에 따른 유가 하락으로 러시아의 국채 원리금 상환이 점점 더 어려워졌다. 태국과 한국, 인도네시아에 구제금융을 주라는 압력을 받고 있던 IMF는 러시아에 더 많은 돈을 지원하기를 꺼렸다. 러시아 정부가 먼저 대기업과 은행들이 세금을 제대로 내도록 하는 것을 비롯해 약속한 경제개혁을 이행해야 한다고 압박했다. 1998년 8월 17일 러시아 경제는 '카드로 쌓은 집house of cards'처럼 무너져 내렸다. 이는 시장에 이중으로 타격을 주었다. 러시아는 통화가치를 떨어뜨리고 국채에 일방적으로 부도를 냈다. 채권자들에게 아무런 경고도 보내지 않았고, 어떤 채무 구조조정 협약도 맺지 않았다. 러시아에 투자한 헤지펀드와 은행,

투자회사들의 손실은 엄청나게 늘었다. 돈을 빌려 크레믈린 카지노에 베팅했던 투자자들은 파산 위기에 몰렸다.

겉보기에는 러시아 경제 붕괴가 글로벌 경제에 큰 타격을 주지 않았다. 당시 러시아 경제 규모는 네덜란드보다 작았다. 그러나 러시아 경제 시스템은 어느 때보다 세계화돼 있었다. 원유 가격 하락으로 동남아 위기가 러시아로 전이됐듯이 러시아 위기는 헤지펀드들 때문에 브라질을 비롯한 모든 신흥시장으로 전이됐다. 최고의 투자처를 찾아 세계를 돌아다니는 헤지펀드는 통제받지 않는 대규모 민간자본이다. 헤지펀드와 다른 투자회사들은 갑자기 은행 빚을 갚기 위해 현금을 마련해야 했다. 러시아에서 대규모 손실을 입은 이들 가운데 일부는 빌린 돈으로 투자 규모를 50배까지 불렸다. 이들은 유동성이 있는 건 무엇이든 팔아야 했다. 손실을 메우기 위해 재정적으로 튼튼한 나라의 자산도 팔았다. 글로벌 금융시장과 IMF의 눈으로 봤을 때 별 문제가 없었던 브라질에서도 패닉(공황) 상태의 투자자들이 갑자기 모든 주식과 채권을 내다팔기 시작했다. 브라질은 자본 유출을 막으려고 금리를 40%까지 올렸다. 모든 투자자들이 안전한 곳으로 도망치려 하자 전 세계 신흥시장에서 브라질과 비슷한 사태가 벌어졌다. 투자자들은 브라질, 한국, 이집트, 이스라엘, 멕시코에서 채권과 주식을 현금화해 매트리스 밑에 넣어두거나 가장 안전한 미국 국채에 투자했다. 브라질을 비롯한 신흥시장의 침체 때문에 투자자들은 미국 국채에 소떼처럼 우르르 몰려갔다. 이에 따라 미국 국채 가격은 급등했고, 미국 정부가 투자자들을 끌어들이기 위해 지급해야 하는 이자율은 떨어졌다. 미국 국채와 회사채, 신흥시장 채권 사이의 스프레드(금리 차이)는 더욱 벌어졌다.

미국 국채수익률이 급격히 떨어짐에 따라 더욱 많은 헤지펀드와 투자은행들이 불구가 됐다. 코네티컷 주 그리니치에 있던 롱텀캐피털매니지먼트(LTCM)를 예로 들어보자. 롱텀캐피탈매니지먼트는 모든 헤지펀드의 어머니였다. 1980년대 말 너무 많은 헤지펀드들이 몰려드는 바람에 이 시장의 경쟁은 매우 치열했다. 모두가 같은 먹잇감에 달려들었다. 이처럼 경쟁이 치열한 시장에서 돈을 벌기 위해 헤지펀드들은 어느 때보다 많은 현금을 들고 더욱 별난 투자처를 찾아내야 했다. 적절한 투자 방향을 잡기 위해 롱텀캐피탈매니지먼트는 노벨상을 받은 두 경제학자들의 이론을 도입했다. 이 경제학자들은 주식과 채권의 과거 움직임을 바탕으로 기본적인 변동성을 추정할 수 있다고 주장했다. 롱텀캐피탈매니지먼트는 컴퓨터 모델을 이용해서, 그리고 다른 은행에서 거액을 빌려서 1998년 여름 채권 가격이 어떤 방향으로 움직일지를 점치는 위험한 베팅에 1,200억 달러를 투입했다. 미국 국채 가격은 떨어지고 정크본드 가격은 오르리라는 데 돈을 건 것이다. 그러나 롱텀캐피탈매니지먼트의 컴퓨터 모델은 그해 8월 러시아 경제의 붕괴가 촉발할 글로벌 경제위기의 전염 효과를 전혀 예상하지 못했다. 그 결과 이 회사의 베팅은 '정확히 틀렸다.' 세계의 모든 투자자들이 한꺼번에 공황 상태에 빠져 미국 국채로 몰려들자 롱텀캐피탈매니지먼트의 예상과 달리 국채 가격은 치솟았다. 정크본드와 신흥시장 채권은 예상과 달리 폭락했다. 롱텀캐피탈매니지먼트는 새 가슴의 차골(wishbone: 새 가슴 속 Y자 모양의 뼈-옮긴이)을 양쪽에서 잡아당겨 부러뜨린 꼴이 됐다. 결국 채권은행들은 이 회사를 구제했다. 롱텀캐피탈매니지먼트는 모든 주식과 채권을 떨이로 팔았다. 세계 증시 붕괴가 촉발되는 것을 막기 위해서는 어쩔 수 없었다.

이제 다시 내 이야기로 돌아가보자. 1998년 8월 초 나는 친구가 새로 설립한 인터넷은행에 투자했다. 그 주식은 상장 후 14.5달러에 거래가 시작돼 27달러까지 치솟았다. 나는 천재가 된 기분이었다. 하지만 러시아가 부도를 내고 그 모든 도미노들이 쓰러지기 시작하자 내 친구 은행 주식은 8달러로 떨어졌다. 왜? 그 은행은 많은 주택담보대출을 보유하고 있었기 때문이었다. 미국 국채에 투자자들이 몰리면서 금리가 떨어짐에 따라 시장에서는 많은 사람들이 갑자기 주택대출을 갚을 것으로 보고 걱정을 했다. 많은 이들이 조기에 주택대출을 상환해버리면 내 친구의 은행은 대출이자 수입이 줄어들어 예금자들에게 이자를 제대로 줄 수 없게 될 수도 있었다. 그러나 실제로는 시장이 틀렸다. 내 친구 은행의 주가는 기분 좋게 반등했다. 1991년 초 아마존닷컴을 비롯한 인터넷주식에 투자 광풍이 불어 내 친구의 인터넷은행 주가가 치솟자 나는 정말이지 다시 천재가 된 기분이었다. 하지만 또다시 다른 나라들이 파티를 망쳐놓기까지는 오래가지 않았다. 이번에는 러시아가 파티장을 부숴버린 게 아니었다. 미국 시장을 뒤집어 엎어버리고 인터넷주식 붐을 (일시적으로) 꺾어놓은 것은 브라질의 차례였다.

나는 이 모든 일이 벌어지는 걸 지켜보았다. 아소케 거리에서 벌어진 일들이 나에게 영향을 미치는 데는 9개월이 걸렸고, '아마존닷컨트리'(Amazon.country : 아마존이 있는 나라 브라질-옮긴이)가 아마존닷컴에 영향을 미치는 데는 일주일이 걸렸다. 『USA투데이』는 1998년 말 글로벌 금융시장 상황을 이렇게 전했다. "재난이 한 대륙에서 다른 대륙으로 바이러스처럼 번졌다. 미국 시장은 즉시 반응했다. 이발소 사람들까지 태국 바트화에 관해 이야기했다."

하지만 아마존닷컴 주가가 다시 치솟는 데는 오래 걸리지 않았다. 아마존닷컴은 모든 인터넷주를 끌어올렸다. 인터넷주는 다시 미국 주식시장 전체를 끌어올리는 데 도움을 주었다. 이는 미국에서 '부의 효과wealth effect'를 만들어냈고, 미국인들이 저축한 것보다 더 많이 지출하도록 부추겼으며 브라질, 태국을 비롯한 신흥시장이 대미 수출로 위기를 벗어날 수 있도록 해주었다. 아마존닷컴과 아마존닷컨트리는 결국 연결돼 있었다. 우리는 모두 같은 방향으로 흐르는 강이 됐다.

아소케 거리에서 벌어진 일들이 나에게 영향을 주고, 아마존닷컨트리의 일이 아마존닷컴에 영향을 미치며, 그리고 다시 아마존닷컴이 아마존닷컨트리에 영향을 주는 순환과정은 오늘날 세계가 어떤 상태에 있는지를 가르쳐준다. 1945년 이후 국제관계를 좌우해온 느리고, 분열되고, 고착된 냉전체제는 새롭고, 유동적이고, 상호 연관된 세계화globalization 체제로 완전히 대체됐다. 1989년 베를린장벽이 무너졌을 때는 우리가 이를 완전히 이해하지 못했더라도, 10년 후에는 분명히 이해하게 됐다. 1998년 10월 11일 글로벌 금융위기가 고조됐을 때 메릴린치는 이 점을 이해시키기 위해 미국 전역의 주요 신문들에 전면광고를 실었다. 광고 내용은 다음과 같았다.

세계는 열 살이다
그것은 1989년 장벽이 무너졌을 때 태어났다. 세계의 가장 어린 경제—글로벌 경제—는 아직도 자신을 알아가는 과정에 있다. 경제를 안정시키는 복잡한 견제와 균형은 시간이 지나야 시스템 안에 자리 잡을 것이다. 많은 시장들이 최근에야 자유화돼 국가의 주먹보다는 대중의 정서에 따라 움직이게 됐다. 10년 전 장벽으로 막힌 세계가 사라지면서 얻게 된 희망은 아직 줄어들지 않았다. … 세계적으로 자유시장과 민주주의가 확산되면서 더 많은 사람들이 곳곳에서 꿈을 실현하고 있다. 기술을 적절히 이용하고 자유롭게 확산되도록 하면 지정학적인 경계뿐만 아니라 사람 사이의 경계도 없앨 힘을 가질 수 있다. 우리가 보기에 세계는 열 살짜리 글로벌 경제에 계속 큰 꿈을 갖게 해주고 있다. 하지만 성장과정이 쉬울 것이라고는 아무도 이야기하지는 않는다.

사실 메릴린치 광고에서 '이번' 세계화 시대가 열 살이 됐다고 했다면 조금 더 정확한 표현이 됐을 것이다. 1800년대 중반부터 1920년대 말까지 기간에도 세계는 비슷한 세계화 시대를 경험했기 때문이다. 국제교역과 자본흐름의 양을 국민총생산(GNP)과 대비해보거나 국경을 넘는 노동력의 이동을 인구에 대비해보면 1차 세계대전 전의 세계화 시대는 오늘날 우리가 경험하는 세계화와 매우 비슷하다. 당시 세계의 지배적인 강국이었던 대영제국은 신흥시장의 거대한 투자자였다. 영국과 유럽, 미국의 부자들은 아르헨티나 철도 채권이나 라트비아 또는 독일 국채 문제 때문에 촉발된 금융위기로 타격을 받았다. 통화에 대한 통제는 없었으며, 1866년 대서양 케이블이 연결되자마자 뉴욕 금융위기는 런던이나 파리로 빠르게 전이됐다. 나는 영국 노동조합총연맹의 존 멍크스 위원장과 함께 토론회 패널로 참석한 적이 있다. 멍크스는 1868년 맨체스터에서 영국 노총의 첫 대회가 열렸을 때 논의할 필요가 있었던 몇 가지 의제를 이야기해주었다. "아시아 식민지들과 어떻게 경쟁할 것인가" 또는 "미국, 독일의 교육훈련 수준과 어떻게 맞출 것인가" 하는 것들이다. 그 시절에는 이주 인구가 생각보다 많았다. 1914년 이전에 각국은 (전시를 제외하고는) 여권을 요구하지 않았다. 이주자들은 비자 없이 미국 땅으로 쏟아져 들어왔다. 증기선, 전신, 철도, 전화의 발명에 힘입어 1차 세계대전 이전의 첫 세계화 시대는 세계를 '대large' 사이즈에서 '중medium' 사이즈로 축소시켰다.

첫 번째 세계화 시대와 글로벌 금융자본주의는 1차 세계대전과 러시아혁명, 대공황에 잇따라 얻어맞고 부서져버렸다. 이 사건들이 세계를 물리적·이념적으로 깨뜨려버렸다. 2차 세계대전 후 분단된 세계는 냉전 때문에 그대로 얼어붙고 말았다. 냉전 역시 하나의 국제체제였다. 이는 대략 1945년부터 1989년까지 계속됐으며, 1989년 베를린장벽이 무너지면서 다른 체제로 대체됐다. 다른 체제는 우리가 지금 살고 있는 새로운 세계화 시대다. 이를 '제2차 세계화Globalization Round II'라 부르자. 1차 세계대전이 시작된 때부터 냉전이 끝날 때까지 약 75년간은 두 차례 세계화 시대 사이의 긴 휴지기였다.

지난 세계화 시대와 우리가 지금 살고 있는 세계화 시대 사이에는 비슷한 점이 많다. 하지만 오늘날 세계화에는 새로운 점이 있다. 세계가 함께 얽혀 하나의 글로벌 시장과 지구촌을 형성하는 데 있어 그 강도와 수준이 과거와는 다르다. 또 하나 새로운 점은 오늘날 글로벌 경제와 정보 네트워크에 참여할 수 있고 그로부터 영향을 받는 개인과 국가의 숫자에 있다. 1914년 이전의 세계화도 강도가 높았다고 할 수도 있지만 그 시대에는 많은 개발도상국들이 세계화의 흐름에서 벗어나 있었다. 1914년 이전의 세계화가 그 시대의 기준으로 보면 대규모였을 수 있지만 오늘날 세계화와 비교하면 미미한 수준이었다. 1900년 하루 평균 외환거래는 수백만 달러 수준이었다. 뉴욕 연방준비은행에 따르면 1992년 하루 외환거래는 평균 8,200억 달러에 이르렀다. 1998년 4월에는 최고 1조 5,000억 달러에 달했으며, 계속 늘어나고 있다. 1900년 전후 선진국에서 개도국으로 흘러가는 민간자본은 겨우 수억 달러 수준이었고, 비교적 소수의 나라들만 이런 자본흐름과 관련이 있었다. 2000년 현재 자본흐름은 수백억 달러 수준이며, 수십 개국이 이 자본흐름과 관련돼 있다. 이 새로운 세계화 시대는 1차 세계대전 이전의 세계화와 비교하면 출력을 강화한 터보엔진을 단 것과 같다.

하지만 오늘날의 세계화 시대는 그 강도에 있어서만 과거의 세계화와 차이가 나는 것이 아니다. 그 종류 또한 여러 모로 다른 것이다. 특히 기술적으로, 정치적으로 중요한 차이가 있다. 기술적인 면을 보면, 지난 세계화 시대는 운송원가 하락 덕분에 가능했다. 철도와 증기선, 자동차의 발명 덕분에 사람들은 훨씬 더 많은 곳을 더 빠르고 더 싸게 갈 수 있었으며, 훨씬 많은 곳에서 더 빠르고 더 싸게 교역을 할 수 있었다. 그러나 『이코노미스트』가 밝혔듯이 오늘날 세계화는 통신비용 감소 덕분에 가능했다. 주로 마이크로칩, 위성, 광케이블과 인터넷 발명 덕분이다. 이들 새로운 정보기술은 세계를 더욱 촘촘히 엮어주고 있다. 이런 기술에 힘입어 개도국들도 단순히 선진국에 원자재를 팔고 선진국이 생산한 완제품을 사와야 할 필요가 없게 됐다. 이는 개도국들도 일류 생산국이 될 수 있다는 걸 뜻한다. 이런 기술은 또한 기업들이 생산과 연구, 마케팅 부문을 각기 다른 나라에 두면서도 컴퓨터와 영상회의를 통해 마치 한자리에 모여 있는 것처럼 일할 수 있다는 걸 의미한다. 이제 컴퓨터와 값싼 통신이 어우러지면서 글로벌 서비스 교역이 가능해졌다. 환자 진료 서비스에서부터 소프트웨어 개발, 데이터 처리에 이르기까지 옛날에는 아예 불가능했던 서비스의 교역이 이뤄질 수 있게 된 것이다. 안 될 까닭이 어디에 있는가? 1930년 당시 뉴욕에서 런던으로 전화해 3분간 통화하려면 (1990년 화폐 가치로) 300달러가 들었다. 지금은 인터넷을 통하면 거의 공짜로 통화할 수 있다.

이런 기술은 전통적인 국민국가와 기업들뿐만 아니라 개인들도 어느 때보다 더 멀리, 더 빠르게, 더 싸게, 그리고 더 깊숙이 전 세계에 이를 수 있도록 했다. 1998년 여름 나는 이 점을 새삼 깨달았다. 미니애폴리스에 살던 79세의 내 어머니(마거릿 프리드먼)가 매우 화난 목소리로 전화했을 때였다. 뭐가 잘못됐느냐고 묻자 어머니의 대답은 이랬다. "응, 인터넷으로 프랑스인 세 사람과 브리지게임을 하고 있었는데 저희들끼리 계속 프랑스 말로 이야기하는 걸 나는 알아들을 수가 없는 거야." 카드의 명수인 어머니가 3명의 프랑스인과 온라인 브리지게임을 하는 걸 생각하며 낄낄 웃자 어머니는 말했다. "웃지 마. 시베리아 사람과 브리지게임을 한 적도 있는걸."

오늘날 세계화가 지난날의 세계화와 다를 것이 없다는 이들에게 나는 이렇게 물어보고 싶다. 1900년, 당신의 증조할머니가 인터넷으로 프랑스인들과 브리지게임을 하고 있었던가? 그럴 리 없다.

그러나 앞서 말한 것처럼 지금의 새로운 세계화 시대는 1900년대의 세계화와 정치적으로도 다르다. 그 시대는 영국의 국력과 영국 파운드화와 영국 해군이 세계를 지배하던 때였다. 오늘날 세계화는 미국 문화, 미국 달러와 미국 해군이 지배적인 파워다. 2차 세계대전 후 미국은 일자리를 창출하고 소련 공산주의에 대항하기 위해 의도적으로 개방적인 국제무역 체제를 만들어가기 시작했다. 국제통화기금, 관세와 무역에 관한 일반협정(GATT)과 함께 세계적으로 무역을 촉진하고 시장을 개방하기 위한 일련의 기구를 창립한 것도 미국이었으며, 그 개방된 시장이 쉽게 연결되도록 해상 항로를 열어놓은 것도 미국의 함대였다. 이에 따라 1980년대 말 정보 혁명이 꽃피웠을 때, 그래서 수많은 사람들이 세계적으로 행동하고, 세계적으로 소통하며, 전 세계를 여행하고, 전 세계에 상품을 팔 때, 이런 추세를 강화하고 부추기는 세계적인 권력구조도 꽃을 피웠다. 이런 변화에 완강하게 저항하는 어떤 나라도 비싼 대가를 치르게 됐다.

간단히 말해, 이 새로운 세계화 시대에는 과거에 이미 경험한 것들도 있고, 과거에 전혀 경험하지 못한 것들도 있으며, 너무나 새로운 것이어서 우리가 아직도 이해하지 못하는 것들도 있다. 이 모든 걸 감안하면 두 차례 세계화 시대의 차이는 이렇게 요약할 수 있을 것이다. 첫 번째 세계화 시대가 세계를 '대' 사이즈에서 '중' 사이즈로 줄여놓았다면 이번 세계화 시대는 세계를 '중'자에서 '소small'자로 축소시켰다.

이 책은 이 새로운 세계화 시대가 어떻게 20세기 말 냉전체제를 대체하는 지배적인 국제체제가 됐으며, 어떻게 거의 모든 국내정치와 상거래, 환경과 국제관계를 형성하는지를 진단하려는 것이다. 그런 의미에서 이 책은 냉전 후 세계를 규정하려는 여러 저작들에 기여하려는 의도도 갖고 있다. 이 장르에서 가장 많이 읽히는 책 가운데 4권을 꼽으면, 폴 케네디의 『강대국의 흥망』, 프랜시스 후쿠야마의 『역사의 종말』, 로버트 캐플런의 여러 논문과 저서, 새뮤얼 헌팅턴의 『문명의 충돌』이 있다.

이들 저작이 모두 중요한 진실을 담고 있지만 어느 것도 냉전 후 세계를 전체적으로 파악하지는 못했다고 생각한다. 캐플런의 보고서는 생생하고 솔직하지만 지구상의 가장 무시무시한 부분만을 다루며, 이를 지나치게 일반화해 세계의 나머지 부분의 운명까지 이야기한다. 헌팅턴은 세계 곳곳의 문화적 충돌을 보고 이를 지속적인 문명 충돌로 거칠게 확장했으며, 심지어 다음번 세계전쟁이 일어난다면 "문명 간 전쟁이 될 것"이라고 주장한다. 캐플런과 헌팅턴은 둘 다 국가의 힘과 글로벌 시장의 매력, 기술

전파, 네트워크의 부상과 세계적 규범의 확산을 너무나 과소평가했다. 이런 요인들을 전체적으로 살펴보면 세계를 흑백 두 가지 색(대부분 검은색)으로만 투영하는 것보다 세계를 더 잘 이해할 수 있다.

케네디와 헌팅턴은 모두 과거의 일만으로 미래를 예언하려 했다. 케네디는 스페인, 프랑스와 대영제국의 쇠퇴를 (매우 훌륭하게) 추적했다. 그리고 그는 다음번에는 미국이 지나친 제국주의적 확장 때문에 스스로 몰락할 수 있다는 결론을 내렸다. 냉전 종식은 소련의 종말일 뿐만 아니라 미국의 쇠퇴를 알리는 예고라는 게 그의 암묵적 메시지였다. 케네디는 그가 책을 쓰던 1980년대 미국이 상대적으로 쇠퇴한 게 새로운 세계화 시대에 적응하려고 스스로 준비하는 과정이었음을 충분히 인식하지 못했다. 대부분의 나라들은 이제서야 이런 적응과정을 거치고 있다. 케네디는 세계화의 압력에 따라 미국이 강대국의 지위를 잃기보다는 그 지위를 연장하는 방식으로 국방예산을 깎고, 정부 부문을 줄이고, 점점 더 많은 권력을 자유로운 시장에 넘겨준 걸 고려하지 못했다.

헌팅턴은 냉전이 끝나면 우리가 걷어차야 할 소련이 없어지고, 그래서 우리는 자연히 힌두와 모슬렘을 걷어차러 가게 되고, 그들은 우리를 걷어찰 거라는 견해를 가졌다. 그는 은연중 예전과는 다르게 세계를 규정할 새로운 국제체제의 부상 가능성을 배제했다. 헌팅턴이 볼 때 냉전체제 뒤에는 종족주의만 나타나고 전혀 새로운 게 없었다.

후쿠야마의 선구적인 책은 새로운 것들에 대한 가장 정확한 통찰을 담고 있었다. 사회를 조직하는 원리로서 자유주의와 자유시장 자본주의의 승리에 관한 통찰이다. 그러나 책 제목(역사의 종언)은 (책 내용보다 훨씬 더 나아가) 이 승리가 최종적인 것임을 시사하는데 이는 내가 발견한 세계와 잘 맞지 않는다.

어떤 면에서 이 책들은 흥미를 끌 만한 하나의 큰 개념, 변화의 중심, 냉전 후 세계를 이끌어가는 원동력을 포착하려 했기 때문에 탁월한 저작이 됐다. 이는 문명의 충돌이나 혼돈, 제국의 몰락이나 자유주의의 승리 같은 것들이었다.

　내 주장은 다르다. 나는 냉전 후 세계를 이해하고 싶으면 냉전에 이어 세계화라는 새로운 국제체제가 나타났음을 이해하는 데서 시작해야 한다고 믿는다. 이것이 우리가 초점을 맞춰야 할 '하나의 큰 개념'이다. 세계화는 오늘날 세계에서 벌어지는 일들에 영향을 미친다. 그뿐만이 아니다. 하늘에 북극성이 있듯이 세계를 형성하는 힘이 있다면 이 체제가 바로 그것이다. 새로운 것은 이 체제다. 낡은 것은 힘의 정치와 혼돈, 문명 충돌, 그리고 자유주의라는 시각으로만 세계를 보는 것이다. 냉전 후 세계의 드라마는 새로운 체제와 이 모든 낡은 열정과 열망 사이의 상호 작용이다. 이는 아직 마지막 장이 쓰이지 않은 복잡한 드라마다.

　세계화 체제 아래 문명 충돌과 문명의 동조화homogenization, 환경 재앙과 환경보호, 자유시장 자본주의의 승리와 그에 대한 반동, 국민국가의 지속성과 국가가 아니면서 매우 강력한 힘을 지닌 주역들을 동시에 발견할 수 있는 것은 이 때문이다. 내가 이 책에서 쓰려고 한 것은 그 드라마를 어떻게 이해하고 그 체제를 어떻게 관리할 것인가에 대한 가이드북이다.

　본론을 시작하기 전에 한마디만 덧붙이려 한다. 이 책의 초판 편집자이자 발행인이었던 조너선 갤러시가 어느 날 전화로 물었다. "내 친구 몇 사람에게 당신이 세계화에 관한 책을 쓰고 있다고 했더니 '아, 프리드먼, 그는 세계화를 좋아하지'라고 합디다. 그런 반응에 대해 뭐라고 답하시겠습니까?" 나는 세계화에 대한 내 느낌은 새벽에 대해 느끼는 것과 같다고 대답했다. 나는 아침마다 해가 떠오르는 건 좋은 일이라고 생각한다. 아침에 떠오르는 해는 우리에게 해를 끼치기보다는 유익한 것이다. 피부보호 크림을 바르거나 선글라스를 쓴 사람들에게는 말이다. 내가 새벽을 좋아하지 않는다 해도 어떻게 할 도리는 없다. 나는 세계화를 시작한 사람이 아니며, 인류의 발전에 엄청난 대가를 치르지 않는 한 세계화를 중단할 수도 없고, 그렇게 하려고 시간을 낭비할 생각도 없다. 나는 저널리스트지 세계화의 세일즈맨이 아니다. 이 책을 읽으면 알겠지만 나는 세계화의 부정적인 면을 아주 잘 알고 있다. 마음속으로 늘 그런 부정적인 면을 어떻게 할 것인가 하는 물음을 던지고 있다. 세계화의 잔인함에 대응하는 최선의 길은 먼저 그 체제의 논리와 변화를 이해하고 이 체제가 어떻게 고통을 최소화하면서 보다 많은 이들에게 혜택을 줄 수 있는지 알아내는 데 있다고 나는 믿는다. 그런 정신이 이 책을 쓰는 동기였다.

이 책의 첫 번째 장은 오늘날 세계화 체제를 어떻게 볼 것인지, 이 체제는 어떻게 움직이는지를 설명한다. 두 번째 장은 국민국가와 지역공동체, 개인과 환경이 어떻게 이 체제와 상호 작용하는지를 보여준다. 세 번째 장은 세계화에 대한 반동을 이야기한다. 네 번째 장은 새로운 체제의 안정을 위한 미국의 특별한 역할과 그 역할을 계속해야 할 필요성을 강조한다.

제1부
세계화 바로보기

01
새로운 체제

포레스트 검프의 엄마가 말하고 싶었던 건 뭘까? 인생은 초콜릿 박스 같은 거라는 말이다. 박스 안에서 어떤 게 나올지 전혀 알 수 없다. 여행벽이 있는 해외특파원인 나에게 인생은 룸서비스 같은 거다. 문밖에서 뭘 발견할 수 있을지 전혀 알 수 없다.

내가 『뉴욕타임스』의 「국제 문제Foreign Affairs」 칼럼니스트 일을 시작했던 1994년 12월 31일 저녁 일을 예로 들어보자. 나는 도쿄에서 그 칼럼을 쓰기 시작했다. 내가 오랜 시간 태평양을 날아가 오쿠라호텔에 도착했을 때 나는 간단한 룸서비스를 주문했다. "오렌지 4개만 올려보내주시겠어요?" 감귤류에 중독된 나는 오렌지를 먹고 싶은 욕구를 풀어야 했다. 그건 아주 간단한 주문이라고 생각했다. 내가 전화했을 때 상대방도 주문 내용을 이해한 것 같았다. 20분쯤 후 내 방문을 노크하는 소리가 들렸다. 룸서비스 웨이터가 완벽하게 다림질한 유니폼을 입고 서 있었다. 그의 앞에 풀 먹인 테이블보로 덮은 카트가 있었다. 테이블보 위에는 새로 짠 오렌지주스 넉 잔이 있었다. 키 큰 잔들이 각각 작은 은빛 얼음통에 당당히 자리 잡고 있었다.

나는 웨이터에게 말했다. "아니, 아니, 나는 오렌지를 원해요. 오렌지주스가 아니라 오렌지요." 그리고 오렌지 같은 걸 깨무는 시늉을 했다.

웨이터는 고개를 끄덕이며 말했다. "아-, 오-란지, 오-란지."

나는 방으로 돌아가 다시 일을 시작했다. 20분 후 다시 노크 소리가 들렸다. 같은 웨이터였다. 같은 테이블보의 룸서비스 트롤리가 있었다. 그러나 이번에는 그 위에 4개의 접시가 있고, 각각의 접시에는 껍질을 까 완벽한 모양으로 자른 작은 오렌지 조각이 스시처럼 부채꼴로 펼쳐져 있었다. 일본인들만 낼 수 있는 모양이었다.

나는 다시 고개를 저으며 말했다. "아니, 아니, 나는 온전한 오렌지를 원한다고요." 나는 손으로 공 모양을 만들어 보였다. "나는 오렌지를 방에 두고 한 입씩 먹고 싶어요. 이렇게 자른 오렌지 4개를 한꺼번에 다 먹을 수 없어요. 미니 바에 넣어 보관할 수도 없고. 나는 온전한 오렌지를 원한다니까요."

나는 다시 최선을 다해서 오렌지를 먹는 과장된 시늉을 했다.

웨이터는 고개를 끄덕이며 말했다. "아-, 오-란지, 오-란지, 손님은 온전한 오-란지를 원하시는군요."

또다시 20분이 지났다. 다시 노크 소리가 들렸다. 같은 웨이터였다. 트롤리도 같았다. 이제야 그는 디너 접시에 각각 담은 밝은 색깔의 오렌지 4개를 가져왔다. 오렌지 옆에는 포크와 나이프, 냅킨도 있었다. 상당한 진전이었다.

나는 계산서에 사인하며 말했다. "맞아요. 내가 원한 것이 바로 이거였어요."

그가 방을 떠날 때 나는 룸서비스 계산서를 내려다보았다. 그 오렌지 4개는 22달러였다. 이걸 어떻게 발행인에게 설명해야 한다는 말인가?

하지만 내 감귤 모험은 여기서 끝나지 않았다. 2주일 후 나는 하노이에 있었다. 나는 메트로폴호텔 식당에서 혼자 저녁을 먹고 있었다. 당시 베트남은 탄제린(보통 오렌지보다 작은 감귤류-옮긴이) 시즌이었다. 거리 모퉁이마다 상인들이 가장 맛있는 탄제린을 팔았다. 매일 아침 나는 탄제린 몇 개를 아침으로 먹었다. 웨이터가 디저트 주문을 받으러 왔을 때 내가 원하는 건 탄제린 하나뿐이라고 말했다.

그는 몇 분 후 다시 돌아왔다. "죄송합니다. 탄제린은 없습니다."

나는 격분해서 물었다. "어떻게 그럴 수 있죠? 매일 아침 식사 때 테이블 가득 있었는데! 분명히 주방 어딘가에 탄제린 하나는 있지 않을까요?"

그는 고개를 저었다. "죄송합니다. 대신 수박은 어떠신가요?"

나는 대답했다. "좋아요. 수박이나 가져다주세요."

5분 후 웨이터는 껍질 깐 3개의 탄제린을 담은 접시를 들고 돌아왔다. "탄제린을 찾았습니다. 수박은 없습니다."

슈퍼스토리를 찾아서

지금 아는 걸 그때 알았더라면 그때 일을 하나의 전조前兆라 여겼을 것이다. 나 또한 『뉴욕타임스』를 위해 세계를 돌아다니며 계획하지도 않았던 많은 일들을 접시 위에서 또는 문밖에서 발견할 것이었기 때문이다.

『뉴욕타임스』 국제 문제 칼럼니스트는 사실 세상에서 가장 좋은 일자리다. 누군가는 가장 좋은 일자리를 가져야 한다. 안 그런가? 내가 바로 그런 일을 얻은 것이다. 그 일이 그토록 좋은 이유는 내가 어떤 견해를 가진 여행자가 될 수 있기 때문이다. 어떤 견해를 가질 것인가? 이 오디세이(지적 탐구를 위한 여행)를 시작할 때 나의 질문은 이것이었다. 내가 세상을 바라보고, 사건들의 의미를 찾고, 그 중요도를 평가하고, 그에 대한 의견을 갖고 독자들이 그걸 이해하도록 돕는 데 필요한 렌즈와 관점과 구성(슈퍼스토리superstory)은 무엇인가?

어떤 의미에서 선배들은 조금 쉽게 그런 것들을 가졌다. 그들은 글을 쓸 때는 매우 명료한 슈퍼스토리와 국제체제가 있었다. 나는 『뉴욕타임스』 사상 다섯 번째 「국제 문제」 칼럼니스트였다. 「국제 문제」는 실제로 이 신문의 가장 오래된 칼럼이다. 이 칼럼은 탁월한 여기자 앤 오헤어 맥코믹이 1937년 시작한 것으로, 처음에는 제목이 「인 유럽In Europe」이었다. 그 시절 대부분의 미국인들에게 유럽의 문제가 국제 문제였으며, 이 신문의 하나뿐인 해외 칼럼니스트가 유럽 대륙에 주재하는 것은 아주 자연스러워 보였다. 1954년 이 신문에 난 맥코믹 여사의 부음 기사는 그녀가 "데이톤사 엔지니어인 맥코믹 씨의 잦은 유럽 구매 여행에 동행하면서" 해외 리포트를 시작했다고 전했다(『뉴욕타임스』 부음 기사는 그 후 훨씬 더 정치적으로 정확해졌다). 그녀가 취재한 국제체제는 베르사유체제하의 유럽에서 힘의 균형이 무너지고 2차 세계대전이 시작될 때였다.

2차 세계대전 이후 미국이 부상해 글로벌 문제에 대한 책임성을 가진 지배적인 슈퍼파워로 세계에 우뚝 서고, 소련과 함께 글로벌 파워게임에 몰두하게 되자 칼럼 제목은 1954년에 「국제 문제」로 바뀌었다. 갑자기 전 세계가 미국의 운동장이 됐고, 전 세계가 독자들의 관심사가 됐다. 미국이 세계 전역에서 소련과 경쟁을 벌였기 때문이다. 서방의 자본주의와 동쪽의 공산주의가, 워싱턴과 모스크바와 베이징이 영향력과 우월성을 놓고 경쟁을 벌이는 냉전시대 국제체제가 그 다음 3명의 국제 문제 칼럼니스트가 견해를 형성하는 슈퍼스토리가 됐다.

그러나 냉전은 내가 칼럼을 시작하기 전에 끝났다. 베를린장벽은 무너졌고 소비에트연방은 역사가 됐다. 나는 운 좋게도 크레믈린에서 마지막 숨을 쉬는 소련을 지켜봤다. 1991년 12월 16일이었다. 제임스 베이커 국무장관은 보리스 옐친이 미하일 고르바초프를 권좌에서 쫓아내던 바로 그때 모스크바를 방문했다. 그전에 베이커가 고르바초프를 만날 때는 언제나 금박 장식의 성 카테리나 홀에서 회담했다. 회담장 입장은 언제나 기자들을 위해 많이 연출된 것이었다. 베이커 장관과 수행원들은 길다란 크크레믈린 홀의 한쪽 끝에 있는 2개의 거대한 목재 뒤에서 기다리고 고르바초프와 그의 팀은 다른 쪽 끝에서 기다렸다. 그러면 어떤 신호에 따라 양쪽 문이 동시에 열리고 양측이 걸어나와 방 가운데 카메라 앞에서 악수를 했다. 그런데 그날은 베이커가 정시에 회담장에 도착하자 문이 활짝 열리고 고르바초프 대신 보리스 옐친이 걸어나왔다(누가 디너에 왔는지 알았느냐는 듯이!).

옐친은 베이커에게 말했다. "러시아 땅에, 그리고 이 러시아 건물에 오신 걸 환영합니다." 베이커는 그날 늦게 고르바초프를 만났지만 이미 권력이 넘어간 게 분명했다.

이 회담을 취재하러 갔던 우리 국무부 출입기자들은 하루 종일을 크레믈린에서 보내야 했다. 우리가 안에 있을 때 눈이 많이 내렸다. 우리가 해진 다음 밖으로 나왔을 때 크레믈린 바닥은 흰 담요 같은 눈으로 덮여 있었다. 우리가 크레믈린의 스파스키 게이트로 새로 생긴 눈길을 밟으며 무거운 걸음을 옮길 때 나는 망치와 낫이 그려진 붉은 소비에트기가 여전히 크레믈린 국기 게양대 꼭대기에서 날리고 있는 것을 봤다. 나는 혼잣말을 했다. '저 깃발이 저기에서 날리는 걸 보는 건 아마 이게 마지막일 거야.' 몇 주일 후 그 깃발은 정말로 사라져버렸다. 깃발과 함께 냉전체제와 슈퍼스토리도 사라져버렸다.

몇 년 후 칼럼 일을 시작했을 때 나에게 분명하지 않았던 것은 국제 문제를 체계화하는 지배적인 프레임워크(이론적 틀)로서 냉전체제를 대체한 것은 과연 무엇일까 하는 점이었다. 사실 나는 특별한 견해를 갖지 않은 여행자로서 칼럼을 시작했다. 열린 마음만 갖고 있었다. 몇 년 동안 나는 다른 모든 사람들처럼 그냥 '냉전 후 세계post-Cold War world'라는 말을 썼다. 우리는 지금까지와는 다른 국제관계 프레임워크를 형성하는 어떤 새로운 체제가 태어나고 있다는 걸 알았다. 그러나 우리는 그게 뭔지 규정할 수 없었다. 그래서 '그건 무엇무엇이 아니다'라는 식으로 그게 무엇인지를 규정했다. 그것은 냉전이 아니었다. 그래서 우리는 그걸 냉전 후 세계라고 불렀다.

여행을 많이 할수록 내게는 우리가 그저 혼란스럽고, 일관성이 없고, 규정할 수 없는 냉전 후 세계에 있는 게 아니라는 점이 분명해졌다. 우리는 새로운 국제체제에 있었다. 이 새로운 체제는 독특한 논리와 규칙, 압력, 유인을 가졌고, 이름을 붙여줄 만했다. '세계화globalization'라는 이름이다. 세계화는 그저 경제적인 유행도 아니고 일시적으로 지나가는 트렌드도 아니다. 세계화는 베를린장벽이 무너진 후 냉전체제를 대체하는 지배적인 국제체제다. 우리는 그걸 이런 식으로 이해할 필요가 있다. 우리에게 범죄를 막는 법규가 있듯이 틀에 박힌 대외정책을 막는 규칙도 있어야 한다. 우리는 냉전 후 세계는 지나갔다는 선언을 해야 한다. 우리는 이제 세계화라는 새로운 국제체제에 들어와 있다.

냉전체제의 룰

세계화가 냉전을 대체해 국제체제를 규정한다고 말할 때 이는 정확히 뭘 뜻하는가? 하나의 국제체제로서 냉전은 독특한 권력구조를 보였다. 미국과 소련 사이의 균형이 그것이다. 냉전의 독특한 룰도 있었다. 슈퍼파워는 어느 쪽도 상대방이 영향력을 미치고 있는 영역을 침범하지 않았다. 경제적인 면에서 저개발국은 자국 산업 육성에, 개발도상국은 수출 주도 성장에, 공산주의 국가들은 자급자족에, 서방 경제는 관리무역에 초점을 맞췄다.

냉전시대를 특징짓는 지배적인 아이디어도 있었다. 데탕트, 비동맹과 페레스트로이카뿐만 아니라 공산주의와 자본주의의 충돌에 관한 아이디어다. 냉전시대의 특징적인 인구통계학적 추세도 나타났다. 인구가 동쪽 지역에서 서방으로 이동하는 것은 철의 장막 때문에 거의 얼어붙었다. 그러나 남쪽에서 북쪽으로 이동하는 흐름은 꾸준히 이어졌다. 냉전은 세계에 대한 독특한 지정학적 관점을 형성했다. 세계는 공산 진영과 서방 진영, 중립적인 진영으로 나뉘고 모든 나라는 그중 한곳에 속한다는 관점이다. 냉전시대를 규정하는 기술도 있었다. 이 시대에는 핵무기와 제2차 산업혁명 기술이 지배적이었지만 개도국의 많은 사람들은 여전히 망치와 낫이 유용한 수단이었다. 냉전 때의 독특한 척도가 있었다. 핵미사일의 투사중량throw weight이 그것이다. 마지막으로 냉전시대만의 근심거리가 있었다. 핵 폐기 문제가 그것이다. 이 모든 걸 종합하면 냉전체제는 전 세계 거의 모든 나라의 국내정치, 상거래, 국제관계에 영향을 미쳤다. 냉전체제는 모든 걸 결정하지 않았지만 많은 걸 결정했다.

  오늘날 세계화 시대는 냉전시대와는 뚜렷이 대비되는 독특한 속성을 지닌 국제체제다. 무엇보다 뚜렷한 냉전체제의 특징이 하나 있었다. 분열이 그것이다. 세계는 나뉘고 쪼개졌다. 냉전체제에서는 당신이 누구와 짝이 되었느냐에 따라 위협과 기회가 커졌다. 냉전체제를 적절하게 상징하는 한 마디가 있다. 베를린장벽이 상징하는 모든 벽이다. 그런 세계를 묘사하는 말 가운데 내가 즐겨 쓰는 것은 영화 「어 퓨 굿 맨」에 나오는 잭 니콜슨에게서 들은 것이다.

  니콜슨은 쿠바 관타나모 기지의 사령관인 해병대 대령 역을 했다. 영화의 절정에 이르는 장면에서 니콜슨은 톰 크루즈에게서 부대 내 산티아고라는 허약한 병사가 어떻게 해병대 동료들에게 맞아죽었는지 설명하라는 압박을 받는다. 니콜슨은 소리를 질렀다. "대답을 원하나? 귀관은 대답을 원하는가?" 톰 크루즈는 진실을 원한다고 받아 쳤다. 니콜슨은 말했다. "귀관은 진실을 감당할 수 없어. 이봐, 우리는 장벽이 있는 세계에 살고 있어. 누군가 총을 들고 그 벽을 지켜야 한다고. 누가 그 일을 하겠나? 귀관이? 와인버그 중위, 네가? 나는 귀관이 헤아릴 수도 없을 만큼 무거운 책임을 지고 있다. 귀관은 산티아고를 위해 눈물 짜고 해병들을 욕하지. 그런 사치를 부리고 있지. 귀관은 내가 아는 걸 몰라도 되는 사치를 부리고 있단 말이야. 산티아고의 죽음은, 애석한 일이지만, 아마도 많은 목숨을 구했다는 걸 알아야 해. 그리고 나의 존재는, 귀관에게는 괴팍하고 납득하기 어려워 보여도, 많은 목숨을 구하고 있어. 귀관은 진실을 원하지 않아. 왜냐하면 귀관이 파티에서 이야기하지 않을 남쪽 끝 어딘가에서 내가 장벽을 지키길 바라기 때문이지. 사람들에게는 장벽을 지키는 내가 필요하다고."

세계화 체제는 조금 다르다. 이 체제는 무엇보다 중요한 한 가지 특성을 갖는다. 통합이 그것이다. 세계는 점점 더 긴밀하게 연결되고 있다. 오늘날에는 기업이든 국가든 누구와 연결돼 있느냐에 따라 기회와 위협이 달라지고 있다. 이 세계화 체제의 특징은 또한 웹이라는 한마디로 표현할 수 있다. 가장 넓은 의미에서 우리는 분단과 장벽의 체제에서 통합과 웹의 체제로 옮겨간 것이다. 냉전 때는 '핫라인hot line'이 있었다. 핫라인은 모두가 갈라져 있지만 적어도 둘(미국과 소련)은 상황을 관리하고 있는 체제를 상징한다. 세계화 체제에는 인터넷이 있다. 이는 모두가 점점 더 긴밀하게 연결되지만 아무도 관리 책임을 지지 않는 체제를 상징한다.

이는 세계화와 냉전체제의 많은 차이점을 낳고 있다. 냉전체제와 달리 세계화 체제는 얼어붙어 있지 않은, 역동적인 진행과정이다. 그래서 나는 세계화를 이렇게 정의한다. 세계화는 시장과 국가와 기술이 아직껏 보지 못한 수준으로 냉혹하게 통합되는 것이다. 이 통합은 개인과 기업과 국가가 과거 어느 때보다 더 멀리, 더 빨리, 더 싸게 전 세계와 연결되는 방식으로 이뤄진다. 또한 세계가 개인과 기업과 국가에 어느 때보다 더 멀리, 더 빨리, 더 싸게 연결되는 방식으로 이뤄지는 것이다. 세계화 과정은 또한 이 새로운 체제에서 잔혹한 일을 당하거나 남들에게 뒤떨어진 이들의 강력한 반동을 불렀다.

세계화의 무늬들

세계화를 이끌어가는 이념은 자유시장 자본주의다. 시장의 힘이 더 많은 걸 지배하도록 하고 자유무역과 경쟁을 위해 시장을 더 많이 개방할수록 경제는 더 효율적으로 바뀌고 더 번성한다는 생각이다. 세계화는 자유시장 자본주의가 사실상 전 세계 모든 나라로 확산된다는 것을 뜻한다. 따라서 세계화는 경제에 관한 독특한 룰을 갖고 있다. 경쟁력이 높고 외국 투자자들에게 매력적인 경제를 만들기 위해 개방하고, 규제를 완화하고, 민영화하는 룰이다. 1975년 냉전이 최고조에 이르렀을 때 전 세계 국가들 가운데 8%만이 개방적인 자유시장 자본주의 체제에 있었다. 세계은행에 따르면 당시 외국인직접투자(FDI)는 모두 230억 달러에 불과했다. 1997년 개방적인 경제체제를 가진 나라는 28%로 늘었고, 외국인 투자는 총 6,440억 달러에 달했다.

냉전체제와 달리 세계화는 독특한 문화를 갖는다. 그 때문에 어느 정도까지 동조화가 이뤄지는 것이다. 지난 시대에는 이런 문화적 동조화가 지역적 수준에 머물렀다. 서유럽과 지중해 세계의 로마화가 그랬고, 중앙아시아, 북아프리카, 유럽, 중동의 아랍과 오스만제국에 의한 이슬람화가 그랬으며, 동부와 중부 유럽과 소련의 영향권에 있던 유라시아 일부의 러시아화가 그랬다. 문화적 측면을 이야기하자면, 세계화는 '빅맥Big Macs'과 '아이맥iMacs'에서 '미키마우스'에 이르기까지 (그게 좋아지는 것이든 나빠지는 것이든) 미국화가 확산되는 경향을 보였다.

세계화 시대의 독특한 기술도 있다. 컴퓨터화, 소형화, 디지털화, 위성통신, 광통신, 인터넷 기술 같은 것들이 그것이다. 이런 기술들은 세계화를 통합의 과정으로 보는 관점을 뒷받침하는 것들이다. 어떤 나라가 일단 세계화 체제로 뛰어들면 엘리트들은 통합의 관점을 자기 것으로 내면화하며, 늘 스스로를 세계적인 관점에서 보려고 애쓴다.

1998년 여름 요르단 암만에 간 나는 인터컨티넨털호텔에서 요르단의 유명 정치 칼럼니스트인 내 친구 라미 코우리와 커피를 마시고 있었다. 자리에 앉았을 때 나는 새로운 소식이 있느냐고 물었다. 그가 맨 먼저 이야기해준 것은 "요르단이 CNN의 전 세계 일기예보 하이라이트에 막 포함됐다"는 소식이었다. 세계적 관점에서 생각하는 기관들이 암만의 날씨가 어떨지 알 필요가 있다고 믿는다는 것, 그걸 요르단 사람들이 안다는 것은 중요한 이야기였다. 이는 요르단 사람들이 스스로를 더 중요하게 느끼도록 하며, 관광객이나 외국 투자자들이 더 많이 찾아와 더 부유해질 수 있다는 희망을 품게 한다. 라미를 만난 다음 날 이스라엘에 가게 됐다. 거기서 시카고대학에서 수학한 이코노미스트이자 이스라엘 중앙은행 총재인 제이콥 프렌켈을 만났다. 프렌켈은 그 역시 관점이 바뀌고 있다고 말했다. "예전에 우리가 거시경제를 이야기할 때는 국내시장과 국내 금융 시스템, 그 둘 사이의 연관을 먼저 보고 필요하면 국제경제를 생각했다. 우리는 우선 우리 자신의 일을 하면 되고 그런 후 해외에 상품을 팔 수 있는 길을 생각하면 된다는 생각이었다. 지금은 관점을 거꾸로 돌리고 있다. 무엇을 생산할 것인가를 결정한 다음 어느 시장에 수출할 것인지 생각해서는 안 된다. 먼저 세계적인 구도를 따져본 다음 무엇을 생산할 것인지 결정하자는 것이다. 이는 관점을 송두리째 바꾸는 것이다."

　냉전 때는 무게—특히 미사일의 투사중량—가 중요한 척도였다. 세계화 체제에서 가장 중요한 척도는 스피드, 즉 상거래, 여행, 커뮤니케이션, 혁신의 속도다. 냉전 때는 아인슈타인의 질량 에너지 공식($e=mc^2$)이 중요했다. 세계화는 18~24개월마다 실리콘칩의 연산능력은 2배로 늘고 값은 절반으로 떨어진다는 무어의 법칙Moore's Law과 관련이 많다. 냉전 때 가장 자주 묻는 말은 "당신은 누구 편이냐?"는 것이었다. 세계화 시대에 가장 자주 묻는 것은 "당신은 얼마나 많은 이들과 연결돼 있느냐?"는 것이다. 냉전 때 두 번째로 자주 묻는 것은 "당신의 미사일은 얼마나 큰가?"였다.

세계화 체제에서 두 번째로 많이 묻는 것은 "당신의 모뎀은 얼마나 빠른가?"다. 냉전체제에서 핵심 문서는 '조약'이었지만 세계화 체제의 핵심 문서는 '계약서'다. 심지어 냉전체제는 독특한 스타일도 지니고 있다. 『포린 폴리시Foreign Policy』에 따르면 1961년 쿠바의 피델 카스트로 대통령은 예의 황록색 유니폼을 입고 유명한 선언을 했다. "나는 남은 일생 동안 마르크스-레닌주의자가 될 것이다." 그러나 1999년 1월 하바나에서 열린 컨퍼런스에는 비즈니스 정장을 입고 나왔다. 세계화에 관한 이 컨퍼런스에는 금융가 조지 소로스와 자유시장 경제학자 밀턴 프리드먼이 초청됐다.

각자의 방식으로 자본주의를 길들이려 한 칼 마르크스와 존 메이너드 케인스가 냉전체제를 규정하는 경제학자였다면, 자본주의를 풀어주려 한 조지프 슘페터와 앤디 그로브 인텔 회장은 세계화 체제를 규정하는 이코노미스트였다. 오스트리아 재무장관과 하버드비즈니스스쿨 교수였던 슘페터는 고전이 된 그의 책 『자본주의, 사회주의, 민주주의』에서 그의 견해를 밝혔다. 자본주의의 요체는 '창조적 파괴creative destruction'이며, 이는 낡고 효율성이 떨어지는 제품과 서비스를 새롭고 효율적인 것으로 대체하는 영원한 사이클이라는 것이다. 앤디 그로브는 "편집광만이 살아남는다"라는 슘페터의 통찰력을 받아들여 실리콘밸리의 삶에 관한 그의 책 제목으로 썼으며, 세계화 시대 자본주의의 비즈니스모델로 활용했다. 그로브는 오늘날 산업 지형을 극적으로 바꾸는 혁신이 점점 더 빠르게 일어나고 있다는 견해를 확산시켰다. 이런 기술혁신 덕분에 최신 발명이 낡은 것이 되거나 상품화되는 속도는 이제 번개처럼 빨라졌다. 그렇기 때문에 오직 편집광만이, 누가 당신을 파괴할 수 있는 새로운 걸 창조하는지 끊임없이 어깨 너머로 돌아보고, 그들보다 늘 한발 앞서는 이들만이 살아남을 것이다. 세계화 시대에는 자본주의가 비효율적인 기업을 파괴하고, 회수된 돈이 더 혁신적인 기업으로 흘러갈 수 있도록 기꺼이 허용하는 나라들이 번성할 것이다. 이런 창조적 파괴로부터 보호해주기를 바라며 정부에 의존하는 이들은 이 시대에 낙오할 것이다.

『슬레이트Slate』의 비즈니스 칼럼니스트 제임스 서로위키는 그로브의 책에 대한 리뷰에서 슘페터와 그로브의 공통점을 잘 정리했다. 세계화 시대 경제학의 요체가 되는 이 개념은 다음과 같다. "혁신은 전통을 갈아치운다. 현재(또는 미래)는 과거를 갈아치운다. 다음번에 일어날 일보다 더 중요한 것은 없으며, 그 일은 지금의 것이 뒤엎어질 때만 일어난다. 이는 혁신을 하기에는 아주 좋지만 살아가기에는 힘든 체제다. 대부분의 사람들이 끊임없는 불확실성 속에 살기보다 미래에 대한 어느 정도의 안정성을 선호하기 때문이다. … 우리는 가장 가까운 사람들과의 관계를 늘 다시 설정하도록 강요당하지는 않는다. 그러나 바로 그게 슘페터와 그로브가 번영을 위해서는 필요하다고 한 일이다."

100분의 1초만 늦어도 탈락한다

사실 냉전이 하나의 스포츠라면 스모쯤 될 것이라고 존스홉킨스대학에서 국제 문제를 연구하는 마이클 만델바움 교수는 말한다. "링 안에 두 거구가 있다. 온갖 자세를 취하고, 의식을 거치고, 발을 구르고 하지만 상대를 밀어제치는 짧은 순간에 경기가 끝날 때까지 실제 접촉은 거의 없다. 패자는 링 밖으로 밀려나지만 아무도 죽지는 않는다."

이와는 대조적으로 세계화가 스포츠라면 100미터 경주가 될 것이다. 다시, 또다시, 그리고 또다시 이어지는 질주다. 아무리 여러 번 이겨도 다음 날에는 다시 경주를 해야 한다. 그리고 단 100분의 1초만 뒤져도 한 시간 뒤처진 것과 같을 수도 있다(프랑스 다국적기업들에게 물어보라). 1999년 프랑스 노동법이 바뀌어 모든 사용자들이 임금 삭감 없이 주당 근로시간을 39시간에서 35시간으로 4시간 줄여야(의무적으로 그래야) 했다. 많은 프랑스

기업들이 세계시장에서 경쟁하는 기업의 생산성에 미칠 효과 때문에 법 개정에 반대하며 싸웠다. 파리 교외의 하이테크기업 톰슨-CSF 커뮤니케이션스의 인사 담당 이사인 앙리 티에리는 『워싱턴포스트』와의 인터뷰에서 이렇게 말했다. "우리는 전 세계와 경쟁합니다. 우리가 생산성을 1포인트만 잃으면 주문을 잃게 됩니다. 의무적으로 주 35시간제로 가도록 하는 것은 프랑스 육상 선수들에게 물갈퀴를 신고 100미터를 달리라고 요구하는 것이나 진배없어요. 그 선수들이 메달을 딸 가능성은 별로 없겠지요."

독일 정치사상가 칼 슈미트의 말을 바꿔 쓰면 냉전시대는 '친구'와 '적'으로 나뉜 세계였다. 세계화 시대의 세계는 대조적으로 모든 친구와 적을 '경쟁자'로 바꾸는 경향이 있다.

냉전시대의 가장 큰 걱정은 고착화되고 안정된 세계의 투쟁에서 너무나 잘 알고 있는 적에게 전멸당할 수 있다는 두려움이었다. 세계화 시대의 가장 큰 걱정은 볼 수도, 만질 수도, 느낄 수도 없는 적의 급속한 변화에 대한 두려움이다. 안정과는 거리가 먼, 얼굴 없는 경제적·기술적 힘 때문에 언제라도 내 일과 지역사회와 직장이 뒤바뀔 수 있다는 의미다. 냉전시대 국방체계의 상징은 레이더였다. 이는 장벽 반대편에서 오는 위협을 발견하기 위한 것이었다. 세계화 시대 국방체계를 상징하는 것은 X-레이 장치다. 이는 내부의 위협을 탐지하는 것이다.

세계화 시대의 인구 이동 패턴도 뚜렷하다. 농촌에서 도시로 인구 이동이 가속화된다. 농촌의 라이프스타일은 글로벌 패션과 음식, 시장, 엔터테인먼트 수단과 더 친밀한 도시의 라이프스타일로 바뀐다.

마지막으로 가장 중요한 점을 들자면, 세계화 시대에는 냉전 때보다 훨씬 복잡한 독특한 권력구조가 나타난다. 냉전체제는 전적으로 국민국가의 토대 위에 세워졌다. 이런 체제에서는 세계무대에서 활동하려면 국가를 통해서만 할 수 있다. 냉전이라는 드라마는 기본적으로 국가와 국가가 대립하고, 국가 간에 균형을 잡고 동맹을 맺는 것이었다. 냉전은 미국과 소련이라는 두 초강대국이 중심부에서 균형을 이루는 체제였다.

　세계화 체제는 이와 달리 중첩되고 서로 영향을 미치는 세 가지 균형 위에 세워졌다. 첫 번째 균형은 국민국가 사이의 전통적인 균형이다. 세계화 체제에서 미국은 유일하고 지배적인 슈퍼파워이며, 다른 모든 나라들은 어느 정도 종속적인 위치에 있다. 미국과 다른 나라들 사이의 세력 균형은 체제의 안정을 위해 여전히 중요하다. 중동 지역에서 이라크를 봉쇄하는 것이나 중부 유럽에서 러시아에 맞서 북대서양조약기구(NATO)를 확장하는 것과 같은 신문 1면 기사를 읽을 때 이런 세력 균형은 많은 걸 설명해준다.

　세계화 체제의 두 번째 균형은 국가와 글로벌 시장 사이의 균형이다. 이 글로벌 시장은 마우스 클릭만으로 세계 어디로든 돈을 움직일 수 있는 수백만 명의 투자자들로 이뤄져 있다. 나는 이들을 '전자소떼Electronic Herd'라 부른다. 이 군중은 내가 '슈퍼시장Supermarkets'이라 부르는 월스트리트나 홍콩, 런던, 프랑크푸르트와 같은 금융 중심지에 모인다. 전자소떼와 슈퍼시장의 행태는 오늘날 국가에 엄청난 영향을 미칠 수 있다. 심지어 정부의 와해를 촉발하는 것도 가능하다. 누가 1998년 인도네시아에서 수하르토를 내쫓았는가? 다른 나라가 그를 축출한 게 아니다. 슈퍼시장이 인도네시아 경제에 대한 지원과 신뢰를 거둬들임으로써 그렇게 한 것이다. 슈퍼시장을 분석에 포함시키지 않는 한 오늘날 신문 1면을 결코 이해할 수 없을 것이다. 미국이 폭탄을 떨어뜨려 당신을 파괴할 수 있지만, 슈퍼시장이 채권 신용등급을 떨어뜨려 당신을 파괴할 수 있기 때문이다. 달리 말하면, 미국은 세계화의 게임보드를 유지하는 지배적인 플레이어지만 미국 혼자서만 그 게임보드를 움직이는 건 아니라는 이야기다. 오늘날 세계화의 게임보드는 위저보드(Ouija board: 심령 전달에 쓰이는 점판)와 많이 닮았다. 어떤 때는 말들이 슈퍼파워의 명백하게 보이는 손에 따라 움직이지만 어떤 때는 슈퍼시장의 감춰진 손에 따라 움직인다.

　세계화 체제에서 관심을 기울여야 할 세 번째 균형—세 가지 균형 가운데 가장 새로운 것—은 개인과 국가 사이의 균형이다. 세계화가 사람들의 이동과 활동 영역을 제한하는 많은 장벽을 무너뜨리고 동시에 세계를 네트워크로 묶었다. 이는 개인이 시장과 국가에 영향을 미치는 데 역사상 어느 때보다 많은 힘을 갖게 했다. 개인들이 국가의 중개를 거치지 않고 직접 세계무대에서 활동하는 일이 점점 더 늘고 있다. 따라서 오늘날에는 슈퍼파워와 슈퍼시장뿐만 아니라 강력한 힘을 얻은 슈퍼개인Super-empowered individual들이 활동하고 있다. 슈퍼개인 중 일부는 적개심에 차 있다. 일부는 매우 훌륭한 사람들이다. 그리고 이들 모두 세계무대에서 직접 활동할 수 있다.

세계화 무대를 움직이는 슈퍼배우들

미국 정부가 알지 못하는 사이, 코네티컷 주 그리니치의 헤지펀드 롱텀캐피털매니지먼트를 운영하는 몇몇 개인들이 전 세계에 대한 투자 규모를 중국의 외환보유액보다 많게 불렸다. 자신만의 글로벌 네트워크를 가진 사우디아라비아의 백만장자 오사마 빈 라덴은 1990년대 말 미국에 전쟁을 선언했다. 미국 공군은 빈 라덴이 하나의 국가라도 되는 양 아프가니스탄에 있는 그에게 보복하기 위해 크루즈미사일 공격을 했다. 생각해보라. 미국은 하나에 100만 달러나 하는 크루즈미사일 75발을 한 개인에게 퍼부었다! 슈퍼파워와 성난 슈퍼개인의 싸움이었다. 조디 윌리엄스는 국제적인 지뢰 금지에 기여한 공로로 1997년 노벨평화상을 받았다. 그녀는 정부의 특별한 도움 없이 지뢰 금지조치를 이끌어냈다. 더욱이 많은 강대국들의 반대를 무릅쓰고 그 일을 이뤄냈다. 그녀는 6개 대륙에서 인권 보호와 무기 통제를 위해 활동하는 1,000개의 단체를 조직화한 그녀만의 비밀 무기를 뭐라고 말했을까? '이메일'이었다.

국가, 특히 슈퍼파워 미국은 오늘날에도 여전히 매우 중요하다. 하지만 슈퍼시장과 슈퍼개인 역시 중요하다. 당신이 이 세 주연의 복잡한 상호 작용을 보지 못하는 한 세계화 체제나 아침 신문의 1면을 결코 이해하지 못할 것이다. 국가와 국가가 부딪치고, 국가와 슈퍼시장이 부딪치며, 슈퍼시장과 국가가 슈퍼개인과 부딪치고 있다.

불행하게도 세계화는 우리 스스로 보고 이해할 수 있는 능력에 비해 너무 빨리 다가왔다. 그 이유는 나중에 설명하겠다. 이 한 가지 사실만 생각해보라. 대부분의 사람들은 1990년 이전에 인터넷에 관해 들어본 적도 없었으며 극소수만이 이메일 주소를 갖고 있었다. 불과 10년 전에 그랬다! 그러나 지금 인터넷과 휴대전화, 이메일은 많은 사람들에게 필수 도구가 됐다. 선진국에서뿐만이 아니다. 이런 도구 없이 살아가는 것은 상상조차 할 수 없다. 핵무기와 핵 억지력에 관한 이론이 처음 등장한 냉전 초기에도 다르지 않았을 것이라고 확신한다. 그 시대 지도자와 분석가들이 냉전 체제의 속성과 특징을 확실히 파악하는 데에는 오랜 시간이 걸렸다. 그들은 2차 세계대전 후 그 큰 전쟁이 어떤 종류의 세계를 만들어냈을 것이라고 생각했다. 하지만 전쟁은 그들이 예상한 것과는 매우 다른 세계의 토대를 만들었다는 사실을 곧 알게 됐다. 냉전이라는 거대한 구조, 냉전시대의 전략 가운데 대부분이 사태 변화와 커지는 위협에 대응하는 과정에서 나왔다. 전략가들은 냉전체제로 알려지게 된 기구와 인식과 행동 양식을 하나 둘 쌓아갔다.

이는 세계화 체제에서도 다르지 않다. 다만 세계화 체제는 이해하는 데 훨씬 많은 시간이 걸린다. 이 새로운 체제를 보기만 하는 데도 많은 재교육이 필요하며, 세계화는 슈퍼파워뿐만 아니라 슈퍼시장과 슈퍼개인과 관련돼 있기 때문이다. 우리가 2000년에 지금의 세계화 체제가 어떻게 작동할지 이해하는 것은 1946년 당시 냉전체제가 어떻게 작동할지 이해했던 것보다 나을 게 없다. 1946년은 윈스턴 처칠이 소련 영향권을 서유럽과 차단하는 '철의 장막'이 드리워지고 있다고 경고하는 연설을 한 해다. 사람들은 처칠의 연설 후에도 30년 동안 냉전체제가 어떻게 작동할지 거의 알지 못했다! 러틀리지 출판사가 최고의 소련 전문가들 가운데 몇몇의 논문을 엮어 『2000년을 향한 소련 경제Soviet Economy Towards the Year 2000』라는 책을 낸 것도 그때였다. 이 책이 처음 나왔을 때는 잘 팔렸다. 그러나 당시 저자들 중 누구도 2000년에 소련 경제는 존재하지 않을 것이라는 생각을 하지 못했다.

    이 체제가 어떻게 작동할지 정확히 이해하는 이들이 얼마나 적은지 알고 싶다면 다음과 같은 재미있는 사실을 생각해보라. 롱텀캐피탈매니지먼트에 자문을 해주는 두 핵심 경제학자 로버트 머튼과 마이런 숄즈는 1997년 노벨상을 공동 수상했다. 그로부터 약 1년 후 롱텀캐피탈매니지먼트는 오늘날 밀접하게 통합된 글로벌 시장의 리스크가 갖는 속성을 너무나 잘못 이해해 헤지펀드 사상 최대 규모의 손실을 입었다. 롱텀캐피탈매니지먼트의 두 경제학자들은 뭘로 노벨상을 탔는가? 글로벌 투자자들이 리스크를 줄이기 위해 파생상품이라는 복잡한 금융 수단을 활용할 수 있다는 연구로 상을 탄 것이다! 1997년 그들은 리스크를 관리하는 이론을 만들었다는 공로로 노벨상을 탔다. 1998년 그들은 리스크를 만들어냈다는 이유로 꼴찌상을 탔다. 사람도 시장도 같았지만 세계는 새롭게 바뀌었다.

02

정보 차익거래

바르셀로나의 멋있는 과학박물관에서 나는 '혼돈chaos'을 잘 설명해주는 전시물을 봤다. 직선궤도로 움직이지 않는 추가 설치돼 있었다. 관람객은 추를 잡고 원하는 위치에서 원하는 속도로 움직이게 할 수 있다. 그런 다음 종이에 펜으로 기록되는 추의 움직임을 지켜볼 수 있다. 다음에 관람객은 처음과 똑같이 추를 움직여보라는 요청을 받는다. 다시 추를 잡고 먼젓번과 같은 위치에서 같은 속도로 움직이도록 하는 것이다. 아무리 주의를 기울여 시도해도 추의 움직임은 처음과 큰 차이가 난다. … 나는 관리인에게 한쪽 구석에서 우리를 지켜보며 서 있는 두 남자가 뭘 하고 있는지 물었다. 그는 이렇게 대답했다. "아, 저 두 네덜란드인들은 '혼돈'을 뜯어가려고 기다리는 중이지요." 그 전시물은 곧 분해돼 암스테르담으로 옮겨질 것이었다. 그때부터 나는 전 세계에서 그 두 네덜란드인의 서비스에 대한 수요가 매우 많지 않을까 궁금해했다. 자기네 혼돈을 가져가버리길 바라는 기관들의 수요 말이다.

『쿼크와 재규어The Quark and the Jaguar』의 저자 머레이 겔만

이 새로운 세계화 체제에 적응하고 이에 초점을 맞추려는 다른 모든 사람들처럼 나는 스스로를 재교육하고 이 체제를 보는 새로운 렌즈를 개발해야 했다. 어떻게 그렇게 했는지를 설명하기 위해 먼저 고백을 하나 해야겠다. 이는 나 자신 정말로 오랫동안 벗어버리고 싶었던 짐이었다. 들을 준비가 됐는가? 나의 고백은 바로 이것이다. 나는 베이루트에서 날씨 기사

를 꾸며내곤 했다.

글쎄, 사실 꾸며낸 건 아니다. 그렇게 했다면 잘못이다. 나는 날씨를 '추정했다.' 1979년 나는 베이루트에서 UPI통신의 풋내기 기자로 일하고 있었다. 나는 자주 밤늦게 교대근무를 해야 했는데 이 시간에 근무하는 이들의 임무 가운데 하나가 베이루트 날씨 기사를 보내는 것이었다. 최고, 최저 기온을 포함한 이 기사는 UPI의 전 세계 날씨 종합에 포함돼 매일 신문에 실렸다. 베이루트에는 기상예보관이 없다는 게 유일한 문제였다. 내가 아는 한 없었다. 그 나라는 내전 중이었다. 누가 기온에 신경 쓰겠는가? 사람들은 살아 있다는 것만으로도 기뻤다. 그 당시 베이루트에서 유일하게 신경 써야 할 온도는 자신의 체온(섭씨 37도)뿐이었다. 그래서 나는 특별 여론조사를 통해 자주 기온을 추정했다. 나는 날씨 정보를 모으기 위해 보통 내 방 건너편이나 홀 쪽으로 소리쳤다. "이봐요, 아메드, 오늘 바깥 날씨는 어때요?"

그러면 아메드 아니면 소냐, 또는 다우드가 소리친다. "더워요."

나는 다시 묻는다. "32도쯤?"

다시 대답이 돌아온다. "맞아요, 토머스 씨. 얼마라고 하든 대략 그쯤이에요."

그러면 나는 "최고 32도"라고 쓴다. 나는 나중에 다시 묻는다. "이제 바깥은 선선한 편인가요?"

다시 같은 대답. "맞아요, 토머스 씨."

다시 내가 묻는다. "대략 22도라고 할까요?"

또 돌아오는 대답. "틀림없어요, 토머스 씨. 얼마라고 하든."

그러면 나는 "최저 22도"라고 적는다. 이렇게 해서 베이루트 날씨 기사가 전송된다.

몇 년 후 내가 『뉴욕타임스』「비즈니스 데이」섹션에서 일할 때 그 순간들을 떠올렸다. 나는 가끔 그날의 달러 시세와 주식시장에 관한 기사를 쓰게 됐고, 장이 끝난 후 중개인들에게 전화를 돌려야 했다. 주요 통화 대비 달러 시세가 어떻게 끝났는지, 다우존스 공업평균지수가 왜 오르거나 떨어졌는지 확인하기 위해서다. 어떤 애널리스트들은 시장이 어느 방향으로 움직이든, 달러가 오르든 떨어지든, 언제나 간단 명료한 설명을 해주는 데 놀랐다. 6개 대륙, 24개 시간대에서 1조 2,000억 달러어치의 거래가 이뤄진 끝에 왜 달러가 엔화에 비해 0.5센트 오르거나 떨어졌는지 짧고 명쾌하게 설명하는 것이다. 우리는 모두 그 설명을 믿었다. 그러나 내 마음 한 구석에서는 이들 해설자들이 나를 속이고 있는 건 아닌지 의문이 들곤 했다. 이런 것들이 베이루트 날씨 보도의 월스트리트 버전이 아닐까 하는 의심이 마음 한켠에 있었다. 메릴린치나 파인웨버 사무실에서 누군가가 홀 건너편으로 "이봐, 아메드, 오늘 왜 달러가 하락했지?"라고 소리치는 건 아닌지 말이다. 사환이나 비서, 또는 그때 마침 데스크를 지나치던 중개인이 우연히 대답한 게 전 세계 수천 명의 트레이더들이 어떻게 행동했는지를 세계적인 관점에서 설명해주는 것으로 다음 날 신문에 실리는 건 아닌지 말이다.

1994년 나는 『뉴욕타임스』 국제무역·금융 담당 기자로 미일 무역 회담을 취재하고 있었다. 어느 날 오후 책상 앞에 앉아 컴퓨터로 통신 기사를 훑어보던 나는 로이터에서 바로 잇달아 나온 2개의 기사를 발견했다.

| 달러, 무역 회담에 대한 낙관으로 상승 마감 |

뉴욕(로이터) 금요일 달러 시세는 미국과 일본의 무역 회담에서 합의가 이뤄질 것이라는 낙관론이 강해지면서 대부분의 주요 통화에 대해 상승을 기록했다.

| 블루칩 주식, 무역 회담에 대한 불확실성으로 하락 마감 |

뉴욕(로이터) 금요일 블루칩 주식은 이날 자정으로 정해진 대일 무역 제재

시한을 앞두고 미일 무역 회담에 대한 불확실성이 드리운 가운데 하락을 기록했다.

"이봐요, 아메드, 미일 무역 회담에 대해 어떻게 생각해요?"

다차원 렌즈로 세계를 보라

예전에 내가 베이루트에서 날씨 기사를 보내면서 했던 일과 로이터가 주식과 외환시장 기사를 내보내면서 한 일은 혼돈을 정리하려는 것이었다. 두 가지 경우 모두 별로 성공하지 못했지만. 1995년 국제 문제 칼럼을 시작할 때 나는 정치세계의 혼돈을 정리하기 위해 하는 일이 베이루트에서 기온을 추정하던 것과 똑같은 일뿐이라면 칼럼니스트로서 오래가지 못하리라는 걸 알았다. 그럼 뭘 해야 하나? 믿기 어려울 정도로 복잡한 세계화 체제를 어떻게 이해하고 설명해야 하나?

간단히 답하자면, 나는 두 가지 일을 동시에 할 필요가 있다는 걸 배웠다. 다차원 렌즈로 세계를 보고 동시에 그 복잡한 세계를 거창한 이론이 아니라 간결한 이야기로 독자들에게 전해주는 것이다. 나는 두 가지 테크닉을 활용했다. 세계를 이해하기 위해 '정보 차익거래information arbitrage를 하고', 세계를 설명하기 위해 '이야기를 하는' 것이다.

정보 차익거래는 무엇인가? 차익거래는 금융시장 용어다. 기술적으로 이야기하면, 차익거래는 같은 증권이나 상품, 또는 외환을 동시에 사고파는 것이다. 시장별로 가격과 정보가 다른 데서 이익을 얻기 위한 것이다. 성공적인 차익거래자는 돼지고기가 시카고에서는 파운드당 1달러에 팔리고 뉴욕에서는 1.5달러에 팔린다는 걸 안 다음, 시카고에서 돼지고기를 사 뉴욕에서 파는 사람이다.

차익거래는 시장에서도 할 수 있지만 문학의 세계에서도 할 수 있다. 스페인의 문호인 호세 오르테가 이 가세트는 "런던에서 정보를 싸게 사서 스페인에서 비싸게 팔았다"고 한다. 런던의 모든 고급 살롱을 자주 드나들며 거기서 얻은 통찰을 고국 사람들을 위해 스페인어로 번역해 팔았던 것이다. 그러나 돼지고기를 팔든 통찰을 팔든 성공적인 차익거래자가 되기 위한 비결은 광범위한 정보망과 정보를 확보하고 이를 이익을 창출할 수 있는 방식으로 합성하는 것이다.

오늘날에는 정치와 문화, 기술, 금융, 국가안보, 생태적 환경 사이의 전통적인 경계가 그 어느 때보다 많이 사라지고 있다. 다른 분야를 알아보지 않고서는 어떤 분야를 설명할 수 없고, 모든 분야를 알지 못하고서는 전체를 설명할 수 없는 게 보통이다. 그러므로 유능한 국제 문제 분석가나 기자가 되려면 다른 관점에서 나오는 정보의 차익거래를 어떻게 하는지를 배워야 한다. 그리고 어느 한 관점에서만 보면 결코 그려낼 수 없는 세계를 그려내기 위해 이 모든 것을 함께 직조해야 한다. 정보 차익거래의 요체는 바로 이것이다. 우리 모두가 더욱 밀접하게 연결된 세계에서는 그 상호 연관성을 읽고, 각각의 점을 연결하는 능력이 저널리스트가 제공할 수 있는 진정한 부가가치다. 그 상호 연관성을 보지 못하면 세계를 보지 못한다.

6차원 정보 차익거래

내가 일을 시작할 때 이 모든 걸 알았더라면 좋겠지만 나는 그러지 못했다. 나는 이런 접근법을 순전히 우연히 얻게 됐다. 하는 일이 계속 바뀜에 따라 단지 살아남기 위해 세계를 보는 하나의 렌즈를 다른 렌즈 위에 계속 얹어갈 수밖에 없었다. 그 과정은 이랬다.

나는 저널리스트로서의 삶을 가장 좁은 영역의 리포터로 시작했다. 내

경력의 첫 10년 동안에는 '모든 종족 간 전쟁의 어머니'라 할 아랍-이스라엘 분쟁을 취재했다. 처음에는 베이루트에서, 다음에는 예루살렘에서 취재했다. 그 시절 나에게 저널리즘은 기본적으로 정치와 문화에 관한 2차원 비즈니스였다. 중동에서는 문화가 상당히 많은 부분 정치를 규정하기 때문이다. 다르게 표현하자면, 내가 지켜보는 세계는 사람들이 자기의 뿌리를 고수하면서 이웃의 올리브나무를 뿌리 뽑는 세계였다.

나는 중동에서 10년을 일한 뒤 1988년 예루살렘을 떠나 워싱턴으로 왔다. 여기서 나는 『뉴욕타임스』 외교 담당 기자가 됐다. 내가 처음으로 지시받은 취재거리는 국무장관 내정자인 제임스 베이커의 임명동의를 위한 상원 청문회였다. 부끄럽지만 내 학사와 석사 과정 전공은 모두 아랍어와 중동문제였고, 워싱턴에 올 때까지 언론 경력 거의 전부를 중동문제를 취재하느라 보냈기 때문에 나는 세계의 다른 부분에 대해서는 별로 잘 알지 못했다. 나는 의원들이 베이커 장관 내정자에게 묻는 이슈들에 대해 아무것도 알지 못했다. 이를테면 START 조약, 콘트라, 앙골라, CFE(유럽 재래식 군사력)의 무기 통제 협상과 NATO 같은 것들이다. 청문회장을 나올 때 내 머리는 어찔어찔했다. 기사 첫머리를 어떻게 써야 할지 아무 생각이 나지 않았다. 심지어 약자들이 뭘 뜻하는지 절반도 몰랐다. 콘트라가 우리 편인지 적인지조차 확실히 알지 못했다. CFE는 실은 'a'가 떨어져나간 '카페 cafe'가 아닐까 생각했다. 신문사로 돌아가려고 택시를 잡을 때 내 머리 속을 가득 채운 것은 내 기사에는 언급도 안 된 베이커 관련 내용이 다음 날 아침 『워싱턴포스트』 1면 헤드라인에 올라 있는 장면이었다. 『뉴욕타임스』 펜타곤(국방부) 출입기자인 마이클 고든의 도움으로 그날 기사를 그럭저럭 엮어낼 수 있었다. 하지만 그때 거기서 2차원으로는 더 이상 현상을 꿰맞출 수 없다는 걸 깨달았다. 다행히 베이커와 함께 50만 마일을 여행한 것을 포함해 4년간 외교 분야를 취재한 덕분에 나는 정치와 문화 두 차원에 하나를 추가할 수 있었다. 국가안보 또는 세력 균형이라는 차원이다.

이는 무기 통제, 슈퍼파워 경쟁, 냉전시대 동맹 관리, 세력 분포와 같은 이슈들을 모두 연결하는 것이다. 그래서 나의 낡은 2차원적 세계관은 달라졌다. 나는 베이커와 함께 전용기를 타고 이스라엘로 가던 때를 기억한다. 전용기는 잠시 텔아비브 공항을 벗어나 웨스트뱅크(서안지구) 상공에서 크고 넓은 호弧를 그리고 나서 돌아와 착륙했다. 나는 웨스트뱅크를 지날 때 국무장관 전용기의 창밖을 내려다보며 생각했다. "단순히 정치적으로만 생각하면 이곳은 더 이상 중요하지 않아. 흥미롭다는 건 맞지만 지정학적으로 중요한 것은 아니야."

국무부 탐방에 이어 다행히 잠깐 동안 백악관 출입기자를 맡은 후 (누구도 백악관 출입을 저널리즘으로 쳐주지 않을 것이다) 신문사에서 외교정책과 국제금융의 교차점을 취재하는 새로운 분야를 개척해달라고 부탁했을 때 나는 또 다른 렌즈를 추가했다. 냉전이 끝나고 소련이 무너지면서 금융과 무역이 국제관계를 형성하는 데 보다 큰 역할을 할 게 분명해졌다. 경제와 국가안보가 만나는 분야를 취재하는 것은 신문사나 나에게 하나의 실험이었다. 실무적으로 나는 재정·무역 담당 기자로 발령받았지만 국무부와 백악관 취재 경력이 감안돼 이 모든 분야를 통합적으로 취재하라는 부탁을 받았다. 이 분야는 '통상외교'나 '국제 문제와 금융'과 같은 여러 가지로 불렸다.

그 교차 지점에 섰을 때 내가 발견한 것은 두 가지였다. 하나는 냉전체제가 끝나면서 이 교차 지점에서 엄청난 뉴스가 생산되리라는 것이었다. 다른 하나는 그 지점에는 아무도 없다는 것이었다. 대신 그곳에는 외교를 취재하지 않는 수많은 무역 담당 기자들이 있었다. 국가안보 문제를 다루지 않는 금융 담당 기자들도 많았다. 금융 담당이 아닌 외교 전문 기자들도 많았다. 또 무역, 금융, 외교 문제를 취재하지 않고 오직 대통령이 무슨 말을 하고 어떤 일을 하는지만 취재하는 백악관 기자들도 있었다.

나에게 정치, 문화, 국가안보에 금융시장이라는 차원을 추가하는 것은 새 안경을 쓰고 갑자기 4차원 세계를 보는 것과 같았다. 나는 전에는 한 번도 뉴스거리라고 생각하지 않았을 뉴스를 발견했다. 전에는 전혀 인식하지 못했던 일련의 사건들을 보게 됐다. 나는 보이지 않는 손을 보고, 국가와 지도자들이 어떤 일을 하지 못하도록 구속하는, 예전에는 상상하지도 못했던 수갑을 보았다.

아아, 4차원도 충분치 않았다. 내가 '국제 문제' 칼럼니스트가 되었을 때 시장의 힘을 키우고 시장이 부상하도록 하며, 국가와 개인의 상호 작용 방식을 바꾸고, 진정으로 세계화의 중심에 자리 잡고 있는 것은 인터넷, 위성통신과 같은 최근의 기술 발전이었다. 나는 온갖 새로운 방식으로 개인과 기업, 정부의 힘을 키워주는 이들 기술을 잘 이해하지 못하는 한, 국제정치의 틀을 형성하는 힘에 대해 독자들에게 설명하는 건 고사하고 내 스스로도 이해할 수 없다는 걸 깨달았다. 한 사회에서 누가 무기를 통제하는가는 언제나 매우 중요하다. 그러나 누가 전화를 차지하고 전화가 어떻게 작동하는지도 중요하다. 한 나라가 군대와 핵무기를 얼마나 보유하는지는 언제나 매우 중요하다. 하지만 인터넷을 위한 주파수대역폭이 얼마인지도 중요하다. 그래서 나는 기술이라는 또 하나의 차원을 추가해 5차원을 다루는 기자가 됐다. 이는 세계가 어떻게 돌아가는지 그 흐름을 놓치지 않기 위해 한 해 한 번은 찾아가야 할 세계의 수도(모스크바, 베이징, 런던, 예루살렘 같은 곳)의 리스트에 실리콘밸리를 추가해야 한다는 의미다.

마지막으로, 세계화 체제가 작동하는 걸 오래 지켜볼수록 더 분명해지는 게 있다. 세계화는 숲을 밀어버리는 개발과 디즈니만화만 판치는 문화적 동조화를 부추겼다는 점이다. 이는 그냥 내버려두면 인류 역사상 일찍이 볼 수 없었던 속도로 환경을 파괴하고 문화의 뿌리를 뽑아버릴 잠재력을 갖고 있었다. 나는 분석틀에 환경이라는 관점을 추가하지 않으면 개발을 제약하고 세계화에 대한 반동을 촉발할 수 있는 요인 가운데 하나를 빠뜨리게 될 것이라는 점을 점차 깨달았다. 그래서 내 차익거래에 여섯 번째 차원을 추가했다. 환경주의에 관해 공부하고, 내 취재 여행에 환경을 알기 위한 짧은 여행을 포함시켰다. 이 여행은 세계화가 생태계에 어떤 영향을 미치는지, 환경 파괴는 세계화에 어떤 영향을 주는지 이해하기 위해서다.

6차원에 이른 지금 다음 차원은 뭐가 될지 모르겠다. 그러나 새로운 차원이 뚜렷해지면 추가할 것이다. 나는 '글로벌리스트'이기 때문이다. 내가 속한 학파는 글로벌리스트 학파다. 이는 내가 리얼리스트가 아니라는 뜻이다. 리얼리스트는 모든 국제 문제를 세력 판도와 지정학적 이점을 탐구함으로써 설명할 수 있으며 시장은 별로 문제가 되지 않는다고 생각한다. 나는 환경주의자가 아니다. 환경주의자는 오로지 환경이라는 프리즘으로만 세계의 운명을 내다보면서 환경을 구하기 위해 무슨 일을 해야 하는가만 생각하며, 개발은 중요시하지 않는다. 나는 기술주의자도 아니다. 기술주의자는 역사가 마이크로프로세서의 발명과 함께 시작됐으며 인터넷이 미래의 국제관계를 결정할 것으로 믿는 실리콘밸리의 기술 마니아들로, 지정학은 중요하게 여기지 않는다. 나는 본질주의자가 아니다. 이들은 사람들의 행태를 본질적인 문화나 DNA 특성으로 설명할 수 있다고 믿으며 기술은 중요하지 않다고 생각한다. 나는 이코노미스트도 아니다. 이코노미스트들은 세계를 오직 시장과 관련해서만 설명할 수 있다고 믿으며 정치적 파워와 문화는 문제가 안 된다고 본다.

나는 국가와 시장, 학과 사이의 벽이 사라지는 이 새로운 세계화 체제가 근본적으로 새로운 현상을 만들어낸다고 믿는다. 그걸 보고, 이해하고, 설명할 수 있는 유일한 길은 위에서 설명한 여섯 가지 차원의 차익거래를 통하는 길이다. 이때 시기와 상황에 따라 각각의 관점에 다른 가중치를 부여해야 하지만, 오늘날 국제관계의 특성을 규정하는 참된 요인은 이들 모두가 함께 모이는 접점에 있다는 걸 늘 이해하고 있어야 한다. 그 때문에 글로벌리스트가 되는 게 모든 점들을 체계적으로 연결하고, 세계화 체제를 바로 보고, 혼돈을 정리하는 유일한 길이다.

모든 정보는 연결되어 있다

내가 이 세계를 잘못 알고 있다면 이는 금세 드러날 것이다. 하지만 내가 틀리지 않았다면 다시 학교로 돌아가야 할 사람들이 너무 많다. 특히 세계를 설명해야 할 저널리스트와 세계를 만들어가야 할 전략가들에게 글로벌리스트처럼 생각하는 게 중요하다. 이 모든 상이한 세계와 기관들 사이에는 점점 더 매끄러운 연결망web이 생기고 있으며, 기자와 전략가들은 그 망처럼 매끈한 연결을 추구해야 한다. 불행하게도, 언론계와 학계에는 무수히 쪼개진 좁은 전문 분야의 관점에서 생각하는 성향이 너무나 깊숙이 내재돼 있다. 이런 성향은 현실세계가 분명하게 작은 영역으로 나누어져 있지 않으며 국내와 국제 문제, 정치와 기술적 현상 간의 경계가 모두 무너지고 있다는 사실을 무시해버린다.

그 예를 하나만 들어보자. 지난 몇 년 동안 클린턴 행정부는 일본이 공식적인 관세와 비관세 장벽을 제거하지 않으면 무역 제재 조치를 취하겠다고 계속 위협했다. 그러나 경험 많은 미키 캔터 무역대표부 대표가 행정부 내에서 대일 무역 제재 조치를 취해야 한다는 주장에 대한 동의를 얻고, 클린턴 대통령이 일본에 엄중한 벌을 내리려 했을 때, 그때마다 마지막 순간에 클린턴이 물러서곤 했다. 당시 대통령 집무실에서 어떤 일이 벌어졌는지 상상해본다.

캔터가 대통령 집무실로 걸어들어와 대통령 옆 의자를 끌어당겨 앉은 후 이렇게 말한다. "각하, 그 지독한 일본인들이 고집을 부리면서 우리에게 책임을 떠넘기고 있습니다. 우리 수출품을 받아들이지 않으려 합니다. 지금은 반드시 그들을 응징해야 할 때입니다. 제재해야 합니다, 각하. 강력한 제재 조치를 취해야 합니다. 지금이 바로 그때입니다. 그런데, 각하, 일본을 제재하면 노조도 좋아하겠지요?"

클린턴은 이렇게 말할 것이다. "미키, 너무나 지당한 말씀이오. 그렇게 하시오." 그러나 캔터가 일본을 응징하러 가기 위해 막 자리를 뜰 때 재무부 장관 로버트 루빈이 대통령 집무실 옆문으로 들어와 말한다.

"아, 각하. 우리가 일본에 무역 제재를 가하면 달러가 폭락하리라는 걸 아셔야 합니다. 일본인들은 보유하고 있던 우리 국채를 모조리 내다팔 수 있고 이렇게 되면 미국 내 금리가 치솟을 겁니다."

그러면 대통령은 거의 문밖으로 나가고 있던 캔터에게 손짓한다. "이봐요, 미키, 미키, 미키. 잠깐 돌아와봐요. 이 문제는 좀 더 숙고해봐야 할 문제입니다."

며칠 후 캔터는 다시 돌아온다. 그는 같은 주장을 되풀이한다. 이번에는 대통령도 진정으로 확신을 갖고 캔터에게 말한다. "난 더 이상 일본인들이 하는 일을 참지 않겠소, 미키. 제재하시오. 응징하란 말이오."

캔터가 제재 조치를 취하려고 막 방을 나서려 할 때 국방부 장관 윌리엄 페리가 옆문으로 들어와 말한다.

"아, 각하, 일본에 무역 제재 조치를 취하면 일본은 오키나와 미군기지에 대한 재협상을 하지 않을 거라는 걸 아셔야 합니다. 우리 생각대로 북한 핵 발전시설에 돈을 대려 하지 않을 수도 있지요."

대통령은 방문을 나서려는 캔터를 급하게 돌려세운다. "이봐요, 미키, 미키, 미키, 잠깐 이리 와봐요. 이 문제는 다시 생각해봐야겠소."

이는 가상의 이야기다. 하지만 나는 이 장면과 거의 같은 일이 실제로 벌어졌으리라는 데 큰돈을 걸고 내기를 할 수 있다. 또한 이 상황을 제대로 포착할 기자는 무역 담당 기자나 재무부 또는 국방부 출입기자가 아니라 이 세 분야를 동시에 오가며 정보 차익거래를 하는 기자일 것이라는 데 많은 돈을 걸 수 있다.

예일대학에서 국제관계를 연구하는 역사학자 폴 케네디와 존 루이스 가디스는 차세대 미국 전략가를 훈련시키는 걸 자신이 해야 할 일 중 하나라고 믿은 사람들이다. 그들은 새 세대 전략가들을 길러내기 위한 교과과정을 확대할 방법을 찾아야 한다고 결정했다. 단지 개별주의자(particularist: 개별주의자라는 뜻 외에 지방주의자, 배타주의자, 자기중심주의자라는 뜻으로 쓰일 때도 있다-옮긴이)가 아닌 글로벌리스트로 사고할 수 있는 전략가를 기르려는 것이다. 가디스와 케네디는 함께 쓴 논문에서 모든 주제에 대해 개별주의자를 확보하는 것도 중요하지만(영역별로 깊은 지식을 가진 전문가 풀을 확보하는 일은 언제나 중요하지만) 개별주의자들만이 외교정책을 수립하고 분석하지 않도록 하는 것도 중요하다고 밝혔다.

이 두 예일대학 역사학자들은 다음과 같이 썼다. "이들은 그림의 일부를 이해하는 데는 완벽하게 자질을 갖추고 있지만 그림 전부를 보는 데는 어려움을 겪는다. 그들은 일의 우선순위를 정하고 동시에 따로따로 추진한다. 각각의 일들이 서로를 어떻게 무력화할 수 있을까에 대해서는 거의 생각하지 않는다. 그들은 나무 하나하나를 보며 자신 있게 나아가지만 숲속에서 길을 잃었을 때는 경악한다. 지난날 위대한 전략가들은 각각의 나무뿐만 아니라 숲을 보았다. 그들은 제너럴리스트generalist였으며 생태적 관점에서 작업을 했다. 그들은 세계가 모두 상호 연결된 웹이라는 점을 이해했다. 이런 세계에서는 어느 한곳에서 이뤄지는 조정이 다른 곳에도 영향을 미친다. 그런데 오늘날에는 어디에서 제너럴리스트를 찾을 수 있는가? … 대학과 싱크탱크가 어느 때보다 좁은 전문영역으로 가는 게 지배적인 추세다. 몇 가지 분야에 걸쳐 넓게 보는 것보다는 단 하나의 분야를 깊숙이 보는 데 많은 프리미엄을 주고 있다. 그러나 전체에 대한 이해 없이는(여러 수단이 어떻게 종합적으로 목표를 달성하거나 그르치게 되는지에 대한 감각 없이는) 전략이 있을 수 없다. 전략이 없으면 표류할 수밖에 없다."

어떤 이들은 이 점을 이해하기 시작했다. 1990년대 말 세계 전역을 감청하며 엄청난 정보를 빨아들이던 극히 비밀스러운 조직인 국가안보국(NSA)은 내부적으로 정보를 처리하는 방식을 바꿀 필요가 있다고 결정했다. NSA는 "알아야 한다need to know"는 냉전시대 모토를 "나눠야 한다need to share"로 바꿨다. 알 필요가 있는 정보를 찾아보기만 하면 된다는 생각에서 우리 모두가 조금씩 갖고 있는 걸 나누지 않으면 큰 그림을 결코 이해하지 못한다는 생각으로 바뀐 것이다.

아마도 그와 같은 이유 때문에 국제관계 전공 교수나 국무부 외교관이 아니라 헤지펀드 매니저들이 나의 가장 유용한 지적知的 원천 중 일부(결코 전부는 아니고)가 되고 있다. 헤지펀드 매니저들은 오늘날 세계에서 유일하게 참으로 번창하고 있는 글로벌리스트 학파다. 나는 똑똑한 헤지펀드 매니저들에게 점점 더 끌려들어가고 있다. 그들 중 최고수들은 대개 세계적인 이슈들을 매우 잘 파악하고 있으며, 어떤 결론을 끌어내기 전에 앞서 말한 여섯 가지 차원에서 나온 정보를 모두 합치고 정보 차익거래를 할 의지와 능력을 가진 이들이다. 이런 그룹의 최고수 중 한 사람이 조지 소로스의 파트너였던 로버트 존슨이다. 존슨과 나는 흔히 세계를 분석하는 대화 끝에 우리 둘 다 기본적으로 같은 일을 한다고 말했다. 유일한 차이는 하루가 끝날 때 그는 주식과 채권에 베팅을 하고 나는 국제관계의 어떤 측면에 대한 의견을 글로 쓴다는 점이다. 그러나 우리 둘 다 그 일을 하려면 같은 정보 차익거래 과정을 거쳐야 한다.

경계를 허무는 지적 유목민

6차원 정보 차익거래는 세계화 체제를 보는 최선의 방법이지만 이 체제는 너무나 복잡해 거창한 이론 한 가지만으로는 설명할 수 없다. 이 체제를 설명하는 가장 좋은 방법은 간단한 이야기를 통해 설명하는 것이다. 어느 날 오후 내가 골드만삭스인터내셔널의 로버트 호맷 부회장에게 이 이야기를 했더니 그는 이렇게 말했다. "세계화를 이해하고 설명하는 데는 당신 스스로 지적 유목민intellectual nomad이라고 생각할 필요가 있습니다. 유목민 세계에서는 주의 깊게 그어놓은 경계가 없습니다. 유대교나 이슬람교 같은 일신교를 발전시킨 게 유목민인 것도 이 때문이지요. 정주민이라면 이 바위, 저 나무에 관한 온갖 신화를 만들어내고 신은 그 바위나 그 나무에만 있다고 생각했을 겁니다. 그러나 유목민들은 늘 더 많은 세계를 봤지요. 그들은 그 바위에 신이 없다는 걸 이미 알고 있었습니다. 신은 어디에도 있었습니다. 유목민들은 모닥불에 둘러앉아서, 혹은 오아시스에서 오아시스로 걸으면서 그 복잡한 진실을 간단한 이야기를 통해 전했지요."

예전에는 기자나 칼럼니스트 또는 정치인들이 시청이나 주의회 의사당, 백악관, 국방부, 재무부, 국무부를 자신의 '시장'이라 생각할 수 있었다. 그러나 오늘날 적합한 시장은 전 지구이며 기술·금융·무역·정보의 세계적인 통합이다. 그 통합은 전 세계의 임금, 금리, 생활수준, 문화, 일자리, 전쟁과 기후 패턴에 영향을 미치는 방식으로 이뤄진다. 세계화 체제가 오늘날 세계에서 벌어지는 모든 일을 다 설명해주는 건 아니다. 단지 어떤 하나의 체제가 한꺼번에 더 많은 사람들에게, 더 다양한 방식으로 영향을 미친다면 그게 바로 세계화다.

노벨상 수상자이자 산타페연구소 창립자 가운데 한 사람인 머레이 겔만 전 캘리포니아공대 이론물리학 교수는 한 시리즈 강좌에서 내가 말하는 정보 차익거래가 복잡계를 이해하려고 과학자들이 이용하는 접근 방식과 크게 다르지 않다고 밝힌 적이 있다. 그 말이 맞다. 오늘날 세계화보다 더 복잡한 정치체제는 없으며, 그 체제를 이해하려면 저널리스트와 전략가들도 똑같이 복잡해져야 한다.

겔만은 이렇게 설명한다. "일단 지구가 생성된 후에는 이 행성의 물리적인 진화와 생물학적 진화, 문화인류학적 진화의 결과로 갈수록 복잡한 시스템이 생겨나고 있다. 그런 과정이 너무나 많이 진행돼 우리 인류는 극히 복잡한 생태적 문제와, 정치·경제·사회적 문제에 직면하게 됐다. 이 어려운 문제들을 해결하려 시도할 때 우리는 자연스럽게 그것들을 관리하기 쉬운 조각으로 쪼개려는 경향이 있다. 이는 유용한 방법이지만 심각한 제약도 있다. 특히 복잡한 비선형적인 시스템을 다룰 때는 단순히 어떤 측면의 부분을 보고 이를 모두 더한 다음 이런 움직임과 저런 움직임을 모두 더하면 전체가 된다고 말할 수 없다. 복잡한 비선형 시스템은 먼저 조각으로 나눠서 각각의 부분을 살펴본 다음 그 모든 부분들 사이의 매우 강력한 상호 작용을 살펴야 한다. 이런 방법을 쓸 때만 시스템 전체를 기술할 수 있다."

이것이 바로 국제관계에 대한 글로벌리스트 학파의 접근 방식이라고 생각한다. 하지만 글로벌리스트 학파를 이루기 위해서는 더 많은 학생과 교수, 외교관, 저널리스트, 스파이, 사회과학자가 글로벌리스트로 훈련을 받아야 한다.

다시 겔만의 이야기다. "전문가적 안목을 갖고 진지하게 시스템 전체를 있는 그대로 보는 게 중요하다고 생각하는 사람들이 필요하다. 있는 그대로 보는 게 중요하다. 결코 모든 부분과 모든 상호 작용을 완전히 이해할 수 없기 때문이다. 당신은 대부분의 저널리스트들이 그렇게 하리라고 생각할 것이다. 하지만 그렇지 않다. 불행히도 학계나 관료집단을 포함해 우리 사회의 너무나 많은 분야에서 명성은 주로 무역, 기술, 문화적 측면과 같이 문제의 작은 일부분을 주의 깊게 연구하는 이들에게 돌아간다. 그러는 사이 큰 그림은 칵테일파티장 대화로 밀려난다. 이는 말도 안 된다. 우리에게는 스페셜리스트만 필요한 게 아니라는 걸 알아야 한다. 서로 다른 차원들의 상호 작용과 연결을 포착하고 전체를 있는 그대로 보는 데 전문성을 가진 이들도 필요하다. 우리가 한때 칵테일파티 얘깃거리로 치부하던 일들이 사실은 실제 세계의 핵심적인 부분이다."

그럼 이제 나의 칵테일파티를 시작해보자.

03
렉서스와 올리브나무

시몬 비톤이라는 사람이 프랑스에 있는 친척이 예루살렘의 성지인 '통곡의 벽Western Wall'에 대고 기도할 수 있도록 휴대전화를 벽에 갖다 붙이고 있다.
1998년 12월 29일 AFP 메나힘 카하나의 사진

　세계화가 냉전을 대체하는 체제라는 인식만 가지면 오늘날 세계에서 일어나는 일들을 설명할 수 있는가? 그렇지 않다. 세계화는 새로운 것이다. 세계가 단지 마이크로칩이나 시장으로만 이뤄져 있다면 세계화로 거의 모든 걸 설명할 수 있을 것이다. 하지만 세계는 마이크로칩과 시장뿐만 아니라 특별한 습관, 전통, 열망, 예측할 수 없는 목표를 가진 남자와 여자로 이뤄져 있다. 따라서 오늘날 세계에서 벌어지는 일은 인터넷망처럼 새로운 것과 요르단강 기슭의 옹이 박힌 올리브나무처럼 오래된 것 사이의 상호 작용을 알아야만 설명할 수 있다. 나는 1992년 5월 일본에서 시속 290킬로미터로 달리는 기차 안에서 스시 도시락을 먹으며 처음으로 그런 생각을 했다.

당시 나는 취재차 도쿄에 머물렀으며, 도쿄 남쪽 도요타 시 외곽의 렉서스 생산 공장을 방문하기로 돼 있었다. 이는 내가 한 여행 가운데 가장 기억에 남을 만한 것이었다. 당시 그 공장에서는 66명의 사람과 310대의 로봇이 고급 승용차인 렉서스를 하루 300대씩 만들어내고 있었다. 내가 알기로는 거기에 있던 사람들은 주로 품질관리 업무를 하고 있었다. 그들 중 일부만이 실제로 볼트를 조이고 부품을 땜질해 붙이고 있었다. 사실상 모든 일을 로봇들이 했다. 심지어 바닥에 있는 물건들을 실어 나르고 길목에 사람이 있으면 비키라고 '삑, 삑, 삑' 경적을 울리는 로봇 트럭도 있었다. 나는 차의 앞유리를 고정하는 고무를 붙이는 로봇을 보면서 매료됐다. 그 로봇 팔은 녹아 있는 뜨거운 고무를 창 유리 주변의 직사각형에 맞춰서 바르는 작업을 완벽하게 해냈다.

더 놀라운 게 있었다. 고무를 바르는 작업을 마쳤을 때는 언제나 로봇 손가락 끝에 작은 고무 방울이 매달려 있었다. 마치 칫솔에 치약을 짜고 난 후 튜브 끝에 치약이 조금 묻어 있는 것 같았다. 렉서스 공장에서는 로봇 팔이 큰 원을 그리며 돌아, 손가락 끝이 거의 보이지 않을 정도로 작은 금속 줄과 만나면, 그 줄은 검은색의 뜨거운 고무 방울이 손가락 끝에 조금도 남아있지 않도록 정확하게 잘라냈다. 나는 그 작업을 한동안 바라보면서 로봇이 매번 고무를 붙이는 작업을 한 후, 정확한 각도로 팔을 돌려, 아주 작은 줄이 마지막 한 방울의 뜨거운 고무를 잘라버리게 한 다음, 다시 깔끔하게 다음번 창유리에 대한 작업을 시작하도록 하는 데에는 얼마나 많은 계획과 설계와 기술이 필요했을까를 생각해봤다. 나는 그때 깊은 인상을 받았다.

새로운 것과 오래된 것

그 공장 방문을 마치고 나는 다시 도요타 시로 돌아와 도쿄로 가는 총알열차(초고속 열차)를 탔다. 총알열차는 적절한 이름이다. 날아가는 총알과 생김새와 속도감이 같기 때문이다. 나는 일본 열차 안에서 흔히 살 수 있는 스시 도시락 하나를 조금씩 먹으면서 그 날짜『인터내셔널 헤럴드 트리뷴』을 읽고 있었다. 3면의 오른쪽 위 기사에 눈길이 갔다. 미국 국무부의 일일 브리핑에 관한 기사였다. 국무부 대변인 마거릿 터트와일러는 팔레스타인 난민이 이스라엘로 돌아갈 수 있는 권리에 관한 1948년 유엔 결의안에 대해 논란을 일으킬 만한 해석을 내놨다. 자세한 건 기억나지 않지만 그녀가 어떤 해석을 내놨든 그것은 분명 아랍과 이스라엘 모두를 흔들어 놓고 중동의 분노를 불러일으킬 것이라는 기사였다.

그때 나는 시속 290킬로미터로 달리는, 세계에서 가장 현대적인 기차 안에서 세계에서 가장 오래된 지방에 관한 기사를 읽고 있었다. 그때 이런 생각이 들었다. 내가 조금 전 방문한 렉서스 공장과 현재 나를 태운 기차가 있는 나라 일본은 로봇으로 세계 최고급 승용차를 만들고 있는 나라다. 그리고 여기,『헤럴드 트리뷴』3면 위에서는 내가 베이루트와 예루살렘에서 그토록 여러 해를 함께 살았고 그토록 잘 알았던 사람들이, 누가 어느 올리브나무를 소유할지를 놓고 아직도 싸우고 있었다. 그때 렉서스와 올리브나무는 사실 냉전 후 시대의 좋은 상징이라는 생각이 들었다. 세계의 반은 더 나은 렉서스를 만들겠다는 열의를 갖고 냉전에서 벗어나오고 있는 것으로 보였다. 세계화 체제에서 번창하기 위해 경제를 현대화하고 효율화하고 민영화하는 데 전념하고 있는 것이다. 그리고 세계의 반은—그중 일부는 앞서 이야기한 것과 같은 나라나 개인일 수도 있다—여전히 누가 어느 올리브나무를 가질 것인가를 놓고 벌이는 싸움에 휘말려 있다.

올리브나무는 중요하다. 올리브나무는 나무뿌리처럼 우리를 지탱하고,

닻처럼 우리를 정착시키며, 우리의 정체성을 확인해주고, 이 세계에서 우리의 위치를 설정해주는 모든 걸 상징한다. 그것은 가족이나 지역사회, 부족, 민족, 종교에 속하거나 무엇보다 가정에 소속되는 것일 수도 있다. 올리브나무는 우리가 밖으로 나가 다른 이들과 만날 때 자신감과 안정감을 줄 뿐 아니라 우리에게 가족의 따뜻함, 개성을 추구하는 기쁨, 사적인 예식의 친밀감, 개인적인 관계의 깊이를 더해주는 것이다. 우리는 때로 올리브나무를 놓고 격렬한 싸움을 벌인다. 올리브나무가 뱃속의 음식물처럼 인간의 생존에 필수적인 자존自尊과 소속감을 주기 때문이다. 실제로 민족국가가 약화될지언정 결코 사라지지 않으리라고 보는 이유 가운데 하나는 국민국가가 궁극적인 올리브나무라는 점이다. 이는 언어적으로, 지정학적으로 그리고 역사적으로 볼 때 우리가 소속되는 궁극적인 대상이라는 이야기다. 우리는 혼자서는 완벽한 사람이 될 수 없다. 혼자서도 부자가 될 수 있고, 혼자서도 똑똑한 사람이 될 수 있다. 그러나 혼자서는 완벽한 사람이 될 수 없다. 그렇기 때문에 우리는 올리브나무 숲의 일부가 되고 그곳에 뿌리를 둬야 하는 것이다.

이런 진실은 가브리엘 가르시아 마르케스의 고전적 소설 『백 년 동안의 고독』에 나오는 장면에 대한 랍비 해럴드 쿠쉬너의 해설에서 훌륭하게 전달된 적이 있다.

마르케스는 주민들이 기억을 잃어버리는 이상한 전염병으로 고통을 겪는 마을에 관해 이야기한다. 가장 늙은 주민들부터 시작해 모든 주민들에게 번지는 이 병 때문에 사람들은 가장 흔하게 쓰는 일상적인 것들에 대한 이름도 잊어버린다. 아직 전염되지 않은 한 젊은이가 피해를 줄이기 위해 모든 것들에 꼬리표를 붙인다. "이건 테이블이다" "이건 창문이다" "이건 암소다; 매일 아침 우유를 짜줘야 한다". 그리고 마을 입구의 큰길에는 2개의 큰 표지판을 세웠다. 그중 하나에는 "이 마을의 이름은 마콘도다"라고 쓰고 더 큰 표지판에는 "신은 있다"라고 썼다. 내가 이 이야기에서 얻는 메시지는 우리가 살면서 배우는 것—수학과 역사, 화학공식, 우리가 결혼해 처음 살았던 집의 전화번호와 주소 같은 것—대부분을 잊어버려도 그 망각은 우리에게 아무런 해를 끼치지 않는다는 점이다. 그러나 우리가 어디에 소속돼 있는지를 잊어버리고 신이 존재한다는 걸 잊어버리면 우리 안의 깊은 인간성을 잃게 된다."

올리브나무는 우리의 존재 자체에 필수적인 것이다. 하지만 자기의 올리브나무에 지나치게 집착하면 다른 이들을 배제하는 정체성과 결속력, 공동체를 만들게 될 수도 있다. 이런 집착이 미쳐 날뛰면 독일 나치나 일본의 옴진리교라는 흉악한 사교, 유고슬라비아 세르비아 민족의 경우에서 볼 수 있듯이 다른 이들의 전멸을 원하게 될 수도 있다.

누가 어느 올리브나무를 소유하느냐를 두고 세르비아인과 모슬렘, 유대인과 팔레스타인 민족, 아르메니아인과 아제르바이젠인 사이에 벌어진 분쟁은 너무나 악의에 차 있다. 이것이야말로 누가 고향에서 정착해 살아갈 수 있고 누가 그럴 수 없느냐에 관한 분쟁이기 때문이다. 그들의 논리는 이렇다. 내가 올리브나무를 장악해야 한다. 상대방이 장악하면 그가 나를 경제적으로, 정치적으로 좌지우지할 뿐 아니라 나는 고향에 대한 모든 의미를 상실하게 되기 때문이다. 나는 결코 긴장을 풀고 휴식을 취할 수 없다. 정체성과 고향의 의미를 빼앗기는 것보다 더 사람들을 분노하게 만드는 것은 거의 없다. 사람은 그것들을 위해 죽고, 죽이고, 노래하고, 시를 짓고 소설을 쓴다. 고향의 의미와 소속감이 없으면 삶은 뿌리가 없고 황폐해진다. 흩어져 날리는 잡초의 삶은 삶이라고 할 수도 없다.

그렇다면 렉서스가 상징하는 것은 무엇인가? 렉서스 역시 근본적이고 오래된 인간의 동기를 상징한다. 세계화 체제에서 한껏 발현되는 생계와 개선, 번영, 현대화의 동기다. 렉서스는 생활수준을 높이기 위해 필요한 글로벌 시장과 금융기관, 컴퓨터 기술을 모두 상징한다.

물론 아직도 개도국에 사는 수백만 명의 사람들에게는 물질적 향상을 추구한다는 게 우물로 걸어가 물을 길어오고, 하루 단돈 1달러로 살아가며, 황소를 앞세우고 맨발로 밭을 갈고, 나무를 해 머리에 이고 5마일을 걷는 것을 의미한다. 이들의 삶은 편하지 않고 여전히 힘들다. 그러나 선진국에 사는 수백만 명의 사람들이 물질적 향상과 현대화를 꾀할 때는 나이키 신발을 신고, 통합된 시장에서 쇼핑을 하며, 새로운 네트워크 기술을 이용한다. 세계화 체제를 특징짓는 새로운 시장과 기술에 얼마나 접근할 수 있는가는 사람들마다 다르고, 새로운 시장과 기술에서 얻는 혜택도 매우 불평등하다. 그렇지만 이들 시장과 기술이 오늘날 가장 중요한 경제적 도구이며, 모두가 그로부터 직간접적인 영향을 받는다는 사실은 달라지지 않는다. 중요한 점은 이것이다.

렉서스와 올리브나무의 대비는 사실 오래전 이야기(기록된 역사에서 가장 오래된 이야기)의 현대판일 뿐이다. 이는 카인이 왜 아벨을 죽였느냐에 관한 이야기다. 히브리 성경 창세기는 이렇게 쓰고 있다.

"카인이 아우 아벨에게 말했다. 그리고 그들이 들에 있을 때 카인이 일어나 아벨에게 달려들어 그를 죽였다. 그러자 하나님께서 카인에게 물으셨다. "네 아우 아벨은 어디에 있느냐?" 이에 카인이 답하기를, "모릅니다. 제가 아우를 지키는 사람입니까"라고 하였다. 그러자 하나님께서 말씀하시기를, "네가 무엇을 하였느냐? 네 아우의 핏소리가 땅에서 나에게 울부짖고 있구나.""

이 구절을 자세히 읽어보면 카인이 아벨에게 뭘 말했는지 전혀 이야기하지 않고 있다는 걸 발견할 것이다. 그 문장은 "카인이 아벨에게 말했다"라고만 했을 뿐 거기서 그냥 끝나버린다. 우리는 그 대화 내용을 알 수 없다. 그 둘 사이에 어떤 대화가 오갔기에 카인이 그토록 분노해 아우인 아벨을 죽이기까지 했을까? 내 신학 선생님인 쯔바이 마르크스는 성서에 대한 랍비의 근본적인 평론 가운데 하나인 랍바 창세기 편Genesis Rabbah에서 현자들이 카인과 아벨이 어떤 대화를 주고받았는지에 대해 크게 세 가지 설명을 하고 있다고 가르쳐주었다. 그중 하나는 두 형제가 한 여자(이브)를 두고 다퉜다는 것이다. 결국 이 세상에는 단 한 명의 여자(그들의 어머니)밖에 없었으며, 그들은 누가 그녀와 결혼할 것인가를 놓고 다퉜을 거라는 이야기다. 그들은 성적인 충족과 출산을 위해 다퉜다는 것이다. 또 다른 해석은 카인과 아벨이 세계를 크게 나눠가지고 있었다고 가정한다. 카인은 모든 부동산을 갖고 아벨은 모든 동산과 가축을 가졌다. 성경은 이에 대해 "카인은 토지의 경작자가 되고 아벨은 양치기가 됐다"라고 썼다. 이 해석에 따르면 카인이 아벨에게 자기 땅에서 양떼를 몰고 나가라고 말했고, 이것이 영역 다툼을 불러왔으며, 결국 흥분 상태에서 카인이 아벨을 죽이게 된 것이다. 그들은 경제개발과 물질적 만족을 위해 싸운 것이다. 세 번째 해석은 두 형제가 이미 이 세상의 모든 걸 정확하게 나눠가졌으나 둘 중 누구든 낚아챌 수 있는 한 가지만은 정해지지 않았다고 본다. 그들의 특별한 종교적·문화적 정체성을 반영할 신전을 어디에 세울 것인가? 둘 다 그 신전을 통제하면서 자신의 정체성을 담기를 원했다. 둘 다 신전을 자기 올리브나무 숲에 두기를 바란 것이다. 그들은 정체성 문제를 놓고, 둘 중 누가 가족의 정통성을 지킬 것인가를 놓고 싸운 것이다. 그래서 랍비들은 성적 친밀감, 생계유지, 정체성과 공동체 의식을 포함한 인간적인 동기의 모든 기본 요소들이 이 하나의 이야기 안에 녹아 있다고 보았다. 성적인 문제는 다른 사람들에게 남겨두겠다. 이 책은 다른 두 가지에 관한 이야기다.

　내가 정보 차익거래를 통해 오늘날의 세계를 보기 위한 렌즈를 얻을 수 있지만 그 렌즈만으로는 충분하지 않다고 말하는 건 바로 이 때문이다. 우리가 보고 있는 것과 찾고 있는 것을 알아야 한다. 우리가 보고 또 찾고 있는 것은 물질적 향상과 개인적·공동체적 정체성을 추구하는 오래된 목표(창세기까지 거슬러 올라갈 정도로 오래된 목표)가 지금 같은 세계화 시대의 지배적인 국제체제에서 어떻게 나타날까이다. 이것이 렉서스와 올리브나무의 드라마다.

렉서스, 올리브나무 숲으로 돌진하다

냉전체제에서 당신의 올리브나무에 대한 가장 큰 위협은 다른 올리브나무에서 오는 위협이었다. 이웃이 다가와 당신의 올리브나무를 난폭하게 파헤치고 그 자리에 자기 나무를 심는 것이다. 그런 위협은 아직 제거되지 않았다. 하지만 지금은 세계 여러 곳에서 그런 위협이 줄어들었다. 오늘날 당신의 올리브나무에 대한 가장 큰 위협은 렉서스에서 오는 것이다. 오늘날 세계화하는 경제체제를 형성하는 이름 없는, 국경을 넘나드는, 균질화되고 표준화된 시장의 힘과 기술에서 오는 것이다. 이 체제에는 렉서스가 너무나 힘이 세져 눈에 보이는 모든 올리브나무를 깔아뭉개고 압도할 수 있도록 하는 그 무엇이 있다. 공동체를 무너뜨리고, 환경을 깔아뭉개고, 전통을 밀어내게 하고 이런 것들이 진정한 올리브나무의 저항을 불러오도록 하는 것이다. 그러나 이 체제에는 가장 작고 약한 정치적 공동체도 새로운 기술과 시장을 이용해 자기의 올리브나무와 문화와 정체성을 보존할 수 있도록 하는 다른 무엇인가도 있다. 나는 지난 몇 년 동안 세계를 여행하면서 이런 동시 다발적인 레슬링 경기와 줄다리기를 보았다. 그리고 렉서스와 올리브나무 사이의 균형을 잡아주는 것들과 마주쳤다.

새로운 세계화 체제에서 렉서스와 올리브나무가 서로 엉켜 레슬링을 하는 모습은 1994년 노르웨이의 유럽연합 가입 여부에 대한 국민투표에서도 나타났다. 그 투표는 슬램덩크(slam dunk: 농구의 슬램덩크처럼 성공할 확률이 높다는 뜻. 여기서는 EU 가입안이 통과될 가능성이 컸다는 의미-옮긴이)같은 것이었다. 어차피 노르웨이는 유럽 국가다. 이 나라는 부유한 선진국이며 유럽 역내 무역이 많다. 세계화가 심화되는 가운데 EU 가입은 경제적으로 노르웨이에 무조건 유리한 것이었다. 그러나 가입안은 국민의 동의를 얻는 데 실패했다. 많은 노르웨이 국민들이 EU 가입은 노르웨이 사람들만의 정체성과 생활양식을 너무 많이 빼앗아갈 것이라고 생각했기 때문이다. 또한 노르웨이령 북해의 (세계시장에 팔리는) 원유 덕분에 EU에 가입하지 않아도 정체성과 생활양식을 지킬 수 있는 여유가 있었기 때문이다. 많은 노르웨이 국민들이 EU를 보며 자기네끼리 이렇게 말했다.

"자, 이렇게 이해하자고. 우리가 EU에 가입하면 노르웨이 국민으로서의 내 정체성은 유럽이라는 조리기구 속으로 들어가겠지. 그럼 유럽 수도에 있는 유럽 의회에서 유럽 통화로 월급을 받고 유럽 저널리스트들을 상대하는 유럽 관료들에 의해 내 정체성은 유럽식 죽이 될 거고. 난 싫어. 난 차라리 노르웨이 출신 스텐(Sten: 노르웨이에 많은 성姓. 영어의 stone에 해당한다-옮긴이)이 되겠어. 경제적으로는 조금 덜 효율적이더라도 차라리 내 자신의 유일한 올리브나무 정체성을 지키겠어."

렉서스에 대한 올리브나무의 반동은 1999년 8월 『워싱턴포스트』의 앤 스워드슨이 프랑스 남서부의 작은 도시 생 피에르-드-트리비시에 관해 쓴 기사에서도 볼 수 있다. 인구가 610명밖에 안 되는 이 도시의 자치단체장인 필립 폴리오와 자치의회는 이곳 야영지에서 파는 코카콜라에 100% 세금을 매겼다. 미국이 프랑스 남서부 생 피에르-드-트리비시 지역 주변에서만 생산되는 로크포르 치즈에 관세를 매긴 데 대한 보복이었다. 폴리오는 바삭바삭한 빵 한 조각에 로크포르 치즈를 바르며 스워드슨에게 말했다.

"로크포르 치즈는 오직 한 종種의 양에서 짜는 젖으로만 만듭니다. 프랑스에서도 한 지역에서만 나오고, 생산방법도 한 가지뿐이지요. 이는 세계화의 반대입니다. 코카콜라는 세계 어디서든 살 수 있고 어디서나 똑같은

3장 렉서스와 올리브나무 71

것입니다. 이는 세계 모든 곳의 입맛을 통일하려는 미국 다국적기업을 상징하는 것입니다. 우리가 반대하는 건 바로 그겁니다."

환경단체인 컨서베이션인터내셔널Conservation International의 수석 부위원장 글렌 프리켓은 나에게 렉서스와 올리브나무의 건강한 균형에 관한 이야기를 해주었다. 프리켓이 경비행기로만 접근할 수 있는 브라질 아마존 열대우림 깊숙한 곳 오크레 지역에 있는 카야포 인디언 마을에 갔을 때의 이야기다.

"풀밭으로 된 활주로에 착륙하자마자 온 마을 사람들을 만났습니다. 전통의상을 입거나 벗고, 얼굴에 색을 칠한 사람들, 이런저런 로고가 그려진 미국식 야구 모자를 쓴 이들도 간혹 보였어요. 나는 컨서베이션인터내셔널이 카야포 사람들과 함께 운영하는 강 상류의 바이오 연구시설의 진척 상황을 점검하러 간 거였어요. 카야포 인디언들은 아마존의 넓은 지역을 순전히 힘으로 몇 세기 동안 방어해 왔습니다. 이제 그들은 세계의 과학자들과 자연보존주의자, 그리고 사회적 책임의식이 있는 기업가들과 연합해 이 지역을 보호하는 걸 배우고 있지요. 마을의 작은 중심가에는 컨서베이션인터내셔널의 가게와 생태적인 관념이 있는 기업인 바디샵의 지점이 있습니다. 이틀간 바이오 연구시설에 머문 후 우리는 마지막 비즈니스를 하기 위해 마을로 돌아왔어요. 카야포 문화와 공예품, 바구니, 전투용 봉, 창, 활과 화살을 진열한 야외시장을 마련했지요. 그런 다음 우리 일행이 그것 모두를 미국 달러로 터무니없는 값에 샀습니다. 그러고 나서 카야포 마을의 중심에 있는, 남자들의 오두막에 가서 앉았어요. 마을 지도자들과 함께 원시시대에 있었을 법한 오두막 안에 앉아 있을 때 나는 그들 모두가 커다란 위성 접시에 연결된 한 대의 TV를 보고 있다는 걸 알았습니다. 남자들은 브라질 축구 경기와 세계시장의 금 시세를 알려주는 비즈니스 채널을 왔다갔다하며 TV를 시청하더군요. 카야포 사람들은 열대우림 가장자리에서 땅을 팔 수 있도록 허락받은 소규모 광산업체들이 어떤 금을 발견하든지 간에 그들에게 국제 금 시세에 걸맞게 세稅를 매기고 있는지 확실히 알고 싶어 합니다. 이렇게 국제 금시장에서 벌어들인 이익은 열대우림 가운데에 있는 자기네의 독특한 생활 방식을 보호하는 데 쓰는 것이죠."

나는 브뤼셀의 북대서양조약기구(NATO) 본부에서도 렉서스와 올리브나무가 싸우는 장면을 목격했다. 나는 로비의 소파에 앉아 약속시간을 기다리고 있었다. 나와 가까운 코카콜라 자동판매기 옆에서는 한 여기자가 휴대전화에 대고 러시아 말로 통화하고 있었다. 그녀는 CNN 방송에 채널이 맞춰진 TV 밑에서 빙빙 돌며 통화하고 있었다. CNN은 러시아 군대가 NATO 병력보다 앞서 코소보 수도 프리스티나에 진입했다는 놀라운 뉴스를 내보내고 있었다. 나에게는 그 장면이 가장 인상적이었다. 코소보가 불타고 있는 시간에 NATO 본부에서, 러시아 기자가, 코카콜라 자판기 주변을 돌며, CNN 방송을 들으며, 러시아 말로 휴대전화 통화를 하는 장면. 내 마음속에는 이 모든 모순을 다 담을 수 없었다.

1999년 8월 14일자 『이코노미스트』에 「사이버갱Cyberthugs」이라는 제목으로 실린 기사는 올리브나무에게 렉서스가 이용당한 사례를 보여준다. 기사 내용은 이랬다.

"국가범죄정보국은 갈수록 지능화하는 축구 훌리건들이 지난 주말 밀월과 카디프시티 팀 팬들 사이에 벌어진 조직적 폭력 사태에 책임이 있다고 비난했다. 경쟁적인 갱단이 인터넷을 통해 싸움터를 함께 정함으로써 협력할 준비가 돼 있었던 게 분명하다. 이들은 회원 전용 웹사이트나 개방적인 사이트를 통해 정보를 교환했다. 심지어 어떤 자들은 폭력 사태를 중계하기도 했다. 사이버 마니아들이나 경찰에 잘 알려진 골수 훌리건인 폴 도드는 '지금 이 순간 싸움이 막 시작됐습니다'라는 글을 올렸다. 경찰은 또 다른 공격 계획을 찾아내기 위해 현재 그런 웹사이트를 서핑하고 있다고 밝혔다."

'웨스트 사이드 스토리West Side Story'가 '월드와이드웹'을 만난 것이다.

1999년 여름 관심을 모은 아돌프 히틀러의 자서전 『나의 투쟁Mein Kampf』에 관한 이야기도 올리브나무가 렉서스를 이용한 사례였다. 히틀러의 인종차별적 정책이 드러난 이 책은 독일 내에서 발간하거나 서점에서 사지 못하도록 독일 정부가 금지하고 있었다. 그러나 독일인들은 이 책을 아마존닷컴에 인터넷을 통해 주문할 수 있고, 책이 우편으로 배달돼 오면 독일 정부가 막을 수 없다는 걸 알았다. 실제로 수많은 독일인들이 아마존닷컴에 『나의 투쟁』을 주문했다. 1999년 여름 이 책이 아마존닷컴의 독일 내 베스트셀러 톱 10에 들 정도였다. 아마존닷컴은 처음에는 『나의 투쟁』 발송 중지를 거부했다. 영어로 번역된 책은 검열 대상이 아니며, 자사 고객들이 뭘 읽을 수 있는지를 결정하는 일에 관여하지 않겠다는 주장을 폈다. 그러나 이 일이 알려져 전 세계에서 아마존닷컴을 비난하는 이메일이 융단폭격처럼 쏟아지자 결국 책 판매를 중단했다.

올리브나무의 반격

올리브나무가 렉서스를 이기면 렉서스가 곧바로 올리브나무를 이기기 위해 반격하는 일이 1990년대 말 인도에서 벌어진 핵실험 사태였다. 1998년 봄 집권한 인도의 민족주의적 정당 바라티야 자나타 당(BJP)은 세계의 압력에 저항해 핵무기 실험을 재개하기로 결정했다. 인도가 핵실험을 할 권리가 있다는 것은 BJP 선거 캠페인의 핵심적인 주장이었다. 핵실험 직후 나는 인도에 가서 부자와 가난한 사람, 정부와 민간 부문 인사, 시골과 도시 사람들을 만나봤다. 나는 이렇게 말할 사람을 계속 기다렸다. "그건 말이야, 핵실험은 정말로 바보 같은 짓이었어. 우리가 핵실험을 한다고 안보가 더 튼튼해지진 않아. 하지만 우리가 제재를 당하면 정말로 큰 대가를 치를 거야." 그러나 이런 말을 하는 이는 아무도 없었다. 심지어 핵실험에 대해 힌두 민족주의 성향을 지닌 새 정부의 값싼 애국주의적 행동이라고 비판하던 정치인들조차 이 실험은 인도가 미국과 중국에게서 가장 원하는 걸 얻을 수 있는 유일한 길이라고 말할 정도였다. 인도가 가장 원했던 건 미국과 중국이 자국을 존중해주는 것이었다. 이런 정서가 얼마나 뿌리 깊은 것인지는 내가 선황색 로브를 걸친 인도 인권운동가 스와미 아그니베쉬를 만나러 갔을 때 마침내 깨달았다. 우리 둘이 델리의 간소한 주택에 사는 그의 거실 바닥에 책상다리를 하고 앉았을 때 나는 생각했다. '그라면 이 실험을 거부하겠지.' 그러나 우리가 대화를 시작하자마자 그는 이렇게 선언했다. "우리나라는 세계에서 두 번째로 큰 나라, 인도입니다! 우리를 그저 있으나 마나 한 나라로 봐서는 안 됩니다. 우리는 파키스탄에 위협을 느끼지 않습니다. 국제관계의 게임 전체를 볼 때 인도는 미국과 중국이 주도하는 구도에서 무시당하고 있습니다." 다음 날 나는 뉴델리 북쪽의 다스나 마을로 가 가게 주인들을 무작위로 만나 이야기했다. 다스나는 내가 본 가장 가난한 마을 중 하나였다. 아무도 신발을 신지 않고 지내는 것 같았다. 모두가 뼈가 드러날 정도로 말라 보였다. 길에는 자동차보다 물소와 자전거가 더 많았다. 연료로 쓰는 소똥 냄새 때문에 공기는 답답했다. 그러나 주민들은 핵실험이라는 천둥번개 쇼를 좋아했다. 42세의 의사인 프라모드 바트라는 이렇게 말했다. "우리나라 인구는 9억 명에 이릅니다. 우리는 외부의 제재 조치 때문에 죽지 않을 것입니다. 이번 핵실험은 자존에 관한 사안이고, 자존은 도로나 전기나 물보다 중요합니다. 어쨌든 우리가 뭘 잘못했습니까? 우리는 그저 폭탄을 터뜨렸을 뿐입니다. 허공에 총을 쏜 것과 같다는 말입니다. 우리는 아무도 해치지 않았어요."

인도의 올리브나무에서 비롯된 충동이 렉서스에 대한 욕구를 압도하고 있는 듯했다. 이런 일이 오늘날 세계화 체제 안에서 일어날 때는 장기적으로 보면 늘 숨어 있는 비용이 있기 마련이다. 나는 뉴델리의 오베로이 호텔에 머무르면서 매일 낮 38도 가까운 열기에 땀을 쏟은 후 저녁이 되면

3장 렉서스와 올리브나무 75

피로를 풀기 위해 호텔 수영장에 몸을 담그곤 했다. 내가 수영장에 간 첫날 내가 평영으로 헤엄을 치고 있는 내 옆 레인에 한 인도 여성이 수영을 하고 있었다. 쉬는 동안 우리는 대화를 시작했다. 그녀는 미국 투자은행인 살로먼 브러더스-스미스 바니의 인도 지사를 경영하고 있다고 밝혔다. 나는 인도 핵실험의 낙진을 취재하러 온 칼럼니스트라고 소개했다.

우리가 선헤엄을 치는 동안 그녀가 물었다. "지금 누가 인도에 와 있는지 들으셨어요?" 나는 고개를 저었다. "아니, 몰라요. 누가 와 있습니까?"

그녀는 "무디스"라고 대답했다. 무디스 인베스터스 서비스는 국제신용평가회사다. 무디스는 글로벌 투자자들이 어떤 나라의 경제정책이 건전한지 아닌지 알 수 있도록 그 나라 경제에 A, B, C로 등급을 매긴다. 낮은 신용등급을 받은 나라는 국제 금융시장에서 높은 이자를 물어야 한다. 그런 무디스가 인도 경제의 신용등급을 재평가하기 위해 팀을 보낸 것이다.

그녀가 물었다. "그들이 어떤 결정을 내렸는지 들은 거라도 있나요?"

나는 없다고 대답했다.

"체크해볼 필요가 있을 거예요." 그녀는 이렇게 말하며 헤엄쳐 갔다.

나는 체크를 해봤다. 무디스팀은 인도의 핵물리학자들이 폭탄을 개발한 것만큼이나 비밀스럽게 뉴델리를 돌아다닌 것으로 확인됐다. 나는 그들의 결정에 대해 아무것도 알아내지 못했지만, 인도를 떠나는 날 밤 저녁뉴스의 네 번째 아이템이 내 귀를 사로잡았다. 무디스가 인도 정부의 방향성 없는 팽창예산과 핵실험, 그에 대한 미국의 제재를 감안해 인도의 국가신용등급을 '투자등급'에서 '투기등급'으로 떨어뜨렸다는 뉴스였다. 인도에 투자하는 것은 위험하다는 의미였다. 또 다른 신용평가회사인 스탠더드앤푸어스도 인도의 신용등급 전망을 '안정적'에서 '부정적'으로 바꿨다. 이는 국제금융시장에서 돈을 빌리려는 인도 기업들이 더 높은 금리를 지불해야 한다는 뜻이다. 인도는 저축률이 낮은 나라이기 때문에 외국자본 유치가 매우 중요하다. 인도 경제의 경쟁력을 높이기 위해 향후 10년간 사회기간망 건설에 5,000억 달러가 필요한 상황에서 차입 금리가 올라가면 엄청난 부담이 될 수밖에 없다.

그래, 맞다. 인도에서 올리브나무는 이미 한물간 것이다. 그러나 세계화 체제에서 앞서 이야기한 식으로 불거져 나오면 언제나 대가를 치러야 한다. 당신은 이 체제에서 도망칠 수 없다. 조금 빠르고 늦은 차이는 있겠지만 렉서스는 언제나 당신을 따라잡을 것이다. 인도 핵실험 후 1년 반이 지난 다음 내가 집어든 1999년 10월 7일자 『월스트리트저널』은 「인도 BJP, 국정 우선과제를 경제로 바꾸다」라는 헤드라인 아래 다음과 같은 기사를 실었다. "약 2년 전 BJP는 인도가 핵을 보유할 역량이 있다고 주장하며 집권했다. 그리고 두 달 후 일련의 핵실험으로 약속을 실행했다. 이에 따라 세계 각국의 제재를 받게 되고 투자는 멈춰버렸다." 그러나 재선된 아탈 비하리 바지파이 총리는 표 집계가 끝나기도 전에 새로운 국정 우선과제는 경제개혁이라고 밝혔다. 그는 『인디언 익스프레스』와의 인터뷰에서 이렇게 말했다. "글로벌 자본과 시장 규범, 그리고 그에 따르는 어떤 것이라도 받아들이도록 국민적 합의를 만들어내는 게 우선과제다. 투자를 유치하려면 밖으로 나가 경쟁해야 한다."

렉서스와 올리브나무의 공존

렉서스와 올리브나무의 힘이 균형을 이룬 사례는 내가 바레인에서 런던으로 가면서 탔던 걸프항공기 내에서 경험했다. 내 비즈니스 클래스 좌석에 있는 TV 모니터에는 특이한 채널이 하나 포함돼 있었다. 위성을 통한 위치 확인 시스템(GPS)을 비행기 안테나와 연결해 모슬렘의 성지 메카와 관련해 비행기가 정확히 어디로 날아가고 있는지를 보여주는 채널이었다. 스크린에서는 비행기 도형과 함께 비행기가 방향을 바꿀 때마다 그 도형 주위를 움직이는 흰 점을 볼 수 있었다. 이는 하루 다섯 차례 메카를 향해 기도해야 하는 모슬렘 승객들이 언제든 기내에서 기도하려고 깔개를 펼 때 어느 쪽을 향해야 하는지 알려주었다. 비행 도중 내 주변의 승객 몇 사람이 복도로 나가 기도하는 걸 봤다. GPS 시스템 덕분에 그들은 어느 쪽으로 엎드려야 할지 정확히 알았다.

친구가 나에게 보낸 컴퓨터 부품은 세계화 시대에 올리브나무를 무시하는 렉서스를 보여준다. 부품 뒷면에는 이런 문구가 있었다. "이 부품은 말레이시아, 싱가포르, 필리핀, 중국, 멕시코, 독일, 미국, 태국, 캐나다와 일본에서 제조됐다. 너무 여러 나라에서 만들어져 어떤 한 나라를 원산지로 정할 수 없다."

세계화 시대에 렉서스가 올리브나무를 이기는 사례는 『스포츠 일러스트레이티드』 1997년 8월 11일자에 나오는 간단한 기사에서도 볼 수 있다. 기사 내용은 이렇다. "38년 된 영국 웨일스 지방 축구클럽 란산트프레이드는 휴대전화업체에게서 40만 달러를 받는 대신 축구단 이름을 '토털 네트워크 솔루션'으로 바꿨다."

세계화 시대에 렉서스와 올리브나무가 함께 일하는 사례는 1997년 9월 21일자 『워싱턴타임스』에 실린 이채로운 기사에도 나와 있다. 이 기사는 러시아 방첩 당국 관리가 CIA 요원을 이중 스파이로 고용하려면 반대의 경우에 비해 돈을 2배나 줘야 한다는 걸 불평하고 있다는 내용이었다. 연방보안국(FSS, KGB의 후신)의 한 관리는 이타르타스 통신에 러시아 스파이는 겨우 100만 달러에 매수할 수 있지만 CIA 요원은 다른 편을 위해 일하는 대가로 200만 달러를 줘야 한다고, 이름을 밝히지 않는 조건으로 말했다.

거의 같은 시기에 이스라엘 신문 『예디옷 아하로놋』은 순전히 자유시장을 통한 첩보 활동으로 특종을 잡았다. 내가 보기에는 이런 예는 사상 처음인 것 같았다. 이 신문 중역들은 모스크바에 가 러시아 첩보위성이 시리아의 신형 스커드 미사일을 촬영한 사진을 매입했다. 그런 다음 『예디옷

『아하로놋』은 그 사진을 분석하기 위해 미국의 민간 위성사진 전문가를 고용했다. 그러고는 모든 자료를 공개하며 시리아의 새로운 미사일 위협을 알리는 특종을 터뜨렸다. 정부 관리의 말은 단 한마디도 인용하지 않았다. 주머니가 두둑하면 누가 은밀한 제보자를 찾겠는가?

내가 즐겨 말하는 '세계화 시대에 렉서스가 올리브나무를 이기는' 이야기 중 마지막 이야기는 아부 지아드의 아들에 관한 것이다. 나는 1995년 중동경제정상회의 취재를 위해 요르단 암만에 가 있었다. 내가 암만 메리어트호텔 발코니에서 혼자 점심을 먹고 있을 때 갑자기 한 젊은 아랍인이 내 테이블로 다가와 물었다. "톰 프리드먼 씨인가요?" 내가 그렇다고 하자 그 젊은이는 공손하게 말을 이었다.

"프리드먼 씨, 당신은 내 아버지를 알고 있습니다."

"당신 아버지가 누굽니까?" 내가 물었다.

"내 아버지는 아부 지아드입니다."

본명이 할릴 알-와지르인 아부 지아드는 야세르 아라파트와 함께 파타(Fatah, 팔레스타인 민족해방운동)를 조직하고 나중에 팔레스타인해방기구(PLO)를 장악한 팔레스타인 지도자 중 한 사람이다. 아부 지아드는 '고투의 아버지father of struggle'란 뜻으로 가명이다. 그는 내가 베이루트에서 『뉴욕타임스』 특파원으로 일할 때 레바논과 웨스트뱅크의 팔레스타인 군사작전 총사령관이었다. 나는 그를 베이루트에서 알게 됐다. 팔레스타인 사람들은 그를 전쟁 영웅으로 생각했다. 반면 이스라엘 사람들은 그를 가장 위험한 팔레스타인 테러리스트 중 한 사람으로 생각했다. 1988년 4월 16일 이스라엘 특공대가 투니스에 있던 아부 지아드의 집 거실에서 그의 몸에 수백 발의 총알을 퍼부어 암살했다.

"예, 당신 아버지를 아주 잘 압니다. 다마스커스에 있는 당신 집에 간 적도 있지요. 당신은 무슨 일을 합니까?" 내가 그 청년에게 물었다.

그는 나에게 자기 명함을 건넸다. 명함에는 이렇게 적혀 있었다. "지아드 알-와지르, 사장, 월드트레이드센터, 가자, 팔레스타인."

나는 그 명함을 읽고 혼자 생각했다. "놀랍군. 한 세대 만에 제시 제임스에서 마이클 밀켄까지 가다니."(제시 제임스[1847~1882]는 19세기 후반 미국 미주리 주에서 이름을 떨친 갱 두목이며, 마이클 밀켄[1946~]은 1970~1980년대 정크본드의 왕으로 부상한 금융가-옮긴이)

끝나지 않은 싸움

이 세계화 시대에 국가와 개인의 과제는 건강한 균형을 찾는 것이다. 정체성과 고향, 지역공동체에 대한 의식을 간직하는 것과 세계화 체제에서 살아남기 위해 필요한 일을 하는 것 사이의 균형이다. 오늘날 경제적 번영을 바라는 모든 사회는 끊임없이 더 나은 렉서스를 만들어내려 시도하고 이를 세계에 몰고 나아가야 한다. 그러나 누구도 단지 글로벌 경제에 참여하는 것만으로 사회를 건강하게 만들 수 있다는 착각을 해서는 안 된다. 그 나라의 정체성을 희생시키면서 글로벌 경제에 참여한다면, 그리고 개인들이 글로벌 체제 때문에 올리브나무의 뿌리가 으깨지거나 쓸려나가버린다고 느낀다면 그 올리브나무 뿌리들은 저항할 것이다. 그들은 들고일어나 글로벌 체제의 목을 조르려 할 것이다. 튼튼한 올리브나무가 없는 나라는 결코 뿌리를 박고 있다는 느낌을 가질 수 없을 것이다. 또 세계에 완전히 문을 열고 세계 속으로 나갈 수 있을 만큼 충분히 안정된 느낌을 가질 수 없을 것이다. 하지만 단지 올리브나무와 뿌리만 있고 렉서스를 갖지 못한 나라는 결코 멀리 나아가거나 크게 성장하지 못할 것이다. 두 가지의 균형을 유지하는 것은 끊임없는 싸움이다.

아마도 그런 이유 때문에 나는, 독자들이 이 책에서 읽을 많은 이야기들 중, 내 오랜 대학 친구 빅터 프리드먼에게서 들은 이야기를 가장 좋아한다. 빅터는 이스라엘의 루핀 인스티튜트에서 경영학을 가르친다. 어느 날 내가 그에게 안부 전화를 했을 때 그는 내 전화번호를 잃어버렸는데 내가 먼저 전화해줘서 기쁘다고 말했다. 왜 잃어버렸느냐고 묻자 그는 손에 들고 다니는 컴퓨터를 더 이상 쓸 수 없기 때문이라고 설명했다. 그 컴퓨터에는 친구들의 주소와 이메일 주소, 전화번호, 그리고 앞으로 2년간 스케줄을 포함해 모든 것이 담겨 있었다. 그는 나에게 무슨 일이 일어났는지 말해줬다.

"집에 있는 PC가 고장 났어. 난 그걸 수리하러 하데라에 있는 컴퓨터 가게로 가져갔지. 몇 주일 후 그 가게에서 내 PC를 고쳐놨다고 연락이 왔어. 그래서 나는 PDA를 손가방에 던져 넣고 하데라로 차를 몰고 가 수리한 PC를 찾아왔어. 큰 PC와 함께 PDA가 든 손가방을 들고 가게를 나왔어. 차로 돌아왔을 때 손가방을 길가에 내려놓고, 차 트렁크를 연 다음, 수리한 PC를 아주 조심스럽게 트렁크에 넣고 흔들리지 않는지 확인했어. 그리고는 차에 타고 출발한 거야, 손가방을 길가에 놔두고 말이야. 내 참, 사무실에 가서 손가방을 찾는 순간 무슨 일이 일어났는지, 그리고 다음에 무슨 일이 벌어질지도 깨달았지. 나는 바로 하데라 경찰에 전화해 '내 가방을 폭파하지 말라'고 부탁했어. (길가에 남겨진 짐이나 서류 가방 또는 수상쩍은 물건은 무엇이든 폭파 해체하는 건 이스라엘 경찰이 취하는 전형적인 조치다. 이스라엘 민간인들을 겨냥해 폭탄 공격을 하는 팔레스타인 측이 흔히 길가에 폭탄이 든 가방을 놓아두는 수법을 쓰기 때문이다. 이스라엘 사람들은 이런 공격으로부터 스스로를 보호하는 데 너무나 잘 훈련이 돼 있어서 만약 당신이 짐을 길가에 1분만 놓아두면 경찰에는 이미 신고가 들어갔을 터이다.) 나는 아무도 서류 가방을 훔쳐가지 않을 걸 알았어. 이스라엘에서는 도둑이라도 길가에 남겨진 그런 물건에 손대지 않아. 하지만 그때 나는 이미 너무 늦었지 뭐야. 출동한 경찰은 나에게 폭발물 처리반이 이미 현장에 와 그걸 '처리'했다는 거야. 내가 경찰서에 가니 그들은 내 멋진 가죽 손가방을 돌려줬어. 정중앙에 깨끗한 총알 자국이 있는 가방을 말이야. 속에 든 것 중 한 가지, PDA만 피해를 입었더군. 내 '지니어스 OP9300'은 직격탄을 맞았어. 내 모든 삶이 거기 들어 있는데 나는 전혀 백업을 해두지 않았어. 이런 문제를 일으켜 정말 죄송하다고 했더니 그들은 '너무 상심하지 마세요, 이런 일은 누구에게나 일어납니다'라고 하지 뭐야. 나는 몇 주 동안 총알 구멍이 난 손가방을 들고 캠퍼스를 돌아다녔어. 혼자 곰곰이 생각을 해보려고. 경영학을 배우는 학생들은 대부분 군인들이라 내 손가방의 총알 구멍을 보자마자 무슨 일이 일어났는지 알아채고 폭소를 터뜨리곤 했지."

빅터는 그 이야기를 마치고 말했다. "아 참, 이메일 주소 좀 보내줘. 새 주소록을 만들어야 하니까."

04

그리고 장벽은 무너져 내렸다

1998년 여름 브라질 광산업체 카에미 미네르카오 에 메탈루르지아 회장인 귈헤르메 프레링은 나에게 지난 10년 동안 브라질 경제의 믿을 수 없는 변화를 설명해주었다. 그는 무심코 이런 말을 했다.

"당신도 아시겠지만, 베를린장벽은 여기에서도 무너졌습니다. 그건 단지 유럽 지역의 사건이 아니었어요. 세계적인 사건이었죠. 베를린장벽이 무너진 바로 그때 브라질 경제에도 큰 변화가 나타났습니다."

그는 자신의 논점을 예를 들어 설명하기 위해 다음과 같은 이야기를 들려줬다. 1988년 11월 전투적인 철강 노동자들은 정부가 통제하는 내셔널 스틸 컴퍼니(CSN) 볼타 레돈다 제철소에서 파업에 들어갔다. 리우데자네이루 북서쪽에 자리 잡은 이 제철소는 남미에서 가장 큰 철강공장이다. 분노한 약 2500명의 노동자들은 공장을 장악하고 임금을 소급 인상할 것과 근로시간을 하루 8시간에서 6시간으로 단축할 것을 요구했다. 노동자들과 그 지방 경찰의 충돌은 점점 격렬해져 결국 군이 개입해야 할 지경에 이르렀다. 제철소를 장악하기 위한 전투에서 3명의 노동자가 죽고 36명이 부상을 입었다. 정부가 준 일자리와 혜택을 지키기 위해 돌과 화염병, 쇠막대기와 소형 화기를 사용한 노동자들에 대해 군은 "틀림없는 도시 게릴라

전투작전"이라고 비난했다. 1985년에야 끝난 21년간의 군사독재 시절 브라질을 통치한 장군들은 언제나 거대 제철소를 통제하는 데 매우 민감했다. 볼타 레돈다를 '국가안보 지역'으로 지정하고 시장은 정부가 임명하도록 했을 정도다. 이 모든 걸 나에게 설명한 다음 프레링은 이런 결론을 내렸다. "유혈 파업 사태 후 약 4년이 지나고 베를린장벽이 무너지자 CSN 노동자들은 제철소를 민영화하라고 요구했습니다. (그는 요구라는 말을 강조했다.) 그것만이 제철소가 경쟁력을 유지하고 그들 대부분을 계속 고용할 수 있는 유일한 길이라는 걸 이해했기 때문이지요. 현재 CSN은 완전히 민영화됐으며 브라질의 다른 국영 공장 민영화에 주요 주주로 참여하고 있습니다."

빠른 세계는 느린 세계를 무너뜨린다

프레링의 말을 듣자 내 머릿속에서는 전깃불이 번쩍하는 것 같았다. 그가 옳았다! 베를린장벽은 베를린에서만 무너진 게 아니다. 그것은 동쪽과 서쪽에서, 북쪽과 남쪽에서 무너졌으며, 이는 국가와 기업 모두에 영향을 미쳤다. 거의 같은 시간에 모든 이들에게 영향을 미쳤다. 우리는 그동안 동쪽에서 무너지는 베를린장벽에만 초점을 맞췄다. 너무나 극적이고 너무나 손에 잘 잡히기 때문이다. 시멘트 벽이 무너지는 장면은 세계 전역의 저녁뉴스를 탔다. 그러나 사실 그와 비슷하면서도 쉽게 지각할 수 없는 벽이 온 세계에서 무너져 내렸다. 그 모든 장벽들이 무너져 내린 것이 지금의 세계화 시대를 만들었고 통합을 가능케 했다. 여기서 아주 중요한 질문이 가능하다. 무엇이 장벽을 무너뜨렸는가? 내 아이들은 이렇게 물을 것이다. "아빠, 세계화는 어디서 온 거예요?"

나는 대답을 이렇게 시작할 것이다. 냉전의 세계는 넓은 평원과 같다.

하지만 이리저리 엇갈리고 담과 벽, 해자垓子와 막다른 골목으로 나누어진 평원이다. 그런 세계에서는 베를린장벽이나 철의 장막이나 바르샤바조약이나 아니면 보호주의적인 관세장벽이나 자본 통제에 부딪히지 않고 대단히 멀리, 대단히 빠르게 나아갈 수 없다. 이들 담과 벽 뒤에서는 각국이 자국의 고유한 생활양식과 정치·경제·문화를 보존할 수 있었다. 이들 나라는 제1세계에 속할 수도 있고, 제2, 제3세계에 들 수도 있다. 이들 나라는 매우 다른 경제체제(중앙집권적 공산주의 계획경제, 복지국가 경제, 사회주의 경제 또는 자유시장 경제)를 가질 수 있다. 그리고 매우 다른 정치체제를 가질 수도 있다. 민주주의에서부터 독재나 계몽된 권위주의, 왕조나 전체주의에 이르기까지. 차이는 극명하게 남아있을 수 있다. 검은색과 흰색이 대등하다. 그들을 보호하는 많은 장벽이 있고, 그 벽은 쉽게 뚫리지 않기 때문이다.

 이들 장벽을 무너뜨린 것은 우리가 어떻게 소통하고, 어떻게 투자하고, 세계에 관해 어떻게 배우는지에 대한 근본적인 변화다. 이들 변화는 냉전 때 태어나고 배양됐으며 1980년대 말에 임계점에 도달했다. 이런 변화들이 함께 냉전체제의 모든 벽을 무너뜨리고, 세계가 하나의 통합되고 개방적인 평원으로 모일 수 있게 할 정도로 강력한 회오리바람이 됐다. 오늘날 그 평원은 더 많은 장벽이 무너지고 더 많은 나라들이 흡수되면서 날이 갈수록 더 넓고, 빠르고, 더욱 개방적인 곳으로 바뀌고 있다. 오늘날 제1세계, 제2세계, 제3세계가 더 이상 존재하지 않는 것도 이 때문이다. 이제 빠른 세계(Fast World: 활짝 열린 평원과 같은 세계)와 느린 세계(Slow World: 길가로 굴러떨어지거나 개방된 평원에서 벗어나 인위적인 장벽으로 둘러싼, 자기들만의 계곡에서 살기로 마음먹은 이들의 세계)만이 있을 뿐이다. 느린 세계에 살려는 이들은 빠른 세계가 너무 빠르고, 너무 두렵고, 지나치게 균질화되고 너무나 까다로운 요구가 많다고 생각한다. 세계가 어떻게 변했는지 구체적으로 알아보자.

기술의 민주화

미국 재무부 부장관 래리 서머스는 1988년 마이클 듀카키스의 대통령 선거 캠프에서 일하던 어느 날 듀카키스를 대신해 연설을 하러 시카고에 갔던 이야기를 즐겨한다. 시카고에 있는 동안 듀카키스 선거 캠프에서 그에게 차를 한 대 배정해주었는데 그 차 안에는—놀라지 마시라—전화기가 있었다.

"나는 당시에 차 안에서 휴대전화를 쓸 수 있다는 게 너무나 멋지다고 생각했어요. 그래서 전화기가 장착된 차를 타고 있다는 걸 알려주려고 아내에게 전화를 했죠." 서머스의 회고담이다.

9년 후인 1997년 서머스는 재무부 일로 서부 아프리카의 코트디부아르를 방문했다. 공식 일정의 하나로 그는 미국이 자금을 지원한 보건시설 준공식에 참석하러 수도 아비드잔 상류의 한 마을로 갔다. 먹을 수 있는 물이 나오는 샘을 처음 갖게 된 이 마을은 통나무를 파내 만든 카누를 타야만 들어갈 수 있었다. 미국에서 온 거물인 서머스는 명예추장으로 추대 받아 아프리카 의상으로 치장했다. 그러나 그가 가장 생생하게 기억하는 것은 그 마을에서 돌아올 때 일어난 일이다. 서머스가 하류로 돌아가려고 카누에 발을 들여놓자 코트디부아르 관리가 그에게 휴대전화를 건네주며 "워싱턴에서 물어볼 게 있답니다"라고 말했다. 불과 9년 전에 시카고에서 차 안에서 전화를 쓸 수 있다는 건 멋진 일이라고 생각했는데 이제는 아비드잔의 카누 안에서 전화를 쓸 수도 있게 된 것이다.

이는 냉전시대에 배양된 가장 중요한, 그리고 가장 먼저 나타난 변화 때문에 가능했다. 그 변화는 서로 소통하는 방식의 변화다. 나는 이 변화를 '기술의 민주화'라 부른다. 이는 점점 더 많은 사람들이 점점 더 많은 가정용 컴퓨터와 모뎀, 휴대전화, 케이블 장치, 인터넷을 통해 과거 어느 때보다 더 멀리, 더 많은 나라로, 더 깊숙이, 더 저렴하게 도달할 수 있도록 했다.

워싱턴 DC 지역에는 고객들에게 각종 인터넷뱅킹과 텔레뱅킹 서비스를 하는 벨리 스프링이라는 은행이 있다. 그 은행의 광고 문구는 기술의 민주화를 깔끔하게 요약해준다. "당신의 가정에 은행을 넣어드립니다." 기술의 민주화 덕분에 우리는 누구나 집에 은행을 둘 수 있다. 집에 사무실, 신문, 서점, 증권중개회사, 투자회사, 공장, 학교도 둘 수 있다.

기술의 민주화는 몇 가지 혁신의 결과다. 1980년대에 일어난 이 혁신은 컴퓨터화, 통신, 소형화, 압축기술, 디지털화와 관련이 있다. 예를 들어 마이크로칩 기술의 발전으로 지난 30년 동안 18개월마다 컴퓨터 연산능력이 배가됐다. 또한 압축기술이 발전함에 따라 가로세로 1인치의 디스크 표면에 저장할 수 있는 데이터 양이 1991년 이후 매년 60%씩 늘어났다. 반면 데이터 저장에 드는 비용은 메가바이트당 5달러에서 5센트로 줄었다. 이에 따라 날이 갈수록 컴퓨터 연산능력은 강력해지고 모두가 그 능력을 보다 쉽게 이용할 수 있게 됐다. 통신기술 혁신으로 전화 통화와 데이터 전송에 드는 비용은 떨어지는 반면 전화와 케이블, 무선 신호로 전송할 수 있는 정보의 양과 속도, 거리는 늘어났다.

당신은 어디로든 싸게 전화를 걸 수 있을 뿐 아니라 무릎 위나 산꼭대기, 항공기 좌석 또는 에베레스트산 정상에서도 어디서든 저렴하게 전화를 받을 수 있다. 이는 소형화 기술의 혁신으로 컴퓨터와 전화, 무선호출기의 크기와 무게가 줄어들었기 때문에 가능하다. 이제 점점 더 먼 곳으로 가져갈 수 있고, 점점 낮은 소득수준의 점점 더 많은 이들이 이를 이용할 수 있게 됐다. 1998년 7월호 『골프』에는 많은 골프장이 '스파이더-9000'이라는 컴퓨터 장치를 골프 카트에 장착하기 시작했다고 보도했다. 이 장치는 "카트를 타는 이들이 컴퓨터에 스코어를 기록하고, 거리를 계산하고, 비디오로 찍은 홀을 미리 볼 수 있고, 어떻게 치면 좋은지 조언을 얻고, 점심을 주문하고, 주가를 체크하고, TV 광고를 볼 수도 있게" 해준다.

이 모든 혁신이 디지털 혁명으로 강화되고 또 강화됐다. 디지털화는 음성과 음향, 음악, 영화, TV신호, 색, 그림, 말, 문서, 숫자, 컴퓨터 언어와 당신이 생각할 수 있는 다른 어떤 형태의 데이터도 컴퓨터 비트로 바꿔 전 세계에 깔려 있는 전화선과 위성, 광케이블로 전송하도록 하는 마술이다.

컴퓨터 연산의 기본적인 분자인 비트는 '1'과 '0'의 각기 다른 조합일 뿐이다. 디지털화는 음향과 그림, 숫자, 글자를 각기 다른 1과 0의 암호 체계로 바꾼 다음 통신수단을 통해 다른 곳으로 전송하고, 그곳에서 1과 0의 암호를 풀어 원래의 것과 거의 같은 것으로 재생하는 기술이다. 『디지털이다』의 저자 니콜라스 네그로폰테는 디지털화를 다음과 같이 생생하게 묘사했다. "이는 마치 우리가 갑자기 냉동건조 카푸치노를 만들 수 있게 된 것과 같다. 그 기술이 너무 뛰어나 물만 부으면 이탈리아 카페에서 방금 내린 것처럼 맛이 풍부하고 향기로운 카푸치노가 되는 것이다." 네그로폰테가 지적한 것처럼 우리는 "원자를 비트로" 바꿈으로써 이제 더 많은 것들을 냉동건조할 수 있게 됐다. 영상과 음향을 1과 0으로 바꿔 어느 때보다 더 싸게 더 많은 곳으로 보낼 수 있게 된 것이다.

그 과정을 이렇게 생각해보자. 마이크로칩과 컴퓨터는 원자로 이뤄진 모든 걸 비트로 바꾸는 용광로 같은 것이다. 위성과 전화선, 광케이블은 용광로와 나머지 세계를 연결하는 파이프 같은 것이다. 이들 파이프는 '대역폭'이 커짐에 따라 더욱 정교해진다. 대역폭은 디지털 파이프가 1초에 얼마나 많은 1과 0을 전송할 수 있는지를 측정하는 것이다. 디지털 파이프가 정교해질수록 용광로에서 비트로 만들어진 원자들을 더 많이 전송할 수 있다.

이런 디지털화 과정은 지금의 세계화 시대를 이해하는 데 매우 중요하며 세계화 시대를 규정하는 특징이다. 그래서 여기서 잠시 실제 사례를 통해 디지털화가 어떻게 이뤄지는지 생각해볼 가치가 있다. 단순한 전화 통화를 생각해보자. 당신이 뉴욕에서 송수화기를 들고 방콕의 친구에게 전화를 건다. 송화구에 대고 말을 하면 당신의 숨에 따른 공기 압력이 송화기 안의 진동판을 친다. 진동판은 당신의 음성에 따라 앞뒤로 움직인다. 진동판은 자석에 연결돼 있고 자석 주변에는 전선 코일이 있다. 진동판이 자석을 움직이면 자기장이 전선에 전류를 만들어낸다. 자기장은 당신의 음성에 따라 오르내리고, 이에 따라 전선 안의 전류도 당신의 음성과 함께 오르내린다. 이제 당신의 입에서 나온 음성은 변동하는 전기신호로 바뀌었다. 이 신호는 당신의 목소리의 음조에 따라 물결처럼 오르내린다. 오실로스코프에 나타나는 음성의 궤적을 본 적이 있다면 쉽게 이해될 것이다.

우리는 그걸 어떻게 전송할 수 있는 비트로 바꿀까? 기본적으로 이 전기파동이 격자 위를 오르내리는 걸 상상하면 된다. 각각의 파동을 얇게 쪼갠 다음 조각마다 높이를 재고 거기에다 0과 1로 표시된 숫자를 부여한다. 예를 들어 높이가 10이라면 11110000으로, 높이가 11이라면 11111000으로 표시하는 식이다. 각각의 1과 0은 전기자극으로 전환된다. 이런 자극들이 한데 엮이면 직사각형파square wave라는 것이 된다. 바다의 물결처럼 오르내리는 아날로그 음파가 전송과정의 조그만 비틀림이나 변동에 쉽게 영향을 받는 것과는 달리 직사각형파는 1에 대해서는 올라가고 0에 대해서는 내려간다. 이런 신호는 아날로그 신호에 비해 있는 그대로 정확히 읽을 수 있다. 물결을 읽으려 애쓸 필요없이 그저 오르는지 내리는지만 보면 된다. 디지털 복사가 언제나 더 선명한 것도 그 때문이다. 당신의 입이나 팩스나 컴퓨터에서 나온 일련의 1과 0이 다른 곳에서 자동적으로 똑같은 1과 0으로 재생된다.

당신이 오랜 시간 통화하는 경우를 생각해보자. 당신이 방콕의 친구와 한창 대화를 나누고 있다고 하자. 이때 전송해야 할 1과 0의 전기자극이 대단히 많을 것이다. 기적 같은 기술 덕분에 이들 1과 0은 압축할 수 있다(기본적으로 컴퓨터 언어로 11111111과 00000000 대신 8×1과 8×0을 쓰는 것이다). 이제 당신의 음성은 작은 패키지로 말끔하게 압축됐다. 이걸 옮기기만 하면 된다. 이 작업을 하는 방법으로 몇 가지가 있다. 가장 간단한 것으로 변동하는 전류를 보내는 방법이 있다. 단순하게 말하면 1에 대해서는 1볼트, 0에 대해서는 2볼트를 보내는 식이다. 광케이블로 빛의 자극을 보내는 방법도 있다. 1에 대해서는 빛이 들어오게, 0에 대해서는 나가게 하는 것이다(콤팩트디스크는 알루미늄 층을 입힌 평평한 플라스틱 판이다. 1에 대해서는 그 판 위에 작은 구멍을 파고 0에 대해서는 평평하게 남겨둔다. CD 플레이어는 단지 그 판의 트랙에 작은 레이저 빛을 비춰 1과 0을 읽고 이를 원래의 아름다운 소리로 재생하는 것뿐이다). 아니면 라디오 전파를 이용할 수도 있다. 1에 대해서는 높은 음, 0에 대해서는 낮은 음을 내는 것이다. 어떤 방법으로 하든 언제나 완벽한 복제가 이뤄진다. 당신이 방콕으로 전화를 하는 경우 당신의 목소리는 빛의 자극으로 변환돼 광섬유 케이블을 통해 방콕에 이르고, 당신 친구 수화기에서 다시 음파로 재생되는 것이다. 수화기 안에 있는 조그만 장치가 각각의 1과 0을 그에 상응하는 전압으로 바꾸어 전기 코일을 치게 된다. 그에 따라 코일은 자기장을 만들어내고, 이는 자석을 앞뒤로 움직이게 하고, 이는 진동판을 움직이고, 이 움직임이 공기를 밀어 당신의 목소리로 바꾼다. 이얏! 네그로폰테의 카푸치노는 언제나 맛볼 수 있다.

생산의 세계화

나는 앞서 컴퓨터화, 소형화, 원거리 통신, 디지털화의 혁신이 기술 민주화를 가능하게 했다고 말했다. 이는 이런 혁신이 전 세계 수억 명의 사람들이 서로 연결돼 정보와 뉴스, 지식, 돈, 가족사진, 금융거래, 음악이나 TV 쇼를 과거에는 결코 볼 수 없었던 다양한 방법과 엄청난 규모로 교환할 수 있도록 해주었다는 뜻이다. 예전에는, 호주에 있는 당신 자녀가 갓 태어난 사내아이의 사진을 뉴욕에 있는 당신에게 보내려면 밖에 나가 카메라부터 구하고, 코닥필름을 사고, 아기 사진을 찍은 다음, 필름을 현상하고, 사진을 봉투에 넣어 우편으로 부쳐야 했다. 운이 좋으면 당신은 손자의 귀여운 얼굴을 열흘 후에 볼 수 있었다. 이제 더 이상 그럴 필요가 없다. 이제 당신 자녀는 디지털 카메라로 아기 사진을 찍고, 사진을 디지털로 저장해 컴퓨터상에서 디지털로 편집한 후 인터넷을 통해 당신에게 디지털로 전송할 수 있다. 이 모든 걸 아기가 태어난 후 10시간도 되기 전에 할 수 있다.

전 NBC 사장 로렌스 그로스만은 기술의 민주화를 다음과 같이 간명하게 요약했다. "인쇄는 우리 모두를 독자로 만들었다. 제록스 복사는 우리 모두를 발행인으로 만들었다. TV는 우리 모두를 시청자로 만들었다. 디지털화는 우리 모두를 방송인으로 만들었다."

그로스만의 말은 이 시대의 세계화가 그 정도와 성격에 있어 과거 시대와 뚜렷이 구별되도록 하는 또 다른 요소를 강조하고 있다. 단순하게 말하면, 이 시대의 기술의 민주화는 '생산을 세계화한다.' 지금의 세계화는 단지 개발도상국이 원재료를 선진국에 실어다 주고, 선진국이 완제품을 생산하도록 한 다음 다시 그 제품을 실어오는 것이 아니다. 지금은 그렇지 않다. 기술의 민주화 덕분에 모든 나라가 기술과 원자재와 자금 조달을 결합해 매우 복잡한 완제품을 생산하거나 하도급 계약자가 될 기회를 갖는다. 이는 세계를 더욱 밀접하게 연결하는 또 하나의 미묘한 요소다. 이 문제는 나중에 더 자세히 논의할 것이다. 지금은 기술의 민주화가 어떻게 태국을 15년 만에 저임금 쌀 생산국에서 디트로이트에 버금가는 세계 2위 픽업트럭 생산국으로, 또 세계 4위 오토바이 생산국으로 변모시켰는지 이야기하는 것만으로 충분하다.

기술의 민주화는 자동차와 스쿠터 생산에만 적용되는 것은 아니다. 방콕의 뮤추얼펀드 매니저 티라 푸트라칼은 나에게 이런 말을 한 적이 있다. "우리 뮤추얼펀드에서는 필요한 모든 걸 새로 발명할 필요는 없었습니다. 그냥 수입만 하면 됐지요. 우리가 사들인 일부 기술은 (우리 모기업인) 뱅커스 트러스트가 지불한 비용의 10분의 1 가격에 들여온 것입니다. 투자자들이 전화했을 때 펀드 자산가치 조회는 1번, 매수 주문은 2번, 매도 주문은 3번을 누르도록 하는 자동응대 시스템을 예로 들어보죠. 이제 (뮤추얼펀드 주식을) 사거나 환매하고 싶으면 모든 일을 텔레뱅킹으로 처리할 수 있습니다. 우리 입장에서는 이 모든 부가 서비스가 훨씬 싸졌습니다. 우리는 그저 외국에서 이런 기술이 개발되기를 기다렸습니다. 이것이 세계화의 진정한 매력입니다. 우리는 국내 사정을 알고 있는 국내기업이지만 이제 세계적인 기술과 활동 범위를 갖게 됐습니다."

기술의 민주화가 의미하는 것은 부를 창출할 수 있는 잠재력이 지리적으로 분산돼 과거에는 세계와 단절됐던 사람들에게 새로운 지식에 접근하고 이를 적용할 수 있는 기회를 주었다는 점이다. 콸라룸푸르에서 만난 홍콩 출신의 중국 여성은 이런 경험을 들려줬다. 그녀가 홍콩 지역번호를 눌러 델컴퓨터 기술지원센터에 연결됐는데 홍콩의 방언인 광둥어를 완벽하게 쓰는 고객 서비스 전문가가 응답했다고 한다. 그녀는 델컴퓨터 직원에게 그날 홍콩 중심가에 비가 얼마나 쏟아지는지를 이야기하고, 델컴퓨터의 사무실이 있는 곳에도 비가 많이 오느냐고 물었다. 델컴퓨터의 직원은 자기가 있는 곳에는 비가 전혀 오지 않는다고 대답했다. 그녀는 홍콩과 수천 마일 떨어진 말레이시아 페낭에 있었기 때문이다. 그 전문가는 중국계 말레이시아인이었다. 이제 페낭처럼 상대적으로 뒤떨어진 곳에 살면서도 델에서 괜찮은 서비스 일자리를 얻게 된 것이다. 기술의 민주화가 그걸 가능하게 만들었다. 인도는 빠르게 세계의 백 오피스(지원부서)가 되고 있다(1999년 9월 18일 『이코노미스트』는 인도에 사는 인도인 전화 상담원이 이제 GE캐피털을 위해 일하고 있다고 전했다. 그들은 어떤 특정 날짜에 인도에서 텍사스에 사는 사람에게 전화를 걸어 신용카드 대금이 왜 연체되고 있는지를 물을 수도 있다. 나는 그들이 "서양 이름을 쓰고 담당 지역의 억양까지 배우는 것으로 알려졌다"는 말을 들었을 때 별로 기분 좋지 않았다). 스위스항공은 회계부서를 컴퓨터까지 포함해 전부 인도로 옮겼다. 고임금의 스위스에서 저임금의 인도로 옮겨

비서와 프로그래머, 회계사의 인건비를 절약하기 위해서다. 디지털화와 네트워킹 덕분에 이런 일들은 영어를 쓰는 고등학교와 대학 졸업자가 집중된 곳이라면 어디서든 수행할 수 있다. 이는 인도, 파키스탄, 필리핀, 남아프리카공화국과 전 세계 개도국 중 영어 사용 지역에는 큰 혜택이다. 인도 뭄바이에 있는 브리티시항공 월드 네트워크 서비스는 항공 여행이 잦은 고객의 이용 실적을 관리한다. 델리에 있는 실렉트로닉은 통신을 이용해 데이터를 처리하는 회사로, 미국의 수신자부담전화로 그곳 의사들의 지시를 받고 녹취한 내용을 문자로 미국의 HMO(Health Maintenance Organization: 미국 민간 의료보험 조직-옮긴이)에 보낸다.

『파이스턴 이코노믹 리뷰』는 1999년 9월 2일자에서 아메리카온라인(AOL)이 마닐라에 600명의 필리핀인 고객 서비스 상담원들을 두고 있다고 보도했다. 이들 상담원은 기술 또는 이용료에 관해 문의하는 하루 1만~1만 2,000통의 이메일에 응답을 해준다. 이는 AOL 고객 이메일의 약 80%를 차지하는 것으로 대부분 미국에서 걸려오는 전화들이다. AOL의 필리핀 자회사는 대학 졸업자인 이들 상담원들에게 1999년 현재 하루 5.5달러의 임금을 준다고 『파이스턴 이코노믹 리뷰』는 전했다. 이는 법정 최저임금보다 35% 높은 수준이지만 대략 특별한 기술이 없는 미국 근로자들이 한 시간에 벌 수 있는 돈이다. 이처럼 임금은 빈약하지만 이는 필리핀의 교육받은 새 세대가 '빠른 세계'로 진입하는 첫 걸음이다. 이들 상담원 가운데 가장 똑똑한 이들은 곧 회사를 그만두고 AOL 사무실 옆에 POL이라는 작은 기술업체를 차릴 수도 있다. 이처럼 빠르게 성장하는 서비스와 텔레컴퓨팅시장은 아시아의 다음 붐의 토대가 될 수 있다. 그러나 값싼 제조업 기반을 제공하면서 세계화 게임에 뛰어든 태국처럼 이런 조류에 참여하려는 나라들은 최고의 텔레컴퓨팅과 서비스 일자리를 잡기 위해 국민들의 교육과 기술 수준을 높여야 할 것이다.

나는 썬마이크로시스템즈의 네트워크 디자인 책임자인 제프 베어와 함께 이 모든 기술의 민주화와 생산수단이 우리를 어디로 이끌어갈지에 대해 생각해본 적이 있다. 베어와 내가 이 모든 걸 깊이 생각할수록 우리의 생각은 더 무모해졌다. 베어가 물었다. "이제 우리가 과거에는 교역 대상이 될 수 없었던 이 모든 서비스를 인터넷 같은 네트워크를 통해 제공할 수 있게 됐는데, 왜 정부는 아웃소싱할 수 없을까?" 생각해보라. 우리는 특공작전과 국경 수비를 러시아인들에게서 아웃소싱할 수도 있다. 인도 사람들에게는 나라 살림 회계를 맡기고 스위스인들에게는 세관을 운영하라고 할 수도 있다. 독일인들에게 중앙은행을 맡기고 이탈리아인들에게는 신발 디자인을 시킬 수도 있다. 영국인들에게는 고등학교를 운영하도록 하고 일본인들에게는 초등학교와 철도를 운영하라고 주문할 수도 있다….

금융의 민주화

기술의 민주화는 분명 세계화를 밀고 가는 두 번째 중요한 변화를 촉진시켰다. 그 변화는 우리가 투자하는 방식에 관한 것이다. 나는 그 변화를 '금융의 민주화'라 부른다. 냉전 후 시대 대부분의 기간 동안 국내외 금융시장에서 가장 큰 규모로 이뤄지는 대출이나 증권 인수(증권 발행) 업무를 대형 상업은행과 투자은행, 그리고 보험사들이 수행했다. 이 보수적인 엘리트 금융회사들은 언제나 경영 실적이 검증되고 '투자등급'을 받은 기업에 대출하기를 좋아했다. 따라서 은행대출은 매우 비민주적이었다. 보수적인 은행들은 과연 누구의 신용 상태가 좋은지에 대한 개념이 별로 없었다. 새로 창업해서 현금을 구하려면 은행이나 보험사 내에 '줄'을 대고 있느냐가 중요했다. 이들 전통적인 금융회사를 경영하는 이들은 대개 움직임이 느린 경영자와 의사결정위원회였다. 이들은 위험 회피 성향이 강하고 시장의 변화에 재빨리 대응하지 못했다.

금융의 민주화는 사실 1960년대 말 기업어음(CP)시장이 부상하면서 시작됐다. CP는 기업들이 자금을 조달하기 위해 일반 투자자들에게 직접 발행하는 채권이다. 회사채 시장이 생겨남에 따라 금융계에 일종의 다원주의pluralism가 나타나고 은행의 독점이 사라졌다. 이어서 1970년대에는 주택담보대출의 '증권화' 바람이 불었다. 투자은행들은 전통적인 은행과 주택대출업체들에게 접근해 그들의 대출 포트폴리오 전부를 사들인 다음 잘게 쪼개 1,000달러짜리 채권을 만들어 팔았다. 주택담보대출을 받은 이들이 다달이 갚는 돈으로 이 채권의 원리금을 지급하는 구조였다. 이 같은 증권화 덕분에 당신과 나와 베브 아줌마는 상당히 안정적이면서도 조금 더 많은 이자를 벌 수 있는 투자상품을 살 수 있었다. 증권화는 또한 과거에는 현금을 조달할 길이 없었던 기업과 투자자들에게 자본시장으로 가는 문을 열어주었다.

그러나 금융의 민주화가 본격적으로 폭발한 것은 1980년대였다. 이 과정에서 마지막 남은 걸림돌을 없애버린 사람은 재기가 빛나고 쾌활하지만 나중에 부패한 정크본드의 왕 마이클 밀켄이었다. 와튼스쿨을 졸업한 밀켄은 1970년 필라델피아의 증권중개회사 드렉셀에서 일을 시작했다. 그 당시에는 대형 은행이나 투자회사 중 어느 곳도 신용등급이 낮은 '쓰레기 채권'을 파는 데 관여하려 하지 않았다. 이 채권은 주로 몰락한 블루칩 기업이나 경영 실적이나 자본이 거의 없는 신생기업이 발행한 것이었다. 밀켄은 메이저 은행들이 어리석다고 생각했다. 그는 정크본드의 투자가치를 직접 계산을 해보고 그에 관한 거의 알려지지 않은 학술적 연구 결과를 조사한 뒤 다음과 같은 결론을 내렸다. 투자등급을 받지 못하는 기업들이 차입을 할 수나 있을지 모르지만 할 수 있다면 보통 기업들보다 금리를 3~10% 포인트 더 줘야 한다.

하지만 실제 이들 기업이 부도를 내는 빈도는 채권수익률이 훨씬 낮은 최고 등급의 블루칩기업보다 아주 조금 높을 뿐이다. 그러므로 이른바 정크본드는 실제로 훨씬 많은 리스크를 지지 않으면서도 많은 돈을 벌 수 있는 기회를 제공한다. 각기 다른 수많은 정크본드를 하나의 펀드에 편입한다면 설사 그중 몇 개가 부도를 내더라도 펀드 전체로는 여전히 블루칩들에 비해 평균 3~4% 포인트 높은 수익률을 낼 수 있다. 사실상 추가적인 위험부담 없이도 그런 수익률을 낼 수 있다는 말이다. 1995년 『비즈니스위크』는 이런 통찰력을 갖춘 밀켄이 "미심쩍어하는 업계에 자기가 투자세계의 공짜 점심을 발견했다는 걸 확신시키는 힘든 일을 시작했다"라고 썼다.

전통적인 은행과 투자회사들이 미심쩍어하면서 계속 투자를 피하자 밀켄은 몰락한 A급 기업의 채권을 거래하는 기존 정크본드시장에서 벗어나 신용등급이 형편없는 기업들만 가득한 완전히 새로운 시장으로 재빨리 옮겨갔다. 리스크가 높은 기업과 몰락한 기업, 전통적 은행에서 신용을 얻지 못하는 모험기업과 창업기업, 심지어 다른 기업을 인수하고 싶지만 전통적인 은행 채널을 통해서는 자금을 조달할 수 없는 금융 해적들까지 투자 대상이 됐다. 그는 인적 네트워크를 활용해 자기가 발행한 정크본드를 뮤추얼펀드와 펜션펀드(연금기금), 개인투자자들에게 팔 수 있었다. 이들은 훨씬 높은 리스크를 지지 않고도 높은 수익률을 제공할 수 있다는 밀켄이 옳았다는 걸 알게 된 투자자들이었다. 이렇게 해서 당신과 나와 베브 아줌마도 예전에는 소액투자자들이 투자할 수 있는 범위를 넘어섰던 대규모 투자의 한 조각을 살 수 있게 된 것이다.

이들 거래는 해당 기업과 근로자들을 뒤흔들어놓았다. 그럼에도 불구하고 밀켄의 통찰력이 광범위하게 복제되는 데는 오래 걸리지 않았다. 곧 일반 투자자들에게 온갖 종류의 기업과 투자의 일부를 떼어 파는 정크본드 또는 '고수익' 증권 산업이 번창하게 됐다.

비슷한 금융의 민주화가 국제적으로도 이뤄졌다. 수십 년 동안 대형 은행들은 외국 정부나 주州, 그리고 기업들에게 거액을 빌려주고 이를 회계장부에 액면금액으로 표시했다. 이는 은행이 어떤 국가나 기업에 1,000만 달러를 빌려주었다면 특정 시점에 그 나라나 기업의 자산가치가 1,000만 달러가 되든 말든 상관없이 은행의 회계보고서에는 상환받을 대출금이 1,000만 달러인 것으로 나타난다는 뜻이다. 이런 대출은 주로 은행들이 해주고 대출채권도 은행들이 보유하고 있었기 때문에 돈을 빌린 나라에 재정적 문제가 생기면 은행들이 직격탄을 맞았다. 1982년 멕시코가 그랬던 것처럼 어떤 나라가 국내에서 인기를 얻기 위해 소비재원을 해외에서 차입했다 재정적 문제에 부딪히는 경우 그런 일이 생긴다. 이런 경우 멕시코 대통령은 뉴욕으로 날아가 멕시코 외채를 보유한 20개 은행 대표를 모아 놓고 다음과 같이 말한다. "신사 여러분, 우리는 파산했습니다. 여러분은 이런 말을 들어보셨을 겁니다. '어떤 이가 1,000달러를 빚지고 있으면 이는 그 자신의 문제지만 그가 1,000만 달러를 빚지고 있으면 이는 당신의 문제다'라는 말을요. 우리의 외채는 당신들의 문제입니다. 우리는 빚을 갚을 수 없어요. 그러므로 여러분이 우리에게 여유를 좀 주셔야 합니다. 그리고 외채상환 조건을 재협상하고 신규대출을 늘려줘야 합니다." 그러면 은행 대표들은 고개를 끄덕이고 (보통 더 높은 금리의) 신규대출을 해주는 것을 포함한 새로운 거래를 제시한다. 은행들이 달리 무슨 선택을 할 수 있겠는가? 멕시코는 '그들의' 문제이며, 미국 은행들은 회계장부에 1,000만 달러로 표시된 멕시코 대출채권이 실제로는 전혀 가치가 없는 자산이라는 걸 주주들에게 보고하고 싶어 하지 않는다. 차라리 멕시코를 계속 지원하는 게 낫다. 20개 은행들이 대출채권의 대부분을 보유하고 있으므로 모두 한 회의실에 모여 모든 일을 처리할 수 있다.

멕시코는 이렇게 무너졌다

당시 세계은행 남미 지역 담당 부서의 이코노미스트였던 존 페이지는 그 일이 정확히 어떻게 이뤄지는지 설명해줬다. 스페인어를 하는 페이지는 1982년 멕시코에 가 멕시코 재무부의 공공 부문 신용을 담당하는 호세 앙헬 구리아 국장을 만나고 있었다. 구리아는 외국 은행가들에게서—뉴욕의 대형 은행에서 서부 텍사스의 소형 은행에 이르기까지 가릴 것 없이—멕시코에 대한 대출을 받아내는 데 전설적인 능력을 발휘한 인물이었다.

페이지의 회고담을 들어보자. "어느 날 내가 구리아의 사무실에서 그와 함께 스페인어로 대화를 하고 있는데 전화가 울렸어요. 텍사스의 한 소형 은행 행장이었어요. 구리아는 그를 설득해 멕시코 외채 일부를 인수하도록 했는데 행장은 멕시코 경제에 문제가 생겼다는 보도를 보고 걱정을 하고 있었던 것이지요. 구리아는 나와 스페인어로 이야기하다 금세 그 행장과 완벽한 구어체 영어로 말하기 시작했어요. '헤이, 조, 목소리 들으니 반갑네요… 아니, 아니, 걱정 마세요. 여기는 아무 문제없습니다. 당신네 돈은 더할 나위 없이 안전합니다. 가족들은 어떤가요? … 좋네요. 따님은 어때요? 아직 학교 다니고 있나요? … 전화줘서 고마워요. 언제든지 전화주세요. 계속 연락합시다.' 그러고는 잠시도 지체하지 않고 전화를 끊고 곧바로 나에게로 돌아앉아 스페인어로 이야기하는 거예요. 30초 만에 그는 중요한 투자자와 문제 하나를 해결한 것이죠."

그런데 세계화로 가는 길에 재미있는 일이 하나 생겼다. 밀켄의 회사와 동료가 확산시킨 증권화가 외채시장에서도 이뤄진 것이다. 1980년대 말 남미가 또다시 외채위기에 빠졌을 때 당시 재무장관이었던 니콜라스 브래디는 밀켄식 해법을 시도했다. 1989년 주요 상업은행들이 보유하고 있던 남미 외채를 미국 정부가 보증하는 채권으로 바꾼 다음 이 채권을 은행이 자산으로 보유하거나 일반 투자자, 뮤추얼펀드, 또는 펜션펀드에 일반적인 수준보다 높은 금리로 팔 수 있도록 했다. 갑자기 당신과 나와 베브 아줌마는 멕시코나 브라질 또는 아르헨티나 외채의 한 조각을 직접 또는 펜션펀드나 뮤추얼펀드를 통해 간접적으로 살 수 있게 된 것이다. 이들 채권은 매일 거래가 이뤄졌다. 채권 값은 각국의 경제 상황에 따라 값이 오르내렸다. 외채는 액면가로 은행 회계장부에 남아있지 않았다. 뱅크 오브 아메리카 브라질 현지법인의 책임자 조엘 콘은 이렇게 말했다.

"브래디가 한 일은 혁명이었습니다. 그전에는 미국 재무부가 미국 은행들과 IMF에 계속해서 남미 국가들에게 돈을 퍼부으라고 압력을 가하는 게 전부였지요. 브래디가 한 일은 시장 원리에 맞는 해법을 결합한 것입니다. 은행들이 남미 국가들에 신규대출을 해줄 때는 그 나라가 경제개혁을 추진한다는 걸 전제로 미국 정부가 지급보증을 섰습니다. 추가대출을 해준 후 은행은 대출채권을 그냥 갖고 있지 않고 잘게 쪼개 미국 정부 보증채권을 만들어서 일반 투자자들에게 팔았지요. 수천 개의 새로운 플레이어들이 이런 방식으로 게임에 뛰어들었어요. 채무국들은 20개의 주요 상업은행들로 구성된 채권단을 상대하는 대신 갑자기 수천 명의 개인투자자들과 뮤추얼펀드를 상대하게 됐죠. 증권화는 외채시장을 확대하고 시장의 유동성을 높여줬지만 채무국들은 온갖 새로운 압력을 받게 됐습니다. 투자자들은 채무국들이 얼마나 경제를 잘 운용하느냐에 따라 매일 채권을 사고 팔았습니다. 이는 채무국들이 매일 성과 평가를 받는다는 것을 의미합니다. 더욱이 채권을 사고 등급을 매기는 투자자들 대부분은 브라질이나 멕시코 또는 아르헨티나가 통제할 수 없는 이들입니다."

이들 채권 보유자는 은행과 다르다. 은행들은 이미 채무국들에게 코를 꿰여 있기 때문에 기존 대출채권을 보호하려면 계속 더 많은 돈을 빌려줘야 한다고 느끼지만 채권 보유자들은 그렇지 않다. 채무국들이 경제운용을 잘못하면 채권 보유자들은 그저 '굿바이'하며 채권을 팔아버리고 경제운용 성과가 좋은 나라의 채권에 돈을 넣으면 그만이다.

그래서 1995년 멕시코가 다시 지나친 씀씀이 때문에 위기를 맞았을 때 온갖 크고 작은 투자자들이 보유하고 있던 멕시코 채권을 팔기 시작했다. 이에 따라 채권가치가 크게 떨어졌지만 구리아는 이제 20개 은행 대표들을 불러 외채상환 만기를 연장해주고 얼마간의 여유를 달라고 요청할 수 없었다. 멕시코 외채는 수많은 사람들의 손에 나뉘어 민주화됐기 때문이다. 그래서 멕시코는 이번에는 미국 재무부에게 도움을 요청해야만 했고, '샘 아저씨Uncle Sam'는 멕시코에 매우 엄격한 조건으로만 돈을 빌려줬다. 멕시코는 유전을 담보로 내놓아야 했다. 미국 정부는 멕시코가 뉴멕시코 주만큼 경제를 잘 운용한다는 조건으로만 멕시코 구제에 나설 수 있었다. 곧 많은 신흥경제국들이 브래디와 같은 방식으로 채권을 팔기 시작했다. 주로 달러 표시 채권이었다. 현재 16개국이 약 1,500억 달러어치의 브래디 채권을 발행했다. 각국 정부가 해외투자자들에게 채권을 발행하는 데 새로운 건 아무것도 없었다. 이는 몇 년 동안 계속돼온 일이다. 새로운 건 이제 이들 채권이 개인투자자나 펜션펀드나 뮤추얼펀드에 광범위하게 분산됐다는 점이다. 20세기 초반 국제 채권 거래에 참여하는 이들은 대부분 큰 부자들이었다. 이제 당신과 나와 베브 아줌마는 말할 것도 없고 오렌지 카운티의 퇴직연금펀드나 학교 수위들도 모두 이 게임에 참여할 수 있다.

이는 미국에서 대출의 민주화와 투자의 민주화가 동시에 일어났기 때문이다. 투자의 민주화는 주로 연금개혁과 개인 401(k) 연금저축 계좌의 도입 덕분에 가능했다. 미국에서는 이제 기업들이 근로자들의 연금 '지급액'을 보장하기보다는 연금기금에 대한 '기여액'을 확정하는 쪽으로 바뀌고 있다. 이렇게 되면 근로자 개인들이 각자 자기 연금저축을 관리해야 하며 최고의 수익을 얻을 수 있는 투자 대상으로 옮겨다니게 된다. 이제 사람들이 더 오래 살게 되면서, 은퇴하고 나서 사회보장제도의 혜택을 받을 수 있을까 의구심을 갖게 됐다. 이에 따라 적극적으로 뮤추얼펀드와 펜션펀드를 찾아다닐 뿐만 아니라 더 높은 수익률을 좇아 공격적으로 자산을 운용하게 됐다. 우리의 부모 세대는 펜션펀드가 어디에 어떻게 투자되는지 거의 알지 못했다. 그러나 요즘 근로자들은 투자 위험과 기대수익률이 각기 다른 다양한 펀드를 선택할 수 있다. 이들은 성공적인 뮤추얼펀드에 보상을 해주고 그렇지 못한 펀드에는 벌을 주면서 돈을 룰렛 테이블의 칩처럼 이리저리 옮기고 있다.

온라인 증권중개업체 E*트레이드는 이런 점을 기지 넘치는 광고를 통해 잘 보여주었다. 광고는 어떤 남자가 컨버터블 승용차에 앉아 있는 장면으로 시작된다. 뒷자리에는 골프클럽이 튀어나와 있다. 경찰관이 막 그를 멈춰 세웠기 때문에 그는 길가에 정차한 것이다. 경찰관이 그의 차 옆으로 와 다음과 같은 대화가 이어진다.

경찰관: "안녕하십니까?"
컨버터블 남자: "알았어요, 알았어. 면허증과 차량등록증 드릴게요."
경찰관: "아-, 커크 브루어 씨. 당신과 이야기하고 싶었어요."
컨버터블 남자: "나하고요?"
경찰관: "그럼요. 당신은 내 대형주 펀드를 운용하는 펀드매니저잖아요?"
컨버터블 남자(조금 자랑스럽게): "아, 예."
경찰관: "당신이 (뮤추얼펀드 수익률 상위) 톱 10에 든 걸 알아요."
컨버터블 남자: "예."
경찰관: "하지만 톱 5에는 못 들었죠."
경찰관은 뒷자리의 골프클럽을 본다.
컨버터블 남자는 약간 당황하는 기색이다: "어- 글쎄요…."
경찰관: "이제 골프클럽은 치워버리고 사무실로 돌아가시는 게 좋겠습니다."

그런 다음 다른 목소리가 나온다. "당신의 펀드매니저가 열심히 일하게 하십시오. E*트레이드 뮤추얼펀드센터와 함께할 시간입니다."

마지막으로 카메라는 다시 경찰관을 비춘다. 그는 컨버터블 남자의 차에서 골프클럽을 꺼내 가져가버린다. 이 메시지는 분명하다. 심지어 교통경찰관까지 자신의 연금저축이 어디에 투자돼 있는지 알고 있으며 최고의 성과를 내는 펀드로 투자처를 옮겨다닌다.

느림보 일본

이 같은 투자의 민주화는 국제적으로도 진전됐다. 이는 2차 세계대전 후 브레튼우즈에서 만들어진 고정환율 체제와 국제적인 자본흐름에 대한 엄격한 통제가 1970년대 초 무너진 데 따른 것이다. 우리는 이제 잊어버렸지만, 2차 세계대전이 끝난 때부터 1970년까지 일본이나 멕시코 또는 유럽 투자자들이 미국 주식이나 채권을 사는 것은 매우 힘들었다. 미국 투자자들이 이들 나라에 투자하는 것 역시 마찬가지였다. 하지만 고정환율 체제와 자본 통제가 느슨해지면서 선진국들은 점차 자본시장에 참여하려는 모든 외국인들에게 시장을 개방하면서 자본시장의 민주화를 촉진했다. 그러자 개도국들도 같은 길을 따라갔다.

곧 모든 종류의 투자상품이 쏟아졌다. 투자자들은 멕시코, 레바논, 터키, 러시아, 독일, 프랑스 채권 가운데 고를 수 있었다. 개인투자자들이 치열한 경쟁을 벌이는 글로벌 뮤추얼펀드에 더 자주 돈을 넣었다 뺏다 할수록 펀드매니저들은 각국 정부와 기업에 더 높고 더 오래 지속되는 수익을 요구하며 더 자주 이리저리 돈을 굴렸다. 모든 펀드들이 더 많은 돈을 끌어들이기 위해 다른 펀드들을 제치려 애썼다. 금융의 민주화 덕분에 우리는 몇몇 은행가들이 수많은 나라의 채권을 보유하는 체제에서 수많은 은행가들이 수많은 나라의 채권을 보유하는 체제로 옮겨갔다. 그리고 마침내 수많은 개인들이 펜션펀드와 뮤추얼펀드를 통해 수많은 나라의 채권을 보유하는 체제가 됐다.

미국에서는 대규모 정크본드자금이 기업인수 붐을 불러일으켰다는 점을 주목할 필요가 있다. 이 수지맞는 거래에 전혀 참여할 수 없었던 소액투자자들은 뮤추얼펀드와 펜션펀드를 통해 갑자기 거래에 참여할 수 있게 됐다. 기업인수 과정에서는 경영자들이 대단히 정밀한 검증을 받았다. 특히 경영 실적이 떨어질 때는 더 그랬다. 이 과정은 또한 1980년대 미국 경제를 더 효율적으로 만들고 미국이 다른 어떤 나라들보다 더 일찍, 그리고 더 잘 세계화 시대에 대비하는 데 도움을 주었다. 그 결과 어떤 기업들은 곧바로 생존경쟁에서 밀려났지만 많은 기업들이 효율성을 높일 수 있었다.

일본 국내기업 가운데 경쟁에서 뒤떨어진 기업이 많은 이유 중 하나는 일본에서는 오랫동안 금융의 민주화가 전혀 일어나지 않았다는 점이다. 일본에서는 대형 은행들이 금융을 지배하기 때문에 알려지지 않은 신생기업은 자금을 조달하기 위해 훨씬 힘든 시간을 보내야 한다. 적대적 기업인수를 위한 자금은 쉽게 조달할 수 없다. 은행들은 계열 관계에 있는 기업들에게는 리스크나 경쟁력을 따지지 않고 돈을 퍼부었다. 기업인수는 문화적 이유 때문에 기피되기도 한다. 많은 은행 이사회와 기업 이사회가 서로 유착돼 있기 때문이기도 하다. 더욱이 일본 근로자들은 그들의 연금 운용에 대해 선택권이나 통제권이 거의 없다. 그들은 투자한 돈을 다른 곳으로 쉽게 옮길 수 없고, 그 때문에 국내기업과 뮤추얼펀드와 펜션펀드가 글로벌 스탠더드에 따라 높은 성과를 내도록 하는 압력은 줄어든다. 이런 이유로 일본 경제는 다른 나라보다 더 점잖은 모양을 갖추고 있다. 하지만 이는 슘페터의 창조적 파괴라는 관점에서 보면 효율성이 떨어지는 경제다. 일본 경제의 자본 배분이 너무나 잘못 이뤄져 1980년대 말 엄청난 거품이 생긴 것도 그 때문이다. 수천 개의 비효율적인 국내기업들이 끝까지 지원을 받으며 살아남을 수 있게 된 것도 마찬가지다.

하지만 이런 것들은 2000년 일본이 금융 서비스 부문을 개방하고 GE캐피털을 비롯한 미국 금융기업들이 쏟아져 들어오면서 바뀌기 시작했다. 외국 경쟁회사들은 일본 은행들이 보다 진지하게 대출을 심사하고, 이에 따라 일본 기업들도 보다 효율적인 생산자가 되도록 자극을 주었다. 이에 따라 자본은 더 합리적으로 배분되고 창업기업과 새로운 플레이어들도 더 쉽게 자본을 조달할 수 있게 됐다. 더 이상 과거의 인맥 관계로 자금을 확보하기 어렵게 됐다. GE캐피털 소유 금융회사인 레이크는 1990년대 말

일본 전역에서 '자동대출 키오스크'를 가동하기 시작했다. 대출을 받으려면 그냥 키오스크로 가서 운전면허증이나 다른 신분증을 보여주면 즉시 신용 상태 조회가 이뤄지고, 자동대출계약서에 사인을 하면 한 시간 안에 대출을 받을 수 있다. 금융의 민주화 사례로 어떤가?

정보의 민주화

존 번스는 1990년대 말 『뉴욕타임스』 뉴델리 지국장이었다. 나는 1998년 여름 월드컵 축구 경기가 열릴 때 그를 방문했다. 번스는 TV로 월드컵 경기를 챙겨보려고 애쓰고 있었다. 어느 날 아침 번스는 나에게 이런 이야기를 들려줬다.

"(뉴델리의) 우리 집 지붕에는 4개의 위성 접시가 설치돼 있는데 여기에만 한 해 수천 달러의 비용이 들지요. 우리 집은 마치 위성 송신소 같아요. 어쨌든 나는 이 모든 시설을 갖추고도 월드컵을 중계하는 인도 방송 채널도 볼 수 없다는 데 질려버렸어요. 이 문제는 날씨에 따른 전파 간섭과 관련이 있고, 위성 수신장치를 조정해야 하는데 그 일을 해야 할 사람은 어쩌다가 한 번 나타나지요. 그래서 아침 먹는 자리에서 이런 문제들에 대해 불평을 했어요. 그랬더니 인도에 주둔한 마지막 영국군 사령관의 구두닦이 소년이었던, 올해 일흔한 살의 우리 집 요리사 압둘 토히드가 '지국장님이 무엇 때문에 속상해하시는지 모르겠다, 내 TV는 모든 채널이 다 나온다, 위성 TV를 설치한 건 돈과 시간을 허비하는 것이다, 내 숙소로 한번 와봐라'고 하는 거예요. 그는 아내와 함께 우리 집 뒤 조그만 별채에 살고 있지요. 그리 건너가봤더니 토히드의 아내가 BBC 방송을 보고 있는 거예요. 내가 '지금 부인이 뭘 하고 있느냐, 그녀는 영어를 못하지 않느냐'고 물었죠. 그랬더니 '지금 배우고 있다'는 거예요. 그가 TV 리모컨을 건네주기에 채널을 돌려봤더니 정말 놀랍게도 1번부터 27번 채널까지 다 나오지 뭐예요. 그는 중국, 파키스탄, 호주, 이탈리아, 프랑스 방송을 포함해 그 모든 채널을 다 볼 수 있는데 수신료는 한 달에 150루피(3.75달러)밖에 안 된다는 거예요. 나는 4개의 위성 접시를 갖고도 14개 채널밖에 볼 수 없는데…. 토히도에게는 불법 케이블 시설을 갖춘 친구가 하나 있는데 그 친구가 전화선을 따라 케이블을 토히도네 집으로 이어준 겁니다. 이건 다 불법이지만 어쨌든 그는 세계와 연결된 환경에서 살고 있고 그의 아내는 영어를 배우고 있지요. 그런데 나는 아직도 인도 TV를 보려고 기를 쓰고 있는 겁니다."

번스의 이야기는 세계화를 가능케 한 세 번째 변화를 보여준다. 우리가 세계를 보는 방식의 변화다. 나는 이 변화를 '정보의 민주화'라 부른다. 위성 접시와 인터넷, TV 덕분에 우리는 이제 생각할 수 있는 거의 모든 장벽을 꿰뚫어보고, 듣고, 살필 수 있다.

이런 약진은 TV의 세계화와 함께 시작됐다. 냉전시대 내내 TV와 라디오는 제약이 많은 비즈니스였다. 전송기술과 범위가 제한적이었기 때문이다. 각국 정부는 대부분의 TV 방송을 직접 운영하거나 엄격하게 규제했다. 그 벽은 미국에서 공중파 방송보다 훨씬 많은 채널을 볼 수 있는 케이블TV가 도입되면서 무너지기 시작했다. 1980년대에는 다른 형태의 다채널 TV가 전 세계로 퍼지기 시작했다. 위성을 궤도에 올리는 비용이 떨어졌기 때문이다. 여기에는 어떤 아이러니가 있다. 냉전은 소련과 미국이 서로 상대방에 대한 첩보 활동을 위해 점점 더 작고, 점점 더 강하고, 점점 더 싼 위성을 우주에 쏘아올리게 했다. 그러나 바로 그 기술이 TV 신호를 더 싸게 전송할 수 있는 길을 닦았고, 이는 공산주의의 벽이 훨씬 빨리 무너지도록 했다.

처음에는 대규모 케이블 시스템만이 위성 신호를 수신하는 안테나를 설치할 수 있었다. 하지만 기술의 민주화, 특히 소형화 기술 덕분에 곧 전 세계 수백만 명이 자기 집 발코니에 설치한 피자 크기의 위성 수신 접시로 그 신호를 끌어올 수 있게 됐다. 갑자기 방송에 대한 제약은 사라지고 엄청나게 많은 새로운 시청자들이 생겨났다. 디지털 TV가 본격적으로 가동되면 방송사들은 5개나 50개가 아니라 500개의 채널을 제공할 수 있을 것이다.

게다가 DVD에서 보듯 압축기술의 발전 덕분에 정보는 점점 더 민주화되고 있다. DVD는 지름 5인치의 CD로, 장편영화 하나를 입체음향과 여러 개의 언어로 노트북컴퓨터나 휴대용 동영상 플레이어로 즐길 수 있게 해준다. 나는 1970년대 말 페르시아만으로 돌아갔을 때 세관원들이 음란물이나 정치적으로 위험한 비디오 테이프를 숨겨서 들어오는지 확인하기 위해 여행객들의 짐을 샅샅이 뒤지던 걸 기억한다. 나는 그들이 지금도 내 여행 가방에서 DVD를 찾아내려 하는지 보고 싶다. 1990년대 말 중국 전역에서 DVD 플레이어가 폭발적으로 늘어났다. 모든 할리우드 영화가 불법 복제돼 수백만 중국 가정에 보급됐다. 앞으로는 할리우드 영화를 기다릴 필요도 없을 것이다. 필름이 필요없는 값싼 디지털 무비카메라와 디지털 프로젝터만 있으면 누구나 잠재적인 영화계의 거물이 될 수 있다. 누구나 낮은 비용으로 자기의 디지털 영화를 찍을 수 있을 뿐만 아니라 인터넷을 통해 그걸 전 세계에 저렴하게 배급할 수도 있을 것이다.

정보 민주화의 꽃, 인터넷

TV와 위성 접시가 정보의 민주화에 중요한 역할을 했지만 인터넷 확산은 정보의 민주화를 마무리지었다. 인터넷은 정보 민주화의 절정이었다. 어느 한 사람이 인터넷을 소유하지 않고, 누구도 인터넷을 끊어버릴 수 없다. 인터넷에 대한 통제권은 완전히 분산돼 있다. 인터넷은 전 세계 모든 가정에 이를 수 있고, 인터넷의 발전은 개인들 간 협력으로 이뤄졌다. 이 개인들은 서로 한 번도 만난 적이 없어도 네트워크를 통해 함께 일하면서 자기의 아이디어를 공짜로 내놓았다. 인터넷이 우리의 생활에 중심적인 역할을 하고 있지만 인터넷이 어떻게 진화해왔는지 아는 이는 별로 없다. 인터넷의 발전과정은 놀라운 이야기다. 인터넷은 사실 1957년 10월 4일 소련이 스푸트니크 위성을 우주로 쏘아올린 데 대해 미국이 대응하는 과정에서 탄생했다. 83킬로그램 남짓한 무게에 대략 농구공만한 스푸트니크가 소련 로켓에 실려 발사된 것은 우주시대를 열었을 뿐만 아니라 사이버 우주의 시대도 함께 연 것이다.

1957년 10월 9일 기자회견에서 드와이트 아이젠하워 대통령은 전설적인 기자 메리먼 스미스에게서 다음과 같은 질문을 받았다. "러시아는 지구위성을 발사했습니다. 그들은 또한 대륙간탄도미사일 발사에 성공했다고 주장하고 있습니다. 우리는 이런 것들을 하나도 갖지 못했습니다. 대통령께서는 우리가 어떻게 해야 한다고 생각하십니까?" 아이크는 소련을 따라잡기 위한 비상계획을 가동하려고 마음먹었다. 그 노력의 하나로, 미국 정부는 우주와 전략미사일 연구를 관장하는 하나의 조직을 만들어야 한다고 결론지었다. 아이젠하워는 결국 의회의 승인을 받아 고등연구계획국(ARPA)을 만들었다. 나중에 우주와 미사일 연구 프로그램은 항공우주국(NASA)으로 떨어져나가고 ARPA는 컴퓨터공학과 정보처리 연구를 촉진하는 국방부의 기구로 남게 됐다. 정보처리는 당시에는 비교적 새로운 영역이었다. 이 주제에 관한 최고의 책이라 할 만한 『마니아 2.0.1: 인터넷의 약사 Nerds 2.0.1: A Brief History of the Internet』를 쓴 스티븐 시겔러도 지적했듯이 처음으로 인터넷의 원형을 만들고 네트워크 시대의 기초를 마련한 것은 ARPA내의 잘 알려지지 않은 조직인 정보처리기술실이었다.

그 작품이 처음 베일을 벗은 것은 1969년이었다. 알파넷 ARPAnet으로 불린 그 작품은 미국 국방부와 정부, 대학의 주요 연구소를 연결하는 조악한 비공개 컴퓨터 네트워크였다. 국방부의 자금 지원을 받아 추진된 알파넷은 그리 많지 않은 연구원들이 네트워크 시스템을 통해 아이디어와 데이터를 교환하고 컴퓨터 가동 시간과 장비를 공유함으로써 비용을 절감할 수 있도록 설계됐다. 당시에는 컴퓨터 연산능력이 부족했기 때문에 예를 들어 UCLA의 연구원이 매사추세츠 주 캠브리지에 있는 컴퓨터로 프로그램을 돌리고 그 데이터를 양측이 교환할 수 있도록 하는 게 필요했다.

1999년 10월 12일자 『뉴욕타임스』를 보면 이런 기사가 있다. "30년 전인 1969년 10월 29일 가느다란 통신라인을 통해 나중에 인터넷으로 발전될 네트워크의 출범을 알리는 첫 메시지가 전해졌다. 이는 1844년 전신의 세례식에서 쓰였던 '하나님이 이루신 일What hath God wrought'이라는 거창한 표현과는 거리가 먼 것이었다. 그 메시지는 '로그인login'이라는 간단한 낱말이었다. 당시 알파넷으로 알려진 네트워크는 접속 마디가 2개뿐이었다. 사람들에게 소중하게 전해내려오는 이야기처럼, UCLA의 찰리 클라인이라는 학생이 컴퓨터에 'L'과 'O' 글자를 쳐 넣자 북서쪽으로 300마일이나 떨어진(나중에 실리콘밸리가 된) 지역에 있는 스탠퍼드연구소의 컴퓨터에도 같은 글자가 찍혀나왔다."

그러나 인터넷 선구자들이 이메일을 발견한 것은 1972년에 가서였다. 당시 가동 시간을 나눠쓸 수 있는 컴퓨터 안에는 우편함 시스템mail-drop system이 있었다. 여러 사람이 함께 우편함을 만들어 놓고 같은 컴퓨터를 쓰는 다른 사람에게 보낼 메시지를 이 우편함에 넣는 것이다. 시겔러에 따르면, 볼트 베라넥 뉴먼이라는 컴퓨터 리서치 업체의 레이 톰린슨이라는 사람이 어느 날 단순한 파일 전송 프로그램을 만들었다. 한 컴퓨터의 우편함에 있는 파일을 다른 컴퓨터의 우편함으로 보내고 그 파일이 전송됐는지 확인할 수 있도록 하는 연결 프로그램이었다. 톰린슨은 훗날 시겔러에 이렇게 이야기했다. "일단 한 컴퓨터의 파일을 다른 컴퓨터로 보낼 수 있게 되자 멀리 떨어져 있는 상대방에게 파일을 보내려면 그냥 파일을 만들어서 컴퓨터 네트워크를 통해 다른 사람의 우편함으로 보내기만 하면 된다는 게 분명해졌습니다. 나는 이메일을 만들어 보내는 데 쓰일 '센드 메시지'라는 소프트웨어도 만들고 있었어요. 이 둘을 엮어서 다른 컴퓨터로 메일을 보내는 데 파일 전송 프로그램을 이용하면 재미있을 것 같았어요. 그래서 우리는 그걸 시도했고… 잘됐어요." 다른 사람들이 그 이야기를 듣고 자기네 네트워크에 그 프로그램을 적용함에 따라 마침내 이얍, 이메일이 탄생했다!

시겔러는 이메일 이용자들의 소속기관을 알아보기 위한 '@' 사인을 발명한 사람도 톰린슨이었다고 밝혔다. 초기 인터넷에 참여했던 연구원들이 이메일의 장점을 발견하자 이메일 이용은 폭발적으로 늘어났다. 네트워크 전체적으로 점점 더 많은 데이터가 대학과 연방정부, 기업, 연구기관 사이에 끊임없이 교환됐다. 알파넷보다 작은 다른 네트워크들도 우후죽순처럼 생겨났다. 그러나 시겔러는 "네트워크마다 접속 마디 사이의 커뮤니케이션을 어떻게 조직할지를 규정하는 자기네만의 '프로토콜'을 갖고 있었기 때문에 이들 네트워크끼리 연결하는 것은 불가능했다"고 밝혔다. 이에 따라 문제가 생기기 시작했다. 어느 한 대학 네트워크에서 다른 대학 네트워크로 데이터를 보낼 수 없었다. 이런 문제가 결과적으로 인터넷을 탄생시켰다. 빈트 서프와 밥 칸이라는 연구원이 네트워크를 연결하는 프로토콜을 만들어냈기 때문이다. 이는 모든 네트워크에 공통적으로 사용할 수 있는 컴퓨터 언어로, 데이터 묶음이 어느 한 네트워크를 빠져나와 이동한 후 다른 네트워크의 출입문으로 들어가도록 해주는 것이다. 시겔러는 1973년 이런 해법을 만들어낸 이들이 이를 '네트워크 간 네트워킹inter-networking of network'이라는 이름을 붙였으며 줄여서 인터넷the Internet으로 부르게 됐다고 밝혔다.

그러나 이 모든 게 대중화된 것은 제네바에서 일하던 영국인 소프트웨어 엔지니어팀 버너스리가 모든 네트워크의 네트워크에 있는 정보의 위치를 사실상 공짜로 쉽게 찾아낼 수 있는 방법을 창안해낸 1990년부터였다. 그게 바로 월드와이드웹이다. 시겔러에 따르면, 버너스리가 웹 프로젝트를 시작했을 때 인터넷에는 약 800개의 컴퓨터 네트워크가 딸려 있었다. 여기에 딸린 컴퓨터는 약 16만 개였으며, 이들은 모두 누구든 이용하고 싶어할 정보 파일과 데이터베이스를 갖고 있었다. 기술적으로 이 모든 컴퓨터와 데이터베이스는 서로 연결돼 있었지만 이 모든 걸 정리해 원하는 걸 찾아내는 것은 쉽지 않았다. 중앙 데이터베이스나 주소록과 정보 관리자가 없었기 때문이다. 『뉴욕타임스』가 썼듯이 버너스리의 놀라운 혁신은 "인터넷에 참여하는 네트워크에 주소를 부여하고 이를 연결하고 멀티미디어 문서를 전송할 수 있도록 하는 표준 소프트웨어를 설계한 것"이었다. 그의 핵심적인 발명은 URL(uniform resource locator), 컴퓨터 서버가 어디에 있든지 상관없이 모든 웹사이트와 정보의 위치를 알아낼 수 있는 암호체계-와 HTTP(hypertext transfer protocol: 모든 웹사이트와 컴퓨터 사용자들을 쉽게 연결해주는 고속도로), 그리고 마지막으로 HTML(hypertext mark-up language: 어떤 웹사이트를 컴퓨터 화면에 불러올 때 어떻게 나타나게 할지를 규정하는 기본적인 표준)이었다. URL, HTTP, HTML은 함께 하이퍼링크시스템을 이룬다. 이 시스템은 컴퓨터 화면에서 볼 수 있는 밑줄 쳐진 낱말과 보통 글자와 다른 색깔로 구별된 낱말, 그래픽 아이콘을 클릭하면 즉각 관련 웹 페이지로 이동할 수 있도록 해준다. 그 웹 페이지가 전혀 다른 나라의 전혀 다른 컴퓨터에 있더라도 상관없다. 어떤 가닥을 따라가더라도 세계를 돌아다니다 되돌아올 수 있기 때문에 이를 월드와이드웹이라고 부르는 것이다. 옛날에는 이 책에 관한 모든 정보를 담은 전용 인터넷 파일이 있었다 해도 독자들이 그걸 읽기 위해서는 미로처럼 얽힌 네트워크들과 실랑이를 하고 수많은 암호들을 풀어야 했다. 어렵게 그 정보를 찾아냈다 하더라도 정보가 독자들의 컴퓨터와 맞는 프로그램으로 쓰여 있지 않아서 결국 읽을 수 없을 수도 있다. 하지만 지금은 'www.lexusandtheolivetree.com'만 쳐

넣거나 아마존닷컴에 나오는 내 책 표지 그림만 클릭하면 월드와이드웹이 곧바로 당신을 그 사이트로 데려다준다.

웹 브라우저, 검색엔진, 암호화

그러나 인터넷이 진정으로 약진해 연구와 상거래, 그리고 의사소통을 위한 대중적인 수단이 되기 위해서는 세 가지 발명이 더 필요했다. 웹 브라우저와 검색엔진, 그리고 사람들이 인터넷을 통한 거래를 하기 위해 주저하지 않고 신용카드 번호를 입력할 수 있도록 하기 위한 고차원 암호화 기술이 필요했다. 브라우저는 인터넷을 일종의 텔레비전으로 바꿔놓는 데 꼭 필요한 소프트웨어다. 이 소프트웨어는 웹 주소에 있는 걸 펼쳐 보이게 해준다. 그래서 당신이 'www' 주소를 쳐 넣거나 하이퍼링크를 클릭하면 컴퓨터 화면 가득히 문자와 멀티미디어 영상이 당신의 눈앞에 펼쳐지는 것이다. 이 브라우저는(핵심 단어와 장소를 찾을 수 있는 검색엔진과 결합돼) 조그만 어린아이라도 수백만 개의 웹사이트와 인터넷상의 정보를 뒤져보고 원하는 걸 찾아내 화면에 띄울 수 있도록 해준다. 버너스리는 월드와이드웹을 작동하는 단순한 브라우저를 만들어냈다. 그러나 '모자이크Mosaic'라 불리는 선구적인 상업용 브라우저는 1993년 마크 안드레센이라는 기술자가 내놓은 것이다. 모자이크는 1년 후 '넷스케이프 내비게이터Netscape Navigator'라는 훨씬 더 정교한 제품으로 바뀌었다. 넷스케이프는 다채로운 쌍방향 그래픽을 통해 웹 검색을 더 손쉽게 만들어주었다. 사이버공간에 있는 것이라면 어디에 있는 어떤 것이라도 찾아내 어떤 컴퓨터에서도 볼 수 있도록 해준 것이다.

넷스케이프의 부상은 미국 의회가 인터넷 상거래를 승인하고 가정용 컴퓨터 값과 통신 요금이 급속히 떨어지면서 더욱 촉진됐다. 이 같은 요인이 어우러져 인터넷 이용이 폭발적으로 늘어나고 혁명적인 정보의 민주화가 이뤄졌다. 케빈 메이니는 1999년 8월 9일자 『USA투데이』에 인터넷이 정보의 민주화에 미치는 영향을 잘 정리했다. "세계를 바꾸는 발명으로서 '넷the Net'은 여러 면에서 인쇄기술과 같은 속성을 지녔다. 이는 정보를 만들어내고 보내고 저장하는 데 드는 비용을 극적으로 줄이면서 그 정보를 이용할 수 있는 가능성은 엄청나게 높여주었다. 이는 정보 독점을 깬다. 웹상의 그 모든 의학 정보를 생각해보라. 그 정보는 최근까지만 해도 의사들만이 접근할 수 있었다. 웹상에서 찾을 수 있는 자동차와 그 가격에 관한 정보를 생각해보라. 그 정보는 지금까지 자동차 딜러만이 알 수 있었던 것이다. … 지금은 수백만 명이 자기의 웹 페이지를 만들어 자질구레한 일상생활을 올리고 있다."

세계 역사상 지금처럼 많은 사람들이 그토록 많은 다른 사람들의 삶과 생각과 상품에 대해 알게 된 적은 없었다. 21세기 초를 특징지을 다음 단계의 변화는 모든 사람들이 초고속 광대역 인터넷 커뮤니케이션을 자기 집과 사무실에서, 그리고 휴대용 컴퓨터와 무선통신 기기로 할 수 있게 되는 것이다. 광대역 접속은 TV를 언제든지 볼 수 있는 것처럼 인터넷을 항상 연결해둘 수 있을 만큼 충분한 주파수 대역폭을 갖고 있다는 걸 뜻한다. 또한 정보를 불러올 수 있는 속도와 컴퓨터 화면에 나타낼 수 있는 정보의 풍부함에서 지금보다 매우, 대단히 뛰어나다는 걸 의미한다. 이런 초고속 광대역 접속은 도로 위 어디서건 아무런 문제없이 노트북컴퓨터로 영상회의에 참여할 수 있게 해주며, 영화와 음악, 비디오를 쉽고 간단하게 내려받을 수 있도록 해준다. 전자상거래를 통한 쇼핑도 훨씬 더 섬세하게 재질을 표현하는 3차원 영상을 보며 할 수 있다. 인터넷업체 퀘스트는 1999년 재미있는 광고를 내보냈다. 광고는 지치고 추레한 비즈니스맨이 외딴 곳에 있는 모텔에서 체크인을 하고 있는 장면을 보여준다. 그 남자는 지루해 보이는 호텔 직원에게 룸서비스와 오락시설을 이용할 수 있느냐고 묻는다. 그녀는 할 수 있다고 대답한다. 남자가 방 안의 TV로 오락영화를 볼 수 있느냐고 묻자 직원은 '바보처럼 그런 걸 다 묻느냐'는 식의 단조로운 말투로 대답한다. "모든 객실에서 지금껏 나온 모든 영화를 모든 언어로 밤이든 낮이든 언제나 볼 수 있어요."

세상 끝에 있는 어떤 초라한 호텔에서도 그런 일이 가능하도록 하는 게 초고속 광대역 인터넷 접속이다.

더 이상 섬은 없다

이 모든 정보의 민주화가 결합되면 이는 정부가 국경 너머 사람들, 심지어 다른 마을 사람들의 삶이 어떤 것인지 이해할 수 없도록 국민들을 고립시킬 수 있었던 시절은 지나갔다는 걸 뜻한다. 정부는 바깥세상 사람들의 삶을 쓰레기 취급 하거나 실제보다 나쁘게 보이도록 할 수 없다. 그리고 자국민의 생활이 실제보다 좋아 보이도록 선전할 수 없다. 정보의 민주화 덕분에 우리는 아무리 고립된 나라에 살고 있다고 생각하더라도 서로가 어떻게 살고 있는지 점점 더 많이 알게 된다. 그 너머의 것을 숨기기 위해 높고 두꺼운 새 장벽을 쌓더라도 곧바로 새로운 기술이 그 장벽을 허물어뜨리는 것을 발견하게 된다. 자신을 보호하기 위해 모래 위에 새로운 줄을 긋는 순간 새로운 기술이 곧바로 그 선을 지워버린다. 하바나 근교의 고등교육 기관인 쿠바 공산당 산하 니코 로페즈 스쿨의 라울 발데스 비보 학장은 1999년 『내셔널 지오그래픽』과의 인터뷰에서 이 점을 대단히 잘 요약했다. 그는 카스트로의 쿠바가 사회주의 원리를 지키는 데 있어 어떤 어려움에 직면해 있느냐는 질문을 받았다. 쿠바가 생존을 위해 어쩔 수 없이 자본주의 수단을 점점 더 많이 이용해야 하는 상황에 관한 이 질문에 그는 이렇게 대답했다. "쿠바는 더 이상 섬이 아닙니다. 이제 더 이상 섬은 없습니다. 오직 하나의 세계만이 있을 뿐입니다."

1980년대 소련은 빵을 기다리며 줄을 서 있는 미국인들의 사진을 『프라우다』에 실은 적이 있다는 이야기가 있다. 자세히 살펴보면 그 사진은 맨해튼의 고급 베이커리이자 식품점인 '자바'가 토요일 아침 문을 열 때까지 줄을 서서 기다리고 있는 사진이었다. 이제는 그런 트릭을 써서는 안 된다. 중국에서도 안 통한다. 인터넷이 있는 한 안 된다. 경찰국가에게 인터넷이 그토록 위험한 까닭은 인터넷을 쓰지 않을 도리가 없다는 데 있다. 인터넷을 쓰지 않으면 경제적으로 뒤떨어지기 때문이다. 그러나 인터넷을 쓰게 되면 이는 과거에 그랬던 것처럼 정보를 통제할 수 없게 된다는 걸 의미한다. 중국과 같은 체제에서 인터넷이 정말로 두려운 건 인터넷이 쌍방향이며 또한 살아 있는 매체이기 때문이다. 그것은 단지 수동적으로 듣기만 하는 라디오와 다르다. 소파에 누워 빈둥거리며 보는 TV와도 다르다. 인터넷 상에서 사람들은 무엇을 주고받고, 수다를 떨거나 먼 곳에 있는 이들을 만나고, 이데올로기를 올리고 이데올로기를 내려받으며, 무엇을 사고팔고, 이 모든 일을 사실상 통제가 불가능한 방식으로 한다.

1998년 12월 4일 중국은 처음으로 '사이버반체제인사cyberdissident'란 말을 들었던 컴퓨터 사업가를 기소했다. 그가 민주화를 지지하는 중국어 인터넷잡지에 중국 내 이메일 주소를 제공했기 때문이다. 상하이 제1고등인민법원은 린 하이라는 그 사업가가 네티즌 3만 명의 주소를 미국에서 반체제 중국인들이 발간하는 잡지 『VIP 레퍼런스』에 넘겨줌으로써 국가 전복을 꾀했다는 혐의에 대해 비공개 재판을 진행했다. 중국에서 태어난 『VIP 레퍼런스』 편집장은 1999년 1월 4일 『LA타임스』와의 인터뷰에서 이렇게 말했다. "우리는 인터넷에 대한 중국의 검열제도를 무너뜨리는 쪽으로 가고 있습니다. 우리는 중국 국민들도 다른 어느 나라 국민들처럼 표현의 자유와 알권리를 갖고 있다고 믿습니다." 중국 대륙의 25만 명에게 이메일로 보내진 이 인터넷잡지의 제호는 중국 지도자들에 대한 비웃음을 담고 있다. 중국 공산당의 고위 당직자들은 그들만을 위해 진짜 뉴스만을 추려 만든 일일 뉴스 요약을 본다. 이 뉴스 요약은 '참고보Reference News'로 불린다. 『LA타임스』가 전한 것처럼 『VIP 레퍼런스』 편집 중역들은 이 잡지가 진짜 뉴스를 중국의 진짜 VIP들, 다시 말해 '보통 인민들'에게 전하기 위한 것이라고 말한다.

같은 일이 금융시장에서도 일어나고 있다. 1998년 시카고에서 설립된 차이나 온라인이라는 인터넷 업체는 중국 내 통신원들을 활용해 시장 뉴스와 다른 소식들을 모은다. 통신원들이 인터넷을 통해 시카고로 정보를 보내면 차이나 온라인은 이를 다시 인터넷을 통해 중국으로 쏜다. 차이나 온라인이 매일 제공하는 정보 가운데에는 중국 주요 도시에서 달러에 대한 중국 통화의 암시장 환율이 얼마인지도 들어 있다. 리포터들은 매일 암시장에 들어가 암달러상과 접촉해 환율을 체크한 다음 그 결과를 시카고로 보내는 것이다. 이는 중국에서 사업을 하는 모든 사람들, 특히 중국 사람들에게 매우 유용하다. 이런 정보는 중국 정부가 외국에는 고사하고 자국 국민들에게도 결코 알려주지 않는 것들이다. 그러나 이제 중국 정부는 이 정보를 막을 수 없다.

이란의 수도 테헤란 남부에는 이 지역에서 가장 가난한 동네가 있는데 이곳에는 TV를 가진 집도 있고 못 갖춘 집도 있다. 1997년 테헤란에 갔을 때 남부 테헤란에서 TV를 가진 집 중 어떤 집에서는 매주 가장 인기 있는 미국 TV 쇼가 나올 때면 몇 개의 의자를 갖다놓고 표를 파는 걸 보았다. 위성 덕분에 이곳에서도 볼 수 있는 최고 인기 드라마는 출연하는 모든 여성들이 비키니만 입고 36-24-36의 몸매를 자랑하는 남부 캘리포니아의 판타지「베이워치Baywatch」였다. 이란 정부는 위성 접시 설치를 금지했다. 그래서 많은 이란 친구들은 위성 접시를 빨랫줄에 널어놓은 옷으로 가리거나 '위성 숲' 속에 감추었다. 위성 숲은 위성 접시를 숨기기 위해 발코니에 기르는 수풀이다.

정보혁명이 이뤄지고 전화, 팩스, 인터넷, 라디오, TV, 정보기기를 통한 커뮤니케이션 비용이 감소함에 따라 세계의 어떤 장벽도 더 이상 안전하지 않다. 그리고 우리 모두가 다른 이들은 어떻게 살고 있는지 더 잘 알게 되면서 정치도 역동적으로 바뀌고 있다. 오늘날 세계의 어두운 한구석에서 잔학한 일이 벌어지면 세계의 지도자들은 행동하지 않을 수는 있어도 아예 모른 체할 수는 없다. 세계의 한 밝은 모퉁이에서 기회를 누리는 이들이 있을 때 지도자들은 자국민들에게 같은 기회를 만들어주지 않을 수는 있어도 그 기회를 부정할 수는 없다. 때문에 우리가 다른 이들의 삶을 더 잘 알게 될수록 더 많은 지도자들이 같은 걸 약속해주어야 할 것이다. 그들이 약속을 지키지 못하면 문제가 생길 것이다. 그 문제는 갈수록 심각해질 수밖에 없다. 몇 년 안에 모든 나라의 국민들이 자기 나라와 자국 정부를 이웃 나라, 이웃 정부와 비교할 수 있게 될 것이다.

『역사의 종말』을 쓴 프랜시스 후쿠야마는 이렇게 말한다. "오늘날 어떤 나라도 결코 글로벌 미디어나 외부 정보 소스를 차단할 수 없다. 세계의 한구석에서 시작된 트렌드는 수천 마일 떨어진 곳에서 곧바로 복제된다. 어떤 나라가 스스로 대외 교역과 자본흐름을 막아 글로벌 경제와 단절하려 하더라도 국민들이 외부세계의 생활수준과 문화상품을 알게 됨으로써 새로운 기대를 형성하게 된다는 사실은 어쩔 수 없다."

물론 어떤 개발도상국의 대통령은 국민들에게 이렇게 말할 수 있다. "여러분, 우리는 더 이상 세계화 체제로 들어가지 않으려 합니다. 우리는 일시적으로 새로운 관세장벽을 쌓고 외국자본이 드나드는 걸 다시 통제하려 합니다. 그러면 우리의 고통도 줄고 경제의 불안정성도 줄어들 것입니다. 그러나 세계의 자본을 끌어들이지 못하게 됨에 따라 경제성장도 느려질 것입니다. 여러분이 아직 중산층이 되지 못했다면 좀 더 기다려야 할 것입니다." 그가 이런 말을 하면 수도 바깥의 한 마을에 사는 누군가가 결국 이렇게 항의할 것이다. "하지만 대통령님, 나는 5년 동안 「베이워치」를 봐왔어요. 그런데 이제 「베이워치」를 더 이상 못 본다는 말씀을 하시는 겁니까? 디즈니월드도 못 보는 겁니까? 비키니도요?" 세계화를 피하고 싶어 하는 정부는 세계화의 대안을 선택하더라도 여전히 생활수준을 높일 수 있다는 걸 입증해야 한다. 뿐만 아니라—이는 결정적으로 중요한 문제인데—다른 이들이 어떻게 살고 있는지 우리 모두가 훨씬 더 잘 알게 된 상황에서 그걸 입증해야 한다.

정치학자들이 지적한 대로 냉전시대 장벽의 세계에서는 흔히 지도자들이 국민들에게 스스로를 아버지 세대와 비교하라고 말한다. 그들은 이렇게 말한다. "여러분은 여러분 아버지 때보다 잘살고 있습니까? 그렇다고요? 좋습니다, 그럼 입 닥치세요." 하지만 이제 사람들은 스스로를 아버지와 비교하지 않는다. 그들은 훨씬 많은 정보를 갖고 있다. 이제 그들은 스스로를 이웃들과 비교한다. 그것도 세계의 모든 이웃들과. 사람들은 모든 이웃들의 삶을 TV와 위성, DVD, 그리고 인터넷을 통해 따라가볼 수 있다. 이제 사람들은 최악의 적들이 사는 거실까지 들여다볼 수 있다. 과거에는 가장 두꺼운 벽에 가려져 있던 적들의 삶까지도 스스로의 삶과 비교할 수 있게 된 것이다.

『워싱턴포스트』에 기획기사를 쓰는 내 친구 로라 블루멘펠드는 1998년 봄, 어머니와 함께 시리아를 방문했다. 복수에 관한 책을 쓰기 위해 중동을 여행하며 자료를 모으고 있던 그녀는 다음과 같은 경험담을 들려주었다.

"엄마와 나는 다마스커스에 있는 동안 우리를 데리고 다닐 가이드를 한 사람 구했어요. 왈리드라는 남자였죠. 조금 지나자 우리는 서로 친해져 우리가 이스라엘 출신이라는 걸 얘기해줬어요. 나중에 우리는 아주 솔직한 이야기를 나누게 됐어요. 그는 밤에 위성 접시가 설치된 사무실에서 이스라엘 방송을 보는 걸 좋아한다고 말하더군요. 왈리드가 그 장면을 묘사하는 동안 나는 그가 어두운 사무실에서 눈을 크게 뜨고 TV를 보는 걸 상상했지요. 그가 미워하지만 한편으로는 닮고 싶고 또 질투하게 되는 사람들이 나오는 TV 화면을 넋을 잃고 쳐다보는 모습을 말이에요. 하지만 그는 이스라엘 TV에서 본 것들 중 정말 그를 속상하게 만든 건 요구르트 광고였다는 거예요. 이스라엘 요구르트 용기는 미국 것처럼 분홍색, 오렌지색을 포함해 온갖 과일 색깔로 나와 있는데 시리아의 요구르트 용기는 검은색과 흰색밖에 없다는 사실 때문이었지요. 그는 어느 날 길거리에서 풀 죽은 표정으로 우리에게 시리아 요구르트 용기를 가리켜 보이기도 했어요. 그는 또 '우리나라 콘플레이크는 우유에 넣자마자 흐물흐물해져버리는데 (이스라엘 TV 광고에서 보니) 이스라엘 것은 아삭아삭하고 풀어지지 않더라'라는 이야기도 하더군요. 그를 정말 속상하게 한 것은 골란고원 문제가 아니라 요구르트 용기와 이스라엘 콘플레이크였어요. 하루는 그가 '우리는 이스라엘에 100년이나 뒤져 있는데 그들이 벌써 여기까지 와 있는 건 불공평하다'고 하더군요."

이 정보의 민주화는 또한 금융시장의 모습도 바꿔놓는다. 투자자들은 이제 집에 있는 컴퓨터로 전 세계의 주식과 채권을 사고팔 수 있을 뿐만 아니라 증권사에 전화 한 통 걸지 않고도 인터넷 증권거래 사이트에서(공짜로) 증권거래에 필요한 정보와 분석 기법을 얻을 수 있다. 더 많은 투자자들이 그렇게 할수록 더 많은 나라와 기업들에 대한 더 많은 정보와 분석 자료를 요구하게 될 것이다. 그리고 투자한 돈을 더 쉽게 움직이면서 성과가 나쁜 나라와 기업을 벌주고 성과가 좋은 나라와 기업을 밀어줄 것이다.

디스카운트증권사인 찰스 슈왑은 1998년 말 한 주부가 어떻게 온라인 증권거래 때 필요한 모든 투자 정보를 찰스 슈왑 사이트에서 얻을 수 있었는지에 관해 자랑하는 광고를 시작했다. 할리라는 이름의 그 주부는 광고에서 이렇게 말한다. "몇 년 전 저는 '지금 불리자'라는 여성 투자그룹에 가입하라는 초대를 받았어요. 우리는 실제로 많은 숫자를 분석했어요. 그러고는 토론하고 투표하고 거래를 했지요. 정말이지 저에게 필요한 모든 게 슈왑닷컴 애널리스트센터에 있었어요. 주식가치를 평가할 때 도움을 주는 산업 분석, 경영진에 대한 정보, 이익 추정 자료가 다 있었어요."

곧 모든 이들이 뉴욕증권거래소에 가상의 자리를 하나 차지할 수 있게 될 것이다. 사실 슈왑과 E*트레이드 사이트, 이와 비슷한 다른 사이트들은 금융이라는 영역에서 기술의 민주화, 금융의 민주화, 정보의 민주화가 한 자리에 모인 것이다. E*트레이드 광고 하나는 지금까지 내가 가장 즐겨 인용하는 문구 중 하나다. 그 광고는 1990년대 말 세 가지 민주화가 수렴하면서 모든 장벽들이 무너져 내렸을 때 어떤 일이 일어났는지를 압축적으로 보여주는 것이었다. 두 쪽짜리 광고의 내용은 이랬다.

"투자자에겐 꿈, 증권사에겐 악몽. 웹상의 원스톱 금융센터 새로운 E*트레이드를 선보입니다. 10배 많은 분석 자료, 다양해진 투자 기법, 강력해진 파워로 주식과 옵션, 4,000개 이상의 뮤추얼펀드에 투자할 수 있습니다. 포트폴리오를 만들고 투자 성과를 관리하십시오. 14.95달러로—전화나 온라인으로—24시간 거래할 수 있습니다. 뮤추얼펀드 선택 기법 교육을 비롯한 무료교육과 투자 조언도 해드립니다. 무료로 실시간 시세 정보도 볼 수 있습니다. 낡은 정보는 나쁜 정보입니다. 뉴스속보, 차트, 일급 분석 자료도 있습니다. 최고의 인터넷 암호기술로 누구도 따라올 수 없는 보안을 자랑합니다. … 지금 24시간 무료로 공개합니다. 체크해보십시오. 당장 실행하십시오. 빨리 움직여야 합니다. 앞으로는 우리 모두 이렇게 투자할 것입니다."

그러나 내가 가장 좋아하는 문구는 E*트레이드 TV 광고의 결론이다. "E*트레이드. 이제 파워는 당신 손 안에 있습니다."

05
마이크로칩 면역결핍증

전제군주는 언제든 모두 무너진다
고객을 계속 기다리게 하는 자는
더 빨리 무너진다
새로 생긴 전화, 케이블, 인터넷 서비스업체인 스타파워가 벨 어틀랜틱과 경쟁을 선언하며 『워싱턴포스트』에 실은 광고

누구도 결코 승리했다고 느낄 수 없고
누구도 결코 손익분기점에 이르지 못하고
누구도 결코 게임에서 빠져나갈 수 없다
인터넷 비즈니스를 위한 격언

E 아니면 먹힌다
기업을 인터넷 환경에 적응하도록 하기 위한 격언

이제 어떤 이들은 이렇게 물을 것이다.
"글쎄요, 사람들이 소통하고, 투자하고, 세계를 보는 방식과 관련된 이런 변화들은 세계화를 촉진하며 선진사회에는 좋은 일이지만 그 나머지 세계에는 어떤 것입니까? 수없이 많은 사람들이 아직도 전화도 없는 마을에 살고 컴퓨터를 만져본 적도, 이메일을 보낸 적도 없는데 어떻게 세계화

가 세계적인 것이라고 말할 수 있습니까?"

지금의 세계화가 세계적인 게 아니라는 말은 어느 면에서는 맞다. (매주 약 30만 명씩 인터넷 사용 인구가 늘고 있긴 하지만) 모든 사람들이 인터넷을 쓸 수 있게 되기까지는 아직도 멀고 먼 길을 가야 하기 때문이다. 그러나 세계화는 세계적인 것이다. 이제 거의 모든 사람들이 세계화 체제의 핵심에 있는 기술, 금융, 정보의 민주화에 적응하기 위해 직접적이든 간접적이든 압력과 제약과 기회를 인식하고 있기 때문이다. 중국 중앙은행의 첸 위안 부총재는 나에게 이런 말을 한 적이 있다. "어떤 나라에도 낙후된 부문이 있습니다. 미국에서도 워싱턴에서 버지니아로 차를 타고 가다 보면 산간 오지 마을을 볼 수 있습니다. 그렇지만 이 지역이 세계화 과정에서 벗어나 있다고 이야기하지는 않습니다. 중국도 마찬가지지요."

정말 그렇다. 세계화의 영향권에서 벗어나 있었을 거라고 생각할 만한 곳으로 중국 북동부, 북한의 북쪽에 있는 구지알링지라는 작은 마을을 들 수 있다. 나는 1998년 겨울 국제 선거감시단과 함께 중국 지방선거를 지켜 보러 그곳에 갔다. 하지만 나에게는 숨은 동기가 있었다. 나는 세계화의 최전선 저 너머에서는 세계화가 어떤 모습일지를 보고 싶었다. 세계화 체제의 바깥에서 있는 그대로의 세계화를 보고 싶었던 것이다. 나는 그 여행에서 근본적인 것을 알게 됐다. 나는 그런 곳에 가지 못했다는 사실이다. 나는 세계화의 최전선 너머에는 이르지 못한 것이다. 나는 체제의 밖으로 나갈 수 없었다. 그 체제는 이제 중국 북동부 오지 마을에까지 깊숙이 확대됐기 때문이다. 우리 감시단이 구지알링지에 도착했을 때 거의 모든 성인 유권자들이 학교 운동장에 모여 있었다. 그들은 자치단체장 후보 두 사람의 연설을 듣기 위해 모인 것이다. 그 마을은 찢어지게 가난한 곳이었다. 교실 바닥도 더러웠다. 그 마을이 속해 있는 지린성은 옛 중국 산업지대의 중심에 있었지만 지금은 빠르게 러스트벨트(rust belt: 사양화된 공업지대-옮긴이)가 되고 있었다. 그곳의 국영산업들은 글로벌 시장에서 경쟁력을 갖지 못한 데다 베이징 정부가 그곳 공장들에게 보조금을 주거나 통상적으로 주어왔던 사회보장 혜택을 계속 줄 형편이 안 됐기 때문이다. 아마도 이런 이유 때문에 구지알링지의 두 자치단체장 후보가 일어나서 선거 연설을 했을 때 마치 낡은 제철소가 있는 오하이오 중부 도시의 시장에 출마한 것 같은 분위기였다.

먼저 연설한 이는 현직 단체장 리 훙링이었다. 그의 연설 내용을 요약하면 이렇다.

"주민 여러분, 안녕하십니까? 저는 마흔일곱 살이고, 공산당원이며, 중학교를 나왔습니다. 저는 우리 마을을 위해 좋은 일을 하고 싶습니다. 여러분도 아시다시피 저는 문화혁명으로 파괴된 우리 마을을 복구하는 데 힘썼습니다. 마을 모든 곳에 저의 땀이 밴 걸 보실 수 있을 겁니다. 저는 모든 가정을 방문했습니다. 저는 여러분에게서 아이디어를 얻습니다. 저는 우리 마을 공금을 연회를 베푸는 데 쓴 적이 한 번도 없습니다. 모든 걸 규정대로 처리하려고 노력했습니다. 우리 마을 초등학교를 개선하고 소득 수준을 높이겠다고 약속드립니다. 제가 당선되면 생산된 채소를 더 신속히 도시로 보낼 수 있게 하겠습니다. 또 마을을 활기차게 만들겠습니다. 우리는 나무를 더 심고 모두가 전화를 쓸 수 있도록 광케이블도 설치할 필요가 있습니다. 그리고 당 지부의 지도 아래 저의 단점을 모두 고치겠습니다. 이게 저의 공약입니다."

예의를 갖춘 박수가 나온 후 도전자인 리우 푸 후보가 연단에 올랐다. 그는 바로 여성표를 공략했다.

"먼저 내일이 여성의 날이라는 사실을 말씀드리고자 합니다. 모든 여성분들께 축하를 드리고 싶습니다. 저는 쉰한 살이고 중학교를 나왔습니다. 저는 두부 공장을 하고 있습니다. 저는 이 마을을 사랑하고, 여러분 모두를 사랑합니다. 여러분이 가난하다는 사실은 저를 부끄럽게 합니다. 당의 영도에 따라 저는 이 마을 역사의 새로운 장을 열겠습니다. 저는 도박과 음란물을 줄이고 돈을 버는 새로운 길을 많이 만들겠다고 약속드립니다. 저는 거드름을 피우지 않겠습니다. 마을 예산을 줄여 여러분의 돈을 절약하겠습니다. 뇌물을 받지 않을 것이며, 시에서 높은 분이 와도 연회에 모시지 않겠습니다. 우리 마을에는 공식 연회가 너무 많습니다. 저는 지난 10년 동안 연회에 가본 적이 없고 술은 한 방울도 입에 대지 않았습니다. 저는 여러분의 돈을 지키겠습니다. 간부들이 마을 돈으로 시내 여행을 하지 못하게 하겠습니다. 기술도 보급하겠습니다. 누구에게나 두부 만드는 기술을 가르쳐주겠다고 약속드리겠습니다. 샘을 더 많이 팔 것입니다. 문화혁명으로 우리는 10년을 허비했습니다. 우리는 어떻게 번영할 수 있는지 더 좋은 아이디어를 생각해야 합니다. 저는 매우 실용적으로 일하겠습니다. 덩샤오핑 동지가 말했습니다. '검은 고양이든 흰 고양이든 문제가 안 된다. 중요한 건 쥐를 잡느냐다.' 저는 학교를 개선하겠습니다. 지식은 중요합니다. 무지하면 사회주의 경제를 건설할 수 없어요. 그리고 저는 아내를 맞는 데 필요한 소득이 없는 모든 총각들을 보살피겠습니다. 저는 여러분이 부자가 되도록 하겠습니다! 다 함께 나아갑시다."

주민들이 투표를 끝내고 결과 발표를 기다리는 동안 나는 출구조사를 했다. 마을 사람들을 무작위로 만나 어느 후보 연설이 더 좋았느냐고 물어봤다. 푸른 마오 모자를 쓴 정육점 주인이 앞으로 나와 자유롭게 자기 견해를 말했다. "리우 후보는 한 번도 연회에 가본 적이 없다고 했는데 나는 그를 믿어요. 우리 마을에 오는 고위관리들에게 더 이상 연회를 베풀지 말아야 해요. 우리는 이제 그 비용을 그만 대야 합니다."

다른 주민이 맞장구를 치며 끼어들었다. "베이징에서는 계속 정부 규모를 줄이고 있어요. 여기서도 그렇게 해야 합니다. … 그의 말이 옳아요. 우리는 광케이블을 놓아야 합니다. 우리는 전화도 없어요."

광섬유를 어떻게 알았느냐고 그 주민에게 물었다.

그는 어깨를 으쓱하며 대답했다. "몰라요. 그냥 들었을 뿐이죠."

우리는 옆마을 헝 다오에서도 선거 연설을 들었는데 거기서도 비슷한 반응을 들었다. 현직 단체장인 장 잉은 주민들에게 이런 연설을 했다.

"저는 우리 마을을 부자의 길로 이끄는 데 있어 매우 실용적으로 일하려고 애썼습니다. 우리의 연간 소득은 이제 평균 2,300위안이 됐습니다. 우리 마을 예산은 훨씬 줄어들었고 제 임기 중 마을 예산으로 급여를 줘야 하는 많은 중역들을 정리했습니다. 제가 당선되면 농업에 더 많은 과학기술을 접목하고, 더 많은 기업을 이곳에 유치하고, 부를 창출하는 속도를 높이겠습니다. … 전 세계가 하나의 거대시장으로 바뀌고 있기 때문입니다."

나는 그에게 어디서 그런 아이디어를 얻었느냐고 물었다. 그 마을에는 전화가 하나뿐이었다. 그는 이렇게 대답했다. "신문을 읽고 라디오도 듣지요. … 여기에는 창틀 공장이 하나 있습니다. 지금은 이 지방에만 팔고 있지만 품질을 개선하면 해외시장에도 팔아서 돈을 더 많이 벌 수 있다는 말을 들었습니다."

이래도 세계화가 세계적인 것이 아니라고 하겠는가?

세계화 시대의 질병

그 말은 잠시라도 믿지 마라. 팁 오닐(1912~1994, 전 미국 하원의장으로 모든 정치는 지역적인 것이라고 생각했다-옮긴이)은 틀렸다. 모든 정치는 지역적인 게 아니다. 더 이상 그렇지 않다. 모든 정치는 이제 세계적인 것이다. 모든 나라가 스스로 세계화 체제의 일부라고 생각하지는 않을 수도 있지만 모든 나라가 직간접적으로 그 체제에 의해 규정되고 그 체제의 영향을 받는다. 바로 그 때문에 동독과 소련, 아시아 자본주의, 브라질 국영기업, 중국 공산주의, 제너럴모터스, 그리고 IBM이 모두 거의 같은 시기에 무너지거나 근본적인 구조조정을 할 수밖에 없었다. 이는 역사적 우연이 아니다. 이들은 모두 베를린장벽과 냉전시대를 규정한 다른 모든 장벽들을 무너뜨린, 기본적으로 같은 병에 걸렸던 것이다. 나는 이를 '마이크로칩 면역결핍증(Microchip Immune Deficiency Syndrome, MIDS)'이라 부른다. 마이크로칩 면역결핍증은 세계화 시대의 특징적인 정치적 질병이다. 이 병은 어떤 나라나 기업도 공격할 수 있다. 크든 작든, 동서남북 어느 진영이든 가리지 않는다. 내가 의학사전에 마이크로칩 면역결핍증에 관한 글을 쓴다면 그 내용은 이럴 것이다.

"MIDS: 냉전 후 시대의 부풀려지고 비대하고 경화硬化된 모든 시스템이 걸릴 수 있는 병. MIDS는 보통 마이크로칩과 기술, 금융, 정보의 민주화가 불러온 변화에 대해 스스로 예방접종을 하지 못한 나라나 기업이 걸리는 병이다. 마이크로칩과 세 가지 민주화는 완전히 새로운 개념의 효율성과 함께 더 빠르고 개방적이며 복잡한 시장을 만들어냈다. MIDS의 증상은 어떤 나라나 기업이 생산성과 임금, 생활수준, 지식 활용, 그리고 경쟁력을 높이는 능력이 없을 때 나타난다. '빠른 세계'의 도전에 대응하는 게 너무 느릴 때도 이 증상이 나타난다. MIDS에 걸린 나라나 기업은 냉전시대 기업 모델을 고수하는 경향이 있다. 이 모델에서는 한 사람 또는 소수의 경영자가 모든 정보를 갖고 결정을 한다. 중간관리자나 하급 근로자들은 그저 이를 수행할 뿐이다. 정보는 그 일을 하는 데 필요한 것들만 활용한다. MIDS에 걸린 나라나 기업을 치료하는 방법으로 알려진 건 '제4의 민주화' 뿐이다. 이는 의사결정과 정보 유통을 민주화하고 권력을 분산하는 것이다. 더 많은 사람들이 지식을 나누고, 더 빨리 실험하고 혁신하는 것이다. 이는 끊임없이 더 싼 제품과 맞춤식 서비스를 원하는 소비자와 시장의 요구에 맞춰줄 수 있도록 해준다. MIDS는 적기에 적절한 치료를 받지 못한 나라와 기업에게 치명적일 수도 있다(소련, 동독, 팬암 항공사 항목도 참고할 것)."

어떤 수준에서는 MIDS의 기본적인 개념에 전혀 새로울 게 없다. 시장경제는 몇 세기 동안 새로운 기술에 적응하는 능력이 떨어지는 비효율적인 기업을 가차없이 무너뜨렸다. 기업들이 소비자들의 변화하는 수요를 파악하고 노동과 자본 비용을 최소화하면서 그 수요에 맞추지 못하면 살아남을 수 없었다. 그러나 기술, 금융, 정보의 민주화로 1980년대에는 이런 과정이 초스피드로 진행됐다. 기업이나 국가가 MIDS에 걸리지 않으려면 훨씬 빠르게 움직여야 했다. MIDS의 진화를 세 단계로 나눠 생각해보자.

MIDS는 마이크로프로세서와 마이크로칩 덕분에 개인용 컴퓨터가 나오기 전에, 그리고 개인용 컴퓨터 덕분에 기술, 금융, 정보의 민주화가 이뤄지기 전에 이미 시작됐다. 이 시기는 1차 세계대전이 끝난 후부터 1970년대 말까지 계속됐다. 이 시기에 정부와 기업들은 매우 둔중하게 움직이고 덜 효율적이었다. 모두가 보호를 받는 게임을 하고 있었기 때문이다. 앨런 그린스펀은 한 연설에서 이처럼 제약이 많은 냉전체제를 이렇게 묘사했다.

"적응은 매우 느렸습니다. 국제무역은 국내경제의 매우 작은 부분을 차지했습니다. 관세장벽은 경쟁을 제한했고, 자본 통제는 국경을 넘나드는 자본을 가로막는 경우가 많았습니다. 돌이켜보면, 이런 경제 환경에서는 경쟁이 덜 심하고, 더 평온했습니다. 기술 수준이 낮은 이들에게는 분명 덜 위협적인 환경이었습니다. 실제로 컴퓨터 기술이 반복적인 일을 자동으로 수행하기 전까지는 기술이 없는 이들도 부가가치 창출에 상당한 기여를 할 수 있었고, 기술 수준이 높은 이들에 비해 크게 떨어지지 않는 임금을 받을 수 있었습니다. 힘에 벅찬 요구가 많지 않은 이런 환경에서는 정부가 사회안전망을 구축하고 소득재분배를 위한 정책을 추진할 수 있었습니다."

그린스펀은 장벽이 많은 냉전시대에는 평균적인 생활수준을 더 높일 수 있었는데도 그렇게 하지 못했던 게 분명하다고 덧붙였다. 생산제품을 결정할 때도 지금의 마이크로칩 기반의 경제에 비하면 당시에는 소비자의 입맛에 훨씬 덜 민감하게 반응했다고 밝혔다. 엄청나게 높은 진입장벽 때문에 변화는 훨씬 더 느리게 진행되고 국가나 기업은 오랜 시간이 지나서야 난관에 봉착했다. 그때는 노동과 자본 비용이 훨씬 높았고 신축성도 떨어졌지만, 오늘날 각 사회의 상당수 구성원들이 진한 향수를 느끼면서 더 느리고 경쟁이 덜 심했던 석기시대를 돌아보고 있다.

통제가 심한 경제 환경을 가장 극명하게 보여주는 예가 중앙에서 계획하고, 통제하고, 상명하복식으로 움직이는 소련 경제였다. 소련 경제의 목적은 소비자의 요구를 충족시키는 게 아니라 중앙정부의 통제를 강화하는 것이었다. 그래서 모든 정보는 위로만 흐르고 모든 명령은 아래로만 흘렀다. 예를 들어 침대 프레임을 만드는 한 소련 기업의 경영자는 정부가 주는 급여는 침대 프레임을 얼마나 팔았느냐가 아니라 강재鋼材를 얼마나 썼느냐에 따라 달라진다. 침대 프레임 판매량은 소비자 만족을 재는 잣대다. 강재 생산과 소비량은 국가의 힘을 재는 척도다. 냉전시대 소련은 후자에만 관심을 가졌다. 냉전체제가 지속되는 한, 그리고 변화와 정보흐름의 속도를 통제할 수 있는 한 그토록 어처구니없는 체제를 갖고도 잘 버틸 수 있었다.

1992년 제임스 베이커 국무장관과 함께 우랄산맥 동쪽의 소련 핵폭탄 설계기지 첼랴빈스크-70에 갔던 일을 결코 잊을 수 없다. 이 기지는 극비여서 소련의 공식 지도에도 나오지 않는다. 핵에 관한 최고의 과학자들이 모여 있는 로스 앨라모스의 러시아판이라 할 수 있다. 그러나 가장 기억에 남는 일은 핵에 관한 게 아니었다. 우리는 기지에 가까운 스베르들로프스크의 옥토버호텔에 하룻밤 묵었는데, 나는 엘리베이터에 탔을 때 버튼이 이상하다는 걸 발견했다. 버튼은 1, 3, 4, 5, 6, 7, 8, 9, 10, 2의 순서로 붙어 있었다. 누군가 2층 버튼을 잊어버렸다 나중에 붙인 것이다. 2층 버튼은 마지막에 나와 있지만 이 버튼을 누르면 2층으로 가기는 한다. 이게 소련의 가장 정밀한 방위산업기지에 있는 호텔이라니! 러시아는 쪼개지고 갈라진, 느려터지고 통제가 심한 냉전체제 아래서만 엘리베이터 버튼 순서가 잘못된 호텔을 갖고서도 그럭저럭 버틸 수 있었다.

1970년대와 80년대 IBM은 소련의 중앙계획 시스템인 '고스플랜'(Gosplan: 소련 국가계획위원회 – 옮긴이)과 많이 닮았다. IBM이나 고스플랜은 최고위층이 아랫사람들에게 어떤 제품을 생산해야 하는지, 그리고 고객들은 어떤 제품을 원해야 하는지를 지시하는 체제였다. 나는 시스코시스템의 사장 존 체임버스에게 고스플랜처럼 운영되던 시절의 IBM에서 일하는 건 어땠느냐고 물어본 적이 있다. 체임버스는 자기가 1980년대 초 IBM에서 일할 때 회사는 '오픈 도어open door'라는 제도를 내걸고 있었다고 말했다. 직원들은 누구든지 어떤 직급의 어떤 경영자에게라도 어떤 질문이든 할 수 있고, 답변이 만족스럽지 않으면 다시 그 위 직급의 경영자에게 찾아가 물을 수 있었다. 체임버스는 이 제도에 관한 경험담을 들려줬다.

"나는 이 제도를 한 번 시험해봤는데 회사 안의 친구 하나가 나를 한쪽 구석으로 끌고 가 '이번에는 그러고도 무사했지만 다시는 그러지 말라'고 충고하더군요. 한 번은 내가 상사 한 분에게 그가 밀어붙이고 있는 제품을 고객들이 받아들이지 않을 것이며 그 프로젝트를 굴러가게 하려면 엄청난 자원을 소모하게 될 것이라고 말했어요. 그는 내 말을 듣기 싫어했어요. 나에게 '그 프로젝트에 내 보너스가 걸려 있으니 나가서 그 제품을 왕창 팔라'고 하더군요."

컴퓨터처럼 복잡한 산업에 대한 진입장벽이 너무나 높아 느리게 움직이는 거대기업이 실수를 저지르거나 심지어 완전히 실패하고도 오랫동안 보호받을 수 있는 시대였기에 IBM은 안전했다. 소련 같은 나라도 정보에 대한 장벽이 그토록 높이 쌓여 있는 한 안전했다. 소련 국민들이 경쟁국 국민들의 생활상을 잘 모르고 있는 한 느리게 움직이는 거대한 크레믈린은 실수를 저지르거나 실패하고도 오랫동안 버틸 수 있었다.

… 그리고 마침내 1980년대가 왔다.

MIDS 진화의 두 번째 단계는 느리게 움직이는 세계의 파괴와 함께 시작됐다. 1980년대 말에는 기업과 국가의 차원에서 기술, 금융, 정보의 민주화가 어우러져 사이버공간이라는 새로운 사업 영역뿐만 아니라 놀라운 효율성과 규모의 경제를 창출했다. 사람들은 이런 변화를 정보혁명으로 일컬었다. 정보혁명은 전기의 발견처럼 100년마다 한 번 나타나는, 과거와의 근본적인 단절을 초래하는 기술의 대약진으로 여겨질 것이다. 정보혁명과 세 가지 민주화가 시장을 어떻게 바꿔놓았는지 설명하는 길은 여러 가지가 있다. 그러나 나는 두 가지 단순한 개념으로 축약할 수 있다.

첫째, 정보혁명으로 거의 모든 사업에 대한 진입장벽이 크게 낮아졌다. 진입에 필요한 비용이 급격히 줄어들면서 경쟁은 급격히 늘어났다. 혁신을 상품화하는 속도도 놀라울 정도로 빨라졌다.

둘째, 기업 주변의 장벽을 무너뜨림으로써 정보혁명은 기업들이 고객에 더욱 가까이 다가가게 만들었다. 고객들은 자신의 선택을 기업에 알리는 데 훨씬 큰 파워를 갖게 됐으며, 원하는 걸 제공하지 못하는 기업을 버리고 그것을 제공할 수 있는 기업으로 훨씬 빨리 옮겨갈 수 있게 됐다.

세 가지 민주화가 진입장벽을 낮출 수 있었던 까닭을 좀 더 자세히 살펴보자. 이제 개인용 컴퓨터나 신용카드, 전화, 모뎀, 컬러프린터, 인터넷, 웹사이트, 페더럴 익스프레스Federal Express의 속달 계좌 하나만 가지면 누구든 사업을 할 수 있다. 자기 집 지하실에 앉아 자기의 출판사, 소매대리점, 카탈로그 판매업체, 글로벌 디자인 또는 컨설팅 업체, 신문사, 광고대행사, 배급업체, 증권중개회사, 카지노, 비디오 판매점, 은행, 서점, 자동차 판매장, 의류 전시판매업체를 차릴 수 있다. 이런 일은 하룻밤 새 매우 낮은 비용으로 할 수 있으며, 이렇게 차린 기업이 다음 날 아침 글로벌 경쟁자가 될 수도 있다. 당신은 반즈앤노블, 크라운북스, 보더스북스 같은 서점 3개가 있는 지역에 살고 있는지 모르겠다. 그렇다면 당신은 아마존닷컴이라는 이름의 사이버공간에 '보더리스 북스'(Borderless Books: 경계를 허문 서점이라는 의미를 살리기 위해 저자가 지은 이름이다—옮긴이)를 차림으로써 그야말로 하룻밤 새 그들 모두가 사업을 접고 도망치게 할 수도 있다. 아마존닷컴은 모든 가정에 컴퓨터가 보급되는 기술의 민주화, 모두가 신용카드를 쓸 수 있는 금융의 민주화, 모두가 인터넷을 이용하는 정보의 민주화 덕분에 탄생했다. 어떤 지역의 특별한 구매 관행에 맞춘 동네 서점이 아니라 24시간 언제나 쇼핑할 수 있고 공간 전체가 당신만을 위해 있는 서점이 나타난 것이다.

이런 일들이 미국 경제와 전 세계에 걸쳐 일어나기 시작함에 따라 어떤 상품이나 서비스도 혁신적인 제품(오직 한두 기업만이 생산할 수 있고 부품의 부가가치와 이익률이 높은 제품)에서 범용 상품으로 훨씬 빨리 바뀌게 된다. 범용 제품이나 서비스, 또는 프로세스는 생산자의 수가 얼마든지 늘어날 수 있다. 이 경우에는 누가 가장 싸게 생산할 수 있느냐가 경쟁자와 차별화할 수 있는 유일한 길이 된다. 상품이나 서비스가 범용으로 바뀌는 것은 즐거운 일이 아니다. 이는 마진이 레이저처럼 얇아지고, 수십 개의 경쟁자가 나타나며, 당신이 할 수 있는 일은 그 상품과 서비스를 가장 싸게 만들어 경쟁자보다 많이 팔아야 한다는 뜻이다. 매일 그렇게 해야 한다. 그러지 못하면 죽는다.

장벽이 높은 냉전체제에서는 혁신이 양산으로 바뀌는 속도가 시속 10마일에 불과했다. 일반적으로 어떤 산업에 대한 진입장벽이 상당히 높고 정부가 자국 경제를 보호하기 위해 쌓을 수 있는 장벽 역시 꽤 높기 때문이다. 세계화 체제에서는 이들 장벽이 크게 낮아지거나 제거됨에 따라 그 과정이 시속 110마일로 진행된다. 갈수록 경제의 더 많은 부분을 인터넷이 규정하게 됨에 따라 혁신에서 양산으로 바뀌는 속도도 넷Net 스피드에 이르게 될 것이다. 빛의 속도로 바뀌는 것이다. 웹 이용자들이 인터넷 세상의 경쟁을 '스테로이드 맞은 다위니즘Darwinism on steroids'이라고 하는 것도 근거 없는 말이 아니다.

진입장벽은 없다

이는 인터넷이 오늘날의 세계에서 완전경쟁시장에 가장 가까운 시장을 만들었기 때문이라고 도이체방크의 수석 이코노미스트 에드워드 야데니는 설명한다. 그는 인터넷이 만든 완전경쟁 모델에 대해 이렇게 설명한다.

"이 시장에서는 진입장벽 같은 건 없다. 수익성이 떨어지는 기업이 쓰러지더라도 보호장치가 없다. 생산자와 소비자는 누구나 모든 정보를 공짜로 쉽게 이용할 수 있다. 이는 인터넷 상거래의 세 가지 특징 때문에 가능한 일이다. … 인터넷은 비교 구매에 드는 비용을 제로 수준으로 낮췄다. 소비자들은 점점 더 쉽게 그리고 신속하게 최저가 상품과 서비스를 찾아낼 수 있다. 사이버경제에서는 최저비용으로 생산하는 자가 소비자들에게 최저가를 제시할 수 있고, 그 정보를 비용 부담 없이 전 세계의 모든 잠재고객에게 제공할 수 있다."

야데니는 기술 수준이 낮은 경제에서는 최저가 상품을 찾아내는 데 비용이 상대적으로 많이 든다고 지적한다. 최저가를 찾으려면 모든 장벽을 다 올라가보고 멀리 떨어진 곳에도 수없이 다녀와야 한다. 이런 환경에서는 지역기업과 이미 지위를 확보한 기업들이 처음부터 유리하다. 이제 제조업체, 서비스업체와 소매업체들이 세계 어디에 있더라도, 거래 상대방이 세계 어디에 있더라도 비즈니스를 할 수 있다. 소비자들은 세계 어디서든 최저가 상품을 찾아낼 수 있다. 과거에는 기업들이 소비자들의 정보 부족과 정보를 찾아내는 기술 부족에 의존해 돈을 벌 수 있었다. 인터넷은 이를 영구적으로 바꿔놓았다. 정보 불균형을 유지함으로써 생존할 수 있다고 생각하는 기업이 있다면 그 기업은 스스로를 속이고 있는 것이다.

이 때문에 인터넷시대는 소비자에게는 멋진 세상이 되겠지만 제조업체나 소매업체에게는 분명 지옥 같은 세상이 될 것이다. 모든 제조업체가 어느 정도까지는 서비스업체가 돼야 할 것이다. 다시 말해 모든 제조업체들이 생산비용을 줄이기 위해 기술을 배워야 하며, 경영관리를 효율화하고, 혁신 사이클의 속도를 높여야 한다. 그래야 정보혁명의 또 다른 특성(소비자들이 개별적인 필요에 따라 맞춤형 상품을 요구할 수 있게 된 것)에 대응할 수 있다. 인간은 숫자가 아니라 뼈와 살로 이뤄진 존재이기 때문에 언제나 인간적인 접촉과 자신만을 위한 맞춤형 상품과 서비스를 갈망하며 그것들을 위해 약간의 돈을 더 낸다. 그러므로 이제 기업들은 단지 자사 경영관리의 개선만을 위해 인터넷 기술을 배워서는 안 된다. 인터넷 기술을 이용해 더 많은 고객들에게 더 많은 제품을 맞춤형으로 제공하기 위해 시간과 에너지와 재원을 확보해야 한다. 인간적인 관계와 맞춤형 상품은 대량생산이 불가능하기 때문에 언제나 프리미엄 수익을 안겨줄 수 있다.

증권중개회사를 예로 들어보자. 당신은 주식거래 중개가 고액 연봉을 받을 수 있는 고부가가치 서비스라고 생각할지 모른다. 그러나 갑자기 사이버공간에 50개의 온라인 중개업체가 생겨났을 때 기본적인 주식중개는 대량생산되는 범용 상품이 되고 말았다. 온라인 중개업체들은 메릴린치가 부과하는 것에 비하면 극히 미미한 거래수수료만 내고 주식을 사고팔 수 있도록 해주며 시장분석 자료도 온라인으로 제공한다. 증권중개업체로 살아남으려면 고객들의 개별적인 필요와 수요를 이해하기 위한 기술을 활용할 줄 알아야 한다. 또한 주식과 채권뿐만 아니라 다양한 상품을 마케팅하는 법을 배워야 한다. 마지막으로, 투자 자문 형태로 고객들에게 진정으로 부가가치가 있는 서비스를 제공할 수 있을 만큼 똑똑해져야 한다. 이제 온라인 중개업체들이 생기면서 이 부문의 진입장벽이 무너짐에 따라 메릴린치는 주식 매매에 점점 더 낮은 수수료를 부과해야 할 것이다.

이토록 극적으로 진입장벽이 무너지는 시장에서는 다음 경쟁자가 어디서 나타날지 전혀 알 수 없다. 장벽이 무너질 때는 누구든 다른 이들의 영역으로 들어가게 된다. 새로운 세계의 실제 사례를 하나 들어보자. 어느 날 나는 뉴스잡지를 휙휙 넘기다 소니의 디지털 카메라 시스템 광고를 보았다. 나는 속으로 생각했다. '가만, 그 광고가 '소니' 것이었나? 소니는 카메라와 필름 사업을 한 적이 없었는데. 난 소니가 스테레오나 워크맨, CD 같은 것만 만드는 줄 알았는데.' 맞다. 그렇다. 그렇다면 CD라는 건 무엇인가? CD는 그저 빛으로 읽어 음악으로 바꿀 수 있는 숫자digits를 새긴 둥근 플라스틱 조각이다. 이렇게 생각하면 소니는 디지털 사업을 하고 있는 것이며, 디지털에 관한 노하우를 활용해 디지털 숫자로 바꿀 수 있는 것이라면 어떤 사업도 할 수 있다. 그래서 소니의 마비카 디지털 카메라 광고를 다시 살펴봤다. 광고에는 3개의 사진이 있었다. 첫 번째 것은 카메라 사진이었다. 오래된 인스터매틱 카메라처럼 스냅사진을 찍을 수 있는 것이었다. 디지털로 기록한다는 점만 달랐다. 카메라 사진 위에는 "이것은 당신의 카메라입니다"라는 광고 문구가 있었다. 카메라 옆에는 3.5인치 소니 플로피 디스켓 사진이 있었다. 그 위에는 "이것은 당신의 필름입니다"라고 쓰여 있었다. 디스켓 옆에는 화면에 아기 사진이 나오는 컴퓨터가 있었다. 그 위에는 "이것이 당신의 우체국입니다"라는 카피가 있었다.

이제 이 광고가 무엇을 말하고 있는지 생각해보자. 어느 날 아침 소니 본사의 누군가가 잠에서 깨어나 이렇게 자문해봤을 것이다. "참, 우리는 뭐지? 우리는 간단히 말하면 디지털 제품을 만드는 큰 공장이지. 지난 몇 년 동안 우리는 디지털 음악을 만들어왔지. 하지만 그래서 어쨌다는 말이야? 우리가 무엇이든 디지털화할 수 있다면 우리 아기 사진도 디지털화하지 못할 까닭이 뭐야? 우리가 '소니와 코닥'이 돼보면 어떨까? 우리 디지털 카메라로 디지털 사진을 찍을 수 있고, 그 사진을 디스켓에 저장하고, 컴퓨터에서 편집한 다음 개인 프린터로 출력하면 되잖아?" 그러자 소니의 운송부서의 누군가가 이렇게 말했을 것이다. "그래, 우리가 아기 사진을 디지털화하면 그걸 세계 어디로든 이메일로 보낼 수 있어. 우리 고객들이 일단 디지털화하면 그들은 그 사진을 개인 컴퓨터에서 편집하고 모뎀으로 다른 대륙에 사는 부모님께 전송할 수도 있겠지. 그래서 우리는 소니도 될 수 있고, 코닥도 될 수 있고, 페더럴 익스프레스까지 될 수 있어. 모두 한꺼번에 말이야."

그 광고를 본 후 나는 생각했다. '코닥 사람들은 이걸 보고 어떻게 느낄까?' 하지만 그 다음 내가 라디오를 들을 때 이번에는 코닥 광고를 듣게 됐다. 컴퓨터화된 새로운 온라인 사진기술에 관한 광고였다. 코닥은 마치 필름 현상은 부수적으로 하는 개인용 컴퓨터업체가 된 것처럼 이야기하고 있었다. 그러나 나는 코닥이 컴퓨터업체가 된 양 이야기하는 걸 컴팩이나 델 사람들은 어떻게 느낄까 궁금해졌다. 그 후 나는 컴팩과 델의 광고를 봤다. 둘 다 자기네 회사는 더 이상 (대량생산되는) 컴퓨터만 파는 게 아니라는 점을 자랑하고 있었다. 이들 회사는 이제 컴퓨터를 이용해 당신의 기업이나 국가가 직면한 어떤 문제도 해결할 수 있는 '비즈니스 솔루션'을 팔고 있다고 했다. 이들 회사는 또 자사가 어쩌다 컴퓨터도 팔게 된 비즈니스 컨설팅 회사라고 소개하고 있었다. 실제로 컴팩의 광고는 대개 자사 컴퓨터는 보여주지도 않고 그냥 이렇게 말한다. "컴팩-더 좋은 답." 글쎄, 그러자 프라이스워터하우스쿠퍼스(PwC)에서 일하는 내 친구가 궁금해졌다. 나는 회계와 컨설팅 업계 거인인 그의 회사가 낸 광고를 본 적이 있다. 자기네 회사는 이제 단지 세무 신고만 도와주는 게 아니라 더 좋은 해답과 비즈니스 솔루션을 제공한다는 내용이었다. 그래서 나는 컴팩과 델이 기업 컨설팅업계의 경쟁자가 된 것을 걱정하지 않느냐고 물어봤다. 친구는 컴퓨터업체들은 두렵지 않지만, 투자은행인 골드만삭스가 새 맞춤형 파생 금융상품 형태로 절세 솔루션을 제공하고 있다는 사실을 염려한다고 말했다. 프라이스워터하우스쿠퍼스는 이제 투자은행들이 세무컨설팅 비즈니스로 치고 들어올 걸 걱정해야 한다는 말이다. 친구는 이 주제에 관해 읽어볼 만한 책을 소개해줬다. 그래서 나는 보더스북스에 가서 책을 좀 사야겠다고 생각했다. 그런데 아내가 자기는 이제 더 이상 서점에 가지 않는다고 말했다. 아마존닷컴이 있기 때문이라고 했다. 바로 우리 집 지하실에서도 이용할 수 있는 '보더리스 북스' 말이다. 그래서 나는 지하실로 내려가 아마존닷컴에 들어간 다음 거기서 책뿐만 아니라 CD도 판다는 걸 알았다. 그래서 혼잣말을 했다. '그럼, 이것도 소니의 비즈니스가 될 것인가?'

그러자 이 모든 게 지금 독자 여러분이 읽고 있는 이 책의 마케팅에는 어떤 영향을 미칠까 궁금해졌다. 그래서 나는 뉴욕으로 가 이 책의 양장본을 낸 FSG의 영업팀과 논의했다. 나는 이 회사 영업부서의 최고 책임자 중 한 사람인 마크 게이츠 옆에 앉았다. 우리는 책에 관한 이야기를 시작했다. 그는 속이 상해 있었다. 왜? 그의 말을 들어보자.

"전 조금 전 양복을 하나 사려고 브룩스 브러더스 백화점에 들렀어요. 양복 매장으로 들어갔더니 한 테이블에 마이클 조던이 최근에 낸 책 『게임의 사랑을 위해For the Love of the Game』가 한 무더기 쌓여 있었어요. 브룩스 브러더스 남성복 매장에 양복과 함께 책이 진열돼 있었단 말이에요! 그래서 매장 직원에게 가 말했지요. '당신네는 서점이 아니다, 내가 우리 서점에서 정장을 팔아야 한다고 하면 당신은 어떻게 생각하겠는가'라고요. 그는 웃더군요. 그는 조금 난처한 기색을 보이더니 저에게 '최근에 전기 요금 청구서를 본 적 있느냐'고 물었습니다. 청구서에는 컨솔리데이티드 에디슨사가 크리스마스 휴가에 맞춰 특별판매를 한다는 안내가 있다는 거예요. 조던의 책을 40% 할인 판매하는 거죠. 책값은 전기료와 합산할 수 있고 책은 우편으로 받을 수 있다는 겁니다. 저는 정말 침울해졌어요. 저는 지금 마흔여섯 살인데 앞으로 19년 안에는 은퇴할 계획이 없어요. 하지만 과연 그때까지 우리 일에 고객이 있을까 자문해보지요. 마음속 깊은 곳에서 솔직한 말씀을 드리자면 그렇지 않을 거라는 결론이에요. 지금은 모든 경계선이 흐려지고 있어요."

그즈음 『뉴욕타임스』에 나온 어떤 기사 제목이 머릿속을 떠나지 않는다. AT&T가 어떻게 온갖 새 사업에 뛰어들고 있는지에 관한 기사였는데 헤드라인은 "AT&T: 모든 것의 엄마(AT&T: Ma Everything)"였다. 오늘날에는 누구든 틈새시장의 소규모 특화기업 아니면 '모든 것의 엄마'가 되고 있는 것으로 보인다. 지금은 모두가 다른 모두의 사업을 하고 있다.

그렇다면 지금처럼 장벽이 사라진 세계에서는 소련이나 IBM처럼 머리만 크고 비대하며 느린 체제가 마이크로칩 면역결핍증에 가장 먼저 걸린다는 데에 의문의 여지가 없다. 이들은 고객들과의 긴밀한 관계를 완전히 상실했으며 시장 변화의 속도를 따라가지 못한다. 소련식 중앙계획 시스템과 거의 비슷한 체제가 그 다음으로 이 바이러스에 걸릴 것이다. 정부의 강력한 통제를 받는 남미 경제들과 가장 비대해진 캐나다와 서유럽의 복지체제, 지나치게 중앙집권적이고 느리게 움직이는 북미 기업들을 말한다. 1990년대 말에는 MIDS 바이러스가 아시아로 퍼져 가분수처럼 불안정하고 국가가 주도하는 인도네시아, 말레이시아, 태국, 중국, 그리고 심지어 한국과 일본까지 피해를 입었다.

래리 서머스 재무부 부장관은 언젠가 나에게 이렇게 말했다.

"나는 늘 공산주의와 경제계획 담당 부처, 복합기업이 틀림없이 같은 시기에 커다란 어려움에 부딪힐 거라고 생각했습니다. PC와 마이크로칩 덕분에 꼭대기의 한 사람이 모든 걸 지도하는 것보다는 더 많은 정보를 얻고 스스로 더 많은 결정을 할 수 있는 개인들의 힘을 키우는 게 훨씬 더 효율적이기 때문입니다."

결정은 여기서 시작된다

지금 우리는 MIDS 진화의 마지막 단계에 있다. 지금은 정부나 기업이 세 가지 민주화의 이점을 살리기 위해 스스로 구조조정을 하거나 이에 실패해 결국 MIDS에 지고 마는 세계화 시대다. 현단계에서는 제4의 민주화를 통해 MIDS를 물리치거나 이 병에서 회복하는 사례를 볼 수 있다. 제4

의 민주화는 의사결정이 민주화되는 것이며 중앙에 집중되던 권력과 정보가 분산되는 것이다.

의사결정의 민주화와 권력, 정보의 분산이 무슨 뜻인지 이해하기 위해 다시 극단적인 사례인 옛 소련의 경우를 생각해보자. 소비에트 체제는 오직 통제하기 위해 건설된 것이기 때문에 리더십의 중요한 기능을 모두 중앙에 집중시켰다. 이 체제는 의사결정을 집중시켰다. 권력구조의 꼭대기에서 모든 결정을 하고 이 상층부는 모두에게 무엇을 생각하고, 무엇을 만들고, 무엇을 열망하고, 무엇을 좋아할지를 말해주었다. 이 체제는 정보도 집중시켰다. 정보는 최상층으로 모였으며 오직 상층부의 극소수만이 무엇이 어떻게 돌아가는지 완전한 그림을 그릴 수 있었다. 그리고 이 체제는 전략을 집중시켰다. 모든 국가가 어디로 나아가야 할지에 관한 전략적 결정은 꼭대기에서만 이뤄졌다.

의사결정의 민주화와 권력 분산은 이 같은 중앙통제체제를 완화하고 의사결정과 정보가 상하 양방향으로 이뤄지도록 중앙의 기능을 재정립하는 것이다. 성공적인 기업과 국가는 각자 시장상황과 지리적 특성, 인구, 발전단계에 따라 조금씩 다르게 중앙을 개혁했다. 델컴퓨터는 이제 유럽 지역의 모든 대금 청구와 재고관리, 컴퓨터 배송 업무를 아일랜드에 있는 하나의 콜센터를 거치도록 함으로써 집중시켰다. 델은 일부 기능에 대해서는 통제하려는 목적이 아니라 효율성을 높여 비용을 줄이기 위한 것이다. 이와 동시에 델은 다른 수많은 의사결정을 유럽 각국의 개별 판매 및 서비스센터로 분산시켰다. 이들 각각의 센터는 그 나라 고객들에게 더 가까이 있고, 고객들의 특별한 요구와 취향에 따라 맞춤 서비스를 제공하며, 어떤 변화에도 신속히 대응할 수 있기 때문이다.

오늘날 초스피드로 변하고 엄청나게 복잡한 세계화 체제에서는 대부분의 문제에 답하기 위한 대부분의 정보가 중앙에 있는 것이 아니라 조직의 바깥쪽 끝에서 일하는 이들의 손에 있다. 그런 사람들이 지식을 공유하고 활용할 수 있도록 의사결정을 민주화하고 권력을 분산해야 한다. 그렇게 하지 않는 국가와 기업은 참으로 불리한 처지에 놓일 것이다. 워렌 베니스는 『천재 조직하기Organizing Genius』라는 저서에서 이렇게 설명했다. "우리 중 누구도 우리 모두보다 똑똑하지 않다."

이런 변화를 요약해보려면 모든 미국 경영자와 리더들의 책상 위를 장식했던 글귀를 생각해보면 된다. "결정은 내가 한다The Buck Stops Here"는 글귀다. 냉전시대에는 그럴듯한 구호였다. 모든 의사결정이 최상층에서 아래로 내려가도록 하기 위해 모든 정보가 최상층으로만 흘렀으며, 그 조직이 한 사람의 의사결정만 기다리고 있어도 괜찮을 만큼 시장은 느리게 움직였다. 하지만 오늘날 최고의 CEO는 기업 전략의 큰 그림을 그리고 크게 보면서 기업문화를 확립해나가는 게 자기의 일이라는 걸 아는 경영자다. 또한 조직이 올바른 방향으로 굴러가도록 하면서 고객들과 급속히 변하는 시장에 가장 가까이 있는 사람들이 의사결정을 할 수 있도록 하는 경영자다.

따라서 세계화 시대에 성공적인 CEO의 책상 위에 오를 수 있는 글귀는 "결정은 내가 한다"가 아니다. "결정은 여기서 출발한다The Buck Starts Here"가 돼야 한다. 보스인 자신이 큰 전략을 세우고 모두를 한 방향으로 이끌며 사업이 굴러가도록 하지만, 정보를 모으고 나누며 시장 가까이서 신속하게 가능한 한 많은 의사결정을 해야 하는 것은 종업원들이어야 한다는 의미다.

몬산토 회장인 로버트 샤피로는 기업의 중심부가 의사 결정의 종착점이 아니라 출발점이 될 수 있도록 조직개혁을 이룬 훌륭한 사례다. 자기 비서가 쓰는 것과 같은 크기의 개방적인 집무실에서 일하는 그는 나에게 이렇게 설명했다.

"어떤 사건이 바깥세상 어딘가에서 일어납니다. 그러면 회사의 하급직원이 그걸 먼저 발견하게 되겠지요. 물론 밖에서 돌아다니며 어떤 일들이 실제로 일어나는지 볼 수 있는 이들은 주로 하급직원들이지요. 이 하급직원이 발견하는 것은 고객이나 경쟁사에 무슨 일이 일어나고 있는지에 관한 것입니다. 기업 외곽의 하급직원이 얻은 정보는 직급 체계의 사다리를 타고 올라갑니다. 각 단계에 있는 사람들이 그 정보의 중요성을 인식하는 한, 그리고 그 정보 때문에 자기 지위가 위태로워진다고 생각하지 않고, 그래서 그 정보를 없애버리려 하지 않는 한 말입니다. 그 정보가 결국 의사결정을 할 수 있는 최고위층 근처까지 올라왔다고 칩시다. 오늘날 세계화 체제에서는 정보가 거기까지 올라갈 즈음에는 더 이상 타이밍이 맞지 않는 정보가 됩니다. 정보는 아마 왜곡될 것이고, 심한 경우 의사결정을 해야 할 사람이 그의 케케묵은 경험을 바탕으로 결정을 할 수도 있습니다. 그는 15년 전에 의사결정 체계의 밑바닥에 있을 때 얻은 경험을 떠올리며 말하겠지요. '아, 맞아. 노아의 대홍수가 나기 전에 나도 똑같은 문제에 부딪힌 적이 있었지.' 모두가 같은 바탕, 같은 수준에서 움직일 때는 이 모든 게 오케이입니다. 조금 더 느리고, 첨단에 조금 더 뒤지고, 고객과 조금 더 떨어졌다고 특별히 불리하지는 않았지요. 하지만 그런 세상은 이제 끝났습니다."

샤피로는 몬산토 이야기로 들어갔다.

"그래서 우리 몬산토는 중심부를 다시 규정하려는 것입니다. 우리는 중앙에 모이던 모든 걸 분산시키고 누구나 밖으로 나가 자기 일만 하도록 하려는 것은 아닙니다. 우리는 본부가 의미 없다고 이야기하는 것도 아닙니다. 우리는 더 종합적으로 보고, 더 빨리 움직이고, 시장의 변화에 더 민감하게 대응할 수 있도록 중심부를 다시 규정하려 합니다. 예전에는 회장인 내가 가장 광범위한 정보를 갖고, 그래서 회사 안의 다른 누구도 갖지 못하는 관점을 가질 수 있다는 사실로 내 리더십을 정당화할 수 있었어요. 그런 내가 직접 의사결정을 함으로써 부가가치를 높인다고 생각했지요. 하지만 이제 이메일과 인트라넷, 인터넷이 확산된 지금은 최전선에 있는 모든 직원들이 내가 가진 정보의 대부분을 갖고 있고, 나보다 더 많은 정보를 가질 때도 많지요. 설사 내가 그들에게 정보를 주기 싫다 해도 주지 않을 수가 없어요. 따라서 종업원들이나 시민들에게 정보를 주지 않아야만 유지되는 조직 체계는 더 이상 굴러갈 수 없습니다. 이제 팀 차원의 노력이 훨씬 더 필요합니다. 요즘 나는 늘 더 많은 사람들의 이야기를 더 주의 깊게 듣고 있다고 생각합니다. 그들이 예전에 비해 훨씬 많은 정보를 갖고 있고, 따라서 그들의 견해가 더 확고한 근거를 갖고 있다는 걸 알기 때문입니다. 그들과 내가 과거에 갖고 있었던 것보다 훌륭한 근거를 갖게 됐다는 뜻입니다. 나는 이제 과거에는 수많은 직급의 사다리를 타고 올라와야 했던 아이디어나 고객관리 경험을 가진 가장 낮은 직급의 직원들과 바로 접촉할 수 있습니다. … 회사의 리더로서 나는 우리 관리자들이 반드시 회사의 문화와 가치, 전략에 관한 훈련을 받도록 해야 합니다. 그래야만 그들이 정보를 모을 때 흐름을 제대로 알고 그걸 평가할 수 있으며, 그 정보가 우리의 길을 열어주는 것인지 가로막는 것인지 알게 될 것입니다. 그러자면 우리가 어떤 길을 가고 있는지 그들이 알아야 하며 그에 관한 정보를 늘 갖고 있어야 합니다. 확실히 그렇게 되도록 하는 게 내 일이죠."

대규모 쇼핑센터 개발업체인 제너럴 그로쓰 프로퍼티즈의 매튜 벅스바움 회장(내 장인어른)은 이 아이디어를 실험해보기로 했다. 이 회사는 본부가 시카고에 있지만 미국 전역의 도시에 130개의 쇼핑센터를 관리하고 있다. 각 쇼핑센터마다 경영자가 따로 있는데 이들은 그 도시에 살면서 센터를 관리하고 있다. 이 회사는 한 해 한 차례씩 이들을 불러모아 총회를 연다. 1999년 총회 때 매튜는 "내가 결정한다"라는 문구가 적힌 배지를 달고 나왔다. 그는 130개 쇼핑센터 경영자 모두에게 똑같은 문구의 배지를 나눠줬다.

이는 MIDS에 대한 매튜 나름대로의 예방접종이었다. 또한 베를린장벽이 자기 회사를 덮치지 않도록 피하려는 시도였다. 모든 기업들이 나름대로 이런 노력을 해야 한다. 나는 베를린장벽에 깔리지 않고 피하기 위한 각종 전략들을 취재해왔다. 여기서는 세 가지 전략을 보여주려 한다. 미네소타의 농부와 볼티모어의 소기업, 사이버공간의 인터넷 의사에 관한 이야기다.

위성시스템과 정밀농법

게리 와그너는 44세의 농부다. 게리는 동생과 함께 미네소타 주 레드 리버 밸리의 중심부(노스다코타 주에 인접한 크룩스턴의 외곽)에 4,200에이커의 농장을 갖고 있다. 1990년대가 찾아오자 게리는 농장 경영에 무슨 일이 일어나고 있는지 볼 수 있었다. 농장을 키워서 규모의 경제의 이점을 활용해 글로벌 시장에서 겨룰 수 있게 되거나, 그렇게 할 수 있는 경쟁자에게 먹히거나 둘 중의 하나였다. 와그너 형제는 경쟁자에게 먹히고 싶지 않았기 때문에 경쟁력을 높이는 방안을 찾았다. 와그너가 24세 때 그의 아버지가 그에게 농장을 맡기고 세상을 떠났기 때문에 그는 새로운 아이디어에 조금 더 개방적일 수 있었을 것이다. 1993년 농업기술회사가 엉뚱해 보이는 신기술을 들고 찾아왔을 때도 그랬다. 그 회사는 밀 수확용 콤바인에 부착할 수 있는 센서를 들고 왔다. 마이크로칩 기술에 바탕을 둔 이 센서는 와그너가 콤바인을 몰고 가는 동안 1평방피트당 수확된 밀이 얼마나 들어오는지 정확하게 측정했다. 동시에 와그너의 트랙터는 송수신장치로 위치확인 시스템(GPS)과 연결돼 그가 어느 시점에 어느 위치에 있는지 정확하게 알려준다. 와그너는 수확량을 측정하는 센서의 데이터와 콤바인 위치를 알려주는 위성 데이터를 결합함으로써 농장 위치에 따라 1에이커당 밀 수확량이 얼마나 되는지 정확하게 예측할 수 있다.

이 시스템을 전체적으로 조율하는 데는 시간이 많이 걸리지 않았다. 와 그녀는 그 작업을 이렇게 설명했다.

"제가 콤바인을 모는 동안 소프트웨어 전문가가 콤바인 뒤에 앉아 노트북컴퓨터를 갖고 프로그램을 만들었지요. 그러고 나서 자기 호텔로 돌아가 프로그램을 손본 뒤 다시 트랙터 위에서 그걸 테스트했어요."

일단 그 시스템이 정보를 생산하게 되자 애쓴 보람이 있었다. 와그너의 이야기를 계속 들어보자.

"저는 놀라운 걸 발견했어요. 같은 밀밭에서 위치에 따라 수익성이 크게 달라지지 않는다는 게 상식이었어요. 밀밭을 보면 우리 눈에는 모두 똑같아 보이죠. 하지만 정확한 수확량 지도를 만들고 나니 위치에 따라 큰 차이가 보였어요. 에이커당 150달러까지 차이가 났지요. 이 정도면 적자냐 흑자냐를 가늠할 수도 있어요. 일단 그 정보를 갖게 되자 저에게는 정말이지 값진 정보가 됐어요. 계절마다 다양한 종류의 곡물을 선택할 수 있기 때문입니다. 컴퓨터로 만들어낸 수익성 데이터를 활용해 정확히 어느 곳에 어느 품종을 재배해야 할지 알 수 있게 됐죠."

예전에 와그너는 농업의 중앙계획체제에 살고 있었다. 정보는 맨 꼭대기에서 그에게로 내려왔다. 와그너는 종자를 파는 회사가 추천하는 품종을 선택했다. 하지만 그 회사가 하는 일은 평균적인 지역의 평균적인 농장에 적합한 평균적인 품종을 결정하는 것뿐이었다. 그 회사는 각각의 에이커에 최적의 품종이 무엇인지 알려준 적이 없었다.

와그너가 일단 그의 농장에 대한 심층 정보로 무장하자 농장을 '민주화'할 수 있게 됐다. 그는 의사결정과 정보를 각각의 에이커로 내려보내고, 에이커가 각자 그에게 정확히 어떤 품종을 심고 물과 비료는 얼마나 주어야 하는지 말하게 했다. 각각의 에이커에 주어진 토양과 수분, 경사도에 따라 가장 높은 소출을 낼 수 있도록 하기 위해서다. 그는 또한 비료 치는 기계에 이 모든 정보를 입력하고(집중시키고) 이 기계를 위성과 연결했다. 이 연결이 이뤄진 후 그가 사탕무 밭에서 비료 치는 기계를 몰고 가면 위성은 그가 어느 에이커를 지나고 있는지 알아보고 기계에 설치된 소프트웨어 프로그램은 그 에이커가 비료를 얼마나 원하는지를 알게 된다. 그 기계는 자동적으로 각각의 에이커의 요구에 자동적으로 정확한 양의 질산나트륨 비료를 (어떤 곳에서는 많이, 다른 곳에서는 적게) 뿌려준다. 이렇게 하면 비료를 절약할 수 있어 환경에도 좋고, 농장의 수익성이 극대화돼 그의 주머니도 두둑해진다.

와그너는 이렇게 말했다.

"이 지역 농장의 평균치를 바탕으로 한 중앙 집중 정보로만 일하는 대신, 우리는 모든 걸 우리 자신에 맞출 수 있었어요. 물론 수업료는 비쌌어요. 이 기술을 도입하는 건 우리에게는 큰 투자였습니다. 하지만 이제 그 값어치를 하고 있어요. 솔직해집시다. 우리는 이웃들과 경쟁하고 있고 경쟁력이 필요합니다. 모두가 같은 트랙터, 같은 콤바인, 같은 땅, 같은 물로 농사를 짓습니다. 이제 경쟁자와 차별화할 수 있는 유일한 길은 더 많은 지식을 갖는 것입니다."

더 많은 지식으로 무장한 와그너는 이제 핵심 전략에 집중하기 위해 더 많은 일들을 일꾼들에게 위임한다. 그 전략은 경쟁자에게 먹히지 않고 먹을 수 있도록 농장을 더 키우는 것이다. 와그너는 예를 하나 들었다.

"우리는 토양조사원들을 고용했습니다. 예전에는 조사원들이 와서 그저 무작위 샘플을 채취해간 다음 토질이 어떻다고 말해주는 식이었어요. 이제는 거꾸로 됐지요. 제 땅에 관해 제가 더 많이 알기 때문에 조사원들에게 정확히 어디에서 샘플을 채취하라고 주문할 수 있고, 조사원들은 GPS를 이용해 그게 정확히 어디인지를 찾아낼 수 있게 됐죠. 그래서 제가 땅 전체의 토질을 똑같게 만들어 같은 품종을 심고 싶으면 조사원들에게 정확히 어느 곳을 테스트해달라고 할 수 있게 된 거예요. 이는 제가 권한을 더 많이 위임하고도 제가 직접 했을 때 얻을 수 있는 정보와 같은 양질의 정보를 얻을 수 있다는 뜻이죠. 그렇게 함으로써 저는 농장을 키우는 데 집중할 수 있지요. 하지만 덩치를 키우면서도 여전히 수익성을 확보할 수 있는 길은 더 똑똑해지는 길뿐입니다. 제가 은행가들에게 앞서 말씀드린 것 같은 개선 사례를 이야기해주면 그들은 제가 농장을 키우기 위해 필요한 돈을 더 기꺼이 빌려주려 할 것입니다."

와그너는 여전히 이른바 '정밀농업'의 선구자다. 그의 이웃들은 여전히 미심쩍어한다. 와그너는 남들보다 더 빨리 새 기술을 받아들인 까닭을 이렇게 설명한다.

"아버지가 살아 있었다면 이 기술에 흥미를 느꼈겠지만 우리 형제가 그토록 빨리 밀어붙이도록 결코 놔두지 않았을 겁니다. 저와 제 동생이 농장을 맡고 그 위에 큰 보스가 없기 때문에 저희는 좀 더 개방적일 수 있지요. 하지만 정밀농업 커뮤니티는 아직 소수에 불과하기 때문에 우리는 서로 인터넷으로 의견을 나누고 있습니다. 우리는 이제 정밀농업에 관한 모든 문제와 해법을 공유하는 채팅룸을 갖고 있어요."

전사적 정보통합

미네소타의 농부에게 참인 것은 볼티모어의 기업가에게도 참이다. 이 지역에서 밸리 라이팅이라는 직원 35명의 조명회사를 경영하는 제리 포트노이는 1999년 나에게 이런 이야기를 들려줬다.

"우리는 기본적으로 상업용 조명 판매업체입니다. 전기 공사를 하는 하청업체나 대형 상업용 부동산 개발업체들에게 경쟁입찰과 협상을 통해 관련 물품을 공급하지요. 우리는 입찰에 참여하고, 설계하고, 견적을 내고, 하청업체나 개발업체들이 비용에 비해 최고의 조명시설을 공급하기 위해 필요한 일은 무엇이든 합니다. 우리는 고객들의 사업에 부가가치를 내줄 때만 성공할 수 있습니다. 그럼 당신은 조명업체가 어떻게 부가가치를 내느냐고 묻겠지요? 우리는 고객의 요구가 어떤 것이든 최저비용으로 조명에 관한 솔루션과 서비스를 제공함으로써 부가가치를 내줄 수 있지요."

그러나 1990년대 초 베를린장벽이 무너졌을 때 포트노이는 그의 시장이 갑자기 변하고 있음을 깨달았다. 그는 당시를 이렇게 회고했다.

"마치 누군가가 창에 햇빛 차단막을 내리는 것과 같았습니다. 그리고 한 시대가 끝난 거죠. 우리 고객들은 태도가 바뀌었습니다. 훨씬 더 까다로운 요구가 많아진 겁니다. 즉석에서 일감을 주던 이들이 더 이상 그런 약속을 하지 않고, 우리하고만 협상하던 이들이 이제는 누구나 참여할 수 있는 경쟁입찰을 요구하기 시작했어요. 영업부서에서는 나에게 와 '우리는 주문을 딸 수 없다, 점점 더 경쟁이 심해지고 우리가 주문을 받아도 이익을 낼 수 없다'고 말했습니다. 난 회사가 위험에 처했다는 걸 느끼기 시작했어요. 하지만 우리는 무슨 일이 일어나고 있는지 도무지 알 수 없었어요. 당신이 말한 것처럼 베를린장벽이 우리를 덮쳤는데 우리는 그걸 몰랐던 거지요."

이 상황에 대처하기 위해 포트노이와 그의 동업자는 임시방편을 써보기로 했다. 현금 10만 달러로 별도 기금을 만들어 영업 담당자들이 정상적인 이익률의 절반 수준에도 거래를 성사시킬 수 있도록 한 것이다. 예를 들어 한 영업직원이 종전 수준을 밑도는 이익률로 거래를 성사시켰다면 그 차액을 10만 달러의 기금에서 인출할 수 있었다.

포트노이는 이를 통해 뭘 하려 했는지 설명해주었다. "우리가 과연 얼마나 더 빠르고 효율적인 기업이 될 수 있는지 알아보고, 우리 시장에서 도대체 무슨 일이 일어나고 있는지 이해하고 싶었습니다. 우리가 원자재를 사서 효율적으로 가공해 고객들에게 최저 가격으로 서비스하면서도 여전히 이익을 남길 수 있는지 볼 수 있으리라 생각한 거지요. 그런데 재미있는 일이 일어났어요. 주력 생산 부문에서는 10만 달러 기금을 쓰지 않고도 여전히 종전만큼 돈을 모을 수 있었던 거예요. 이는 그들에게는 자존심 문제였죠. 누구도 기금에 손을 대야 하는 처지에 이르는 걸 원하지 않았어요. 그들은 종전 실적을 유지하기 위해 훨씬 더 열심히 일해야 했지만 그래도 대부분 버텨줬어요. 적어도 얼마간은요. 하지만 고객들에게 예전과는 다른 대접을 받으면서 심한 좌절을 느끼는 직원들도 많았지요. 1980년대 말을 지나오면서 우리는 모두 스스로 유능하다고 생각했는데 갑자기 고객들이 우리를 그저 그런 범용 제품 공급자로 취급하는 거예요. 우리는 계속 부가가치를 냈지만 고객들은 이를 인정도 안 했어요. 그들은 이렇게 물었어요. '그래, 당신들은 좋은 서비스를 제공하지. 그렇지만 그게 어쨌다는 거야?' 그들은 돈을 잃고 있었고 그래서 최저 가격을 제시하는 계약자에게 가려는 생각뿐이었죠. 건설업 전체가 대량생산품이 돼가고 있었기 때문에 누구도 더 이상 쿠션을 가질 수 없었어요. 1990년대 중반 영업 담당자들은 내게 더 자주 찾아와 거래처와의 오랜 협력관계가 사라지지 않도록 할 도리가 없다고 말했어요. 그들은 모두 예전처럼 좋은 일감만 모아서 할 수 없다고 불평했습니다. 같은 돈을 받더라도 예전보다 너무나 많은 일을 해줘야 했어요. 그렇게 되면 일 하나하나에 신경을 쓸 시간이 줄어들고 어디에 돈 벌 기회가 있는지 정확히 이해할 수도 없지요. 알다시피, 경쟁입찰의 성공 비결은 정보와 지식입니다. 어떤 일과 그 세부 작업에 대해 더 잘 이해할수록 입찰을 더 잘할 수 있습니다. 낮은 가격으로도 생존에 필요한 이윤을 낼 수 있게 되는 거지요."

1994년까지 밸리 라이팅은 적자를 내지 않았지만 이익은 크게 줄었다. MIDS에 달라붙기 시작한 것이다. 금융과 기술, 정보의 민주화가 포트노이의 사업 환경을 근본적으로 바꿔놓은 게 분명했다. 이에 따라 과거에는 대량생산품이 아니었던 것이 양산품으로 바뀌었다.

포트노이의 진단을 들어보자.

"나는 우리의 사업 환경을 살펴보고 우리에게 가장 부족한 것은 정보라는 사실을 깨달았습니다. 우리는 이 시장에서 살아남는 데 필요한 정보와 지식을 충분히 가지지 못했어요. 우리가 고객들에게 한 약속은 언제나 우리가 조명 일을 맡게 되면 반드시 우리가 청구하는 비용보다 많은 부가가치를 내준다는 것이었습니다. 고객들의 예산이 넉넉지 못하면 우리는 고객이 원하는 서비스의 90%를 70%의 비용으로 제공할 수 있는 길을 찾았습니다. 경쟁사들이 70%의 비용으로 70%의 효과만 내는 동안 말이에요. 난 이 새로운 환경에서는 그런 부가가치 전략으로 돌아가야 한다는 걸 알았어요."

그래서 포트노이는 근본적인 해결책을 찾았다. 그는 소프트웨어 컨설턴트를 한 사람 고용하고, 그의 기업을 더 똑똑하고 민첩하게 만들어줄 수 있는 소프트웨어 프로그램이 시장에 있는지 찾기 위해 2만 달러를 썼다. 이 새로운 시장에서 계속 부가가치 서비스를 제공하면서 양산품으로 전락하는 것을 피하기 위해서다.

포트노이는 설명을 계속했다.

"1년쯤 지나서도 우리가 원하는 걸 50% 이상 충족시켜줄 소프트웨어 패키지는 찾을 수 없었습니다. 그래서 우리가 직접 소프트웨어 패키지를 만들기로 했죠. 나는 소프트웨어 제작에 관해 아무것도 몰랐어요. 하지만 우리 조명기술자 가운데 두 사람은 독학으로 기술을 익혔는데 취미 삼아 이런 종류의 소프트웨어를 만들기를 좋아했어요. 나는 전문 프로그래머를 한 사람 고용했는데 그는 우리 직원들과 함께 우리가 원하는 사업 운영 방향에 꼭 맞는 시스템을 설계했어요. 그들이 어떻게 해냈는지 모르겠어요. 나는 단지 필요한 예산만 승인해줬을 뿐입니다. 하지만 나는 큰 맘 먹고 그렇게 한 것입니다. 결국 35만 달러나 들었으니까요. 그래도 그게 우리 회사를 살렸어요. 그들은 우리 영업과 기획 담당자들 각자가 세부 작업을 더 잘 이해하고 입찰과 견적 관련 업무를 훨씬 더 빠르고 효율적으로 할 수 있도록 해주는 소프트웨어 프로그램을 개발했습니다. 우리가 결정적으로 중요하다고 생각하는 변수는 공란으로 남겨두고 이 부분을 채우도록 하는 식이죠. 더 중요한 것은 이 모든 시스템이 연속적으로 이뤄진다는 점입니다. 그래서 처음 작성했던 견적서가 자동적으로 물품 구매서류로 바뀌고, 구매서류가 다시 자동으로 배송 정보와 대금 청구서, 유지관리 관련 서류로 바뀌는 것입니다. 이 모든 정보는 하나의 화면에 띄울 수 있어서 각 단계마다 따로 업무를 수행하기 위해 멈추지 않아도 됩니다. 한 번 입력하면 같은 정보를 다시, 또다시 쓸 수 있지요. 처음에는 이 프로그램을 독립적인 컴퓨터에 각각 적용해야 했어요. 하지만 지금은 컴퓨터 네트워크가 구축돼 모든 업무가 전사적으로 통합돼 처리되고 있습니다. 1998년 상반기에는 인력이 그대로인데 매출과 이익이 33%나 늘었어요. 같은 인력으로 사업을 3분의 1이나 키웠다면 인력을 확충하면 큰 폭으로 성장할 수 있다는 뜻이지요. 지금 같은 승자 독식의 환경에서는 경쟁자보다 더 크고, 똑똑하고, 빨라야 하며 그러지 못하면 길을 비켜줘야 합니다. 우리가 지속적으로 잘할 수 있을지는 모르겠어요. 하지만 우리는 다음 단계까지 살아남을 기회를 얻었습니다. 누군가 우리보다 더 효율적으로 되기까지는 말이에요."

내가 "이 모든 게 CEO로서 당신의 일을 어떻게 바꿔놓았느냐"고 묻자 그의 답은 이랬다.

"솔직히 말해 나는 이제 현장에서 무슨 일이 벌어지고 있는지 아는 게 적어졌지만 별로 신경 쓰지 않아요. 나는 직원들이 더 많은 정보를 갖고 더 많은 의사결정을 하도록 위임했습니다. 우리 영업직원들은 커미션을 받고 일하지 않습니다. 그들은 팀으로 움직이기 때문에 서로 경쟁하지 않고 교류합니다. 그들은 회사가 돈을 벌면 자기도 돈을 번다는 걸 알고 있습니다. 이는 그들이 정보를 공유하도록 분위기를 만들어주죠. 그들은 이제 모두 더 많은 정보를 갖게 됐고 이 때문에 더 힘이 커졌습니다. 그들은 어떤 계약이 성사 가능성이 높은지, 어느 프로젝트가 가장 큰 이익을 창출할지, 그리고 어떤 서비스를 가장 쉽게 제공할 수 있을지 스스로 결정합니다. 그리고 가장 중요한 것은 새 소프트웨어 덕분에 그들이 이제 생각할 시간을 갖게 되었다는 점입니다. 하루 종일 계산기만 두드려대는 것보다 생각할 여유를 갖는 건 정말로 중요합니다. 그들은 비즈니스에 끌려가지 않고 비즈니스를 이끌어갑니다. 그들은 이제 모두 각자의 비즈니스를 갖고 이익의 중심이 됐습니다. 내가 할 일은 그들을 한데 뭉치게 하고, 그들이 제일 잘하는 일을 하도록 필요한 지원을 해주고, 수단을 제공하는 것입니다."

모든 결정은 여기서 출발한다.

e-비즈니스의 네 가지 규칙

마지막으로, 베를린장벽 붕괴에 대응한 생존전략 가운데 앞으로 몇 년 동안 가장 많이 들어보게 될 최신 전략은 1999년 컴퓨터 사이언스 코퍼레이션의 광고에 잘 요약돼 있다. 그 광고의 헤드라인은 이렇게 묻는다. "당신은 e-비즈니스를 위해 얼마나 기다릴 수 있습니까?" 그 다음 이런 광고 카피가 나온다. "모든 비즈니스에는 엄청난 e-비즈니스 기회가 째깍째깍 시간이 가듯이 사라져가고 있습니다. 더 빨리 움직이는 힘, 더 멀리까지 이르는 힘, 새로운 e-경제의 핵심을 차지할 힘이 여기 있습니다. 그러나 너무 오래 기다리면 당신의 옵션은 사라질 것입니다."

1980년대 인터넷은 신기한 것이었다. 1990년이 되자 인터넷은 유용한 기술이 됐다. 새천년이 다가오면서 인터넷은 비즈니스를 하는 데 없어서는 안 될 도구가 됐다. 그 때문에 2000년이 되자 월스트리트에서는 모든 기업들에게 똑같은 물음을 던지게 됐다. 당신의 IQ는 얼마인가? 당신의 인터넷지수Internet Quotient는 얼마인가? 인터넷이 단순히 장난감이 아니라, 그리고 사업 활동에 부수적인 게 아니라 고객과 부품 공급업체와 다른 기업들과 거래하는 데 필수적인 도구라는 점을 얼마나 깊이 이해하고 있는가? 앨런 그린스펀도 지적했듯이 인터넷 덕분에 이제 기업들은 시장의 취향이 어떻게 바뀌고, 부품 공급업체의 재고가 얼마나 되며, 제품은 가공단계의 어디쯤 와 있는지에 대한 정보를 즉각 알 수 있다. 이는 기업들이 재고를 크게 줄일 수 있고 남아도는 설비와 근로자를 감축할 수 있다는 것을 뜻한다. 또한 고객 개개인의 특별한 요구에 맞춰 제품을 미세 조정할 수 있도록 구체적인 데이터를 통해 알려준다는 걸 의미한다. 점점 더 많은 기업들이 이 점을 깨닫게 되면서 완전히 새로운 직업이 생겼다. 나는 이를 '인터넷 닥터Internet doctor'라 부른다. 인터넷 닥터는 컴퓨터 사이언스 코퍼레이션과 같은 기업들이다. 이는 CEO들에게는 911 응급전화 같은 것이다. CEO들은 어느 날 잠에서 깬 후 전화를 걸며 이렇게 외칠 것이다. "맙소사, 정말 인터넷 세상이 왔군! 이게 내 사업에 어떤 영향을 줄까? 그리고 난 어떻게 해야 살아남을 수 있을까?"

앨런 코언은 1세대 인터넷 닥터 중 한 사람이다. 히포크라테스가 인간의 병을 치료하듯이 그는 인터넷과 관련된 기업의 병을 치료한다. 그는 시스코시스템(인터넷 세상을 만들 뿐만 아니라 인터넷 세상에서 크고 있는 기업)에서 통신업체들을 위해 인터넷 치료를 해주는 팀을 이끌고 있다. 기업들이 "911, 날 e-기업으로 만들어줘요"라고 응급전화를 걸어오면 시스코는 그 기업을 진단하고 처방을 내려주라고 코언을 보낸다. 코언은 기술을 파는 시장도 거대하지만 기업들이 그 기술을 어떻게 이용해야 할지를 가르쳐주는 서비스시장은 그보다 몇 곱절 더 크다고 믿는다.

코언은 CEO들이 인터넷 닥터에게 전화를 걸게 되는 이유를 이렇게 설명한다.

"가장 중요한 동기는 자기 회사의 기본적인 사업 모델이 전자상거래 때문에 위협받을 것이라는 두려움이지요. 그래서 저는 인터넷 닥터가 됐습니다. 의사가 환자에게 해주는 조언에는 몇 가지 레벨이 있습니다. 돌팔이

의사는 오로지 증상만을 봅니다. 하지만 훌륭한 의사는 근본적인 원인을 보지요. 기업들이 우리에게 와 '상품을 더 많이 팔기 위해 인터넷을 이용할 수 있도록 도와달라'고 부탁하면 저는 먼저 이렇게 말하지요. '글쎄요, 인터넷으로 더 많이 팔지 못하고 있는 까닭은 단지 인터넷 판매전략이 없어서가 아닙니다. 잠시 전자상거래는 잊어버리세요. 귀사의 인력이 전체적으로 비효율적이고 귀사와 협력 업체와의 관계가 비효율적이기 때문입니다. 당신은 그 문제를 해결하기 위해 인터넷을 이용할 필요가 있습니다. 그런 다음 전자상거래 문제를 이야기하도록 하지요.' 우리를 찾아와 해답을 구하는 경영자 대부분은 인터넷이나 정보기술이 핵심적인 비즈니스의 일부라는 사실을 전혀 깨닫지 못합니다. 흔히 기업을 두 가지 부문으로 나누지요. 상품을 생산해서 파는 부문과 기타 부문으로 말입니다. 인터넷과 정보기술은 전통적으로 기타 부문에서 취급하는 업무였어요. 이는 생산과 판매부문과 분리돼 있었습니다. 많은 기업에서 최고정보책임자라는 타이틀은 사실은 '경력은 끝났다 Career Is Over'라는 의미였어요. 정보기술은 그저 줄여야 할 비용으로만 인식됐지요. 시스코는 아주 다른 접근 방식을 택했고 다른 기업들에게도 같은 식으로 하라고 장려했습니다. 그래서 경영자들이 우리에게 911 응급전화를 하면 우리는 네 가지 기본적인 룰을 알려주면서 생각해보라고 합니다."

"첫 번째 규칙은 e-비즈니스에서 성공하려면 먼저 e-기업이 돼야 한다는 것입니다. 인터넷은 그저 벽 한구석에 붙여놓자는 게 아닙니다. 회사가 하는 모든 일에 인터넷이 스며들게 해야 합니다. 모든 종이를 없애는 것부터 시작해보세요. 미안하지만, 더 이상 종이는 안 됩니다. 나에게 말하고 싶으면 종이로 하지 말고 이메일과 인터넷을 통해 해야 합니다. 시스코는 이제 거의 모든 장비를 인터넷으로 판매합니다. 고객들은 시스코 웹사이트에 들어가 직접 주문을 하지요. 이렇게 하면 누군가가 주문을 종이에 받아 적어 시스템에 입력할 때 불가피하게 발생하는 실수를 줄일 수 있습니다. 시스코에 들어온 주문은 대부분 사람 손을 한 번도 거치지 않고 웹사이트 안에서 처리돼 공장의 출고로 이어집니다. 주문을 받아 적고 시스템에 쳐 넣던 일을 하던 사람들은 모두 고객 서비스와 고객들의 수요 파악에 집중할 수 있게 됐습니다. 시스코의 부품 협력 업체들도 이 주문을 볼 수 있어서 시스코 공장의 필요에 딱 맞게 부품을 공급해줄 수 있습니다. 당연히 적정 재고도 크게 줄지요.

시스코는 또한 종업원들이 모든 비용과 급여를 온라인으로 청구하도록 했습니다. 업무 경비를 청구하거나 각종 혜택을 신청할 때 1분 이상 걸리지 않게 됐지요. 회사 내 인트라넷을 통해 청구된 경비는 이틀 안에 나오게 됩니다. 우리는 막 작은 신생기업 하나를 인수했습니다. 그 회사를 들여다보기 위해 팀을 하나 보냈지요. 그러고는 모든 핵심 임원들에게 우리가 왜 그 회사의 인수를 원하는지에 관한 메모를 이메일로 돌렸어요. 임원들이 이메일을 통해 많은 토론을 한 후 임원회의에서 직접 만나 최종 결정을 내렸어요. 우리가 이런 전략을 채택한 건 회사가 너무 빨리 커서 임직원들을 제때 채용할 수 없었기 때문이기도 합니다. 우리는 비즈니스 기능들을 하나하나 사람 중심에서 네트워크 중심으로 바꿔갔습니다. 고객과 협력 업체, 관리자와 신입직원, 영업 담당과 제조기술자들이 모두 정보에 접속하면서 서로 직접 접촉할 수 있게 됐습니다. 그래서 우리는 종이시대를 완전히 끝냈습니다."

시스코 내부의 모든 기능—경영관리, 제조, 회계, 영업—을 네트워크로 완전히 연결했기 때문에 이제 더 이상 경영 실적이 어떤지, 어느 부서가 이익을 내고 어느 부서가 예산보다 많은 돈을 쓰는지 알아보기 위해 분기 말까지 기다릴 필요가 없다. 필요하면 한 시간 단위로 결산을 할 수도 있다.

두 번째 규칙은 CEO를 인터넷 전도사로 만드는 것이라고 코언은 말했다. CEO가 책임지고 전자상거래를 성공시켜야 한다. 사람들은 보스가 아니면 누구의 말도 듣지 않는다. 보스가 진정으로 인터넷을 비즈니스에 접목시키려는 결심을 하지 않으면 아무 소용 없다. 제너럴일렉트릭의 잭 웰치는 경영자들에게 어떤 시한에 맞춰 인터넷 전략을 시행하라고 지시했다. 이는 인터넷이 자사에 어떤 영향을 끼칠지 두려워하는 최고위층의 위임이었다. 기업문화는 위에서 내려올 때 진정으로 바뀐다. 코언은 이렇게 설명한다.

"인터넷 닥터는 e-기업을 만드는 데 승부를 걸고 변화를 촉진하는 경영자를 파악해야 합니다. 보스가 '이런 것들은 집어치우고 골프클럽 회원권이나 지키게 해달라'는 식의 태도를 보이면 더 이상 같이 일할 수 없는 사람입니다. 새로운 수익원을 창출하고 기업을 완전히 바꾸려는 의욕이 있는 경영자와 일해야지요."

"세 번째 규칙은 모든 종업원들이 항상 모든 정보에 접속할 수 있어야 한다는 겁니다. 기업 차원의 정보공개법freedom of information act 같은 게 필요합니다. 종업원들과 협력 업체와 고객들이 스스로 일을 처리할 수 있도록 말이죠. 각자 스스로 일을 처리할 수 있으면 그들은 그렇게 할 것입니다. 고객이 알아서 주문을 하고 그 처리과정을 따라가면서 체크할 수 있으면 온갖 종류의 효율성과 스피드가 시스템 안에 자리 잡게 됩니다. 주문서류를 고객 스스로 작성하면 정확히 작성될 가능성이 훨씬 커집니다. 우리 고객들은 평균적으로 이틀마다 한 번씩 우리 웹사이트에 들어가 주문을 내는데 그들은 원하는 정보를 즉시 그리고 직접 얻을 수 있습니다. 게다가 고객들은 우리에게 정보를 요구하기만 하는 게 아니라 제품에 관한 정보를 우리와 다른 고객들이 알 수 있도록 온라인으로 알려주기도 하지요."

"네 번째 규칙은 고객과 종업원들이 늘 웹으로 가도록 교육하고 동기를 부여하라는 겁니다. 어떤 고객이 우리 콜센터에 전화를 했을 때 상담원은 이렇게 이야기하는 겁니다. '저희 웹사이트에서 원하는 모든 정보를 찾을 수 있고, 질문에 답할 수도 있지요. 상담원을 기다리지 않고도 말이에요.' 우리는 신입직원과 고객들을 교육하고 기존 직원들의 기술을 향상시키기 위해 사내 온라인 대학을 운영하고 있습니다. 입사 희망자들도 거기에서 우리 회사에 관해 알아볼 수 있고 회사가 마음에 드는지 검토할 수 있지요. 교육과정 중 인터넷을 통해 제공되는 부분이 늘어날수록 더 많은 고객들이 상담원들과 전화 통화를 하기보다는 시스코 웹사이트를 통해 스스로 일을 처리하게 됐고, 더 많은 시스코 직원들이 더 낮은 비용으로 업무를 처리할 수 있게 됐습니다.

우리는 회사 내 상여금 체계를 바꿨습니다. 관리자들이 보너스를 타려면 매년 더 적은 인력으로 더 많은 일을 했다는 걸 보여줘야 하는데 이는 인터넷을 활용하지 않고는 불가능한 일입니다. 지금은 고객과 협력 업체 중 약 80%가 온라인으로 질문에 대한 답변을 얻고 있습니다. 그래서 우리는 지금 적은 기술 지원 인력으로도 어느 때보다 더 많은 일을 하고 있지요. 더욱이 시스코에 물건을 파는 모든 업체들이 인터넷상으로 거래를 합니다. 예를 들어 우리에게 종이 접시나 화장지 또는 컴퓨터를 팔고 싶으면 제품 소개서를 우리 온라인 구매 시스템에 입력하면 됩니다. 그러면 우리는 클릭 한 번으로 가격을 비교해볼 수 있고 클릭 한 번으로 주문도 할 수 있지요. 종이로는 우리와 의사소통을 할 수 없습니다. 종이는 모두 버리세요."

일단 어떤 회사가 본격적인 인터넷 전략을 채택하면 코언의 팀이 그 전략이 잘 추진되고 있는지 테스트를 실시한다. 그는 이를 'e-비즈니스 콜레스테롤 검사'라 부른다. 그 회사의 전반적인 인터넷 준비태세를 측정하는 것이다. 코언의 설명을 들어보자. "한 해가 지나면 우리는 측정할 수 있는 변화를 살펴봅니다. 종업원 1인당 업무 효율성이 얼마나 개선됐는가? 같은 인력으로 더 많은 성과를 얻었는가? (우리는 1996~1999년 우리의 모든 사업 부문을 인터넷화함으로써 15억 달러를 절감한 것으로 추정합니다.) 고객만족도는 얼마나 높아졌는가? 고객들은 인터넷을 통해 우리 회사와 더 많이 접촉하고 있다고 느끼고 이를 즐기는가? 시장점유율은 높아졌는가? 고객이나 협력 업체들과 더 자주, 투명한 의사소통을 통해 재고관리 비용을 낮출 수 있었는가? 인터넷 덕분에 고객이 주문을 훨씬 더 쉽게 할 수 있고, 그 결과 고객이 예전에는 우리가 팔고 있는 줄도 몰랐던 제품까지 더 많이 주문하게 됐는가? 영업직원 1인당 매출액이 높아졌는가? 마지막으로, 종업원들이 더 행복해지고 기업가치는 더 높아졌는가, 즉 우리가 인터넷 전략을 수행할 수 있는 능력이 있고 그래서 효율성을 높일 수 있었다는 점을 시장이 인정해주는가? 이런 걸 자문해봐야 합니다."

다시 말해 베를린장벽이 무너져도 생존할 수 있는 전략을 개발했다고 시장이 평가해주는가를 스스로 물어봐야 한다는 이야기다.

중국은 비록 정제되지 않은 방식이지만 나름대로의 생존전략을 시도하고 있다. 절반 정도는 형식적인 선거지만 시골 마을의 자치단체장 선거를 장려하는 것도 그런 전략의 하나다. 중국은 중앙에 집중됐던 의사결정을 지방으로 내려보내고 있는 것이다. 베이징 정부가 지방의 경제문제에 대응하는 길은 지방 주민들이 자치단체 리더를 뽑고 더 많은 결정을 스스로 내리도록 하는 것뿐이라는 결론을 내렸기 때문이다. 중국의 권위주의적 지도자들은 이제 이런 선거를 통해 더 능력 있는 지역 리더들을 뽑을 수 있기를 바란다. 자기 지역의 여건과 필요를 더 잘 이해하고 스스로 경제기반을 건설할 수 있는 리더들이 나오기를 바라는 것이다. 이는 정치적인 영역이 아니라 경제적인 영역에서 권력과 의사결정을 분산시키는 중국 나름의 방식이다.

이런 지방선거를 실시하는 것만으로 중국경제를 충분히 빨리 키워갈 수는 없다. 훨씬 더 많은 의사결정 분산이 필요하다. 하지만 나는 이게 좋은 출발이라고 믿는다. 내가 만난 중국인들도 그렇게 확신하고 있었다.

그런데 나는 구지알링지 자치단체장으로 누가 당선됐는지 이야기하지 않았다. 우리는 주민들이 학교 칠판에 개표 진행 상황을 기록하는 동안 그 주위에 앉아 있었다. 나는 모든 주민들이 교실 문 앞에 몰려들어 창문 너머에서 흰 분필로 득표 숫자가 기록되는 걸 지켜보는 장면을 잊을 수 없을 것이다. 여성표 공략에도 불구하고 도전자인 리우 푸는 현직 단체장에게 패했다. 우리 몇 사람은 나중에 리우와 이야기를 나눴다. 그는 선거에서 진 건 유감이지만 과거에는 더한 일도 겪었다고 말했다. 그는 지금보다 훨씬 힘든 일도 겪었다. 문화혁명 때 그는 마을에서 추방당했지만 20년이 지난 지금 그는 자치단체장에 도전하고 있다(그것도 미국에서 온 선거감시단이 지켜보는 가운데).

문화혁명 때 희망을 잃은 적이 있느냐는 물음에 그는 중국 속담으로 답했다. "손으로 해를 가릴 수는 없지요."

06

황금 스트레이트재킷

"우리는 앞으로 1~2년 동안 여전히 스트레이트재킷straitjacket을 입어야 한다. 새 정부는 매우 신중해야 할 것이다."

B.J. 하비비 전 인도네시아 총리의 경제 자문관 우마르 주오로가 『뉴욕타임스』(1999년 10월 23일자)와 인터뷰에서 인도네시아 정부가 경솔한 경제정책을 취하면 IMF와 글로벌 시장에게 얻어맞을 게 뻔하기 때문에 경제운용에서 정부의 운신폭이 별로 없다고 설명하며 한 말

선거감시단과 함께 중국 형다오 마을을 방문한 나는 통역과 함께 마을을 이리저리 둘러보다 농부에서 기능공으로 직업을 바꾼 한 주민의 집에 들렀다. 마당에는 돼지와 거위들이 놀고 있었지만 벽돌 오두막 안에는 스테레오와 컬러TV가 있는 집이었다. 통역은 미국에 관해 공부하는 중국 학생이었는데, 나라면 전혀 보지 못했을 걸 하나 발견했다. 주변에 확성기가 하나도 없다는 사실이었다. 마오쩌둥 시절 공산당은 '생산대生産隊'로 불리는 작은 마을마다 확성기를 설치했다. 당의 주장을 선전하고 노동자들을 훈도하는 메시지를 확산시키기 위해서였다. 확성기가 왜 사라졌느냐고 물었더니 그 주민은 이렇게 대답했다. "우리가 작년에 떼어냈지요. 아무도 더 이상 그 확성기 소리를 듣고 싶어 하지 않았어요. 우리는 이제 TV와 스테레오를 갖고 있습니다." 그 주민이 말하지는 않지만 그는 더 이상 베

이징 정부와 공산당의 메시지를 들을 필요가 없었다. 그는 듣지 않아도 무슨 말을 하려는지 알았는데 그건 마오쩌둥의 가르침이 아니었다. 주민들에게 오는 메시지는 한 가지뿐이었다. "당신들은 스스로 살아가야 한다. 일자리를 얻어라. 그리고 세금을 내라."

그 몇 달 전 나는 태국에서 정실자본주의 경제crony capitalist economy가 추락해가는 걸 지켜보고 있었다. 나는 태국 경제위기 때 파산한 부동산 개발업자인 시리밧 보라벳부티쿤과 인터뷰 약속을 잡았다. 생계를 꾸려가기 위해 샌드위치 장사를 시작한 시리밧 부부의 사례는 태국 경제위기의 실상을 단적으로 보여준다. 한때 부자였던 이 부부는 방콕 시내의 비어 있는 가게 하나를 임차해 옛 동료 여러 명과 샌드위치를 만들었다. 방콕 시내 이곳저곳에 갓 만들어낸 햄치즈 샌드위치를 배달하는 일도 시작했다. 시리밧은 미국 야구장에서 샌드위치를 파는 사람처럼 목에다 노란 피크닉 박스를 걸고 인터뷰 장소에 도착했다. 내 기억에 가장 많이 남는 것은 그의 목소리에서 비통함이 묻어나지 않고 체념의 분위기를 강하게 풍기지도 않았다는 점이다. 그는 태국이 엉망으로 망가졌다고 말했다. 사람들은 허리띠를 졸라매고 경제 구조조정 프로그램대로 따라가야 하며 다른 선택은 별로 없다는 생각이었다. 나는 그에게 물었다. "분하지 않은가? 철저히 망해버린 데 화가 나 정부청사에 불이라도 지르고 싶지는 않은가?"

시리밧은 그렇지 않다고 말했다.

"공산주의는 실패했어요. 사회주의도 실패했지요. 이제 자본주의만 남았습니다. 우리는 다시 정글로 돌아가고 싶지 않아요. 우리는 모두 더 나은 생활수준을 바라기 때문에 자본주의가 돌아가도록 해야 합니다. 다른 선택이 없어요. 우리는 스스로를 바꿔가며 세계의 룰을 따라야 합니다. … 경쟁력 있는 이들만 살아남습니다. 우리가 져야 할 짐이 너무 무겁기 때문에 국민을 통합할 수 있는 정부가 필요하겠지요."

그로부터 몇 달 후 나는 워싱턴에서 실패한 러시아 경제개혁과 민영화의 설계자인 아나톨리 추바이스의 강연을 들었다. 추바이스는 IMF를 마지막으로 찾아가 러시아에 대한 추가 지원을 호소하러 워싱턴에 왔다. 하지만 여전히 공산주의자들이 지배하는 러시아 두마(의회)는 IMF의 조건을 거부하고 있었다. 두마는 추바이스가 러시아의 근본적인 경제개혁(진정한 자유시장 노선을 채택하는 개혁)을 요구하는 IMF에 굴복한 반역자이며 외국 스파이라고 비난했다. 내가 추바이스에게 그런 비난에 어떻게 대응하느냐고 묻자 그는 이렇게 대답했다.

"난 그들에게 말하지요. '좋소. 추바이스는 CIA와 IMF의 스파이입니다. 그렇다면 당신들의 대안은 무엇이오? 당신들은 실행 가능한 어떤 아이디어라도 갖고 있소?" 추바이스는 이렇게 물으면 어떤 일관성 있는 반박도 듣지 못했다고 말했다. 공산주의자들에게는 어떤 대안도 없었기 때문이다.

몇 달 지난 다음 나는 브라질에서 파비오 펠드만을 인터뷰했다. 상파울루 환경장관과 브라질 연방의회 부의장이었던 그는 상파울루에서 재선을 위한 선거운동 중이었다. 그의 사무실은 선거운동원들이 벌떼처럼 모여 있고 포스터와 다른 선거운동 장비들로 가득했다. 요즘 브라질의 정치적 담론은 어떤 것이냐고 물어보자 자유주의자인 펠드만은 이렇게 답했다.

"브라질에서 이념적인 좌파는 깃발을 잃어버렸습니다. 연방정부의 과제는 일자리와 고용입니다. 정부는 소득을 창출하고 '그리고' 분배해야 합니다. 그런데 좌파의 정책은 무엇입니까? 그들에게는 소득을 창출하는 정책은 없고 오직 분배하는 정책만 있습니다."

이 이야기들은 우리에게 무엇을 말해주는가? 일단 1980년대 말 세 가지 민주화가 한꺼번에 찾아와 모든 장벽들을 날려버리자 자유시장 자본주의의 이념적 대안들도 모두 날아가버렸다. 사람들은 자유시장과 글로벌 통합에 대한 대안들을 이야기할 수 있고, 그 대안들을 요구할 수 있으며, '제3의 길'을 주장할 수 있지만 지금은 아무것도 분명하지 않다. 지금은 첫 번째 세계화 시대와 매우 다르다. 산업혁명과 세계 금융자본주의가 유럽과 미국을 휩쓸던 19세기와 20세기 초에는 많은 사람들이 다원주의적인 잔인성과 '어두운 악마의 맷돌들dark Satanic Mills*'에 경악했다. 그 체제는 낡은 질서와 권력 체계를 무너뜨리고, 엄청난 소득 격차를 초래했으며, 모든 사람들에게 중압감을 느끼게 했다. 그러나 그 체제에 적응할 수 있는 사람에게는 급속한 생활수준 향상을 가져다주었다. 이런 경험은 수많은 논쟁과 혁명적 사고를 불러왔다. 사람들은 그 당시 자유시장 자본주의의 가장 잔인한 측면 때문에 노동자들이 받을 충격을 줄일 수 있는 방안을 찾으려 했다. 칼 마르크스와 프리드리히 엥겔스는 『공산당선언』에서 그 시대를 이렇게 묘사했다.

"끊임없는 생산혁명과 모든 사회적 조건의 지속적인 혼란, 그리고 끝없는 불확실성과 동요는 부르주아 시대를 이전의 모든 시대와 구별되게 한다. 모든 확고하게 굳어진 관계는 고래古來의 케케묵은 편견과 함께 휩쓸려가버렸다. 새롭게 형성된 모든 것들은 굳어지기도 전에 낡은 것이 되고 만다. 견고한 모든 것들은 공기 속으로 녹아들고, 신성한 모든 것들은 불경한 것이 된다. 그리고 사람들은 마침내 그의 실제 삶의 조건을, 그리고 다른 사람들과의 관계를 냉철하게 직시하지 않을 수 없다."

결국 자유시장의 이 혼란스럽고 잔혹한 특성들을 제거할 수 있다고 선언하는 이들이 나타났다. 거침없이 날뛰는 부르주아 자본주의에 의존하지 않는 세계를 만들 수 있다는 선언이었다. 그들은 정부가 중앙에서 모든 걸 계획하고 자금을 대며, 노동자 개개인들의 필요에 따라 분배하고 그들의 능력에 따른 기여를 요구하는 체제를 만들려고 했다. 이 혁명적인 사고를 한 이들 가운데 엥겔스, 마르크스, 레닌, 무솔리니 같은 이들이 있었다. 그

---

* 영국 시인 윌리엄 블레이크(1757~1827)의 시 「예루살렘」에 나오는 "어두운 악마의 맷돌들 가운데/예루살렘이 여기 세워졌던가?(And was Jerusalem builded here/Among those dark Satanic Mills?)"란 구절에서 따온 표현 (옮긴이)

들이 제안한 중앙계획적이고 비민주적인 대안들(공산주의, 사회주의와 파시즘)은 1917년부터 1989년까지 시험을 거치는 동안 첫 번째 글로벌 시대를 유산시키는 데 일조했다.

이 같은 대안들에 대해 할 말은 하나뿐이다. 그 대안들은 제대로 굴러가지 않을 거라는 말이다. 이런 판단을 한 사람들은 바로 그 체제에서 살았던 사람들이다. 유럽과 소련, 중국에서 공산주의 체제와 그 체제를 보호하던 모든 장벽이 무너지자 자유시장 자본주의의 다원주의적 잔인성을 싫어했던 이들은 어떤 이념적 대안도 갖지 못하게 됐다. 오늘날 어느 체제가 생활수준을 향상시키는 데 더 효과적인 체제인가에 관한 한, 논쟁은 끝났다. 자유시장 자본주의가 그 답이다. 다른 체제가 소득을 더 효율적이고 공평하게 분배하고 나눌 수 있을지 몰라도 어떤 체제도 그 소득을 자유시장 자본주의만큼 효율적으로 창출할 수는 없다. 이제 점점 더 많은 이들이 그 점을 알고 있다. 그래서 이념에 관해 말하자면, 이제 더 이상 민트초콜릿칩 아이스크림이나 스트로베리 스월, 레몬-라임 아이스크림은 없다. 오늘날에는 오직 자유시장이라는 바닐라 아이스크림과 북한만 있을 뿐이다. 서로 다른 브랜드의 자유시장 바닐라가 있을 수 있고, 각 사회마다 그 체제에 적응하는 속도는 다를 수 있다. 하지만 장벽이 없는 세계에서 생활수준을 향상시키기를 원하면 결국 자유시장만이 유일한 이념적 대안으로 남는다. 가야 할 길은 똑같고 속도만 다를 뿐이다. 길은 똑같다.

황금 스트레이트재킷

어떤 나라가 이 점을 인정할 때, 그리고 오늘날 글로벌 경제에서 자유시장의 룰을 인정하고 그에 따르기로 할 때, 그 나라는 내가 말하는 '황금 스트레이트재킷Golden Straitjacket'을 입게 되는 것이다. 황금 스트레이트재킷은 이 세계화 시대의 특징적인 정치경제적 복식이다. 냉전시대에는 마오쩌둥의 인민복과 네루의 재킷, 러시아의 모피가 있었다. 세계화 시대에는 오직 황금 스트레이트재킷만 있을 뿐이다. 어떤 나라가 지금까지 그 재킷에 맞추지 않았다면 이제 곧 맞추게 될 것이다.

황금 스트레이트재킷은 1970년대 영국 총리 마거릿 대처가 재봉하고 유행시키기 시작한 것이다. 이 재킷의 원조 재봉사인 대처는 20세기 후반 가장 위대한 혁명가 중 한 사람으로 역사에 기록될 것이다. 대처식 재킷은 곧 로널드 레이건 때문에 더욱 빛을 발하게 된다. 레이건은 1980년대 미국에서 그 재킷과 그 규범을 확산시키는 데 필요한 임계질량을 확보했다. 이는 냉전이 끝나면서 글로벌 패션이 됐다. 세 가지 민주화가 다른 모든 패션과 그 패션을 보호하던 장벽들을 날려버렸기 때문이다. 대처-레이건 혁명이 이뤄질 수 있었던 것은, 이들 두 서방경제의 국민들이 낡아빠진 정부 주도 경제는 충분한 성장을 가져다주지 못한다는 결론을 내렸기 때문이다. 대처와 레이건은 경제문제에 대한 정부의 의사결정 권한 가운데 절대적인 부분을 자유시장에 넘겨줬다. '위대한 사회Great Society'와 전통적인 케인즈 경제학을 옹호하는 이들에게서 자유시장으로 권한을 넘겨준 것이다.

어떤 나라가 이 스트레이트재킷에 맞추기 위해서는 다음과 같은 '황금의 룰'을 채택하거나 그 방향으로 가고 있다는 걸 보여줘야 한다.

- 민간 부문을 경제성장의 주력 엔진으로 삼아라.
- 낮은 인플레이션과 물가안정을 유지하라.
- 정부 관료조직을 줄여라.
- 재정흑자를 내지는 못하더라도 최대한 균형에 가깝게 재정을 운용하라.
- 수입관세를 낮추거나 없애라.
- 외국인 투자 제한을 없애라.
- 수입물량 제한과 내수시장 독점을 철폐하라.

- 수출을 늘려라.
- 정부 소유 산업과 공익사업을 민영화하라.
- 자본시장의 규제를 완화하라.
- 외환거래를 자유화하라.
- 기업과 주식, 채권을 외국인들이 직접 소유할 수 있도록 개방하라.
- 국내시장 경쟁을 최대한 촉진하기 위해 규제를 완화하라.
- 정부 부문의 부패와 보조금, 뇌물 관행을 없애라.
- 은행과 통신을 민간이 소유하고 이 부문의 경쟁이 이뤄지도록 개방하라.
- 국민들이 상호 경쟁하는 연금 가운데 자신이 가입할 연금을 선택할 수 있도록 하고 외국의 연금과 뮤추얼펀드에도 가입할 수 있도록 허용하라.

이 모든 조각을 다 함께 꿰매야만 황금 스트레이트재킷을 갖게 된다.

불행히도, 황금 스트레이트재킷은 '모두 한 사이즈에 맞춰야 하는' 옷이다. 이 옷은 어떤 그룹에는 너무 꽉 조이고, 어떤 사회에는 지나친 압박을 준다. 또한 각 기관의 몸집을 줄이고 경제활동 성과를 높이라고 끊임없는 압력을 가한다. 이 옷을 벗어던지는 이들은 어느 때보다 빨리 낙오시키고, 이 옷을 제대로 입는 이들은 어느 때보다 신속히 남들을 따라잡도록 도와준다. 이 옷이 늘 아름답고, 부드럽고, 편안한 것은 아니다. 그러나 이 옷은 지금과 같은 역사적 시즌에 옷걸이에 걸려 있는 유일한 재킷이다.

어떤 나라가 황금 스트레이트재킷을 입으면 보통 두 가지 일이 일어난다. 경제는 성장하고 정치는 움츠러드는 것이다. 다시 말해 경제적인 영역에서 황금 스트레이트재킷은 일반적으로 성장을 촉진하고 평균소득 수준을 높여준다. 교역과 외국인 투자, 민영화가 늘어나고 글로벌 경쟁의 압력으로 자원을 더 효율적으로 쓰게 되기 때문이다. 그러나 정치의 영역에서 황금 스트레이트재킷은 권력을 가진 이들이 정치적·경제적 정책을 선택할 여지를 좁게 만든다. 이 재킷을 입은 나라에서 집권당과 야당 사이의 진정한 차이를 찾아보기가 점점 어려워지는 것도 이 때문이다. 어떤 나라가 일단 이 옷을 입으면, 정치적 선택은 펩시콜라와 코카콜라의 차이만큼이나 좁아진다. 콜라 맛에 미묘한 차이만이 있듯이 정책에도 미묘한 차이만이 있게 된다. 지역적 전통을 감안한 미세한 디자인 변경과 이곳저곳 느슨하게 만든 부분은 있겠지만 황금의 룰 가운데 핵심에서 크게 벗어나는 일은 결코 없다. 어떤 정부든 (공화당이든 민주당이든, 자유당이든 노동당이든, 드골당이든 사회당이든, 기민당이든 사민당이든) 핵심적인 룰에서 지나치게 벗어나면 투자자들이 앞다퉈 도망치고, 금리가 오르고, 주식 값이 떨어지는 사태를 맞게 될 것이다. 이 스트레이트재킷 안에서 운신폭을 넓히는 유일한 방법은 품을 넓히는 것뿐이며, 품을 넓히는 유일한 방법은 꼭 맞게 입는 수밖에 없다. 이는 이 옷의 장점이다. 꼭 맞게 입을수록 더 많은 황금이 나오고 더 두꺼운 막이 당신을 감싼다. 이렇게 얻은 황금은 사회를 위해 쓸 수도 있다.

선진국에서는 분명 수많은 정치적 논쟁이 황금 스트레이트재킷을 완전히 뜯어고치는 게 아니라 미세하게 바꾸는 문제에 집중되고 있다. 경제에 관한 한 1996년 미국 대통령 선거에서 빌 클린턴과 밥 돌 사이에 진정한 차이가 얼마나 있었는가? 광범위한 경제 이슈에서 그 차이는 거의 없었다. 클린턴이 한 말은 본질적으로 이런 것이다. "우리는 황금 스트레이트재킷을 입고 있는데 나는 팔꿈치 부분을 조금만 더 덧대고 중간 부분을 조금 넓히는 방안을 갖고 있습니다." 그러면 돌은 이렇게 받아쳤다. "아니, 아니, 중간 부분은 전혀 넓혀서는 안 됩니다. 꼭 맞게 입어야 합니다. 팔꿈치의 패드는 조금 더 줄여야 합니다." 그들은 두 사람 중 누구도 크게 바꿀 생각이 없는 재킷 단추 구멍들에 대해 토론하고 있었다. 그들만 이런 논쟁을 한 게 아니었다. 1997년 영국 총선 기간에 토니 블레어는 이런 다짐을 했다. "우리가 총선에서 이기면 황금 스트레이트재킷을 보수당만큼 꼭 맞게 입겠습니다. 하지만 어깨와 가슴을 보호하기 위해 그 부분을 조금씩 덧

댈 것입니다." 그러자 그의 경쟁자인 보수당의 존 메이저는 이렇게 말했다. "노동당은 감히 실오라기 하나라도 손대서는 안 됩니다. 그 재킷은 마거릿 대처가 편안하게 디자인한 것으로, 반드시 지금 그대로 입고 있어야 합니다." 블레어와 메이저의 말을 듣고 있던 자유당의 패디 애쉬다운은 두 사람 사이에는 털끝만큼의 차이도 없다고 선언했다. 그는 블레어와 메이저가 동작이 같은 '수중발레'를 하고 있다고 비꼬았다.

전자소떼는 수중발레를 싫어한다

　냉전의 벽이 무너지고 황금 스트레이트재킷이 부상하는 그 시기에 나는 세계를 여행하면서 수많은 수중발레를 봤다. 사회민주당 게르하르트 슈뢰더가 기독민주당 헬무트 콜을 이긴 1998년 독일 총선을 앞두고 AP통신은 독일외교협회 칼-요셉 마이어스가 두 후보에 대해 이렇게 이야기했다고 전했다. "좌파와 우파라는 꼬리표는 잊어버리세요. 그들은 모두 한 배를 타고 있습니다."
　한국의 이홍구는 1990년대 중반 국무총리로 일할 때 이런 황금 스트레이트재킷을 직접 경험했다. 그는 어느 날 나에게 이렇게 말했다.
　"예전에 우리는 '역사가 이렇게 저렇게 하라고 명령했다'고 말하곤 했습니다. 지금은 '시장의 힘'이 그렇게 명령한다고 말합니다. 우리는 그런 곳에서 살아야 합니다. 무슨 일이 벌어졌는지 우리가 이해하는 데에는 시간이 걸렸습니다. 우리는 냉전에서의 승리가 정치에 대한 시장의 승리라는 걸 깨닫지 못했지요. 오늘날 가장 중요한 결정은 민주주의를 할 거냐 말 거냐, 그리고 경제를 개방할 거냐 말 거냐입니다. 이는 중대한 선택입니다. 하지만 우리가 일단 그 선택을 하고 나면 정치는 이 체제에서 허용된 좁은 공간에서만 실행할 수 있는 정치적 엔지니어링이 돼버리지요."

그는 한국에서 오랫동안 지배적인 정당이었던 한나라당에서 컸다. 하지만 1997~1998년 경제위기 후 한국은 계속해서 외국인 투자를 끌어들이면서 번영하기 위해서는 이 스트레이트재킷을 훨씬 더 잘 맞게 입어야 한다는 걸 깨달았다. 이때 한국인들은 옛날 스타일의 베테랑 정치인들을 걷어차버리고 오랫동안 야당에서 자유주의적 인권운동을 해온 새정치국민연합의 김대중을 대통령으로 선출했다. 하지만 김대중은 이홍구에게 워싱턴 대사로 가달라고 요청했다. 이홍구는 그 일을 이렇게 설명한다.

"우리 당에서 국무총리와 당 대표, 대통령 후보까지 거친 나 같은 사람이 다른 당에서 나온 대통령의 요청으로 워싱턴 대사로 간다는 건 예전에는 생각할 수도 없는 일이었습니다. 하지만 지금처럼 한국이 경제위기에서 벗어나야 하는 상황에서는 나와 김 대통령 사이의 차이 같은 건 중요하지 않아요. 우리는 선택의 여지가 많지 않습니다."

한국에서는 이런 경우를 두고 '한 배를 탔다'거나 '수중발레'라고 하지 않는가?

만모한 싱은 수십 년간 국가 개입이 심하고 사회주의와 유사한 경제체제를 유지했던 인도가 1991년 황금 스트레이트재킷을 입기로 했을 때 이 나라의 재무장관이었다. 그는 인도가 그 길을 걷기 시작했을 때 느꼈던 통제권의 약화를 1998년 어느 날 인도 의회의 사무실에서 나에게 이야기해주었다.

"우리는 국제 자본시장에 참여하는 게 유리한 점이 많다는 걸 배웠습니다. 하지만 시장을 개방할수록 정책을 실행하고 경제를 통제하는 정부의 능력은 줄어들었지요. 세계화된 경제에서는 다른 시장 참여자들의 인식이—그들의 인식이 옳든 그르든 상관없이—훨씬 더 중요해집니다. … 우리는 서로 운명이 연결돼 있는 세계에 살고 있습니다. 이런 세계에서 인도의 특별한 관심이나 목표는 중요하게 여겨지지 않습니다. 이는 많은 염려를 낳고 있지요. 우리가 실행하는 환율이나 통화정책은 앨런 그린스펀이 하는 일의 부속품일 따름입니다. 심지어 재정정책에서까지 우리의 자유는 축소됐습니다. 자본이 국제적으로 자유롭게 움직일 때는 일반적인 수준에서 크게 벗어난 세율을 채택할 수 없습니다. 또한 노동력이 자유롭게 이동할 때는 다른 나라들과 동떨어진 임금수준을 유지할 수 없습니다. 이는 경제운용의 여지를 크게 줄여버렸습니다. … 이웃 나라 재무장관인 친구 하나가 있는데, 그가 장관이 된 날 축하 전화를 했더니 이렇게 말하더군요. '축하해주지 말게. 나는 반쪽 장관일 뿐이니까. 다른 반쪽은 워싱턴에 있지.'"

모든 나라가 늘 황금 스트레이트재킷을 입고 있는 건 아니다. 어떤 나라들은 반쯤 입거나 한 번에 조금씩 입고(인도, 이집트), 어떤 나라들은 입었다 벗었다 한다(말레이시아, 러시아). 일부 국가들은 자기 나라의 특별한 문화에 맞춰 입으려고 단추 몇 개는 풀어놓는다(독일, 일본, 프랑스). 일부는 석유와 같은 천연자원이 있기 때문에 스트레이트재킷의 압박을 완전히 거부할 수 있다고 생각한다(이란, 사우디아라비아). 그리고 어떤 나라는 너무나 가난하고 고립돼 있어서, 그리고 정부가 국민들에게 가난을 받아들이도록 강요할 수 있어서, 국민들에게 황금 스트레이트재킷이 아니라 평범한 낡은 구속복을 입히고도 그럭저럭 굴러가고 있다(북한, 쿠바, 수단, 아프가니스탄). 그러나 시간이 지날수록 이 황금 스트레이트재킷은 점점 더 피하기 어려워지고 있다.

내가 외국인들에게 이 점을 강조하면 그들은 대체로 다음과 같은 반응을 보인다.

"우리에게 스트레이트재킷을 입어야 한다고 말하지 마시오. 우리에게는 우리의 문화와 우리의 가치가 있고, 우리의 방식으로, 우리에게 맞는 속도로 일을 할 것이오. 당신의 이론은 지나치게 결정론적이오. 우리가 다 함께 모여 제약이 덜한 다른 모델을 채택할 수는 없는 거요?"

이에 대한 내 대답은 이렇다.

"난 당신이 그 스트레이트재킷을 입어야 한다고 말하지 않겠습니다. 그리고 당신네 문화와 사회적 전통이 그 재킷에 내재된 가치와 상반되는 것이라면 나는 분명 동정심을 가질 것입니다. 하지만 내가 이야기하려는 건 다음과 같습니다. 지금의 글로벌 시장체제와 '빠른 세계', 황금 스트레이트재킷은 큰 역사적 힘에 따라 만들어진 것입니다. 우리가 의사소통하고, 투자하고, 세계를 보는 방식을 근본적으로 바꿔놓은 힘이지요. 당신이 이런 변화를 거부하기를 원한다면 이는 당신의 문제입니다. 당신이 알아서 해야 할 문제지요. 하지만 점점 더 큰 비용을 치르지 않고도, 점점 더 높은 장벽을 쌓지 않고도, 그리고 점점 더 빨리 낙오하지 않고도 이런 변화에 저항할 수 있다고 생각한다면 이는 당신이 스스로를 속이는 것입니다."

그 이유는 다음과 같다. 금융과 기술, 정보의 민주화는 단지 다른 대안(『공산당선언』이나 마오쩌둥 어록에서부터 서유럽의 복지국가나 동남아의 정실자본주의에 이르기까지 여러 가지 다른 체제나 이념)을 날려버리기만 한 게 아니다. 이 세 가지 민주화는 이 세계에 새로운 권력의 원천을 낳았다. 이는 내가 '전자소떼'라 부르는 것이다. 전자소떼는 모든 얼굴 없는 주식거래자와 채권, 외환거래자들이다. 이들은 사무실 컴퓨터 스크린 앞에 앉아, 또는 자기 집 지하실에서, 세계 전역의 뮤추얼펀드와 펜션펀드, 신흥시장펀드로 돈을 굴리는 이들이다. 세계 전역에 공장을 갖고 가장 효율적이고 비용이 적게 드는 곳으로 끊임없이 옮겨다니는 거대 다국적기업들도 여기에 포함된다. 이들은 금융과 기술, 정보의 민주화 덕분에 기하급수적으로 늘어났다. 이들은 너무나 세력이 커져 기업과 나라들이 성장하는 데 필요한 자본의 주된 원천으로서 정부를 대체하기 시작했다. 실제로 각국 정부는 황금 스트레이트재킷에 맞추기 위해 균형 재정을 달성해야 하기 때문에, 성장을 위한 자본을 얻으려면 이들에게 더욱 의존할 수밖에 없다. 따라서 오늘날의 세계화 체제에서 경제적으로 번영하려면 황금 스트레이트재킷을 입어야 할 뿐만 아니라 이들 전자소떼와 어울려야 한다. 전자소떼는 황금 스트레이트재킷을 좋아한다. 이 재킷에는 그들이 원하는 모든 개방적인 자유시장

규범이 내재돼 있기 때문이다. 전자소떼는 이 재킷을 계속 입고 있는 나라들에게는 투자자본으로 보상을 해준다. 그 재킷을 입지 않는 나라는 그 군중의 규율에 따른 기합을 받게 된다. 군중들이 투자를 피하거나 돈을 빼내가는 것이다. 무디스 인베스터스 서비스, 더프 앤 펠프스 크레디트 레이팅, 스탠더드 앤 푸어스(S&P)는 냄새 잘 맡는 사냥개 같다. 이 신용평가회사들은 킁킁거리며 세계 각국을 쉬지 않고 돌아다닌다. 그들은 어떤 나라가 황금 스트레이트재킷을 슬며시 벗어버리면 요란하게 짖어댄다(무디스와 S&P도 가끔 냄새를 놓치고 낙관에 젖어있을 때도 있다. 동남아에서 너무 늦게까지 짖지 않았던 것처럼 말이다). 이 전자소떼와 국가, 그리고 황금 스트레이트재킷의 상호 작용은 오늘날 세계화 체제의 중심에서 벌어지는 일이다.

나는 1995년 클린턴 대통령의 캐나다 방문 직전에 이를 깨달았다. 당시 백악관을 출입하던 나는 대통령의 캐나다 방문 취재를 준비하려고 『파이낸셜타임스』와 다른 여러 신문들의 기사를 살펴보고 있었다. 캐나다 국민들이 '희망의 나라에서 온 남자'의 방문에 대해 어떻게 이야기하고 있는지 알아보려는 것이었다. 나는 그들이 미국 대통령에 대해 전혀 이야기하지 않고 있다는 사실에 흥미를 느꼈다. 대신 그들은 막 캐나다에 도착한 '무디스에서 온 남자' 이야기를 하고 있었다. 당시 캐나다 의회는 예산에 관해 논의하고 있었다. 막 오타와에 도착한 무디스팀은 캐나다 재무장관과 의원들을 상대로 경고문을 낭독했다. 무디스팀은 캐나다가 국내총생산(GDP) 대비 국가부채 비율을 국제 기준이나 시장의 기대에 맞추지 못하면 'AAA'인 캐나다 신용등급을 낮출 것이라고 밝혔다. 이 경우 캐나다 정부와 기업들은 해외에서 돈을 빌릴 때 더 높은 이자를 내야 한다. 이 점을 강조하기 위해 캐나다 재무부는 이런 성명을 발표했다.

"캐나다 경제규모 대비 외채 규모는 우리가 글로벌 금융시장의 투자심리 변화에 극히 취약하다는 걸 의미한다. 우리는 실질적인 경제주권 상실을 경험하고 있다."

이 점을 이해하지 못한 캐나다 국민들에게 재무장관 폴 마틴은 더 직설적으로 이야기했다. "우리는 빚더미에 깔려 있다."

그렇다. 캐나다 국민들은 희망의 나라에서 온 남자에 조금도 관심이 없었다. 무디스에서 온 남자와 전자소떼에 모든 관심이 집중돼 있었다. 이 소떼는 어디에서 왔는가? 그리고 어떻게 한 나라를 괴롭히거나 부자로 만들어줄 수 있는 슈퍼파워 못지않은 가공할 힘을 갖게 됐는가?

07

전자소떼

　1997년 9월 말레이시아 총리 마하티르 모하메드는 홍콩에서 열린 세계은행 총회를 세계화의 해악을 비난하는 기회로 삼았다. 당시 말레이시아 주식과 외환시장은 국내외 투자자들에게 처참하게 짓밟혔다. 마하티르는 외환거래를 하는 '저능아'들을 몰아세웠다. 또 강대국과 조지 소로스 같은 금융가들이 아시아 나라들을 향해, 국내시장을 글로벌 투기꾼들에게 개방하라고 강요한 뒤, 경쟁자인 이들 나라를 파멸시키기 위해 외환시장을 조작했다고 비난했다. 그는 오늘날의 글로벌 자본시장을 '맹수들이 들끓는 정글'에 비유하고 이 시장이 유대인들의 음모에 따라 움직인다는 생각을 내비쳤다. 마하티르의 호통을 들으면서 나는 당시 청중 가운데 한 사람이었던 미국 재무장관 로버트 루빈이 말레이시아 지도자에게 마음속에 있는 말을 할 수 있었다면 어떤 말을 했을까 상상해보았다. 대략 다음과 같은 말을 했을 것 같다.
　"아, 미안하지만 마하티르, 당신은 도대체 어떤 행성에 살고 있습니까? 당신은 마치 세계화에 참여할지 말지를 당신이 선택할 수 있는 것처럼 말하는군요. 세계화는 선택이 아닙니다. 현실입니다. 지금은 오직 하나의 글로벌 시장만이 있고, 당신의 나라가 국민들이 원하는 속도로 성장하는 유일한 길은 글로벌 주식시장과 채권시장에서 자금을 끌어오고, 다국적기업들의 투자를 유치하고, 생산한 제품을 글로벌 무역체제를 통해 수출하는 길밖에 없소. 세계화에 관한 가장 기본적인 진실이 무엇인지 압니까? 세계화를 책임지고 있는 사람이 아무도 없다는 점입니다. 소로스도 아니고 강대국도 아니고 나도 아닙니다. 나는 세계화를 시작하지 않았습니다. 나는 이를 멈출 수 없고 당신도 마찬가지입니다. 우리 사회가 막대한 비용을 치르고 성장 잠재력을 엄청나게 희생하지 않는 한 말입니다. 당신은 계속 비난할 대상과 불평을 늘어놓을 상대를 찾고 있으며, 시장의 혼란을 잠재울 누군가를 찾고 있습니다. 글쎄, 이보세요, 마하티르, 그런 말을 들어줄 사람은 아무도 없다는 걸 알아야죠! 물론 이는 받아들이기 어렵겠죠. 마치 사람들에게 신은 없다고 말하는 것과 같으니까요. 우리는 모두 누군가가 책임을 지고 있다고 믿고 싶어 합니다. 하지만 오늘날 글로벌 시장은 흔히 이름도 없는 주식투자자, 채권과 외환거래자, 다국적기업들이 컴퓨터스크린과 통신네트워크를 통해 모인 전자소떼 같은 것입니다. 그리고 마하티르, 순진한 척하지 말아요. 우리 두 사람 다 당신네 중앙은행이 1990년대 초 영국 파운드화에 투기를 했다 30억 달러를 잃은 사실을 알고 있잖아요? 그러니 순진한 표정 짓지 말아요. 전자소떼는 누구에게도 여유를 주지 않아요. 누구에게도. 그들은 누구에게도 특별한 사정을 생각해주지 않아요. 그들은 오직 자기네의 룰만 알지요. 하지만 그들의 룰은 상당히 일관성이 있습니다. 황금 스트레이트재킷의 룰이지요. 이제 그 소떼들은 전 세계 180개국에서 살기 때문에, 마하티르, 당신네 나라를 늘 자세히 들여다보고 있을 여유도 없습니다. 그들은 당신이 그들의 룰에 따라 살고 있는지 순간적으로 판단하고 투명하게 일을 하는 나라에 대해서는 아낌없이 보상을 해주지요. 그들은 놀라는 걸 싫어합니다. 말레이시아도 한동안은 그들의 룰에 맞춰 사는 것처럼 보였고 엄청난 직접투자와 포트폴리오투자를 끌어들였습니다. 이 투자에 힘입어 말레이시아의 1인당 국민소득은 20년 만에 350달러에서 5,000달러로 늘어났지요. 하지만 말레이시아가 지나치게 많은 돈을 빌려 지나치게 많은 건물을 지으면서 그 룰을 어기기 시작하자 그들은 말레이시아에 투자한 걸 팔아치웠지요. 당신들은 진정 세계에서 가장 높은 오피스 빌딩이 필요했습니까? 그 사무 공간의 절반이라도 임대했습니까? 나는 그러지 못했다고 들었습니다. 그래서 소떼는 당신들을 짓밟고 지나갔고 당신들은 그대로 길 위에 버려진 것입니다. 다우지수와 비슷한 KLCI 주가지수는 1997년 48% 추락했고 말레이시아 통화가치는 26년 만에 최저로 떨어졌지요. 하지만 이런 일이 벌어졌을 때 당신은 소떼의 자비를 구하거나 '유대인의 음모'라며 그들을 비난해서는 안 됩니다. 그냥 일어서서 먼지를 털고 황금 스트레이트재킷을 좀 더 잘 맞게 입고 소떼가 움직이는 방향으로 돌아가야 합니다. 물론 이는 불공평합니다. 그 소떼는 당신들을 이런 문제에 끌어들였습니다. 그들은 그 모든 돈을 계속해서 싸게 빌려주었고 당신들은 이 돈을 갖고 댐과 공장설비와 사무용 고층 빌딩을 넘치도록 많이 지었지요. 하지만 마하티르, 정말 두려운 게 뭔지 압니까? 그들의 판단이 틀리지 말란 법이 없다는 점입니다. 그들 역시 실수를 합니다. 과잉반응하고 지나치게 한쪽으로 몰려가지요. 하지만 경제의 기본이 건전하면 그들은 언젠가 이를 평가하고 돌아올 것입니다. 그들은 결코 지나치게 오랫동안 바보짓을 하지 않습니다. 마지막에는 늘 좋은 지배구조와 건전한 경제운용을 평가해줍니다. 미국도 신흥시장이었을 때는 철도 산업의 활황과 불황을 비롯해 비슷한 부침을 겪었습니다. 당신은 이를 적절히 관리해야 하며 가능한 한 많은 완충장치를 만들어야 합니다. 나는 내 책상 위 블룸버그 스크린으로 언제나 소떼의 움직임을 지켜보고 있습니다. 민주주의 국가에서는 유권자들이 정부정책에 대해 2년 또는 4년마다 투표를 합니다. 하지만 전자소떼는 매일, 매시간, 매분마다 투표합니다. 그들은 당신이 알고 싶어 하면 언제라도 황금 스트레이트재킷을 입은 당신이 어떻게 보이는지, 그 재킷이 잘 맞는지 안 맞는지 말해줄 것입니다. 난 당신이 날 막강한 미국 재무장관으로 생각하고 있다는 걸 압니다. 하지만 마하티르, 나도 당신처럼 살고 있습니다. 전자소떼에 공포를 느끼며 사는 것이지요. 언론계 바보들은 마치 내가 모든 걸 맡고 있는 양 나를 계속 1면에 올리고 있습니다. 하지만 나는 공포에 떨며 여기에 앉아 있습니다. 우리 의회가 대통령에게 자유무역을 확대할 권한을 주기를 거부하거나 예산 상한선을 넘지 못하도록 하면 소떼들이 나에게 맞서 달러와 다우를 짓밟아버릴까 두려워하면서 말이죠. 그래서 마하티르 당신에게 작은 비밀 하나를 말해주지요. 다른 누구한테도 말하지 말아요. 나는 더 이상 내 책상에 전화도 놔두지 않습니다. 전화를 받아줄 상대는 아무도 없다는 걸 누구보다 잘 알기 때문이지요."

맹수들이 들끓는 정글

좋든 싫든 내 상상 속의 재무장관은 기본적으로 진실을 이야기한 것이다. 오늘날 세계 각국은 전자소떼에 접속하지 않고서는 성장할 수 없다. 이들이 갑자기 날뛸 때 충격을 받거나 깔리지 않고 가장 필요한 걸 얻어내는 방법을 배우지 못하면 살아남을 수 없다. 전자소떼는 집으로 들어오는 고압전류와 똑같다. 보통 때 전기는 당신을 따뜻하게 해주고, 집 안을 밝혀주며, 여러 기기에 에너지를 공급해준다. 그러나 전류 조절장치와 서지 프로텍터 보호장비를 갖추지 않으면 전압이 갑자기 치솟거나 떨어질 때 당신은 충격을 받을 수도 있고 바싹 타 죽어버릴 수도 있다.

오늘날 전자소떼는 크게 두 그룹으로 나뉜다. 그중 한 그룹은 내가 '짧은 뿔 소short-horn cattle'라 부르는 무리다. 여기에는 세계 곳곳에서 주식과 채권, 외환을 사고파는 온갖 투자자들이 속해 있다. 이들은 주로 초단기적으로 돈을 움직이고 있다. 외환 트레이더, 주요 뮤추얼펀드, 펜션펀드, 헤지펀드, 보험사, 은행 트레이딩 룸의 거래 담당자들과 개인투자자들이 모두 짧은 뿔 소들이다. 메릴린치, 크레디스위스, 후지은행 사람들 및 PC와 통신라인만 있으면 누구나 자기 집 거실에서 온라인거래를 할 수 있도록 해주는 찰스 슈왑 웹사이트를 이용하는 투자자들이 모두 해당된다.

다른 그룹은 내가 '긴 뿔 소long-horn cattle'라 부르는 무리들이다. 이들은 GE, GM, IBM, 인텔, 지멘스 같은 다국적기업들이다. 이들은 외국인직접투자(FDI)를 통해 전 세계에 공장을 짓고, 해외 공장과 장기생산계약이나 제휴관계를 맺는다. 이들은 보통 한 나라에 투자할 때 장기적인 약속을 하기 때문에 긴 뿔 소라고 이름 붙였다. 하지만 이제 이들마저 소떼처럼 놀라운 속도로 들락날락하며 움직이고 있다.

전자소떼는 냉전시대에 태어나고 자랐지만, 장벽이 높고 규제가 지나친 체제 아래서 그 무리의 숫자와 이동하는 속도와 활동 범위는 이렇다 할 수준에 이르지 못했다. 대부분의 나라들이 (적어도 1970년대까지는) 자본흐름을 통제했기 때문에 자본은 오늘날 세계화 체제에서와 같은 방식으로 국경을 넘어 이동할 수 없었다. 이 때문에 이들을 한데 모으기는 훨씬 더 어려웠다. 1970년대 이전 냉전체제의 상대적으로 폐쇄적인 경제에서 정부의 통화정책은 자국 시장의 금리를 결정하는 데 절대적인 영향력을 발휘했고, 재정정책은 성장을 촉진하는 가장 강력한 수단이었다. 냉전 때는 미국과 소련 정부가 냉전을 불러일으킴으로써 재정지출을 늘리기 위한 높은 세율을 쉽게 정당화할 수 있었다. 정부는 국민들에게 "우리는 적과 싸우고, 인간을 달에 먼저 보내고, 우리 군대가 더 빨리 이동할 수 있도록 새로운 고속도로 시스템을 건설하기 위해 당신이 내는 세금이 필요하다"고 말했다. 개발도상국들은 미국, 소련, 중국 같은 슈퍼파워나 국제 금융기관의 돈을 짜내 댐과 고속도로를 건설하고 군대를 유지하며 그럭저럭 살아갈 수 있었다. 또한 이들 개도국 국민들이, 다른 세계 사람들이 어떻게 살고 있는지 지금처럼 잘 알지 못했기 때문에 비교적 폐쇄적인 경제에 따른 낮은 생활수준을 견딜 자세가 돼 있었다.

하지만 1970년대의 점진적인 자본 통제 완화, 금융·기술·정보의 민주화, 냉전체제 종식과 모든 장벽의 붕괴로 갑자기 다른 여러 나라에서 온 투자자 무리들이 자유롭게 옮겨다닐 수 있는 거대한 평원이 나타났다. 이는 나중에 사이버공간으로 확대된 넓고 개방적인 평원이다. 전자소떼는 이곳에서 풀을 뜯고, 자라고, 번식하고, 마침내 강력한 슈퍼시장으로 모여든다. 20세기 말 글로벌 금융 시스템의 가장 중요한 사건은 민간 부문(내가 말하는 전자소떼와 슈퍼시장)이, 미국 재무장관 래리 서머스 표현을 빌리자면, "성장을 위한 자본의 원천으로서 정부 부문을 대체하는 압도적인 세력"이 됐다. 한 나라 안에서뿐만 아니라, 그리고 선진국과 개도국 사이에서도 이런 일이 일어났다. 미국 재무부에 따르면, 1990년대에 1조 3,000억 달러의 민간자본이 신흥경제로 흘러들어갔다. 이는 1980년대의 약 1,700억 달러 혹은 1970년대의 미미한 금액과는 비교가 안 된다. 성장을 위한 자본의 원천으로서 슈퍼시장이 슈퍼파워를 대체한 걸 이보다 잘 나타내주는 지표는 없다.

슈퍼시장은 도쿄, 프랑크푸르트, 시드니, 싱가포르, 상하이, 홍콩, 뭄바이, 상파울루, 파리, 취리히, 시카고, 런던, 그리고 뉴욕의 거대시장이다. 이곳은 가장 많은 전자소떼가 모여들고, 정보를 교환하고, 거래를 하고, 소떼가 먹을 수 있는 주식과 채권을 발행하는 곳이다. 시카고대학의 세계화 전문가 사스키아 사센에 따르면, 1997년 말 25개 슈퍼시장이 세계 기관투자자들이 운용하는 주식 중 83%와 세계 주식시장 시가총액의 약 절반인 20조 9,000억 원을 차지하고 있다(『포린 어페어스』 1999년 1월호).

이 전자소떼는, 그리고 이들이 모이고, 먹고, 번식하는 슈퍼시장은 세계화 체제 국제관계의 주역이다. 그들은 국민국가들처럼 전쟁을 벌이거나 어떤 나라를 침략할 수는 없지만 여러 영역에서 국민국가의 행동에 영향을 미칠 수 있다. 내가 세계화 체제는 국가와 다른 국가, 국가와 전자소떼,

그리고 슈퍼시장과의 균형에 바탕을 둔 체제라고 주장하는 것도 이 때문이다. 1차 세계대전 이전의 세계화 시대에 대서양 횡단 케이블이 발명된 이후 일종의 전자소떼가 활동해오기는 했지만 냉전체제에서 이들은 오늘날과 같은 중요성을 갖지 못했다. 오늘날의 소떼가 예전과 다른 면은 그 종류보다는 강도에 있다. 전자소떼는—짧은 뿔 소와 긴 뿔 소 모두—세계화에 힘입어 역사적으로 일찍이 없었던 크기와 속도와 다양성을 갖게 됐다.

생쥐에게도 꼬리가 있고 티라노사우루스 렉스에게도 꼬리가 있다. 둘 다 '꼬리'라고 부른다. 하지만 그걸 휘두를 때 세계에 미치는 영향은 매우 다르다. 첫 번째 세계화 시대의 전자소떼는 생쥐 꼬리와 같았다. 오늘날 전자소떼는 티라노사우루스 렉스의 꼬리와 같다. 이 공룡이 꼬리를 한 번 휘두르면 주변의 세계를 근본적으로 바꿔놓는다. 이 장은 이들 소떼가 오늘날 어떻게 거부할 수 없는 경제성장의 원천이 됐는지, 그리고 어떻게 해서 이들이 꼬리를 휘두르면 심지어 정부까지 쓰러뜨릴 수 있는 무서운 힘을 갖게 됐는지 설명한다.

짧은 뿔 소떼

오늘날 짧은 뿔 소떼에 관해 맨 먼저 떠오르는 것은 그들이 먹고 자라는 금융상품이 놀라울 정도로 다양하다는 사실이다. 주식과 채권, 상품, 선물, 옵션, 전 세계 수십 개 국가와 금융시장이 제공하는 풍부한 파생금융상품들은 오늘날 당신이 그 어떤 것에라도 베팅할 수 있다는 걸 의미한다.

전자소떼에게 제공된 먹이 자루를 들여다보면 나는 언제나 「아가씨와 건달들」의 한 장면이 떠오른다. 네이산 디트로이트가 스카이 매스터슨에게 민디네 가게에서 치즈케이크를 스트루델보다 많이 파는지를 놓고 내기를 하고 싶어 하는 장면이다. 대화는 이런 식으로 이뤄진다.

네이산이 먼저 이렇게 묻는다. "말해보게. 바로 대답해야 하네. 민디네에서 스트루델보다 치즈케이크를 더 많이 판다고 생각하나?" 그러자 스카이는 자기 취향을 생각해볼 때 민디네에서는 치즈케이크가 스트루델보다 더 많이 팔릴 것 같다고 대답한다. 그 다음에는 이에 대해 스카이가 네이산과 내기에서 얼마를 걸 것인지에 대한 활기찬 대화가 오간다. 그런데 네이산은 이미 주방에서 체크를 해보고 스트루델이 치즈케이크보다 더 많이 팔린다는 걸 알고 있다. 그는 스카이가 더 많은 돈을 걸도록 꾀어 그 돈을 삼키려는 속셈을 갖고 있다. 스카이 매스터슨은 내기를 무척 좋아하는 사람이다. 그는 살로먼 브러더스의 채권 트레이더가 이자율 스프레드(각종 채권 사이의 수익률 차이-옮긴이)에 베팅하는 것만큼 재빨리 치즈 스프레드에 베팅할 사람이다. 그러나 스카이는 속임수의 냄새를 맡았다. 네이산이 1,000달러 내기에 너무 집착하고 있기 때문이다.

그래서 스카이는 내기를 받아들이는 대신 지혜의 말을 들려주었다. "네이산, 이야기를 하나 해주지. 내가 사회로 나가기 위해 집을 떠날 때 아버지는 나를 한쪽으로 데리고 가서 이렇게 말씀하셨어. '미안하다. 나는 너에게 큰 돈다발을 줄 수 없구나. 네가 살아가는 데 필요한 배춧잎(돈)은 줄 수 없지만 대신 가치 있는 충고를 하나 해주지. 네가 여행을 할 때 어떤 사내가 나타나 포장도 뜯지 않은 새 카드 한 벌을 보여줄 거야. 그 사내는 자기가 새 카드에서 스페이드 잭이 나오게 할 수 있으면 네 귀에 사이다를 뿌리는 내기를 하자고 제안할 것이다. 하지만 아들아, 너는 그 내기를 받아들이면 안 된다. 너는 분명히 내기에 지고 네 귀에는 사이다가 넘쳐흐르게 될 것이기 때문이지.' 자, 네이산, 나는 자네가 민디네 치즈케이크가 얼마나 팔릴지 체크해봤다는 말을 하려는 건 아니야."

네이산: "내가 그런 짓을 할 것 같은가?"

스카이: (네이산의 나비넥타이를 손으로 가리며) "그러나 자네가 정말로 내기를 하고 싶다면, 나는 같은 1,000달러를 자네가 타이 무늬에 대해 알아맞히지 못할 거라는 데 걸겠네. 내기를 할 건가?"

네이산: "안 해."

네이산은 타이를 내려다보고 소리 지른다. "물방울무늬잖아! 전 세계에 물방울무늬를 못 맞혀 1,000달러를 날려버리는 건 네이산 디트로이트를 빼곤 아무도 없을 거야!"

글쎄, 네이산과 스카이가 이 시대 사람이었다면 민디네 치즈케이크와 스트루델 판매 실적에 바탕을 둔 채권을 살 수도 있었을 것이다. 그리고 그들이 스트루델이나 치즈케이크에 돈을 걸었든, 물방울무늬에 돈을 걸었든 그것을 헤지하는 어떤 맞춤형 금융 수단이 나왔을 것이다. 금융의 민주화와 증권화 바람 덕분에 오늘날에는 거의 모든 것들이 채권으로 바뀔 수 있다. 당신은 자기 자신과 자기의 독특한 능력에 대해서도 채권을 발행할 수 있다. 가수 데이비드 보위가 그렇게 했다. 그는 1997년 앞으로 받을 로열티 수입을 바탕으로 5,500만 달러를 조달했다. 『뉴욕타임스』는 이를 '당신도 AAA 등급을 받을 수 있다'는 제목으로 보도했다.

내 친구 레슬리 골드와서는 월스트리트의 잘나가는 채권 트레이더로, 제작 완료 전 영화를 채권으로 바꾸는 전문가다. 그녀는 그 과정을 이렇게 설명한다.

"미니애폴리스에 있는 주택모기지업체(주택담보대출업체)를 예로 들어봅시다. 이 업체는 그 지역에서 100건의 주택담보대출을 했습니다. 이 업체는 1억 달러를 빌려줬고 매달 100만 달러의 원리금을 상환받습니다. 이 모기지업체는 모든 대출을 한데 묶은 다음 이를 근거로 채권을 발행해 당신이나 내가 1,000달러씩 살 수 있도록 할 수 있습니다. 이 경우 모기지업체는 모든 대출자들이 30년에 걸쳐 원리금을 상환할 때까지 기다릴 필요없이 1억 달러를 곧바로 회수할 수 있게 됩니다. 채권투자자들은 주택대출자들이 매달 원리금을 상환함에 따라 들어오는 현금을 지급받을 수 있는데, 그 수익률은 단기금융상품이나 저축계좌에 비해 몇 포인트 높은 수준입니다. 더욱이 그 채권은 실제 주택을 담보로 잡고 있습니다. 보통 대출자산 한 묶음에 수백 건의 주택대출이 편입돼 있기 때문에 설사 몇 건의 대출에서 부도가 나더라도 다른 대부분의 대출은 정상적으로 원리금 상환이 이뤄집니다. 자, 사람들은 하나로 주택대출을 묶을 수 있으면 할리우드 영화도―아직 제작되지 않은 영화라도―묶지 못할 까닭이 없다고 생각했습니다. 어떤 영화사가 하나 있는데 이 회사는 어떤 신용등급도 받지 못했다고 칩시다. 이때 우리 투자은행은 열 편의 영화기획을 한데 묶을 수 있습니다. 아직 제작단계에도 이르지 않은 영화도 괜찮습니다. 기획단계에만 있어도 됩니다. 우리는 열 편의 영화가 어떤 성적을 낼지 그 가능성에 대해 과거 사례를 바탕으로 통계적 분석을 합니다. 그중 한 편은 엄청난 대히트를 칠 것이고, 또 한 편은 빅히트를 칠 것이고, 두 편은 작은 히트를 칠 것이고, 두 편은 완전히 망해버릴 것이고, 나머지 네 편은 대략 손익분기점 근처에 있을 것입니다. 이런 확률 분석을 바탕으로 5년간 영화사가 벌어들일 수입을 추정합니다. 우리가 영화 제작비용을 총 5억 달러, 각종 수입을 6억 달러로 추정했다고 합시다. 우리는 영화사에 미리 4억 달러를 3년 만기 국채수익률에 1~2% 포인트 정도 더한 이율로 빌려줍니다. 영화사는 제작비용 중 나머지 1억 달러를 자체적으로 조달해야 합니다. 그런 다음 우리는 영화사에 빌려준 4억 달러를 잘게 쪼개 채권으로 만든 후 당신과 내가 살 수 있도록 한 장에 1,000달러씩 팔죠. 채권 원리금은 영화가 상영되기 시작하면서 나오는 수익으로 지급하지요. 이얍! 이렇게 해서 신용등급도 못 받고 자기자본도 얼마 안 되는 영화사가 은행에서는 결코 빌릴 수 없는 영화 제작비를 조달할 수 있게 되는 것입니다. 그리고 그 금액의 한 조각을 산 투자자들은 보통 은행에서 얻을 수 있는 것보다 높은 수익률을 얻게 되지요. 영화채권은 이렇게 돌아가는 겁니다. 당신이 만들거나 공연하거나 서비스하는 어떤 것이 현금흐름을 창출할 수 있는 한 우리는 일정 기간의 현금흐름을 추정해 채권으로 만들 수 있는 것이죠."

천의 얼굴을 한 파생금융상품

민디네 치즈케이크 판매 실적, 주택모기지, 신용카드 융자금, 불량채권, 자동차 할부금융, 상업대출, 「타이타닉」 리메이크 영화, 브라질 회사채, 레바논정부 채권, 제너럴모터스의 자동차 금융, 록 스타 데이비드 보위의 소득흐름 무엇이든 상관없다. 각국 간 자본 통제가 더 많이 허물어질수록 모두가 더 많은 온갖 종류의 주식과 채권, 파생금융상품을 만들어 낸다. 모든 걸 증권화하는 이런 움직임은 "신용시장의 특성을 근본적으로 바꿔놓았다"고 월스트리트의 베테랑 이코노미스트 헨리 카우프만은 말한다. 왜 그런지는 쉽게 이해할 수 있다. 옛날에는 우리 부모들의 주택대출, 자동차 할부, 신용카드 빚, 생명보험료, 심지어 브라질 정부가 우리 부모들이 거래하는 은행에서 가져간 대출금도 공개시장에서 전혀 거래되지 못했다. 우리 부모의 은행이나 보험사들은 회계장부에 이런 것들을 계속해서 당초 액면금액 그대로 기록했으며, 대개 상환만기가 올 때까지 자산으로 보유했다. 그러나 1980년대가 오자 이 모든 것들이 증권화돼 시장에서 거래될 수 있게 됐다. 이들을 한데 묶어 채권으로 만들고 당신과 나, 그리고 베브 아줌마까지 살 수 있도록 판 것이다. 시장에서 거래되는 이들 채권은 전반적인 경제 상황과 다른 자산 대비 수익률에 따라 가격이 오르내렸다. 이런 증권화의 효과에 대해 카우프만은 말 그대로 수조 달러어치의 자산(예전 같으면 전혀 거래되지도 않고 누구도 채권으로 만들겠다고 꿈도 꾸지 못했을 자산)이 "변화하는 시장의 가혹한 감시를 받게 됐다." 이 모든 게 어우러져 시장은 놀라울 정도로 다양화됐으며—그래서 전자소떼에 그 어느 때보다 많은 먹을 거리를 제공했으며—이에 따라 예전에는 전혀 거래되지 않던 자산의 가격이 출렁거릴 요인이 생겼다. 전자소떼의 선두에 섰던 황소 같은 사람들이 이런 이야기를 가장 실감나게 해줄 수 있을 것이다. 그들은 냉전시대 울타리 안에서 풀을 뜯던 시절이 어땠는지 기억한다. 골드만삭스 리서치 부문 책임자로 있다 지금은 자기가 설립한 헤지펀드 오메가 어드바이저스를 운용하는 리언 쿠퍼만은 1998년 나에게 이렇게 말했다.

"내가 골드만삭스에서 일하던 기간(1967~1991년)을 통틀어 나는 한 번도 외국 주식이나 신흥시장 주식에 투자해보지 못했어요. 지금 나는 러시아, 브라질, 아르헨티나, 칠레 시장에 수억 달러를 투자하고 있고, 달러-엔 환율에 관해 끊임없이 걱정하고 있습니다. 나는 매일 밤 잠자리에 들기 전 전화로 달러-엔 시세를 조회하고 닛케이지수와 항셍지수가 어떻게 움직이고 있는지 확인합니다. 우리는 이 모든 시장에 베팅을 하고 있지요. (그는 주식과 채권 가격지수의 실시간 움직임을 알려주는 휴대용 컴퓨터를 들여다보고 있는 트레이더 한 사람을 가리키며) 바로 지금 저기에 있는 폴은 캐나다 달러에 투자하고 있지요. 우리는 세계 전역에 베팅하고 있습니다. 20년 전에는 그 모든 시장에서 일어나는 것들에 염려할 필요가 없었지요. 지금은 그 모든 일을 걱정해야 합니다."

쿠퍼만은 그날치 『월스트리트저널』을 집어 들어 그가 베팅할 수 있는 상품에 관해 읽기 시장했다.

"자, 여기를 봅시다. … 유로달러, 미국 국채, S&P선물, 영국 파운드화, 콩, 난방유, 경질유, 싱가포르 채권, 베네수엘라 채권, 나스닥100지수, 일본 주가지수, 다우지수, 뮤추얼펀드, 공익기업 채권, 고수익 채권, 회사채, 중기中期 채권…" 내가 1분 후 자리에서 일어날 때에도 그는 여전히 리스트를 읽고 있었다. 이처럼 다양한 투자수단과 기회는 선진국과 개도국과 기업들에게는 신의 선물과 같은 것이었다. 일부 국가와 기업들은 이런 것들 때문에 전에는 상상도 할 수 없었던 속도로 성장할 수 있었다.『이코노미스트』는 1998년 10월 25일자에서 "대규모 투자 수요가 있는 가난한 나라들은 더 이상 자본 부족 때문에 무기력하게 있을 필요가 없다. 투자자들은 이제 자국 시장에만 갇혀 있지 않고 전 세계에서 가장 높은 수익률을 안겨주는 곳에서 투자 기회를 찾는다"고 보도했다. 오늘날 미국의 모든 주요 뮤추얼펀드회사들은 적어도 하나의 해외 신흥시장에 투자하는 상품을 내놓고 있다. 이토록 많은 정보를 이토록 빠르게 언제라도 이용하면서 이토록 많은 상품에 투자할 수 있을 때는 다른 모든 사람들이 몰려들기 전에 기회를 잡고 경쟁우위를 확보할 여지는 점점 줄어든다. 그래서 투자자들은 시장을 앞지를 수 있는 약간의 경쟁우위라도 확보하기 위해 온갖 종류의 투자 기법을 개발해야 한다. 쿠퍼만의 회상을 들어보자. "내가 1967년 골드만삭스에 들어갔을 때 나는 리서치 책임자로서 애널리스트들을 채용했어요. 그 시절 애널리스트들은 보통 75개 기업과 6개 정도의 산업을 담당했습니다. 그때 내가 채용했던 애널리스트 중 한 사람과 최근에 이야기한 적이 있는데 그는 지금 12개 기업을 담당하고 있기 때문에 끔찍하게 과로하고 있다고 말하더군요. 나는 웃고 말았죠. 12개밖에 안 한다고? 하지만 지금은 경쟁우위를 확보하려면 그 12개 기업을 훨씬 더 깊숙이 들여다봐야 하고, 이는 많은 시간을 잡아먹을 것입니다. 경제 데이터 분석도 마찬가지입니다. (예전에는) 정부가 실업자 수를 발표할 때 모든 사람들이 쳐다보는 것은 실업률뿐이었습니다. 그 후 사람들은 전반적인 실업 수준을 말해주는 숫자 밑에 있는 임금 지급 통계를 보기 시작했습니다. 임금 지급이 늘어났는지 줄어들었는지를 보면 베팅할 기회를 찾을 수도 있다고 생각하기 때문이지요. 그 다음에는 임금 지급 통계의 세부 내용을 보기 시작했습니다. 어떤 부문에서 임금이 늘어났고 어떤 부문에서 줄어들었는가,

그리고 이는 무엇을 말하는가? 이제 돈을 버는 데 경쟁우위를 차지하기 위해 해야 할 일은 훨씬 더 많아졌습니다."

나는 일기예보를 몇 시간씩 연구하는 헤지펀드 매니저를 알고 있다. 일기예보라니! 그는 자기 아이디어를 이렇게 설명했다.

"비정상적인 날씨 트렌드가 경제 데이터에 어떤 영향을 미치는지 보려는 겁니다. 예를 들어 1998년 겨울이 사라졌다고 할 정도로 따뜻했다는 사실이 경제를 실제보다 좋아 보이게 했습니다. 그래서 나는 그 정보를 금리가 어떻게 될지에 대해 베팅하는 데 활용할 길을 찾을 수 있지요. 정부가 소비자물가지수와 같은 중요한 통계를 작성하기 위해 데이터를 모으는 바로 그 주간에 서해안에서 끔찍한 이류(泥流: 산 사면의 진흙이 대량으로 흘러내리는 것-옮긴이)가 나타났다고 합시다. 이 데이터는 그 지역에서만 문제가 되기 때문에 캘리포니아처럼 중요한 주에서 적기에 진흙 사태가 나야 통계에 영향을 줄 수 있습니다. 이 경우 나는 '어이쿠, 이제 집수리에 필요한 모든 물건들을 파는 홈디포 주식이 진흙 사태 소식 때문에 오르겠구나' 생각할 수도 있겠지요. 정부가 실업통계를 작성할 때 마침 엄청난 폭설이 온다는 걸 알았다고 합시다. 이 경우 나는 통계 숫자에 일시적인 변동이 있으리라 짐작할 수 있겠지요. 모든 사람들이 비농업 부문에서 25만 개의 새 일자리가 생길 것으로 기대하고 있었는데 날씨 때문에 실제로 15만 개만 생길 수도 있지요. 이는 사람들이 생각했던 것보다 경제성장이 둔화되고 있다는 걸 시사하는 것입니다. 하지만 실제로는 그렇지 않죠. 일시적인 기상이변이 통계에 반영됐기 때문입니다. 하지만 나는 통계가 그렇게 나오면 사람들은 경제가 둔화되고 있고 이에 따라 금리가 떨어지면서 채권 값이 오르리라 생각할 거라는 걸 압니다. 그럼, 일기예보만 보고도, 실업통계가 나오기 전에 미리 채권을 사서, 예상보다 나쁜 통계치가 나와 채권 값이 오르기를 기다렸다, 다음 달 실업통계가 나오기 전에 재빨리 팔아버릴 수 있겠지요. 다음 달 통계는 그 전달 수치가 기상이변 때문에 비정상적이었음을 보여줄 테니까요. 일기예보만으로 얼마간의 돈을 벌 기회를 잡을 수 있다는 이야기입니다. 이런 식으로 날씨 정보를 브렌트 원유나 휘발유, 난방유 선물, 전력이나 천연가스 선물, 소비자물가지수 선물, 금리, 옥수수, 콩, 돼지, 구리, 금, 은에 투자할 수도 있습니다."

시장은 너무나 많고 정보도 너무나 많지만 경쟁우위는 갖기 힘들다. 모든 게 생각대로 안 되면 증권사에 전화하지 말고 기상청에 전화하라.

위험한 사다리, 레버리지 효과

이런 시장에서 돈을 벌기 위해 짧은 뿔 소는 아주 작은 경쟁우위만 필요한 게 아니다. 점점 더 큰 금액을 베팅할 필요가 있다. 핀 하나 위에 10억 달러가 쌓여 있는 걸 상상하면 제대로 이해하고 있는 것이다. 펀드매니저들은 보통 온갖 요상한 투자 대상(스왑, 선물, 선도, 옵션과 다른 수많은 지수 관련 상품과 파생상품들)을 운용하면서 베팅을 키우기 위해 투자자들에게 받은 돈보다 많은 돈을 차입해 지렛대 효과(레버리지 효과)를 거두려 한다. 이에 따라 날마다 온 세계를 휘젓고 다니는 투자자들의 거래 금액은 엄청나게 늘어났다. 그래서 펀드매니저가 돈을 벌면 어마어마하게 벌 수 있고 잃어도 엄청나게 잃을 수 있다. 단 한 사람의 트레이더만 레버리지투자를 잘못해도 증권사 전체가 무너져버리는 까닭이 여기에 있다. 베어링은행이 파산한 게 단적인 사례다. 티라노사우루스 렉스가 꼬리를 휘저을 때 힘이 증폭되는 이유도 여기에 있다. 미국 투자은행에 있는 내 친구 하나는 그 은행의 고객으로 초기 자본이 2억 달러에 이르렀던 헤지펀드에 관한 이야기를 들려줬다. 레버리지의 마술로 그 헤지펀드는 9억 달러의 러시아 채권과 50억 달러의 샐리매Sallie Mae 채권을 사들였다(샐리매 채권은 미국 학생들에 대한 학자금대출을 묶어 만든 채권이다). 1998년 러시아 경제가 무너지자 이 헤지펀드는 러시아에 투자한 돈을 거의 모두 잃었다. 이 펀드는 어떻게 했을까? 이 펀드는 러시아에서의 손실을 메우기 위해 미국 학자금대출채권을 대량으로 매각했다. 이에 따라 학자금대출채권 시장이 일시적으로 추락했고, 이는 그런 일이 없었다면 러시아와는 아무 상관도 없었을 학자금대출채권 시장에 투자하고 있던 내 친구에게 큰 타격을 주었다.

이제 전자소떼의 먹이 자루가 더 다양해졌을 뿐만 아니라 소떼 자체(특히 짧은 뿔 소떼)도 다양해졌다. 카우프만은 이렇게 설명했다.

"전통적인 상업은행과 저축은행, 보험사의 비중은 줄어들었습니다. 대신 새로운 종류의 기관투자자들이 전면에 나타났지요. 이들 기관은 단기 투자 성과를 강조하고 레버리지를 많이 쓴다는 특성을 갖고 있습니다. 또한 최고의 수익률을 낼 것이라고 믿으면 주식, 채권, 외환이나 상품시장을 가리지 않고 드나들 수 있는 능력에서도 전통적인 금융회사들과 구별됩니다."

이 새로운 플레이어들 중 가장 두드러진 예가 헤지펀드로 불리는 이들이다. 헤지펀드는 돈 많은 개인과 기관에서 현금을 많이 모아 펀드를 만들고 은행에서 돈을 빌려 펀드 규모를 더욱 크게 불린 다음 전 세계 주식과 채권, 외환시장에서 고위험-고수익형 투자를 하는 이들이다. 하지만 최근에는 대형 상업은행과 투자은행, 증권사, 보험사, 다국적기업 재무부서, 심지어 각국 중앙은행 트레이딩부서까지 독자적으로 헤지펀드와 같은 형태의 트레이딩 조직을 만들어야 할 필요성을 느끼게 됐다고 카우프만은 말했다. 주요 투자은행들이 헤지펀드의 거래를 중개해줄 뿐만 아니라 스스로도 헤지펀드 투자전략을 모방해 독자적인 트레이딩에 나서는 사례는 흔하다. 자연히, 더 많은 울타리가 무너질수록 더 많은 이들이 전혀 모르는 분야를 돌아다니기 시작했다. 이런 경우를 생각해보자. 태국 농민저축대부은행은 케이먼군도에 본사를 두고 있는 퍼스트 글로벌 인베스트먼트 뱅크 방콕 사무소에서 걸려온 전화를 받는다. 퍼스트 글로벌 사람은 이렇게 부추긴다.

"이보세요, 당신들은 정말 러시아 채권에 투자해야 합니다. 그들은 이자로 20%를 주는데 루블화 가치가 약간 떨어지더라도 당신들은 여전히 돈을 벌 수 있습니다."

이에 따라 태국 농민저축대부은행은 갑자기 2,000만 달러어치의 러시아 채권을 보유하게 되고, 그 채권 가격이 가라앉으면 태국 쌀 경작 농가에 대출해주기 위해 설립된 은행도 침몰한다. 1998년 러시아 경제가 무너지기 시작했을 때 얼마나 많은 한국 은행들이 러시아 채권을 보유하고 있는지 알려지자 세계는 놀랐다. 신용을 얻기가 쉬워지는 시기에는 흔히 신중한 대출 결정이 이뤄지는 시기나, 경기침체기에는 결코 돈을 빌릴 수 없었던 '한계선상의 바보'들까지 투자자들과 은행에게서 자금을 차입해 프로 투자자들과 함께 베팅을 하게 된다. 이 바보들은 글로벌 시장의 움직임을 크게 증폭시킬 수 있다.

슈퍼시장과 인터넷이 결합되면서 큰손들뿐만 아니라 평범한 엄마나 아빠들도 더 쉽고 빠르게 글로벌 투자에 나설 수 있게 됐다. 이들은 자기 집 침실에서 온라인증권사를 통해 투자할 수 있다. 온라인증권사 간 경쟁은 너무나 치열해져 이들은 증권거래를 성사시켜주는 서비스에 대한 수수료를 거의 받지 않는다. 글로벌 투자가 너무나 쉬워졌기 때문에 사람들은 세계의 모든 시장이 월스트리트처럼 움직일 것으로 생각하기 쉽다. 이에 대해 래리 서머스 재무장관은 "사실 새 고속도로에서 더 많은 사람들이 자동차 사고로 죽게 되는 것은 운전자들이 얼마나 빨리 차를 몰 수 있는지 계산하는 데 실수를 해 적정 속도보다 빨리 몰기 때문"이라고 말한다.

이번에는 퍼스트 글로벌 인베스트먼트뱅크 사람이 태국 농민저축대부은행에 전화해서 이렇게 꼬드긴다.

"당신들은 정말로 터키 채권에 투자해야 합니다. 당신들은 지금 당장 끝내주는 투자를 할 수 있습니다." 그러면 태국 은행 사람은 이렇게 대답한다. "터키 채권에서 20% 수익이 난단 말이죠? 난 터키에 채권시장이 있는지도 몰랐네. 좋습니다. 그렇게 권한다면 몇백만 달러어치만 사지요." 하지만 여기에 문제가 있다. 사람들이 '터키 채권시장'이란 말을 들으면 '아, 월스트리트에도 채권시장이 있고, 프랑크푸르트에도 채권시장이 있고, 도쿄에도 채권시장이 있는 것처럼 이제 터키에도 채권시장이 생겼구나. 좋은 일 아닌가'라고 생각한다. 하지만 터키 채권시장이 시장처럼 꽥꽥대고, 시장처럼 움직이고, 시장처럼 보이지만 이는 월스트리트 채권시장과는 완전히 딴판이다. 터키에서 채권 값이 떨어질 때 팔자고 해보면 알 수 있다. 터키 채권시장이 하도 작아서 몇몇 큰손들이 채권을 팔려 하면 매수자가 아무도 없다. 침체 국면에서는 유동성이 없고 따라서 퇴로가 없는 시장이다. 카우프만도 지적했듯이, 글로벌화된 시장은 모든 시장이 "효율적이고, 유동성이 풍부하며, 균형이 잡혀 있고" 각 시장마다 완전한 정보와 투명성을 확보하고 있다는 환상을 만들어냈다. 실상은 이와는 거리가 멀다. 다음 사례 하나만 봐도 알 수 있다. 1999년 말 마이크로소프트의 주식시가총액은 약 6,000억 달러였다. 이 한 회사의 주식이 같은 시점 전 세계 모든 신흥시장의 주식시가총액을 모두 합한 것보다 값어치가 훨씬 더 나갔다.

이제 모든 사람들이 시장에 뛰어들었다. 1980년 미국에서는 460만 가구가 뮤추얼펀드에 투자하고 있었다. 2000년에는 미국 인구의 반 이상이 직접 주식을 사거나 뮤추얼펀드, 또는 연금펀드를 통해 주식에 투자하고 있다. 1990년대 중반 나는 CNBC와 인터뷰를 한 적이 있다. 나는 방송에 들어가기 전에 그 쇼 프로그램을 대충 듣고 있었다. 내가 나가기 전에 그 쇼에는 주식 전문가가 나와 전국에서 전화를 걸어오는 시청자들의 투자종목에 대한 조언을 해주고 있었다. 한번은 진행자가 다음번 상담자는 "미시간 주의 아담"이라고 소개했다. 그의 목소리는 어린 소년 같았다. 그래서 진행자인 론 인산타가 몇 살이냐고 물었다. 아담은 열두 살이라고 대답했다!

그는 주식 전문가에게 "저는 얼마 전 CVS(제약주)를 샀는데 얼마나 오를 수 있을까요"라고 물었다. (나는 그걸 보면서 사회상을 드러내주는 시사적이면서도 걱정스러운 현상이라고 생각했다.) IRA(Individual Retirement Account)와 같은 퇴직저축 중 뮤추얼펀드 자산은 1992년 4,120억 달러에서 1997년 1조 6,000억 달러로 성장했다. 이 뮤추얼펀드 자산 가운데 10%가 해외 주식에 투자됐다. 미국 역사상 처음으로 '억만장자 밥과 보통 사람 조'가 다 같이 시장에서 자기 주식이 어떻게 가고 있는지 알아보러 CNBC를 보고 있다. 실제로 1998년 디스카운트 증권사 찰스 슈왑이 내보낸 광고를 보면 중산층 커플 매리언과 릭이 소파에 앉아 지난 여름휴가에 관해 이런 이야기를 나눈다.

매리언: "우리가 전국 여행 도중 어떤 곳을 들렀을 때 비즈니스 채널을 틀어 놓은 걸 봤잖아. 방송을 보니까 증시가 떨어지고 있었고 우리가 사고 싶었던 주식이 있다는 이야기가 나와서 길 위에서 전화를 걸었지…"

릭: "모터 홈(motor home: 주거시설을 갖춘 여행용 차량 - 옮긴이) 안에 전화 모뎀이 없어 온라인 거래를 할 수 없었기 때문에 슈왑에 전화를 걸었지. 그게 어디였더라?"

매리언: "유타."

릭: "유타?"

매리언: "유타 맞아."

릭: "공중전화로 슈왑에 연락했지."

매리언: "우린 전화로…"

릭: "주식을 샀지. 흥분을 느끼면서. 헤이, 성공한 거야… 그리고 우린 모터 홈으로 돌아가 여행을 계속했지."

매리언: "그 주식은 잘 오르고 있고."

릭과 매리언, 전자소떼에 동참한 걸 환영한다. 그들이 투자를 잘해서 기쁘지만, 투자 대상이 급속히 늘어나면서 수많은 릭과 매리언을 아무 볼 일도 없는 시장으로 끌어들인 게 사실이다. 증거를 댈 수는 없지만 나는 역사적으로 이토록 많은 사람들이, 이토록 많은 돈을, 지도에서 찾지도 못할, 이토록 많은 곳에 투자한 적은 없었다는 심증을 갖고 있다. 리언 쿠퍼만은 보통 사람들의 투자 열풍을 이렇게 묘사한다.

"지난 5년 동안 어떤 일이 일어났는지 봅시다. 평소 같으면 절대로 손실을 보지 않으려고 은행에 저축하거나 안전한 국채를 사던 사람들이 그 대신 채권을 샀어요. 평소 예금이나 국채보다 조금 더 리스크를 지면서 조금 더 높은 수익을 얻기 위해 국내 채권을 사던 사람들은 이제 러시아나 브라질 같은 신흥시장 채권을 사게 됐지요. 그리고 보통 때는 신흥시장 채권을 사던 사람들이 이제는 신흥시장 주식을 사게 됐어요. 이처럼 위험한 사다리를 타고 올라갔던 이들은 많은 돈을 잃고 다시 내려오게 될 것입니다. 그렇게 돼야 하고 실제로 그렇게 될 것입니다."

글로벌 통합은 투자교육을 앞질러 달리고 있다. 세계화 덕분에 우리는 분명 '서로의 존재'를 어느 때보다 많이 알게 됐지만 우리는 여전히 '서로의 특성'에 관해서는 그만큼 알지 못한다. 두려운 것은 전자소떼의 플레이어들이 너무나 다양해져서 이제 시장이 어디로 가고 있는지 뉴저지의 치과의사만 모르는 게 아니라 대형 신흥시장펀드를 운용하는 전문가들도 모른다는 점이다. 이 문제에 관해 내가 즐겨 인용하는 이야기가 있다. 1995년 멕시코 외채위기 후 익명의 헤지펀드 매니저가 『포린 폴리시』 편집장인 모이제스 나임에게 한 말이다. "우리는 그 지역에 관해 아무것도 모르면서 남미로 갔다. 이제 우리는 그 지역에 관해 아무것도 모른 채 그곳을 떠나고 있다."

우리가 전자소떼의 다양성에 관해 이야기할 때 늘 잊지 말아야 할, 결정적으로 중요한 점이 하나 더 있다. 이 소떼가 단순히 외부에서만 온 게 아니라는 점이다. 그들은 국경을 넘나드는 역외투자펀드나 외국의 인터넷투자자 또는 멀리 떨어진 곳의 슈퍼시장으로만 이뤄진 게 아니다. 소떼에게 문을 열어준 모든 나라의 내국인들 역시 함께 그 무리를 이루고 있다. 소떼에게 힘을 실어준 것은 한 나라의 자본 통제가 철폐돼 외국인들이 쉽게 들어와 주식과 채권, 외환을 사고팔 수 있다는 사실 때문만은 아니다. 내국인들도 쉽게 밖으로 나갈 수 있다는 사실 역시 대단히 중요하다!

전자소떼에 관해 알려지지 않은 가장 큰 비밀은 이들의 질주가 대부분 월스트리트의 헤지펀드나 프랑크푸르트의 거대은행에서 시작된 게 아니라는 점이다. 이런 질주는 흔히 국내은행, 국내 금융인 또는 국내 펀드매니저들이 자국 돈을 달러로 바꿔 해외로 들고 나가거나 선물환시장에서 자국 통화의 하락에 베팅(공매도)하는 것으로 시작된다. 「헤지펀드와 금융시장의 역학관계」라는 1998년 IMF 보고서를 봐도 알 수 있다. 이 보고서는 1994~1995년 멕시코 페소 위기를 주의 깊게 분석한 모든 연구에서 "외국 투자자들이 아니라 국내인들이" 위기 발생에 주도적인 역할을 했음이 드러났다고 밝혔다. IMF는 다음과 같은 결론을 내렸다.

세계화된 금융시장에서 국제적으로 분산된 포트폴리오를 운용하는 외국인 투자자들은 수많은 나라의 사정을 일일이 파악하기 어렵다. 신흥시장의 규모가 작을수록 거대 투자자들이 그 나라의 사정을 파악할 유인이 줄어든다. 그래서 시장에 관한 정보에 접근하고 그 정보를 분석하는 데 비교우위가 있는 내국인들이 가장 먼저 자국 통화의 고정된 환율에 대한 반대 포지션을 취하는 경우가 많다. 또한 국내 금융시장과 국제 금융거래에 관한 규제가 완화됨에 따라 국내인들이 그런 포지션을 취하기가 훨씬 더 쉬워졌다. 다시 말해 멕시코 '국내' 금융인들, 인도네시아 '국내' 투기꾼들, 태국 '국내' 은행들이 먼저 자국 통화와 주식, 채권을 짓밟으며 도망치기 시작한 것이다. 그러면 나머지 전자소떼들이 따라서 우르르 도망치는 것이다. 이 논리는 타당하다. 내국인들은 언제나 가족과 친구, 그리고 거래처를 통해 자기 나라 안에서 무슨 일이 벌어지고 있는지 더 잘 알 수 있기 때문이다. 따라서 안심하고 먹어도 좋을 풀이 있는 곳으로 가장 먼저 옮겨갈 수 있다. 더욱이 지금은 그 일을 매우 쉽게 할 수 있다. 이제 과거 자본 통제가 남아있을 때 그랬던 것처럼 외국 은행에 계좌를 개설해줄 친구를 찾고 해외로 돈을 몰래 빼돌릴 필요가 없다.

은행과 헤지펀드들에게 각국의 정치적·경제적 리스크를 분석해주는 리처드 메들리는 1997년 아시아 증시와 통화가치가 폭락하기 다섯 달 전에 고객들에게 그런 일이 일어날 것이라고 경고를 하기 시작했다고 나에게 말했다. 메들리는 자기가 천재라서가 아니라 그 지역 소떼들의 이야기에 귀를 기울였기 때문에 위기를 경고할 수 있었다고 설명했다.

"나는 어떤 나라의 은행들이 언제부터 자국 통화 대신 외화로 대출하려 하는지를 가장 먼저 봅니다. 예를 들어 태국 은행이 태국 기업에 바트화가 아니라 달러나 엔화로 대출해주겠다고 고집한다면 그 은행이 바트화에 뭔가 안 좋은 일이 일어나 통화가치를 지키기 어려울 것이라는 걸 알고 있다는 뜻이지요. 많은 나라에서 경제통계는 너무 늦게 나오기 때문에 늘 이런 종류의 일화에 의존해야 합니다. 나는 아시아처럼 인적 관계가 매우 중시되는 경제에서는 언제나 그 나라 사람들이 나보다 더 많이 알고 있다고 생각합니다."

중국 정부는 이웃 나라들처럼 자국 통화를 자유롭게 외화와 바꿀 수 있도록 허용하지 않으려 했다. 베이징 정부는 해외에서 중국으로 들어오는 투자를 통제하지 못할까 두렵기도 하지만 그보다는 자국민들이 해외로 돈을 보내는 걸 통제하지 못할까 겁났기 때문이다. 그럴 만한 까닭이 있다. 중국 내에는 이미 위안화에 투기하는 거대한 암시장이 존재한다. 미국 금융 관련 통신사의 상하이 주재 기자는 나에게 중국 친구와 나눈 대화를 들려주었다. 중국 기업인인 친구는 1997~1998년 아시아 경제위기 때 태국,

말레이시아, 한국과 인도네시아 통화를 팔아치운 서방 은행과 헤지펀드들의 '음모'에 대해 불평을 했다.

그 친구가 미국 기자에게 물었다. "그들은 왜 우리에게 그따위 짓을 하지?"

미국 기자는 되물었다. "말해봐. 최근에 위안화를 팔아 달러를 산 적이 있어?"

중국 기업인이 대답했다. "산 적 있지. 요즘의 상황이 조금 걱정스러웠거든."

기억하라. 전자소떼가 우르르 도망치기 시작할 때 첫 번째 소는 언제나 국내에서 나온다.

집시자본

전자소떼는 과거 어느 때보다 크고 다양해졌을 뿐만 아니라 더욱더 빨라지고 더욱더 많이 연결돼 있다. 골드만삭스 런던 사무소의 파트너인 조셉 사순은 1982년 전자소떼에 합류했다. 그는 언젠가 나에게 이렇게 말했다. "1982년 런던에서는 다음 날 아침까지 뉴욕시장에서 다우지수가 어떻게 끝났는지 알 수가 없었어요. 런던이 뉴욕보다 5~6시간 앞서 돌아가기 때문이지요. 몇몇은 쿼트론(Quotron: 주식 시세를 알려주는 금융 데이터 서비스) 시스템을 갖고 있었지만 그뿐이었어요. 그래서 골드만삭스는 당시로서는 기발한 생각을 했어요. 어느 날 뉴욕 사무소의 누군가가 소년 한 사람을 채용해 뉴욕 시간으로 새벽 3시 반에 사무실에 나오도록 했지요. 그 소년에게 『월스트리트저널』의 핵심적인 투자 조언 칼럼으로 시장을 자주 움직였던 '월스트리트에서 들은 이야기Heard on the Street'와 '증시 따라잡기Abreast of the Market'를 복사해서 런던으로 보내도록 한 것이죠. 이는 우리가 다른 모든 증권사들보다 네 시간 앞서갈 수 있도록 해주었습니다. 우리가 고객들에게 뉴욕에서 인기를 끈 주식을 밀고 있는 동안에도 경쟁사들은 뉴욕 상황을 모르고 있었어요. 그들은 『월스트리트저널』의 내용을 알려면 자사 뉴욕 사무소가 문을 열 때까지 기다려야 했지요. 우리가 어떻게 하고 있는지 그들이 알아채기까지는 시간이 걸렸습니다. 이는 1982년 이야기지만 내가 요즘 사무실에서 이런 이야기를 하면 사람들은 내가 마치 증조부 적 이야기를 하고 있는 것처럼 보지요."

그럴 만하다. 요즘 뉴욕의 헤지펀드 사무실을 다녀보면 사람들이 손바닥 크기의 모니터를 어디든 들고 다니는 걸 볼 수 있다. 이 모니터는 어떤 시장의 어떤 주식이나 채권이라도 실시간으로 따라갈 수 있도록 해준다. 이들은 집에서는 물론이고 심지어 화장실에서도 시장과 연결돼 있는 것이다. 오늘날 금융시장에서 굴러가는 바퀴들은 너무나 기름칠이 잘돼 있어서 경제학자인 데이비드 헤일이 '집시자본'이라 부른 거대한 자금이 사고 팔 기회를 찾아 세계 어디로든 돌아다닌다. 이때 거래비용과 송금비용은 사실상 제로이며 속도는 사실상 광속이다. 현 상황은 크레디스위스/퍼스트 보스턴이 '프라임 트레이드'라는 서비스에 대해 1998년에 시작한 광고에 압축돼 있다. 이 서비스를 이용하면 세계의 어떤 파생금융상품 거래소에서도 가장 빠른 거래를 실행할 수 있다는 내용이었다. 광고 문구는 이렇다. "프라임 트레이드: 어느 시장에서나, 언제나, 어디서나."

이제 더욱 많은 사람들이 시장과 즉시 연결되고 정보를 쉽게 얻어 언제 어디서든 거래를 할 수 있게 된 것도 오늘날 전자소떼가 이토록 커지고 더욱 변덕스러워진 이유 중 하나다. 사람들은 오랫동안 투자자들이 더 많은 정보를 갖게 될수록 시장은 더욱 안정될 것이라는 가정을 해왔다. 하지만 사실은 그 반대인 것 같다. 나는 이 점을 직접 체험했다. 요즘 미국 국내선 항공기들은 GTE 무선전화 서비스를 제공한다. 전화는 각 열 가운데 좌석에 꽂아놓았다. 1999년 GTE는 이 전화를 뉴욕증권거래소, 아메리칸증권거래소, 나스닥과 연결했다. 이에 따라 증시가 열리고 있는 시간에 기내에 있을 때는 자기 자리에 앉아 실시간으로 미국 시장의 움직임을 지켜볼 수 있다. 사실 당신이 중간 자리에 앉았다면 이를 보지 않을 수 없다. 전화기 뒤쪽의 작은 스크린은 바로 당신 눈앞에 있다. 나는 어느 날 콜로라도행 기내에서 내가 보유하고 있는 주식 시세를 조회해봤다. GTE 전화기에 내장된 어떤 장치 덕분에 내가 다이얼 패드의 문자 키로 내 주식의 약자를 누르면 블룸버그 서비스의 시세 정보를 받아볼 수 있었다. 워싱턴에서 덴버로 가는 세 시간의 탑승 시간 중 나는 내 주식의 시세를 다섯 차례 조회했고 덴버 공항에 내리자마자 공중전화로 매도주문을 냈다. 10년 전이었다면 나는 결코 그 주식에 관한 정보를 그토록 빨리 얻고, 시세를 조회하고, 매도주문을 낼 수 없었을 것이다.

하지만 이런 게 반드시 시장을 더욱 안정적으로 만들어주는 건 아니다. 애드워드 챈슬러는 금융투기의 역사에 관한 그의 책 『가장 느린 자가 당한다Devil Take the Hindmost』에서 더 많은 정보가 시장의 안정성에 미치는 영향에 관한 기존의 상식이 얼마나 잘못된 것인지를 이렇게 설명한다.

"많은 사람들이 정보기술 발전을 은총이라고 본다. 시장이 본질적으로 효율적이라면 더 좋은 정보가 공급되면 시장의 효율성도 더 높아질 것이다. 시장은 잘 굴러가는 자동차처럼 별 재미가 없어질 수도 있다. 하지만 사실은 의사소통 방식이 개선됨에 따라 금융시장이 더 온순해지고 투자자들도 더 성숙한 행태를 보일 것이라는 역사적 증거는 거의 없다. 실상은 그 반대인 것으로 보인다. 과거에 금융 정보가 더 광범위하게 이용되고 의사소통 방식이 개선되자 충동적인 시장 참여자들이 투기적 게임에 몰려들었다. 1세대 일간신문들은 남해회사 버블South Sea Bubble*을 부추겼고, 영국 신문들의

---

* 1720년 영국 남해회사South Sea Company 주식에 투기 광풍이 불어 그 해 1월 주당 100파운드였던 주가가 8월에는 1,000파운드까지 폭등했다 그 해가 가기 전에 다시 100파운드대로 폭락했다. (옮긴이)

'머니 마켓' 칼럼들은 1825년 광산투기 열풍에 한몫 했으며, 철도 건설은 1840년대 이 산업에 대한 투기를 재촉했다. 티커 테이프(좁은 종이테이프에 주식 시세가 찍혀 나오도록 만든 장치-옮긴이)가 도금시대Gilded Age*의 주식시장 도박을 도왔고, 1920년대 라디오 프로그램들이 신세대 투기꾼들을 흥분시킨 것처럼 말이다. 최근에는 인터넷이 주식시장을 집으로 끌어들여 그곳에서 번창하게 만들었다. 이는 '데이트레이더'라는 대군을 출현시켰다. 이들은 주로 집에서 컴퓨터로 온라인증권사들이 제공하는 주식 트레이딩 서비스에 접속해 활동하는 아마추어 투기꾼들이다. 1998년에는 500만 명의 미국인들이 인터넷 디스카운트증권사 계좌를 갖고 있으며, 그중 100만 명은 데이트레이더들이다. 온라인 계좌의 평균 거래 금액은 전통적인 증권계좌의 12배에 이른다. 어떤 트레이더들은 하루 1,000번의 거래를 한 것으로 알려졌다."

실제로 나스닥의 시장 조성자들은 인터넷주식을 롤러코스터처럼 오르내리게 한 이들이 긴 뿔 소떼(대형 뮤추얼펀드)들이 아니라고 말한다. 그들은 짧은 뿔의 데이트레이더들로 뉴스 한두 꼭지에 충동적으로 반응하며 한 번에 200~300주씩 산다. 그들은 대부분 자기가 사고파는 기업에 대해서는 알지도 못하고 매매에 필요한 종목 코드만 알고 있다.

이들 소떼가 어떤 나라로 방향을 잡으면 단시일 내에 수십억, 수백억 달러를 공장과 설비에 투자할 뿐만 아니라 주식과 채권시장에 퍼부을 수도 있다. 점점 더 많은 나라들이 이 소떼와 연결되기 위해 어떤 일이라도 하려는 것은 이 때문이다. 하지만 정치·경제·사회적 이유로 한 나라의 시장이 불안정하거나 약해질 경우 전자소떼는 제한적인 수준에 그쳤을 시장의

---

* 19세기 말(1877~1890년) 미국에서 부의 집중과 과시가 절정에 달했던 시대로, 앤드류 카네기, 존 록커펠러, 코넬리우스 밴더빌트 같은 슈퍼리치들의 전성기였다. (옮긴이)

하향조정을 훨씬 더 고통스러운 수준으로 증폭시킨다. 또한 한 시장의 불안을 다른 시장으로 훨씬 더 빨리 전파한다.

앨런 그린스펀 연방준비제도이사회 의장은 여러 강연에서 "민간자본의 흐름을 이토록 극적으로 늘려주었던 바로 그 금융의 세계화가 오도된 투자를 전파시키는 능력도 많이 키웠음을 보여줬다"고 지적했다. 그린스펀은 "1995년 최신 기법을 이용하는 단 한 명의 트레이더가 베어링의 몰락을 초래할 정도로 큰 손실(10억 달러)을 내는 걸 종이로 매매주문을 처리하던 몇십 년 전 상황에서는 상상하기조차 힘들었을 것"이라며 "최근에는 분명 손실을 창출하는 생산성도 크게 향상됐다"고 덧붙였다. 이집트 경제장관 유세프 부트로스 갈리는 "예전에는 100명의 은행가들이 모인 방에 가면 (그들이 겁나) 패닉(공황심리)에 빠졌는데 지금은 어디서든 패닉에 빠진다"며 "패닉도 민주화됐다"고 말했다.

이 모든 것 중 단 하나의 장점이 있다. 더 빨리 나빠지는 것은 더 빨리 좋아질 수도 있다. 그리고 다시 더 빨리 나빠질 수도 있다. 문제가 더 빨리 오면 해결 또한 더 빨라질 수 있는 것이다. 단 올바른 방향으로 갈 때만 그렇다. 모든 것이 빨라질 때 세계는 기억할 수 있는 기간도 짧아진다. 멕시코는 1995년 빚쟁이들을 거부했지만 1998년 다시 국제 투자자들의 귀염둥이가 됐고, 아무도 1995년을 기억하지 않는다. 한국은 1997년 거의 파산할 뻔했지만 2000년 월스트리트에서는 한국 채권을 사러 줄을 서 있다.

긴 뿔 소떼

요즘에는 조지 소로스처럼 전자소떼 중 거물급 짧은 뿔 소가 헤드라인을 장식할 때가 많지만 긴 뿔 소떼가 점점 더 중요한 역할을 하고 있다. 긴 뿔 소떼는 이른바 외국인직접투자(FDI)에 몰두하는 다국적기업들이다. 이들은 개도국의 주식과 채권만 사기보다는 공장, 공익시설, 에너지설비와 다른 온갖 프로젝트에 직접 투자한다는 뜻이다. 이런 프로젝트들은 계획하고 실행하는 데 오래 걸리고 하룻밤 새 철수하기도 힘들다. 긴 뿔 소떼는 포드, 인텔, 컴팩, 엔론과 도요타 같은 기업들이다. 이들은 세계화 덕분에 어느 때보다 더 많은 돈을, 더 많은 나라에, 더 다양한 방식으로 투자하고 있다. 각국이 흔히 관세장벽으로 자국 시장을 보호하던 냉전체제 아래서 다국적기업들은 주로 이들 장벽을 뛰어넘기 위해 큰 시장을 갖고 있는 나라에 수백만 달러를 장기적으로 투자했다. 다시 말해 도요타는 미국에 자동차 생산 공장을 지음으로써 일본산 자동차에 대한 미국의 수입물량 제한을 우회했다. 미국에서 생산된 도요타자동차는 거의 전적으로 미국 시장에서만 팔린다. 포드는 도요타가 미국에서 한 것과 같은 투자를 일본에서 할 것이다. 장벽이 높은 세계에서 생존하기 위해 다국적기업은 핵심적인 시장에서 더 좋은 '국산' 메이커가 되기 위해 현지 공장을 지었다. 기술·금융·정보의 민주화가 냉전의 모든 벽을 날려버리자 긴 뿔 소떼는 해외 공장을 세우는 데 훨씬 더 강력하고 어느 정도 다른 유인을 갖게 됐다. 갈수록 하나의 개방된 글로벌 시장과 사이버공간이 만들어져 다국적기업들이 무엇이나 어디서든 만들 수 있고 팔 수 있게 됐다. 이는 많은 산업 부문에서 경쟁을 격화시키고 이윤을 압박했다. 그 결과 모든 거대 다국적기업들이 매출을 늘려 마진 축소를 상쇄하기 위해 판매 지역을 전 세계적으로 확대할 필요를 느꼈다. 생산도 전 세계적으로 할 필요가 있었다. 생산 단계를 나눠 각 단계마다 가장 싸고 효율적으로 생산할 수 있는 나라에서 아웃소싱해야 제조원가를 낮추고 경쟁력을 유지할 수 있기 때문이다. 이에 따라 더 많은 다국적기업들이 원가를 더 많이 절감할 수 있는 해외 생산설비에 투자하고, 더 싸게 생산할 수 있는 해외 하청업체들과 제휴를 맺었다. 이는 장벽이 있는 세계에서 살아남으려는 것이 아니라 '장벽이 무너진 세계에서' 살아남으려는 노력이었다. 세계화 시대에 다국적기업들이 더욱 적극적으로 해외로 확장해나간 것은 그렇게 해야만 각국 내에서가 아니라 전 세계적으로 가장 효과적인 생산자가 될 수 있었기 때문이다. 『USA투데이』의 케빈 매니는 1997년 4월 24일자 신문에서 IBM이, 장벽이 무너진 세계에서 더 뛰어나고 똑똑한 생산자가 되기 위해 다양한 해외 파트너와 계열사들을 어떻게 활용했는지를 다음과 같이 보도했다.

"베이징에 있는 칭화대에서 일단의 컴퓨터 프로그래머들이 자바 기술을 이용해 소프트웨어를 만들고 있다. 이들은 IBM을 위해 일하고 있다. 하루 일이 끝날 때마다 그들은 인터넷을 통해 시애틀에 있는 IBM 연구시설로 작업 결과를 전송한다. 여기서 프로그래머들이 추가로 작업을 한 뒤 이를 인터넷을 통해 5,222마일 떨어진 벨라루스의 컴퓨터과학연구소와 라트비아의 소프트웨어 하우스 그룹으로 쏴준다. 이곳에서 한 작업을 인도의 타타그룹으로 보내면 타타그룹은 다시 베이징의 아침 시간까지 칭화대로 작업 결과를 보낸다. 칭화대 작업 결과는 다시 시애틀로 전송되면서 이 놀라운 글로벌 릴레이는 프로젝트가 끝날 때까지 끊이지 않는다. IBM 인터넷 테크놀로지 부문 부사장인 존 패트릭은 '우리는 이를 24시간 자바라 부른다'며 '인터넷으로 하루가 48시간인 세상을 만들어낸 셈'이라고 말했다.'

1970년대 캐나다의 제화업체 바타는 전 세계 주요 시장에 10여 개의 신발 공장을 갖고 있었을 수도 있다. 하지만 각 공장은 그 나라 국내시장을 겨냥했을 것이다. 각국 소비자들의 스타일과 수요에 맞추고 생산량의 거의 100%를 현지시장에 팔았을 것이다. 이에 비해 오늘날 나이키는 오리건 주에서 최근에 변경한 운동화 디자인을 그날 밤에 팩스나 이메일로 아시아 전역의 공장에 전송하고 이곳 하청업체들은 다음 날 전 세계 소비자들을 위한 새 운동화를 만들어내기 시작한다. 포드와 시스코, 나이키, 도요타와 같은 긴 뿔 소떼는 짧은 뿔 소떼만큼 자본을 빨리 움직이지 않지만 많은 사람들이 생각하는 것보다는 빨리 이 나라에서 저 나라로 옮겨다닌다. 오늘날 긴 뿔 소떼들의 해외투자 가운데 상당수는 직접 공장을 짓는 형태가 아니다. 현지에 공장을 갖고 있는 각국 국내기업들과 제휴관계를 맺는 것이다. 다국적기업들과 제휴·하청·협력 업체들의 관계는 점점 더 빠른 속도로 바뀌고 있다. 다국적기업들은 세제 면에서 가장 유리하고, 생산이 가장 효율적으로 이뤄지며, 임금수준이 가장 낮은 곳을 찾아 나라와 나라, 기업과 기업 사이를 끊임없이 옮겨다닌다. 시스코는 세계 전역에 34개의 장비 제조 공장을 두고 있지만 이 가운데 단 2개만이 시스코 소유다. 다른 공장들은 인터넷을 통해 시스코의 디자인, 재고, 마케팅 시스템과 긴밀하게 연결되는 협력 파트너들이다. 시스코는 그들을 '사실상의 제조설비'라고 부른다. 이들은 웹 덕분에 서로 긴밀히 연결돼 사실상 다국적기업이 완전히 소유한 하나의 공장처럼 움직인다. 하지만 실제 소유관계는 없으며 생산 입지는 즉각 달라질 수 있다.

긴 뿔 소떼는 개도국 가운데 다른 나라를 제쳐놓고 특정 국가를 밀어줄 수 있다. 개도국들은 다국적기업들의 투자에 목을 매고 있다. 이들의 투자를 유치하는 게 기술 도약을 이룰 수 있는 가장 빠른 길이기 때문이다. 나이키는 처음에 아시아 생산설비를 일본에 두었으나 너무 비싸지자 한국으로 건너갔다. 그 다음에는 태국, 중국, 필리핀, 인도네시아 그리고 베트남으로 옮겨갔다.

브라질 경영컨설턴트인 조엘 콘은 다국적기업들은 '필요선necessary good'이라고 말한다. "남미는 국내 저축이 높은 경제성장을 유지하기에는 부족하기 때문에 여전히 해외자본에 크게 의존하고 있습니다. 그래서 우리는 외국인직접투자가 필요합니다. (이들 긴 뿔 소떼는) 또 국제규범과 기술을 갖고 들어와 우리가 다른 시장의 흐름에 맞춰갈 수 있도록 도와주지요. 그들은 합작투자를 통해 기술이전과 신시장 창출 효과도 가져옵니다. 오늘날 (이들 긴 뿔 소떼가) 들어오는 걸 막으면 홀로 다른 행성에 사는 거나 마찬가지지요."

이런 식으로 세계화된 생산은 냉전체제에서 시작됐지만 세계화 시대에 폭발적으로 늘어났다. 긴 뿔 소떼가 번식을 위해 매우 바쁘게 움직였기 때문이다. 세계은행에 따르면 전 세계 국내총생산(GDP) 중 다국적기업 현지 제휴업체들의 생산 비중은 1970년 4.5%에 그쳤으나 지금은 그 2배로 늘었다. 이 비중은 작아 보일 수도 있지만 금액으로 따지면 어마어마한 것이다. 세계 GDP 총액도 늘어났기 때문이다. 1987년 개도국들의 외국인직접투자는 GDP의 0.4%에 불과했으나 지금은 2%를 웃돈다. 직접투자는 이제 10대 신흥시장에 한정되지 않고 세계 전역으로 확산되고 있다.

예를 들어 포드자동차 멕시코 법인처럼 미국 기업이 완전히 소유한 해외 현지법인들이 생산한 제품 중 수출과 내수 비중이 각각 얼마나 되는지 보자. 1966년 이들 현지법인들은 생산제품의 20%를 수출하고 80%를 내수시장에 팔았으나 지금은 40%를 수출하고 60%만 내수시장에서 판다. 인텔 회장인 크레이그 배럿은 나에게 세계 각국의 수많은 대사들과 정치인들이 매달 실리콘밸리로 전화를 걸어온다고 말했다. 그들의 메시지는 단 하나, "공장을 이리 갖고 오라"는 것이다.

조지 세인트 로런트는 그가 브라질 북부 바이아 주에 설립한 컴퓨터 제조업체 바이테크의 회장이다. 그는 전형적인 긴 뿔 소다. 그는 오늘날 그 나름대로 많은 힘을 지니고 있음을 안다. 브라질에 가 있던 나는 어느 날 오후 그를 만났다. 그는 컴퓨터회사를 계속 브라질에 두기 위해서는 정확히 어떤 조건이 필요한지를 정부 당국에 알리는 데 주저하지 않겠노라고 말했다. 이는 일자리와 기술이전 문제가 걸려 있는 중대한 현안이었다. 그는 이런 주장을 폈다. "내가 계속 외국자본을 끌어들이려면 통화가치가 안정돼야 합니다. 그러므로 정부는 재정 균형을 이루고 인플레이션을 적절히 관리하고 정부 몸집을 줄여야 할 것입니다. 우리의 중요한 목표 중 하나가 외국인 투자자본을 이곳으로 유치하는 것인데 외국자본은 투자 금액을 회수해나갈 때 그 가치가 얼마나 될지 확신이 서지 않으면 들어오려

하지 않을 것입니다. 더욱이 정치인들도 나처럼 고객을 섬겨야 한다는 인식이 있다는 확신이 있어야 합니다. 당신이 내 고객이라면 나는 당신이 내 노트북컴퓨터를 사도록 하기 위해 두 손과 무릎을 바닥에 대고 엎드려 절할 수도 있습니다. 이곳 정치인들은 그런 식으로 생각하기 싫어합니다. 그들은 물건을 파는 역할을 맡는 데 익숙하지 않기 때문이지요. 그들은 모두가 자기의 권좌 아래로 고개를 숙이고 오도록 하는 데 익숙해져 있고, 마음 내키는 대로 특혜와 권력을 베풀지요."

전자소떼를 화나게 하면

세인트 로런트가 말한 것처럼, 실제로 전통적인 지도자들이 갈수록 세지는 전자소떼의 힘을 이제 막 이해하고 그에 적응하기 시작하고 있다. 나는 1995년 한창 페소 위기를 겪고 있던 멕시코를 방문했을 때 이 사실을 발견했다. 내 교육은 기내에서 시작됐다. 나는 기내에서 나눠준 세관신고서를 열심히 작성하다 세 번째 줄에서 난감해졌다. 내 직업을 골라 동그라미를 쳐야 했는데 열거된 아홉 가지 직업 가운데 칼럼니스트는 없었다. '농부' '운전사' '목축업자'와 함께 열거된 직업들 중 내 눈에 확 뛰는 게 하나 있었다. '채권투자자bondholder'라는 직업이었다. 이 한마디는 당시 곤경에 처한 멕시코에 대해 모든 걸 말해주고 있었다. 멕시코는 정부와 기업의 채권을 사줄 외국인 투자자들에게 너무나 많이 의존하고 있었기 때문에 채권투자자가 세관신고서상 하나의 직업 범주에 들어가게 된 것이다.

멕시코에게는 불행하게도, 채권투자자라는 직업에 동그라미를 친 사람들이 돈을 갖고 그 나라로 들어오는 게 아니라 빠져나가고 있었다. 내가 충격에 빠진 멕시코 중앙은행 관계자를 인터뷰하러 갔을 때, 그는 나에게 멕시코 채권을 내던지고 있던 글로벌 채권투자자들에 관해 이렇게 물었다. "그들은 왜 그렇게 화가 나 있습니까? 왜 그런 복수를 하는 겁니까?" 나는 휴대전화로 자기의 투자자산 가치가 폭락한 걸 방금 알게 된 미국의 뮤추얼펀드 투자자들만큼 분노할 이들이 또 어디 있겠느냐는 말을 그에게 어떻게 해줘야 할지 몰랐다. 그 다음에 나는 멕시코 복지부 관리인 엔리케 델 발 블랑코를 만났다. 그는 마치 '우주의 침입자*'를 견뎌낸 사람처럼 말했다.

"모든 사람들이 자기 삶이 외부의 누군가에 의해 결정된다는 느낌을 받고 있어요. 그게 누군지를 모두 알고 싶어 합니다. 어떤 세력이 그렇게 하는 겁니까? 우리는 선진국으로 가는 길을 걷고 있다고 생각했었는데 갑자기 뭔가가 잘못됐습니다. 방금 전까지만 해도 세계은행과 IMF가 멕시코를 최고의 모범 사례라고 말했습니다. 그런데 이제 멕시코는 최악의 사례라고 합니다. 우리가 무슨 잘못을 했습니까? 우리는 통제권을 잃고 있습니다. 새로운 발전전략을 찾지 못하면 우리는 끝장입니다. 완전히 항복해야죠."

같은 날 나는 시내 반대편의 로스 피노스 대통령 관저로 가서 에르네스토 세디요 대통령을 만났다. 그는 여전히 페소화 폭락의 충격에 비틀거리고 있었다. 나는 그가 한 얘기를 많이 기억하지 못한다. 하지만 나는 그때 장면을 잊을 수 없다. 경비원 한 사람이 나와 『뉴욕타임스』의 동료를 관저 안으로 안내하고는 한 층 올라가서 대통령 집무실로 가는 홀을 따라가라고 말했다. 주변에는 아무도 없는 것 같았다. 우리는 문 하나를 지난 후 또 다시, 그리고 또다시 문을 지나 비서가 앉아 있는 작은 책상 앞으로 갔다. 그녀는 동굴 속 같은 대통령 집무실을 가리켰다. 우리가 들어서자 세디요 대통령이 한쪽 구석 테이블에 앉아 사무실 안의 스테레오로 차이코프스키

---

* 「우주의 침입자Invasion of the Body Snatcher」는 잭 피니의 공상과학소설 『바디 스내처』를 영화화한 것으로(원작 1956년, 리메이크 작 1978년), 외계식물이 잠든 인간의 몸과 정신을 완전히 복제하는 내용을 담고 있다. (옮긴이)

의 「1812년 서곡」을 듣고 있었다. 그는 꼭 워털루전투에 패한 나폴레옹처럼 보였다.

지난 10년 동안 식민주의 이후 한 세대의 지도자들(세디요, 마하티르, 수하르토, 보리스 옐친)은 모두 전자소떼에 얻어맞는 게 어떤 것인지 알게 됐다. 기분 좋은 일은 아니었다. 소떼는 그들이 익숙하게 대했던 국내의 어떤 적들과도 같지 않았다. 이들 지도자는 소떼를 체포할 수도, 검열할 수도, 금지할 수도 없었다. 뇌물을 줄 수도 없었고 심지어 볼 수도 없었다. 세디요처럼 어떤 지도자는 그들의 요구에 고개를 숙였다. 마하티르와 수하르토는 다른 길을 택했다. 이들은 소떼를 욕하고, 음모에 대한 의혹을 제기하고, 소떼의 잔인함을 되갚아주겠다고 다짐했다. 마하티르의 경우 결국 자본 통제로 문을 닫아걸려고 했다. 마하티르와 수하르토는 슈퍼파워 중 어느 쪽도 제3세계 지도자들에게 냉혹하게, 그리고 직설적으로 말할 수 없는 냉전체제에서 자랐다. 슈퍼파워들이 냉전에서 이기려면 이들의 지지가 절실했다. 하지만 냉전체제가 끝나자 그런 절제는 기대하기 어렵게 됐다. 오늘날 소떼의 선두를 달리는 황소들은 미국 국무부나 유엔, 또는 비동맹운동 국가들과는 다르다. 그들은 당신의 고통을 함께 느낀다고 말하거나 식민지 경험에 대한 노여움을 이해한다고 말하지 않는다. 그들은 당신이 유일무이한 존재이며 지역의 안정에 너무나도 소중하기 때문에 당신을 조금도 해치지 않겠다고 말하지 않는다. 그들은 당신을 제쳐두고 자기 길을 가버린다. 전자소떼는 전 세계를 하나의 의회체제로 만들었다. 여기서는 어떤 정부라도 소떼의 불신임 투표를 무서워하며 살아가야 한다.

1997년 아시아 경제위기가 최고조에 이르렀을 때 나는 당시 말레이시아 부통령이었던 안와르 이브라힘을 인터뷰했다. 그때는 그가 아직 마하티르에게 쫓겨나기 전이었다. 당시에 안와르와 동료 몇 사람은, 마하티르가 유대인과 소로스 그리고 다른 음모자들이 의도적으로 말레이시아 통화가치를 떨어뜨린다고 주장하자, 결국 마하티르를 찾아가 차트를 보여주면서 대략 이런 이야기를 했다고 한다. "이것 좀 보십시오. 월요일에 각하께서 소로스를 몰아세우자 말레이시아 링기트화가 이렇게 떨어졌습니다. 화요일에 각하께서 유대인을 비난하자 링기트화는 여기까지 하락했습니다. 수요일에 각하께서 글로벌 투자자들을 비난하자 링기트화는 이렇게까지 추락했습니다. 입 좀 닥치세요!"

수하르토의 경우, 전자소떼가 실제로 1998년 그를 권좌에서 축출하는 봉기를 일으키도록 도왔다. 인도네시아 통화가치를 떨어뜨리고 시장을 무너뜨려 국민들과 군부가 수하르토의 리더십에 대한 신뢰를 잃도록 한 것이다. 태국의 부총리 겸 상공장관인 수파차이 파니치파키디에게는 전투 중 입은 상처가 흉터로 남아있다. 태국이 전자소떼와 한판 붙어보려다 지고 말았기 때문이다. 그는 1997년 위기에 대해 이렇게 말했다.

"우리는 달러 대비 바트화 가치를 절하하지 않고 6개월 동안이나 고정시키는 실수를 저질렀어요. 이 한 번의 실수가 재앙으로까지는 되지 않을 수도 있었어요. 그런데 밴드웨건 효과(행렬을 선도하는 밴드 차bandwagon를 따르듯 군중들이 무턱대고 다른 이들을 추종하는 현상-옮긴이) 때문에 모두가 한꺼번에 우리 통화를 팔아치웠지요. 그래서 바트화는 15%나 20%쯤 떨어지고 말았을 것이 50%나 추락한 것이죠. 시장은 세계화돼 있었기 때문에 전자소떼는 우리의 외환보유액이 부족하다는 걸 눈치 챘어요. 그들이 우리 통화를 처음 공격한 건 2월이었습니다. 그 후 3월에 다시 공격하고, 4월에 또다시 공격했지요. 그때마다 태국 중앙은행은 외환보유액을 써서 환율방어에 나섰고 그때마다 '우리가 이겼다'고 말했어요. 하지만 사실은 매번 졌습니다. 외환보유액이 계속 줄어들고 있었기 때문이지요. 우리는 세계가, 우리 외환보유액이 얼마나 되는지 모를 거라고 생각했지요. 하지만 시장은 우리 국민들도 모르는 걸 알았어요. 시장은 알았다는 말입니다. 싱가포르와 홍콩의 친구들은 알았습니다. 그들은 우리가 환율 방어에 나설 때마다 태국 정부가 시장 개입을 위해 투입할 수 있는 실탄이 얼마나 남아 있는지 계산했지요. 당신이 우리 총리에게 물으면 그는 이런 정보가 그에게 전혀 보고되지 않았다고 할 겁니다. 하지만 시장은 이런 걸 다 파악하고 있었고, 우리가 더 이상 환율 방어에 나설 수 없게 될 터닝포인트를 알고 있었지요. 바로 그때부터 그들은 우리를 바짝 추격해왔습니다."

슈퍼시장과 전자소떼에 적응하려면 지도자들이 완전히 다른 마인드세트를 가질 필요가 있다. 특히 신흥시장의 경우에 그렇다. 과거 전자소떼의 구성원들은 누가 정부에—자국과 외국 정부에—가장 매력적으로 보일 수 있을까를 놓고 경쟁했다. 과거에는 정부가 각종 특혜를 줄 수 있었기 때문이다. 이제 각국 정부는 누가 소떼에게 가장 안정적이고 매력적으로 보일까를 놓고 경쟁한다. 지금은 전자소떼가 각종 혜택을 전해줄 수 있기 때문이다. 한마디로 요약하면, 세계의 모든 지도자들은 주지사들처럼 생각해야 한다는 말이다. 미국 각 주의 주지사들은 대통령이나 총리들처럼 의사결정을 한다. 때로는 각 주 방위군을 동원하기도 한다. 하지만 오늘날 이들의 주된 일은 자기 주에 투자해달라고 전자소떼와 슈퍼시장을 끌어들이고 어떤 수를 써서라도 그들을 그곳에 붙잡아두는 일이다. 주지사들은 이들이 떠날까 끊임없이 두려워하며 살아간다. 그래서 오늘날 세계는 점점 더 주지사들이 이끄는 체제로 가고 있는 것이다. 그들의 실제 직함이 무엇이든 상관없다. 세계화 시대에 가장 돋보이는 정치적 지도자가 모든 주지사의 주지사, 미합중국의 주지사, 윌리엄 제퍼슨 클린턴인 것도 이 때문이다.

왕들, 독재자들, 이슬람 왕족들, 술탄들, 전통적인 대통령과 총리들. 이들은 이제 모두 주지사로 낮춰지고 있다. 1997년 가을 나는 사우디아라비아 동쪽 해안의 작은 산유국인 카타르를 방문했다. 어느 날 오후 카타르의 왕족인 쉬크 하마드 빈 칼리파 알-타니와 오찬을 같이 하자는 초대를 받았다. 그는 쾌활하고 여우처럼 영리한 사람이었지만 지시를 하는 데는 익숙해도 지시를 받는 데는 그렇지 않았다. 그는 나에게 말레이시아와 동남아 경제위기에 관해 물었고, 나는 세계 최고 빌딩을 세운 것을 비롯한 마하티르의 과욕에 대해 전자소떼와 슈퍼시장이 어떻게 말레이시아를 벌했는지를 이야기했다. 쉬크 하마드는 내 말을 듣고는 왕족이 아니라 주지사와 같은 말을 했다. "음, 나는 이곳에 어떤 고층빌딩도 짓지 말아야겠군. 시장이 그걸 좋아하지 않을 수도 있으니까."

준비됐나요?

지도자와 개인, 투자자, 기업들이 새로운 세계화 체제에 적응하는 방식은 20세기 말의 진정한 특징이다. 이 문제에 관해 한 가지만 더 이야기해야 할 게 있다. 지금껏 본 건 아무것도 아니라는 이야기다.

내가 지금까지 설명하려 한 것처럼, 우리가 소통하고, 투자하고, 세계를 보는 방식을 바꿔놓은 기술과 금융, 정보의 민주화는 오늘날 세계화 체제의 모든 핵심 요소를 낳았다. 이들 세 가지 민주화는 모든 장벽을 날려버렸다. 또한 우리들 각자가 세계 어디에든 이를 수 있고 강력한 힘을 지닌 개인이 될 수 있도록 해주는 네트워크를 만들어냈다. 전자소떼와 슈퍼시장이 부상하도록 연결고리와 활동 공간도 만들어주었다. 그리고 자유시장 자본주의를 제외한 모든 낡은 이데올로기를 날려버렸다. 뿐만 아니라 놀라운 효율성을 창출해 모든 기업들이 그 체제에 적응하지 못하면 죽을 수밖에 없도록 만들었다. 그리고 사실상 모든 산업 부문에서 진입장벽을 낮추었다. 모든 사람들이 먼저 지역적으로 생각한 다음 세계적으로 생각하던 사고방식에서 벗어나 먼저 세계적으로 생각한 후 지역적으로 생각하도록 강요했다.

내가 "지금껏 본 건 아무것도 아니다"라고 말한 것은 인터넷 때문이다. 기술·금융·정보의 민주화 마지막 단계에 부상한 인터넷은 분명 새로운 세계화 체제의 형성에 기여했다. 하지만 인터넷이 확산되면 이는 세계화를 더욱 진전시키는 터보엔진이 될 것이다. 인터넷은 우리가 소통하고, 투자하고, 세계를 보는 방식을 더욱 세계화시킬 것이다. 당신이 인터넷에 접속하는 순간 사실상 비용 부담 없이 세계의 누구와도 소통할 수 있고, 인터넷에 접속하는 순간 거의 공짜로 세계의 어느 시장에도 투자할 수 있기 때문이다. 또한 당신이 인터넷 웹사이트를 가진 사업을 시작하는 순간, 당신이 세계 어디에 있든, 누가 당신의 경쟁자이고 누가 당신의 고객인지를 생각할 때 세계적인 관점에서 생각해야 하기 때문이다.

1998년 초 나는 실리콘밸리로 가서 전 세계의 인터넷을 연결하는 파이프와 블랙박스를 만드는 시스코시스템의 존 체임버스 사장과 이야기를 나눴다. 체임버스는 당시 나에게 이렇게 말했다.

"인터넷은 모든 걸 바꿀 것입니다. 산업혁명은 사람들이 기계가 있는 공장으로 모이도록 했지만 인터넷혁명은 사람들이 지식과 정보를 갖고 가상의 기업으로 모이도록 할 것입니다. 인터넷은 모든 면에서 산업혁명 못지않게 사회에 큰 영향을 미칠 것입니다. 인터넷은 세계화를 놀라운 속도로 촉진할 것입니다. 이는 산업혁명처럼 100년에 걸쳐 일어나지 않고 7년 만에 이뤄질 것입니다."

나는 체임버스가 이야기하는 걸 받아적고 칼럼에 인용하기도 했다. 하지만 그의 말은 내 마음에 진정으로 받아들여지지 않았다. 나는 그의 말을 기술 만능주의자들에게서 흔히 듣게 되는 과장으로 받아들였다. '맞아, 맞아, 맞아, 인터넷은 모든 걸 바꿀 거야. 그들은 언제나 그렇게 이야기하지.' 나는 그때는 그렇게 생각했다. 하지만 이 책을 써갈수록 나는 체임버스의 말이 참일 뿐만 아니라 오히려 지나치게 줄여 말했다는 걸 깨달았다.

체임버스를 만나고 온 몇 달 후 그의 사무실에서 컵과 펜, 셔츠가 든 박스 하나를 보내왔다. 셔츠에는 TV에도 나온 시스코의 새 광고 캠페인 표어가 쓰여 있었다. 내용은 아주 간단했다. 시스코의 TV 광고에는 세계 곳곳에서 온 젊은이와 노인들이 등장한다. 그들은 카메라를 똑바로 보면서 이렇게 묻는다. "준비됐나요?" 1998년 봄이었던 당시 나는 기념품들에 새겨진 그 표어를 보면서 혼잣말을 했다. "이게 다 무슨 쓸데없는 말이야? 참 이상한 광고로군. 도대체 뭘 준비하라는 거야?"

하지만 1999년 인터넷이 연쇄반응을 불러일으킬 수 있는 임계질량에 이르고 상거래와 커뮤니케이션을 새롭게 규정하기 시작하자 나는 시스코가 "준비됐나요"라고 물은 뜻을 정확히 이해하기 시작했다. 인터넷은 내가 이 책의 제1부에서 묘사한 세계화 체제—빠른 세계, 전자소떼, 슈퍼시장, 황금 스트레이트재킷이 있는 체제—를 죄는 거대한 바이스가 될 것이다. 인터넷은 그 체제를 더욱 밀착시키고 날이 갈수록 점점 더 작고 빠른 세계로 바꿔놓을 것이다.

이렇게 생각해보자. 인터넷 덕분에 우리는 이제 이메일을 주고 받을 수 있는 공통의 글로벌 우편 시스템을 갖게 됐다. 우리 모두가 사고팔 수 있는 공통의 글로벌 쇼핑센터도 갖게 됐다. 우리 모두가 연구와 조사를 할 수 있는 공통의 글로벌 도서관, 우리 모두가 강의를 들을 수 있는 공통의 글로벌 대학도 생겼다. 1999년 미국 성인 인구 가운데 인터넷에 접속하는 이들은 전체의 절반 이상인 1억 명에 이른다. 온라인으로 책을 살 뿐만 아니라 주택대출을 얻고 새 컴퓨터와 차를 사는 이들을 점점 더 자주 만나게 된다. 이는 미국에서만 일어나는 일이 아니다. 인도를 보라. 델리 주변의 가난한 지역에서 새로 생겨난 우샤그룹이라는 무선전화업체 직원들은 화장품 방문판매원처럼 가가호호를 방문해 집에 전화를 놓을 수 없는 가난한 사람들에게 무선전화기를 빌려준다. 주민들은 얼마 안 되는 사용료를 내고 몇 분 동안 필요한 통화를 한다. 우샤는 이제 이들 마을에, 인터넷에 싸게 접속할 수 있는 공중 콜센터를 설치하고 있다.

래리 서머스 재무장관은 이런 이야기를 들려주었다. "언젠가 채무탕감 문제를 논의하러 모잠비크—지표에 따라 세계에서 가장 가난한 나라라고 할 수 있는 나라—에 간 적이 있습니다. 현지 기업인들과 점심을 같이 할 때 옆자리에 있는 기업인에게 요즘 사업이 어떤지 물어봤지요. 그는 '지금은 꽤 괜찮지만 앞으로가 걱정'이라고 하더군요. 왜 그런지 물었더니 자사는 모잠비크의 독점 인터넷 서비스업체인데 곧 경쟁사가 나타나 자사의 수익성이 떨어질까 겁난다고 설명을 하더군요."

그가 걱정하는 건 당연하다. 앞으로 인터넷이 주도하는 세계화 단계에서 날마다 작아지고 빨라지는 세계에 적응하는 건 개인이든 국가든 기업이든 우리 모두에게 엄청난 도전이 될 것이다. 이 책의 제2부와 제3부에서 그 이유를 설명한다.

준비됐는가?

제2부
세계화에 접속하기

08
DOS캐피털6.0

모스크바(AP) 최근 모스크바의 한 미술전시회에서 관람객과 평론가들이 블라디미르 레닌을 본뜬 실물 크기의 케이크를 먹어치운 사건과 관련해, 화랑 주인이 오늘 검찰 조사를 받았다. 20명의 공산당 소속 의원들이 그 케이크는 국가적 인물을 모독했기 때문에 법을 위반한 것이라고 주장한 후, 화랑 주인 세르게이 타라보로프가 검찰 조사를 받았다고 화요일 『모스크바타임스』가 보도했다.
1998년 9월 8일 모스크바에서 AP통신

"현금을 얼마나 소지하고 있습니까?"
내가 알바니아 티라나공항에서 출국 수속을 밟고 있을 때 한 세관원이 제시 제임스와 같은 톤으로 질문을 던졌다. 그 질문이 그녀의 입 밖으로 튀어나오자마자 나는 곧 내 돈을 압수당할 것 같아 기분이 가라앉았다.
"3,500달러 갖고 있습니다." 나는 전대를 가볍게 치며 대답했다.
"3,500달러." 그녀가 눈을 빛내며 따라 말했다. "이 사람 3,500달러 갖고 있어요." 그녀는 엑스레이 화물 투시기 옆에 있는 남자 동료에게 말했다.
"어느 나라에서 왔습니까?" 그가 물었다. 내가 얼마나 약점이 있는지 재보면서 한편으로 내가 외교관이 아니라는 걸 확인하려는 게 분명했다. 나는 그에게 『뉴욕타임스』 칼럼니스트라고 말했다. "『뉴욕타임스』라고요?"

그가 나를 훑어보면서 말했다. "보내줘."

『뉴욕타임스』가 티라나에서 그토록 영향력을 발휘할 줄 누가 생각이나 할 수 있었을까! 나는 거의 뛰다시피 해 비행기를 탔다. 그때 내가 조마조마해한 까닭이 있었다. 전에도 다른 나라에서 똑같은 상황을 경험한 적이 있다. 법의 지배가 이뤄지지 않았다는 점에서 알바니아와 다를 바 없는 나라 이란에서였다. 다만, 거기서는 해피엔딩이 아니었다. 시작은 알바니아에서와 같은 식이었다. 나는 새벽 4시에 테헤란국제공항에서 세관을 통과하려 하고 있었다. 세관원은 나에게 가방을 열어놓고 세관신고서를 내라고 지시했다. 신고서에는 현금을 얼마나 소지하고 있는지 묻는 줄이 있었고 나는 3,300달러를 갖고 있다고 정확히 적었다. 이란에서는 미국 신용카드가 통하지 않았기 때문에 나는 많은 현금을 가져가야 했다. 마른 체구에 콧수염을 기른 이란 세관원은 신고서를 꼼꼼히 들여다보더니 나에게 허기진 표정으로 말했다. "선생, 선생, 당신은 500달러만 갖고 나갈 수 있습니다."

나는 당황했다. "오, 안 돼요. 어떻게 하죠?"

이란 세관원은 몸을 기울여 내 귀에다 속삭였다. "300달러만 주면 내가 처리할 수 있습니다." 내 뒤에는 길게 줄지어 선 이란인들이 나를 지켜보고 있었다. 틀림없이 모두가 무슨 일이 일어나고 있는지 정확히 알고 있었다. 나는 전대에서 빳빳한 100달러짜리 세 장을 꺼낸 다음 공처럼 구겨서 손에 쥐었다.

"조심하세요." 세관원이 쉬 소리를 내며 말했다. 우리 뒷줄에 있던 누군가가 지금 벌어지고 있는 일을 신고하러 가기라도 할 것처럼. 우리 둘이 열어놓은 내 가방을 뒤지는 척할 때 그의 손이 잽싸게 내 손 안에 있던 300달러를 채갔다. 그 동작은 마치 송어가 파리를 잡아먹는 것만큼 빨라서 슬로모션으로 재생하지 않고는 볼 수 없었다. 그런 다음 그는 다른 손으로 나에게 빈 세관신고서를 주며 내가 500달러만 갖고 나간다고 써 넣으라고 말했다. 그것으로 끝난 것이 아니었다. 탑승 게이트로 가려고 한 층을 올라가 금속탐지기를 지나자 몸수색이 있었다. 커튼 뒤 칸막이로 들어가자 거기 있던 이란 병사가 내 전대를 열어보라고 했다. 나는 패닉에 빠져 생각했다. '이 3,000달러를 어떻게 설명할까? 뭐라고 말해야 하나? "이봐요. 난 이미 아래층 당신 동료에게 뇌물을 주고 여기까지 왔단 말이오. 그러니 썩 꺼지시오." 이렇게?' 다행히 그는 그냥 내 돈을 보더니 페르시아어로 뭐라고 중얼대고는 나를 보내주었다.

부패의 먹이사슬, 도둑체제

세계 여행을 많이 다녀본 이들은 이란과 알바니아에서의 내 모험이 예외적인 일이 아니라는 걸 알 것이다. 여행을 하다 보면 '도둑체제kleptocracy*'라는 표현이 가장 잘 어울릴 만한 현상이 여러 모습으로 나타나는 걸 보게 된다. 도둑체제는 개도국에서는 언제나 찾아볼 수 있고 선진국에서도 볼 수 있는 그 흔한 뇌물이나 부패의 차원을 넘어서는 것이다. 도둑체제는 국가 기능—세금 징수와 세관 통제, 민영화, 규제와 같은 기능—의 대부분 또는 전부가 너무나 부패에 물들어 있어서 합법적인 거래가 정상이 아니라 예외가 되는 경우다. 보통의 경우 모든 직급의 관리들이 시민과 투자자, 국가에서 어떤 돈이라도 짜내기 위해 그들의 권력을 이용한다. 시민과 투자자들은, 이들의 결정이나 서비스를 받아내는 유일한 길은 대가를 지불하는 것이라고 생각한다. 도둑체제가 용인되고 기대되는 상황이다.

나라에 따라 초기 도둑체제부터 완전 도둑체제까지 다양하게 나타난다. 완전 도둑체제는 나이지리아처럼 국가가 도둑질을 바탕으로 서 있는 곳이

---

* 'kleptocracy'의 어원(klepto+kratein)을 따지면 '도둑의 지배rule by thieves'라는 뜻이며, 흔히 '도둑정치'로 번역하나 여기서는 도둑체제로 썼다. (옮긴이)

다. 초기 도둑체제는 인도처럼 부패가 기승을 부리고 그것이 기대되고 용인되지만, 일부 합법적이고 심지어 민주적인 규범이 함께 존재하는 곳이다. 완전 도둑체제와 초기 도둑체제의 차이는 세계은행에서 회자되는 오래된 우스갯소리에 가장 잘 드러난다. 아시아와 아프리카의 사회기반시설 건설 담당 장관들의 교환방문을 소재로 한 이야기다. 먼저 아프리카 장관이 아시아 장관의 나라를 방문했는데, 마지막 날 아시아 장관이 아프리카 장관을 초대해 만찬을 베풀었다. 아프리카 장관이 호스트에게 물었다. "와, 당신 월급으로 어떻게 이런 집에 살 수 있습니까?" 아시아 장관은 아프리카 장관을 큰 창문 앞으로 데려가 멀리 보이는 새 다리를 가리켰다. "저 너머 다리가 보이지요?" 아프리카 장관이 대답했다. "예, 보입니다." 아시아 장관이 손가락으로 자신을 가리키며 속삭였다. "10%." 다리 건설 비용의 10%가 자기 주머니로 들어왔다는 뜻이었다. 1년 후 이번에는 아시아 장관이 아프리카 장관의 나라를 방문했다. 그는 아프리카 장관이 자기 집보다 훨씬 좋은 궁궐 같은 집에 살고 있는 것을 보고 이렇게 물었다. "와, 당신 월급으로 어떻게 이런 집에 살 수 있습니까?" 아프리카 장관은 거실의 큰 창문 앞으로 아시아 장관을 이끌더니 수평선을 가리키며 물었다. "저기 다리가 보입니까?" 아시아 장관이 고개를 저었다. "아니, 저기에는 다리가 없는데요." 아프리카 장관이 말했다. "맞아요." 그러고는 자신을 가리키며 말했다. "100%."

초기 도둑체제와 완전 도둑체제를 구별하는 실제적인 차이는 무엇인가가? 내가 지난 몇 년 동안 수집한 몇 가지 지표가 여기 있다.

1995년 모스크바는 도둑체제에 있었다(1996, 1997, 1998, 1999년도 마찬가지였다!). 당시에는 소련 붕괴에 따른 거리 범죄가 만연했다. 나는 모스크바 시내 펜타호텔에 체크인을 하자마자 현금을 프런트 데스크로 가져가 호텔 직원에게 귀중품 보관금고를 빌리고 싶다고 말했다. 주머니 가득 달러를 넣고 모스크바를 걸어다니기는 정말 싫었다.

데스크 직원의 대답은 뜻밖이었다. "죄송합니다. 금고는 모두 사용 중입니다. 대기자 명단이 있습니다. 손님도 대기자 명단에 올려놓을까요?"

나는 웃을 수밖에 없었다. 호텔 귀중품 금고 임차대기자 명단이라고? 재미없는 유머의 결정적인 한마디 같기도 했다. 질문: "당신이 정말로 위험한 도시에 있다는 걸 언제 알 수 있을까?" 정답: "호텔 귀중품 보관금고가 모두 임차됐을 때."

내가 모스크바에서 만난 한 투자자가 러시아 은행을 막 인수하고 보니 관리자들보다 경비원이 더 많더라고 한 이야기는 놀라운 것도 아니다. 그는 한 서방의 레스토랑 체인이 모스크바 지점의 사업이 활발한데도 돈은 거의 벌지 못하는 까닭을 알아내기 위해 감사팀을 파견한 이야기를 들려주었다. 그들은 거의 모든 종업원들이 어떤 형태로든 절도에 관여하고 있음을 발견했다. 요리사들이 햄버거를 훔치고 매니저들은 리베이트를 챙기고 있었다.

알바니아도 도둑체제에 있다. 이 나라에서는 탈세가 하도 기승을 부려 1997년에는 알바니아-미국 합작 피자 가게가 세금 납부 금액 상위 35위 기업이 될 정도였다. 자동차 절도 역시 기승을 부려 한 미국 관리는 알바니아 거리의 자동차 가운데 80%는 유럽 어딘가에서 훔친 것이라고 추정하기도 했다.

러시아의 부패는 크레믈린의 지도층까지 물들어 이런 우스갯소리가 있을 정도다. 시골에서 모스크바에 차를 몰고 온 한 남자가 그의 새 차를 붉은광장의 크레믈린 스파스키 게이트 바로 앞에 세우려 하자 경찰이 다가와 말했다. "이봐요. 여기에는 주차할 수 없소. 이 문으로 우리 지도자들이 다닌다는 말이오." 이에 그 남자가 하는 말. "걱정 마세요. 자동차 문을 잠갔으니까."

멋대로 부패한 수하르토 일가가 통치하던 시절 인도네시아에 살았던 내 친구는 그 나라의 도둑체제에 관해 이야기해주었다. 그는 오랫동안 싱가포르 신문의 자카르타 특파원으로 일했는데 정기적으로 체류 허가를 갱신해야 했다. 인도네시아의 부패는 너무나 뿌리 깊어 관리들이 받은 뇌물에 영수증까지 써줄 정도라고 내 친구는 말했다. "나는 해마다 체류 허가를 다시 받아야 했는데 뇌물을 주고 영수증을 받았어. 우리 신문사 회계 담당자가 증빙을 원해서 그 관리가 써준 거지." 수하르토 시절 다음과 같은 이야기가 회자되는 것도 놀라운 게 아니었다. 이웃이 네 염소를 훔치거든 그를 재판정에 끌고 가는 것만은 하지 마라. 경찰과 판사에게 뇌물을 다 주고 나면 네 소까지 잃는 셈이 될 테니까.

도둑체제는 법규가 지켜지는지 감시할 책임이 있는 관료와 규제 당국이 스스로에게는 법규가 적용되지 않는다고 믿을 때 나타난다. 『파이스턴 이코노믹 리뷰』 편집국장인 나얀 찬다는 언젠가 나에게 중국에 갔던 이야기를 해주었다.

"나는 베이징에 머물렀는데 한번은 중국 외교부 통역과 우리 사무실 보조원과 함께 외교부 소속 운전기사가 모는 차를 타고 제2순환도로를 달리고 있었습니다. 외교부 운전기사는 고속도로를 타고 가다 갑자기 유턴을 해 미친 듯이 경적을 울려대며 고속도로 진입 램프로 곧장 차를 모는 겁니다. 자동차들이 진입 램프에서 고속도로로 들어오고 있는데도 우리는 그들과 마주보며 달렸던 거죠. 나는 깜짝 놀랐고 겁이 나서 '뭐하는 겁니까' 하고 통역에게 소리쳤어요. 그는 운전기사가 고속도로에서 앞쪽에 엄청난 교통정체가 생긴 걸 눈치채고 진입 램프로 빠져나가 우회하려고 했던 거라고 말했어요. 나는 눈을 감고 좌석 뒤에 몸을 숙이고는 살아서 여기를 빠져나가게 해달라고 기도했지요. 나는 살아 나왔어요. 하지만 나중에 이런 생각이 들더군요. '중국으로 들어오는 이 모든 외국기업들은 어떻게 될까? 중국인들은 그들과 계약서에 서명하고, 기술을 얻고, 그러고는 룰을 바꿔 돌아가라고 할 수도 있겠지. 그들은 살아 돌아올 수 있을까?'"

중국 규제 당국자들이 호시탐탐 기회를 노리고 있다면 살아 돌아올 수 없을 것이다. 한 캐나다 대형 은행 중국 지점의 책임자는 어느 날 상하이에서 점심을 같이 했을 때 나에게 자기의 경험담을 들려주었다. 1997년 그 은행은 홍콩 지점에서 상하이 지점으로 몇천 달러를 송금한 적이 있는데 송금이 완료되기까지 18일이나 걸렸다. "우리는 어떤 일이 일어났는지 알았어요. 중앙은행의 누군가가 그 돈을 가져가 17일 동안 상하이 주식시장에 투기를 한 후 18일째 되는 날 제자리에 돌려놓았고 그제서야 그 돈이 우리 계좌에 나타난 것이죠."

도둑체제는 러시아와 동유럽의 부패한 민영화 과정에서 수십억 달러가 빼돌려지는 것에서도 나타난다. 이곳에서는 소수의 거물급 엘리트가 보통 지역 마피아, 정부 관료와 공모해 국영 공장과 천연자원을 시장가격보다 싸게 인수해 하루아침에 억만장자가 된다. 올리가르흐(oligarch: 원래 소수의 지배rule of the few를 뜻하는 그리스어에서 유래된 말로 러시아에서는 소련 붕괴 후 도둑체제로 바뀌는 과정에서 발호한 신흥독과점 재벌기업가를 가리킨다 – 옮긴이)와 다른 수탈의 명수들이 러시아에서 놀라운 속도로 빼돌린 돈 때문에 파리와 런던, 텔아비브의 부동산 가격이 오를 정도였다. 지금 러시아의 약탈적 자본가들이 있듯이 미국이 신흥시장이었을 때에도 약탈자본가Robber Baron들이 있었다. 하지만 미국의 약탈자본가들은 그들의 돈을 미국 주식시장과 부동산에 투자했다. 그러나 지금은 세계화와 자본 이동의 자유화가 이뤄진 덕분에 러시아의 약탈자본가들도 미국 주식시장과 부동산에 투자할 수 있게 됐으며 이는 그 나라를 더욱 가난에 찌들게 했다.

때로 나라 경제를 수탈하는 소수의 거물들뿐만 아니라 사회안전망이 없는 나라에서 살아남으려는 보통 사람들도 도둑체제에 가담한다. 나는 자카르타공항에서 비행기를 갈아타려고 국내선 터미널에서 국제선 터미널로 연결하는 셔틀버스를 탄 적이 있다. 나는 길가에 있는 '국제공항 무료 셔틀'이라는 표지판 뒤에서 가방을 갖고 기다렸다. 버스가 와서 가방을 실었는데 버스를 타는 이는 나밖에 없었다. 내가 다음 터미널에서 차에서 내리려고 운전기사 옆을 지나갈 때 기사는 "선생" 하며 나를 세웠다. 자기 자리 위에 붙여놓은 빨간 매직펜으로 갈겨쓴 조잡한 표지판을 보라는 것이었다. 그 표지판에는 '승차요금 4,900루피아'(당시 약 2달러)라고 쓰여 있었다. 나는 그저 어깨를 한 번 으쓱하고 돈을 줄 수밖에 없었다.

도둑체제는 1998년 어느 날 『뉴욕타임스』 뉴델리 지국장 존 번스와 함께 인도 국회(인도의 법률이 공포되는 의회)를 찾아갔을 때도 모습을 드러냈다. 우리가 안으로 들어갈 수 있을 때까지 로비에서 기다리고 있을 때 번스는 국회 서점에서 파는 책을 한 권 보았다. 인도 국회의원 전원의 사진과 프로필을 실은 인명록이었다. 번스는 그 책을 사고 싶었다. "이 책을 사려면 누구에게 말해야 합니까?" 번스는 책 진열대 옆에 서 있는 직원에게 물었다. "나한테요. 700루피입니다." 그 직원은 그렇게 대답하고 책을 꺼내러 갔다. 그가 돌아오자 번스는 영수증을 달라고 있다. 그 직원은 이렇게 대답했다. "이 서점의 판매 시간은 정오까지입니다. 이건 '서점 밖에서' 판 걸로 처리됩니다." 영수증은 없다는 뜻이었다. 번스에게 책을 건네주고 책값은 자기 주머니에 넣었다. 나는 재미있다고 생각했다. 인도의 입법기관 로비에서 법을 제정하는 사람들에 관한 책을 사는 데에도 누군가에게 뇌물을 줘야 하다니.

이런 걸 보면 부패가 만연한 편잡주에서 어떤 상을 줄 사람을 18개월 동안이나 찾다 결국 포기했다는 『타임스 오브 인디아』 1998년 12월 5일자 보도를 이해할 수 있다. 편잡주는 '청렴하게' 공무를 수행한 관리를 찾아 10만 루피(2,380달러)의 상금을 주려 했다. 하지만 전기 개설부터 공립학교 입학에 이르기까지 어떤 일을 처리하더라도 누군가에게 뇌물을 줘야 하는 이 지역에서 그 상을 받을 만한 관리를 찾을 수는 없었다. 뉴델리의 그 신문은 상을 받을 사람을 찾다 수상자 대신 300명의 관리들을 부패 혐의로 기소할 수 있는 증거를 찾아냈다고 전했다.

국가의 하드웨어와 소프트웨어

이 모든 게 세계화와 어떤 관련이 있다는 말인가? 컴퓨터 세계와의 간단한 비유를 써서 설명해보자. 나는 여러 나라를 컴퓨터의 세 부분과 비교하고 싶다. 먼저 실체로 보이는 기계, '하드웨어'가 있다. 이는 경제를 둘러싼 기본적인 외형이다. 냉전체제에서는 세계에 세 가지 하드웨어가 있었다. 자유시장 하드웨어, 공산주의 하드웨어, 그리고 이 두 가지 특성을 결합한 하이브리드 하드웨어다.

두 번째 부분은 하드웨어를 위한 '운영체제'다. 나는 이를 한 나라의 광범위한 거시경제 정책과 비교한다. 공산주의 국가의 기본적인 경제 운영체제는 DOS캐피털0.0이다.*

하이브리드 국가의 운영체제는 사회주의, 자유시장 자본주의, 국가 주도 경제체제와 정실자본주의의 다양한 조합이다. 여기서 정부 관료와 기업가, 은행들은 서로 밀접하게 연결돼 있다. 나는 이를 정부 개입과 경제 발전 정도에 따라 DOS캐피털1.0부터 4.0까지로 본다. 예를 들어 헝가리는 DOS캐피털1.0이며, 중국은 내륙에서는 DOS캐피털1.0, 상하이에서는 DOS캐피털4.0 체제다. 태국과 인도네시아는 DOS캐피털3.0, 한국은 DOS캐피털4.0이다.

마지막으로 거대한 산업자본주의 체제가 있다. 이 운영체제의 일부는 자유시장에 바탕을 두고 있지만 일부는 여전히 복지국가적인 요소를 갖고 있다. 이 그룹에는 프랑스, 독일, 일본이 속하며 나는 이들 나라의 운영체제를 DOS캐피털5.0으로 부른다. 미국과 홍콩, 대만, 영국 같은 나라는 경제를 완전히 자유화하고 완전한 황금 스트레이트재킷을 입고 있다. 이들 나라는 DOS캐피털6.0을 갖고 있다.

---

* 'DOS캐피털DOScapital'은 마르크스의 『자본론Das Kapital』과 발음이 비슷한 조어다. (옮긴이)

한 나라의 경제를 싸고 있는 하드웨어와 기본적인 운영체제를 모두 활용하기 위해서는 '소프트웨어'도 필요하다. 내가 보기에 이 소프트웨어는 법의 지배라는 범주 안에 들어가는 모든 것들이다. 소프트웨어는 한 나라의 법과 규제 시스템의 질적 수준을 나타낸다. 또한 공직 관료들과 시민들이 얼마나 법을 이해하고, 받아들이고, 법을 구현하는 방법을 아는지를 보여준다. 훌륭한 소프트웨어는 은행법, 상법, 파산법, 계약법, 비즈니스에 필요한 준칙, 실질적인 독립성을 확보한 중앙은행, 리스크를 안고 투자하도록 격려하는 재산권, 사법적 심사 절차, 국제 회계기준, 상사법원, 공정한 법에 바탕을 둔 규제감독기관, 정부 관료들의 이해 상충과 내부자거래를 막는 법규, 그리고 이들 법규를 일관성 있게 이행하려는 공직자와 시민들의 자세를 갖추고 있다.

냉전 때는 어떤 하드웨어가 세계를 지배할지를 놓고 큰 싸움이 벌어졌다. 소련과 미국은 그들의 하드웨어가 어느 특정 동맹국에 얼마나 잘 맞는지에 관해서는 큰 관심을 기울이지 않았다. 단지 자기네 상표와 스티커를 붙이고 있는지를 확실히 하고 싶어 했다. 실제로 어떤 나라가 오랫동안 내부적으로 형편없는 운영체제와 부패한 소프트웨어를 갖고도 그럭저럭 굴러갈 수 있었다. 소련과 미국이 그들을 자기 편에 붙잡아두는 데 너무나 집착해서 자기네 브랜드만 붙이고 있으면 보조금을 주거나 무상수리까지 해주었기 때문이다. 양대 슈퍼파워는 '도미노이론'을 겁내며 살았다. 어떤 핵심 동맹국이 하드웨어를 바꾸면 그 이웃 나라들이 모두 따라 바꾼다는 이론이다. 이 싸움은 냉전체제가 무너지면서 끝났다. 갑자기 공산주의, 사회주의, 그리고 하이브리드 모델까지도 모두 신뢰를 잃었다. 갑자기 우리는 역사적으로 주목할 만한 순간에 이르렀다. 사상 처음으로 사실상 세계의 모든 나라들이 기본적으로 같은 하드웨어(자유시장 자본주의)를 갖게 됐다. 그렇게 되자 게임은 완전히 달라졌다. 각국은 더 이상 어느 하드웨어가 좋을지 선택할 필요가 없게 됐다. 제대로 작동할 것 같은 하나의 하드웨어(자유시장 자본주의)

를 어떻게 가장 잘 활용할 수 있을지에 관한 선택만 남았다.

컴퓨터 기술의 세계에는 '언제나 하드웨어가 소프트웨어와 운영체제를 앞서간다'는 말이 있다. 다시 말해, 엔지니어들은 계속해서 점점 더 빠른 칩을 개발하고 그런 다음에야 이 새로운 하드웨어를 가장 잘 활용할 수 있는 운영체제와 더욱 정밀한 소프트웨어가 개발된다. 이 격언은 세계화에도 적용된다. 러시아와 동유럽, 제3세계에서 공산주의와 사회주의가 무너진 후 수많은 나라들이 기본적으로 자유시장 하드웨어를 채택하는 걸 우리는 지켜봤다. 심지어 그들의 하드웨어를 고압전류가 흐르는 전자소떼에 접속하기도 했다. 하지만 일단 그 소떼와 연결되고 나면 끊임없이 드나들게 될 자본흐름을 합리적으로 배분하고 효과적으로 관리하는 데 필요한 운영체제와 소프트웨어를 갖추지도 못한 채 그렇게 하는 경우가 많았다.

우리는 바로 이게 냉전체제에서 세계화 체제로 이행하는 과정에서 나타나는 핵심적인 문제 가운데 하나임을 알게 됐다. 이는 '미숙未熟한 세계화'의 문제다. 다시 한 번 말하지만, 오늘날 당신은 전자소떼와 슈퍼시장에 연결되지 않고는 번영할 수 없으며, 그에 따르는 이점을 최대한 이용하면서 그들이 난폭하게 줄달음칠 때 당신을 보호해줄 수 있는 운영체제와 소프트웨어 없이는 생존할 수 없다.

모두가 같은 브랜드의 하드웨어(자유시장 자본주의)로 옮겨감에 따라 각국이 운영체제와 소프트웨어를 개발하는 속도에 있어 필연적으로 차이가 나타날 것이다. 단 하나의 브랜드만 있을 때 컴퓨터를 사는 건 너무 쉽다. 어떤 바보라도 컴퓨터 매장에 가서 하나 집어들면 그만이다. 실제로 냉전체제에서 세계화 체제로 이행하는 과정에서 많은 나라들이 그렇게 했다. 그들이 그 컴퓨터를 효과적으로 작동시킬 수 있는 운영체제와 소프트웨어를 갖고 있는지 생각도 하지 않고 말이다. 이들 나라는 이렇게 말했다. "헤이, 이거 참 쉽네. 내 멋진 새 컴퓨터를 바로 여기 전자소떼에 접속하면 되지…"

하지만 이는 실제로는 보기보다 훨씬 더 힘들다. 자유시장경제를 선언하기는 쉽다. 어려운 건 족쇄가 풀린 자본주의로부터 사람들을 보호하는 사법 절차를 갖고 공정한 법규와 상거래 준칙을 효과적으로 이행할 수 있는 체제를 확립하는 일이다. 주식시장을 개방하는 건 쉬운 일이다. 이제 몽골에도 주식시장이 있다. 하지만 내부자거래를 막을 증권거래위원회를 설립하는 건 어려운 일이다. 갑자기 언론에 대한 통제를 풀고 경제 정보의 자유로운 흐름을 허용하는 건 쉽다. 하지만 정부 내의 부패를 폭로하고 주주를 속이는 사기꾼 같은 기업의 실체를 밝혀내는, 참으로 독립적인 자유언론을 확립하는 일은 어렵다.

이처럼 소프트웨어와 운영체제를 만들어가는 과정은 세계화의 연결고리를 약하게 만들고 있다. 우리는 이제 다음과 같은 연쇄반응에 대해 알고 있다. 세계화는 더 많은 상거래와 경제 발전을 가져오고, 경제 발전은 사람들에게 더 큰 번영을 가져다주고, 이는 더 확대된 다양성과 정치적 자유를 가져오고, 확대된 자유는 민주화로 이어진다. 하지만 이런 연쇄반응이 일어나도록 하려면 그에 맞는 기본적인 운영체제와 소프트웨어를 갖춰야 한다. 그러나 이런 것들을 갖춰가는 과정의 첫 단계에서부터 종종 그 나라의 문화와 역사, 기존의 제도와 충돌이 빚어지거나 아니면 아예 제도적인 바탕이 없어서 문제가 되기도 한다. 따라서 그 첫 단계는 당초 베를린장벽 붕괴 후 낙관론이 퍼졌을 때 생각했던 것보다 훨씬 어려운 것으로 드러났다.

폴란드와 소련을 생각해보라. 이들은 대략 같은 시기에 냉전에서 벗어났다. 두 나라 다 경제침체를 겪었으나 폴란드는 곧 다시 성장하기 시작한 반면 러시아는 그러지 못했다. 거기에는 이런 이유도 있었다. 공산주의로 넘어가기 전 자본주의의 역사를 갖고 있던 폴란드는 상대적으로 빠른 시일 내에 세계화 시대에 성공하기 위해 필요한 기본적인 소프트웨어와 운영체제를 많이 갖추었다. 그러나 자본주의나 민주주의 역사가 없는 러시아는 훨씬 어려운 시기를 거쳤고 대가를 치렀다. 나는 제임스 베이커 국무장관이 기자들에게 들려준 조크를 늘 기억한다. 이 조크는 원래 미하일 고르바초프가 그에게 들려준 것이다. 고르바초프는 베이커에게 그토록 오랫동안 공산주의 체제에 있었던 러시아가 자본주의로 이행하는 게 심리적으로 얼마나 어려운 일인지 강조하기 위해 다음과 같은 이야기를 들려줬다. 한 러시아 농부가 길가에서 램프를 발견했다. 농부가 램프를 문질러보았더니 요정이 튀어나왔다. 요정은 농부에게 아무 소원이나 말하라고 했다.

농부는 요정에게 말했다. "이봐, 나는 소가 세 마리뿐인데 이웃 이고르는 열 마리나 갖고 있어."

요정이 물었다. "그럼 소를 스무 마리 갖고 싶다는 말이죠?"

농부는 아니라고 대답했다. "이고르네 소 중에서 일곱 마리만 죽여줘."

냉전체제에서 세계를 갈라놓은 가장 큰 경계는 공산주의와 자본주의 경제 사이에 있었다. 그 중간지대에 몇몇 하이브리드 체제가 있었다. 이제 거의 모든 나라가 같은 하드웨어를 채택함에 따라 세계를 구분하는 가장 큰 경계는 자유시장을 채택한 민주주의 체제와 자유시장을 채택한 도둑체제 사이에 있다. 자유시장에 맞는 운영체제와 소프트웨어를 개발할 수 있는 나라들은 자유시장 민주주의 체제의 방향으로 나아갈 것이다. 그 소프트웨어와 운영체제를 개발할 수 없거나 개발할 생각이 없는 나라는 자유시장 도둑체제로 나아갈 것이다. 이 체제에서는 약탈적 귀족과 범죄의 요소가 국가를 장악하며, 진정한 법의 지배를 확립하는 데 아무도 관심이 없다.

공산주의자와 자본가의 대립은 끝났다. 자유시장 민주주의자와 자유시장 도둑들의 대립이 시작됐다.

최악의 도둑체제, 알바니아

대부분의 사람들이 최고의 자유시장 민주주의가 어떤 것인지 익히 알고 있으므로 나는 최악의 자유시장 도둑체제가 어떤 것인지 보여주려 한다. 그러면 당신은 특정 국가가 양 극단 사이의 스펙트럼 어디에 자리 잡고 있는지 알 수 있을 것이다.

내가 본 가장 극단적인 형태의 자유시장 도둑체제는 1990년대 알바니아였다. 냉전 때 친중국 노선과 마오쩌둥식 공산주의를 채택했던 알바니아는 50년 동안 가장 고립적인 공산주의 국가였다. 베를린장벽이 무너지자 알바니아의 공산주의 체제도 1991년에 무너졌다. 알바니아에서 초보적인 선거가 실시됐고 티라나에 사이비 민주정부가 세워졌다. 알바니아 국민들은 '마침내 우리도 다른 모든 나라가 갖고 있는 자유시장 하드웨어를 갖게 됐구나' 생각했다. 불행히도, 그건 그들의 생각일 뿐이었다. 그 나라에는 하드웨어만 있었고 소프트웨어와 운영체제가 없었다.

내가 1998년 티라나에 갔을 때 47세의 작가이자 문학저널 『엔데버』 편집장이던 파토스 루보냐는 나에게 알바니아의 도둑체제에서 사는 게 어떤지 이렇게 묘사했다.

"공산주의가 끝난 후 우리는 완전한 평등을 얻었지요. 우리는 모두 똑같이 빈털터리였어요. 재산이나 연줄을 가진 이는 거의 없었습니다. 그 다음에 가서야 계급 체계가 생겨났지요. 사람들은 정치를 기본적으로 비즈니스로 보았습니다. 정치인이 된다는 건 누구에게 문을 열어주거나 닫아버릴 수 있다는 걸 의미했지요. 도장을 찍어줄 수도, 안 찍어 줄 수도 있었어요. 사람들은 자유시장에서는 무엇이든 맘대로 할 수 있다고 생각했습니다. 그래서 가장 겁 없는 사람들이 온갖 일들을 벌이기 시작했지요. 범법자들은 무슨 일을 하려면 정치인들이 필요하다는 걸 알게 됐고, 정치인들은 권력을 유지하려면 돈이 필요하다는 걸 깨달았습니다. 사람들은 전혀 경험이 없었어요. 그들은 (정부정책에 대해) 교육받은 게 없었습니다. 소프트웨어가 없으면 알바니아는 정글이 되리라는 걸 깨닫지 못했어요. 그래서 사람들은 고통을 겪었고, 많은 이들이 갱들에게 납치당하고, 이 나라를 떠났습니다. 사람들은 곧 알바니아가 불법적인 사업을 빼고는 자유시장에서 경쟁할 수 없다는 걸 깨달았죠. 그래서 우리는 이 범죄적인 부르주아지를 만들어낸 것입니다. 그들은 세금을 안 냅니다. 그들은 국민들의 사회생활이나 기반시설에 신경도 안 씁니다. 그들은 그냥 가져가고 또 가져갑니다. 우리는 마이크로칩으로 경쟁할 수 없으면 마피아로 경쟁하게 되지요. 진정한 자유시장 민주주의를 건설하는 데 우리는 아직 한 걸음도 못 나갔습니다. 첫 5년은 단지 공산주의의 돌연변이일 뿐이었지요. 우리는 창의와 리스크에 대해 보상하는 자유시장경제를 건설하는 대신 피라미드 판매 방식과 관련된 범죄자 경제를 만들었습니다. 사람들은 이들 피라미드에 돈을 맡겼어요. 투자는 하지 않고 그냥 커피나 마시면서 돈이 굴러들어오기를 기다렸던 겁니다. 피라미드 주인이 그렇게 약속했기 때문이죠. 이걸 보면 우리가 중국 원조만 기다리면서 (냉전에) 빌붙어 살던 때가 생각납니다. 이게 무엇이든 참된 경제라고 할 수 없겠지요."

사실 알바니아 정부는 적절한 은행 시스템을 확립하는 대신 폰지 사기 Ponzi scheme를 용인하고, 심지어 어느 정도 조장하기도 했다. 폰지 사기는 가장 오래된 사기 수법 가운데 하나다. 알바니아의 폰지 사기는 워낙 확고하게 자리 잡아서 가장 뻔뻔한 폰지조직 가운데 하나는 자기네가 마치 비자카드인터내셔널이라도 되는 양 이탈리아 자동차경주팀을 후원하기까지 했다. 전형적인 폰지 사기를 꾸미는 이들은 사람들에게 접근해 돈을 자기네 '펀드'에 맡기면 6개월 안에 20, 30, 심지어 50%까지 벌 수 있다고 꼬드겼다. 폰지펀드는 그토록 높은 수익을 얻을 수 있는 실질적인 투자는 하지 않았기 때문에—한다고 해도 극히 일부에 불과했기 때문에—기존 투자자들에게 높은 수익금을 지급하려면 끊임없이 새로운 투자자들을 꾀어서 끌어들여야 했다. 물론 펀드매니저들은 언제나 끌어들인 현금 중 일정 비율을 떼어간다. 이런 사기는 더 이상 새로운 투자자를 구할 수 없을 때까지는 잘 돌아간다.

세계은행 티라나 사무소 책임자인 카를로스 엘버트는 이렇게 설명했다. "폰지 사기는 당초 밀수출용 가솔린 매입자금을 마련하기 위해 시작된 것입니다. 발칸전쟁 당시 국제적인 경제제재를 받고 있던 이웃 나라 몬테네그로와 세르비아에 매우 비싼 가격으로 가솔린을 팔아 이익을 챙기기 위한 것이었지요. 하지만 세르비아에 대한 제재가 풀리자 폰지계획을 뒷받침하는 실질적인 사업은 사라지게 됐고, 그래서 단지 기존 투자자에게 수익금을 주기 위해 새 투자자를 끌어들여야 하는 사업이 된 겁니다. 폰지조직을 끌고 가는 이들이 신규자금에 정말로 혈안이 됐을 때는 50% 이자를 제안하기도 했습니다. 폰지계획은 너무나 솔깃한 것이었고 모두가 유혹에 넘어갔습니다. 그건 열병과 같았어요. 심지어 저와 함께 일하는 세계은행 사무소 (알바니아인) 직원들을 설득하는 것도 어려웠습니다. 제가 그래프를 그려가며 이들 폰지계획은 결국 실패하게 돼 있다고 설명하면 직원들은 고개를 끄덕이다가도 돌아서서는 폰지조직에 돈을 넣었지요. 사람들은 집을 팔고 받은 돈을 폰지조직에 넣었습니다. 그리고 두세 달 후 그들은 옛날 집을 다시 사고 새 집을 하나 더 살 수 있었지요. IMF와 중앙은행은 알바니아 정부에 '돈은 나무에서 자라지 않는다'며 경고했지만 정부는 개입하지 않았습니다."

알바니아 정부가 개입하지 않은 건 정부 내에 금융지식을 갖춘 이들이 부족했기 때문이기도 했고, 정부 관리들조차 상당수가 폰지 열병에 걸렸기 때문이기도 했다. 엘버트의 말을 더 들어보자. "제가 국경일을 맞은 어느 대사의 관저에 가보면 피라미드 조직의 오너 한 사람쯤은 보게 됩니다. 그들은 완전히 합법적으로 받아들여졌고 이 때문에 수많은 보통 사람들을 끌어들일 수 있었습니다."

하지만 알바니아의 피라미드 저축펀드들은 이런 종류가 언제나 그렇듯이 결국 무너졌다. 이 때문에 1997년 알바니아의 법과 질서는 완전히 무너져버렸다. 분노한 알바니아인들은 돈을 돌려받기 위해 온 나라를 뒤지고 다녔다. 엘버트와 다른 외국 외교관들은 안전을 위해 피신해야 했다. 그들은 영국이 조직한 호송단에 끼여 티라나에서 더리스 항으로 차를 몰고 갔다. 항구에 도착하자 그들을 태워가기로 한 헬리콥터가 착륙할 수 없었다. 군중이 총을 쏘아댔기 때문이다. 그래서 호송단은 이탈리아인들이 통제하고 있던 다른 지역으로 이동해야 했다. 외교관들은 모두 더리스까지 공관 운전기사가 모는 공관 차량을 타고 갔다. 운전기사들은 모두 차량을 다시 티라나로 몰고 돌아가기 위해 항구에 대기했다. 하지만 곧 무법천지가 되고 반쯤 술이 취한 일단의 알바니아 도둑들이 항구에 들어와 차를 훔치기 시작했다. 엘버트는 가장 놀라운 순간을 기억하고 있었다. 도둑들이 나타나 '엄청나게 큰 총'을 들이대고 피신한 외교관 차의 키를 달라고 요구해 차를 몰고 달아나기까지 채 1분도 안 걸렸다. 그러나 10분 후 그 도둑은 되돌아와 그가 빼앗은 차의 공식 등록서류를 달라고 요구했다. 마치 만약 알바니아가 법치의 소프트웨어를 갖추게 되면 자기가 차량 소유자임을 보여주는 서류가 필요할 수도 있다는 걸 그 도둑이 알아채기라도 한 것 같았다.

엘버트는 이렇게 덧붙였다. "그는 매우 공손했어요. 일단 강도짓이 끝나고 나니까 그 거래를 합법화하려는 것 같았어요."

전자소떼는 국가의 품질을 주시한다

1990년대 알바니아 이야기는 한 가지 간단한 논점을 보여주는 극단적인 사례다. 세계화가 진전되면서 갈수록 국경이 무의미해지고 있기 때문에 국민국가는 시들어가기 시작하거나 중요성이 감소하기 시작할 것이라고 예측하거나 걱정하는 이들은 치명적인 오류를 범하는 것이다. 사실 그들은 터무니없는 이야기를 하고 있다. 세계화가 진전되면서 갈수록 국경이 많이 열리고 있기 때문에 국가의 질質은 덜 중요해진 게 아니라 더 중요해졌다. 좀 더 큰 소리로 다시 말하겠다. 세계화 체제에서 국가는 더 중요해졌다. 국가의 질은 전자소떼를 다루기 위해 갖춰야 할 소프트웨어와 운영체제의 품질을 의미하기 때문이다. 어떤 경제가 전자소떼와 연결된 후 필연적으로 겪을 부침을 견뎌내는 능력은 부분적으로 법적 시스템과 금융시스템, 그리고 경제운용의 질에 달려 있다. 이는 모두 아직도 정부와 관료들의 통제 아래 있다. 칠레, 대만, 홍콩, 싱가포르는 모두 1990년대 경제위기 때 이웃 나라들보다 훨씬 더 잘 살아남았다. 이들 나라는 더 좋은 품질의 소프트웨어와 운영체제를 활용하는 양질의 국가 시스템을 가졌기 때문이다.

태국이 아시아 경제위기로 난타를 당한 후인 1998년 초 이 나라의 추안 릭파이는 총리는 나에게 이런 말을 했다.

"이 글로벌 시장의 일부가 되려면 시장으로부터 스스로를 지킬 수 있는 능력을 갖는 게 좋습니다. … 이번 위기가 우리에게 가르쳐준 교훈 가운데 하나는 우리의 사회구조와 기관들 중 상당수가 새로운 시대를 맞을 준비가 안 돼 있다는 점입니다. 이제 우리는 스스로 국제 기준에 맞춰가야 합니다. 사회 전체가 그걸 기대하고 있습니다. 그들은 더 나은 정부와 더 투명한 정부를 원하고 있습니다."

국가는 덜 중요해진 게 아니라 더 중요해졌지만 국가가 의미하는 바는 바뀌었다. 냉전 때 중요한 것은 국가의 '크기'였다. 공산주의자들과 싸우기 위해, 나라 주변의 장벽을 유지하기 위해, 그리고 노동자들이 공산주의자가 되지 않도록 후한 복지체제를 유지하기 위해서는 큰 나라가 될 필요가 있었다. 세계화 시대에 중요한 건 국가의 '질'이다. 굼뜨고 비대한 정부가 아니라 자유시장이 자본을 배분하도록 하려면 국가는 작아져야 한다. 하지만 자유시장을 질식시키거나 통제할 수 없는 상태로 내버려두지 않고 효과적으로 규제감독할 수 있는 관료들과 더불어 더 나은 국가, 더 영리하고 더 빠른 국가가 필요하다. 오늘날 각국 정부의 책략은 국가의 질을 높이는 동시에 국가의 크기를 줄이는 것이다. 가장 중요하고 지속성 있는 경쟁우위 가운데 하나는 날씬하고 효율적이며 정직한 정부다.

 과거에 공산주의, 하이브리드, 국가 주도 경제체제를 가졌던 나라들이 (자유화, 규제 완화, 국가 소유 기업의 민영화를 통해) 정부 규모를 줄이기 시작한 후에도 정부의 질을 높일 수 있느냐가 큰 이슈가 된 것도 이 때문이다. 더 나은 정부를 만들지 않고 더 작은 정부로 가는 것은 매우 위험하기 때문이다. 균형이 필요하다. 공평한 게임의 장을 유지하기 위해, 그리고 가장 혁신적인 기업가가 확실히 승리할 수 있도록 하기 위해 충분히 강력하고 적극적으로 개입하는 정부가 필요하다. 하지만 정부가 국내외의 경쟁에서 패배한 자를 보호하거나 이 경쟁에서 승리한 자들 가운데 또다시 승자를 뽑고 패자를 보호할 정도로 강력하게 개입해서는 안 된다. 시장에 정지신호만 있고 고속도로가 없으면 정체를 불러온다. 자유시장에 고속도로만 있고 정지신호가 없으면 혼란을 부른다. 공산주의 붕괴 후 미성숙한 세계화에 휩쓸린 러시아와 알바니아의 경우는 고속도로만 있고 정지신호는 없는 경우였다. 러시아는 운영체제와 소프트웨어가 사실상 전무한 상태에서 전자소떼에 접속했다. 그 결과 러시아는 충분한 감독체제나 외채상환에 필요한 세수도 없이 국민들에게—외국인 투자를 유치하고, 주식과 채권을 발행하고, 외국 은행에서 대출을 받으며—자유시장의 특권을 이용하게 했다. 그래서 전자소떼가 마침내 러시아는 운영체제와 소프트웨어도 갖추지 않은 자유시장 하드웨어일 뿐이라는 걸 깨달았을 때 소떼의 전압은 갑자기 높아졌고 이는 러시아 경제의 뒤엉킨 전선을 녹여버렸다.

 공산주의 후 폴란드 경제는 한때 기력을 잃었다 다시 솟구쳤다. 투자자들이 그곳에는 공평한 게임의 장이 마련돼 있고 가장 생산적인 기업이 승리한다는 걸 알았기 때문이다. 맥킨지컨설팅의 러시아 경제 조사팀을 이끄는 빌 루이스는 "러시아에서는 모범 관행에 따라 더 잘 경영한다고 성공하는 게 아니라 세금 혜택과 보조금을 받으며 특혜를 얻어야 성공할 수 있다"고 말한다.

동남아에서 벌어진 일도 미성숙한 세계화의 또 다른 형태다. 태국, 말레이시아, 한국, 그리고 인도네시아는 러시아와 다르다. 이들 나라는 초보적인 자유시장 하드웨어를 계속 갖고 있었다. DOS캐피털3.0이나 4.0 같은 구버전의 운영체제도 갖고 있었다. 이 DOS캐피털 구버전은 높은 저축률과 정부보증 신용, 천연자원, 열심히 일하려는 근로자들이 결합될 때는 즉, 1인당 소득을 500달러에서 5,000달러까지 올릴 때까지 잘해왔다.

우리 모두가 알고 있는 것처럼 컴퓨터를 처음 갖게 되면 어떤 운영체제라도 작동을 하며, 타자기를 쓸 때에 비하면 언제나 생산성이 높다. 하지만 구형 DOS캐피털은 상대적으로 느리고 정실자본주의로 가득 차 있다. 예를 들어 인도네시아 국영은행 경영은 재무부가 장악하고 있다. 이에 대해 동남아 금융시장에 관한 전문가인 시라이시 다카시 도쿄대 교수는 이런 글을 쓴 적이 있다.

"정치인이나 대통령 일족, 또는 재무부 관리가 전화를 하면 은행가들은 수익성이 없을 것으로 판단되는 프로젝트에 대해서도 대출을 해줘야 한다는 압박을 느끼게 된다. 그리고 대출상환이 의문시될 때는 그 문제를 감추려 한다. 민간은행들 역시 부실대출을 쌓아놓고 있었다. 은행들의 역할은 그들을 설립한 그룹을 위해 봉사하는 것이었다. 그룹 계열사가 어려움에 부딪혔을 때 은행들은 해외에서 고금리로 돈을 빌려 추가대출을 해주었다."

전자소떼가 1990년대에 286칩을 펜티엄 II급으로 업그레이드하면서 이들 동남아 나라들에게 점점 더 많은 돈을 공급했다. 규제를 거의 받지 않는 국내은행들은 과도하게 달러를 사서 자국 통화로 바꾼 후 어떤 헤징도 하지 않고 고정환율로 같은 계열 회사들에게 빌려줬다. 이들 회사들은 넘쳐나는 골프 코스, 세계에서 가장 높은 빌딩, 제멋대로 확장하는 한국 재벌들만 봐도 알 수 있듯이 점점 더 비생산적인 투자를 늘렸다. 동남아 국가들은 낡은 DOS캐피털3.0을 4.0으로 업그레이드하고 DOS캐피털6.0을 향해 갈 필요가 있었다. 정부 역할을 줄이고, 시장이 가장 생산적인 부문으로 자원을 배분하며, 내부적인 경쟁을 촉진하고 효과적인 파산법을 통해 경쟁력을 잃은 기업들을 솎아낼 수 있는 더 개방적인 운영체제가 필요했다. 지배구조의 질적 수준을 개선하고, 더 빠르고 개방된 경제를 적절히 감독하며, 기업 경영자들이 규율을 잘 지키도록 하고, 기업들이 더 많은 주주들의 감시를 받도록 하고, 외국인 투자자들이 갑자기 대규모 자금을 빼갈 때도 견딜 수 있을 만큼 충분히 강하고 유연한 기업을 만들기 위해 더 정교한 소프트웨어가 필요했다. 이제 단지 많은 자본과 노동력을 쏟아붓는 것만으로는 지속적인 고성장을 이룰 수 없게 됐다.

"메모리가 부족합니다"

불행히도 동남아 국가들은 DOS캐피털3.0을 고집했다. 큰 실수다. 전자소떼가 286칩의 속도로 움직이는 시절 1인당 소득을 500달러에서 5,000달러로 올리는 데에는 DOS캐피털3.0도 괜찮았다. 하지만 전자소떼가 286칩에서 펜티엄Ⅱ급으로 업그레이드된 지금 1인당 소득을 5,000달러에서 1만 5,000달러로 올리려 하면 이야기가 달라진다. 여전히 DOS캐피털3.0을 돌리고 있으면 컴퓨터는 멈춰버린다. 펜티엄Ⅱ급 새 컴퓨터에 느린 구형 DOS 운영체제와 윈도우 소프트웨어를 쓰면 어떤 일이 일어나는지 본 적 있는가? 화면에 "부적절한 기능을 수행하셨습니다", "메모리가 부족합니다", "저장할 수 없습니다" 같은 메시지가 뜬다. 간단히 말하면 이런 일들이 1997~1998년 동남아에서 일어났다. 다만 화면에 나타나는 메시지가 조금 다를 뿐이다. "일련의 불합리한 투자를 수행하셨습니다. 아이템을 저장할 수 없습니다. 모든 비효율적인 산업의 메모리를 삭제하십시오. 서비스업체에 연락해 새로운 소프트웨어와 운영체제를 다운로드하십시오."
이는 동남아 국가들이 위기 이후에 줄곧 시도해온 것들이다.

그러나 동남아 국가들은 서방 금융 시스템의 외형만을 복제했다. 더욱이 단순히 기계적으로 외워서 복제한 경우가 많았다. 안에는 뭔가가—DOS 운영체제의 핵심 요소가—빠져 있었다. 우리에게는 진정한 자유시장, 그리고 자유시장에 바탕을 둔 사회가 어떻게 작동하는가에 대한 기본적인 이해가 있다. 자유시장은 개인의 자의적인 판단으로 운영되는 게 아니라 모든 시장 참여자들의 가치판단에서 비롯된 보이지 않는 손이 움직이는 것이라는 생각이 그것이다. 재벌이라 불리는 한국의 거대 복합그룹들은 자의적으로 자본을 배분하는 정부 관료의 개입이 없었다면 결코 그토록 엄청난 규모의 부채를 쌓지 못했을 것이다. 이 모든 차입자본 조달에 힘입어 한동안 그들은 경이적인 속도로 성장했다. 하지만 결국 부채에 발목이 잡히고 말았다.

이홍구 전 국무총리는 한국 정부가 이 점을 이해하는 데에는 몇 년이 걸렸다고 나에게 말했다.

"나는 1995년 한국이 OECD(경제협력개발기구)에 가입하고 1인당 소득 1만 달러에 이르렀을 때 국무총리였습니다. 우리는 마침내 해냈구나, 하고 생각했지요. 우리는 이제 고등학교를 우등으로 졸업했으니 우수한 대학생이 될 거라고 생각했습니다. 하지만 어느 한 단계에서 필요한 자질과 그 다음 단계에 필요한 자질은 다르죠. 우리는 그토록 자랑스러워했던 강력한 관료체제가 긍정적인 힘이라기보다는 걸림돌이 된다는 걸 깨닫지 못했습니다. 우리는 제조업과 수출을 결합하면 경제성장과 성공에 이를 수 있다는 공식을 갖고 살았습니다. 우리는 (1990년대 말) 위기에서 그게 틀렸다는 걸 배웠지만 수업료는 너무 비쌌지요. 우리는 공산주의의 패배는 자본주의에 대한 패배이며, 자본주의가 승리하면 이는 곧 자본이 다른 것들을 통제할 수 있다는 뜻임을 배웠습니다. 1990년대 자본의 급속한 세계화가 이뤄졌지만 우리는 글로벌 자본시장에 대응하기 위한 제도를 준비하지 못했습니다. 우리는 그 시장에 대응하는 기구를 갖추지 못했어요. 우리는 무방비 상태였습니다. 우리는 은행들을 마치 국가의 서비스기관처럼, 정부의 연장선상에 있는 것처럼 취급했습니다. 우리는 돈으로 돈을 벌어서는 안 된다고 생각했습니다. 무언가를 만들어서 돈을 벌어야 한다고 생각한 것이지요. 그래서 은행이 하는 일은 성장을 촉진하는 것이며 정부 관료체제의 한 부분으로 여겼습니다. 우리는 은행과 자본흐름이 새로운 경제의 중심에 있으며 그들을 개혁하지 않으면 안 된다는 걸 깨닫지 못했습니다."

하버드대의 경제학자 대니 로드릭이 독자적인 연구를 통해 입증했듯이 "세계화를 하느냐의 여부가 중요한 게 아니라 어떻게 세계화하느냐가 중요하다." 정교하고, 정직하고, 믿을 수 있는 금융과 법적 기반을 갖춘 나라는—물론 그 기반을 마련하는 데에는 시간이 걸리겠지만—자국 통화를 공격하는 투기세력을 물리칠 태세를 더 잘 갖추고 있으며, 전자소떼 자본의 급격한 유출에 더 잘 견딜 수 있고, 그 파장을 최소화하기 위한 조치를 더 신속히 취할 수 있다. 물론 예외는 있다. 건전한 운영체제와 소프트웨어를 갖춘 나라라 하더라도 위기에 직면할 수 있다. 1992년 스웨덴 금융위기와 미국의 저축대부조합 위기를 보라. 그러나 스웨덴과 미국은 운영체제와 소프트웨어 품질이 높았기 때문에 신속하게 회복할 수 있었다. 앨런 그린스펀이 여러 강연에서 밝혔듯이 발전된 운영체제와 소프트웨어를 가진 나라들은 일반적으로 방어체제를 구축한 통화에 대한 투기세력의 공격을 저지할 수 있었다. 이런 나라의 금융 시스템은 강건하고 급격한 대규모 자본이탈을 견딜 수 있으며 이들 공격을 차단하는 데 필요한 강력한 정책 대응을 할 수 있었기 때문이다.

이런 이유들 때문에 이제 개도국 지도자들은 세계화 체제에서 성공하기 위해서는 신흥시장뿐만 아니라—전 헝가리 주재 미국 대사 도널드 블린켄이 표현처럼—'신흥사회'가 필요하다는 것을 인식하고 있다. 사회적인 공백과 지배구조의 공백상태에서 경제를 민영화하는 건 도움이 안 된다. 블린켄은 "사회보다 시장을 우선하는 건 혼란과 실망을 부르는 초대장"이라고 말한다.

따라서 정치인과 투자자들이 건강한 신흥시장을 지켜보면서 건강한 신흥시장의 조건에 대한 더 폭넓은 시각을 가지는 것은 매우 중요하다. 돌이켜보면 소련을 계승한 러시아에 대해 세계가 저지른 가장 큰 실수는 러시아의 체제를 세계화 체제에 맞추는 걸 단지 금융의 문제로만 보고 IMF에 이 문제를 처리하라고 맡긴 것이다. 가격이 자유롭게 움직일 수 있도록 하고 자유시장이 모든 걸 알아서 해줄 걸로 믿는 것만이 유일한 과제인 것처럼 말이다.

세계은행 총재 제임스 울펀슨은 각국을 평가하는 방법을 재검토하자고 제안했다. 현재 각국을 평가하기 위한 체크리스트는 거의 전적으로 GDP(국내총생산), GNP(국민총생산), 1인당 소득과 같은 금융통계에 한정돼 있다. 울펀슨은 단지 신흥시장으로서뿐만 아니라 신흥사회로서 각국의 건전성을 평가하는 '새로운 형태의 회계'를 제안했다. 각국의 등급을 매길 때는 지배구조의 소프트웨어와 사법 체계, 분쟁 해결 절차, 사회안전망, 법의 지배, 경제운용 체제의 질적 수준을 따져봐야 한다.

더 인내심을 갖고 열심히 일하는 신흥사회를 만들기 위한 이른바 '제2세대 개혁'이 필요하다. 한 세계은행 관리는 나에게 이런 말을 했다.

"예전에는 개도국을 방문하면 곧장 중앙은행 총재에게 가서 간명하게 한 가지 조언만 해주었습니다. '너무 많은 돈을 찍어내지 말라'는 것이었죠. 그 다음에는 재무장관에게 가서 말합니다. '중앙은행이 너무 많은 돈을 찍어내지 않도록 재정적자를 너무 키우지 말라'고요. 다시 말해 우리가 해야 할 일은 단 두 사람을 만나 두 가지 간단한 메시지를 전달하는 것뿐이었지요. 하지만 지금은 훨씬 더 많은 조언이 필요하다는 걸 압니다."

한 나라를 신흥시장에서 신흥사회로 바꿔주는 이런 제2세대 소프트웨어 개혁을 이루려면 훨씬 더 많은 주연들이 필요하다. 또한 훨씬 더 광범위한 정치적 합의가 필요하다.

미국의 체제는 바보들도 운영할 수 있도록 천재들이 설계한 것이라는 이야기가 있다. 개도국들이 미국에서 얻을 수 있는 가장 중요한 것은 원조가 아니다. 미국 번영의 진정한 원천이 무엇인지에 대한 이해다. 그 원천은 자유시장이라는 적절한 운영체제를 적절한 소프트웨어, 정치제도, 그리고 재산권과 혁신을 보호하고, 공정한 게임의 장을 유지하며, 가장 생산적인 이들이 승리한다는 확신을 주고, 패배한 이들을 보살피기 위한 사회안전망을 제공한다는 정치적 합의와 결합하는 것이다.

서방에서는 새로운 글로벌 중앙은행과 전자소떼를 통제할 새로운 글로벌 관리기구를 설계하는 것에 관한 수많은 논의가 이뤄지고 있다. 하지만 많은 개도국 지도자들은 각국이 스스로 더 나은 정부를 만들지 못하는 한 이런 글로벌 기구 중 어느 것도 자기 나라를 보호하지 못한다는 점을 깨닫게 됐다. 금융 관련법과 그 법을 제정하는 입법기관, 그 법을 집행하는 규제감독 당국, 그 법에 관한 판결을 내리는 법원은 모두 국내기구이며, 이들 기구를 개선하는 데 개혁의 초점이 맞춰져야 한다. 글로벌 정부의 거룩한 해법을 기다릴 게 아니다. 서방의 많은 사상가들이 이를 이해하지 못하고 있지만 1990년대 경제위기를 직접 헤쳐나온 나라들은 잘 이해하고 있다.

멕시코 대통령 에르네스토 세디요는 1997년 겨울 나에게 이렇게 말했다. "글로벌 통합이 너무 빨리 너무 나갔다는 목소리가, 아주 큰 목소리가 있습니다. 특히 금융시장에서 그렇지요. 글쎄요, 나는 그 반대를 믿습니다. 세계화는 도전을 안겨주지만 엄청난 기회도 제공합니다. 금융자본이 즉각적으로 이동할 수 있다는 건 분명히 리스크를 던져주는 것입니다. 하지만 그 사실을 갖고 자본 이동을 통제해야 한다고 비약하는 것은 완전히 잘못된 생각입니다."

그는 물론 경제위기에 대한 응급구조를 돕고 개별 은행과 나라 경제의 왜곡 현상에 대한 경고를 해주는 강력한 IMF가 필요하다고 덧붙였다. 하지만 인터뷰 말미에 세디요는 "이 모든 (글로벌) 금융흐름은 결국 국내 금융시스템에 이르게 되고, 그 자원을 배분하는 것도 국내은행들"이라고 말했다. 따라서 그 모든 과정을 적절히 규제할 수 있는 국내 금융기구와 정치적 제도를 갖추고 있느냐가 중요하다고 그는 덧붙였다.

지루한 배움의 과정

냉전시대에 각국은 이웃 나라들이 어떤 종류의 운영체제와 소프트웨어를 갖고 있는지 그다지 신경 쓰지 않았다. 이들 나라와 밀접하게 통합돼 있지 않았기 때문이다. 하지만 오늘날 세계화 시대에는 전자소떼가 나쁜 나라에서 좋은 나라로 불안정을 전이시키는 능력이 크게 증대됐다. 오늘날 도미노이론은 정치가 아니라 금융에 관한 것이다.

아시아 경제가 1997~1998년 위기에서 급속히 '회복'했지만 이에 대해 조금 걱정스럽게 지켜볼 수밖에 없는 이유도 여기에 있다. 아시아가 회복한 것은 그들이 DOS캐피털1.0에서 6.0으로 업그레이드하는 데 필요한 모든 개혁을 다 했기 때문이 아니다. 많은 경우 통화가치가 크게 떨어진 데다 미국의 수입 수요 확대의 혜택을 받았기 때문이다. 특히 동남아에서 생산되는 전자와 컴퓨터 부품이 혜택을 많이 봤다.

1999년 10월 28일자 『월스트리트저널』은 인도네시아 자동차 제조업체 아스트라 인터내셔널의 최고경영자로 선임된 41세의 리니 쇠완디에 관한 인물 소개 기사를 실었다. 이 회사는 1990년대 경제침체기에 거의 사라질 뻔했다. 그녀는 기업이 성장하기 위해 실현해야 할 변화가 어떤 것인지, 그 변화를 실현하는 게 얼마나 어려운 일인지를 아시아 기업가들이 잘 인식하고 있음을 보여주었다.

쇠완디는 "나는 미국식 경영 방식을 따르고 있지만 정신적으로는 자바인"이라고 말했다. 기사는 이렇게 전하고 있다. "쇠완디는 어려운 도약을 시도하고 있다. 동남아의 가장 오래되고 가장 큰 기업 가운데 하나인 아스트라를 폐쇄적인 재벌기업에서 이 지역의 첫 미국식 공개기업 가운데 하나로 기업의 정신까지 바꿔보려는 시도다. … 아스트라의 개혁은 위기 이후를 내다보는 동남아 기업의 새로운 싸움의 시작을 알리는 것이다. 최악의 위기가 지나간 지금, 많은 기업들이 새롭게 개방된 시장에서 살아남기 위해 부딪쳐야 할 장기적인 문제들에 눈을 뜨고 있다. 대부분은 이 문제를 피하고 있다. 경제가 회복되면 그들의 행운도 다시 찾을 수 있을 걸로 기대하는 것이다. 하지만 아스트라는 이 문제에 정면으로 맞서 문화를 새롭게 바꿔가고 있다. 방탕한 지출을 줄여 투명성을 높이고, 제멋대로 움직이는 재벌기업에서 시장의 요구에 충실히 따르는 틈새기업으로 거듭나고 있다. 쇠완디는 '이는 시간의 싸움'이라고 말한다. 그녀는 '우리는 두 가지 거대한 과업, 즉 위기에서 살아남는 일과 우리를 미래로 인도할 완전히 새로운 비즈니스 모델을 만들어내는 일을 동시에 진행하려 하고 있다'고 말한다. 그녀는 '두 가지는 고사하고 한 가지를 실현하는 것도 대단히 어렵다'고 말했다."

이들 아시아의 교역 파트너들이 내부 경제문제를 어떻게 풀어나갈지는 다른 모든 나라들에게도 이해관계가 걸려 있다. 하지만 미국 정부나 다른 어느 나라 정부도 아시아 나라들이 필요한 소프트웨어를 갖추는 걸 도와줄 수 있는 능력에는 한계가 있다. 아시아 나라들은 스스로 그 과제를 해결해야 한다. 미국 국무장관은 비행기를 타고 왔다갔다하기를 좋아하지만 아시아 나라들이 필요한 소프트웨어를 만들기 위해서는 택시를 타고 부지런히 국내 법무부에서 주식시장으로, 또 통상부와 기업 본사로 왔다갔다 해야 한다. 이는 미시정치와 미시외교의 영역으로, 오늘날 대부분의 외교관들에게는 완전히 생소한 영역이다.

그렇다면 어떻게 그 소프트웨어를 얻을 수 있는가? 모든 사회가 전자소떼에 접속하기 전에 모든 소프트웨어와 운영체제를 미리 갖출 수 있다면 좋을 것이다. 하지만 이는 비현실적이다. 그 과정은 훨씬 혼란스럽고 두 걸음 나아간 다음 한 걸음 후퇴하는 식이 될 것이다. 우리는 이제 그 과정이 어떤 식으로 진행되는지 알고 있다. 러시아나 브라질, 또는 태국 같은 나라들이 전자소떼에 부분적으로 접속하면 금세 소떼에 혼이 나게 되고, 소떼 또한 그런 나라들 때문에 혼이 나고, 양쪽이 다 어떤 교훈을 얻고, 개혁을 이행하고, 다시 조금 회복했다 또다시 얻어맞게 되고, 그리고는 다시 이 과정을 처음부터 새로 시작하게 되는 것이다. 그럴 때마다 조금씩 더 현명해지기를 바라지만.

이는 오랜 시간이 걸리는 지루한 배움의 과정이다. 러시아 같은 나라는 한 세대가 걸릴 수도 있다. 또한 세계화 시대 국내정치와 국제관계를 좌우하는 문제가 될 것이다.

이 변증법적인 과정에서 미국이라는 슈퍼파워보다 슈퍼시장과 전자소떼가 정치적 개혁에 더 중요한 역할을 하게 될 수도 있다. 모든 민주화 운동이 안드레이 사하로프* 같은 영웅의 격려를 받을 수 있으면 좋을 것이다. 모든 나라가 제임스 매디슨**을 읽으면서 법의 지배를 향해 나아갈 수 있으면 참으로 좋을 것이다. 하지만 다가올 시대에 변화의 주력엔진은 메릴린치가 되기 쉽다. 다음 장에서 그 이유를 알아보자.

---

* '소련 수소폭탄의 아버지'로 불리는 핵물리학자(1921~1989). 1968년 스탈린, 히틀러, 마오쩌둥을 인류에 대한 범죄자로 규정한 「진보, 평화 공존, 그리고 지적 자유에 관한 고찰」이라는 논문을 발표해 반체제의 기수가 됐다. (옮긴이)
** 미국 4대 대통령(1751~1836). 미국 '건국의 아버지' 중 한 사람으로 '헌법의 아버지' '권리장전의 아버지'로도 불린다. (옮긴이)

09
세계화혁명

이야기 하나: 1998년 겨울 나는 태국 총리 추안 릭파이를 인터뷰했다. 나는 농담 반 진담 반으로 테이블 건너편의 그를 보며 이런 이야기를 했다. "총리님, 고백해야 할 게 하나 있습니다. 저는 당신의 전임자를 물러나도록 하는 데 일조했습니다. 저는 제 집 지하실에 앉아서 태국 바트화가 침몰하는 것(그리고 당신의 전임자가 경제를 완전히 잘못 운용하는 것)을 지켜봤습니다. 그래서 저는 증권중개인에게 전화를 걸어 동남아 신흥시장에 투자한 걸 팔아버리라고 했습니다. 저는 인터넷으로 직접 팔아치울 수도 있었지만 그 대신 제 증권중개인의 조언을 듣기로 했지요. 총리님, 1달러는 한 표죠. 유권자로서 톰 프리드먼을 어떻게 생각하십니까?"

총리는 웃었다. 하지만 그는 내가 뭘 말하는지를 알았다. 글로벌 경제에 합류하고 전자소떼에 접속하는 것은 한 나라를 공개하는 것과 같다. 이는 한 나라를 공개기업으로 바꾸는 것과 같다. 단, 주주들은 이제 그 나라 국민들뿐만이 아니다. 세계 어디에 있는 전자소떼도 주주가 될 수 있다. 그리고 이미 이야기한 것처럼 그들은 4년마다 한 번만 투표하는 게 아니다. 그들은 뮤추얼펀드와 펜션펀드, 증권중개인, 그리고 자기 집 지하실 인터넷을 통해 매일, 매시간 투표한다.

이야기 둘: 1997년 가을 나는 미국 경영자와 학자들과 함께 모스크바에 갔다. 일행에는 미국 하이테크 거인 텔레다인의 최고운영책임자(COO)였으며 지금은 바이오기술업체 최고경영자인 도널드 라이스도 있었다. 모스크바 여행 중 어느 날, 라이스는 나에게 미국 기업과의 합작투자에 관심 있던 한 러시아 기업가와 제휴 문제를 논의했던 경험을 들려주었다. 라이스는 경험이 많은 경영자다. 그는 대화가 너무 깊숙이 들어가기 전에 러시아 기업가에게 간단한 질문을 던졌다. "세금을 낸 적이 있습니까?" 러시아 기업가는 낸 적이 없다고 했다. 라이스는 미안하지만 그가 세금을 낸 적이 없으면 합작할 길은 전혀 없다고 말했다. 라이스의 회사는 공개 기업이어서 해외 계열사 중 하나가 세금을 내지 않고 있으면 이 사실을 회계감사 보고서에 기록해야 하기 때문이라고 설명했다. 그래서 러시아 기업은 이제 선택을 해야 한다. 계속 세금을 내지 않는 나쁜 러시아 시민으로 홀로 경쟁할 수도 있고, 아니면 세금을 내는 착한 러시아 시민으로 높은 경쟁력을 갖춘 미국 기업과 합작 파트너가 될 수도 있는 것이다. 더 많은 나라들이 소떼와 연결될수록 더 많은 기업과 국가가 도널드 라이스가 접촉했던 러시아 기업과 같은 선택의 갈림길에 직면하게 될 것이다. 전자소떼와 함께 달리면서 그들의 룰에 따라 살지, 아니면 혼자 달리면서 자기만의 룰에 따라 살지 선택해야 한다. 단, 혼자일 경우 자본과 기술에 대한 접근이 더 어려워지고 이는 궁극적으로 국민들의 생활수준을 떨어뜨리게 될 것이다.

이 두 이야기는 세계화가 민주화에 미치는 상반된 영향을 생생하게 보여준다. 전자소떼는 결국 각국이 더 나은 소프트웨어와 운영체제를 갖추도록 압력을 넣게 된다. 이 소프트웨어와 운영체제는 민주주의의 구성 요소이다. 그러나 동시에 전자소떼와 슈퍼시장은 오늘날 세계에서 가장 위협적이고 강압적이며 침투적인 세력이다. 전자소떼와 슈퍼시장의 이런 힘은 많은 사람들이 국내에서 어떤 민주주의제도를 갖더라도, 국내 선거에서 어떤 선택권을 행사하더라도, 그들의 사회를 이끌 지도자로 누구를 뽑더라도 그 모든 게 환상일 뿐이라고 느끼게 만든다. 실제로 그들의 정치적인 삶을 규정하는 것은 더 크고 멀리 있는, 얼굴 없는 시장과 소떼이기 때문이다.

어떤 날은 소떼가 서부극 주인공처럼 말을 타고 마을에 나타나 총탄을 뿌리며 법의 지배를 요구하고 다음 날은 킹콩처럼 쿵쾅거리며 지나는 길에 있는 모든 사람들을 짓밟고 마을을 빠져나간다. 이는 세계화의 역설이다. 어떤 날은 1776년이고 어떤 날은 1984년이다.* 어떻게 동시에 둘 다 될 수 있는지 보자.

세계화의 역설

소떼가 민주주의 초석을 놓는 걸 돕는 그 과정을 나는 '외부로부터의 혁명revolution from beyond' 또는 '세계화혁명globalution**'이라 부른다. 나는 수하르토의 권좌가 기울어가던 1997년 인도네시아를 방문했을 때 처음으로 세계화혁명을 발견했다. 나는 자카르타의 인기 토크쇼 진행자 위마르 위토엘라르와 저녁을 함께하고 있었는데 그는 인도네시아 중산층의 젊은 세대에 관해 이야기했다. 그는 이들 교육받은 20대와 30대는 부패하지 않고도 부자가 되기를 원하지만 이를 위해 거리로 나가 투쟁하기를 원하지는 않는다고 말했다. 이 세대는 수하르토 정권 아래서는 결코 위로부터의 민주혁명이 이뤄질 수 없다고 생각했다. 하지만 아래로부터의 민주혁명은

---

* 미국이 독립을 선언한 '1776년'은 자유와 민주주의를, 조지 오웰의 소설 제목인 '1984년'은 억압과 전체주의를 상징하는 것으로 대비시켰다. (옮긴이)
** 세계화globalization와 혁명revolution의 합성어. (옮긴이)

무서워했다. 도시 빈민이 들고일어나면 또다시 위험한 시대를 살아야 하기 때문이다. 따라서 그들의 전략은 외부로부터의 혁명이나 세계화혁명이었다. 그들의 전략은 때로는 의식적으로, 때로는 무의식적으로 인도네시아를 세계화 체제에 통합하기 위해 할 수 있는 모든 일을 하는 게 전부였다. 그들은 인도네시아를 세계화된 기관과 시장에—그게 세계무역기구(WTO)든, 피자헛이나 아시아경제협력체(APEC)나, 동남아국가연합(ASEAN)이나 메릴린치나 프라이스워터하우스쿠퍼스나 인권운동을 하는 비정부기구(NGO)든—엮으려 했다. 그렇게 함으로써 결코 위로부터 시작되거나 아래로부터 만들어질 수 없는 규범과 법에 바탕을 둔 체제를 외부에서 수입할 수 있기를 원했다.

예를 들어 인도네시아 언론은 수하르토 정권에서 만연한 족벌체제를 직접적으로 비난할 수는 없었다. 그 대신 당시 대통령의 아들이 좌지우지하던 인도네시아 국민차업체가 WTO 규범에 어긋나는 관세의 보호를 받고 있다며 미국과 일본이 인도네시아를 WTO에 제소했다는 기사를 흥분해서 보도했다. 인도네시아의 세계화혁명 전략은 간단히 말해 인도네시아 사회를 세계화함으로써 수하르토 정권을 걸리버처럼 꽁꽁 묶으려는 것이다. 인도네시아 군사문제 분석가인 주워노 수다르소노는 세계화혁명을 "글로벌 시장이, 우리가 내부에서는 만들어낼 수 없는 비즈니스 관행과 규율을 우리에게 강요한다는 의미"라고 풀이했다. 또 다른 인도네시아 개혁주의자는 이를 더 간명하게 표현했다. 그는 그와 그의 아들이 매주 한 번씩 "맥도날드를 먹음으로써" 수하르토에게 복수한다고 말했다.

전통적인 외교정책 담당자들, 특히 극좌와 극우파들은 전자소떼와 세계화가 민주화를 촉진하는 힘을 과소평가한다. 이와 관련해 존스홉킨스대의 외교정책 전문가인 마이클 만델바움은 이렇게 말했다.

"우리는 여전히 1776년, 1789년, 1917년, 그리고 1989년 혁명*의 이미지를 갖고 있습니다. 이는 민중봉기로 부패한 정권을 무너뜨려야만 민주주의를 이룰 수 있다는 인상을 줍니다. 혁명을 일으키는 것은 렉싱턴 카먼(미국 독립전쟁 당시 격전지였던 매사추세츠 주의 도시—옮긴이)의 민병들이나 바스티유를 습격한 파리의 군중, 폴란드의 자유노조Solidarity, 또는 필리핀의 피플 파워People Power일 수도 있습니다. 하지만 이런 이미지만 갖고서는 오늘날 새로운 민주화 과정을 떠올릴 수 없을 것입니다. 예를 들어 어떤 외국 기업가가 정부를 찾아와 더 나은 법적 보호장치와 국제 회계기준과 투명성을 확보해주지 않으면 그 나라 국민들을 고용해 돈을 벌 수 없다고 이야기함으로써 이뤄지는 민주화 말입니다."

미국이 날마다 중국에 민주화하라고 요구하지 않는다고 해서, 그리고 중국 인민들이 날마다 들고일어나 『아시안 월스트리트저널』 독자의견란에 투고할 권리를 요구하지 않는다고 해서 중국에서 민주주의가 자라지 않는다고 할 수는 없다. 우리는 줄곧 민주화를 베를린장벽 붕괴와 같은 하나의 사건으로 보고 있지만 민주화는 사실 하나의 과정이다.

『저널 오브 데모크러시』의 공동 편집장이자 세계의 민주화를 가장 심층적으로 분석하는 학자 중 한 사람인 래리 다이아몬드는 물론 이런 민주화 과정이 성공적인 자유민주주의를 낳으려면 단지 시장의 힘으로 밀어붙이는 것 이상이 필요하다고 말한다. 소떼는 필요조건이지만 충분조건은 아니다. 다이아몬드의 설명을 들어보자.

"미국 정부가 강력하고 일관되게 민주화를 외치는 것도 중요합니다. 유럽연합(EU)과 유엔개발계획(UNDP), 그리고 인권 상황을 감시하고 개선시키려는, 갈수록 확대되는 NGO 네트워크가 신흥시장의 민주화 운동을 지지하는 것도 중요합니다. 정보의 세계화로 더 많은 사람들이 다른 이들은 어떻게 살고 있는지 더 많이 알게 되는 것도 중요합니다. 한 나라 안에서

---

* 미국독립혁명(1776년), 프랑스혁명(1789년), 러시아혁명(1917년), 베를린장벽 붕괴에 따른 혁명(1989년)을 가리킨다. (옮긴이)

경제 발전으로 새로운 중산층이 탄생해 자연스럽게 의사결정 참여 확대와 정치적 다양성을 요구하게 되는 것도 중요합니다. 1인당 소득이 1만 5,000달러를 넘는 모든 나라들이 자유민주주의 체제에 살고 있는 건 우연이 아니에요. 싱가포르는 예외죠. 이 나라는 도시국가라는 특수성이 있지만 세대교체가 이뤄지면 거의 틀림없이 자유민주주의 체제가 될 겁니다. 냉전이 끝나고 공산주의가 무너지면서 자유민주주의가 아닌 모든 모델이 신뢰를 잃었다는 점은 중요합니다."

이 모든 요소들이 어우러져 돌아가도록 해야 한다.

내가 강조하려는 논점은 민주화를 촉진하는 데 매우 중요하다고 다이아몬드가 꼽은 이런 요인들 중 전자소떼와 슈퍼시장도 당연히 포함될 뿐만 아니라 지금의 세계화 시대에는 소떼와 슈퍼시장이 가장 중요한 요인으로 나타나고 있다는 점이다. 이는 소떼가 정부나 인권기구와는 다른 방식으로 체제 내부에 더욱 깊숙이 파고들 수 있기 때문이다. 소떼는 정부가 저항할 수 없는 압력을 가할 수 있다. 소떼는 자기의 이득을 위해 그렇게 한다. 또한 다른 이들이 그에 맞춰주는 게 그들에게도 이득이 되도록 한다. 전자소떼가 한 나라의 체제 내부 깊숙이 파고드는 것은 민주주의 가치 그 자체를 평가하기 때문이 아니라는 점은 분명하다. 소떼는 민주주의 자체를 평가하지는 않는다. 그 체제의 안정성과 예측 가능성, 투명성, 그리고 자의적이고 불법적인 사유재산 몰수로부터 보호받고 자유롭게 투자자금을 회수할 수 있는 가능성을 평가할 뿐이다. 하지만 소떼가 이런 것들을 확보하려면 개도국들이 더 나은 소프트웨어와 운영체제, 그리고 지배구조를 갖도록 할 필요가 있다. 이런 것들은 민주주의 체제를 구성하는 요소들이다. 제임스 매디슨 없이는 마오쩌둥에서 메릴린치로 옮겨갈 수 없는 것이다. 소떼가 어떻게 이런 민주주의 구성 요소들 가운데 몇 가지를 강요하는지를 자세히 살펴보자.

투명성

『월스트리트저널』은 미국, 일본, 중국, 그리고 11개 아시아 국가의 고위 재무 관료들이 1997년 11월 말레이시아에 회의를 하러 왔을 때, 말레이시아 중앙은행이 세워놓았던 어떤 전광판에 관해 보도한 적이 있다. 그 전광판은 NBA 농구 경기에서 흔히 볼 수 있는 것과 같은 스코어보드로, 말레이시아 외환보유액을 표시하는 숫자가 계속해서 지나가도록 한 것이었다. 방문자들에게 그 나라 경제의 건전성을 재확인해주려는 것이었다.

모든 나라가 공항 입국장에 이런 스코어보드까지 설치하지는 않는다. 혹은 그럴 수도 있겠다. 최근 몇 년 동안 전자소떼는 각국에 금융시장 관련 정보의 투명성을 높이라고 요구해야 한다는 걸 어렵사리 배웠다. 또한 전자소떼와 연결된 각국은 자국의 금융통계와 거래가 더욱 투명할수록 소떼가 갑작스럽게 탈주할 가능성은 더 줄어든다는 걸 역시 어렵사리 배웠다.

전자소떼가 아프리카의 넓은 지역에서 풀을 뜯는 누(아프리카의 큰 영양-옮긴이)떼라고 하자. 풀을 뜯는 누떼의 가장자리에 있던 누 한 마리가 바로 옆에 있는 크고 빽빽한 덤불 속에서 뭔가가 움직이는 걸 보았다면, 그 누는 옆에 있는 누에게 "어이쿠, 저쪽 덤불 주위에 움직이는 게 사자가 아닌지 모르겠네"라고 말하지 않는다. 절대 그렇게 하지 않는다. 그 누는 먼저 냅다 달리기 시작한다. 그러면 누떼가 모두 그를 따라 달리게 된다. 이들은 100미터만 달리고 멈추지 않는다. 이웃 나라까지 질주한다. 길목에 있는 모든 걸 짓밟고 달리는 것이다. 그럼 이런 사태를 막으려면 어떻게 해야 하나? 정답: 풀을 베고 덤불을 깨끗이 제거하라. 그러면 다음번에 풀숲에서 뭔가가 바스락거리는 걸 눈치챈 누는 이런 생각을 할 것이다. '문제없어. 저게 뭔지 다 보여. 저건 조그만 토끼일 뿐이야.' 만약 사자 한 마리가 다가온다면 그 누는 멀리서부터 그걸 볼 수 있고, 이 경우 대탈주를 야기하지 않고 서서히 다른 데로 옮겨갈 수 있다. 아니면 최소한 사자들이

다가오지 못하도록 누떼 전체가 한데 뭉칠 수도 있을 것이다. 금융시장의 투명성을 높이는 것은 누떼에게 더 많은 정보를 더 빠르게 제공함으로써 그들이 위험지대를 무사히 빠져나가기 위해 어떤 일을 하든 질서정연한 방식으로 할 수 있도록 해주는 것과 같다. 금융의 세계에서 투명성의 차이는 시장이 작은 조정에 그치느냐, 아니면 회복하는 데 몇 달 또는 몇 년이 걸릴 정도로 추락하느냐를 가를 수도 있다.

1997년 한국 경제가 위기에 빠졌을 때 한국 정부는 모두에게 자국 외환보유액이 300억 달러라고 말했지만 실은 100억 달러뿐이었다. 소떼가 그걸 알아챘을 때 그들은 그냥 뛰기 시작했다. 한국 정부는 또한 IMF에게 자국의 단기외채는 총 500억 달러라고 했으나 일주일 후에는 1,000억 달러라고 발표했다. 어이쿠.

금융회사들에게 정치적 리스크 분석을 해주는 리처드 메들리는 이런 식의 투명성 부족이 가끔 최악의 대탈주를 야기한다고 말한다. 그는 "투명성이 부족하면 낙관적인 환상에 빠진 이들이나 편집증적인 환상에 사로잡힌 이들이 최대한 자유롭게 돌아다닐 수 있다"고 말한다. 1990년대 초 태국, 한국이나 러시아를 생각해보라. 시절이 좋을 때 이들 경제의 투명성 부족은 낙관적 환상에 빠진 이들이 거품을 만들어내도록 부추겼다. 이들 나라에서 과거와 같은 높은 수익을 얻을 수 있을 걸로 기대하고 점점 더 많은 돈을 퍼부은 것이다. 초기에 투자한 돈은 생산적인 공장으로 갔지만 나중에 퍼부은 돈은 사치스러운 콘도나 수요도 없는 제품을 생산하는 공장으로 갔는데도 말이다. 이 문제에 관해 메들리는 이렇게 말했다.

"이런 불투명한 체제에서는 진지한 분석을 전혀 할 수 없습니다. 전자소떼가 어떤 나라에 대해 낙관적인 환상에 빠지면 투자 대상의 가격을 하늘을 뚫을 정도로 밀어올립니다. 이런 환상에 빠진 이들은 이렇게 이야기하죠. '눈감고 사라. 나중에 다시 땅에 떨어지더라도 그 밑에 물이 가득한 풀이 있을 것이다.' 하지만 이는 위험합니다. 낙관적 환상에 빠진 이들이 가격을 지나치게 높은 수준으로 밀어올리도록 부추겼던 바로 그 투명성 결여가, 시장 분위기가 바뀌면 이제는 편집증적 환상에 빠진 이들에게 지나치게 가격을 떨어뜨리도록 부추기게 되지요. 시장이 내리막일 때에는 낙관적 환상에 빠진 이들이 스스로에게 말했던 모든 것들이, 그리고 그 나라의 외환보유액이나 외채상환 부담에 관한 모든 가정이 일시에 무너져버리지요."

당신은 모든 걸 믿다가 아무것도 믿지 않게 된다. 사실 편집증적 환상에 빠진 이들도 믿는 것이 있다. 감춰진 빚과 부외부채가 여기저기에 널려 있다고 믿는 것이다. 모든 소떼에는 낙관적인 환상에 빠진 이들과 병적으로 의심이 많은 이들이 섞여 있다. 기회가 주어지면 그들은 자본 유입과 유출을 극단적으로 증폭시킨다.

최근 몇 년 동안 전자소떼는 몇몇 나라들에게 이런 교훈을 가르쳐주었다. 요즘 한국의 재정경제부는 매일 글로벌 투자자들에게 그날 저녁 자국의 외환보유액과 민간자본 흐름을 구체적으로 밝히는 이메일을 보낸다. 월스트리트의 한 펀드매니저는 나에게 "투명성은 아무것도 아니라고 생각하던 한국 정부가 이제 투명성이 모든 것이라고 생각한다"며 "그들은 이제 우리가 요청하면 매일 일기예보라도 보내줄 것"이라고 말했다. 뉴욕의 비상장 은행인 오핏뱅크의 남미 지역 투자를 책임지고 있는 릭 존스턴은 이런 이야기를 했다.

"제가 브라질에 내려가면 그들에게 아주 솔직하게 말합니다. '나는 모든 걸 봐야겠습니다. 나를 위한 게 아닙니다. 나는 당신들의 친구입니다. 나는 당신들을 믿습니다. 그러나 당신들을 못 믿는 사람들을 내가 설득하는 데 당신들은 어떻게 도와줄 겁니까?' 하지만 못 믿는 이들은 우리에게 이렇게 이야기하지요. '당신들이 발가벗고 모든 걸 보여주지 않으면 나는 당신들에게 한 푼도 줄 수 없습니다. 왜냐하면 당신들은 과거에 실망시켰던 일이 많으니까요. 투명성이 없으면 돈도 없습니다. 당신의 주머니를 완전히 털어서 햇빛 아래 그리고 달빛 아래 보여주세요.' 저는 매일 브라질 경제의 모든 측면에 대한 여론조사 데이터를 받아봅니다. 또 매일 저녁마다 그날 브라질의 모든 자본흐름에 관한 자료를 팩스로 받아보지요. 브라질의 상품수지가 어떻게 됐는지, 자본수지가 어떻게 됐는지, 중앙은행의 기준금리가 어떻게 움직였는지, 관광객들의 환전시장은 어떻게 움직였는지 다 볼 수 있습니다. 이 자료는 브라질 중앙은행이 제공한 자료를 갖고 현지 민간업체가 만들어 보내는 겁니다. 저는 그들의 돼지저금통에 무엇이 들어 있는지 늘 알 수 있으면—여전히 리스크가 있다 하더라도—그곳에 더 많이 투자할 겁니다. 적절한 데이터가 있으면 우리는 그 리스크를 평가할 능력이 있고 그 흐름이 부정적인 방향으로 바뀌면 생각을 바꿀 수도 있기 때문이지요. 그런 데이터가 없으면 소문을 듣고 추측할 수밖에 없고 그러다가 파산하게 되는 것이죠."

일단 소떼에게 스스로 그 정도의 투명성을 약속하지 않으면 엄청난 대가를 치르지 않을 수 없다.

표준

미국 재무부 장관 래리 서머스의 말부터 들어보자.

"당신이 미국 자본시장의 역사를 쓴다면 자본시장을 변화시킨 가장 중요한 혁신적인 아이디어는 '일반적으로 인정된 회계원칙(GAAP)'이라고 말씀드리고 싶습니다. 그것을 국제적으로 통용되도록 할 필요가 있습니다. 이와 관련해 IMF는 한국에서 작지만 중요한 승리를 거뒀습니다. 한국 학교에 개설된 야간 강좌에서 회계를 가르치는 어떤 이가 나에게 겨울학기에는 보통 자기 강좌의 수강생이 22명인데 올해(1998년)에는 385명이 수강신청을 했다고 말하더군요. 한국의 기업 차원에서도 그런 게 필요합니다. 국가 차원에서도 필요하고요."

한국에서 회계강좌 수강생이 폭발적으로 늘어난 이유 중 하나는 1997~1998년 동남아 금융위기 후 소떼가 모든 곳에서 더 통일적이고 더 나은 회계기준을 요구했기 때문이다. 소떼가 한국과 태국, 인도네시아의 많은 기업들을 더욱 꼼꼼히 들여다보기 시작했을 때 그들의 회계보고서를 이해하기 어렵다는 걸 발견했다. 한 기업의 모든 사업부와 계열사들의 '모든' 자산과 '모든' 부채를 볼 수 있도록 통합된 대차대조표가 없었기 때문이다. '모든' 부외자산과 부채까지는 볼 수 없더라도 말이다.

소떼가 여러 나라의 시장과 공장에 더 많이 돌아다니며 투자할수록, 이들 나라가 소떼의 투자를 더 많이 받아들이기를 원할수록, 그리고 이들 나라 기업들이 주요 슈퍼시장에 더 많은 주식을 상장하기를 바랄수록 국제적인 회계기준에 맞춰 경영 정보를 공개하라는 압력을 더 많이 받게 된다.

나는 유나이티드항공의 『헤미스피어Hemispheres』 잡지 1997년 12월호를 보다가 세계에서 가장 빨리 성장하는 소프트웨어업체 중 하나인 인도의 인포시스에 관한 기사를 읽게 됐다. 기사 내용은 이랬다. "인포시스 성공의 열쇠는 많은 인도 기업들을 절름발이로 만드는 제3세계의 정책과 관행을 버리고 고객의 편의를 최우선으로 하는 제1세계와 닿는 길을 만든 것이었다. 이 회사의 미래 지향적인 창업자이자 회장인 나라야나 무르티는 "우리는 처음부터 회사와 개인 재산을 분명히 구분하기로 했다"고 말했다. 예컨대 누구도 회사 차를 개인적인 볼일에 써서는 안 된다는 뜻이었다. 이는 전통적인 인도 기업문화를 근본적으로 깨는 것이었다. 인도 기업 중역들은 회사의 자산을 자주 개인적으로 사용했다. 회사의 전기기술자들이 임원들의 집에서 일을 하고, 종업원들이 상사의 자녀들을 학교에서 데리고 가 돌보기도 했다. 고위 중역들은 회사 돈으로 집을 사기도 했다. 종업원들은 이를 참을 수밖에 없었다. 다른 선택이 없었기 때문이다. 그러나 이런 관행들은 점점 더 심각한 소외를 낳았다. 반발심이 생긴 종업원들은 창의적인 일을 하지 않으려 했다. 그런 일들이 인포시스에는 생기지 않았다. … 인포시스는 회계연도가 끝난 후 일주일 안에 감사받은 결산보고서를 내는 첫 인도 기업이 됐다. 또한 인도에서 처음으로 미국 일반회계원칙과 미국 증권거래위원회의 경영 정보 공시기준에 따라 재무제표를 내는 기업이 됐다. 한 애널리스트는 기업분석보고서에서 '인포시스의 규범과 회계 관행은 다른 기업들이 따라야 할 모범을 제시했다'고 밝혔다."

이런 트렌드는 인터넷 증권거래로 더욱 강화됐다. 나스닥 인터내셔널의 사장 존 윌은 온라인 트레이딩으로 정부와 기업의 지배구조에 대한 감시가 더욱 강화된 것은 분명하다고 말한다.

"사람들이 해외에 투자 하거나 해외로부터 투자를 받아들이게 되고 온라인 거래를 할 수 있게 되면 투자 대상 기업에 대해 더 많이 알고 싶어 합니다. 그 다음에는 그 기업에 대한 정보를 믿을 수 있는지도 알고 싶어 합니다. 재무 관련 정보가 국제 회계기준에 따라 작성됐는가, 기업 지배구조의 질적 수준은 어느 정도인가 하는 의문을 갖게 되지요. 이런 것들은 각국 세제와 법 체계의 조화를 촉진할 것입니다."

유엔 무역개발회의에 따르면 1997~1998년 아시아 경제위기로 드러난 사실 가운데 한 가지는 미국 '빅 5' 회계법인들이 대부분 파산한 아시아 금융회사들의 회계보고서를 감사했으며, 그들의 부실에 대해 아무런 경고도 하지 않았다는 사실이다. 『뉴욕타임스』 1998년 11월 17일자 기사는 이런 과실의 주된 원인 가운데 하나를 지적했다. 빅 5 회계법인들이 아시아에서는 미국 기업에 적용하던 회계기준과 원칙을 그대로 적용하지 않았다는 것이다. 이는 주로 프라이스워터하우스쿠퍼스나 언스트앤영 같은 대형 회계법인들이 대부분 아시아 현지 회계법인을 인수해 이 지역에 진출했고, 그 현지 회계법인의 고객들은 더 느슨한 회계기준을 적용할 것을 고집했기 때문이다. 하지만 더 이상은 그렇게 할 수 없다. 세계은행은 미국 빅 5 회계법인들에게 빅 5의 국제회계기준에 따르지 않은 감사보고서에는 서명하지 말도록 요청했다. 현지 자회사가 현지 기준에 따라 작성한 감사보고서에는 현지회사의 서명만 하고 투자자들이 이를 알 수 있도록 하라는 것이다. 유엔의 연구에 따르면 부실감사가 아시아 경제위기의 원인은 아니었지만 더 적절한 회계감사가 이뤄졌더라면 문제를 더 일찍 알아채고 위기의 강도도 줄일 수 있었을 것이라고 한다.

인터넷이 상거래를 규정하게 될수록 공통적인 글로벌 기준을 수용하라는 요구는 엄청나게 커질 것이다. 간단한 한 가지 이유 때문이다. 당신이 인터넷상에서 소매나 서비스 사업을 하기로 결정한 순간부터, 웹사이트를 처음 연 순간부터 당신은 이미 글로벌 기업이 된 것이다. 당신이 인도나 이탈리아에 있든 인디애나폴리스에 있든 상관없다. 인터넷으로 비즈니스를 하는 것 자체가 곧 글로벌 기업이 된다는 뜻이다. 따라서 당신이 무엇을 팔든 간에 세계적인 관점에서 생각해야 하며, 어떻게 하면 글로벌 구매자들에게 호소해 그들을 끌어들일 수 있을까를 생각해야 한다. 그리고 고객들에게 물건을 제때 안전하게 보내줄 수 있다는 것, 당신의 사이트에 그들의 신용카드 번호를 입력해도 안전하다는 것, 송금은 국제 기준과 법규, 모범 관행에 따라 이뤄진다는 것, 그리고 모든 회계와 상거래 관련 이슈는 국제규범에 따라 처리된다는 것을 확신시켜주는 게 좋다. 골드만삭스 밥 호매츠 회장은 "지구상의 더 많은 나라에서 더 많은 사람들이 더 많은 비즈니스를 인터넷으로 할수록 지구상의 모든 곳에서 비즈니스를 하는 방식은 더 긴밀하게 조화를 이룰 것"이라고 말한다.

나는 1999년 스리랑카를 방문했을 때 몇 가지 차원에서 이 점을 느꼈다. 아침에 공항에 도착한 나는 콜롬보에서 두 시간 거리에 있는 스리랑카 최고의 섬유 공장으로 차를 타고 갔다. 공장으로 가는 길은 1차선이었는데 다른 차와 소들을 피해가는 건 괴로운 경험이었다. 열대우림의 풍경이 계속 펼쳐졌다. 우리는 마침내 파날라 마을 외곽에 있는 매우 현대적인 섬유 공장에 도착했다. 새로 페인트를 칠한 빌딩, 다듬어진 잔디, 위성수신시설이 마치 화성에서 내려온 것처럼 인상적이었다. 슬림라인이라는 스리랑카 기업의 소유인 이 공장은 빅토리아즈시크릿이나 막스앤스펜서를 위해 옷을 만들고 있었다. 공장은 완전히 컴퓨터화돼 있었다. 곧 빅토리아즈시크릿 체인점들과 인터넷으로 연결돼 전자상거래를 시작할 예정이었다. 대부분 18세 이상 여성인 약 1,400명의 종업원들이 줄줄이 늘어선 재봉틀을 갖고 일을 하고 있었다. 모두가 유니폼을 입었고, 빨간 모자로 구별할 수 있는 임신 여성들은 조금 더 느린 속도로 일을 했다. 공장에는 에어컨 시설이 돼 있었고 바닥에 떨어진 걸 주워먹어도 될 정도로 깨끗했다. 각 작업라인은 컴퓨터로 기록됐다. 하루 근로시간은 8시간이지만 1분마다 여러 점을 재봉해야 하기 때문에 작업 강도는 매우 높았다. 근로자들이 매월 상여금을 받으려면 일정한 평균생산량을 채워야 했다. 임금은 한 달에 80~100달러였고 아침식사가 제공됐다. 취업 대기자 명단도 있었다. 이 공장의 근로조건은 임금만 제외하면 세계 최고 수준이었다. 내 딸이라도 일하도록 할 정도였다.

나는 공장 소유주 마헤쉬 아말레안에게 왜 이렇게 좋은 공장을 만들었느냐고 물었다. 노동착취 공장sweatshop을 만들면 수익성이 더 높지 않느냐고도 물었다. 그녀는 그렇지 않다고 했다. 세계화혁명 때문에 그렇지 않다는 설명이었다. 스리랑카가 섬유산업 부문에서 중국과 브라질처럼 임금수준이 더 낮은 나라들과 경쟁해 살아남는 유일한 길은 품질의 사다리에서 더 높은 곳으로 타고 올라가 규모가 크고 유명 브랜드를 가진 글로벌 소매업체들에게 더 나은 제품을 공급하는 길밖에 없다는 말이었다. 아말레안은 방글라데시와 저가시장에서 경쟁하는 건 이길 수 없는 게임이라고 설명했다. 그는 대규모 글로벌 브랜드업체와 장기적인 관계를 유지하려면 더 높은 품질의 제품을 더 좋은 근로조건으로 생산하는 길밖에 없다고 했다. 아말레안은 "브랜드 소매업체들은 이제 더 나은 가격과 품질뿐만 아니라 더 나은 근로조건까지 요구하고 있다"고 말했다. 이는 빅토리아즈시크릿이 갑자기 사회적 책임의식을 가졌기 때문이 아니라 미국에서 노동착취 공장 반대운동이 많은 주목을 받으면서 소비자들과 대학생들의 사회적 책임의식이 더 높아졌기 때문이다. 소비자들은 소매업체들에게 노동착취 공장에서 만든 제품은 입지 않겠다고 말했다. 스리랑카 섬유공장의 근로조건이 개선된 것은 스리랑카가 세계화에 반대하는 장벽을 쌓았기 때문이 아니다. 오늘날 글로벌 경제에서 스리랑카 제조업체들은 살아남기 위해 서구의 대형 소매업체들과 제휴할 수밖에 없고, 그들과 더 긴밀한 제휴를 할수록 서구 소비자들이 요구하는 근로조건에 더 충실히 맞출 수밖에 없기 때문이다. 아말레안은 "빅토리아즈시크릿이나 다른 대형 브랜드업체에서 구매 담당자가 연락하면 제일 먼저 묻는 것 중 하나가 근로조건에 관한 것"이라며 "그들도 근로조건에 관해 묻는 고객들이 있기 때문에 그럴 수밖에 없다"고 말했다.

슬림라인 공장을 방문한 며칠 후 나는 젊은 인터넷 기업가들과의 조찬 모임에 참석했다. 그들 중 몇몇은 신생업체들이 아직 독자적인 소프트웨어를 많이 개발하지 못한 것은 기술을 훔쳐가지 못하게 효과적으로 막는 저작권법이 없기 때문이라고 불평했다. 그들은 또 마이크로소프트가 지적재산권 보호를 위한 법이 부족하다는 이유로 스리랑카 시장에 들어오려 하지 않는다고 불평했다. 그때 스리랑카 국립정보기술연구소 책임자인 랠리스 가마지가 마이크로소프트와 다른 대형 글로벌 기술업체들을 유치하기 위해 스리랑카 정부는 엄격한 지적재산권 보호법을 추진하고 있다고 터놓고 말했다. 그는 테이블에 앉은 이들에게 그 법은 1년 안에 마련될 것이라고 약속했다. 나는 이 토론을 들으면서, 빌 게이츠는 자기 회사가 지금 이 작은 나라에 어떤 영향을 미치고 있는지 전혀 모르고 있을 거라는 생각을 했다.

이런 외부로부터의 세계화혁명은 개도국에서만 일어나는 건 아니다. 유럽연합이 역내에 단일통화와 금융기준을 부과한 게 아마도 오늘날 가장 큰 세계화혁명의 사례일 것이다. 역내 모든 나라들이 하나의 중앙은행 아래서 하나의 황금 스트레이트재킷을 입게 된 것이다. 정부가 부패하고 비효율적인 걸로 유명한 이탈리아 같은 나라에게는 1999년 출범한 유럽통화연맹은 행운이었다. 이 동맹은 정부의 중요 기능들을 프랑크푸르트의 유럽중앙은행에 넘기는 계약을 함으로써 이탈리아가 계속해서 황금 스트레이트재킷을 입고 있도록 강요했다. 국민 라디오는 1997년 이탈리아 국민들이—한 세대가 지나는 동안 계속해서 정부가 통화정책을 잘못 운용하는 걸 본 다음이라—유럽연합이 자기 나라를 운영하게 되는 걸 얼마나 간절히 바라고 있는지에 관해 보도했다. 이탈리아의 기업 변호사인 마리오 아바티는 이렇게 말했다.

"유로 가입의 즉각적인 효과 가운데 하나는 내가 '집안 청소'라고 말하는 일들을 하게 되는 것입니다. 유로는 이탈리아 정부가 대규모 재정적자와 인플레이션을 더욱 신경 써서 관리하도록 강요할 것입니다. 정부는 그렇게 하지 않을 수 없습니다. 그렇게 하는 게 경제에도 도움이 될 테고 그러므로 나는 유로 가입을 적극 지지합니다."

아바티는 대부분의 이탈리아인들이 아마도 국정 전반을 유럽연합 관료들이 운영하길 바랄 것이라고 덧붙였다. 이탈리아가 브뤼셀과 프랑크푸르트, 스트라스부르의 유럽 권력 중심으로 넘어가는 걸 유감스러워하는 분위기는 거의 없었다. 아바티는 "로마에 대한 적대감이 훨씬 더 많다"며 "로마가 범죄의 중심이 돼왔고 그들은 우리 돈을 훔쳐왔다"고 결론지었다. 그들이 국민의 돈을 갖고 가서 갚지 않았기 때문에 훔친 것으로 간주한다는 말이었다. 1999년 초 유럽 단일통화가 출범하는 날 이탈리아 재무장관 빈첸쪼 비스코는 이탈리아 신문 『라 리퍼블리카』와의 인터뷰에서 유로 도입은 "비정상적으로 많은 불법적 행태"를 보여온 이탈리아 정치권과 기업계에 "악의적인 광대짓"이 줄어든다는 걸 의미한다고 말했다. 그는 "유럽통화연맹은 더 이상 우리가 편하다는 이유만으로 수준 낮은 기준에 안주할 수 없다는 걸 의미한다"고 덧붙였다.

세계화혁명을 실감하게 하는 말이다.

부패

세계화 체제가 부패 문제에 어떻게 긍정적인 영향을 미치는지 보려면 1999년 10월 12일 파키스탄의 군사쿠데타에 관한 이야기를 읽어보라. 무슨 일이 일어났던가? 그 쿠데타는 주로 정치적인 문제를 둘러싼 전형적인 엘리트 집단 내의 권력투쟁이었다. 페르베즈 무샤라프 장군은 대담하게 인도령 카슈미르를 침공했다. 아마도 파키스탄과 인도가 모두 핵무기를 보유하고 있기 때문에 세계가 개입해 카슈미르 분쟁에 모종의 타협안을 강요하리라는 계산을 했을 것이다. 그의 계산은 잘못된 것이었다. 세계는 개입하지 않았고 파키스탄군은 인도군에게 혼이 났다. 나와즈 샤리프 총리는 카슈미르 분쟁에서 물러서 그 실책에 대해 군부를 비난하며 무샤라프를 해임했다. 생존을 위한 권력투쟁 과정에서 무샤라프와 군부는 오히려 샤리프를 축출했다. 여기까지는 늘 있는 이야기다.

새로운 일은 무샤라프가 집권하고 나서 벌어졌다. 집권 후 국민에게 정말로 중요한 건 카슈미르가 아니라 샤리프 정부가 용인했던 거대한 부패 구조였다. 그래서 무샤라프 장군은 자신이 파키스탄 영토의 통합을 주창하는 모슬렘 민족주의자임을 내세우며 차기 지도자로서 정당성을 얻으려 시도하는 대신 완전히 다른 길을 걸었다. 그는 자기가 파키스탄에서 부패를 영원히 뿌리뽑을 '미스터 클린Mr. Clean'임을 내세우며 집권을 정당화했다. 무샤라프 장군은 그의 세금신고 내역까지 공개하겠다고 제안하며 그가 깨끗하다는 걸 보여주려 했다! 그는 두 부류의 청중을 상대해야 한다는 걸 알았다. 그 모든 추잡함에 신물이 난 파키스탄 국민들과 파키스탄을 다시 성장의 길로 이끌기 위해 필요한 자원을 통제하고 있는 전자소떼가 그들이다. 장군이 권력을 차지한 후 처음으로 다짐한 게 납세내역 공개였던 적이 과거에 있었던가! 그는 좌파와 우파를 숙청하는 대신 정부가 불량채무자와 탈세자, 금융범죄자를 쫓을 것이라고 다짐했다. 『워싱턴포스트』 1999년 10월 21일자에 쿠데타가 일어난 지 며칠 후 파키스탄 최대 민간은행의 다음과 같은 신문 1면 광고를 냈다. "모든 채무 불이행자는 주의하십시오! 대출금을 갚을 마지막 기회를 버리면 그 결과에 책임을 져야 합니다." 나는 계속 자문해봤다. 이게 파키스탄 군부 쿠데타인가, 아니면 파키스탄 국세청의 쿠데타인가?

이는 이례적인 일이 아니다. 세계화는 부패를 용인하는 나라들이 훨씬 무거운 비용을 치르게 만들었다.

지금처럼 투자자들의 선택권이 많은 세상에서 왜 임금수준은 똑같으면서도 아무에게도 뇌물을 줄 필요가 없는 나라 Y를 놔두고 모든 사람들과 그들의 삼촌까지 매수해야 하는 나라 X에 투자하겠는가? 전자소떼는 모든 나라들에게 이렇게 말한다. "당신네 나라가 우리에게 안정적인 고객기반과 안전한 투자 기회를 제공하지 못한다면, 좋소, 우리는 다른 곳으로 갈 겁니다. 이제 장벽이 없어진 세계에서 우리는 갈 데가 많습니다." 전자소떼에게 부패는 예측 불가의 또 다른 이름이다. 어떤 거래도 누군가에게 뇌물을 준 이들에 의해 파기될 수 있기 때문이다. 전자소떼가 이보다 더 싫어하는 건 없다.

1990년대 중반 핀란드 주재 미국 대사를 지낸 데릭 쉬어러는 세계화혁명이 어떻게 러시아에게 선택을 강요하는지 직접 보았다. 러시아가 부패를 통제하든지 영원히 가난한 저개발국가로 남든지 택일하라는 강요였다. 쉬어러의 말을 들어보자.

"핀란드 주재 미국 대사로서 그 나라 기업계 리더들을 만나 러시아에 투자하라고 격려하는 것도 내 일이었습니다. 그게 두 나라 사이의 국경을 안정시키는 최선의 길이라고 주장했지요. 하지만 핀란드인들은 나에게 이렇게 되물었습니다. '우리는 물론 러시아인들과 비즈니스를 할 겁니다. 그들은 우리 나라로 트럭을 몰고 와 무엇이든 원하는 걸 가득 싣고 갈 수 있습니다. 물건 값을 치를 현금을 한 자루 갖고 오는 한 말이죠. 하지만 우리는 비즈니스를 하러 그 나라로 가지 않을 겁니다. 그 곳은 너무 부패해 있고 위험하기 때문입니다. 우리가 왜 그래야 합니까? 우리는 헝가리로 갈 수도 있고, 에스토니아나 체코로 갈 수도 있습니다. 거기서 돈을 벌고 이익을 챙겨올 수 있다는 확신이 있습니다. 이익을 그 나라에 남겨둬야 한다는 조건이라면 왜 러시아와 거래하겠습니까?' 그럼 나는 이렇게 대답하죠. '좋아요, 좋아. 하지만 지역 안정을 위해 러시아 투자를 고려해야 합니다.' 그러면 그들은 멍한 눈으로 나를 쳐다보지요. 이제 나는 공직에서 물러나 월스트리트의 몇몇 투자회사에 조언을 해주고 있습니다. 그들이 어느 날 나에게 러시아 투자에 대해 조언을 구하기에 나는 '절대로 투자하지 말라'고 말해줬습니다. 내가 이제 정책 담당자의 관점이 아니라 비즈니스맨의 관점에서 보면 러시아에 투자하는 것은 미친 짓입니다. 핀란드 사람들이 옳았습니다."

때로 가장 앞서나가는 선진국들조차 소떼가 부과하는 높은 기준에 충격을 받곤 한다. '일본 의원이 호텔에서 목을 매다'라는 제목의 1998년 2월 20일자 『워싱턴포스트』 기사를 생각해보라. 기사의 도입부는 갈수록 확산되는 부패 스캔들의 중심에 있던 아라이 쇼케이 중의원 의원이 체포되기 불과 몇 시간 전 호텔 방에서 자살을 했다는 사실을 전하고 있다. 하지만 이 기사를 자세히 읽어보면 두 가지 중요한 논점을 찾아낼 수 있다.

"일부 정치인들은 아라이가 다른 의원들도 부패에 연루된 증거를 남겼을 수도 있다는 점을 걱정하고 있다. … 아라이가 그런 서류를 남겼다는 정황은 없다. 하지만 수요일 저녁 기자회견에서 그는 검찰이 불공평하게 자기만 지목하고 있다며 불평했다. 아라이는 기자들에게 닛코증권이 수백

명의 다른 고객들에게도 유사한 방법으로 이익을 남겨줬음을 분명히 밝혔다고 말했다. 사석에서 일본 기업인들은 과거에 허용되던 비즈니스 문화가 얼마나 빨리 변하는지를 보고 깜짝 놀랐다고 말했다. 한때 정부 관리들은 사치스러운 향응을 기대하고 기업들은 공개적으로 그런 접대를 하던 때가 있었다. 이때 관리와 기업인들은 필요한 정보를 비공식적으로 교환하는 것으로 알려졌다. 'VIP 계좌'와 기업을 협박하는 자들에 대한 뇌물 역시 공개된 비밀이라고 이들은 말한다. 검찰은 이런 관행을 최근까지 무시해왔다. 정치평론가 모리타 미노루는 해외에서 교육받은 더 젊고 공격적인 신진 검사 그룹이 부패에 대한 강경한 자세를 보이고 있다고 밝혔다. 모리타는 '그들은 서구인처럼 사고하기 시작했으며, 정부 관리들이 사치스러운 향응을 받는 일본의 전통이 국제적으로 받아들여지는 기준을 벗어나는 것이라고 본다'고 말했다."

몬산토 회장 로버트 샤피로는 언젠가 나에게 그의 회사가 반부패 관행 확산을 위한 십자군은 아니라고 말했다. 하지만 몬산토는 뇌물을 주지 않고 사업을 하고 있으며 그렇게 함으로써 전 세계에 그 가치를 공유하는 사람들을 심고 있음을 샤피로는 잘 알고 있었다. 그는 "해외 여러 나라에서 많은 사람들을 채용하고 있는 우리는 일종의 교양학교finishing school 같은 역할을 하게 됐다"고 말했다. 이어 "현지에서 채용된 많은 이들이 우리가 반부패 문제에 진지한 자세를 갖고 있으며 현지 군벌에 뇌물을 주지 않을 거라는 점을 믿기 어려워한다"고 말했다.

이에는 분명 예외가 있었고 앞으로도 있을 것이다. 글로벌 경쟁이 더욱 격화됨에 따라 도덕성이 의심스러운 비즈니스를 좇으려는 유혹도 커질 때는 특히 그렇다. 미국 의회 조사에 따르면, 씨티은행은 전 멕시코 대통령의 동생 라울 살리나스 데 고르타리와 거래하기를 열망한 나머지 자사의 윤리 규정을 무시하고 그가 약 1억 달러의 불법자금을 빼돌리는 걸 도와주었다. 자금의 출처와 자금이 도피처를 위장하는 방법을 쓴 것이다. 하지만 지금으로서는 이런 사례들은 예외적인 것이다. 국제적인 큰 흐름은 분명히 다른 방향으로 가고 있다. 1977년 통과된 해외부패방지법Foreign Corrupt Practices Act은 미국 기업들이 해외에서 비즈니스 거래를 진행하기 위해 뇌물을 주는 걸 불법으로 규정하고 있다. 세계의 선진 민주주의 국가들을 주축으로 29개국이 참여하고 있는 경제협력개발기구(OECD)는 1997년 11월 20일 미국의 반부패 법규 대부분을 채택하기로 합의했다. OECD의 새 기준에 따라 유럽과 일본 기업들은 계약을 따내려 외국 관리들에게 뇌물을 주는 게 금지됐으며, 뇌물을 세무회계상 비용으로 처리하는 것도 더 어렵게 됐다. 과거 프랑스와 독일에서는 이 같은 비용 처리가 합법적이었다. 새 법규에도 여전히 구멍이 있긴 하지만 이는 전자소떼 가운데 미국 황소들의 승리로 기록됐다. 이들은 유럽과 일본 기업들의 뇌물 관행 때문에 수십억 달러의 계약을 놓치고 있다고 주장했었다.

언론자유

중국은 자유언론을 갖게 될 것이다. 세계화혁명이 이를 밀어붙일 것이다. 아, 중국의 지도자들은 아직 이를 모르고 있지만 그 방향으로 떠밀려 가게 될 것이다. 1996년 12월 마지막 2주에 일어난 일만 봐도 알 수 있다. 그해 아시아에서 가장 뜨거웠던 주식시장은 중국 상하이와 선전 주식시장이었다. 4월 1일부터 12월 9일까지 상하이종합주가지수는 120% 상승했다. 같은 기간 선전 주가는 315% 올랐다.

이 두 주식시장이 그토록 뜨거웠던 이유 중 하나는 이들 시장이 거의 규제를 받지 않았다는 데 있다. 또한 이들 시장이 거의 규제를 받지 않았던 이유 중 하나는 중국에는 매우 초보적인 증권거래 시스템만 있었고, 독립적이고 책임성이 있으며 부패하지 않은 금융 전문지가 사실상 전무했다는 데 있다. 가치 있는 주식을 부각시키는 동시에 정확하고 투명한 재무 정보를 제때 공시하지 않는 엉터리 기업들을 가차없이 폭로하는 금융 전문지가 없었던 것이다. 『바론즈』『포춘』『비즈니스위크』『뉴욕타임스』『월스트리트저널』은 언제나 그런 감시견 역할을 하고 있다.

  1996년 12월 중국 정부는 상하이와 선전 증시가 통제할 수 없는 상황으로 치닫고 있음을 깨달았다. 온갖 투기가 미친 듯이 날뛰고 불미스러운 거래 관행이 만연했다. 하지만 이들을 통제하기 위해 정부가 쓸 수 있는 수단은 관영언론이라는 철퇴뿐이었다. 그래서 1997년 12월 16일 관영 『인민일보』는 사설을 통해 주가가 '비이성적이고 비정상적인' 수준으로 올랐다고 요란한 경고를 내보냈다. 어떤 일이 일어났겠는가? 모두가 한꺼번에 주식을 팔아치우려 했고, 두 시장 모두 폭락해 수많은 소액투자자들이 상처를 입었다. 몇몇 주요 도시에서는 증권사 앞에서 시위하는 분노한 투자자들이 질서를 유지하도록 경찰이 나서야 했다. 『아시안 월스트리트저널』은 당시 상황을 이렇게 전했다. "베이징의 한 증권사 앞에서 한 근로자가 이번 주 들어서 현재까지 2만 위안(약 2,400달러)을 잃었다고 불만을 쏟아냈다. 가죽재킷을 입은 그는 수십 명의 투자자들이 외치는 구호를 따라 하며 '『인민일보』가 입을 열기 전에는 매수와 매도세가 균형을 이뤘는데 그 다음에는 누구도 감히 매수에 나서지 못하고 있다. 시장은 침몰하고 있다'고 말했다." 세상에서 가장 분노하는 이는 일자리를 잃은 사람이 아니다. 가장 분노하는 이는 일을 해서 번 돈을 사기를 당해 날렸다고 느끼는 사람이다. 장기적으로 중국의 지도자들은 효과적으로 돌아가는 증권거래위원회에서부터 법의 지배에 바탕을 둔 자유롭고 책임 있는 언론에 이르기까지 자유시장과 함께 움직이는 기관들 없이는 폭발하는 자유시장을 감시하고 통제할 수 없다. 소액투자자들이 사기를 당하고 정부에 항의하며 폭동을 일으키는 걸 막을 수 없다. 한마디로 이는 세계화혁명이다. 동남아에서 가장 자유로운 언론이 있는 대만에서 1997~1998년 아시아 경제위기의 피해가 가장 적었던 건 우연이 아니다.

  이미 3,000만 명의 중국인들이 주식을 갖고 있다. 주식투자자들이 이토록 많아짐에 따라 주식시장을 주로 다루는 신문과 잡지들이 지하에서 우후죽순처럼 솟아올랐다. 투자자들이 진짜 경제뉴스를 요구했기 때문이다. 『뉴욕타임스』 상하이 지국장 세쓰 페이슨은 "이들은 증권사들의 리서치 담당 부서에서 나오는 것과 같은 일종의 투자 정보지로, 팩스를 통해 돌아다닌다"며 "주로 상장기업과 주식 관련 뉴스를 다루며 베이징 당국이 어떤 정책을 펼지에 관해 귀띔해주기도 한다"고 밝혔다. 그는 "기사 중 많은 부분이 루머인데 일부는 사실로 드러나기도 한다"며 "이들은 시장에 참여하고 있지만 일간신문들에서 충분한 뉴스를 얻을 수 없다고 느끼는 독자들을 겨냥하고 있다"고 전했다. 하지만 중국 정부가 경제에 관해 자유롭게 써도 좋다고 말하자 『남방주말南方周末』 같은 신문들은 경제뉴스 섹션에 반쯤은 정치적인 뉴스와 부패에 대한 비판 기사, 그리고 관료들의 권력 남용에 관한 온갖 내용들을 다 쓸어 넣었다. 이렇게 해서 중국에서 자유언론이 탄생하게 될 것이다.

채권시장과 주식시장

  기업들이 자금을 조달하는 방법에는 기본적으로 세 가지가 있다. 은행에서 대출을 받거나 증권시장에 주식이나 채권을 파는 것이다. 어느 나라든 이 세 가지 옵션을 모두 갖고 있는 게 중요하다. 그래야 은행에 문제가 생기면 기업가들이 채권과 주식시장으로 갈 수 있고, 채권시장이 침체되면 주식시장과 은행을 찾아갈 수 있기 때문이다. 이런 3각체제는 리스크를 더욱 광범위하게 분산시키고 금융 시스템의 충격 흡수 능력을 키워준다. 그러나 흔히 개도국들은 3각체제의 하나 또는 2개의 다리만 갖고 있어서 금융 시스템이 불안정한 경우가 많다.

아시아의 호랑이들을 보라. 경제위기가 닥쳤을 때 이들은 공통적으로 저축률은 매우 높았고 정부부채는 매우 적었다. 국민들은 돈을 쓰지 않았고 정부는 돈을 빌리지 않았다. 좋은 일이 아닌가? 반드시 그렇지만은 않다. 이들 나라 국민들은 모두 저축하기를 좋아했지만 대부분의 경우 그들이 돈을 넣을 곳은 국내은행들뿐이었다. 뮤추얼펀드와 펜션펀드, 그리고 국내 채권시장이 아예 없거나 발전단계가 극히 낮은 수준에 머물렀기 때문이다. 그래서 국내은행들이 막대한 현금을 끌어모으게 됐다. 이 예금을 갖고 그들이 할 수 있는 일은 국내기업들에게 빌려주는 것밖에 없었다. 이는 국내은행들 간 치열한 경쟁을 불러왔고, 은행들은 점점 더 수익성이 떨어지는 프로젝트들에 대해, 점점 더 신용도가 떨어지는 차입자들에게 돈을 퍼붓게 됐다. 더욱이 태국 같은 나라에서 은행이 부실해지고 구조조정을 해야 할 상황에 이르자 기업들이 새로운 자본을 조달하기가 극히 어려워졌다. 제대로 된 채권시장과 주식시장이 없었기 때문이다. 싱가포르와 홍콩이 국내 은행저축을 통해 풍부한 자금을 조달할 수 있는데도 의도적으로 채권시장을 만든 건 이상한 일이 아니었다. 싱가포르는 기업들이 단기대출을 해주는 은행들의 변덕에 휘둘리지 않고 장기간 쓸 수 있는 '참을성 있는 자본'을 국내 채권시장이 공급해주기를 원했다. 게다가 채권시장은 싱가포르와 홍콩의 저축자들에게 은행 저축상품 대신 고수익 뮤추얼펀드와 펜션펀드를 살 기회를 만들어주었다.

전자소데는 오랫동안 채권시장 개설을 권장해왔다. 채권시장이 자기네 입맛에 맞기 때문이다. 또한 적절한 규제와 감독을 받는 채권과 주식시장은 금융의 민주화와 투명성 제고에 기여하기 때문이다. 채권과 주식시장은 기업가들이 자금을 조달하기 위해 소수의 은행가들과 관계를 돈독히 해야 하는 부담에서 해방시켜주었다. 기업들이 전적으로 은행대출에 의존할 경우, 주식과 채권을 발행했을 때 감수해야 하는 많은 감시의 눈을 피할 수 있다. 은행가와 기업, 고위관료들과 엮여 있는 정실자본주의 운영체제에서는 특히 그렇다. 주식과 채권을 발행한 기업들은 매일 그들의 성과에 대한 판정을 받는다. 채권은 다양한 투자자들에게 분산돼 있고, 독립적인 신용평가회사들에게서 평가를 받아야 한다. 주식은 이름 없는 수많은 투자자들이 공개시장에서 거래한다. 기업이 적절한 공시를 하지 않으면 그 기업이 발행한 채권과 주식은 믿을 만한 거래소시장에 올라갈 수 없다. 국제투자자들에게 관심을 끌고 무디스, 더프앤펠프스, 스탠더드앤푸어스 같은 신용평가회사들이 부여하는 신용등급을 받으려면 국제 기준에 맞는 공시를 해야 한다. 그 기준에서 벗어난 이들에 대한 응징은 신속히 이뤄진다.

1998년 11월 15일자 『워싱턴포스트』의 파리발 기사를 보자. 기사는 프랑스의 가장 유명한 경영자 중 한 사람인 세르쥐 취뤽 알카텔 최고경영자가, 국제투자자들과의 조찬 모임에서 이 통신 거인의 이익이 불과 몇 주 전 회사가 예상한 것보다 상당히 낮은 수준이라고 말하는 걸로 시작된다. 소떼는 이런 놀라움을 좋아하지 않는다. 그 조찬이 끝났을 때부터 장이 마감될 때까지 알카텔 주가는 38% 폭락했다. 하루 낙폭으로는 프랑스 주식시장 사상 최대였다. 주로 미국과 영국 펜션펀드와 뮤추얼펀드들이 힘이 빠진 알카텔을 버리고 떠났다. 『워싱턴포스트』의 앤 스와드슨 기자는 이어 소떼가 어떻게 주식회사 유럽의 낡은 사고를 바꿔놓고 있는지를 설명했다.

"지난 몇 년 동안 외국인 투자자들은 많은 기업들에게 경영진을 교체하고, 회계 시스템을 개혁하고, 이사회에서 국제상거래의 공용어가 된 영어를 쓰도록 압력을 넣었다. 과거 주주들의 요구에 관심이 없었던 유럽의 경영자들은 이제 이런 요구에 더 주의를 기울이고 더 민감하게 반응하고 있다."

내가 가장 재미있게 읽은 부분은 다음에 나온다. 소떼가 알카텔을 짓밟고 떠난 그 다음 날 취뤽은 비행기를 잡아타고 런던으로 날아간 다음 다시 콩코드에 올라타고 뉴욕에 가서 미국 뮤추얼펀드 매니저들을 만났다. 그들에게 무엇이 잘못됐는지 설명하고 다시 신뢰를 얻기 위해서였다.

그 자리에 참석한 한 미국 투자자는 『워싱턴포스트』에서 이렇게 말했다. "그는 사과하는 태도를 보였지만 소용없었다. 그때는 이미 우리가 주식을 다 팔아치운 뒤였다."

민주화

전자소떼는 세 가지 결정적인 이유 때문에 일반적으로 민주화에 대한 압력을 강화할 것이다. 그 세 가지는 유연성, 정당성, 지속가능성이다. 왜 그런지 보자. 소떼가 더 빠르고 더 커질수록 글로벌 경제는 더 원활하고 개방적인 경제가 된다. 그럴수록 소떼를 최대한 이용하면서도 소떼로부터 스스로를 보호하는 데 필요한 유연성도 더 많이 갖게 된다. 언제나 예외는 있겠지만, 나는 더 민주적이고, 책임성 있고, 개방적인 지배구조를 가질수록 금융 시스템에 돌발 사태가 벌어질 가능성이 줄어든다는 일반적인 법칙을 아직도 믿는다. 금융 시스템에 충격과 이변이 온다 해도 환경과 수요의 변화에 더 빨리 적응할 수 있다. 또한 더 개방적이고 민주적인 사회가 될수록 늘 더 많은 피드백을 얻을 수 있고, 낭떠러지에 이르기 전에 항로를 수정할 수 있는 기회도 더 많아지며, 무능한 경영자를 쫓아내고 새로운 경영자를 불러오기도 쉬워진다.

더욱이 한 나라가 고통스러운 항로 수정을 해야 할 경우, 그 나라가 더 민주적일수록 정부가 모든 국민들에게 개혁의 고통을 분담시키는 데 더 많은 정당성을 가질 수 있다. 민주주의에 관해 연구하는 래리 다이아몬드는 "2차 세계대전 후 시대에 동남아 지도자들이 국민들에게 뭐라고 이야기했는지 생각해보라"고 말한다.

"그들은 국민들에게 이렇게 이야기했습니다. '자유를 반납하고 입을 닥쳐라. 그러면 나는 부자가 될 기회를 주겠다.' 배 전체가 뜰 때 사람들은 정치에 무관심하기 쉽습니다. 사람들은 경제적인 번영을 훼손하지 않으면서도 정치를 다른 누군가에게 맡겨둘 수 있다고 생각합니다. 글쎄요, 이런 논리는 30년쯤은 먹혀 들었지만 그 다음에는 성장이 무너지고 부와 복지, 그리고 혜택의 분배체제도 무너졌습니다. 그러자 사람들은 정치를 다른 누군가에게 맡겨 둘 수 없다는 걸 깨달았지요. 그래서 그 거래는 깨졌습니다. 이에 따라 태국, 인도네시아, 한국 국민들은 정부에게 이렇게 말했지요. (중국인들도 곧 같은 말을 하게 될 것입니다.) '정부가 성장을 가져가버리고, 국가가 예전의 약속을 지키지 못한다면 우리는 새로운 계약을 원한다. 이 계약에서는 우리가 시스템 운용에 대해 더 큰 목소리를 내야 한다. 하지만 더 큰 목소리를 내는 만큼 시스템을 개혁해 속도를 높이는 동안 기꺼이 더 큰 희생을 하겠다.' 그들이 경제적 어려움에 직면해서도 많은 사람들이 생각한 것보다 더 큰 인내를 보여준 것도 이 때문입니다. 정치가 개방되고 민주화됐기 때문에 그들은 최소한 어느 정도 평등한 조건에서 이 어려움을 헤쳐나가고 있다는 느낌을 많이 갖게 됩니다. 그들은 게임의 주역의 일부가 된 것입니다."

물론 전자소떼에 완전히 연결된 아시아 국가들 중 가장 부패가 적고 민주화된 체제를 가진 나라(대만, 홍콩, 싱가포르, 호주)는 1997년 경제위기의 상처가 가장 적었다. 민주적이지만 부패한 체제를 가진 나라들(태국과 한국)은 두 번째로 큰 상처를 입었다. 하지만 이들은 민주화돼 있었기 때문에 민중봉기 없이 더 나은 소프트웨어와 지배구조하에서 투표를 통해 위기에 신속히 대응할 수 있었다. (중국은 국내통화를 외화와 자유롭게 바꿀 수 없고 자본시장도 열리지 않았기 때문에 전자소떼에 완전히 접속됐다고 할 수 없다.) 1997년 가을 전자소떼에 얻어맞고 난 후 태국은 이 나라에서 가장 깨끗하고 가장 민주적인 정당을 뽑아 급진적인 반부패 헌법을 통과시켰다. 태국의 새 헌법은 처음으로 태국 정치인들이 공직에 들어올 때와 나갈 때 개인 재산을 신고하도록 의무화했다. 또한 5만 명 이상의 유권자가 부패조사를 청원한 정치인은 탄핵당할 수 있도록 했다. 태국은 또 아시아에서는 처음으로 정보자유법을 통과시켰다. 이제 태국 언론들은 고위관료들을 감시하기 위해 어느 때보다 공격적으로 이 법을 활용하고 있다. 방콕 주재 세계은행 관리는 나에게 "금융위기가 없었다면 새 헌법은 결코 의회를 통과하지 못했을 것"이라며 "주저하던 국왕과 군부가 금융위기 후 새 헌법을 밀어붙였던 것"이라고 말했다. 한국은 어떻게 대응했는가? 이 나라에서 가장 자유주의적인 민주주의자 김대중을 대통령에 선출함으로써 위기에 대응했다. 그는 한국 금융위기 전이었다면 떠돌이 개 포획인dogcatcher으로도 선출될 수 없었을 것이다.

가장 독재적이고 가장 부패한 동남아 국가(수하르토 정권 치하의 인도네시아)는 유연성이 가장 떨어지고 새로운 소프트웨어에 적응하는 능력이 가장 떨어져 결국 침몰하고 말았다. 인도네시아 대중은 개혁의 고통을 분담할 자세가 돼 있지 않았고, 그들은 정부가 자신들의 것이라고 느끼지 않았기 때문이다. 1998년 인도네시아 통화가 폭락하고 IMF는 인도네시아가 지출을 줄여야만 구제금융을 주겠다는 조건을 내걸었을 때 수하르토 대통령은 국민들에게 이렇게 말해야 했다. "동지들이여, 우리는 허리띠를 졸라매야 합니다. 우리 모두 함께 그렇게 해야 합니다." 그 말을 듣자 분노가 폭발한 국민들은 이렇게 대답했다. "대통령님, 우리는 모두 당신과 당신 자녀들이 함께 소유하고 있는 유료도로, 호텔, 항공기와 택시회사를 갖고 있지 않습니다. 너나 잘하세요."

운영체제와 소프트웨어를 지속적으로 개선하려면 민주적인 시스템 안에서 개선이 이뤄지도록 해야 한다. 이는 정부가 추진하는 형식적인 운영체제 개선과는 별개의 것이다. 이와 관련해 다이아몬드는 "좋은 소프트웨어와 법치, 책임성을 갖추고 있더라도 정기적으로 자유선거를 실시하지 않는 체제라면 전자소떼를 따라갈 수 없을 것"이라고 말했다. 그는 "독재체제는 책임성이 결여돼 있으며, 자유로운 정보흐름을 허용하지 않고, 부패를 추방하기 위한 독립적인 사법부를 허용하지 않으며, 정권 교체를 위한 자유선거도 허용하지 않는다"며 "이런 독재체제에서는 좋은 소프트웨어를 유지할 수 없다"고 설명했다. 선거는 그 자체만으로 좋은 지배구조를 확립할 수 없다. 러시아와 파키스탄이 그 단적인 증거다. 또한 부패한 지도자를 축출하기 위한 정기적인 선거를 실시하지 않는다면 현대적인 운영체제와 소프트웨어만 갖추는 것만으로는 효과적이지 않다. 정기적인 선거 없이는 더 나은 지배구조를 만들 수 없고, 더 좋은 소프트웨어와 운영체제 없이는 전자소떼도 없으며, 전자소떼가 없이는 성장도 없다는 걸 가장 빨리 이해하는 개도국의 지도자가 가장 현명한 지도자라고 하는 것도 이런 이유에서다. 세계화혁명의 논리는 나에게 전자소떼가 민주화에 점점 더 중요한 기여를 하리라는 낙관론을 갖게 한다. 하지만 현실적으로 세계화혁명이 어떻게 전개될지를 생각하면 신중론을 갖게 된다. 전자소떼와 연결하기만 하면 자동적으로 더 나은 소프트웨어와 운영체제, 그리고 민주주의를 얻게 되는 것은 아니다. 그런 것들을 얻기 위해서는 많은 노력을 해야 한다. 소프트웨어는 본질적으로 현실 속의 사람들과 관련돼 있으며 정치·경제·역사·문화적 저항에 부딪히기 쉬운 정치적 과정이다. 이 과정에 지름길은 없으며 사람들은 언제나 힘든 길을 가야 한다. 미국은 200년 동안 철도 산업의 부침과 끊임없는 은행 실패, 대규모 파산, 독점기업의 탄생과 소멸, 1929년 주식시장 붕괴, 그리고 1980년대의 저축대부조합 위기를 겪은 덕분에 오늘에 이르렀다. 우리가 처음부터 오늘날의 체제를 갖췄던 것은 아니다.

언젠가 나는 러시아 개혁의 설계자였던 아나톨리 추바이스에게 자유시장 시스템으로 이행하는 것이 얼마나 어려운 일인지 물어봤다. 그의 대답은 이랬다.

"우리에게는 시장이 없었습니다. 그래서 현대적인 정부와 기술, 시장에 대한 경험을 가진 사람들이 부족했지요. 소련에서는 아예 '시장'이라는 말을 쓰는 것 자체가 금지됐습니다. 나는 그리 늙은 사람이 아니지만 이런 기억도 갖고 있습니다. 경제학자인 내 친구가 1982년에 해고됐는데 그 이유가 과학저널에 게재된 논문에 '시장'이라는 말을 썼다는 거였어요."

정말로 두려운 건 따로 있다. 시장이 무엇인지 파악하고, 더 나은 소프트웨어를 만들었다고 하더라도 그걸 개선하는 일은 끝이 없는 과제다. DOS캐피털6.0을 얻고 나면 무얼 해야 하는가?

바로 DOS캐피털7.0을 만드는 일을 시작해야 한다.

세계화의 딜레마

『뉴욕타임스』 멕시코시티 특파원인 줄리아 프레스턴은 언젠가 나에게 자유무역과 세계화에 대항해 싸우는 농민들이 주축이 된 사파티스타 게릴라의 이상한 회의에 대해 이야기해주었다. 사파티스타 해방군은 멕시코 남부 정글에서 '인간다움을 지향하고 신자유주의에 반대하는 대륙간 포럼'이라는 대회를 열었다. 원형경기장처럼 생긴 찌는 듯한 진흙 구덩이에서 열린 종합토론회는 로빈훗과 랄프 네이더(미국 소비자운동가-옮긴이)를 합친 것 같은 사파티스타 지도자 마르코스 부사령관이 주재했다. 그 세션은 사파티스타 대원들이 북 같은 걸 울리고 오늘날 세계에서 가장 사악하고 위험한 기관을 발표하는 것으로 끝났다. 모두 기립 박수를 치는 가운데 사파티스타는 글로벌 자유무역을 촉진하고 보호무역주의를 종식시킨 제네바의 세계무역기구(WTO)가 인류 최대의 적이라고 선언했다.

이 이야기는 언제나 전자소떼와 슈퍼시장이 민주화에 중요한 기여를 하지만 그 반대의 효과도 낸다는 사실을 나에게 상기시켜준다. 소떼와 슈퍼시장은 사람들이 민주주의 체제 안에서도 자기들의 삶에 대한 통제권을 잃었다는 느낌을 갖게 할 것이다. 선출된 그들의 대표들조차 선출되지 않은 시장의 독재에 고개를 숙여야 하기 때문이다. 이런 느낌은 특히 민주주의 국가에서 더 광범위하게 확산될 것이다.

와튼스쿨의 세계화 전문가인 스티븐 코브린은 "전자소떼가 더 크고, 더 빠르고, 영향력이 세질수록 시민 개인들은 경제에 대한 통제와 경제문제에 대한 정치적 의사결정의 중심이 지역적 차원에서 글로벌 차원으로 옮겨가는 걸 느끼기 시작한다"고 말했다. 그는 "지역적 차원에서는 경제문제를 통제할 수 있지만 글로벌 차원에서는 그 문제에 대해 아무도 신경 쓰거나 책임지지 않는다"며 "정치가 지역적인 것일 때는 투표의 의미가 있지만 힘의 중심이 초국적인 차원으로 옮겨가면 선거도 없고 투표할 대상도 없어진다"고 말했다.

국가와 슈퍼시장 사이에 권력이 더 균등하게 나누어지는 지금의 세계화 체제에서는 각국의 정치권에서 글로벌 시장으로 의사결정권이 어느 정도 옮겨가는 데에 의문의 여지가 없다. 글로벌 시장의 영역에서는 어떤 개인이나 국가나 기관도 독점적으로 정치적 통제권을 행사할 수 없다. 적어도 아직까지는 그렇다. 우리가 평소 "시장이 이렇게 말한다" "시장이 이렇게 요구한다", "시장에서 좋아하지 않는다"는 말을 얼마나 자주 듣는지만 생각해봐도 알 수 있다.

이에 대해 이스라엘의 정치이론가 야론 에즈라히는 다음과 같이 설명한다.

"역사적으로 가장 자의적인 권력은 언제나 신, 자연법칙, 시장의 법칙 같은 어떤 비인격적인 논리 안에 숨어 있었습니다. 이런 것들은 도덕적으로 참을 수 없는 모순이 뚜렷이 나타날 때는 언제나 반발을 불러왔습니다. 예컨대 18세기 계몽운동은 과학과 합리성의 진정한 세계화였지만 도둑과 악한, 착취자, 사기꾼이 자기가 하는 일은 무엇이든 과학과 논리의 필연적인 결과라고 주장했을 때에는 저항이 나타났지요. 똑같은 일이 오늘날 세계화에도 나타날 수 있습니다. 많은 이들이 세계화를 일반 시민들의 목소리를 빼앗아가기 위해 어떤 경제적 엘리트들이 쓰는 일종의 가면과 크게 다르지 않다고 볼 것입니다. 이 때문에 일부에서는 세계화를 추진하는 이들이 먼저 미디어를 사들이려 하는 것은, 잠재적인 불만과 확신을 가진 시민들을 온순한 소비자로 바꿔놓기를 바라기 때문이라는 주장이 나오고 있지요. 정치를 구경꾼들을 위한 스포츠로 바꿔놓는 것은 교묘하게 세계화를 부추기는 것들 중 하나입니다. 이는 행동하던 시민들을 정치에 참여한다는 착각에 빠져 있는 방관자로 바꿔놓는 것이지요."

더욱 많은 시민들이 새로운 세계화 체제에서는 국내가 아니라 멀리 떨어진 외부에서 많은 것들을 통제하게 된다고 느끼기 시작할수록 그 나라에서 세계화를 추진하는 이들이 공격받을 가능성도 그만큼 커진다. 이집트 경제장관 유세프 부트로스-갈리는 언젠가 이렇게 말했다.

"세계화의 전 과정은 선동에 이용하기가 아주 쉽습니다. 변화를 거부하려는 이들은 누구든 외국인 투자자들에게 경제를 개방하려는 사람들을 지목하면서 '봐라, 여기 우리 경제를 외국인들에게 열어젖히려는 매국노가 있다'고 비난합니다. 그러면 개방론자는 '시장이 가격을 결정하도록 하는 게 더 효율적'이라고 반박하겠지요. 그러면 그들은 다시 돌아와 이렇게 말할 겁니다. '당신 미쳤어? 시장은 외국인들이 주무른다. 그런데 어떻게 시장이 가격을 결정하게 할 수 있는가?'"

확실히 세계화 시대 정치이론이 갖는 가장 큰 어려움은, 시민들이 자국 정부뿐만 아니라 그들의 삶을 바꾸는 세계적인 힘에 대해서도 부분적으로 영향을 미칠 수 있다는 점을 어떻게 인식시켜줄 것인가 하는 문제다. 에즈라히는 "시장의 힘과 기구들은 윤리문제에 무관심하기 때문에 극히 정의롭지 못한 일을 방지하기 위한 공동의 심의기구가 필요하다"고 말했다. 그는 "그런 심의 기능은 공동체 생활과 공론의 장을 만들고 지키는 시민권과 민주정부의 요체"라며 "그 공론의 장과 공동체 생활이 자기네 정치의 영역 저 너머의 힘에 의해 결정된다면 문제"라고 말했다. 우리 아이들의 국민윤리 교육은 그 지방과 주, 국가 차원에서 벗어나 국가와 슈퍼시장, 국가와 슈퍼개인, 그리고 슈퍼개인과 슈퍼시장 사이의 관계에서 바람직한 행동은 무엇인지를 공부하는 차원으로 확장돼야 할 것이다. 전자소떼는 어떤 나라에서나 날마다 투표할 수 있는데, 소떼의 행태에 대해 그토록 직접적이고 즉각적으로 투표할 수 없는 세계에 대해서는 우리가 어떻게 대처해야 하는가? 그 누가 나와 내 인터넷, 나와 슈퍼시장, 그리고 우리 정부와 슈퍼시장의 관계를 다스릴 것인가? 래리 서머스의 말을 빌리면 이는 '세계화 딜레마'다.

　세계화 체제가 좋은 점 한 가지는 이 체제는 차별을 하지 않는다는 점이다. 세계화 체제는 약한 자와 강한 자 모두에게 통제권을 잃었다는 느낌을 준다. 또한 우리가 선출하지도 않았고 때로는 통제할 수도 없는 권력의 지배를 받는다는 느낌을 준다. 나는 1995년 멕시코 페소화 폭락 사태 후 길레르모 오르티즈 멕시코 재무장관을 만나러 갔다. 그는 책상에 앉아 컴퓨터 화면에서 눈을 떼지 못하고 있었다. 그 화면은 심장마비를 표시하는 심전계(EKG)처럼 추락하는 페소화 그래프를 초 단위로 그려주고 있었다.

　"휴전 좀 하자고." 오르티즈는 글로벌 시장에 대고 말했다. "당신들은 우리를 죽을 정도로 두들겨 팼잖아. 이제 공매도(값이 더 떨어지면 사서 되갚을 요량으로 증권을 빌려서 미리 팔고 보는 것-옮긴이)는 좀 멈추라고." 그를 쫓아오는 글로벌 시장의 발톱에 채인 기분이 어떠냐고 묻자 오르티즈는 초 단위로 페소화 움직임을 보여주는 컴퓨터 화면을 가리키며 말했다. "난 며칠 동안 완전히 무기력하다는 걸 느꼈습니다. 컴퓨터를 보지 않고 일에 집중하려고 다른 방으로 가야 할 때도 가끔 있습니다."

10
틀을 짜는 자, 틀에 맞추는 자

워싱턴 주 레드먼드, 1997년 10월 21일—마이크로소프트는 오늘 미국 법무부의 제소에 대한 정면대응으로 미합중국 연방정부를 인수한다고 발표했다. 인수 가격은 밝히지 않았다. 빌 게이츠 마이크로소프트 회장은 "이는 우리 성장전략의 논리적 연장선상"이라며 "정부 인수는 모두에게 참으로 긍정적인 거래가 될 것"이라고 말했다.
마이크로소프트 관계자는 백악관 대통령 집무실에서 빌 클린턴 대통령과 함께 기자들에게 브리핑하면서 인수에 따른 변화는 "최소한"에 그칠 것이라고 밝혔다. 미합중국은 마이크로소프트가 완전히 소유하는 사업부로 관리될 예정이다.
스티브 발머 마이크로소프트 사장에 따르면, 연방정부 주식 공개는 내년 7월로 예정돼 있으며 이 사업 부문은 "늦어도 1999년 4분기까지는" 흑자가 날 것으로 기대된다. 이와 관련된 성명에서 빌 클린턴은 그가 마이크로소프트 부사장직을 "기꺼이 그리고 열렬하게" 받아들였으며 빌 게이츠에게 직보하면서 미국 정부를 계속 경영할 것이라고 밝혔다. 경영관리권을 게이츠에게 넘겨준 기분이 어떠냐는 질문에 클린턴은 웃으며 "홀가분하다"고 대답했다. 그는 이어 "빌 게이츠는 능력이 검증된 경영자"라며 "미국 국민들은 게이츠에게 전적인 지지와 신뢰를 보내야 한다"고 말했다. 클린턴은 마이크로소프트의 새 직책을 맡아 그가 미국 대통령으로서 매년 받았던 20만 달러의 몇 배를 벌게 될 것으로 알려졌다.
게이츠는 미국 수도를 레드먼드로 이전하자는 제안을 "바보 같다"고 일축했으나 미국 정부에 관한 경영 의사결정은 기존의 마이크로소프트 본사에 있는 자기 집무실에서 내릴 것이라고 말했다. 게이츠는 이어 상원과 하원은 "물론 폐지될 것"이라고 말했다. 그는 "마이크로소프트는 민주주의가 아니지만 우리가 얼마나 잘하고 있는지 보라"고 주문했다. 추가로 캐나다 인수가 진행 중이라는 소문에 관한 질문에 게이츠는 "그런 논의가 이뤄지고 있음을 부인하지 않겠다"고 밝혔다. 마이크로소프트 관계자는 미국 국민들이 정부 서비스 확대와 세금 감면, 그리고 모든 마이크로소프트 제품에 대한 할인 혜택을 기대해도 좋다는 말로 기자회견을 마쳤다.

마이크로소프트 1978년 설립됐으며 PC용 소프트웨어와 민주주의 정부 부문에서 세계적인 선두회사(나스닥시장 종목 코드, MSFT). 일반 국민들과 기업, 개인들이 날마다 PC와 자유로운 사회의 이점을 더 편리하고 즐겁게, 그리고 최대한 누릴 수 있도록 한다는 사명을 갖고 다양한 제품과 서비스를 제공한다.

미국 1789년 미합중국으로 공식 출범했으며 세계 역사상 가장 성공적인 나라. 200년 이상 민주주의와 기회의 상징이 돼왔다. 본부는 워싱턴 DC에 있으며 마이크로소프트의 100% 자회사다.

마이크로소프트를 풍자하기 위해 익명의 네티즌이 인터넷에 올린 패러디

나는 1995년 가을 어느 날 『파이낸셜타임스』를 읽다 눈에 확 띄는 1면 사진을 보았다. 마이크로소프트 빌 게이츠 회장이 중국 장쩌민 주석과 회담하고 있는 모습이었다. 사진 설명은 이 회담이 마치 두 세계 지도자의 보통 정상회담인 것처럼 소개하고 있었다. 두 사람이 18개월 전 냉담했던 만남과는 대조적으로 '매우 우호적인' 대화를 나눴다고 썼다. 나는 혼자 '음, 빌 게이츠가 장쩌민을 18개월 새 두 번 만났다면 빌 클린턴보다 중국 정상을 한 번 더 만난 셈이군' 하고 생각했다. 그럴 만도 했다. 당시 중국인들은 두 사람의 빌 가운데 빌 클린턴보다 빌 게이츠를 더 만날 필요가 있다고 믿는 것 같았다. 이에 대해 누가 뭐라 하겠는가? 중국인들은 윈도우3.1을 대만의 컴퓨터 언어 전문가들이 대만식 중국어와 대만식 컴퓨터 코드로 번역했다는 사실에 화가 나 있었다. 중국의 모든 컴퓨터에 들어갈 소프트웨어와 운영체제를 대만이 만든다는 사실보다 중국인들을 더 분노하게 하는 일은 없을 것이다. 이에 따라 베이징 당국은 마이크로소프트가 중국 본토 기업과 공동으로 제작한 중국어 버전 소프트웨어를 제공하겠다

고 합의할 때까지 윈도우 95의 시장 접근을 막았다.

이 기사와 사진 설명을 읽자 나는 국가와 기업들의 특성이 수렴해가기 시작한 것 아닌지 궁금해졌다. 결국 한 나라를 글로벌 경제와 연결시킨다는 게 그 나라를 공개(주주들이 전 세계에 있는 기업처럼 나라를 공개)한다는 걸 뜻한다면 그것 자체만으로도 이미 국가가 기업 같은 느낌을 준다. 국민들은 주주들처럼 행동하고, 지도자들은 경영진처럼 행동하며, 외교정책 분석가들은 신용평가회사들처럼 행동한다.

동시에 인터넷이 시민들의 생활 속으로 더 깊이 퍼질수록 정부와 법적 체제가 인터넷 속도로 운영되도록 더 많은 압력을 가한다. 냉전체제에서는 기업과 정부 사이의 차이가 존재했지만 그 차이는 그리 크지 않았다. IBM과 GM은 연방정부나 크레믈린처럼 운영됐다. 지금은 그렇지 않다. e-정부에 대한 요구가 커지는 것도 이 때문이다. 자동차를 온라인으로 살 수 있는 시대에 왜 운전면허증 갱신을 위해 창구에서 여섯 시간이나 줄 서서 기다려야 한단 말인가? 점점 더 많은 시민들이 아메리카온라인에서처럼 미합중국에서도 더 쉽게 서비스 받기를 기대한다. 우리 모두가 다른 이들이 어떻게 살고 있는지 잘 알고 있는 시대에는 정부가 점점 더 편리한 삶을 약속해야 한다. 다른 이들이 어떻게 쇼핑하고 있는지 모두가 알 수 있는 시대에 정부는 같은 서비스를 더 편리하게 제공해야 한다. 정부가 그렇게 할 수 있으려면 효율적인 기업처럼 정부를 운영하는 길밖에 없다. 달리 표현하자면 더 많은 사람들이 아마존닷컴처럼 빠르고 효율적인 정부를 원할수록 정부는 더 열심히 아마존닷컴처럼 움직이지 않을 수 없다.

국가가 기업처럼 행동해야 한다는 압력은 갈수록 커지고 있다. 세계화체제에서 국가는—어떤 정책을 택하느냐에 따라 다르겠지만—그 어느 때보다 더 큰 번영을 이룰 수 있고 국민들은 그 수준에 걸맞은 더 나은 경영을 요구하기 시작했기 때문이다. 이웃 나라 정부는 DOS캐피털6.0으로 운영되는데 자기네 정부는 DOS캐피털1.0으로 운영된다는 걸 사람들이 더 잘 알게 될수록 그들은 그 이유를 따지기 시작할 것이다. 산업혁명 때와는 달리 오늘날 국가는 보유 자원이나 지정학적 위치, 또는 역사에 의존할 필요가 없다는 걸 사람들은 깨닫게 될 것이다. 오늘날 세계화 체제에서는 어떤 나라든 인터넷에 접속해 지식을 얻고, 독자적인 교육 기반을 개발할 수 있으며 기반시설 건설에 참여할 외국인 투자자들을 유치할 수 있고, 유능한 지도자만 있으면 DOS6.0을 실행할 수 있다. 2000년 초 EIU(이코노미스트 인텔리전스 유닛)는 「올해 어느 나라가 가장 높은 성장률을 기록할 것인가」라는 보고서에서 다음과 같이 밝혔다.

"모잠비크는 지난 4년 동안 세계에서 가장 빠른 성장을 보인 경제 가운데 하나였다. GDP 성장률은 연평균 10%에 이르렀다. 같은 기간 보츠와나는 연평균 7%씩 성장했다. 기후가 안 좋고 질병이 만연한 아프리카 국가라는 약점에도 불구하고 이들 나라는 정치적 안정과 절제된 재정정책, 그리고 기업 친화적 개혁이 놀라운 효과를 가져왔다. 이처럼 절망적인 최빈국들도 고성장을 이룰 수 있었다."

모잠비크와 보츠와나는 번영을 택했다. 하버드 비즈니스스쿨의 마이클 포터 교수는 이렇게 말한 바 있다.

"이제 한 나라의 부는 주로 그 나라 국민들의 집단적 선택에 달려 있다. 지역적 위치와 천연자원, 심지어 군사력도 더 이상 결정적인 변수가 안 된다. 그 대신 그 나라와 국민들이 경제를 조직하고 경영하는 방식, 그들이 설립한 기구, 개인적으로 또는 집단적으로 선택한 투자의 유형에 따라 국가의 번영이 좌우될 것이다."

이제 국가가 기업들처럼 번영을 선택할 수 있다면 각국은 이 세계화 시대에 어떤 정책과 기술을 채택해야 하는가? 10장과 11장에서는 내가 가장 뛰어난 글로벌 기업과 국가를 취재해서 만든 체크리스트를 보여준다. 10장에서는 먼저 요즘 내가 어떤 나라에 가면 그 나라의 경제력과 성장 잠재력을 평가하기 위해 가장 먼저 물어보게 되는 두 가지부터 다룬다.

네트워크에 얼마나 연결돼 있는가

1995년 10월 나는 마이크로소프트의 2인자 스티브 발머 사장을 인터뷰하러 워싱턴 주 레드먼드로 날아갔다. 그에게 한 가지 간단한 질문을 던지기 위해서였다. 오늘날 미국에서 가장 중요한 기업으로서 마이크로소프트는 자기가 속한 세계에서 누가 얼마나 힘을 갖고 있는지를 어떻게 평가하는가? 마이크로소프트의 관점에서 볼 때 어느 나라가 가장 힘이 있으며 왜 그런가? 당시 발머의 대답은 간단했다. "마이크로소프트는 가구당 PC 보유 대수 하나만으로 그 나라의 힘을 평가한다"는 것이었다. 나는 그렇다면 마이크로소프트가 그리는 세계의 권력지도는 어떤 것이냐고 물었다. 그는 마이크로소프트가 볼 때 가장 빨리 성장하는 지역은 아시아이며, 가구당 PC 보유 대수에서는 한국이 가장 앞서고 일본도 빠르게 성장하고 있지만 마이크로소프트가 가장 흥미를 갖고 있는 나라는 중국이라고 대답했다.

나는 "왜 월소득이 50달러밖에 안 되는 중국에게 가장 흥미를 갖느냐"고 물었다.

발머는 "아, 당신은 이해를 못하는군요" 하더니 칠판으로 가서 뭔가를 그리기 시작했다. 그는 왼쪽에 1자 모양의 짧은 줄 2개를 긋고 오른쪽에도 2개의 줄을 그었다.

그 아래 가운데쯤에 다시 2개의 줄을 긋고, 다시 그 아래에 1개를 그었다. "그게 뭐냐"고 내가 묻자 그는 맨 위 두 쌍의 줄에 각각 동그라미를 치고, 그 아래 있는 한 쌍과 다시 그 아래 있는 한 줄에 동그라미를 그리며 말했다.

"맨 위에 있는 두 쌍은 친가 쪽 할아버지와 할머니, 외가 쪽 할아버지와 할머니이고, 그 밑의 한 쌍은 아버지와 어머니, 그리고 맨 아랫줄은 그들에게서 난 아이입니다. 이 모든 조부모와 부모가 아이 하나에게 윈도우 95

를 사주기 위해 저축을 하고 있지요."

그렇다. 중국의 산아제한까지도 마이크로소프트에 도움이 되는구나.

나는 "다른 나라들에 대해서도 계속 설명해달라"고 부탁했다. 발머는 브라질과 인도도 가구당 PC 대수가 빠르게 늘어나는 뜨거운 시장이지만 모로코에서 파키스탄 국경에 이르는 중동 지역은 마이크로소프트에게 블랙홀과도 같은 지역이라고 말했다. 마이크로소프트 기술개발센터가 있는—다른 지역과는 차원부터 다른—이스라엘과, 이집트인들이 다국적기업들에게 마이크로소프트 서비스를 제공하고 있는 사우디아라비아는 예외적이었다. 서유럽은 모든 나라가 강세를 보이고 있지만 프랑스 한 나라만 예외였다. 발머는 "프랑스가 뒤졌다고 말하고 싶지는 않다"면서도 "프랑스는 인구 대비 PC 보급률이 상당히 높았지만 이제는 그렇지 않다"고 말했다.

나는 프랑스의 권력지도를 "외교정책3.1"이라고 이름 붙였다. 3년 후인 1998년 나는 그 지도를 업데이트하기로 했다. 이번에는 실리콘밸리로 가서 스탠퍼드대 공학교수들뿐만 아니라 인텔, 썬, 시스코와 같은 선두기업의 최고경영진을 만나 권력 측정 방법을 물어보기로 했다. 흥미롭게도 사정은 상당히 달라져 있었다. 실리콘밸리에서는 이제 단순히 가구당 PC 대수가 아니라 '네트워크 연결성'을 갖고 힘을 잰다는 것이었다.

이제 중요한 건 한 나라가 PC들을 얼마나 광범위하고 깊숙한 곳까지 연결해 기업과 학교와 엔터테인먼트 제작자를 이어주고, 이런 내부적인 네트워크를 얼마나 긴밀하게 월드와이드웹과 연결하느냐였다. 연결성은 보통 그 나라의 주파수대역폭으로 측정된다. 대역폭은 케이블과 전화선, 광통신 라인이 얼마나 많은 디지털 정보들(그 모든 '0'과 '1'의 묶음들)을 네트워크의 한 점에서 다른 점으로 보낼 수 있는지를 나타낸다. 1980년대 PC 시대의 슬로건이 "컴퓨터 메모리는 아무리 많아도 지나치지 않다"는 것이었다면 포스트PC시대, 네트워크시대의 슬로건은 '대역폭은 아무리 넓어도 지나치지 않다'는 것이다. 대역폭이 클수록 연결성은 커진다. 한 나라가 얼마나 연결성이 높은지 알아보려면 1인당 광대역통신 이용량을 측정하면 된다. 이는 그 나라 광대역통신의 총이용량을 이용자 수로 나눈 값이다. 이는 가구당 PC 대수와 함께 네트워크시대의 힘을 측정하는 핵심 지표다.

이런 지표는 일반 대중과 의사결정자 사이에 얼마나 많은 정보교환이 이뤄지는지를 보여준다. 일자리와 지식 활용과 경제성장은 통신대역폭이 가장 크고, 연결성이 가장 높고, 가장 광범위한 네트워크를 가진 나라에 집중될 것이다. 이들 나라는 제품을 발명하고, 설계하고, 제조하고, 판매하고, 서비스를 제공하고, 의사소통하고, 교육하고 오락을 즐기기 위해 필요한 지식을 가장 쉽게 축적하고, 확산시키고, 공유할 수 있기 때문이다. 이제 연결성이 곧 생산성이다.

이와 관련해 1997년 12월 8일자 『뉴욕타임스』는 일찍이 인터넷을 연구했던 디지털 이큅먼트 코퍼레이션의 경영자 브라이언 리드의 말을 인용하고 있다.

"광대역통신은 정보화 시대에 기업들이 상품을 파는 배급 시스템입니다. 1790년대에는 항구, 1890년대에는 철도가 상거래에 중요했듯이 1990년대 말에는 광대역통신이 중요합니다. 이게 바로 이 시대에 제품을 파는 방식입니다."

시스코의 존 체임버스는 인터넷 경제에서는 광대역통신의 중요성을 가장 먼저 알아채고 경쟁자들이 변화가 필요하다는 걸 깨닫기 전에 그 연결성을 높이는 나라나 기업들이 성장할 수 있다고 말한다. 누구보다 먼저 그 일을 했다면 경쟁자들에게 한마디만 해주면 된다. "게임은 끝났다."

지금처럼 우리가 상거래와 교육, 그리고 커뮤니케이션을 인터넷이 규정하는 세계로 빠르게 옮겨가고 있는 상황에서 비즈니스는 두 가지밖에 없다. 인터넷 비즈니스와 반反인터넷 비즈니스다. 인터넷 비즈니스에는 도서 판매에서부터 증권 중개와 도박에 이르기까지 인터넷 상에서 수행하는 모든 비즈니스나 경영컨설팅에서부터 재고관리에 이르기까지 인터넷으로 개선할 수 있는 모든 비즈니스가 포함된다. 반인터넷 비즈니스는 요리를 하거나 머리를 깎거나 철강을 만드는 것처럼 인터넷상에서 할 수 없는 일과 어떤 식으로든 인터넷과 반대로 가는 비즈니스다. 쇼핑센터나 스타벅스 커피점도 여기에 포함된다. 이런 사업은 사람들이 집에서 혼자 컴퓨터를 하고 인터넷 서핑을 하는 시간이 길어질수록 번화가의 스타벅스나 쇼핑몰에 가 누군가와 접촉하고, 뭔가를 맛보고 냄새 맡고 느끼고 싶어 한다는 점을 이용할 수 있는 반인터넷 비즈니스다.

상품은 언제나 사람들이 만져보고 느낄 수 있도록 진열돼 있어야 하며, 사람들은 언제나 번화가에서든 쇼핑몰에서든 공동체생활을 하고 싶어 한다. 인터넷이 글로벌 상거래와 교육, 커뮤니케이션의 중추가 됨에 따라 네트워크의 질과 범위가 경제력을 가늠하는 결정적 변수가 된다. 그렇다면 이 새로운 네트워크 능력 기준으로 볼 때 어느 나라가 유망하고 어느 나라가 그렇지 못한가? 실리콘밸리는 혁신을 위한 용기와 네트워크 연결성, 그리고 이 모든 기술을 능숙하게 이용하는 자본주의 기업문화를 갖춘 대만을 두려워한다. 대만이 주식이라면 나는 매수하겠다. 미국, 영국, 캐나다, 호주, 스칸디나비아 여러 나라, 아이슬란드, 이스라엘, 이탈리아, 싱가포르, 코스타리카, 그리고 인도 역시 같은 범주에 들어간다. 코스타리카는 모든 고등학생들에게 이메일 주소를 주고 있다. 일본, 한국, 중국은 처음에는 뒤졌으나 이제 강해지고 있다. 싱가포르는 지금 세계에서 유일하게 '미스 인터넷' 선발대회를 열고 있지만 앞으로는 다른 나라에서도 이런 이벤트가 열릴 것이다. 1999년 1월 19일자 『USA투데이』는 '미스 인터넷' 왕관을 쓴 싱가포르 여성의 사진 아래 이런 설명을 달았다. "너무나 진지하게 디지털시대를 준비하고 있는 싱가포르는 미스 인터넷 선발대회까지 열고 있다. 앉아 있는 이가 지난 8월 대회에서 타이틀을 차지한 스텔라 탄이다. 시상 부문에는 비즈니스웨어와 웹디자인도 있다."

버트 파크스(미스아메리카 선발대회 진행자-옮긴이)는 가고 빌 게이츠가 온다. 미녀들의 허리 사이즈는 잊어버리고 통신대역 사이즈를 생각하라.

이제 중요한 의문이 하나 더 생긴다. 가구당 PC 보유 대수와 1인당 네트워크 용량 다음으로 경제력의 잣대가 되는 건 무엇일까?

이에 대한 답은 두 가지 측면에서 생각할 수 있다. 물리적인 측면에서 생각하면 다음에 올 것은 '에버넷Evernet'이다. 이는 우리가 항상 TV나 PC, 무선호출기, 팩시밀리, 토스터, 이메일 수신기 같은 어떤 정보기기에 연결될 수 있는 세계를 만들어주는 것이다. 이제 전기로 움직이는 모든 것들은 적합한 소프트웨어를 통해 집이나 가정의 네트워크에 연결되고 있다. 인터넷이 데스크톱 컴퓨터를 벗어나 온갖 정보기기를 이용해 자유롭게 접속할 수 있게 될수록 에버넷에 더욱 가까이 갈 수 있다. 손목시계든, 휴대전화든, PC든 뭘 가지고 인터넷 검색을 할지는 당신 마음대로다.

점점 더 많은 나라들이 이 길로 갈수록 그 나라들은 각종 네트워크의 보편적 연결 가능성을 얼마나 높였는지에 따라 평가받게 될 것이다. 모든 사람들이 언제 어디서든 네트워크에 접속할 수 있는 단계에 얼마나 근접했는지에 따라 평가받는 것이다. 또한 에버넷으로 제공되는 서비스가 얼마나 풍부한지에 따라 평가받을 것이다. 예를 들어 이런 것들이다. 얼마나 많은 집에서 가정용 컴퓨터에 대고 그냥 말만 하면 음성을 문자로 바꿔 에버넷을 통해 누구에게든 전달해주는 서비스를 이용할 수 있는가? 사람들이 에버넷을 통해 얼굴을 마주 보면서 대화하고 이미지를 전송할 수 있는 영상회의 서비스는 얼마나 싸고 서비스 질은 어느 정도인가? 사람들이 언제 어디서든 배울 수 있도록 교육기관들이 얼마나 많은 온라인 교육 서비스를 제공하는가? 데이터를 안전하게 저장하고 또 사이버도둑에 대한 걱정 없이 신용카드로 온라인 거래를 할 수 있도록 에버넷의 보안체제가 얼마나 잘돼 있는가? 사람들이 늘 갖고 다니면서 항상 네트워크에 접속할 수 있도록 하는 정보기기들이 얼마나 편리하고 복합적인 기능을 갖고 있는가?

틀을 만드는가, 틀에 맞추는가

기업과 일반 국민들을 에버넷에 연결시키는 것은 경제적인 파워를 키우는 데 필요조건이지만 충분조건은 아니다. 그것은 반쪽에 불과하다. 나머지 반쪽은 한 나라나 기업들이 에버넷을 얼마나 창조적으로 잘 활용하느냐에 달려 있다. 파워는 단순히 가장 많은 네트워크를 깔아놓기만 한 이들에게 돌아가지 않는다. 기업과 정부, 자본, 정보, 소비자, 그리고 가치를 창출하는 네트워크 연합을 가장 창의적으로 결합하는 이들에게 돌아간다. 그중 일부는 지정학적 가치를 창출하는 정부 주도형 연합이 될 것이다. 일부는 근로자의 권익이나 인권, 또는 환경보존과 같은 인간적 가치를 창출하거나 보존하는 시민단체 주도형 연대가 될 것이다.

이런 체제에서 기업이나 국가, 또는 시민단체들은 맥킨지의 존 헤이글 3세가 처음 썼던 표현대로 '조형자shaper'가 되거나 '적응자adapter'가 될 것이다. 조형자들은—그게 돈을 버는 것이든, 전쟁을 일으키는 것이든, 정부나 기업이 인권을 존중하도록 하는 것이든—에버넷 세상에서 이뤄지는 활동을 관리하는 규칙과 상호 작용을 규정하는 기업이나 국가, 또는 시민단체들이다. 적응자들은 다른 이들이 만들어놓은 규칙과 상호 작용의 틀에 스스로를 맞춰가면서 자기의 틈새시장을 찾아내 이득을 얻는 기업들이다. 더 많은 소비자와 기업과 국가가 단일 에버넷에 연결될수록 강력한 조형자들에게 권력이 더욱 집중될 것이다. 이미 어느 나라, 기업, 소비자단체, 또는 슈퍼개인이 각종 규칙과 표준의 조형자가 되느냐를 놓고 세계 곳곳에서 싸움이 벌어지고 있는 걸 볼 수 있다. 지금처럼 장벽이 없고 밀접하게 연결된 세계에서 일단 새로운 표준을 만들어내고 나면 엄청난 영향력을 발휘할 수 있다. 지구 한쪽 끝에서 반대쪽 끝까지 엄청나게 많은 사람들의 구매 습관과 행태를 바꿔놓을 수도 있다.

인터넷 경매업체 이베이는 경제의 영역에서 조형자가 된 좋은 사례다. 이름도 없었던 이 회사는 3년 내에 소비자들이 월드와이드웹에서 물건을 사고파는 데 필요한 상호 작용의 형태와 새로운 규칙을 만들어냈다. 이베이는 판매자와 구매자를 인터넷으로 불러모아 전통적인 물물교환센터나 신문지상의 유형별 광고와는 완전히 다른 새로운 시장을 창출하고 독자적인 규칙도 만들어냈다. 이베이에서 물건을 파는 이들은 모두 그들과 거래하는 사람들의 평가를 받아야 한다. 단 한 번이라도 속임수를 쓰는 이들은 나중에 다시는 거래를 할 수 없게 될 수도 있다. 그가 사기꾼으로 평가받고 있다는 걸 월드와이드웹에 참여하는 모든 사람들이 알게 되기 때문이다. 일단 이베이의 표준이 만들어지고 나면 다른 기업들은 아예 다른 분야로 옮겨가거나 이베이의 혁신에 가장 잘 적응하기 위해 경쟁하게 된다. 따라서 이베이를 통해 신기하게 물건을 사고파는 개인들뿐만 아니라, 이와 관련된 사업을 하기 위한 기업들도 나타나게 된다. 당신이 하나의 표준을 만들었다면 당신은 가급적 많은 사람들이 그걸 사용하고 거기서 많은 이익을 얻을 수 있기를 바랄 것이다. 많은 이들이 사용하고 이익을 얻을수록 그 표준은 더욱 안정되고 굳건해지기 때문이다. 또한 당신의 주변에서 그 표준을 더욱 강화해줄 수많은 혁신이 이뤄질 수 있게 되기 때문이다. 에버넷은 많은 사람들이 주택건축에서부터 철강이나 플라스틱 제품 판매에 이르기까지 다양한 산업 부문에서 이베이에서와 같은 거래가 이뤄지도록 해준다. 이는 특정 산업의 판매자와 구매자를 한데 모아 훨씬 더 효율적인 교환과 판매가 세계적인 규모로 이뤄지도록 해준다. 또한 제품뿐만 아니라 전문 지식까지 공유하거나 팔 수 있도록 해준다. 지금 광활한 에버넷 영토를 차지하기 위한 경쟁이 벌어지고 있는 가운데 당신의 기업이나 나라가 하나 또는 그 이상의 시장(이베이와 비슷한 e-철강, e-고무, 또는 e-시멘트 시장)을 형성할 수 있다면 이는 엄청난 권력이 될 것이다. 각 시장의 범위는 세계적인 것이기 때문에 이베이처럼 일단 시장이 형성되면 무너뜨리기 어렵다. 산업별로 하나 또는 2개의 시장만 형성되면 그걸로 끝이다.

마이크로소프트는 또 다른 조형자다. 이 회사는 소비자와 기업들을 자사의 기술과 표준, 소프트웨어와 운영체제에 바탕을 둔 가치의 네트워크로 끌어들였다. 당신이 효과적인 조형자가 되려면 수많은 적응자들을 끌어들일 수 있어야 한다. 하지만 당신이 만든 표준에 많은 적응자들을 끌어들이는 비결은 당신이 그들을 위해 많은 가치를 창출해주는 것이다. 그게 하나의 제품이든, 인간적인 가치든, 지정학적 질서를 형성하는 규칙이든 마찬가지다.

사람들이 당신의 가치 네트워크에 참여하기를 꺼리게 되면 결국에는 다른 표준을 찾아감으로써 당신에게 등을 돌리게 될 것이다. 따라서 조형자가 늘 유념해야 할 점은 자신의 가치사슬 안에 어떤 여유를(다른 사람들도 먹을 수 있는 음식 같은 것을) 남겨둬야 한다는 점이다. 그래야 다른 이들이 그 표준을 채택할 유인을 갖게 된다. 그 표준이 창출할 수 있는 모든 이익을 혼자 먹어치워서는 안 된다. 이베이가 완전히 새로운 시장을 창출해놓고 거기서 나오는 가장 수지맞는 사업을 독식하려 한다면 이베이 시스템에 적응하려는 유인은 갈수록 줄어들어 결국 시스템이 무너지고 말 것이다. 마이크로소프트는 자사 운영체제를 웹브라우저업체 넷스케이프와 같은 경쟁자들이 활용할 수 있는 여지를 남겨주기 싫어했다. 이런 탐욕 때문에 결국 미 법무부가 마이크로소프트에 대한 반독점 소송을 제기하게 됐다. 마이크로소프트와는 다른 인터넷 표준을 만들기 위한 시도가 나타난 것도 같은 이유 때문이다. 효과적인 조형자가 되는 열쇠는 마이크로소프트처럼 돼지가 되지 않는 것이다.

모든 성공적인 조형자가 처음부터 조형자로 시작한 것은 아니다. 예를 들어 델은 적응자로 출발했다. 델은 기존의 기술로 만든 IBM PC를 택했다. 그리고 창조적인 제조기술을 통해 멋지게 적응했다. 델은 처음에는 IBM 가치사슬의 일부가 됐다. 그런 다음 조형자가 됐다. 델은 최고의 IBM PC 적응자가 되려고 노력하는 과정에서 인터넷을 통해 고객과 접촉하고 부품 공급과 재고를 관리하는 혁신적인 방식을 만들어냈다. 그렇게 하는 과정에서 독자적인 가치사슬을 창출해낸 것이다. 그리고 IBM은 반대로 델의 인터넷 기반 생산방식과 재고관리 기법에 대한 적응자가 됐다.

지정학에도 같은 원리가 적용된다. 미국은 오늘날 지정학적으로 강력한 조형자다. 미국이 세계화를 책임지고 있다고 하면 지나친 말이겠지만, 지금으로서는 지정학적으로 세계화를 관리하는 연합세력을 형성하는 가장 큰 능력을 보유하고 있는 나라다. 예컨대 미국은 1999년 유고슬라비아에서 쫓겨난 코소보 알바니아인들을 구조하기 위해 지금처럼 밀접하게 연결된 세계에서 어떻게 자본과 정보, 군사력을 동원해야 할지를 규정했다. 미국은 세계무역기구 운영의 핵심 규칙과 중국의 가입 조건 가운데 많은 조항들을 만들었다. 이라크 사담 후세인 대통령에 대한 유엔의 대응전략을 만든 것도 미국이었다. 다른 북대서양조약기구(NATO) 회원국들과 중국, 러시아는 대개 적응자였다. 때로는 마지못해 따라가는 적응자였다.

미국과 영국은 황금 스트레이트재킷과 슈퍼시장의 핵심적인 조형자였다. 지금처럼 긴밀하게 연결된 세계에서 황금 스트레이트재킷의 규칙들은 경제성장을 위해 수많은 나라들이 채택하고 있는 표준이 됐다. 황금 스트레이트재킷은 또한 글로벌 교역과 비즈니스의 가치사슬을 만들어냈다. 미국과 영국은 이 가치사슬에서 커다란 이익을 얻고 있다. 하지만 이제 많은 나라들이 이 가치사슬에 적응해 이득을 얻을 수 있음을 알게 됐으며 자기의 실정에 맞는 변형된 스트레이트재킷을 창안해내는 나라들도 많다. 이 모든 게 황금 스트레이트재킷의 영향력을 더욱 강화해주고 있다.

비즈니스 세계에서와 마찬가지로 지정학적 조형자로 성공하려면 지나치게 거만하면 안되고 관대해야 한다. 그래야 다른 나라들이 그 표준과 지정학적 질서에 적응하는 게—자기 나라와 주변지역의 안정에—도움이 된다는 생각을 하게 될 것이다. 미국이 다른 나라들에게 "당신들은 황금 스트레이트재킷을 택하고 자유무역을 위해 경제를 개방해야 한다"며 "그러면 우리는 수출할 수 있는 모든 걸 당신들에게 수출하고 당신들이 미국으로 수출하는 건 조금만 허용할 것"이라고 말한다면 탐욕스러운 조형자가 될 것이다. 그러면 많은 나라들이 황금 스트레이트재킷을 입어야 한다는 유인을 받지 못하고 그들 스스로 새로운 표준을 만들려는 생각을 갖게 할 것이다. 자기가 너무 많은 걸 가져가려 하는 지정학적 조형자는 오래갈 수 없다. 다른 나라들을 위해 테이블에 아무것도 남겨놓지 않는다면 그 표준에 적응하고 그 주변에서 새로운 것을 만들어내려는 적응자들의 유인을 없애버리는 꼴이 될 것이다.

가치사슬의 조형자

이 같은 조형자와 적응자의 원리는 인권과 각종 사회운동, 자선사업, 그리고 환경운동에도 적용된다. 이는 매우 흥미롭지만 일반의 이해는 매우 낮은 분야다. 이제 각종 민간단체와 정부, 기업, 슈퍼개인들은 모두 이들 분야의 규칙을 만들 수 있고 더 나은 지배구조를 위해 연대할 수도 있다. 과거 어느 때보다 조형자의 역할을 더 많이 할 수 있게 됐다. 하지만 많은 행동주의자들이 이런 사회적 기업가정신을 발휘할 기회를 인식하지 못하고 있다.

이 문제에 대해서 이런 식으로 생각해보자. 미국이 19세기 후반부터 반쯤 자치적인 지역경제의 모임에서 더욱 통합적인 국가경제로 이행했을 때 오늘날과 같은 실질적인 연방정부가 탄생하게 됐다. 연방준비은행과 증권거래위원회, 연방통신위원회 같은 기구들이 그때부터 생겨났다. 국가경제는 그것을 보호하고 감독하고 규제하는 기구들이 필요하다. 우리는 세계화 과정에서도 이 같은 일이 일어날 것이라거나 일어나야 한다고 쉽게 가정한다. 우리가 반쯤 자치적인 국민경제들의 모임에서 더욱 통합적인 글로벌 경제로 이행해가면 우리는 이를 보호하고 감독하고 규제할 일종의 세계정부를 발전시킬 것으로 생각하는 것이다.

하지만 한 나라 안에서 지방기관들이 국가기관으로 뛰어오르는 것은 각국의 국가기관이 모든 나라를 감독하는 글로벌 기구로 도약하는 것보다 훨씬 쉽다. 그렇게 하려면 두 가지 문제에 부딪히게 된다. 그중 하나는 주권 문제다. 사람들은 선출하거나 통제할 수 없는, 나라 밖의 정치인과 관료들에게 지배당하는 걸 절대적으로 싫어한다. 다른 문제는 세계화 체제 그 자체의 특성에 있다. 장벽이 없는 세계, 특히 갈수록 에버넷 주변에 집중적으로 형성되는 세계에서는 분쟁 지역에 군대를 동원하거나 강제로 세금을 걷거나 행동을 요구할 수 있는 글로벌 통치기구의 능력은 제한적이다. 케이먼 아일랜드에서 채널 아일랜드로 인터넷을 통해 송금된 범죄자금을 추적하려는 인터폴이든, 사이버공간에서 이뤄지는 교역을 어떻게 규제할 것인가를 결정하려는 WTO든 마찬가지 문제를 안고 있다. 전통적인 정부기구가 어찌할 수 없는 영역이 날마다 늘어나고 있다.

그래서 환경, 인권, 금융거래, 근로조건을 비롯한 여러 분야의 글로벌 규범이 지켜지도록 하는 데 있어서는 적어도 당분간은 글로벌 정부가 조형자 역할을 하지는 못할 것이다. 그렇다면 우리는 어떻게 해야 하는가? 우리는 이들 문제를 무시할 수 없으며 이들 문제를 시장이 해결하라고 내버려두기를 원하지 않는다. 그래서 이제 우리는 핵심 질문을 던지게 된다. 우리는 어떻게 하면 환경, 인권, 금융거래, 근로조건 같은 문제들에 대응하기 위해 '글로벌 정부' 없이도 더 나은 '글로벌 지배구조'를 갖게 될까?

우리는 인류와 공동체에 관한 정말 중대한 문제들을 세계 경찰 없이도 어떻게 관리하고 규제할 수 있는가?

그 답은 네트워크 세계에서는 모두가 가치사슬의 조형자가 될 수 있음을 이해하는 데 있다. 이제 개인, 기업, 지역사회, 소비자, 행동주의자들의 단체, 그리고 정부가 모두 가치사슬을 형성할 수 있는 힘이 있다. 당신이 어떤 인간적 가치를 옹호하는 연대의 조형자가 되면 글로벌 정부 없이도 더 나은 글로벌 지배구조를 만들어낼 수 있다는 사실에 놀라게 될 것이다. 그러나 그러자면 어떻게 힘을 동원할 것인가에 대한 근본적으로 새로운 사고방식이 필요하다. 어떻게 인터넷과 소비자의 힘을 활용할지를 생각해야 하며, 전 세계에서 사업을 하기 위해 어느 나라에서나 자사 브랜드를 보호해야 하는 다국적기업들의 실상을 활용할 생각을 해야 한다.

몇 가지 예를 들어보자. 세계화 시대에 제기되는 가장 큰 문제 가운데 하나는 개도국의 노동착취 공장과 근로자 권익에 관한 중요한 문제들을 어떻게 다뤄야 하는가 하는 문제다. 공산주의가 사라진 시대에도 여전히 많은 인권운동가들이 언론과 선거의 자유를 확대하고 신문 독자란에 의견을 쓸 권리를 확보하는 데 초점을 맞추고 있다. 하지만 개도국 사람들은 단체를 조직하고 더 나은 조건에서 일할 수 있는 근로자의 권리와 일자리 문제에 점점 더 초점을 맞추고 있다. 아주 간단히 말해, 전 세계의 많은 노동자들에 대한 억압은 견제받지 않는 공산당 정치위원들의 억압에서 규제받지 않는 자본가들의 억압으로 바뀌었다. 자본가들은 임금과 근로기준이 가장 낮은 곳을 찾아 끊임없이 나라에서 나라로 옮겨다닌다. 이제 어떤 이들에게는 나이키 로고가 망치와 낫(옛 소련 국기-옮긴이)보다 더 두렵다.

이들 노동자들에게는 실제적인 도움이 필요하다. 하지만 모든 이들에게 더 나은 근로조건을 보장하는 법을 만들 글로벌 정부는 없다. 지난 몇 년 동안 미국 제조업자들은 해외 공장에 대해서도 미국과 같은 근로기준을 적용하려는 시도를 막기 위해 의회에 로비를 했다. 그러는 동안 사우스캐롤라이나의 셔츠 제조업체들이 과테말라로 공장을 이전했다. 그곳에는 법적으로 강제하는 근로조건이 없었으며 국제노동기구(ILO)의 영향력도 미치지 않았다. 그래서 현지 기준도 글로벌 기준도 지켜지지 않았다. 이 문제는 1996년 온두라스에서 '캐시 리 기포드'라는 브랜드의 의류를 생산하는 공장의, 참으로 형편없는 근로조건이 폭로되면서 집중 조명을 받았다. 이 문제를 글로벌 정부가 해결하기를 기다리는 것은 영원히 기다리는 것이다.

이런 도전에 직면한 인권운동가들은 냉전 후 세계의 변화에 맞춰 새롭게 무장할 필요가 있다. 이는 재래식 무기 제조업체들이 냉전이 끝난 후 탱크 대신 지하철 전동차나 토스터를 만드는 법을 배워야 했던 것과 전혀 다를 바 없다. '인권을 위한 변호사위원회(LCHR)'를 이끌고 있는 마이클 포스너는 이렇게 말했다.

"냉전 때는 정부가 법과 규범을 어겼을 때 어떻게 책임을 지도록 하느냐가 중요한 이슈였습니다. 오늘날에는 민간기업들이 근로자들을 대하는 데 어떻게 책임성을 갖도록 하느냐가 중요한 이슈로 떠오르고 있습니다. 전 세계 모든 나라에서 정부의 통제력이 줄어들고 있고, 중국처럼 정부 스스로 비즈니스에 뛰어들어 정부의 감시와 보호 역할을 기대할 수 없는 경우도 있기 때문입니다."

이런 세계에서 행동주의자들은 세계화의 이점을 어떻게 활용할 수 있는지를 배워야 한다. 인터넷으로 전 세계 소비자들을 동원해 기업들이 더 윤리적으로 행동하도록 요구하는 방법을 배워야 하는 것이다. 이는 위로부터의 규제가 아니라 아래로부터의 규제 또는 옆으로부터의 규제다. 이처럼 글로벌 정부 없이도 더 나은 지배구조를 만들 수 있는 연대를 형성함으로써 위만 쳐다보는 대신 아래를 강화할 수 있다.

행동주의자 그룹

바로 그런 실험이 1999년 말 시작됐다. 캐시 리 기포드 사건을 둘러싼 논란 후 공정노동연합(FLA)이라는 새로운 연대가 탄생했다. 이는 미국 정부, 변호사위원회 같은 근로자 권익 보호 운동단체, 의류 제조업체, 그리고 미국 대학생들이 모여 만든 것이다. 일은 이런 식으로 진행됐다. 대부분의 주요 글로벌 의류업체들과 인권단체들은 어린이 노동과 노동시간에 대한 제한을 포함한 최소한의 근로기준에 합의했다. 또한 독립적인 외부 감시요원이 불시에 공장을 방문할 수 있도록 허용하는 통일된 감시 체계 도입에도 합의했다. 감시요원은 FLA의 인증을 받아야 하며 교회단체부터 회계법인에 이르기까지 다양한 분야의 사람들이 참여한다. FLA는 업체별로 협약 준수 상황에 대한 연례보고서를 낸다. 보고서는 인터넷에 올리고 나중에 『컨슈머 리포트』에도 싣는다. 기준을 잘 지킨 업체는 의류에 특별히 'FLA' 라벨을 붙일 수 있다. 그래서 소비자들이 여러 브랜드 가운데 근로자 권리를 존중하는 업체를 구별해주는 믿을 수 있는 정보를 갖게 된다. 다시 말해 이들 업체의 제품을 사고 다른 제품을 외면하게 되는 것이다. 이 연대에 참여한 100개 이상의 대학들은 엄청난 양의 운동화와 티셔츠, 운동복을 파는 구내서점들에 FLA 라벨이 붙은 제품만 팔도록 요구했다. 이 연대는 결국 모든 주요 소매업체들도 그렇게 하게 될 것으로 기대한다.

물론 이런 노력이 하루아침에 근로조건을 혁명적으로 바꿔놓지는 못할 것이다. 하지만 이는 하나의 시작이다. 글로벌 의류 산업의 규범을 새로 만들어가는 출발점이다. 그리고 이는 글로벌 정부 없이 이뤄진 일이다. 글로벌 정부 대신 모든 소비자들이 인권 수호자가 되게 하고 글로벌 기업들이 어디에도 숨을 곳이 없도록 할 수 있는 연대를 만들어서 이뤄낸 일이다.

그린피스를 이끌다 지금은 다국적기업들에게 지속가능한 개발에 관한 자문을 해주고 있는 폴 길딩은 "과거 운동가들이 얼마나 많은 제약을 받았는지 생각하면 놀랍다"고 말했다. 그는 "예전의 운동 모델은 우리가 거리로 나가 지역사회가 분개하게 만들고, 정부에 법을 통과시키라고 요구하면 기업들은 이에 저항하고, 결국 타협에 이르게 되고, 5년이 지나야 변화가 나타나는 것"이라며 "더 이상 그럴 시간이 없다"고 말했다.

오늘날 가장 큰 변화를 이끌어내는 그룹은 기업과 소비자들의 경제적 이해관계를 잘 활용하는 이들이다. 그들의 이해관계가 환경보호와 근로자 권익 향상, 인권 신장에 반하는 힘이 아니라 그런 가치를 실현시키는 힘으로 작용하도록 만드는 것이다. 이는 기본적으로 다국적기업들이 어떻게 환경보호와 수익성을 양립시킬 수 있는지를 보여주고, 환경보호와 외국 노동자 근로기준 개선에 더욱 노력하지 않으면 행동주의자들이 인터넷을 통해 전 세계 소비자들을 모아 그들에게 대항하겠다는 점을 분명히 하는 것이다. 경제적인 이기심은 세계를 움직이는 큰 힘이다. 그러나 유일한 힘은 아니다. 법과 규범은 여전히 중요하다. 정부도 여전히 중요하다. 정부는 여전히 법을 제정하며, 특정 소비자나 행동주의자 그룹의 이해관계가 아니라 사회 전체를 보호하기 위해 규제를 한다. 하지만 경제적 이기심을 바람직한 방향으로 돌리는 것이 법규를 지키도록 하는 최선의 길이 될 때가 많다. 이는 파괴하기보다는 힘을 북돋아주는 작용을 하는 세계화 체제의 신진대사 그 자체를 활용하는 것이다.

1990년대 초 WTO는 돌고래까지 잡힐 수 있는 그물로 참치를 잡는 걸 금지하는 미국 법이 무역장벽이라고 판결했다. 이는 당연히 많은 환경운동가들을 화나게 했다. 일부는 WTO를 공격하기로 했다. 특히 1999년 말 시애틀에서 열린 WTO 각료회담을 목표로 삼았다. 그러나 다른 이들은 같은 가치를 지키고자 하는 동조자들을 조직해 어부들이 낮은 비용으로 참치를 잡으려다 고래를 죽여서는 안 된다는 규칙을 만드는 조형자가 되기로 했다. 그 결과 미국 식료품점에서 '돌고래 안전' 라벨이 없는 참치 캔을 사기는 거의 불가능해졌다. WTO가 무역장벽이라고 한 걸 어떻게 환경운동가들이 지킬 수 있었는가? 현명한 운동가들이 WTO 판결을 우회해 다른 방식으로 행동규범을 만들었기 때문이다. 그들은 소비자와 인터넷을 동원해 참치회사들이 돌고래 안전을 위해 노력하도록 압력을 가했다. 참치회사들은 고객을 잃지 않기 위해 어부들에게 돌고래에 안전한 그물을 쓰라고 압력을 가했고 그 결과 많은 돌고래들이 살아났다. 돌고래 안전 표준은 여전히 완벽하지 않다. 어떤 어부들은 여전히 속임수를 쓰고 참치회사들은 다른 길을 찾고 있다. 하지만 실질적인 정부 개입 없이도 환경운동가들이 네트워크 해법을 써서 새로운 표준을 형성함에 따라 아무렇게나 해도 괜찮았던 과거에 비하면 엄청난 개선이 이뤄졌다. 참치회사 스타키스트의 마이클 뮬런 대변인은 "참치 안전 조치를 취하기로 한 결정은 순전히 고객들의 피드백 때문"이라며 "이와 관련해 우리는 매주 고객들에게서 약 1,000통의 전화와 300개의 이메일을 받는다"고 말했다.

(나는 13장에서 이런 접근 방식이 어떻게 환경 분야에 적용되는지 상세히 소개할 것이다. 컨서베이션인터내셔널 같은 환경단체들이 브라질 열대우림에서부터 세계 최대 습지에 이르기까지 환경을 구하기 위해 이런 접근 방식을 적용하고 있다.)

빈곤과의 전쟁이라는 완전히 다른 분야에서 이런 전략을 활용한 사례를 하나 더 살펴보자. 먼저 플래닛파이낸스의 웹사이트(www.planetfinance.org)를 소개한다. 이는 프랑스 은행가 자크 아탈리의 아이디어에서 나온 것이다. 아탈리는 세계화가 자기에게 힘을 실어주었다고 생각한다. 세계화는 글로벌 정부가 그 일을 해주기를 기다리지 않고도 지구촌의 가난과 싸우는 전략의 틀을 짜는 조형자가 될 수 있는 힘이다. 플래닛파이낸스는 이런 식으로 작동한다. 지구촌에서는 대략 13억 명이 하루 1달러로 살아간다. 그들이 가난과 싸우는 가장 효과적인 수단 중 하나가 마이크로렌딩microlending이라는 걸 우리는 알고 있다. 마이크로렌딩은 보통 100달러부터 1,000달러까지 빌려주는 소액대출이다. 담보 없이 이뤄지는 이 대출은 대부분 여성이 받는다. 대출 받은 이들은 이 돈을 재봉틀이나 채소를 시장에 내다팔기 위한 자전거, 방글라데시 슬럼가에 미용실을 내기 위한 집기를 사는 데 쓴다. 이들은 스스로 더 나은 삶을 만들어가려는 의지는 있지만 밑천으로 삼을 돈이 없다. 마이크로론이 그 돈을 대주는 것이다. 이 돈이 필요한 사람들은 인터넷을 쓸 수 없지만 마이크로뱅크와 지원단체들은 전화와 컴퓨터를 갖고 인터넷에 접속할 수 있다. 플래닛파이낸스는 세계 각국에 흩어져 있는 7,000개의 마이크로파이낸스 그룹들을 네트워크로 연결했다. 이는 엄청난 가능성을 지닌 네트워크가 됐다.

아탈리의 설명을 들어보자.

"플래닛은 먼저 가능한 한 많은 마이크로뱅크들을 연결해 각자의 솔루션을 공유하도록 했습니다. 그 다음에는 아프리카의 베닌에서 했던 것처럼 가난한 이들이 인터넷에 접속할 수 있도록 돕는 일을 했습니다. 세 번째로, 우리는 마이크로뱅크들을 평가하는 무디스 같은 기구를 만들었지요. 그들의 윤리와 재무 효율성은 어느 정도인지, 가난한 이들을 얼마나 잘 돕는지를 평가하는 것이죠. 네 번째로, 마이크로뱅크들에게 모범 관행을 가르쳐주기 위한 온라인 대학과 대출자들이 공예품을 팔 수 있는 온라인시장을 만들었습니다. 마지막으로, 우리는 플래닛뱅크를 만들고 있어요. 마이크로뱅크들에게 신용을 공급하고, 누구나 우리 웹사이트에 들어와 우수한 마이크로뱅크들이 제안한 프로젝트를 위해 기부금을 내고, 그 돈이 누구에게로 가 어떻게 쓰이는지 추적할 수 있도록 하려는 것이지요."

플래닛이 모든 마이크로뱅크들을 인터넷으로 연결하고 평가를 하게 되면 그들의 가장 큰 비용(수많은 소액대출을 관리하는 비용) 부담을 크게 줄일 수 있다. 페덱스가 화물을 추적하는 데 쓰는 것과 같은 정보체제를 갖추면 한 사람이 수백 건의 대출과 이자상환 내역을 한꺼번에 추적할 수 있을 것으로 기대된다. 마이크로론 업무 처리와 거래비용이 줄어들면 이 대출을 한데 묶어 상업적인 차원에서 씨티은행 같은 큰 은행들에게 팔 수도 있다. 마이크로뱅크들은 보통 한 달에 4~5%의 이자를 받는다. 비용을 충당하고 대출자들이 빨리 원금을 상환해 다른 이들에게 빌려줄 수 있도록 하기 위해서다. 이런 이율이라면, 업무 처리 비용만 줄일 수 있다면(대형 은행들도 매력을 느낄 만하다. 대형 은행들과 연결만 되면 엄청난 변화가 일어날 수 있다. 지금은 마이크로론 수요는 많지만 대출 재원은 개인과 정부의 기부금에 한정돼 있다. 그러나 대형 은행들에게서 200억 달러의 상업대출을 받을 수 있으면 하루 1달러로 살아가는 1억 명에게 마이크로론을 해줄 수 있다.

세상은 이렇게 바뀌는 것이다. 세계화 그 자체를 이용해서 가난의 고통을 덜어줄 글로벌 정부를 마냥 기다리기만 하지 않고 스스로 틀을 만들어가는 조형자가 되는 것이다. 거대하고 냉담하고 이기적인 시장 참여자들이 탐욕이라는 나쁜 동기를 갖고 좋은 일을 할 수 있도록 동원하는 새로운 체제를 만드는 것이다. 대형은행들이 그렇게 하도록 경제적 유인을 제공함으로써 그들이 플래닛파이낸스가 틀을 짠 새로운 개념의 적응자가 되도록 하는 것이다. 그러면 빈곤과 싸울 수 있는 완전히 새로운 길이 활짝 열리게 되는 것이다.

아탈리는 이렇게 말한다.

"누군가에게 물고기 한 마리를 주면 하루를 먹여 살리는 것이지만 낚시하는 법을 가르쳐주면 평생을 먹여 살리는 것이라는 옛말도 있지요. 우리에게는 낚시하는 법을 아는 수백만 명이 있습니다. 그들은 단지 낚시대가 없을 뿐입니다. 플래닛을 통해 우리는 그들에게 많은 낚싯대를 구해줄 수 있을 것입니다."

장벽이 없고 연결된 세계에서 미래는 조형자와 적응자들의 것이다. 그들은 기업이나 소비자일 수도 있고, 슈퍼파워나 슈퍼개인일 수도 있다.

11

대만: 매수, 이탈리아: 보유, 프랑스: 매도

인터넷시대에는 네트워크와 긴밀히 연결되고 조형자나 적응자가 되는 게 한 나라나 기업의 영향력을 결정하는 중요한 변수지만 다른 중요한 변수들도 있다. 이는 얼마나 뛰어난 조형자나 적응자가 될지를 결정하는 요소들이다. 이번 장은 무엇이 그런 요소인지, 왜 그런 요소를 갖춘 나라나 기업들에 투자를 해야 하고 그런 요소를 갖추지 못한 나라나 기업은 피해야 하는지를 알아본다. 나는 이 체크리스트를 '성공하는 나라들의 아홉 가지 습관'이라 할 것이다.

냉전체제에서는 특정 지역이 함께 발전하는 경향이 있었다. 서유럽 나라들은 서유럽의 속도로 발전했고, 남미 국가들은 남미의 속도로 움직였다. 동아시아 호랑이들은 그들의 속도로 성장했으며, 동유럽과 아프리카도 그 지역의 속도로 움직였다. 큰 차이는 지역별로 나타났다. 동아시아는 성공했고, 남미는 앞서나갔다. 중동은 석유라는 불로소득을 빼면 정체 상태이고 아프리카는 바닥 밑으로 떨어졌다. 1950년대에 이집트와 한국은 1인당 소득수준이 같았다. 하지만 1990년대에는 두 나라 소득수준에 엄청난 격차가 났다.

우리는 세계화 체제에서도 이런 추세가 계속되고 있음을 보게 될 것이다. 다만 지금은 그 격차가 어떤 지역 '안에서', 그리고 어떤 나라 '안에서' 점점 더 벌어지게 될 것이다. 번영의 길을 선택하고, 세계와 연결하고, 성공하는 습관을 형성하거나 그에 적응하는 나라들이 있는가 하면 그렇게 하지 않는 나라도 있기 때문이다. 예컨대 중동에서도 튀니지와 다른 아랍 국가들 사이의 격차가 벌어지고 있는 걸 볼 수 있다. 튀니지는 1990년대 황금 스트레이트재킷을 입고 유럽연합과 자유무역협정을 체결했으며, 성공하는 나라들의 습관을 많이 익혔지만 이웃 아랍 국가들은 그렇게 하지 않았다. 한 나라 안에서도 '열풍지대'가 부상하는 걸 볼 수 있다. 중국의 상하이 주변 연안 지역이나 인도의 방갈로르 지역은 바로 옆지역보다 소득수준과 라이프스타일에서 커다란 차이가 난다. 너무나 큰 차이가 나서 다른 나라처럼 느껴지는 경우도 많다. 선진국 간 격차나 개도국 내 지역 간 격차는 정치적으로 민감한 문제가 될 수 있다. 어떤 지역이나 국가 안에서 누가 '빠른 세계'에서 사느냐는, 냉전 때 어떤 나라가 제1세계에 속하느냐 제3세계에 속하느냐 하는 문제보다 훨씬 중요해질 것이다.

바로 앞 장에서 설명했듯이 가장 뛰어난 국가와 기업은 같은 습관을 갖게 될 것이다. 어떤 나라나 기업의 네트워크 연결성은 어느 정도인지, 그 나라나 기업이 조형자인지 적응자인지에 관한 가장 기본적인 두 가지 질문은 이미 던졌다. 지금부터는 경제적인 힘과 잠재력을 가늠하기 위해 추가로 아홉 가지 질문을 하려 한다.

얼마나 빠른가

세계경제포럼(WEF)을 창립한 클라우스 슈밥은 "이제 큰 놈이 작은 놈을 먹던 세계에서 빠른 자가 느린 자를 먹는 세계로 바뀌었다"고 말했다. 그 말이 맞다. 세 가지 민주화 때문에 거의 모든 산업에 대한 진입장벽이 극적으로 낮아졌다. 이는 혁신에서 상품으로 가는 속도가 터보엔진을 단 것처럼 빠르다는 걸 뜻한다. 어떤 나라나 기업이 사회적·문화적·정치적 이유 때문에 슘페터가 말한 창조적 파괴가 터보엔진을 단 시장만큼 빠르게 작동하지 않도록 한다면 경쟁에서 뒤질 것이다. 빌 게이츠는 이런 말을 했다.

"마이크로소프트 사람들이 알고 있는 건 한 가지뿐이다. 마이크로소프트가 만드는 모든 제품들이 4년 안에 쓸모없게 될 거라는 점이다. 단 한 가지 의문은 마이크로소프트가 그 제품들을 쓸모없게 만들 것인가, 경쟁자들이 그렇게 만들 것인가다. 마이크로소프트가 그렇게 만든다면 회사는 번창할 것이다. 경쟁자 중 하나가 그렇게 만든다면 마이크로소프트는 위기를 맞을 것이다."

그의 말은 빈말이 아니었다. 빌 게이츠는 처음에 인터넷은 컴퓨터의 미래가 아니라고 결론지었다가 마이크로소프트를 거의 쓸모없는 회사로 만들 뻔했다. 다행히 그는 4년이 지나기 전에 생각을 바꾸었다.

이런 속도 문제를 컴팩컴퓨터의 고위경영진에게 설명해줄 필요는 없다. 그들은 속도 때문에 컸고 속도 때문에 죽었다. 컴팩은 창조적 파괴에서 IBM보다 빨랐기 때문에 출범할 수 있었다. 컴팩은 프로세스 기술 면에서 IBM을 거의 '창조적으로 파괴'했다. 1985년 인텔이 286칩보다 거의 2배나 빠른 386마이크로프로세서를 개발했다. 컴팩의 사업전략은 가장 빠른 속도로 기술 선도자가 되는 것이었다. 이에 따라 컴팩은 인텔이 새롭고 빠른 칩을 내놓을 때마다 맨 먼저 이를 장착한 데스크톱과 노트북컴퓨터를 시장에 내놓았다. 286칩을 386칩으로 바꾸는 것은 물론이고 각 칩 모델 가운데 속도가 5MHz만 개선된 제품이 나와도 컴팩은 재빨리 이를 적용했다.

1980년대에 새로운 PC가 나왔을 때는 일단 미국 시장에 점차 보급되고 몇 달 후 유럽 시장에 출시되고 마지막에 인도와 중동으로 갔다. 유럽과 아시아 시장은 미국에서 벌어지는 일이 즉각 일어날 수 없도록 어느 정도

막혀 있는 것으로 인식됐다. 컴팩은 그게 아니라는 걸 처음 깨달은 회사였다. 신제품은 전 세계에 똑같은 시점에 출시돼야 한다는 생각을 한 것이다. 인텔이 새 칩을 발표하면 사람들은 그걸 신문이나 인터넷에서 읽고 그 다음 날 바로 시장에 가서 새 칩이 탑재된 PC를 살 수 있을 것으로 기대한다. 컴팩 수석 부사장 엔리코 페사토리는 "바로 그날 새 컴퓨터를 진열대에 올려놓아야 한다"며 "2주일만 늦으면 애널리스트들에게서 굼뜬 회사라는 평가를 받고 최초로 신제품을 출시한 이들이 얻을 수 있는 큰 이익을 놓치고 있는 것으로 보인다"고 말했다. 이처럼 컴팩은 새로운 칩이 내장된 컴퓨터를 신속히 개발하는 데 뛰어난 실력을 발휘했다. 인텔과는 밀접한 관계를 유지했다. 그래서 컴팩의 기술자들은 컴퓨터 디자인을 많이 바꾸지 않고도 인텔의 최신 칩을 탑재할 수 있었다. 이렇게 함으로써 컴팩은 기본적인 모델을 유지하면서도 가장 빠른 칩을 내장한 제품을 어떤 대형 컴퓨터업체들보다 앞서 시장에 내놓았다. 컴팩은 계속해서 첨단을 걸을 수 있었다. 마이크로프로세서 칩 속도와 운영 프로그램만 빼고는 PC의 다른 모든 부분을 그대로 최대한 오래 유지했기 때문이다. 기본적으로 PC 외장과 부품들에 대해서는 같은 디자인을 반복해 활용함으로써 끊임없이 생산비용을 낮출 수 있었다(제품이 시장에 오래 팔릴수록 부품 생산비는 싸진다). 컴퓨터 가격은 마이크로프로세서 속도에 달려 있기 때문에 컴팩은 마진을 크게 늘릴 수 있었다. 본체를 점점 더 싸게 만들면서도 언제나 가장 빠른 최신 칩을 썼다는 이유로 점점 더 높은 값을 매길 수 있었다. 그리고 이 모든 과정이 점점 더 빨리 돌아가도록 했다. 이익이 늘어나자 컴팩은 컴퓨터 값을 깎아줄 수 있게 됐고, 그렇게 함으로써 IBM의 점심을 먹어들어갈 수 있었다.

반면 IBM은 시간 여유를 갖고 움직이고 싶어 했다. 이 회사는 언제나 모든 컴퓨터 모델을 한꺼번에 새것으로 바꾸면서 기술적인 도약을 보여주려 했다. 이 때문에 인텔이 386칩을 내놓으면서 그 칩을 쓰라고 권했을 때에도 IBM은 기존 모델인 IBM-AT에 인텔의 더 빠른 최신 칩을 내장하지 않으려 했다. AT는 선진기술Advanced Technology이라는 뜻이었지만 286칩이 들어 있었다. IBM은 기본적으로 모든 AT 제품이 다 팔릴 때까지 기다렸다가 386칩을 완전히 새로운 PC 시스템(PS\2)에 넣으려 했다. 왜 그랬을까? 당시 IBM은 업계에서 가장 크고 가장 나쁜 회사였다. 장벽이 많은 세계에서 IBM은 자기 식으로 일을 할 수 있는 충분한 시간이 있다고 판단했다.

존 에이커스 회장 시절 IBM은 믿기 어려울 정도로 교만하고 여러모로 소련과 꼭 닮았다. 회사 전체가 회장의 '계획'에 따라 지시된 매출과 이익 목표를 맞추기 위해서만 움직였다. 따라서 회사 전체가 시장에서 요구하는 제품(최신 칩 기술을 적용한 더 빠른 컴퓨터)에 초점을 맞추기보다는 'IBM의 정치국'에서 원하는 이익목표에 집중했다. 당시 IBM은 컴퓨터 산업의 진입장벽이 무너지고 있으며 제품라인을 줄이는 능력이 성공의 열쇠라는 걸 이해하지 못했다. 가능한 많은 부품과 디자인을 가급적 오래 유지함으로써 생산비를 줄이고 고객들이 진정으로 원하는 것(부팅에 한나절이나 걸리지 않는 컴퓨터)에 집중할 수 있기 때문이다. 하지만 IBM은 여전히 낡은 문화에 젖어 있었다. 1970년대까지만 해도 이 회사의 주력 사업은 대형 메인프레임 컴퓨터 시스템을 기업들에게 리스해주는 것이었다. IBM이 2년마다 대형 컴퓨터 시스템 전체를 완전히 새로 내놓을 수 있었다면 이 회사는 모든 고객들에게 새 시스템을 설치해주고 더 많은 요금을 부과했을 것이다. 하지만 PC는 완전히 새로운 동물이었다. 고객들은 2년마다 완전히 새로운 제품에 적응할 필요가 없었다. 그들은 단지 더 빠른 것만 원했다. 고객의 소리를 들은 컴팩은 이 점을 이해했으며 재빨리 움직였다. 자기 내부의 이야기만 듣는 IBM은 계속 느리게 움직였다.

1991년부터 1999년 초까지 컴팩 사장을 지낸 에커드 파이퍼는 이렇게 말했다.

"IBM은 옛날의 비즈니스 모델에 따라 움직였습니다. PC라는 새로운 분야에서는 완전히 다른 룰이 적용된다는 걸 이해하지 못했지요. 인텔은 386 칩을 내놓고 '이걸 쓰라'고 했지만 IBM은 '싫다'고 했어요. 그래서 인텔은 컴팩에 왔고 그래서 '우리가 쓰겠다'고 했지요. 우리는 인텔과 계약했습니다."

게임은 끝났다. 적어도 당분간은. 컴팩은 IBM의 PC 사업을 크게 베어먹었다. 파이퍼의 말을 계속 들어보자.

"10년이나 15년 전에는 인텔이 차세대 마이크로프로세서를 내놓을 때 함께 출발하지 않는다고 해서 크게 문제될 건 없었습니다. 컴퓨터업체들은 그 정도로 급박하게 생각하지 않았기 때문이지요. 그들은 그저 '괜찮아. 한두 달 더 기다리지 뭐. 그럼 지금 팔고 있는 제품에서 몇 달러 더 뽑을 수 있겠지'라는 생각을 했어요. 하지만 지금은 달라요. 모든 준비를 하고 기다렸다 새 마이크로프로세서가 나오는 바로 그날부터 함께 뛰는 게 절대적으로 필요합니다."

1980년대 후반과 1990년대 초반 컴팩은 경쟁자들보다 빨리 제품 설계를 할 수 있었다. 그래서 고객들에게 경쟁자들보다 빨리 솔루션을 제공할 수 있었고, 그래서 더 빨리 이익을 남길 수 있었다. 당시 컴팩의 최고재무책임자였던 얼 메이슨은 1998년 나에게 이렇게 말했다.

"(부품 공급업체에) 현금을 줄 때부터 (고객에게서) 현금을 받을 때까지 기간을 계속 줄여갈 수 있으면 전체 자산이 더욱 빨리 돌아가게 되고 어느 시점에 이르면 엄청난 현금을 모을 수 있게 됩니다. … 1985년 말부터 1998년 1분기까지 현금이 가속적으로 빨리 돌아가면서 우리의 현금자산은 9억 달러에서 70억 달러로 늘었습니다. 빠르게 움직일 수 있다는 건 곧 크게 자랄 수 있다는 뜻입니다. 하지만 단지 크기만 하고 빠르지 않으면 무너지게 되지요."

아, 내가 메이슨을 인터뷰하고 1년도 지나지 않아 바로 그런 일이 컴팩에게 일어났다. 컴팩은 더 빨라지지는 않고 더 커지기만 하는 시점에 이르렀다. 다음번 혁명을 놓쳤기 때문이다. 컴팩은 인터넷의 의미를 완전히 이해하지 못하고 마케팅과 제조 방식을 인터넷시대에 맞춰가지 못했기 때문에 최대 라이벌인 델에 뒤졌다. 델은 마케팅과 제조 기능을 묶어주고 모든 PC를 고객 맞춤형으로 만들기 위한 전화판매의 선구자였다. 델에 전화를 거는 고객들은 각자 특별한 수요에 따라 제품을 설계할 수 있었다. 델은 딜러들을 거치지 않고 직접 고객들에게 PC를 판매함으로써 딜러들의 마진을 없애고 고객들이 언제나 조금 더 빠르고 더 싸게 PC를 살 수 있도록 해주었다. 그 후 인터넷시대가 오자 델은 맨 처음 이를 받아들여 모든 일에 적용했다. 인터넷 덕분에 델은 더욱 효율적으로 재고관리를 할 수 있게 됐다. 실제로 주문이 들어오기 전에는 컴퓨터를 만들 필요가 없게 됐다. 인터넷으로 연결된 부품 공급업체들은 고객들이 언제 델에 컴퓨터를 주문하는지 볼 수 있기 때문에 미리 부품을 델에 보낼 필요가 없어졌다. 세계 곳곳에서 공장으로 들어오는 원자재도 생산 일정에 딱 맞춰서 들어오게 했고 델은 단 6일치 재고만 유지했다. 이는 엄청난 비용절감 효과를 낳았다. 이렇게 해서 델은 더 싸고 더 빠르게 고객의 수요에 더 잘 맞는 PC를 공급할 수 있었다. 델은 인터넷을 그저 적당히 이용한 게 아니었다. 델 스스로와 고객, 협력업체를 이어주는 중추로 삼았다. 그렇게 함으로써 대단히 빨라졌다. 이와 대조적으로 컴팩은 인터넷의 역할을 무시한 채 전통적인 생산 모델과 대리점 판매 방식을 너무 오래 붙들고 있었다. 그래서 컴팩이 더 빠른 칩을 더 빨리 받아들임으로써 IBM을 제쳤듯이 델은 인터넷을 더 빨리 받아들임으로써 컴팩을 제쳤다.

이 모든 일이 너무나 빨리 일어났다. 나도 너무나 잘 안다. 그때 나는 이 책의 초판을 쓰고 있었다. 1998년 8월 나는 컴팩 경영진을 인터뷰하러 휴스턴에 갔다. 임원실 벽에는 컴팩이 1997년 미국에서 가장 경영을 잘한 기업으로 선정됐다는 『포브스』 커버스토리가 붙어 있었다. 한 달 후 나는 스탠퍼드에서 열린 컨퍼런스에서 시스코의 존 체임버스와 마주쳤다. 그가 뭘 하고 있느냐고 묻기에 나는 이 책의 한 장에 민첩한 기업의 사례로 컴팩을 소개하는 글을 쓰고 있다고 말했다.

"큰 실수 하는 겁니다." 체임버스가 말했다. "델을 예로 들어야죠." 나는 가슴이 철렁했다. 하지만 너무 늦었다. 나는 이미 컴팩에 깊이 빠져 있었다. 경영진도 전부 인터뷰했다. 하지만 체임버스는 기업들을 인터넷에 연결하는 블랙박스를 만드는 회사에 있기 때문에 시장보다 훨씬 빨리 델과 컴팩의 차이를 알고 있었다. 그는 컴팩이 뒤처지고 있는 걸 볼 수 있었으며, 지금처럼 빠른 세상에서 모두가 그 격차를 알아챌 때까지는 오래 걸리지 않을 거라는 걸 알고 있었다. 이런! 이 책의 초판은 1999년 4월 21일 출간됐다. 이 책이 서점에 나오기 바로 전 주에 파이퍼와 메이슨을 포함한 컴팩의 톱 경영진은 쫓겨났다. 1분기 이익이 애널리스트들이 예상한 수준의 절반에 그치자 이사회가 경영진 교체를 결정한 것이다.

컴팩의 사례가 보여주듯이 인터넷은 '넷 스피드Net speed'라 불리는 완전히 차원이 다른 속도를 창조했다. 누구도 실제로 넷 스피드가 얼마나 빠른지 말할 수 없다. 하지만 인터넷이 비즈니스의 영역에 파고들면 모든 기업들이 설계와 생산 마케팅에 이르기까지 모든 일에서 속도를 높이라고 강요한다. 1999년 11월 1일자 『비즈니스위크』를 보자.

"실리콘밸리의 최전선에서는 '5개년 계획에 작별을 고하라'고 말한다. 하지만 그런 이야기라면, 연年 단위의 모든 계획을 폐기해야 한다는 말이 더 맞다. 이 역시 금세 녹슨 말이 되고 있다. 기업들은 분기마다 전략을 짜고 또 짠다. 매주마다 짤 수도 있다. 그래도 안 되면… 넷 스피드는 모든 문화를 바꾸라고 강요한다. 권력 체계는 평평해지고 있다. 예산주기는 더 압축되고 있다. 의사결정은 현장으로 옮겨가고 있다. 경영진이 아니라 고객의 기대가 다음번 프로젝트를 결정한다. 무엇이 이 모든 변화를 불러오고 있을까? 웹 경제가 하나의 요소인 건 분명하다. 소매나 금융과 같은 산업 부문에서 신규 진입비용이 급격히 떨어지면서 새로운 경쟁이 더욱 빨리 나타나고 모두가 끊임없이 반격에 나서도록 몰아가고 있다. 하지만 변화를 몰고 오는 더 큰 요소가 있다. 인터넷은 기업들이 직접판매와 정기적인 피드백을 통해 고객들과 더욱 가까이서 접촉하도록 하고 있다. 언스트앤영의 전자상거래 리서치 부문 이사인 존 조던은 '과거 전략기획은 만들어서 파는 모델에 바탕을 둔 것이었지만 이제 그런 모델은 폐기됐다. 이제 고객들이 명령한다. 고객이 무엇을 원하는지 말하면 기업들은 그 요구에 반응해야 하고 그러지 않으면 고객을 잃게 된다. 이는 전략에 관한 완전히 새로운 사고방식'이라고 말했다."

이는 정부도 유념해야 할 이야기다. 그래서 내가 어떤 나라에 갔을 때 가장 먼저 묻는 것 중 하나는 다음과 같은 질문이다. 당신의 정부나 사회는 얼마나 빨리 평가하고, 혁신하고, 결정하고, 규제를 풀고, 적응하는가? 정부의 인허가와 거래, 투자, 생산의 속도를 높이기 위해 얼마나 광범위한 경제 구조조정을 이뤘는가? 어떤 시민이 자기 집 차고에서 생각해낸 아이디어를 얼마나 빨리 시장에 팔 수 있는가? 엉뚱한 아이디어에 투자하는 자본을 얼마나 빨리 모을 수 있는가? 그 아이디어를 얼마나 빨리 고안해낼 수 있는가? 파산절차를 통해 비효율적인 기업을 얼마나 빨리 파괴할 수 있는가?

정부가 모든 일의 속도를 높이는 법을 알고 있는 나라나 지역에서는 자본주의적 창조가 빠르게 일어날 수 있다. 컴팩의 기업마케팅 담당 수석 부사장 엔리코 페사토리는 이렇게 말한다.

"예전에는 누구도 스코틀랜드에 생산기지를 두지 않았습니다. 하지만 지금은 그리로 가지 않을 수 없습니다. 왜냐고요? 스코틀랜드가 인프라를 갖췄기 때문입니다. 거기 가면 규제와 조세, 운송, 통신 시스템을 포함해 모든 게 준비돼 있습니다. 당신이 할 수 있는 한 가장 빨리 제조설비를 갖출 수 있도록 말이죠."

민첩한 국민들 때문에 빨리 움직일 수 있는 나라도 있다. 문화와 역사,

DNA 같은 요인 때문에 국민들이 타고난 민첩성을 가진 나라는 정부가 국민들에게 기본적인 여건만 마련해주고 방해만 하지 않으면 더욱 빨라질 수 있다. 이탈리아 북부, 텔아비브, 상하이, 한국, 베이루트, 그리고 방갈로르 지역 사람들은 타고난 민첩성을 보이고 있다. 이들 지역은 같은 나라 안에서도 다른 지역과 차별성을 보이며 날아오르고 있다. 이런 '열풍지대'는 그 나라의 놀라운 성장엔진이 될 것이다. 이들 지역 중 한곳을 골라 인터넷으로 무장시키고 세계 전역에 흩어져 있는 동족들(해외의 중국인, 유대인, 이탈리아인, 레바논인, 인도인, 한국인들)과 연결해주면 내가 '사이버종족cybertribe'이라 부르는 커뮤니티가 만들어질 것이다. 이 사이버종족들은 스피드와 창의력, 기업가로서의 재능, 그리고 글로벌 네트워킹을 결합해 경제적 부를 창출할 수 있다.

실제로 오늘날 북부 이탈리아는 유럽에서 가장 부유한 지역이다. 이탈리아 주재 미국 대사를 지낸 레지널드 바쏠로뮤는 그 이유를 이렇게 설명한다.

"당신이 프랑스, 독일, 이탈리아에 가서 '보라색 치즈를 사고 싶다'고 말했다고 합시다. 그러면 프랑스인들은 '선생, 치즈는 보라색이 나올 수 없소'라고 말할 겁니다. 독일인들은 '올해 카탈로그에는 보라색 치즈가 없네요'라고 하겠지요. 하지만 이탈리아인들은 이렇게 이야기할 겁니다. '어떤 보라색을 원하십니까? 붉은 보라색요?'"

이탈리아가 주식이라면 나는 계속 보유할 것이다.

지식을 얼마나 수확하고 있는가

우리는 영토를 차지하고 지키고 개발하는 것이 부를 얻는 열쇠가 되던 세계에서 국가나 기업이 지식을 쌓고 공유하고 거둬들이는 것이 부의 열쇠가 되는 세계로 옮겨왔다. 전 씨티은행 회장 월터 리스턴은 1997년 9월 『포린 어페어스』에 다음과 같은 에세이를 썼다.

"이제 부를 추구하는 것은 정보를 추구하는 것이며, 그 정보를 생산수단에 적용하는 것이다. 정보를 찾아내고, 잡아내고, 만들어내고, 지켜내고, 써먹는 데 필요한 법규와 관습, 기술과 재능은 인류의 가장 중요한 자산이 됐다. 이제 최고의 농토나 광산을 차지하려는 경쟁 대신 최고의 정보를 얻기 위한 경쟁이 벌어지고 있다. 영토 정복의 욕구는 이미 약해졌고 주요 강대국들은 과거에 점령했던 지역에서 철수했다. … 과거에는 부를 창출하는 방식이 바뀌면 낡은 권력구조는 영향력을 잃고, 새로운 권력이 부상하며, 이는 사회의 모든 면에 영향을 미쳤다. 우리는 이미 새로운 혁명이 시작되고 있는 걸 보고 있다. 앞으로 몇십 년 동안은 지적자본을 유치하고 관리하는 능력에 따라 어느 나라와 어느 기관이 살아남고 번영할지가 결정될 것으로 봐도 좋다."

"당신의 나라는 얼마나 잘 연결돼 있는가"라는 질문은 네트워크가 얼마나 넓고 깊은지를 재보려는 것이다. "당신의 나라는 지식을 거둬들이고 있는가"는 국가나 기업이 그 네트워크를 얼마나 잘 활용하고 있는지를 측정해보려는 것이다. 네트워크에 연결돼 있는 것은 필요조건이지만 충분조건은 아니다. 어떤 나라든 지식을 효과적으로 축적하고 확산시킬 필요가 있다. 과거 어느 때보다 잘 연결되고 어느 때보다 잘 교육받아야 한다.

내가 어떤 나라에 갈 때 늘 두 가지 표를 보는 것도 이 때문이다. 하나는 휴렛팩커드가 만든 것으로 오늘날 세계에서 어느 나라가 네트워크에 가장 잘 연결돼 있는지를 보여주는 것이다. 다른 하나는 경제협력개발기구가 매년 작성하는 것으로 가장 부유한 29개국 가운데 어느 나라가 인구 대비 고등학교 졸업자 비율이 가장 높은지, 국민소득 대비 교사들의 급여 비중이 가장 높은지를 보여준다. 어느 나라가 이 두 가지 리스트(1인당 네트워크 설비가 얼마나 되는지, 인구 대비 고등학교 졸업자가 얼마나 되는지를 보여주는 리스트)에서 모두 상위권에 올라 있는지를 보면 어느 나라가 올바른 길을 가고 있는지 알아볼 수 있다. 예를 들어 세계에서 생활수준이 가장 높은 나라 가운데 하나인 핀란드가 이 두 가지 리스트에서 모두 최상위권에 올라 있는 건 우연이 아니다.

기업들도 마찬가지다. 독일의 전자업계 거인 지멘스는 네트워크에 대단히 잘 연결돼 있는 기업이다. 하지만 자기의 지식을 활용하는 데 있어서는 약하다는 평을 듣고 있다. 지멘스와 일했던 한 경영컨설턴트는 언젠가 나에게 "지멘스가 알고 있는 걸 지멘스가 안다면 이 회사는 부자가 될 것"이라고 말한 적이 있다. 같은 말을 국가에 대해서도 할 수 있다. "프랑스가 알고 있는 걸 프랑스가 안다면… 중국이 알고 있는 걸 중국이 안다면…." 자기의 네트워크를 가장 효율적으로 이용하는 법을 아는 기업이나 국가는 번창할 것이다. 제너럴일렉트릭에는 아이디어를 공유한다는 개념이 기업문화에 너무나도 깊이 뿌리내려 있다. 승진과 급여까지도 부분적으로는 '장벽 없는 사고와 행동'에 대한 평가에 바탕을 두고 이뤄질 정도다. 이는 부가가치가 큰 제품을 만들기 위해 아이디어를 종합하고, 이질적인 지식을 한데 모으고, 적극적으로 교류하려는 의지와 능력을 나타낸다.

이런 원리는 예컨대 석유업체 쉐브론처럼 보통 지식산업과 연관시키기 어려운 회사에 적용해보면 가장 잘 이해할 수 있다. 나는 1997년 쿠웨이트에서 걸프 지역의 가장 예리한 석유 전문가 중 한 사람으로 쉐브론의 현지 사무소 전무인 H. 이스칸더와 이야기를 나눈 적이 있다. 우리는 쉐브론이 쿠웨이트에서 다시 유전탐사를 하기 위해 어떤 노력을 하고 있는지에 관해 이야기했다. 이스칸더는 쉐브론이 왜 쿠웨이트에 매력적인가를 보여주는 강점들에 대해 자세히 설명하다 지나가는 말로 "쉐브론은 석유회사가 아니라 학습하는 기업"이라고 언급했다.

나는 "학습기업이라니 무슨 뜻이냐"고 물었다. 내가 알기로는 석유회사는 구멍을 뚫는 회사였다. 딱딱한 안전모를 쓰고 손과 얼굴에 원유가 묻은 사람들이 일하는 회사였다. 학습기업이란 또 뭐란 말인가?

이스칸더는 이렇게 설명했다. 1970년대 중동의 거의 모든 석유수출국들이 주요 다국적 석유회사들을 쫓아냈다. 자기네가 직접 석유를 퍼 올리기 위해서였다. 이는 경제적인 결정인 동시에 정치적인 결정이었다. 과거 식민지였던 나라들이 냉전시대에 광범위하게 독립을 주장하던 분위기를 반영하는 것이었다. 하지만 20년이 지나자 이들 석유수출국 가운데 많은 나라들이 그 결정을 재검토하고 다국적 석유회사들을 다시 불러들이는 방안을 생각하고 있었다. 기존 유전의 석유매장량이 줄어들면서 발굴하기가 더 어려운 새 유전을 찾아야 했고 석유탐사가 더 비싸져 많은 자본이 필요했기 때문이었다. 또한 발굴하기가 힘들어진 유전을 탐사하기 위해서는 더 많은 지식이 필요했기 때문이기도 했다.

이스칸더의 설명을 들어보자.

"쉐브론은 세계 곳곳의 서로 다른 지역에서 석유를 퍼올리고 있었습니다. 우리가 부딪혀보지 못한 문제가 없고 해결하지 못한 문제도 없었습니다. 우리가 뚫어보지 않은 암반이 없었지요. 우리는 그 과정에서 얻은 모든 지식을 본부에 집중시켜 분석하고, 정리했습니다. 이는 석유 생산에 관한 한 어디에서 어떤 문제가 발생해도 우리가 문제를 풀 수 있도록 해주었습니다. 개도국들이 국영석유회사를 갖고 자국 유전에서 20년 동안 석유를 퍼올렸을 수도 있겠지요. 하지만 우리는 그들에게 말하지요. '보세요, 당신들은 20년이나 경험을 쌓았다고 하지만 그건 다양한 경험이 아닙니다. 그건 단지 한 해 동안 얻은 지식을 20배로 곱한 것일 뿐이지요.' 쉐브론처럼 여러 나라에서 일을 하면 여러 가지 문제들을 만나게 되고 여러 가지 해법을 찾아야 합니다. 찾지 못하면 사업을 계속할 수 없지요. 그 솔루션들은 모두 쉐브론의 기억장치에 저장됩니다. 우리 사업의 열쇠는 이제 그 기억장치를 활용하는 것입니다. 우리가 나이지리아에서 부딪힌 문제를 풀기 위해 썼던 솔루션을 꺼내와 중국이나 쿠웨이트에서 만난 같은 문제를 푸는

데 쓰는 식이지요. 예전에는 회사 안에서 실제로 나이지리아 문제의 해법을 발견했던 사람을 찾아내 중국에서 그 해법을 적용하라고 보내려면 2년이 걸렸을 겁니다. 하지만 이제 이메일이 있습니다. 우리 인력도 세계화됐습니다. 직원들은 계속 달라지는 임무를 수행하기 위해 세계 전역을 훨씬 더 자주 옮겨다니고 있지요. 우리는 쉐브론의 기억장치에 있는 솔루션들을 훨씬 빨리 꺼내 쓸 수 있게 됐습니다."

오늘날 기업들이 내부의 지식 네트워크를 보호하기 위해 고대 왕국들이 영토와 농지 주변에 장벽과 해자를 건설한 것과 같은 방법을 쓰고 있는 것도 이 때문이다. 내가 팔로알토 외곽에 있는 썬마이크로시스템즈 본사에 갔을 때였다. 인터뷰할 경영자를 만나러 내부로 들어가기 전에 리셉션 직원은 나에게 한 쪽짜리 법적 서식을 건네며 사인하라고 했다. '기밀 유지 동의서'였다. 서식 맨 위에는 '기밀 방문'과 '기타 방문' 두 가지 중 하나를 표시하도록 돼 있었다. 내가 선의 사무실로 들어가기 전에 서류상에서 동의해야 했던 것들 중에는 다음과 같은 내용이 있었다. "서명인은 당사의 기밀정보를 어떤 제3자에게도 공개하지 않기로 동의한다. 서명인은 기밀정보를 당사가 서면으로 명백히 승인한 목적에만 이용하고 서명인 개인 용도로 사용하지 않기로 동의한다." 요즘에는 CIA에 들어갈 때도 요구하는 서류가 이보다는 적을 것이다.

이제 모든 대기업들과 많은 중견기업들이 최고정보책임자(CIO)라는 직책을 만든 것도 같은 이유에서다. 기업들은 제품 개발과 생산의 모든 단계에서 지식과 정보를 잘 활용하도록 하면 상당한 효과를 볼 수 있다는 걸 발견했다. 모든 나라가 '정보장관'을 두게 되기까지는 얼마나 걸릴지 모르겠다. 정보장관은 냉전 때처럼 내부에서 일어나는 일을 외부세계에 알리는 일을 하는 게 아니라 그 나라가 스스로 무엇을 알고 있는지 이해하고 자국의 지식을 가장 효율적인 방법으로 수확하도록 돕는 일을 한다.

사이프레스반도체의 설립자인 T. 로저스는 "정보화 시대에 승자와 패자는 두뇌의 힘에 따라 갈리게 될 것"이라고 말했다. 그는 "미국 국민의 2%만 투입하면 모두가 먹을 양식을 얻을 수 있고 국민의 5%만 투입하면 우리가 필요한 모든 물건을 만들 수 있다"며 "나머지는 모두 서비스와 정보기술 부문이며 이런 세상에서는 인간과 두뇌가 결정적인 변수"라고 말했다.

얼마나 가벼운가

우리는 무거운 자가 가벼운 자를 잡아먹던 세계에서 가벼운 자가 무거운 자를 잡아먹는 세계로 옮겨왔다. 그래서 내가 어떤 나라에 가면 늘 물어보는 게 그 나라는 얼마나 무거운가 하는 것이다. 또는 수출 컨테이너의 평균무게가 얼마나 나가는가를 물어본다.

앨런 그린스펀은 나에게 이 질문의 의미와 중요성을 가르쳐주었다. 이는 경제학자들이 말하는 '대체효과'와 관련이 있다. 경제적 가치를 창출하는 데 있어 화물 중량보다 지식과 정보기술이 점점 더 중요해지고 있다. 더 작아진 마이크로칩 제조기술과 같은 정보기술이 제품 설계에 더 많이 적용될수록 그 제품은 더 가벼워지고, 생산성은 더 높아진다. 그럴수록 그 제품은 더 많이 팔리고 그걸 만드는 기업과 나라는 더 큰 부자가 된다. 우리는 진공관을 트랜지스터로 대체함으로써 라디오를 더 작게 만들었다. 머리카락처럼 가는 광섬유케이블이 무거운 구리전선을 대체했다. 디지털 녹음기는 이제 테이프 없이도 마이크로칩과 숫자들만 갖고 실제 목소리와 같은 음질을 재생한다. 우리 아버지의 구식 데스크톱 계산기는 이제 손에 들고 다니는 전자계산기로 바뀌었다. 더 가볍지만 더 강한 건축자재 개발과 엔지니어링 기술 발전으로 이제 우리는 예전에 필요했던 것보다 더 적은 콘크리트와 유리, 철강을 쓰고도 같은 크기의 사무 공간을 만들 수 있다. 당신의 회사에서는 90킬로그램킬로그램짜리 책상에 앉아 있던 몸무게 56킬로그램의 안내직원이 이미 당신의 전화기 안에 있는(새털보다 가벼운) 작은 보이스메일 장치로 대체됐을 수도 있다.

그래서 오늘날 한 나라의 힘과 활력, 그리고 영향력의 척도는 '그 나라의 GDP가 얼마나 가벼운가'가 돼야 한다. 오늘날에는 GDP 단위당 무게가 그 어느 때보다 줄어들었다. 그린스펀은 20세기 중반까지만 해도 '미국 경제력의 상징'은 여전히 철강, 자동차, 중장비와 같은 무거운 제품의 생산량이었다고 밝혔다. 이런 제품들의 생산 비용 중 대부분이 원자재의 무게와 수작업에 투입된 노동량을 반영한다. '무게가 곧 가치'라는 관념은 너무나 뿌리 깊어서 애플 컴퓨터는 1977년 사실상 첫 가정용 컴퓨터인 '애플 II'를 내놓으면서 사람들이 이 컴퓨터를 하찮게 여길까 겁이 나 일부러 무게를 늘리는 방안을 검토하기까지 했다는 전설 같은 이야기가 있다. 그러나 그 이후에는 "작고 가볍고 생산과정이 보이지도 않는" 제품에 초점을 맞추는 추세가 나타났다고 그린스펀은 지적했다. 오늘날 주로 철광석이나 원유와 같은 원자재를 수출하는 나라는 무겁다. 하지만 정보기술과 서비스에 특화된 나라는 훨씬 더 가볍다. 일반적으로 이런 나라들이 더 많은 국민들에게 더 높은 생활수준을 제공하고 있다.

기업들도 마찬가지다. 듀퐁은 이제 해마다 각 사업 부문별로 '생산제품 중량당 주주가치'라는 지표를 요구하고 있다. 듀퐁은 각 사업부에서 생산하는 모든 제품에 대해 해마다 더 적은 원재료를 갖고 더 많은 이익을 창출할 수 있도록 끊임없는 개선을 주문하고 있다.

컴팩은 1983년 기업공개를 했을 때 회사 소개서에서 이렇게 자랑했다. "컴팩 포터블 컴퓨터는 너비 20인치, 높이 8.5인치, 길이 16인치의 일체형, 휴대형 본체에 든 16비트 컴퓨터다. 표준형의 무게는 약 12킬로그램으로 한 사무실에서 다른 사무실로 옮기거나, 주말에 집에 가져가거나, 업무용 출장 때 들고 갈 수 있을 만큼 가볍다. …"

그 12킬로그램짜리 '랩톱'은 컴팩 안에서는 '끌고 다닐 수 있는' 컴퓨터로 알려져 있었다. 다른 곳으로 옮기려면 힘껏 끌고 가는 수밖에 없었기 때문이다. 표준형의 소비자 판매가격은 2,995달러였다. 1995년 컴팩의 최신 노트북컴퓨터(컴팩 아마다 3500)는 무게가 2킬로그램이 채 안 되지만 메모리는 500배나 된다. 값은 모델에 따라 3,299~4,399달러다. 1983년 컴팩 회사 전체의 매출총이익률은 27.6%였다. 1997년 매출총이익률은 27.5%다. 이 회사는 무게가 7분의 1밖에 안 되는 제품에 더 많은 지력知力을 담는 법을 배워 더 많은 돈을 벌고 있는 것이다. 컴팩은 더 똑똑해짐으로써 더 가벼워지고, 더 가벼워짐으로써 (적어도 당분간은) 더 부자가 된 것이다.

외부에 얼마나 개방적인가

우리는 폐쇄적인 자가 개방적인 자보다 더 잘 살아남을 수 있다고 생각하는 세계에서 개방적인 이들이 폐쇄적인 이들보다 훨씬 더 많이 성장할 수 있는 세계로 옮겨왔다. 다시 컴퓨터업계를 보자. 자기의 독점적인 표준만 갖고 경쟁하려는 컴퓨터 제조업체들은 가장 힘겨운 생존투쟁을 했다. 반면 개방적인 산업 표준에 바탕을 두고 경쟁하는 길을 택한 이들은 번창했다. 인텔의 도움을 받은 IBM이 개방적인 하드웨어 표준을 택한 선구자였다. 이른바 IBM PC 호환 컴퓨터업체들(컴팩, 델, 게이트웨이, HP, 에이서, 마이크론)은 모두 IBM이 확립한 표준을 채택했다. 그런 다음 더 좋은 기술로 개방된 표준을 더 싸게, 더 잘 이용함으로써 IBM과 다른 경쟁자들을 하나씩 쓰러뜨리려 했다. 이에 비해 데이터제너럴, 코모도어, 왕, 프라임, 애플 같은 컴퓨터업체들은 모두 독자적인 표준을 가지려 했다. 니콜라스 네그로폰테가 그의 책 『디지털이다』에서 지적했듯이, 그들은 인기가 높으면서도 유일한 시스템을 창안해내면 시장을 장악하고 모든 경쟁자들을 몰아낼 수 있을 것으로 생각했다. 그들 중 유일하게 번창한 회사는 애플이었다. 하지만 이는 애플이 주류 소비자들에게 광범위한 인기를 끌어서가 아니라 일부 지극히 충성스러운 틈새시장 고객들을 확보할 수 있었기 때문이었다.

네그로폰테는 "개방적인 체제에서 우리는 문을 닫아거는 자물쇠와 열쇠가 아니라 상상력을 갖고 경쟁한다"며 "이는 수많은 성공적인 기업들을 낳을 뿐만 아니라 소비자들의 선택폭을 넓혀주고 급속한 변화와 성장을 이룰 수 있는 더욱 민첩한 산업구조를 만들어준다"고 밝혔다.

이는 컴팩이 IBM 기술에 대한 효과적인 적응자가 되고, 또한 독자적인 기술의 조형자가 되기 위해 활용한 핵심 전략이었다. 얼 메이슨은 이렇게 설명한다.

"컴팩의 전략은 개방적인 컴퓨터 표준의 리더가 되는 것이었습니다. 사람들이 우리 하드웨어에 쓸 수 있는 응용 소프트웨어를 더 많이 만들수록 우리는 더 많은 하드웨어와 서비스와 솔루션을 팔 수 있기 때문입니다. 옛날 패러다임에서는, 나만의 운영체제를 갖고 나만을 위해 일하는 독자적인 소프트웨어 판매업체를 가지면 이 모든 걸 통제할 수 있다는 게 컴퓨터 업계의 통념이었습니다. 상호 의존적인 업체가 아니라 아무도 갖지 못한 어떤 것을 가진 독립적인 업체가 돼야 한다는 생각이었지요. 그런 전략은 먹히지 않았어요. 소프트웨어업체들은 갈수록 더 많은 이용자를 확보하기를 원했습니다. 이에 따라 컴퓨터 제조업체들도 개방된 표준을 채택하면 갈수록 더 많은 소비자들에게 컴퓨터를 팔 수 있게 됐습니다. 애플은 처음에 자사의 표준을 개방하고 공유하지 않으려 했습니다. 그래서 소프트웨어 개발자들은 이렇게 생각했죠. '어이, 이거 재미없잖아. 내가 애플 소프트웨어 개발에만 매달리면, 아무리 많은 응용 소프트웨어를 제작하고 팔 수 있다 하더라도 전적으로 애플에만 의존하는 수밖에 없겠지. 하지만 개방된 표준을 채택한 업체들과 함께 일하면 나는 독립적으로 컴팩, IBM, 델

같은 여러 업체들을 상대할 수 있을 거야. 그렇게 되면 내 매출도 늘릴 수 있을 거야.'"

당신이 기본을 잘 갖추고 있다면(더 빠르게 적응하고, 더 솜씨 좋게 생산하고, 고객과 더 밀접한 관계를 맺고, 지식경영을 더 잘하고, 생산비용을 더 효과적으로 통제하고, 더 믿을 수 있는 생산체제를 만든다면) 당신은 어떤 표준을 가진 누구와도 경쟁할 수 있다. 사실 당신이 비밀을 유지하면서 보호해야 할 단 한 가지 지식이 있다면 그것은 경쟁자들보다 더 나은 조형자나 적응자가 되기 위해 당신이 개발한 기술이다. 메이슨은 "우리가 공유하지 않는 것들도 있다"며 "우리가 공장에서 뭘 하는지 경쟁자들에게 보여주기 싫어하는 까닭은 경쟁자들이 우리의 진짜 경쟁우위가 뭔지 보고 가서 똑같이 따라 할 수 있기 때문"이라고 말했다.

인터넷이 이토록 광범위하고 빠르게 성장할 수 있었던 건 인터넷이 개방된 표준이었기 때문이다. 최고의 솔루션은 바로 승자가 되고 패자의 시체는 전장에서 신속히 치워진다. 장례식도 없다. 기업들이 특허를 확보하기 위해 들이는 시간보다 개방된 표준에서 승리하기 위해 쏟아붓는 시간이 더 많다.

로버트 샤피로 몬산토 회장은 비밀로 간직할 가치가 있는 게 늘 몇 가지 있다고 말한다. 하지만 비밀의 문화는 느린 세계에나 어울리는 느린 문화다. 기업들은 언제나 자기가 알고 있는 걸 과대평가하며 누구나 볼 수 있는 것들은 과소평가한다. 샤피로는 이렇게 말한다.

"나는 차라리 이렇게 말할 겁니다. '이봐, 난 당신에게 이 시스템이 어떻게 돌아가는지 내가 아는 모든 걸 말해주고서도 새로운 걸 만드는 데 당신 머리를 이길 수 있어.' 우리는 독점 정보에 오랫동안 의존할 수는 없습니다. 결국 중요한 건 완전히 터놓고 하는 경주에서 당신이 다른 이들보다 앞서갈 수 있도록 해주는 것입니다. 경영하는 방식과 정보를 교환하고 학습하는 방식에서 앞서야만 지속적인 경쟁우위를 가질 수 있습니다."

국가 차원에서도 다르지 않다. 메이슨의 말을 들어보자. "내가 할 수 있는 말은 이겁니다. 당신이 개방돼 있으면 스스로 알고 있다고 생각했던 상대에게 희생될 가능성은 폐쇄돼 있을 때보다 줄어듭니다. 일본 은행들을 보세요. 그들은 왜 사실상 파산 상태에 이르렀습니까? 매우 폐쇄적이었기 때문입니다. 그들은 스스로 알고 있다고 생각했던 것에 희생된 것이에요."

실제로 한 나라의 경제 개방성과 그 나라의 생활수준 사이에는 직접적인 상관관계가 있다. 경제학자인 제프리 삭스와 하버드국제개발연구소(HIID)는 개방성이 고성장의 결정적인 요소임을 발견했다. 삭스는 "다른 모든 여건이 같다면 개방경제는 폐쇄경제에 비해 연평균 1.2% 포인트씩 빠르게 성장했다"며 "개방을 확대할수록 오늘날 세계의 네트워크에 더욱 긴밀하게 통합돼 더 많은 아이디어와 시장, 기술, 경영혁신을 얻을 수 있기 때문"이라고 말했다.

지방선거 감시차 중국 북부 지린성에 갔을 때 나는 카이안이라는 마을 주민들의 주거생활을 살펴볼 수 있었다. 집들은 대개 세 부분으로 이뤄져 있었다. 첫 번째 것은 흙벽돌로 지은 조그만 오두막으로 마오쩌둥 시절 가족들이 살았던 곳이었다. 두 번째 것은 조금 더 큰 붉은 벽돌로 지은 집으로 덩샤오핑 시절에 가족들이 살았던 곳이었다. 최신식의 세 번째 건물은 흰 벽돌로 지어졌다. 정문 주변에 타일까지 붙인 이 건물은 장쩌민 시대에 지은 것이었다. 중국이 개방을 확대함에 따라 시골 마을 집 크기까지 달라지는 모습을 볼 수 있었다.

앞으로는 경제를 가능한 한 최대한 개방한 상태로 유지할 필요가 더욱 커질 것이다. 세계화 시대에는 지식이 경제성장의 열쇠가 되기 때문이다. 어떤 나라가 세계 최고 수준의 두뇌나 세계 최고 수준의 기술을 받아들이지 않고 문을 닫아걸면 글로벌 경쟁에서 멀찌감치 뒤처지고 말 것이다. 가장 개방적이고, 아량이 있고, 창조적이며, 다양한 사회는 세계화에 가장 쉽게 적응하지만 가장 폐쇄적이고, 경직돼 있고, 보수적이며, 자기 이익만 생각하는, 한마디로 개방이 편하지 않은 전통적인 기업과 국가는 힘들게 싸워야 할 것이다.

UC버클리의 도시문제 전문가인 애너리 삭세니언 교수는 『지역 경쟁우위Regional Advantage』라는 흥미로운 책에서 무엇이 실리콘밸리를 탁월한 첨단기술 중심지로 만들었는지를 설명했다. 그녀의 결론은 기술기업들 간, 기술기업과 벤처캐피털, 은행, 대학, 지방정부 간 경계를 없애는 극도의 개방성이 실리콘밸리 특유의 강점이라는 것이었다. 삭세니언은 동해안의 실리콘밸리라 할 수 있는 보스턴의 128번 도로 주변 지역이 언제나 진짜 실리콘밸리에 뒤졌다고 밝혔다. 이는 이 지역 기업들이 비밀과 자족自足의 문화에 젖어 있었고 기업과 금융계의 위험 회피 성향이 강했기 때문이라고 지적했다.

일부 작은 나라들은 개방성의 가치를 적극적으로 추구하고 있다. 1997년 10월 17일자 『워싱턴포스트』는 "이민 문제가 보수와 진보 진영 간 충돌을 낳고 있지만 다른 나라들은 미국 이민의 역사에서 교훈을 얻고 있다"고 보도했다. 워싱턴 주재 싱가포르 대사 헝취 찬은 미국인들에게 "서부로 가라"고 설득하는 싱가포르 정부의 이민 유치 계획을 발표했다. 미국인들에게 "아시아에 닿을 때까지 서부―진짜 서부―로 멀리, 더 멀리 가라"는 것이었다. 이 신문은 그녀가 "싱가포르 정부는 지능도시, 미래도시의 비전을 실현하는 데 기여해줄 더 많은 사람들이 필요하다는 인식을 갖고 있다"고 말했다고 전했다. 그녀는 이민을 유치하려는 아이디어가 나온 것은 미국, 영국을 비롯한 번영하는 사회의 특징들을 조사해본 결과, 이들 사회의 개방성이 번영을 가져왔다는 결론에 이르렀기 때문이라고 밝혔다. 그녀는 "개방적인 사회는 언제나 혁신적이었고 진보했다는 사실을 발견했다"고 말했다.

그래서 싱가포르는 정보기술과 엔지니어링, 제약, 연구개발, 은행과 같은 서로 다른 분야 간 '이화수정異花受精'을 시도하고 있다. 그녀는 "다양성이 있는 나라는 계속 성장할 수 있을 것"이라며 "싱가포르가 자신 있게 인재를 유치하는 것도 이 때문"이라고 말했다. 싱가포르는 '콘택트 싱가포르Contact Singapore'라는 인재 유치 프로그램을 통해 이미 유럽과 호주의 청년들을 유치했다. 싱가포르 대사는 연봉은 실리콘밸리에 견줄 만큼 높고 싱가포르에는 "브루클린 베이글도 있다"고 말했다.

싱가포르에 브루클린 베이글은 있지만—최첨단 소프트웨어 기술이나 인터넷 기술은 제쳐두고라도—싱가포르 베이글을 개발할 만큼 진정한 지적 개방성의 분위기는 없다. 고촉통 총리는 1999년 8월 국민들에게 한 연설에서 "싱가포르도 실리콘밸리 마인드, 기꺼이 위험을 감수하는 창조적 마인드를 심어야 한다"고 강조했다. 싱가포르 정부는 그런 방향으로 가고 있다는 상징적인 조치로 인터넷 검열을 느슨하게 하기 시작했다. 하지만 집권당은 여전히 정치와 정보를 굳게 장악하고 있다. 이는 싱가포르가 최고의 베이글업체나 반도체업체를 끌어들이고 붙잡아두기 어려운 분위기를 만들고 있다.

그래도 싱가포르는 주목할 만한 나라다. 싱가포르는 지적인 자유와 개방성을 인터넷시대에 번영할 수 있는 자질로 인식하고 있기 때문이다. 이는 희망적인 징조다. 차이나온라인의 창업자인 리릭 휴즈는 "과거 국민들에게 많은 제약을 가했던 정권이라 하더라도, 자유로운 정보흐름이 국가권력에 대한 위협이 아니라 활력 있는 경제적 인프라를 만들어내고 국민들에게 신경제를 활용하려는 유인을 만들어주는 것이라는 인식을 갖게 되면 다음 세기는 매우 밝을 것"이라고 말했다.

개방적인 나라는 더 많은 두뇌뿐만 아니라 전자소떼에게서 더 많은 기술을 끌어들일 수 있다. 어떤 나라가 관세와 비관세장벽을 낮추는 것은 전자소떼, 특히 긴 뿔 소떼인 다국적기업들에게 대우 중요한 신호다. 제록스가 브라질에 복사기 제조 공장을 짓기로 했다고 하자. 브라질이 자국 복사기시장을 개방하고 자국 복사기 공장을 보호하지 않는다면 제록스는 최첨단 기술을 새 브라질 공장에 이전하려는 커다란 유인을 갖게 될 것이다. 일본과 유럽을 비롯한 전 세계에서 최고의 복사기 제조업체들이 브라질 시장으로 몰려와 경쟁이 치열해질 것이기 때문이다. 브라질이 높은 관세 장벽을 유지하면서 자국 복사기 공장을 보호하려 한다 해도 제록스는 브라질 시장에서 경쟁하기 위해 현지 공장을 세울 것이다. 하지만 최첨단 기술을 브라질 공장에 이전해야 한다는 압박감은 못 느낄 것이다. 보호 속에 안주하는 풋내기 브라질 기업들하고만 경쟁하면 되는데 왜 첨단기술을 이전하겠는가? 이렇게 되면 결국 브라질이 지는 것이다. 브라질 근로자와 시장과 소비자들은 최고의 기술을 받아들일 기회를 빼앗기게 되는 것이다.

이는 실제 일어난 이야기다. 브라질과 대만은 1980년대 초 1인당 소득이 거의 같은 수준이었다. 두 나라 모두 상당한 실력을 갖춘 국내기업들과 풍부한 자본, 숙련 근로자, 잘 훈련된 경영자들을 갖추고 있었다. 두 나라는 세계 전자산업, 특히 팩시밀리 부문에 뛰어들기로 했다. 문제는 두 나라 모두 최고의 팩시밀리 기술 공급원을 일본의 후지츠에 의존했다는 데 있었다. 브라질 의회는 1988년 걸음마 수준의 브라질 팩시밀리 산업을 보호하기 위해 팩시밀리를 포함한 전자제품들에 광범위한 관세를 부과했다. 그 결과 어떤 기업도 브라질에 최고의 팩시밀리 기술을 이전해줄 유인을 갖지 못했다. 이에 비해 대만은 제로 관세를 선언하고 누가 최고의 팩시밀리를 만들 수 있는지를 놓고 무한 경쟁이 벌어지도록 했다. 세계은행 조사에 따르면 1994년 대만은 세계 팩시밀리 산업을 이끌어가고 있는 반면 브라질의 팩시밀리는 세계 평균을 크게 웃도는 원가 때문에 거의 사라질 처지에 있었다. 1995년 브라질 의회는 팩시밀리에 부과하는 관세를 철폐하고 개방된 표준으로 경쟁하도록 했다.

1999년 중국이 미국 핵탄두 관련 기밀을 훔쳤다는 혐의를 받았을 때 나도 다른 사람들만큼 화가 났다. 하지만 그렇게 많이 화가 나지는 않았다.

미국의 가장 중요한 기밀은 중국이 결코 훔칠 수 없는 것이기 때문이다. 그것은 우리들의 생활양식이다. 우리가 열린 사회로 살아가는 양식이다. 폐쇄적인 사회가 게임에서 배제되지 않기 위해 훔쳐와야 하는 기술은 언제나 있기 마련이다. 아무리 훔쳐와도 또다시 훔쳐와야 할 게 하나 더 생긴다. 개방적인 사회가 언제나 새로운 혁신을 하나 더 만들어내기 때문이다. 폐쇄적인 사회라도 혁신을 할 수 없는 건 아니다. 하지만 그들이 끊임없이 혁신을 할 가능성은 개방적인 사회에 비하면 훨씬 더 낮다. 개방적인 사회의 힘은 개방성 그 자체에서 나온다. 그리고 영원히 죽지 않는 혁신의 정신과 개방성이 끊임없이 배양해주는 기업가정신에서 나온다. 중국이 그걸 복사해간다면 나는 정말로 그들을 두려운 경쟁자로 생각할 것이다.

내부가 얼마나 열려 있는가

지금의 세계화 시대에서는 나라 밖에서 장벽에 기대지 않고 경쟁하는 법을 배우는 것도 중요하지만 나라 안에서 장벽을 제거하는 법을 배우는 것 역시 중요하다. 당신이 내부적으로 더 투명해질수록 당신의 정부는 더 탄탄한 법치의 바탕 위에 설 수 있다. 또한 당신은 더 기꺼이 어디서 어떻게 의사결정이 이뤄졌는가에 대한 정보를 공유하려 할 것이고, 부패가 계속 은폐돼 있을 가능성은 더 줄어들고, 다른 사람들이 당신을 따라올 가능성은 더 커질 것이다. 효율적이고 투명하고 정직한 법체계는 지속적인 성장에 필수적인 조건이다. 그런 법체계 안에서 시민들은 정부정책이 어떻게 수행되는지 정확한 그림을 그릴 수 있고, 투자자들은 사유재산과 지적인 혁신이 존중되고 경쟁의 마당이 비교적 평평할 것이라는 확신을 가질 수 있다. 차이나온라인 창업자 리릭 휴즈가 앞으로 몇 년 후에는 우리가 더 이상 선진국과 후진국, 신흥시장과 낙후시장이라는 말을 쓰지 않을 것이라고 한 것도 이 때문이다. 대신 우리는 '투명한 나라' '불투명한 나라'라는 말을 쓰게 될 것이다.

휴즈의 견해를 들어보자.

"21세기에는 모든 경제적 결정이 세계적인 것이 될 겁니다. 글로벌 자본시장이 존재하는 세계에서 투자는 국제 금융 커뮤니티의 시각으로 볼 때 가장 투명한 지역으로 흘러갈 것입니다. '신흥시장'이라는 말 자체가 곧 20세기의 낡은 용어가 되고, 투명한 경제와 불투명한 경제로 나뉘는 새로운 패러다임으로 대체될 것입니다. 미래를 내다본다면, 일본처럼 자유로운 정보흐름을 만들어내는 데 실패하고 외부세계에서 볼 때 경제구조가 투명하지 못한 나라들은 선진시장이라고는 해도, 앞으로 가난하지만 투명성을 중시하는 나라들과 경쟁하게 될 것입니다."

변화를 이해하지 못하는 경영자를 갈아치울 수 있는가

몇 년 전 나는 한 아랍 국가 지도자를 인터뷰했는데, 인터뷰 도중에 그를 추켜세웠다. 신용평가회사 무디스가 그 나라의 신용등급을 재평가해 투자 부적격에서 투자 적격으로 등급을 올려준 데 대한 찬사를 보낸 것이다. 이 아랍 지도자는 내가 축하를 해준 데 대해 고맙다고 한 후 옆에 앉아 있던 자문관을 돌아보며 아랍어로 말했다. "무디스가 뭐지?"

경영은 언제나 중요하다. 하지만 지금처럼 더 복잡하고 빨리 돌아가는 체제에서는 경영과 전략적 비전이 더욱 중요해진다. 내가 어떤 나라나 기업을 보면 이런 질문을 던진다. 보스는 내가 앞서 설명한 정보차익거래를 할 줄 아는가, 그는 한꺼번에 여섯 가지 차원을 종합하는 일을 끊임없이 하고 있는가, 세 가지 민주화를 이해하고 그걸 어떻게 활용할지 전략을 갖고 있는가? 당신이 세계를 보지 못하고, 세계를 형성하는 힘의 상호 작용을 보지 못하면 당신은 세계에 대응하는 전략을 짤 수 없다. 당신이 세계화 체제와 같이 복잡하고 냉혹한 체제에 대응하고 그 안에서 번영하려면 당신은 기업이나 국가를 위해 어떤 번영의 길을 택해야 할지 전략을 가져야 한다.

크레이그 배럿 인텔 사장은 언젠가 나에게 이렇게 말했다.

"우리는 아일랜드의 최대 투자자이고 아마도 최대 고용주일 겁니다. 우리가 그 나라로 간 것은 아일랜드가 매우 기업 친화적이었기 때문입니다. 그들은 매우 탄탄한 교육 기반을 갖고 있고, 상품을 수출하고 수입하기가 놀라울 정도로 수월하고, 정부와 함께 일하는 것도 놀라울 정도로 쉽기 때문이지요. 나는 독일이나 프랑스보다 아일랜드에 먼저 투자할 겁니다. 프랑스는 인터넷 상거래를 위한 암호 사용을 불법으로 규정한 유일한 나라입니다. (인텔이 이제 칩 안에 내장하고 있는 암호화 기술은 인터넷상거래를 할 때 범죄자들이 신용카드 번호나 다른 개인 정보를 훔치는 것을 막기 위한 중요한 기술이다.) 프랑스는 우리가 인터넷상에서 고객들의 주문을 받지 못하도록 하는 유일한 나라입니다. 나는 바로 전에 새로운 인텔 제품을 소개하러 파리에 갔었는데, 프랑스 정부에게서 이번 한 차례의 마케팅 이벤트에 대해서만 암호화 기술 금지 규정 적용을 특별히 24시간 동안 유보한다는 서면 확인을 받아야 했습니다."

인텔의 최고경영자가 어떤 나라에 대해 세계의 변화에 보조를 맞추지 못한다고 생각한다는 걸 알게 되면 대부분의 나라가 겁에 질릴 것이다. 그러나 프랑스는 인텔이 보조를 맞추지 못한다고 생각했다. 배럿은 이렇게 말했다.

"암호는 이미 인터넷으로 다 내려받을 수 있는데도 암호화를 금지하는 바보 같은 룰을 만들면 결국 상거래와 경제성장을 방해하는 셈이지요. 우리에게 최첨단 암호화 기술을 활용하도록 허용하지 않으면 다른 나라로 가버리면 그만입니다."

1980년대 말 인텔은 유럽 지역 전체 마케팅회의를 했다. 어느 나라가 유망한지 분석하고 어디에 자원을 투입할지를 결정하는 회의였다. 인텔의 유럽 지역 마케팅 책임자는 유럽 지도를 갖고 회의석상에 나타났다. 면도칼로 프랑스를 도려낸 지도였다.

프랑스의 그런 둔한 행동을 보고 나는 프랑스가 하나의 주식이라면 그걸 팔겠다고 생각하기 시작했다. 그러나 프랑스는 변하고 있다. 나는 프랑스가 결국에는 매수종목 리스트에 오를 것으로 기대한다. 프랑스의 어떤 정부 관료나 지성인들은 세계화 체제에 반대하는 바보 같은 말을 많이 하고 있지만 프랑스 산업계와 기업가들은 앙갚음하는 마음을 갖고 황금 스트레이트재킷을 입고 있다. (1998년 배럿이 파리를 다녀온 이후 프랑스는 암호화를 통제하는 규정도 완화했다.) 세계화에 관한 한 프랑스는 언제나 왼쪽 깜박이를 켜고 오른쪽으로 도는 운전자 같다. 프랑스 평론가들이 『르 몽드』에 쓴 글만 읽어보면 프랑스는 결코 세계화를 이해하지 못할 것 같지만 『월스트리트저널』 유럽판에서 프랑스 경제뉴스를 읽으면 프랑스 민간의 엘리트들은 세계화 체제를 상당히 잘 이해하고 프랑스를 그 체제로 밀어넣으려 한다는 걸 알 수 있다.

1999년 11월 19일 『월스트리트저널』 유럽판은 이렇게 보도했다.

"강력한 힘들이 프랑스 정부가 전통적으로 경제에 대해 행사했던 영향력을 빠르게 약화시키고 있다. 민영화된 기업들은 더 이상 국가에 봉사하고 일자리를 제공하기 위해 존재하지 않는다. 그들은 이익이 주된 관심사인 국제투자자들의 까다로운 요구에 응하고 있다. 동시에, 유럽연합의 영향력이 갈수록 커짐에 따라 프랑스의 룰 메이커들이 자기 맘대로 하기가 점점 더 어려워지고 있다. … 정부 관료들이 프랑스 경제에 많은 영향력을 행사했던 과거와 달리 오늘날 대부분의 기업 합병은 독자적으로 결정하는 기업 경영진에 의해 요리되고 지구촌 전역에 흩어져 있는 투자자들이 승인한다."

세계화 체제에 적응하는 기업들의 이 같은 변화에 대해 프랑스 내부에서 꾸준히 저항이 나타날 것이다. 하지만 결국 저항세력이 질 것이다. 그러나 한판 싸움은 벌어질 것이다. 1999년 여름 파리에 간 내 친구 하나는 이메일을 보내기 위해 파리 중앙우체국의 공중 인터넷시설을 써야 했다. 대략 점심시간에 우체국에 도착한 그녀는 인터넷 룸이 닫혀 있는 걸 보았다. 그 시설에는 한 프랑스 관리가 있었는데 그는 매일 점심을 먹으러 갈 때마다 문을 잠그고 점심시간이라 부재중이라는 팻말을 걸어놓았다. 파리의 우체국도 이제 일반인들에게 인터넷 서비스를 제공한다는 건 좋은 소식이다. 나쁜 소식은 인터넷을 쓸 수 있는 방이 아직도 200년 묵은 프랑스 업무 시간을 따르고 있으며 마치 정육점처럼 점심시간마다 두 시간씩 문을 닫는다는 사실이다.

내가 잠정적으로 매도 리스트에 올려놓은 또 다른 나라는 러시아다. 이 나라는 여전히 번영으로 가기 위한 운영체제와 소프트웨어를 설치하지 않았다. 이 점을 보여주는 가장 생생한 사례가 1999년 10월에 나타났다. 당시 러시아 주식시장 감독기관의 책임자가, 보리스 옐친의 정부는 러시아 시장에서 주주들을 보호하기 위한 법을 집행하는 데 관심이 없다고 선언하고 사임해버린 것이다. 증권관리위원회 책임자인 아서 레빗이, 뉴욕증권거래소와 미국 상사법원이 너무나 부패해서 주식시장에 투자하느니 라스베이거스에 가 도박이나 하는 게 낫다며 사임했다고 한번 상상해보라.

1999년 가을 러시아 경제에 대한 방대한 조사를 했던 맥킨지컨설팅 글로벌 인스티튜트의 책임자인 빌 루이스는 "러시아 상층부에는 완전히 다른 그룹의 사람들이 필요하다"고 말한다. "많은 사람들이 러시아가 계속해서 자유선거를 실시했다는 사실을 들어 이 나라가 기본적으로 옳은 방향으로 가고 있다는 말해왔습니다. 그러나 정말로 물어봐야 할 것은 러시아에 과연 표를 던져줄 사람이 있는가 하는 것입니다. 지금 러시아에 필요한 게 뭔지 이해하고 그 일을 수행할 준비가 돼 있는 정치인이 있습니까?

대답은 없다는 것입니다. 러시아에 가장 필요한 사람은 러시아판 루스벨트입니다. 실력 있는 기술 관료들을 끌어들일 수 있는 기민하고, 정직하고, 통찰력 있는 정치인이 필요합니다. 그는 경제성장의 기반이 될, 제한적이지만 실행 가능한 규제와 사회정책들을 펴나가기 위한 민주적 절차를 주도할 수 있어야 합니다."

나는 프랑스처럼 러시아에 대해서도 희망을 버리지 않고 있다. 러시아에도 서서히 새로운 세대가 나타나 세계화 체제를 이해하고 그 안에서 성공하기 위한 수단과 지배구조를 요구하게 될 것이다. 1999년 11월 나는 미국국제개발처(USAID)가 스리랑카 콜롬보에서 개최한 경쟁력에 관한 세미나에 참석했다. 참석자들은 스리랑카, 인도, 파키스탄, 방글라데시, 그리고 네팔 기업계 대표와 경제학자들이었다. 기조연설자 중 한 사람으로 전 코스타리카 대통령 호세 마리아 피구에레스가 나와 한 시간 동안 청중을 매혹시키는 연설을 했다. 코스타리카가 어떻게 인텔 공장을 유치해 정보혁명에 성공적으로 적응했는가를 소개하는 내용이었다. 남아시아 청중들은 감동을 받았다. 질문 시간이 되자 청중들이 잇따라 이렇게 물었다. "우리나라에서 대통령에 출마하지 않으시겠습니까?"

놀라운 장면이었다. 서로 다른 여러 나라에서 온 청중들이 일어나서 다른 나라의 전 대통령에게 자기 나라 대통령에 출마하라고 권하다니. 부끄러워하지도 않고 말이다.

이는 무엇을 말해주는가? 모두가 다른 이들이 어떻게 살고 있는지 점점 더 잘 알게 되는 지금 같은 시대에 사람들은(특히 30~40대가 될 교육받은 세대는) 서투른 국정 운영을 언제까지나 참지 않을 것이라는 점이다. 나와 함께 세미나에 참석했던 46세의 스리랑카 여성 은행가는 자기의 좌절을 잘 표현했다.

"우리는 25년을 잃어버렸습니다. 1964년에는 리콴유가 스리랑카에 와 싱가포르는 스리랑카같이 돼야 한다고 말했어요. 우리는 문자해독인구비율, 보건, 교육을 비롯해 여러 면에서 그들의 모델이었지요. 하지만 지금은 싱가포르가 우리 모델이 됐고 그건 우리가 결코 이룰 수 없는 것처럼 돼버렸어요. 사람들이 피구에레스 연설을 듣고 이렇게 물었지요. '우리나라에는 왜 저런 지도자가 없는가? 어떻게 저런 지도자가 나왔을까? 나라마다 그 나라 수준에 맞는 지도자를 얻기 때문인가? 우리가 무슨 잘못이라도 한 건가?' 우리는 부패하고 무능한 모든 지도자들에게 이런 걸 이야기하고 그들을 추방해야 하지만 결코 그렇게 안 하지요. 이런 인식조차 하지 못하는 이들이 너무 많아요. 많은 사람들이 피구에레스 연설 후 밖으로 나가면서 '우리나라 안에 그처럼 경쟁력 있는 지도자가 없으면 밖에서 스카우트해오면 되잖아' 하고 말한 것도 이상한 일이 아니죠. 스리랑카 기업계 거물 중 한 사람은 '내 돈으로 그의 봉급을 주는 것도 마다하지 않겠다'고까지 했어요. 여기에도 두뇌는 있어요. 실리콘밸리에 스리랑카나 인도인들이 창업한 기업이 얼마나 많은지 보세요. 그런데 여기에는 우리의 배를 몰고 가는 데 필요한 리더십이 없습니다."

상처입은 자를 쏘고, 살아남은 자를 돌볼 수 있는가

장벽이 없는 세계에서는 국가나 기업이 겉으로는 성공적인 것처럼 보이는 기업이라도 스스로 파괴할 수 있는 문화를 만들어가야 한다. 그러지 않으면 다른 이들에게 파괴당할 것이다. 컴팩은 IBM이 스스로 이룬 혁신을 스스로 파괴하지 않으려 했기 때문에 창조된 기업이다. 컴팩은 386칩이 나오자마자 이 칩으로 더 빠른 PC를 만들어 286칩을 내장한 IBM-AT를 단숨에 따돌렸다. 컴팩의 386칩 PC는 '빅 블루(Big Blue: IBM)'에 심각한 타격을 주었다.

MIT의 경제학자 레스터 써로가 『지식의 지배』라는 책에서 지적했듯이,

오래된 대기업들은 세상을 바꾸는 새 기술을 이해하고 발명하지만, 풀기가 거의 불가능한 구조적인 문제를 안고 있다. 써로의 말을 들어보자.

"획기적인 기술이 나오면 기업들은 새로운 걸 만들기 위해 낡은 걸 파괴해야 합니다. 트랜지스터가 진공관을 대체하는 기술로 부상했을 때 진공관 제조업체 5개 중 4개는 트랜지스터를 만드는 데 성공하지 못했습니다. 그리고 다섯 번째 업체는 오늘날 시장에서 퇴출됐지요. 마이크로프로세서 덕분에 PC가 컴퓨터 산업의 주력이었던 메인프레임을 대체했을 때 오랫동안 산업을 주도했던 IBM은 낭떠러지로 굴러떨어졌습니다."

1999년 12월 13일자 『비즈니스위크』는 썬마이크로시스템즈의 정력적인 사장 에드워드 잰더의 인물 소개 기사를 실었다. 그 기사의 한 구절이 눈에 확 띄었다.

"전에 몸담았던 데이터제너럴과 아폴로컴퓨터가 성공의 정점에서 주저앉는 것을 지켜본 후 잰더는 5년 만에 선의 두 번째 구조조정을 시작했다. 그는 완전히 새로운 회사를 만들려고 했다. 컴퓨터 판매에만 의존하지 않고 웹사이트와 기업 네트워크, 고장 없이 작동하는 휴대용 정보기기 사업을 확대하려는 것이었다. … 그는 '우리는 다시 회사를 부수려고 한다'며 '나는 썬이 인터넷시대의 IBM이 되기를 바란다'고 말했다."

세상은 돌고 돈다. IBM도 인터넷시대의 IBM으로 산업을 주도하려 한다. 이번에 IBM이 실제로 변신하고 있는 것은 흥미롭다. IBM은 스스로 인터넷 기반 회사로 변신했을 뿐 아니라 사업 내용도 완전한 서비스를 제공하는 인터넷 클리닉으로 바꿨다. 크든 작든 어떤 회사라도 IBM을 찾아와 기술과 지원 서비스를 받고, e-기업이 되거나 e-비즈니스를 하는 데 필요한 조언도 받을 수 있게 했다. 달리 표현하면 IBM은 산업 리더였다 소련과 같은 체제를 가진 기업이 됐고, 다시 산업 리더 중 한 회사로 변신했다. 처음에는 스스로를 창조했고, 그 다음에는 스스로를 재창조하지 않고 버티다가 나중에는 스스로를 근본적으로 재창조했다. 2000년까지 IBM은 앞서

가는 인터넷닥터이자 e-비즈니스 솔루션 제공자 중 하나가 됐으며 썬, 컴팩, 그리고 1980년대와 1990년대 초 IBM을 제칠 것 같던 다른 많은 기업들과 치열한 경쟁을 벌이고 있다.

국가도 번창하려면 기업과 같은 재창조의 문화가 필요하다. 다시 써로의 말을 들어보자.

"과거에 이룬 걸 깨버릴 수 있는 자세가 안 돼 있는 사회는 기업가들이 새로 탄생하는 걸 허용하지 않습니다. 유럽은 기업가정신의 중요성을 잘 보여주는 사례입니다. 유럽은 미국보다 더 많이 저축하고 투자하고, 교육 수준이 더 높은 인구를 갖고 있으며, 과학에 대한 기초적인 이해도 미국 못지않은 수준이지요. 하지만 21세기의 새로운 두뇌 산업은 전혀 만들어내지 못하고 있어요. 1998년 유럽 토종 컴퓨터업체로는 마지막 남은 지멘스 닉스도르프가 대만의 에이서에 팔렸습니다. 컴퓨터업계에서 완전히 배제된 지역이 어떻게 21세기의 리더가 될 수 있겠습니까? 유럽에는 있어야 할 기업가들이 없습니다. 사회이론이 거의 언제나 기술을 압도하지요. 아이디어가 있어도 사람들이 이용하기를 원하지 않기 때문에 거의 사장됩니다. 뭔가가 가능하다는 것이 곧 그 일이 실현된다는 뜻은 아니지요."

혁명적인 제품이 나오려면 창조적인 파괴를 환영하거나 최소한 용인하는 사회가 필요하다. 장벽이 없는 세계에서는 특히 그렇다. 낡은 것을 새로운 것으로부터 보호하기가 훨씬 더 어렵기 때문이다. 정부는 일자리를 잃는 건 걱정해야 하지만 기업을 잃는 걸 염려해서는 안 된다. 이는 모순인 것 같지만 아니다. 기업을 잃는 걸 걱정하면 훨씬 더 많은 일자리를 잃게 된다. 실직한 사람들을 위한 안전망을 갖춰야 하지만 경쟁력을 잃은 기업들을 위한 안전망을 만들어서는 안 된다.

대만이 1990년대 아시아 경제위기에서 다른 모든 이웃 나라들보다 훨씬 더 잘 살아남은 것은 우연이 아니다. 대만 정부가 창조적 파괴의 문화를 용인할 의지가 있었다는 게 가장 큰 이유라고 치 쉬브 경제건설위원회 부

주임위원은 설명한다. 물론 그 일부는 역사적 우연으로 돌릴 수 있다. 1948년 중국 내전 때 민족주의자들이 본토에서 대만으로 건너왔을 때 그들은 통치권은 장악했지만 기업 부문은 크게 건드리지 않았다. 그들은 대만에 오래 머물 계획을 갖고 있지 않았기 때문이다. 그들은 머지않아 본토로 돌아갈 걸로 생각했다. 그래서 처음부터 대만 정부는 다른 동남아 국가에 비해 기업 부문에 거의 개입하지 않았다. 한국이나 일본처럼 거대한 재벌을 키우는 대신 대만 정부는 기업계에서 물러나 있는 편이었다. 그 결과 중소기업들이 벌떼처럼 많이 생겨났다. 자기 집 거실에서 일하는 가족기업으로 출발한 경우도 많았다. 이런 기업들은 매우 유연하고 효율적이어야만 살아남을 수 있었다. 또한 어떤 사업 분야에서 다른 사업 분야로, 한 시장에서 다른 시장으로 즉시 옮겨갈 준비가 돼 있어야 했다.

중국 정부가 1980년대 경제를 개방하고 이들 소기업들을 보호하지 않았기 때문에 그들은 시장과 기술을 놓고 벌어지는 가장 치열한 경쟁에 끊임없이 노출됐다. 이 때문에 그들은 꾸준히 자동화 속도를 높이고, 품질을 개선하고, 고부가가치 제품으로 갈아타고, 일시적으로는 국내 일자리가 희생되더라도 해외로 제조기지를 옮겨갔다. 그 속도를 따라가지 못하는 기업들은 치여 죽거나 더 강한 기업에 먹혔다. 실제로 대만 경제부는 '1986~1998 대만 기업의 생성과 소멸'이라는 통계를 자랑스럽게 내놓았다. 이 통계는 새로운 기업의 탄생과 오래된 기업의 소멸이 꾸준히 균형을 이뤄왔음을 보여준다. 심지어 아시아 경제위기 중에도 그랬다.

하지만 상처입은 자를 기꺼이 쏘고 시장에서 적자생존의 원리가 작동하도록 하는 것만으로는 충분하지 않다. 쉬브는 성공적인 나라들은 벤처캐피털의 사고를 갖고 있는 나라들이라고 말한다. 또한 누가 승자인지를 가려내고 그들이 혁신을 상업화할 수 있도록 길러내는 걸 돕는 커뮤니티가 있는 나라들이다. 대만처럼 도박의 문화를 갖고 있는 것은 도움이 된다. 혁신적인 기업가가 자기 집 차고에서 새로운 아이디어를 창안해냈을 때

보통의 경우는 높은 리스크 때문에 그 아이디어를 발전시키기가 어렵다. 이 때문에 대만 기업들과 같은 중소기업들에게는 높은 수익률을 위해 높은 리스크를 안을 준비가 돼 있는 벤처캐피털리스트들이 필요하다. 대만 벤처캐피털 산업은 1980년대 초 부상했으며 어떤 측면에서 대성공을 거두었다. 수백 개의 수익성 높은 기업들을 낳은 것이다. 오늘날 실리콘밸리에서 성공한 기업들은 대부분 처음에는 도박사와도 같은 벤처캐피털리스트들이 길러냈다.

친구를 얼마나 잘 사귀는가

우리는 모두가 홀로 가기를 원하는 세계에서 수많은 동맹군이 없으면 살아남을 수 없는 세계로 옮겨왔다. 과거에는 거친 개인주의자가 경영자들의 모델이었고, 수직적 통합을 이루고 모든 걸 다 하는 회사가 기업의 모델이었다. 지금은 처칠처럼 동맹을 잘 맺는 이들이 경영자의 모델이며, 수평적 제휴를 맺은 회사가 기업의 모델이다.

글로벌 경제에서는 어떤 산업 부문에서 세계적으로 경쟁할 수 없으면 살아남을 수 없고, 동맹을 맺지 않고는 세계적으로 경쟁할 수 없다. 왜 그런지 이해하기는 쉽다. 와튼스쿨의 세계화 전문가인 스티븐 코브린은 "이제 반도체, 항공, 통신, 제약과 같은 여러 산업 부문에서 심지어 선도기업들조차 엄청난 연구개발 투자비용과 그 결과의 불확실성, 그리고 더 짧아진 제품 라이프사이클을 감안할 때 혼자서는 연구개발 투자를 할 수 있는 충분한 자원을 확보하지 못할 수 있다"고 말했다. 또한 어떤 복잡한 제품을 개발하는 데 필요한 과학적·기술적 지식의 양이 크게 늘어난 걸 감안하면 연구개발 투자를 위해 몇몇 기업들이 각자 보유한 자원을 합쳐야 할 필요성이 점점 커지고 있다. 더욱이 이들 기업이 막대한 연구개발 투자를 회수하려면 너무 비좁은 국내시장뿐만 아니라 전 세계 시장에 제품을 파는 수밖에 없으며, 그러자면 또한 제휴가 필요하다. 코브린은 "제휴에 대한 압력이 갈수록 커지는 것은 세계화 시대의 특성 가운데 하나"라며 "이는 세계를 교묘하게 엮어주고 세계화를 더욱 촉진하는 것"이라고 말했다.

제휴가 합병은 아니다. 제휴는 두 기업이 서로 다른 정체성을 지키면서도 매우 밀접하게 협력하는 것이다. 제휴는 과거에는 보지 못했던 속도로 세계 전역에서 이뤄지고 있다. 맨눈으로 봐도 제휴가 뚜렷이 보이는 분야 중 하나는 항공업계다. 항공사들의 동맹체인 스타얼라이언스Star Alliance를 보라. 이는 6개 항공사가 좌석 예약 코드를 공유함으로써 서로 다른 회사 항공편에 자리를 예약할 수 있도록 하고, 다른 항공사의 마일리지 프로그램을 인정해주는 것이다. 회원사들은 이 같은 제휴를 통해 자사 고객들이 지구촌 어디로 가든 원스톱 쇼핑으로 항공권을 살 수 있도록 해주었다. 그들은 지금 같은 세계에서는 그런 원스톱 서비스를 제공할 수 있어야 한다는 것을 알고 있으며, 어떤 항공사도 혼자서는 전 세계를 커버할 수 없기 때문에 제휴를 통해서만 그런 서비스를 제공할 수 있다는 것도 알고 있다. 스타얼라이언스의 광고에는 길게 늘인 비행기가 나온다. 그 비행기의 코 부분은 유나이티드항공, 조종실 부분은 에어캐나다, 중간 부분은 스칸디나비아항공, 바리그브라질항공, 태국항공, 그리고 꼬리 부분은 루프트한자다.* 그 옆에는 뜻이 깊은 광고 문구가 있다. "스타얼라이언스: 지구를 위한 네트워크"라는 문구다. 이들의 경쟁자는 누구인가? 물론 또 다른 항공동맹이다. '원 월드One World'로 불리는 이 동맹의 광고는 이렇게 자랑했다. "이제 당신은 7개의 세계 최고 항공사에서 환대를 기대할 수 있습니다. 이제 더 많은 라운지를 이용할 수 있습니다. 환승도 더 원활해집니다.

---

* 스타얼라이언스는 2009년 2월 현재 정회원사 21개, 지역회원사 3개가 있으며 바리그브라질항공은 2007년 탈퇴했다. (옮긴이)

마일리지도 더 많이 얻어 더 많은 곳으로 여행할 수 있습니다."

어떻게 동맹을 맺고 관리하는지(다른 회사들과 신뢰할 수 있고 투명한 관계를 어떻게 만들어가는지) 아는 CEO는 세계화 체제에서 살아남는 데 결정적인 자산이 된다. 동맹은 매우 복잡하게 얽혀버릴 수 있기 때문이다. 컴팩은 인텔과는 마이크로프로세서를 만드는 데, 마이크로소프트와는 윈도우 운영체제와 소프트웨어를 공급받는 데 전략적 동반자 관계를 맺었다. 이를 통해 반도체와 운영체제 분야의 최신 기술을 즉각적으로 통합해 새 컴퓨터에 적용함으로써 최첨단을 걸을 수 있었다. 1997년 컴팩의 연례보고서는 "고객들은 최고의 파트너를 가진 회사가 최고의 컴퓨터를 만들 수 있다는 걸 갈수록 잘 이해하고 있다"고 밝혔다. 『포브스』는 인텔의 앤디 그로브와 컴팩의 에커드 파이퍼의 관계에 대한 어느 경영컨설턴트의 말을 인용한 적이 있다. "앤디의 입에서 에커드의 귀로. 둘은 결혼한 사이 같다."

국가의 경우도 그렇다. 경제안보의 측면에서 미국은 언제나 동맹이 필요하다. 국제경제의 영역에서 미국이 독자적인 섬이었던 적은 없다. 우리는 이제 더 자주, 더 다양한 방식으로, 더 많은 동맹을 맺을 필요가 있다. 전 미국 재무장관 로버트 루빈은 나에게 이렇게 말했다.

"20년이나 25년 전 내 전임자들이 태국이나 인도네시아의 경제위기에 대해 걱정하는 건 상상이 안 돼요. 심지어 한국에 경제위기가 났다고 해도 내 전임자들이 걱정한다는 건 상상할 수 없습니다. 영국이나 일본이라면 걱정했을 겁니다. 하지만 태국이라면 신경도 안 썼겠죠. 하지만 지금은 훨씬 더 많은 나라들이 글로벌 경제라고 하는 것의 일부가 됐습니다. 그들이 어떻게 하는가는 우리나라에 영향을 줄 수 있습니다. 그래서 나는 그 파장에 대응하기 위해 많은 시간과 에너지를 투자해야 하지요."

국가안보의 측면에도 더 많은 파트너와 동맹국을 찾으라는 압력이 있기는 마찬가지다. 무엇보다 세계를 온통 지배했던 냉전과 그토록 위협적이던 적이 사라진 지금은 어느 나라 국민들도 작은 불한당을 응징하기 위해

피나 돈으로 비용을 치르려 하지 않는다. 그들이 극히 위험할 수 있다 해도 말이다. 심지어 사담 후세인이 나타나 석유 공급 루트를 위협하고 대량살상무기를 과시할 때도 부시 정부가 동맹국들을 뭉치는 데 6개월이나 보내야 했다. 사담과 전쟁을 하는 것뿐만 아니라 그보다 더 중요한 비용 조달 문제를 해결하기 위해서 말이다. 나는 베이커 국무장관이 1차 걸프전의 전비 조달을 위해 순방을 나갔을 때 그를 취재했다. 비행기 안의 모든 기자들이 돈을 모아 그에게 깡통을 하나 사주었다.

이제 불한당을 제압하기 위해 더 많은 동맹이 필요하다. 게다가 이제 장벽이 없어진 세계에서 어느 때보다 위협적인 초국가적인 문제들이 수없이 많다. 당신을 보호해줄 벽이 없어진 지금 내부와 외부의 위협으로부터 스스로를 보호하려면 자기 나라의 지배구조와 감독 체계의 질을 높이고 다른 나라들과 같은 일을 하기 위한 동맹을 맺는 길밖에 없다. 그 맞서 싸워야 할 상대가 테러리스트나 무기 수출국이든, 마피아나 엘니뇨든 마찬가지다. 1990년대 후반 내내 미국은 통제력이 약해진 러시아 정부가 이란에 대한 러시아 '민간' 기업들의 핵무기와 미사일 기술 판매를 막을 수 있도록 하기 위해 애썼다. 장벽이 있는 냉전시대에는 미국이, 러시아 민간기업이 멋대로 행동하는 걸 염려할 필요가 전혀 없었다. 그런 일은 아예 없었다. 러시아의 공식적인 무기 판매만 있었으며, 이는 미국의 공식적인 무기 이전 위협이나 다른 국가 대 국가의 조치로 억제할 수 있었다.

하지만 더 이상 그렇지 않다. 러시아 무기 제조업체들은 갈수록 독자적으로 행동하며 이들은 현금에 목말라 있다. 미국이 자력으로 러시아 민간기업들에게 수출 통제를 가할 수는 없다. 그 대신 미국은 영향력을 발휘해 연합을 구축하는 방식으로 러시아의 무기 수출을 막을 암묵적인 벽을 만들고 다른 정부와 민간 부문들도 이에 동참하도록 할 수 있다. 러시아가 이란에 무기를 이전했을 때 클린턴 정부는 러시아의 한 대학과 두 기술연구소에 경제적 제재를 가했고, (별로 성공적이지 못했지만) 유럽 국가들에게도 그렇게 하도록 했다. 이들 러시아 기관의 전문가들이 이란과 협력한다는 의혹이 있었지만 러시아 정부는 그에 대해 어떤 조치를 취하려고 하지도 않았고 할 수도 없었다. 냉전 때 미국은 혼자 힘으로 러시아의 무기 이전을 막을 수 있었지만 지금은 오케스트라의 지휘자처럼 행동해야만 막을 수 있다. 미국은 어떤 문제가 전통적인 국가 대 국가의 군사적 억지력을 동원해 혼자 힘으로 막을 수 있는 것인지, 어떤 문제가 동맹국들과 협력을 통해서만 해결할 수 있는지 분류해야 한다. 이는 세계화 체제에서는 미국의 리더십에 대한 가장 큰 도전이다. 미국 정계에는 미국이 모든 현안을 혼자 해결해야 한다고 믿는 일방주의자들이 있다. 모든 문제를 동맹국들과 이 체제에 적응하려는 나라들과 함께 풀어가야 한다고 생각하는 다자주의자들도 있다. 이 두 접근 방식의 적절한 조합이 필요하다. 어떤 일에 대해서는 미국이 독자적인 행동을 할 준비가 돼 있지 않으면 아무도 따라오지 않을 것이다. 하지만 미국이 모든 일을 혼자 하기를 바라는 것으로 비춰지면 아무도 따라오지 않을 것이다.

몬산토는 제품의 가치를 최대한 높이기 위해 전 세계의 농부와 배급업자, 식량 수입자들과 수많은 전략적 동맹을 관리해야 한다. 이 회사 회장 로버트 샤피로는 이 일이 얼마나 복잡해질 수 있는지 말해주었다. 어떤 대목에서 그는 미국이 멕시코에 대한 구제조치를 어떻게 만들어가야 하는지, 또는 이라크를 견제하고 이라크와 싸우기 위해—연합이 이뤄지기나 한다면—어떤 연합을 구축해야 할지를 생각해내려는 미국 대통령과도 같은 말을 한다는 생각이 들었다. "새로운 동맹관계로 맺어진 세계는 미지의 땅입니다. 모두가 머릿속에 하나의 동맹관계의 모델을 갖고 있지만 누구도 그게 어떻게 작동할지 모릅니다. 공동의 이익과 자신의 이익 사이에, 그리고 단기적인 이득과 장기적인 이득 사이에 어떻게 균형을 맞출 수 있을까요? 어떤 곳에서 공통점을 찾고 어떤 곳에서 개별적인 정체성을 유지해야 할까요? 우리는 합병을 어떻게 하는지는 잘 알지만 대등한 입장에서 하는 제휴는 합병과는 다릅니다. 제휴를 하려면 상대방을 내 삶의 중요한 일부로 생각해야 합니다. 정말로 어려운 건 하나의 제휴만으로는 안 된다는 점입니다. 글로벌 경쟁을 하려면 동시에 수많은 제휴를 해나가야 하지요. 그리고 어느 한쪽이 뭔가를 얻으면 다른 쪽이 잃게 되는 트레이드오프trade-off 문제가 있지요. 나와 당신 사이, 당신과 프레드 사이, 그리고 프레드와 나 사이의 트레이드오프를 어떻게 해결해야 합니까? 정말 복잡한 문제죠."

얼마나 좋은 브랜드를 갖고 있는가

세계화 시대에는 힘있는 글로벌 기업과 힘있는 국가가 되려면 소비자와 투자자를 끌어들일 수 있는 강력한 브랜드를 가져야 한다. 브랜드 네임이란 무엇인가? 맥킨지컨설팅은 1997년 사내저널에서 이렇게 정의했다. "소비자들이 어떤 제품이나 서비스에서 얻을 수 있는, 보이거나 보이지 않는 혜택과 이름을 관련지을 때 그 이름은 브랜드가 된다. 이런 관련성이 강해지면 제품과 서비스에 대한 고객의 충성도와 기꺼이 프리미엄을 지불하려는 생각도 커진다. 브랜드 가치를 만들어가려면 두 가지가 필요하다. 첫째, 자기 제품을 다른 것들과 차별화하고 둘째, 광고와 마케팅에서 한 말과 실제로 제공하는 혜택을 일치시켜야 한다. 그러면 브랜드와 고객 사이의 관계가 발전하기 시작한다. 기업이 말한 것과 실제 혜택이 일치할수록 브랜드는 강력해진다."

달리 표현하자면, 강력한 브랜드를 만들기 위해 기업은 자사 제품의 강점이 얼마나 필요한 것인지, 다른 제품과는 어떻게 다른지 증명해야 한다. 오늘날 세계화 체제에서는 브랜드의 중요성이 훨씬 더 크다. 이제 장벽이 없고 중간상이 없는 세계에서 소비자와 제조업체가 훨씬 자주 직접 만나고 있기 때문이다. 사람들이 삭스나 시어스, 또는 서킷시티(각각 미국의 고급 백화점, 대중적인 백화점, 전자제품 판매점-옮긴이)에서 판매원들의 도움으로 물건을 고르기보다는 온라인으로 원하는 건 뭐든지 살 수 있는 시대에는 고객들이 분명한 이미지를 떠올릴 수 있는 강력한 브랜드가 필수적이다.

컴팩은 1990년대 중반 브랜드와 관련된 심각한 문제에 부딪혔다. 부품 협력업체인 인텔과 마이크로소프트의 브랜드가 컴팩의 브랜드를 압도했기 때문이다. 소비자들은 컴퓨터 본체를 델이 만들었는지, 게이트웨이나 HP, IBM, 또는 컴팩이 만들었는지에 대해서는 크게 신경 쓰지 않았다. 그들이 신경 쓰는 건 인텔 마이크로프로세서를 내장했는지, 윈도우 운영체제와 소프트웨어를 설치하고 있는지였다. 컴팩 경영자들이 "앤디 그로브의 배급업체 노릇 하는 것도 지겹다"고 불평하는 것도 이상한 일이 아니었다. 컴팩이 인텔과 마이크로소프트 브랜드에 압도당한 것은 컴팩이 스스로를 매우 제한적으로 인식했기 때문이다. 이는 컴팩의 광고에도 나타나 있다. 컴팩은 스스로를 순전히 제품 지향적인 기업으로 봤다. 단지 컴퓨터를 만들어 파는 회사로만 생각했던 것이다. 컴팩은 좋은 컴퓨터를 만들었으며 그 광고도 데스크톱과 노트북컴퓨터, 서버의 사진밖에 없었다. 컴팩은 디지털 이큅먼트 코퍼레이션을 인수한 직후인 1998년 6월 자사 브랜드를 바꾸기 위한 글로벌 캠페인을 시작했다. 광고전략은 컴팩과 고객 사이에 진정으로 긴밀한 관계를 만들어내는 것이었다. 컴팩은 데스크톱 하나를 사는 작은 고객부터 대기업과 정부에 이르기까지 모든 고객과의 관계를 긴밀히 하기 위해 세 가지 전략을 썼다. 우선 제품을 배급하는 방식을 바꿨다. 컴팩은 언제나 소매판매점을 비롯한 제3자를 통해 컴퓨터를 팔았다. 이에 따라 컴팩은 대부분의 고객들과 직접적인 관계를 맺지 못했다. 그래서 컴팩은 고객들과 직접적인 동반자 관계를 맺기 위해 델처럼 전화나 인터넷상으로도 컴퓨터를 팔기로 했다. 두 번째로 한 일은 기술지원부서를 보강한 것이었다. 컴팩 컴퓨터를 쓰는 이들은 누구나 언제 어디서든 전화를 걸어 어떤 문제든(컴퓨터나 소프트웨어에 관한 문제든, 『뉴욕타임스』 주말판의 낱말퀴즈에 관한 문제든) 컴팩 기술자들의 도움을 받을 수 있도록 했다. 마지막으로, 컴팩은 새로운 접근 방식을 확산시키기 위해 광고전략을 다시 짰다. 제품을 보여주는 것보다는 동반자 관계를 느끼도록 하는 광고를 내보냈다. 컴팩은 새 브랜드를 알리기 위해 『월스트리트저널』에 12면 전면광고를 냈는데 그 12면 중 컴퓨터 사진은 하나도 없었다. 예를 들어 마지막 면에는 제품 사진 대신 두 어린이가 손을 잡고 숲속을 걸어가고 있는 사진 위에 이런 카피가 나온다. "컴팩. 더 좋은 해답."

이제 국가들도 글로벌 시장의 고객(전자소떼의 구성원들)을 상대할 때 같은 문제에 직면한다. 각국은 자국의 브랜드를 관광객 유치만을 위해 활용해왔다. 하지만 이제 이것만으로는 충분하지 않다. 모두가 같은 하드웨어를 갖고 있고, 모두가 같은 소프트웨어로 그걸 돌리도록 강요받는 세계에서는 한 나라의 브랜드와 그 나라가 외국 투자자들과 맺는 독특한 관계가 더욱 중요해졌다. 유럽통화연맹 출범 후 유럽을 생각해보라. 당신은 왜 스코틀랜드보다는 이탈리아에 공장을 세우겠는가? 이는 날씨나 음식, 또는 이탈리아의 브랜드가 조금 더 많은 재미와 멋과 피자를 떠올리게 한다는 사실 때문일 수도 있다.

『뉴욕타임스』런던지국장인 내 동료 워렌 호지는 영국이 자국의 브랜드를 '새로운 영국New Britain'으로 바꾸려 노력하고 있는 모습을 잘 포착했다. 1997년 11월 12일자 기사에서 호지는 이렇게 묘사했다.

"영국의 전통적인 동네 크리킷, 차와 스콘 빵, 귀족의 성, 여왕의 근위병, 히쓰 관목이 우거진 황야에서의 뇌조 사냥, 예식에서 가발을 쓰고 꼭 끼는 복장을 한 축하객, 미지근한 호박색 맥주, 그리고 승리의 깃발처럼 나부끼는 유니온잭의 모습은 잊혀지고 있다. 이젠 심장처럼 고동치는 통신, 글로벌 비즈니스 거래, 정보기술, 해적처럼 공격적인 기업가, 용감한 건축가, 노골적인 광고, 과감한 패션, 영국식 팝뮤직, 나이트클럽(간단히 말해 젊고, 창의적이고, 이 새로워진 나라의 정치 지도자들이 가장 흔히 이야기하는 것처럼 '현대적인' 모든 것들의 이미지)이 떠오르고 있다. … 이처럼 공격적인 스타일은 새 노동당 정부가 토니 블레어 총리와 가까운 사회정책 연구센터인 데모스의 제안에 따라 시도하고 있는 것이다. 데모스는 지난달 영국을 '세계의 박물관 가운데 하나가 아니라 세계의 개척자 가운데 하나로 브랜드를 바꿀 것'을 제안했다. 블레어는 '나는 우리나라의 과거가 자랑스럽지만 그 과거 속에 살고 싶지는 않다'고 말했다. 영국 관광청이 1997년 이 나라의 로고를 '룰 브리타니아Rule Britannia'에서 '쿨 브리타니아Cool Britannia'로 바꾼 것은 이런 변화를 잘 표현하고 있다."

국가는 브랜드를 더럽힐 수도 있다. 말레이시아는 1990년대에 멋진 브랜드 이미지를 개발했다. 이 나라는 다인종 모슬렘 국가로 기술혁명과 정보기술을 적극적으로 받아들여 콸라룸푸르에 정보기술 슈퍼회랑Super Corridor이라는 첨단 산업단지까지 만들었다. 하지만 1997년 여름 아시아 통화가치가 폭락하고 마하티르 총리가 유대인과 조지 소로스, 그리고 자기 밑의 안와르 이브라힘 부총리가 말레이시아 경제를 무너뜨리려는 음모를 꾸몄다고 격렬하게 비난했을 때 주식회사 말레이시아의 브랜드와 그 나라에 대한 국제사회의 신뢰는 크게 훼손됐다.

지금은 모든 나라가 자국의 브랜드에 신경을 써야 한다. 심지어 좀도둑도 그걸 이해하고 있다. 『월스트리트저널』 존 버시 기자는 1998년 2월 27일자에 놀라운 이야기를 썼다.

당신의 나라는 지금 어떤 나라인가

그가 멕시코시티에서 어느 날 밤 여자친구와 함께 택시를 탔다 운전사와 같은 패거리에게 사실상 납치를 당했다. '지난 토요일 밤 멕시코시티에서 내 머리에 총을 들이댄 그자는 내가 신문기자라는 걸 알게 됐다. 우리는 택시를 탄 채로 한 시간 동안 시내를 돌았다. 그자는 내 머리를 택시 바닥에 처박게 하고 내 위에 앉았다. 공범자는 그 옆자리로 끼어들어 내가 저녁식사에 초대한 친구를 꼼짝 못하게 반쯤 걸터앉았다.

"당신, 미국 신문사에서 일하고 있어?" 총을 든 강도가 내게 물었다.

"그렇소. 난 업무 때문에 미국에서 출장 온 거요." 나는 이렇게 말하는 게 잘하는 것일까 궁금해하며 대답했다. 그는 저널리스트를 안 좋아할 수도 있고 미국인을 미워할 수도 있다.

"그럼 오늘 밤 일어난 일에 대해 아무것도 기사화하지 마. 우리나라가 창피하니까."

자기 나라가 창피하다고? 그때와 조금이라도 다른 상황이었다면, 한 시간 동안이나 45구경 권총이 내 머리와 3인치 떨어진 곳에서 위협하고 있지 않았다면, 그 강도가 내 지갑을 털고, 시계를 뺏고, 이제 현금카드로 내 은행계좌까지 깨버리려 하지 않았다면, 글쎄, 나는 그의 생각을 기특하게 느꼈을 수도 있었다. 그의 생각은 작은 국가적 자부심, 또는 열정적인 월드컵 경기 응원 때 생기는 애국심 같은 것일 수도 있었다. 그의 심장은 멕시코의 것이었다.

"걱정하지 마시오." 택시 바닥에 처박힌 채로 나는 강도를 안심시켰다. "우리 신문은 주식과 채권을 다루는 경제지요. 이런 이야기는 우리 신문에 실리지도 못해요. 멕시코의 또 하나의 강도사건일 뿐이니까." 멕시코가 주식이라면…

점점 더 많은 이들이 정책만 올바르게 펴면 자기네 나라도 번영의 길을 갈 수 있다는 걸 깨닫기 시작하고, 점점 더 많은 사람들이 다른 나라 사람들(특히 성공적인 나라 사람들)이 어떻게 살고 있는지 완전히 이해하게 됨에 따라 그들은 왜 자기 나라의 국정 운영자들은 번영을 택하지 않았는지 묻기 시작했다. 냉전체제에서는 많은 나라들이 '어디에 있는가'와 '어떤 나라였는가'에 따라 다른 나라의 도움을 받아 그럭저럭 지낼 수 있었다. 냉전 때 이집트의 위상이 크게 높아진 것은 중동에서 미국과 소련 사이에, 나중에는 아랍 국가들과 이스라엘 사이에 위치한 지정학적으로 중요한 국가라는 점 때문이었다. 이집트는 또한 장대한 역사와 피라미드를 자랑할 수 있었다. 프랑스의 중요성이 커졌던 것은 미국과 소련 사이에서 조정 역할을 할 능력과 의지가 있었기 때문이다. 프랑스는 또한 빛나는 역사를 과시할 수 있었다.

세계화 체제에서는 한 나라가 '어디에 있는가'는 더 이상 중요하지 않다. '어떤 나라였는가'도 중요하지 않다. 각국이 문화와 전통을 보존하도록 격려해야 하지만 그런 것들에 편승하도록 해서는 안 된다. 중요한 건 '지금 어떤 나라인가'다. 이는 그 나라가 이 체제에 있는 번영의 길을 선택했는가에 달려 있다. 1990년대 중반 핀란드 주재 미국 대사를 지낸 데렉 쉬어러는 이 문제에 관한 유익한 이야기를 나에게 들려줬다. 그와 동반한 부인은 1980년대 산타모니카 시장으로 일하면서 도시 재건을 지휘했던 루쓰 골드웨이였다. 하루는 쉬어러 대사 부부가 헬싱키에서 러시아의 위대한 도시 상트페테르부르크로 날아갔다. 그곳 시의원들과 미국 총영사를 만나기 위해서였다. 쉬어러는 그때의 경험을 이렇게 이야기했다.

"우리는 총영사가 초대한 만찬에서 상트페테르부르크 부시장과 도시계획 책임자, 그리고 시 관리들을 만났습니다. 그 관리들은 상트페테르부르크가 얼마나 대단한 도시인지, 어떻게 그토록 위대한 문화를 남길 수 있었는지에 대해 끝도 없이 이야기했지요. 하지만 그날 우리가 공항에서 시내로 들어올 때 도로는 온통 구덩이투성이여서 운전하기도 힘들었어요. 우리는 또 그날 에르미타주박물관에 갔었는데 이곳저곳이 부서져 내리는 걸 보고 마음이 안 좋았습니다. 적절한 조명시설이 된 미술품은 하나도 없었어요. 레스토랑도 없었고 괜찮은 기념품 가게도 없었지요. 정말 어설픈 곳이었어요. 그 도시가 위대한 역사를 가졌을지는 몰라도 오늘날 훌륭한 박물관이 있는 다른 도시들과 결코 경쟁할 수 없는 상태였습니다. 그런데도 그 도시의 관리들은 거리 이름을 어떻게 바꿀지를 놓고 논쟁을 벌이고 있었어요. (상트페테르부르크는 소련 시절 레닌그라드로 이름이 바뀌었고 거리 이름들은 모두 공산주의 시대에 지어진 것이었다.) 참다못해 루쓰가 그들에게 말했어요. '당신들에게 조그만 제안 하나 할게요. 거리 이름 갖고 논쟁하는 대신에 거리 보수 좀 하지 그래요.' 그랬더니 그들은 이렇게 대답하더군요. '그거 참 좋은 아이디어네요.'"

12

황금아치이론과 분쟁예방

나는 해외여행을 할 때면 가끔 맥도날드 햄버거와 프렌치프라이를 즐긴다. 내가 아는 한, 나는 누구보다도 여러 나라에서 맥도날드 햄버거를 먹어봤으며, 그 햄버거는 어느 나라에서나 정말로 똑같은 맛이었다. 최근 몇 년 동안 맥도날드의 '쿼터파운더Quarter Pounder' 햄버거를 먹으며 세계를 돌아다니면서 나는 흥미로운 사실 하나를 발견했다. 언제 그런 생각이 들었는지 모르겠다. 그 생각이 마른하늘의 번개처럼 뇌리를 스친 것은 틀림없이 베이징 천안문광장의 맥도날드나 카이로 타리르광장의 맥도날드, 아니면 예루살렘의 시온광장 가까이에 있는 맥도날드 가게에서였을 것이다.

그 생각은 바로 맥도날드 체인점이 있는 두 나라가 맥도날드 진출 이후 서로 전쟁을 벌인 경우는 없다는 것이다.

농담하는 게 아니다. 그것은 이상한 일이었다. 중동을 보라. 이스라엘에는 유대교 율법에 맞는 맥도날드가 있다. 사우디아라비아에는 모슬렘 기도를 위해 하루 다섯 차례 문을 닫는 맥도날드가 있다. 레바논과 요르단도 맥도날드 국가가 됐다. 그들 중 어느 나라도 맥도날드의 황금아치가 진입한 이후에는 전쟁을 벌이지 않았다. 오늘날 중동에서 전쟁 위협이 가장 큰 곳은 어디인가? 이스라엘-시리아, 이스라엘-이란, 그리고 이스라엘-이라크다. 맥도날드가 없는 세 나라는 어디인가? 시리아, 이란, 그리고 이라크다. 나는 내 이론에 흥미를 느낀 나머지 일리노이 주 오크브룩에 있는 맥도날드 본사에 전화를 걸어 내 이론을 설명했다. 그들도 흥미를 느껴 맥도날드의 자체 연구와 훈련을 맡는 햄버거대학의 국제 부문 경영자들과 함께 이론을 검증해보자며 나를 초청했다. 맥도날드 사람들은 내 모델을 사내의 모든 국제문제 전문가들에게 검토하게 한 후 그들 역시 예외를 찾을 수 없다고 확인해주었다. 나는 포클랜드전쟁이 예외가 아닐까 걱정했으나 아르헨티나는 영국과 전쟁을 벌인 후 4년이 지난 1986년에 가서야 처음으로 맥도날드를 받아들였다. (내전과 국경의 소규모 전투는 전쟁으로 치지 않는다. 모스크바, 엘살바도르, 니카라과의 맥도날드는 내전 때 양쪽에 다 맥도날드를 팔았다.)

이런 자료를 확보한 다음 나는 '분쟁예방에 관한 황금아치이론'이라는 걸 발표했다. 이론의 요지는 이렇다. 한 나라의 경제발전 수준이 높아져 맥도날드 체인을 먹여 살릴 만큼 두꺼운 중산층을 갖게 되면 이 나라는 '맥도날드 국가'가 된다. 맥도날드 국가의 국민들은 더 이상 전쟁을 좋아하지 않고 햄버거를 사기 위한 줄에서 기다리기를 더 좋아한다.

평화가 오래 지속되고 교역이 활발한 시기에 나와 비슷한 관찰을 한 이들은 많다. 다만 좀 더 전통적인 비유를 썼다. 18세기 프랑스 철학자 몽테스키외는 그의 저서 『법의 정신The Spirit of the Laws』에서 국제교역은 국경을 넘나드는 모든 상인들과 교역국들을 하나로 묶는 '대공화국Grand Republic'을 만들어내고 이에 따라 세계평화를 더욱 굳건하게 할 수 있다고 밝혔다. 그는 "교역은 두 나라가 서로 의존하게 만든다"며 "한 나라는 사려고 하고 다른 나라는 팔려고 하면 두 나라는 서로의 필요에 따라 협력하게 된다"고 밝혔다. 몽테스키외는 「통상이 어떻게 유럽의 야만을 타파했는가」라는 장에서 자신의 빅맥Big Mac이론을 이렇게 주장했다. "격정이 사람들을 사악하게 만들지만 그럼에도 불구하고 사람들이 인간적인 미덕을 갖는 게 그들 자신에게도 이득이 되는 상황에 있다면 좋은 것이다."

1차 세계대전 이전의 세계화 시대에 영국의 작가 노먼 에인절은 1910년에 쓴 그의 책 『거대한 환상The Great Illusion』에서 미국, 영국, 독일, 프랑스 같은 서방의 주요 산업국들은 전쟁을 일으키려는 욕구를 잃어가고 있다며 이렇게 밝혔다. "산업 활동의 비중은 압도적으로 커지고 군사 활동의 비중은 극히 작아지는 현대에 어떻게 전쟁의 욕구가 평화의 욕구를 누르고 살아 있겠는가?" 그 모든 자유무역과 통상이 유럽의 주요 강대국들을 서로 묶어주고 있는 시대에 전쟁은 승자와 패자를 모두 파괴하는 것이기 때문에 전쟁을 일으키는 것은 미친 짓이라고 에인절은 밝혔다.

몽테스키외와 에인절은 실제로 옳았다. 경제적 통합이 이뤄지면서 전쟁의 대가는 이긴 자와 진 자 모두에게 훨씬 더 커졌으며, 이 사실을 무시하면 어떤 나라도 초토화될 수 있었다. 하지만 이런 요인에 따라 지정학적 충돌이 끝날 것이라는 그들의 희망은 빗나갔다. 몽테스키외와 에인절은 투키디데스(기원전 5세기 후반 그리스의 역사가-옮긴이)를 잊었다고 할 수 있다. 투키디데스는 그가 쓴 『펠로폰네소스전쟁사』에서 국가는 명예, 공포, 이익 세 가지 동기 중 하나 때문에 전쟁을 벌인다고 밝혔다. 세계화는 명예나 공포, 이익 때문에 전쟁을 벌이면 더 큰 비용을 치러야 하도록 만들기는 했지만 이 같은 동기들을 완전히 없애지도 않았고 없앨 수도 없었다. 세계가 기계가 아닌 인간으로 이뤄져 있는 한, 그리고 올리브나무가 여전히 중요하게 여겨지는 한 이런 동기들을 완전히 없앨 수는 없다. 마이크로칩과 위성전화, 인터넷이 있는 세계에서도 권력투쟁과 물질 추구, 전략적 이해관계의 충돌, 그리고 자기 올리브나무에 대한 영원한 정서적 이끌림은 계속되고 있다. 아무 이유 없이 이 책의 제목을 『렉서스와 올리브나무』라고 지은 게 아니다. 세계화에도 불구하고 사람들은 여전히 자기들의 문화와 언어, 그리고 고향이라고 불리는 장소에 애착을 느낀다. 그들은 조국을 노래하고, 조국을 위해 울고, 조국을 위해 싸우고, 조국을 위해 죽는다.

이 때문에 세계화는 지정학적인 분쟁을 끝내지 못하고 있고 앞으로도 끝내지 못할 것이다. 이 책을 읽는 모든 현실주의자들을 위해 다시 한 번 말한다. 세계화는 지정학적 분쟁을 끝내지 못한다.

하지만 세계화는 지정학에 영향을 미친다. 내가 맥도날드의 은유를 써서 말하려는 요점은 오늘날 세계화는 명예를 추구하고, 공포에 대응하고, 이익을 취하는 수단으로 전쟁을 일으키는 나라가 치러야 할 비용을 크게 높였다는 점이다. 몽테스키외와 에인절이 책을 쓸 때와 비교해 오늘날 달라진 것은 그 정도다. 오늘날 세계화는 그 체제에 접속한 나라들의 외교정책과 행태를 훨씬 더 강력하게 옭아매는 그물을 만들었다. 강력한 경제적 통합과 디지털 통합, 갈수록 확대되는 개인과 국가의 연결성, 세계의 가장 먼 구석까지 미치는 자본주의 가치와 네트워크의 확산, 황금 스트레이트 재킷과 전자소떼에 대한 갈수록 심화되는 의존성 때문이다. 이는 전쟁을 일으키지 않을 유인과 전쟁을 일으키는 데 따르는 비용을 현대 역사상 과거 어느 때보다 더 크게 만들었다.

하지만 전쟁이 없을 거라는 걸 보장할 수는 없다. 이 세계에는 언제나 좋은 동기와 나쁜 동기를 갖고 전쟁을 일으키려는 지도자와 국가들이 있을 것이다. 북한, 이라크, 이란과 같은 일부 국가들은 이 체제의 제약 밖에서 살기로 선택한 나라들이다. 그래도 여전히 결론은 다음과 같은 것이다. 과거 세계화 시대에 그 체제 안에 있던 나라들이 전쟁으로 문제를 해결하려 하기 전에 두 번을 생각했다면 지금의 세계화 시대에는 세 번을 생각할 것이다.

황금아치이론에 대한 공방전

1999년 4월 이 책의 초판이 나오자마자 맥도날드가 있는 북대서양조약기구 19개 회원국들은 역시 맥도날드가 있는 유고슬라비아를 공습했다. 그러자 온갖 논평가들과 서평자들이 나의 맥도날드이론이 틀렸다는 게 입증됐으며 이는 세계화가 지정학에 영향을 미친다는 생각도 틀렸음을 시사하는 것이라고 써댔다. 나는 황금아치이론이 그동안 얼마나 널리 퍼졌는지, 그리고 어떤 사람들은 이 이론의 잘못이 입증되기를 얼마나 강력히 원하고 있는지를 생각하면 놀랍기도 하고 재미있기도 했다. 그들은 대부분 현실주의자와 실직한 냉전주의자들이었다. 그들은 국민국가 간 영원한 투쟁과 정치가 국제문제의 결코 변하지 않는 특성이라고 주장했다. 그들은 또한 세계화와 경제적 통합이 실제로 지정학에 대해 대단히 새롭고 근본적인 방식으로 영향을 미칠 수 있다는 생각에 직업적인 불안과 심리적인 위협을 느꼈다. 이런 비판자들 중 많은 이들이 특히 발칸 문제에 대해 집착했다. 정치와 격정과 올리브나무가 언제나 경제와 렉서스보다 앞서는 이 오래된 세계가 그들이 잘 아는 세계였기 때문이다. 그들은 발칸 문제를 세계 역사에서 중요한 이슈로 격상시키고 실제 세계정치가 어떤 것인지 설명하는 패러다임에 끼워 넣으려고 너무나 애를 썼다. 그러다 보니 발칸사태가 얼마나 예외적인 사건인지, 어떻게 해서 전 세계로 확산되지 않고 그 지역에만 국한된 이슈가 됐는지를 보지 못했다. 그들은 우리가 1917년이나 1929년, 또는 1939년의 어디에 있는지 논쟁하는 데 너무나 골몰했다. 그래서 2000년에 일어나고 있는 일들이 실제로 근본적으로 다른 일, 지정학을 폐기하지는 않더라도 지정학에 중요한 영향을 미칠 수도 있는 일이라는 걸 알지 못했다. 나는, 이 비판자들이 어제 일어난 일들만 곱씹으면서 언젠가 어떤 일이 일어날 거라고 말하지만 오늘 일어나고 있는 일들에 대해서는 아무것도 모른다는 걸 발견했다. 그들은 현재는 건너뛰고 과거만 갖고 미래를 추론하는 전문가들이다. 이들이 맥도날드이론 때문에 위협을 느끼는 것은 놀라운 일이 아니다. 이 이론이 반쯤만 맞는다 하더라도 그들은 세계관을 수정해야 할 수도 있다. 더 나쁜 경우 세계를 완전히 다르게 보는 법을 배우고 경제와 환경, 시장, 기술, 인터넷, 그리고 세계화 체제 전체를 그들의 지정학적 분석에 더 많이 반영해야 할 수도 있다.

이 비판자들에 대한 나의 첫 반응은 NATO는 국가가 아니며 코소보전쟁은 진짜 전쟁도 아니라는 점을 방어적으로 지적하는 것이었다. 나는 그게 진짜 전쟁이라면 이는 코소보 내 세르비아인들과 알바니아인들 사이의 내전에 NATO가 개입한 것일 뿐이라는 점을 지적했다. 나는 당초 맥도날드이론을 내놓을 때 이를 적용하는 데 몇 가지 중요한 제한을 두었다는 점을 상기시켰다. 나는 처음부터 맥도날드이론은 내전에는 적용되지 않는다고 밝혔다. 세계화는 한 나라 안에서 세계화 찬성론자들과 반대론자들(빅맥을 먹는 사람들과 빅맥이 자기들을 먹을까 두려워하는 이들) 사이의 내전을 격화시킬 수 있기 때문이라고 설명했다. 게다가 이 이론은 일종의 유효기간을 두고 내놓은 것이다. 조만간 거의 모든 나라들이 맥도날드를 갖게 될 것이고 얼마 안 있어 그들 중 두 나라가 전쟁을 벌일 것이기 때문이다.

하지만 나는 곧 아무도 내 이론의 단서조항들에 관심이 없으며, 맥도날드는 세계화가 지정학에 미치는 영향에 관한 큰 이론의 단순한 은유일 뿐이라는 점에도 관심이 없다는 걸 깨달았다. 그들은 황금아치이론에 말뚝을 박아버리기를 바랄 뿐이었다. 그래서 그들의 비판에 대해 많이 생각할수록 나는 그들에게 이런 말을 더 많이 하게 됐다. "작은 글씨로 쓴 것들과 모든 단서조항들은 잊어버립시다. 코소보전쟁이 진짜 내 이론에 대한 시험이라고 칩시다. 그럼 전쟁이 어떻게 끝났는지 봅시다." 그 전쟁이 어떻게 끝났는지를 보면 황금아치이론의 기본적인 논리 가운데 여전히 맞는 게 얼마나 되는지를 알 수 있다.

그 이유는 이렇다. 펜타곤에서도 확인해주겠지만 NATO는 공군력만으로 78일 만에 코소보전쟁을 끝냈다. NATO가 코소보 지역의 세르비아군을 전멸시켰기 때문이 아니다. 사실 세르비아군은 대부분의 무기를 가진 채 큰 상처를 입지 않고 코소보를 빠져나갔다. NATO가 공군력만으로 78일

만에 코소보전쟁을 끝낸 것은 베오그라드 민간인들의 삶을 처참하게 만들었기 때문이었다. 베오그라드는 서유럽과 통합된 현대 유럽 도시였다. 시민들은 인터넷에서부터 경제발전에 이르기까지 오늘날 세계의 큰 흐름의 일부가 되기를 원했다. 맥도날드의 존재는 그걸 상징하는 것이었다.

NATO의 공격으로 발전소가 파괴되고 베오그라드 전깃불이 꺼지고 경제가 멈추게 되자 시민들은 거의 즉각적으로 슬로보단 밀로셰비치 대통령에게 전쟁을 끝내라고 요구했다. 다른 주요 도시 주민들도 종전을 요구했다. 공습은 그들에게 선택을 강요했다. 유럽의 일부로서 오늘날 세계경제의 큰 흐름과 기회에 참여할 것이냐, 코소보를 갖고 퇴행적인 종족집단으로 고립될 것이냐를 선택하라는 것이었다. 세르비아인들은 맥도날드와 코소보를 다 가질 수는 없었다. 그들은 맥도날드를 택했다. 코소보에서 죽기를 원하지 않은 건 NATO 병사들뿐만이 아니었다. 베오그라드의 세르비아인들도 마찬가지였다. 그들은 결국 코소보의 일부가 되기보다는 세계의 일부가 되기를 원했다. 코소보를 다시 점령하기보다는 맥도날드를 다시 개점하는 걸 원했으며, 코소보로 가기 위해 줄을 서기보다는 햄버거를 사기 위해 줄을 서기를 원했다. 베트남에서는 공군력만으로 이기지 못했다. 이미 석기시대에 살고 있는 사람들을 공습으로 더 뒤떨어진 시대로 돌려놓을 수 없었기 때문이다. 하지만 베오그라드에서는 그게 가능했다. 유럽에 통합된 사람들은 공습으로 유럽에서 내보낼 수 있었기 때문이다. NATO가 렉서스와 올리브나무 중 택일하라고 했을 때 그들은 렉서스를 선택했다.

이제 황금아치이론에 하나의 예외가 있지만 그 예외는 황금아치이론의 일반적인 법칙이 얼마나 타당한가를 입증하는 것일 뿐이다. 코소보의 사례는 세계화 시대에는 올리브나무를 가장 힘껏 끌어안는 민족주의자들의 정권이라 하더라도, 전쟁과 같은 무모한 모험을 선택했을 때 국민들이 치러야 할 비용으로 얼마나 큰 압박을 받게 되는지 잘 보여준다. 다른 사람들이 어떻게 살고 있는지를 모두가 점점 더 잘 알게 되는 세계에서 정부는 다른 나라와 똑같은 생활수준을 약속하고 그 약속을 이행해야 한다. 국민들에게 희생을 요구할 때도 바로 그만큼만 요구해야 한다. 정부가 맥도날드의 존재가 상징하는 경제적 통합과 더 나은 생활수준에 대한 기대를 떨어뜨리는 일을 할 경우 선진국 사람들은 예전만큼 오래 참아주지 않을 것이다. 이 체제에 속한 나라들이 전쟁을 벌이기 전에 세 번을 생각하게 되는 것도 이 때문이다. 전쟁에 따른 비용도 3배나 될 것이기 때문이다. 따라서 나는 코소보와 틀림없이 새로 나타날 미래의 코소보를 감안해 황금아치이론을 조금 수정하려 한다. 나는 이렇게 고쳐 말하려 한다. 맥도날드 국가의 사람들은 더 이상 전쟁을 좋아하지 않고 그보다는 햄버거를 사기 위한 줄에서 기다리기를 더 좋아하며, '이 사실을 무시하는 지도자나 나라들은 그들이 생각하는 것보다 훨씬 더 큰 대가를 치러야 할 것이다.'

1999년 7월 8일자 『USA투데이』에 실린 베오그라드발 기사가 내 눈길을 사로잡았다. 유고슬라비아가 전쟁 때문에 경제적으로 황폐해진 상황을 보여주는 기사였다. 그 기사에는 내가 썼더라면 지어낸 이야기라는 소리를 들었을 법한 두 단락이 있었다. "56세의 조란 부코비치는 니스 시의 버스 운전기사로 한 달에 62달러 상당을 번다. 이는 전쟁 전 월급 절반도 안 되는 수입이다. 세르비아 정부는 지난달 약 200명의 운전기사 가운데 거의 절반을 해고했다. 나머지는 급여를 깎아야 했다. 정부가 식료품 가격을 통제하기 때문에 부코비치와 여덟 식구들은 굶지는 않는다. 그러나 그 밖의 것들은 꿈도 꿀 수 없다. 예전에는 3명의 손자손녀를 데리고 베오그라드의 맥도날드 가게에 가곤 했던 부코비치는 이렇게 말했다. '이제 맥도날드는 꿈일 뿐입니다. 아마 언젠가는 모든 게 정상으로 돌아오겠지요. 하지만 내 생전에 그런 날이 오지는 않을 겁니다.'"

냉전체제와 세계화 체제가 각각 지정학에 어떤 영향을 미치는지 그 모든 차이를 한꺼번에 알아보려면 알바니아를 보면 된다. 알바니아가 내전에 빠져든 1997년 초 어느 날 나는 그에 관한 뉴스를 따라잡기 위해 CNN

을 보고 있었다. CNN은 알바니아 현지의 생생한 화면을 내보내지 못하고 계속 알바니아에 접해 있는 아드리아해 지도만 비춰주고 있었다. 지도에는 작은 배들이 그려져 있었다. 알바니아에서 자국민들을 철수시키기 위해 긴급하게 파견된 미국, 유럽과 다른 나라들의 해군 함정들을 표시한 것이었다. 그 지도를 볼 때 가장 먼저 떠오른 것은 지금이 냉전시대라면 지도 위의 배들은 미국과 소련의 군함들이었을 거라는 생각이었다. 미국과 소련은 어느 쪽이 알바니아에서 힘의 공백을 매울 수 있을지, 어느 쪽이 자기네 대리인들을 더 효율적으로 지원할 수 있을지, 어느 쪽이 냉전의 체스판에서 자기 편이 될 알바니아 앞잡이들을 더 빨리 끌어들일 수 있을지를 놓고 경쟁하고 있었을 것이다. 간단히 말해 두 슈퍼파워들은 어느 쪽이 알바니아 '안으로' 가장 먼저, 가장 멀리, 그리고 가장 깊숙이 들어갈 수 있는지를 놓고 경쟁했을 것이다. 하지만 그날 CNN 뉴스에서는 그런 모습을 볼 수 없었다. 지금은 세계화 체제고 이 체제에서는 각국이 자국민들을 알바니아 '밖으로' 가장 먼저, 가장 멀리, 그리고 가장 빨리 데리고 나오는 경쟁을 하고 있다. 알바니아에서 자국민을 가장 먼저, 가장 멀리, 가장 빨리 데리고 나오는 나라가 승자였고, 알바니아 사태를 관리해야 할 책임을 떠맡게 된 나라(이탈리아)는 패자였다.

전자소떼는 체스를 하지 않는다

이는 우리에게 무엇을 말해주는가? 우선 냉전체제는 두 가지 근본적인 특징을 갖고 있었다는 걸 말해준다. 체스판과 수표책이 그것이다. 냉전체제는 미국과 소련, 두 슈퍼파워가 지배하고 있었다. 그들은 전략적 이점과 자원, 명예를 위해 글로벌 경쟁을 벌였다. 이 경쟁에서는 한쪽의 이득은 곧 다른 쪽의 손실이었다. 모든 나라들이 내기를 걸고 게임에 참가했으며 어느 지역이나 중요하게 취급됐다. 마이클 만델바움은 이렇게 표현했다.

"냉전체제에서 세계는 하나의 거대한 체스판 같았지요. 소련의 움직임 하나하나가 우리에게 영향을 미쳤고 우리의 모든 움직임이 그들에게 영향을 주었습니다. 우리는 백, 소련은 흑이었어요. 그들이 흰 칸으로 들어오면 우리는 검은 칸으로 들어갔지요. 그들이 알바니아에서 검은 폰(pawn: 쭈)을 움직이면 우리는 흰 폰을 움직였지요. 모든 폰들이 중요했습니다. 그 것들이 킹을 보호하기 때문이죠. 그들이 폰을 잡으면, 그들은 그만큼 당신의 킹 가까이 왔고 당신은 그만큼 패배에 가까워졌다는 뜻입니다. 그렇기 때문에 당신은 모든 폰을 보호해야 합니다. 폰을 방어하는 것은 킹을 방어하는 것이지요. 우리가 그 자체로는 중요성이 없는 베트남이나 앙골라, 엘살바도르 같은 지역에 개입하게 된 것도 그 때문이었지요."

달리 표현하면 냉전체제는 그 자체에 지역 분쟁을 부추기고 그 분쟁을 슈퍼파워의 경쟁 구도로 끌어들이고 글로벌 이슈로 만들려는 유인을 갖고 있었다. 이 체스판에서 글로벌 경쟁이 벌어지기 때문에 슈퍼파워 중 어느 쪽도 흰 칸이나 검은 칸이 어디에 있는 것이든 결코 하나라도 잃으려 하지 않았다. 하나라도 잃으면 또 하나를 잃게 되고 결국 다른 쪽이 세계를 지배하게 될 것이라는 두려움 때문이다. 그 두려움이 반영된 게 바로 지정학의 '도미노이론'이다.

이런 체스판과 함께 냉전체제의 특징이 된 것은 수표책이다. 앞에서도 지적했듯이 냉전체제에서는 개도국들이 수준 낮은 운영체제와 소프트웨어를 가지고도 그럭저럭 살아가는 것이 지금보다 훨씬 쉬웠다. 일부 개도국들은 오랫동안 낮은 성과를 내면서도 버틸 수 있었다. 단순히 냉전체제의 어느 한쪽에 충성을 다짐하는 것만으로도 슈퍼파워들에게서 돈을 받아낼 수 있었기 때문이다. 미국과 소련 정부, 그리고 그보다는 덜했지만 중국 정부와 유럽연합도 툭하면 자기네 납세자들에게 돈을 거둬서 체스판의 다른 쪽에서 영향력을 사기 위해 그곳에 있는 나라들에게 거액의 수표를 써주었다. 이 수표책 외교는 '대외원조'로 나타났다. 미국 정부는 니카라과의 콘트라 반군이나 아프가니스탄의 무자히딘 전사들의 봉급을 주기 위해 자국의 납세자들을 닦달했다. 소련은 니카라과의 산디니스타 정권과 베트남의 베트콩을 위해 같은 일을 했다.

미국은 이스라엘군에게 보조금을 주기 위해 납세자들을 독촉했고 소련은 이스라엘이 1982년 레바논전쟁 발발 당일 시리아 전투기 97대를 파괴한 후 시리아 공군력 재건을 위해 납세자들을 닦달했다. 슈퍼파워들은 총뿐만 아니라 버터로도 충성을 샀다. 그들은 제3세계 국가들에게 도로와 댐, 문화관을 지어주고 상품을 수입해주기 위해 수표를 썼다. 글로벌 경쟁에서 그들을 자기 편으로 묶어두기 위해 어떤 일이라도 한 것이다. 모스크바와 워싱턴은 대부분의 경우 그들에게 수표를 주면서 그 나라들이 실제 경제를 어떻게 운용해야 하는가에 관해서는 어떤 요구도 하지 않았다. 모스크바와 워싱턴 모두 그들의 내부 개혁 문제에는 지나치게 압력을 가했다. 그들이 다른 편으로 가버리면 어쩌나 걱정했다. 그래서 필리핀의 페르디난드 마르코스나 니카라과의 아나스타시오 소모사처럼 타락하고, 비효율적이며, 부패한 정권들이 워싱턴에서 수표를 받았고 쿠바, 앙골라와 베트남은 모스크바에서 수표를 받았다. 순전히 자본주의와 공산주의 체제 중 어느 하드웨어를 지지하느냐에 따라 수표를 받은 것이다. 그들이 실제로 그 체제를 효율적으로 운영하느냐는 문제가 아니었다. 슈퍼파워들은 그 나라들이 경제적으로 얼마나 잘 연결돼 있느냐에 대해서는 관심이 없었다. 그들의 충성을 사기 원했을 뿐 그들의 전화회사를 사기 원하지는 않았기 때문이다. 심지어 일본에 대해서도 미국은 터무니없는 수준의 보호주의를 묵인했다. 냉전에서 일본의 지지가 필요했기 때문이다. 펜타곤이나 국무부는 안보 분야에서 일본의 협조를 잃을까봐 상무부나 무역대표부가 무역문제로 일본을 지나치게 압박하도록 결코 내버려두지 않았다. 그러나 슈퍼파워들이 언제든지 수표를 써줬기 때문에 냉전시대의 많은 지역 분쟁이 필요 이상으로 오래 지속됐다. 1960~1970년대 PLO(팔레스타인해방 기구)가 어떤 일을 하든지 상관없이 팔레스타인 젊은이들에게 장학금을 주고 팔레스타인 게릴라들에게 총을 주는 소련이 있는데 PLO가 이스라엘을 승인할 까닭이 뭐가 있었겠는가? 그래서 이 냉전체제는 지역 분쟁이 확산되고 세계화하도록 '유인'을 제공했을 뿐만 아니라 이반과 엉클 샘(소련과 미국-옮긴이) 모두 미친 듯이 수표를 써댐으로써 지역 분쟁을 확산시킬 수 있는 '자원'까지 대주었다.

이제 그런 세계는 잊어버리고 세계화로 들어가보자. 냉전이 끝난 후 세계화가 지배적인 국제체제가 되자 지정학에도 상당히 다른 틀이 형성됐다. 세계화 체제가 지정학을 끝내지는 못하지만 세계화가 지정학에 근본적인 영향을 미치지 못할 것이라고 생각하는 건 전적으로 어리석은 것이다.

무엇보다 세계화 시대에는 더 이상 온 세계가 흰 칸과 검은 칸으로 나뉘는 체스판은 없다. 소련이 무너진 후 더 이상 검은 칸은 없다. 따라서 더 이상 흰 칸도 없다. '그들 편'도 없고 '우리 편'도 없다. 따라서 모든 지역 분쟁을 글로벌 분쟁으로 키우려는 냉전체제에 내재된 유인은 사라졌다. 그걸 가능케 했던 자원 또한 사라졌다. 세계화 시대에는 새로운 얼굴이 그 수표책을 들고 나타났다. 지금 현금을 세계 곳곳에 뿌릴 수 있는 유일한 주체는 전자소떼다. 거액의 수표를 써줄 소련은 더 이상 존재하지 않는다. 미국은 황금 스트레이트재킷을 입고 있으며, 더 이상 거액의 수표를 들고 대외원조에 나서지 않는다.

어떤 나라가 거액의 수표를 얻기 위해 찾아갈 수 있는 상대는 전자소떼 뿐이며 그 소떼는 체스를 하지 않는다. 그들은 모노폴리(Monopoly: 모든 부동산을 차지해 상대방을 파산시키는 경쟁을 하는 보드게임. 누군가가 시장을 지배하게 된다는 의미에서 붙인 이름으로, 전자소떼의 시장 지배력을 연상시킨다-옮긴이)를 한다. 누가 자본을 얻고 누가 못 얻는가는 인텔, 시스코, 또는 마이크로

소프트가 어디에 공장을 짓고 피델리티 글로벌 뮤추얼펀드가 어디에 투자하느냐에 따라 결정된다. 전자소떼의 황소들은 어떤 나라의 사랑이나 충성을 얻기 위해 백지수표를 써주지 않는다. 그들은 이익을 얻기 위해 투자계약서를 써준다. 슈퍼시장과 전자소떼는 더 이상 어떤 나라의 겉모습이 어떤 색깔인지는 개의치 않는다. 그들이 신경 쓰는 것은 그 나라가 내부적으로 얼마나 잘 연결돼 있는지, 어떤 수준의 운영체제와 소프트웨어를 쓸 수 있는지, 그리고 민간의 재산을 보호할 수 있는지에 관한 것뿐이다.

따라서 그 소떼는—슈퍼파워들이 단지 충성을 얻기 위해 그랬던 것처럼—한 나라의 국지전이나 전쟁 후 군사력 재건을 위해 공짜로 돈을 대주지 않을 뿐만 아니라 이웃과 전쟁을 벌이는 나라에 대해서는 오늘날 세계에서 성장을 위한 유일한 돈줄을 끊어버리는 벌을 준다. 그러므로 어떤 나라가 소떼를 끌어들일 수 있는 방식으로 행동하거나 소떼를 무시하고 그들 없이 살아가는 두 가지 방법 외에는 다른 선택이 없다.

어떤 나라들은 스스로의 정치적 의제를 위해 소떼 없이 살아가는 길을 선택했다. 그런 나라들은 늘 나타날 것이다. 이라크 대통령 사담 후세인은 소떼의 규율을 받기보다는 자신의 과대망상적 야심과 석유자원, 그리고 이웃 나라 약탈을 추구하려 한다. 그의 억압적인 체제를 통해 국민들에게 자기의 뜻을 강요할 수 있었다. 북한과 아프가니스탄, 수단, 이란도 마찬가지다. 이들 나라는 전자소떼와 슈퍼시장에 접속하지 않기로 했기 때문에 이들에게는 황금아치이론이 적용되지 않는다. 이들에게는 전자소떼 없이도 당분간 살아갈 수 있는 충분한 석유나 충분한 이데올로기가 있다. 예를 들어 러시아와 중국이 왜 각자의 지역에서 미국에 더욱 공격적으로 도전하지 않는지를 보자. 그들이 미국보다 약해서일 뿐만 아니라 그렇게 하는 게 그들에게 이득이 되지 않기 때문이다. 세계화 때문에 완전히 새로운 이해관계와 서로 상쇄되는 유인이 나타났으며, 이는 중국과 러시아 같은 나라들을 속박하고 있다.

중국, 전자소떼에 접속되다

1979년 중국에는 맥도날드가 없었다. 덩샤오핑이 중국을 세계에 막 개방한 때였다. 덩이 카터 대통령과 정상회담을 하기 위해 미국에 왔을 때 그는 지나가는 말로 중국에 돌아가면 곧 베트남을 침공할 것이라고 말했다. 베트남이 갈수록 지나치게 주제넘고 건방지다는 것이었다. 카터는 그렇게 하면 중국의 (경제가 아니라) '이미지'가 안 좋아진다는 논리를 갖고 덩을 설득하려 했다. 덩은 말을 듣지 않고 베트남을 침공했다.

시계를 1996년으로 돌려보자. 이제 중국에는 200개가 넘는 맥도날드 체인점이 있다. 나는 베이징에서 중국과 대만 사이의 긴장 상태를 지켜보고 있었다. 나는 대만에서 처음으로 완전히 민주적인 선거가 실시되기 직전에 중국사회과학원의 선임 경제학자를 인터뷰했다. 당시 많은 베이징 정부 관리들은 그 선거가, 대만이 중국에서 완전 독립을 선언하는 정책변화의 전조라고 보고 걱정했다. 중국은 대만이 독립의 길로 가면 대만을 침공하겠다고 위협했다. 우리가 옥상 레스토랑에서 국수를 후루룩거리며 먹는 동안 나는 그 중국 경제학자에게 아주 단순한 질문을 했다. 중국은 대만을 공격할 수 있는가? 그는 주저하지 않고 대답했다. "못 하지요. 공격하면 중국에 대한 투자가 끊어지고, 중국의 성장이 멈추고, 다른 나라들을 따라잡을 기회도 사라지게 되니까요."

당시 내가 인터뷰했던 다른 모든 중국 정부 관계자들처럼 그 경제학자 역시 대만이 영원히 독립하지 못하도록 산산조각을 내버리는 게 전적으로 정당한 일이라고 생각했다. 하지만 다른 사람들과 달리 그는 중국의 모든 고위층 지도자들이 알고 있으면서도 입 밖에 내지 못하는 걸 표현할 준비가 돼 있었다. 중국은 자기네 경제가 쑥밭이 될 걸 각오하지 않고는 대만을 공격할 수 없다는 말이었다.

세계화 시대에 중국과 대만은 경제의 영역에서 상호확증파괴(mutual

assured destruction: 어느 한쪽이 핵 공격을 하면 상대방이 보복 공격을 하기 때문에 어느 쪽도 살아남을 수 없다는 인식에 바탕을 둔 핵 억제전략의 개념)의 관계에 있으며 양측 모두 이를 알고 있었다. 1995~1996년 중국이 대만을 위협했을 때 대만 주식시장은 폭락했다. 하지만 중국의 소규모 시장은 영향을 받지 않았다. 1999년 중국이 대만의 리덩후이 총통에게 무력시위를 해 두 나라 사이의 위기가 고조됐을 때 대만 주가지수(TAIEX)는 20% 떨어졌다. 하지만 사람들이 알아채지 못했던 사실은 상하이 주식시장의 B주식(외국인들이 투자할 수 있는 주식-옮긴이) 값은 40% 떨어졌다는 사실이다! 나라는 둘이지만 주식시장은 하나였다.

베이징의 관점에서 볼 때 중국은 더 이상 마오쩌둥과 덩샤오핑 초기의 고립된 농업 기반 경제가 아니다. 중국은 이제 부분적으로 전자소떼에 연결돼 있으며 중국 지도부의 유일한 이데올로기는 '부자가 되는 것은 명예로운 것'이라는 이념이다. 중국 지도자들은 해마다 중국으로 쏟아져 들어오는 수십억 달러의 외국인 투자 없이는 그 이데올로기를 실현할 수 없다. 『파이스턴 이코노믹 리뷰』에 따르면 2000년 대만의 대 중국 투자 계약은 총 460억 달러에 이르며 대만이 투자한 공장이나 회사가 대략 4만 6,000개에 이른다. 대만 기업가들은 이를 알고 있으며 중국에 이 사실을 주저 없이 상기시킨다. 대만에서 가장 큰 재벌 가운데 하나인 파 이스트 텍스타일의 더글러스 수 회장은 어느 날 오후 타이베이에서 만난 나에게 이렇게 말했다.

"대만은 지금 중국의 최대 자본 공급자입니다. 대만 기업인들은 중국 현지법규에 따라 투자할 자세가 돼 있습니다. 하지만 영원히 그렇지는 않을 겁니다. 나는 지금 망설이고 있습니다. 물론 중국은 큰 시장이지요. 내가 어디 가서 중국을 대체할 시장을 찾겠습니까? 하지만 지금 중국 시장은 불확실성이라는 구름에 가려 있습니다. 나는 경영자입니다. 공장을 짓고 고객을 찾는 것만으로도 문제가 쌓여 있습니다. 미사일이 머리 위로 이리저리 날아다니는 걸 걱정할 여유가 없어요. 그 구름이 걷히지 않으면 중국은 대가를 치를 것입니다."

중국은 또한 미국 의회가 중국의 대미 수출을 막음으로써 반드시 보복을 할 것이라는 점 때문에 대만을 무력으로 다루는 데 제약을 받고 있다. 중국 수출에서 미국 시장이 차지하는 비중은 40%다. 1990~1999년 중국은 미국과의 무역에서 650억 달러의 흑자를 냈다. 이는 이 기간 중 총외환보유액 증가의 절반에 이른다. 상하이 시 외국인투자촉진위원장 왕 셔우경은 대만과 전쟁을 벌이기 어려운 중국의 취약점을 잘 표현했다. 그는 1996년 중국과 대만 관계의 위기가 최고조에 이르렀을 때 이렇게 선언했다.

"만약 중국이 대만을 공격하더라도 대만 투자자들에 대한 우리의 태도는 변함이 없을 겁니다." 나는 그 말이 맘에 들었다. "우리가 당신들을 침공하더라도 투자자들은 이를 감정적으로 받아들이지 말기 바란다"는 말 아닌가!

이런 '상호확증파괴'는 일방적인 것이 아니다. 대만은 국제투자자들의 신뢰를 잃으면 중국보다 더 견디기 어렵다. 이는 올리브나무로 돌아가려는 대만의 독립 추진에 제약을 가하고 있다. 대만이 투자자들의 신뢰를 잃으면 대만 주식시장이 무너지고 그들의 모든 부를 잃는 것만으로 끝나지 않을 것이다. 충격은 훨씬 더 깊을 것이다. 전자소떼는 대만에서 한꺼번에 우르르 몰려나갈 것이다. 잘 알려지지 않은 사실이지만, PC는 글로벌 공급 체인을 통해 만들어지며 대만 기업들, 그리고 중국과 아시아의 대만 소유 기업들이 그 체인의 핵심적인 연결고리가 되고 있다. 이들은 델과 컴팩, 에이서, 휴렛팩커드, IBM PC 부문에서 만드는 제품과, 인터넷이 물 흐르듯 연결되도록 해주는 시스코의 라우터 제품에 들어가는 가장 중요한 부품을 만들고 있다. 대부분의 미국 컴퓨터업체들은 제조에서 손을 뗐다. 이에 따라 대만 기업들이 13개 컴퓨터 부품의 세계 최대 공급자가 됐다. 컴퓨터 케이스와 스크린, 마이크로프로세서, 허브, 모뎀, 랜카드, 키보드,

모니터, 스캐너, 마더보드, 전기공급장치, CD-ROM, 그래픽카드가 그것이다. 많은 제품들이 대만에서만 만들어진다. 『일렉트로닉 바이어 뉴스』는 1999년 7월 19일자에서 이들 세계적인 컴퓨터 제조업체들에게 대만과 중국 간 긴장 고조에 대해 어떻게 생각하는지를 물었다. 타이베이의 컴팩 대변인은 "지금까지는 모든 게 정상"이라면서도 "중국이 강경한 반응을 보이면 우리는 대만에서 한국이나 일본으로 공급선을 옮기는 걸 검토할 것"이라고 밝혔다.

나는 대만이 국제무대에서 더욱 독립적인 지위를 요구하며 너무 멀리 나아갈 경우, 중국은 대만의 독립 움직임을 막기 위해 어떤 경제적 타격이 있더라도 군사력을 사용하리라는 걸 추호도 의심하지 않는다. 어떤 중국 지도자도 대만의 독립을 허용하고 살아남을 수 없다. 중국 지도부의 정당성은 허물어질 것이다. 하지만 오늘날 어떤 중국 지도자도 지속적인 외국인 투자와 교역 없이는 살아남을 수 없다. 그들의 정당성은 이제 이런 것들에 더욱 의존하고 있다. 이제 중국도 부분적으로 전자소떼에 접속한 만큼 지도부는 과거와는 매우 다른 계산을 해야 한다.

큰 전쟁은 강대국들이 싸움을 원할 때만 일어난다. 그런데 오늘날 세계화 체제 안에서 강대국들의 첫 번째 본능은 싸움에 뛰어들지 않으려 하는 것이다. 강대국들은 보스니아, 르완다, 라이베리아, 알제리, 코소보 같은 지역 분쟁에 끌려들어가는 대신 이런 내전 지역 주변에 철의 장막을 치고 그들이 고약한 이웃인 것처럼 피해가려 한다. 코소보나 보스니아에서처럼 분쟁에 말려들게 되면 가능한 한 빨리 벗어나려 한다. 그런 지역을 갖는 것은 그들의 힘을 키워주지 않고 오히려 감소시키기 때문이다. 오늘날 많은 군사적 충돌이 냉전 때처럼 자동적으로 세계적인 분쟁으로 비화되지 않고 그 지역에 한정되는 것도 이 때문이다. 이런 경향은 세계가 그 분쟁을 무시하기 쉽다는 점에서 불행한 일일 수도 있지만 엄연한 사실이다. 군사적 위기는 그 지역에 국한되지만 1990년대 중반 멕시코나 1990년대 말

동남아와 러시아에서 일어난 것과 같은 지역적인 경제위기는 세계화되고 있다. 이런 지역적 경제위기와 그 위기가 다른 시장으로 확산될 가능성이 세계화 초기에 그 체제를 흔들었다. 정치의 세계에 속했던 도미노이론은 이제 금융의 세계에 적용되고 있다.

슈퍼시장과 이스라엘

황금아치이론은 세계화가 지정학에 영향을 미치는 한 가지 방식을 조명해준다. 세계화 시대의 경제적 통합이 전쟁의 비용을 크게 늘어나게 하는 것이다. 하지만 세계화는 다른 여러 경로를 통해서도 지정학에 영향을 준다. 예를 들어 세계화는 탱크와 전투기, 미사일로 측정되는 전통적인 군사력을 넘어선 새로운 힘을 만들어낸다. 또한 어떤 나라가 자국의 체제를 조직하고 운영하는 방식을 바꾸라는 새로운 압력을 만들어낸다. 이는 어떤 나라가 다른 나라를 침략하는 전통적인 군사력에서 나오는 압력이 아니다. 그보다는 슈퍼시장과 슈퍼개인들의 보이지 않는 유입에 따른 압력이다.

이런 것들을 보는 가장 좋은 방법은 예를 들어 중동과 같은 어느 한 지역을 정해 다차원적인 글로벌리스트의 관점에서 보는 것이다. 그러면 매우 재미있는 것들이 보이기 시작한다.

1997년 가을 나는 이스라엘을 방문했다. 평화협상에 대한 기대가 특히 저조한 때였다. 하지만 나는 이스라엘에 대한 외국인 투자가 어느 때보다 활발하다는 어느 신문 경제면 기사를 우연히 봤다. 흥미를 느낀 나는 이스라엘 중앙은행 총재인 제이콥 프렝켈을 만나 이런 질문을 했다. "평화협상은 내리막길인데 어떻게 이스라엘에 대한 투자는 늘어나고 있습니까?"

프렝켈과 내가 생각해낸 답은 이스라엘이 이제 오렌지, 다이아몬드, 섬유와 같은 구경제를 벗어나 첨단기술 경제로 빠르게 옮겨가고 있다는 것이었다. 이는 어떤 의미에서 아랍의 정치적 압력과 테러리즘, 불매운동, 평화협상의 부침에 대한 이스라엘의 취약성을 줄이는 것이다. 하지만 전통적인 전쟁에 대한 취약성은 훨씬 더 키우는 것이었다. 왜 그런지 살펴보자. 예전에 이스라엘은 오렌지를 재배했다. 모로코와 스페인도 오렌지를 재배했다. 그래서 일본이나 프랑스 같은 나라가 웨스트뱅크에 대한 이스라엘 정책이 마음에 안 들면 다른 나라 오렌지를 수입함으로써 이스라엘을 벌주기가 쉬웠다. 그러나 갈릴레오 테크놀로지라는 이스라엘 기업이 인트라넷 데이터통신 시스템에 많이 사용되는 단일칩 이더넷Ethernet 스위치를 개발했을 때 무슨 일이 일어났는가? 그 제품은 모로코에서 살 수 없는 것이다. 이스라엘 기업들이 인터넷 보안을 위한 온라인 암호화 도구와 같은 핵심 첨단기술 부문을 지배하기 시작했을 때 어떤 일이 벌어졌는가? 테크니온이라는 기업과 이스라엘군이 복잡한 알고리듬을 적용해 개발한 이 암호화 도구는 스페인에서 살 수 없다. 그 결과 모두가 이스라엘과 사귀러 왔다. 평화협상이 어떤 상태에 있는지는 상관없었다. 미국의 주요 첨단기술기업들은 이스라엘에 지사를 내거나 그 나라 기업의 지분을 사들였다. 인텔은 당시 막 이스라엘 현지 칩 공장 설립에 15억 달러를 투자한 참이었다. 아랍의 보복이 두려워 언제나 이스라엘을 가까이 하지 않으려 했던 일본은 이제 이스라엘에서 미국에 이어 두 번째로 큰 벤처캐피털 투자자였다. 소프트웨어 설계에 약한 일본은 이제 이스라엘 소프트웨어업체들을 집어삼키고 있다. 나는 그 사실에 특별히 흥미를 느꼈다. 내가 1980년대 중반 『뉴욕타임스』 예루살렘 특파원으로 있을 때 이스라엘에서 팔리는 일본 자동차는 깡통같이 생긴 다이하쓰나 저가의 스바루뿐이었다. 주식회사 일본은 정말로 좋은 자동차는 아랍에 팔았을 것이다. 그러나 더 이상은 그렇지 않다. 요즘 이스라엘에서는 어떤 렉서스라도 살 수 있다. 경제적인 차원에서 오늘날 이스라엘은 사우디아라비아보다 큰 에너지 수출국이다. 이스라엘이 소프트웨어와 칩, 그리고 다른 혁신적인 첨단기술을 수출하는 것은 오늘날 정보기술을 바탕으로 한 경제의 에너지원을 수출하는 것이다. 모든 나라들이 그 에너지를 원한다. 이스라엘이 팔레스타인에 어떤 일을 하더라도 상관없다. 1970년대 아랍 국가들이 유대인에게 어떤 일을 하든 상관없이 석유를 원했던 것이나 마찬가지다. 이는 지정학적으로 정말 의미 있는 것이다. 1998년 중국은 이스라엘의 유명한 연구기관인 와이즈만 인스티튜트에서 연구를 하도록 52명의 과학자들을 파견했다. 인도 역시 52명을 보냈다. 1970년대에는 이스라엘 근처에도 가지 않던 두 나라가 이제 그곳에 과학자들을 보내고 싶어 안달인 것이다.

이스라엘이 약한 수준의 압력에 대해 취약성이 줄어든 이유 중 다른 하나는 이스라엘의 수출품이 주로 가벼운 것들이어서 수출에 타격을 주기가 쉽지 않다는 점이다. 어떤 것들은 모뎀으로 수출된다. 이스라엘 내의 첨단기술 투자는 대부분 쉽게 파괴할 수 있는 공장이 아니라 사람과 두뇌에 대한 투자다. 또한 이스라엘의 첨단기술 수출은 긴장관계에 있는 이웃 나라들이 아니라 멀리 떨어진 아시아, 유럽, 북미로 가는 것이다. 사실 대부분의 이스라엘 첨단기술업체들은 이스라엘이나 중동시장에 파는 게 거의 전무하기 때문에 이 지역의 정치에 흔들리지 않는다. 1990년 텔아비브힐튼이 호텔 안에 아랍 식당이 아니라 스시 바를 열기로 한 것도 우연이 아니다. 이스라엘 첨단기술업체들은 대부분의 자본을 월스트리트나 실리콘밸리의 벤처캐피털회사에서 조달하기 때문에 텔아비브 주식시장에 의존할 필요가 없다. 최근에는 이스라엘 첨단기술업체들이 실리콘밸리와 이스라엘에 각각 지사를 두는 경향이 나타나고 있다. 방화벽을 이용한 인터넷 보안시장의 약 50%를 차지하는 체크포인트라는 회사는 이스라엘에 본사와 연구시설을 두고 그곳에서 세금을 내고 있지만 이제 시장과 가까운 실리콘밸리에도 사무소를 두고 있다. 내가 아는 월스트리트의 이스라엘 첨단기술 분야 전문 애널리스트 한 사람은 이스라엘 기업들을 알아보기 위해 텔아비브보다는 캘리포니아로 자주 간다고 말했다.

하지만 이런 이유들 때문에 이스라엘은 다른 측면에서 더 취약하다. 이스라엘이 지식경제를 발전시키고 있지만 지식근로자들은 이동이 잦고 좋은 지역에서 살기를 바란다. 이스라엘의 핵심 지식근로자들이, 그곳 상황이 끊임없는 분쟁과 종교적 불화로 참기 어려운 수준에 이르렀다고 판단하면 그 나라를 떠나거나 그들의 사업을 점점 더 해외로 옮겨갈 것이다. 이런 상황이 오려면 아직도 멀었다. 하지만 생각할 수 없는 일은 아니다. 1인당 소득이 연간 1만 7,000달러에 이르는 이스라엘은 영국과 비슷한 생활수준을 누리고 있다. 이스라엘은 맥도날드 국가다. 이스라엘 총리가 자국의 청년들에게 웨스트뱅크나 가자지구를 다시 빼앗으러 가자고 요구하며 의도적으로 전쟁을 일으킨다면 이스라엘의 지식근로자들은 해외로 떠나버릴 것이다.

사담 후세인이나 어떤 테러리스트들처럼 전자소떼에 접속하지 않은 누군가가 핵무기를 구해 이스라엘에 떨어뜨린다면, 이스라엘 경제가 얼마나 첨단기술을 갖고 있느냐는 중요한 문제가 아닐 것이다. 군사력은 여전히 중요하다. 하지만 나는 이스라엘과 아랍 국가들 사이에 비군사적인 힘의 격차가 갈수록 커질 것으로 믿는다. 이스라엘이 팔레스타인과의 분쟁을 끝낸다면 그 격차는 앞으로 10년간 더욱 빨리 커질 것이다. 대부분의 아랍 국가들이 그랬던 것처럼 세계에 내놓을 수 있는 게 값싼 노동력과 석유뿐이라면 그 나라는 노동인구의 수와 석유 가격에 따라 제약을 받을 것이다. 하지만 번영의 길을 선택해 지식과 자본, 그리고 전 세계의 자원을 결합할 수 있는 경제를 갖게 됐다면 더 이상 그런 제약을 받지 않을 것이다. 이스라엘은 더 이상 그런 제약을 받지 않는다. 역사적으로 중동에는 큰 강 주위에 2개의 문명이 있었다. 나일강 유역의 이집트와 티그리스, 유프라테스강 유역의 메소포타미아가 그것이다. 21세기에는 강변에 자리 잡은 세 번째 문명이 부상할 것이다. 요르단강 유역의 이스라엘이다. 이스라엘은 요르단과 팔레스타인을 함께 끌고 갈 첨단기술 기관차가 될 것이다. 지멘스는 이미 이스라엘 하이파 근처의 지멘스 데이터 커뮤니케이션 공장과 팔레스타인 웨스트뱅크 지역의 라말라에 있는 시스템공학팀을 독일의 지멘스 본사와 연결시켰다. 그러나 이는 시작일 뿐이다.

글로벌 모슬렘

이 같은 글로벌리스트의 관점은 오늘날 아랍의 모슬렘 세계를 설명하는 데에도 유용하다. 1997년 11월 나는 페르시아 걸프만 지역을 여행했다. 이 여행에서 보고 느낀 네 가지를 이야기하려 한다.

이야기 하나: 쿠웨이트에서 처음 머문 곳은 쉐라톤워커힐호텔이었다. 어느 날 밤 10시쯤 내가 막 잠자리에 들려고 하는데 전화벨이 울렸다. 젊은 쿠웨이트 여성이었다. 그녀는 쿠웨이트뉴스에이전시(KUNA)에서 내 기사를 자주 번역했다며 인터뷰를 하고 싶다고 밝혔다. 나는 전화를 받고 놀랐다. 쿠웨이트 여기자가 밤 10시에 호텔로 서양 기자에게 전화를 걸다니. 내가 다음 날 유전을 돌아보려 한다고 하자, 그녀는 나와 함께 차 타고 이야기하고 싶다며 좋다고 했고, 나는 그러려면 아침 7시까지 호텔로 와야 한다고 말했다. 그녀는 아침 7시에 호텔에 와 기다리고 있었다. 얼굴은 베일로 많이 가린 모습이었다. 그녀는 매우 총명한 젊은 아가씨였다. 가는 길에 나는 형제가 있느냐고 물었다. 그녀는 "오빠가 하나 있는데 쿠웨이트의 인터넷 채팅사이트에서 만난 여성과 결혼한 지 얼마 안 됐다"고 말했다. 그녀가 말은 안 했지만 내가 알게 된 것은 그 결혼이 종교의 차이를 넘는 결혼이라는 사실이었다. 한쪽 집안은 수니파 모슬렘이고 다른 쪽 집안은 시아파 모슬렘이었다. 하지만 그 커플은 쿠웨이트 사회의 오래된 관습과 제약이 아무것도 적용되지 않는 인터넷을 통해 만났다. 그들은 직접 만나게 되자 첫눈에 사랑에 빠졌다(누군가의 표현대로 '첫 바이트byte'에 사랑에

빠진 것이다). 여자 부모들은 진노했다. 하지만 그녀는 부모가 좋아하든 안 하든 결혼하겠다고 말했고 결국 부모들도 누그러졌다.

"웨딩케이크는 컴퓨터와 키보드 모양이었다"고 젊은 여기자는 말했다.

이야기 둘: 쿠웨이트에 머무는 동안 나는 이 지역에서 가장 존경받는 은행가 중 한 사람인 이브라힘 답도브 쿠웨이트국립은행 수석부행장을 만나러 갔다. 내가 그의 사무실에 들어서자 그는 흥분한 기색이 역력했다. 무슨 일이냐고 내가 물었다. 답도브는 국적 항공사인 쿠웨이트항공이 새 보잉 항공기 두 대의 구매자금을 조달하기 위해 대출 조건을 입찰에 부쳤는데 자기네 은행이 그 일을 따내지 못했다고 밝혔다. 예전 같았으면 쿠웨이트국립은행이 이런 거래를 성사시키는 건 식은 죽 먹기였다. 하지만 이번에는 "메릴랜드의 네이션스뱅크인가 뭔가 하는 은행에게" 쿠웨이트국립은행이 졌다는 것이다. 답도브는 그 은행이 우대금리에 0.25%포인트 가산한 터무니없이 낮은 금리를 제시하는 바람에 자기네가 밀렸다며 "이는 금융 덤핑"이라고 목소리를 높였다. 그는 어떤 나라가 수출시장에서 점유율을 높이기 위해 제조원가를 밑도는 가격에 제품을 덤핑하는 관행에 빗대 말한 것이었다. 답도브는 이렇게 말했다. "이건 전혀 공평한 게 아니에요. 글로벌 금융 중심지가 아니라 미국의 한 지방에 있는, 잘 알려지지도 않은 은행이 쿠웨이트 국내은행과 경쟁을 해서 거래를 따낸 것입니다."

이야기 셋: 나는 컨퍼런스에 참석하기 위해 쿠웨이트에서 카타르로 넘어갔다. 쉐라톤워커힐호텔에서 가방을 싸고 있는데 전화가 울렸다. 21세의 카타르 여자 기자였다. 그녀는 내 책을 읽었으며 나를 만나고 싶다고 밝혔다. (나는 이 이야기를 지어낸 게 아닌데 아내는 한마디도 믿지 않았다!) 나는 곧 공항으로 가야 하기 때문에 원한다면 나와 함께 택시를 타고 가면서 이야기할 수는 있다고 말했다. 그녀는 바로 그러자고 했다. 그녀는 아름답고 젊은 여성이었다. 확실히 지적이고 영어도 잘했다. 사실 그녀가 영어를 너무 잘해 나는 영어로 기사를 써본 적이 있느냐고 물었다. 그렇다면 그녀가

다가오는 중동정상회의 때 『뉴욕타임스』 통신원으로서 기사를 쓸 수도 있을 것이기 때문이었다. 그녀는 "사실은 걸프 지역 뉴스를 전하는 웹사이트에 기사를 쓰고 있는데 우리 정부는 그 사이트에 관해 모르고 있다"고 말했다.

나는 그 말이 맘에 들었다. 젊은 아랍 여성이 인터넷을 통해 자기 나라 이야기를 세계에 들려주고 있지만 정부는 그녀의 존재를 알지도 못하고 있다는 게 얼마나 고무적인 일인가 생각해보라. 이는 100년 전은 고사하고 10년 전만 해도 들어보지 못했던 이야기다. 하지만 미래에는 그럴 것이다. 지금 유럽에서 가장 인기 있는 아랍 TV 프로그램과 가장 널리 읽히는 아랍 신문 중 상당수가 민간기업 소유이며 본국 정부의 통제에서 완전히 벗어나 있다.

이야기 넷: 사우디아라비아는 계속 금지해오던 여성들의 운전을 허용하는 걸 검토하고 있다. 이 문제에 대한 뜨거운 논란은 그전부터 계속됐지만 최근에 갑자기 시급히 결론을 지어야 할 사정이 생겼다. 왜냐하면 유가가 떨어지면서 이 왕국은 사우디아라비아에 운전사로 일하러 와 있는 50만 명의 외국인들을 먹여살릴 여력이 갈수록 줄어들고 있기 때문이다. 아랍어 신문 『알-쿠즈 알-아라비』에 보도된 후 1998년 4월 17일자 『미드이스트 미러』에 번역돼 실린 인터뷰 기사를 보자. 사우디 왕가에서 가장 진보적인 인물이라 할 수 있는 탈랄 빈 압델아지즈 왕자와의 인터뷰였다. 탈랄은 파드 국왕과 국방장관인 술탄과는 이복형제 사이며 사우디아라비아의 가장 정력적인 벤처캐피털리스트인 알-왈리드 빈 탈랄 왕자의 아버지다. 여성 운전을 허용하는 데 찬성하느냐는 질문에 탈랄은 절대 찬성이라며 이렇게 덧붙였다. "사우디 여성들은 낙타를 몰고 남자들과 함께 여행했습니다. 낙타와 자동차가 다를 게 뭐가 있습니까? … 여성 운전은 경제적인 면에서도 필요한 일입니다. 우리는 외국인 운전사들의 본국에 수백만 달러의 경화硬貨를 넘겨주고 있습니다. 우리가 직접 운전을 하면 그 돈을 절

약할 수 있습니다." 탈랄 왕자는 계속해서 말했다. "정치적 개혁은 세계화와 함께 오는 것입니다. 우리는 모든 면에서 새로운 변화에 대비해야 합니다. … 현재 세계화는 민주주의와 인권, 시장경제에 바탕을 두고 있습니다. 누군가 농담처럼 세계화는 우리가 함께할 수 있는 이 시대의 '유행'이라고 말한 적이 있습니다. 공산주의 국가인 중국조차 그 '유행'을 따른다면 아랍 세계의 작은 나라들은 어떻게 해야 할까요? 아랍 국가들은 그 변화가 불가피하다는 걸 인식해야 합니다."

이 이야기들은 우리에게 무엇을 말해주는가? 이는 사담 후세인이 어떤 일을 하는지, 그가 어느 나라를 침공하는지가 중동의 안정에 엄청난 영향을 준다는 걸 말해준다. 그의 행동은 그 일을 다 끝내기 전에 더 많은 전쟁을 촉발하고 더 많은 휴전을 불러올 가능성이 크다. 하지만 그러는 사이 중동에서 소리 없는 또 다른 침공이 이뤄지고 있다. 새로운 세계화 체제의 정보와 민간자본의 침공이다.

다섯 가지 이슈

아랍 세계는 아시아를 비롯한 세계의 다른 지역들을 바꿔놓은 정보혁명과 금융시장 혁명에 대해 오랫동안 벽을 쌓고 막아왔다. 석유 덕분에 이란을 비롯한 아랍 국가들은 경제를 효율화하고 민영화하라는 많은 압력을 피해갈 수 있었다. 석유 덕분에 이 같은 압력을 막는 담을 쌓을 수 있었으며 심지어 베를린장벽이 무너진 후에도 그 담을 더 높일 수 있었다. 하지만 더 이상 그렇게 할 수는 없다. 아랍 사회가 민간자본과 정보의 침공에 어떻게 대응하느냐(그것들에 적응하느냐, 그것들을 채택하느냐, 저항하고 거부하느냐)는 사담 후세인이 중동의 지정학에 미치는 영향과 조금도 다를 바 없는 큰 영향을 미친다. 이 소리 없는 침공을 보지 못하면 오늘의 중동을 보지 못하는 것이다. 이런 침공을 감안하지 않으면 오늘날 중동에 대한 적절한 전략을 수립할 수 없다. 이런 충고를 듣는 게 좋다. 이 소리 없는 침공에 휴전이라는 건 없을 것이다.

나는 언젠가 『뉴욕타임스』 현지 통신원인 21세의 서구화된 이란 여성과 함께 테헤란 거리를 걸은 적이 있다. 우리는 석유가 이란의 정치에 미친 영향에 대해 이야기했다. 특히 아야톨라(이란 시아파 회교 지도자의 칭호-옮긴이)들이 석유 덕분에 권좌에 더 오래 머물 수 있었다는 사실에 대해 이야기했다. 석유로 번 돈으로 회교 정권의 부진한 경제 성과를 벌충할 수 있었기 때문이다. 종교적 열정뿐만 아니라 석유가 아야톨라들의 진짜 비밀무기였다. 석유가 가져다준 돈줄이 없었다면 아야톨라들은 이란을 세계에 더 빨리 개방하고 황금 스트레이트재킷을 입었을 것이다. 석유자원과 관련된 막대한 외국인 투자가 없었더라면 이란 경제가 인구 증가를 감당할 수 없었을 것이다. 우리가 이 문제를 골똘히 생각하는 동안 이 젊은 이란 여성은 이란에 대해 내가 결코 잊어버리지 않을 말을 했다. "우리에게 석유만 없었더라면 꼭 일본처럼 될 수 있었을 텐데."

나는 그녀에게 한 가지를 약속했다. 언젠가 이란의 유전이 바닥을 드러내거나 세계가 대체에너지를 찾아내게 되면 아야톨라들은 황금 스트레이트재킷을 입든지 쫓겨나든지 해야 할 거라는 말이었다. 나는 그녀에게 이렇게 말했다. "이란이 석유로 쌓은 부가 언제 흔들리기 시작할지 말해주면 나는 '아야톨라 고르바초프'가 언제 이곳에 나타날지 얘기해줄게."

그리고 나는 '로널드 맥도날드'가 찾아올 날도 말해줄 수 있을 것이다.

내가 1980년대 모스크바에서 처음 만난 미국 외교관 친구는 1996년 모로코에서 저녁을 함께했을 때 그의 일이 냉전 때 했던 것과 얼마나 다른지를 설명해주었다. 또 미국과 소련의 힘이 노골적으로 부딪치던 때와 비교할 때 지금은 자기가 일하고 있는 나라나 세계적인 문제들을 형성해가는 힘들을 발견하기가 얼마나 어려운지도 말해줬다.

"내가 처음 외교관이 됐을 때 우리는 골대가 어디 있는지 알고 있었지. 외교관들은 어학교육을 받고 게임에 투입돼 해외 대사관으로 파견됐지. 그건 마치 태클이 한 번 들어오고 나면 또 새로운 태클이 들어오고, 그게 어떤 게임인지 어떤 플레이를 해야 하는지를 알고, 골라인이 어디에 있는지도 아는 축구와 같은 것이었어. 하지만 이제 우리는 떼지어 모여서 서로에게 이렇게 묻지. '우리는 어디로 가야 하지? 공은 어떤 걸 사용해야 하지? 그리고 누가 경기를 지켜보고 있기나 하는 거야?' 대사가 와서 우리에게 이렇게 묻지. '당신들이 하는 일은 무엇인가?' 그럼 뭐라고 대답해야 할지 잘 몰라. 그래서 우리 스스로에게 묻기 시작하지. '내가 왜 여기 있는 거지?' (1996년 예산안 처리가 안 돼) 미국 정부 기능이 정지될 지경에 이르렀어도 그게 별 문제가 안 됐던 사실은 많은 사람들에게 경각심을 주었지. 내가 여기 있을수록 나는 『분노의 포도』의 한 장면 속에 있다는 느낌이 더 강하게 들어. 은행원이 농부의 집을 빼앗으러 오자 그 농부가 은행원을 쏘겠다고 위협하지. 은행원은 일이 그렇게 된 건 자기 잘못이 아니며 자기는 그저 큰 기업을 위해 일하고 있을 뿐이라고 말하지. 그러자 농부가 이 모든 것이 어디서 끝나며 우리는 누구를 쏠 수 있느냐고 절규하고 은행원은 이렇게 말하지. '나도 모르오. 아마 쏠 사람이 없을 거요.'"

내 친구의 탄식은 요즘 외교정책 하는 이들에게 자주 들어보는 이야기다. 그는 왜 그토록 혼란을 겪는가? 냉전체제의 세계는 분명하게 나누어져 있었다. 그런 세계에서는 모두가 어떻게 힘을 측정하고, 위협과 억지력과 유인을 평가하고, 전략을 세워야 할지 알았다. 어떤 전략이 바람직한지(강경한 봉쇄나 데탕트, 또는 군비 통제가 바람직한지)에 대해 많은 이견도 있었지만, 모두가 어떤 요소를 전략에 담아야 할지에 대한 관점과 용어를 공유했다. 냉전은 국가와 군대와 핵무기를 둘러싼 전통적인 세력 균형의 시스템이라는 데 대체적인 합의가 있었다. 전략을 세운다는 것은 각기 다른 배열에 있는 조각들을 흔들어 그것들이 상대편보다는 내 편에 더 많이 오도록 하는 것이었다.

하지만 세계화 시대의 지정학은 훨씬 더 복잡하다. 당신은 세계화 시대에서도 여전히 당신과 분리돼 있는 국가(이라크, 이란, 북한 같은 나라)에서 오는 위협을 걱정해야 한다. 그러나 당신은 이제 인터넷과 시장을 통해 당신과 연결돼 있는 것들이나 당장이라도 당신의 집 안으로 걸어 들어올 수 있는 슈퍼개인들에게서 오는 위협에 대해 점점 더 많은 걱정을 해야 한다. 더욱이 지금처럼 상호 연결된 세계에서는 다른 나라가 힘을 키우거나 (이라크처럼) 침략을 해오기 때문에 위협을 받고 분쟁에 휘말려들 뿐만 아니라, 이웃 나라나 전통적인 적국이 (유고슬라비아처럼) 무너지기 때문에 위협을 받거나 분쟁에 빨려들어가기도 한다.

가장 중요한 것은 이 세계화 체제에서 각국들이 걱정해야 할 일들은 믿기 어려울 정도로 다양하다. 단순히 누구 편인가만 생각하면 충분했던 과거와 달리 생각해야 할 의제들이 너무나 많아졌다. 세계화 체제에서 각국의 움직임을 보면 5개의 링을 돌리는 서커스를 보는 것 같다. 어떤 나라들은 그들의 모양이나 크기나 질에 관한 문제에 몰두하고, 어떤 나라들은 평등의 문제, 어떤 나라들은 자유의 문제, 그리고 또 어떤 나라들은 이 모든 문제들을 해결하려고 애쓴다. 외교정책 분석가나 전략가가 이런 체제에서 각국의 힘을 측정하고 각국의 행태를 예측하거나 관리하려면 이들 다섯 가지 이슈들을 한꺼번에 생각해야 한다.

한 가지씩 살펴보자. 먼저, 한 나라의 지도상의 형태에 관한 문제다. 마이클 만델바움은 "냉전의 벽이 무너지자 많은 나라들이 50년 만에 다시 그들이 지도상에서 어떤 형태를 가져야 하고, 국경 안에는 누가 들어와야 하며 누가 들어오면 안 되는지의 문제에 집중했다"고 밝혔다. 이런 나라는 옛 소련에서부터 유고슬라비아와 인도네시아에 이르기까지 세계 곳곳에서 찾아볼 수 있다. 냉전체제의 경직성이 사라지자 몇몇 나라들은 그들의 국경에서, 그리고 국경 안에서 누가 어느 올리브나무를 소유해야 하는지에 관한 문제를 정리하려 하고 있다. 하지만 이미 그들의 형태에 대해 문제를 느끼지 않는 나라들은 세계화 체제에서 생존하기 위해 다른 문제에 몰두하고 있다. 만델바움은 "다른 나라들은 그들의 크기가 적당한가 하는 문제에 초점을 맞추고 있다"며 "이는 국가기구의 크기에 관한 문제"라고 밝혔다. 예컨대 유럽통화연맹 안의 모든 나라들은 단일통화를 유지하고 세계화 시대에 살아남기 위해 정부의 크기를 줄여가고 있다. 이들은 유럽연합 내 각 회원국들의 지도상 형태가 고정돼 있음을 알고 있다. 따라서 유럽연합식 황금 스트레이트재킷에 맞추기 위해 각자 정부 규모를 줄일 필요성이 커짐에 따라 이제 개별적인 정부의 크기 문제에 집중하고 있는 것이다. 다른 나라들은 세계화 시대에 적합한 국가의 질적 수준을 확보하는 문제에 초점을 맞추고 있다. 예를 들어 태국, 한국, 브라질과 같은 나라들은 아시아 경제위기 이후 부패와 정실주의를 뿌리뽑기 위해 정부와 금융 시스템의 질적 수준을 향상시키기 위해 노력해왔다. 또 다른 나라들은 평등의 문제를 해결하는 데 초점을 맞춘다. 세계화 시대에는 소득과 사회적 격차가 더욱 급격히 벌어질 수 있기 때문이다. 멕시코와 베네수엘라의 경우 평등과 분배의 정의에 관한 문제(세계화 과정의 승자와 패자 사이에서 누가 무엇을 갖고 가야 하는가의 문제)에 집중해왔다. 그리고 마지막으로, 또 다른 나라들은 자유의 문제에 집중하고 있다. 이 세계화 체제는 너무나 강도 높은 요구가 많아서 민주화의 진전 없이는, 그리고 기업을 감시할 자유언론과 기업이 엉망이 됐을 때 경영진을 갈아치울 선택권이 없이는 번창하기 어렵기 때문이다. 그래서 파키스탄, 페루, 중국과 같은 다양한 나라들이 자유의 문제를 갖고 씨름하고 있다.

만델바움은 "러시아와 중국이 그토록 많은 문제를 안고 있는 것은 이 모든 이슈를 한꺼번에 다뤄야 하기 때문"이라고 말했다. 그들은 나라의 형태를 놓고 싸우고 있다. 이는 누가 국가의 테두리 안에 들어올 것인가의 문제다(티베트? 대만? 체첸?). 그들은 또 세계화 체제의 요구에 맞춰 국가의 크기를 줄이려 노력하고 있다. 이와 함께 세계화 체제의 요구에 따라 국가의 질적 수준을 높이려 애쓰고 있다. 이들 나라는 불평등이라는 엄청난 문제를 다루기 위해 노력하고 있다. 공산주의 나라들이 국가가 제공하는 복지를 없애고, 세계화 체제에 접속하고, 과두재벌이 민영화를 통해 국가의 자산을 훔치는 과정에서 불평등은 더 심해진다. 그들은 이와 동시에 진정한 민주주의와 참여정부에 대한 점점 더 커지는 요구와도 씨름하고 있다.

당신이 이들 다섯 가지 문제를 모두 인식하지 않고서는 러시아나 중국에 대한 정책을 수립할 수 없다. 당신은 러시아와 중국이 이 다섯 가지 문제를 어느 정도나 풀기를 기대하는지 생각해야 하며, 그들이 이 문제들을 다루는 능력에 따라 국제문제에 대한 그들의 행태가 어떻게 달라지는지 느낄 수 있어야 한다. 이런 생각과 느낌 없이는 러시아와 중국에 대한 전략을 세울 수 없다. 중국과 러시아가 어떤 행동을 할 것인가는 상당 부분 그들이 어떤 나라가 되는가에 달려 있다. 이는 다시 그들이 다섯 가지 문제들을 어떻게 해결하느냐에 달려 있다. 냉전 중에는 이런 이슈들이 모두 억눌려 있었다. 냉전은 전쟁이었으며, 정치인들이 진정으로 집중해야 할 것은 '당신은 누구 편인가'라는 질문이었기 때문이다. 어떤 나라가 우리 편이라면 그 자체만으로도 이미 좋은 나라였다. 형태나 크기, 질, 평등이나 자유의 문제는 아무래도 좋았다. 상대편이라면 그 자체로 이미 나쁜 나라였다. 우리는 냉전이 끝나면 모든 게 잘될 거라고 경솔하게 생각했다. 그러나 실제로는 지금처럼 훨씬 더 복잡한 의제들을 만나게 됐다. 러시아와 중국, 그리고 다른 많은 나라들이 잘될지 매우 불확실한 상황을 맞았다. 그러나 정치인들은 이런 문제들을 풀어가야 한다. 정치인으로서 이들 나라의 형태에 관한 것 외에는 다른 아무것도 이야기하지 못한다면 그는 이 새로운 체제에 적합하지 않은 인물이다.

올리브나무를 위한 파반느

요약하는 의미에서 다시 한 번 강조하려 한다. 오늘날 국제관계의 드라마는 새로운 것과 오래된 것의 상호 작용이다. 오늘날 세계화 체제의 압력과 유인, 복잡성은 새로운 것이고 우리 모두의 안에 있는 올리브나무의 열정은 오래된 것이다. 누구나 세계화 체제의 힘을 중시해야 한다. 이는 황금 스트레이트재킷과 슈퍼시장, 그리고 국가의 공격적 행동을 억제할 빅맥과 관련된 힘이다. 언제든 우리 안의 비이성적인 충동을 불러일으킬 수 있는 올리브나무에 대한 집착과 압박 또한 중시해야 한다. 내가 주장하는 건 오늘날 세계화 체제에서 공격적인 행동을 억제하는 압력(렉서스의 압력)은 올리브나무의 충동을 이기는 경향이 있다는 것뿐이다. 대부분의 나라에서 그런 경향이 나타나며 심지어 나중에는 세르비아에서도 나타났다. 이런 추세가 지속되고 '오랜 평화'를 보장할까? 예측은 불가능하다. 어떤 위기가 와서 온갖 공격적이고 추한 방식으로 우리 안의 올리브나무를 끄집어낼지 결코 알 수 없다.

오늘날 세계화 체제와 우리 안의 올리브나무 사이의 이 끊임없는 긴장을 보여주기 위해 나는, 워렌 크리스토퍼와 같은 매우 점잖은 미국 국무장관이 하페즈 엘-아사드처럼 아직도 올리브나무와 냉전 속에 사는 그다지 점잖지 못한 지도자에게 세계화를 설명하려고 애쓰는 장면을 상상해본 적이 있다. 대화는 이런 식일 것이다.

워렌 크리스토퍼: "하페즈, 내가 하페즈라 불러도 괜찮겠지요? 하페즈, 당신은 어제의 사람입니다. 아직도 냉전에 살고 있어요. 나는 당신이 중동 밖으로는 몇 번밖에 안 나가본 걸 알아요. 그래서 새로운 세계에 관해 조금 이야기해주려 합니다. 하페즈, 시리아는 국민들이 팩시밀리를 가질 수 있도록 허용할 것인지를 놓고 몇 년씩 논쟁했지요. 이제는 인터넷 이용을 허용해줄 것이냐를 놓고 4년째 논쟁하고 있군요. 안타깝네요. 당신네의 1인

당 소득이 고작 연간 1,200달러인 것도 이 때문입니다. 당신네는 전구 하나도 만들기 힘들지요. 1994년 이후 민간 부문 전체가 한 해 10억 달러 수출하는 것도 힘들었어요. 우리나라에는 이름도 들어보지 못한 기업들이 한 해 10억 달러를 수출하는 경우가 수두룩하지요. 하페즈, 이제 이 모든 것들의 까닭을 이야기하겠습니다. 이렇게 된 것은 시리아가 슈퍼파워들에게 원조를 짜내고 이웃 나라를 협박해서 잘살 수 있었던 냉전 때에는 컴퓨터칩을 만들든 감자칩을 만들든 렉서스를 만들든 전구를 만들든 상관없기 때문입니다. 당신은 미소를 짓는군요, 하페즈. 당신은 이게 참말이라는 걸 알아요. 당신은 사우디아라비아가 돈을 주지 않으면 그곳 유전에 마피아들의 표현처럼 '불행한 사태'가 일어날 거라는 걸 시사함으로써 사우디에서 수십억 달러를 우려냈지요. 당신은 월, 수, 금요일에는 러시아에서 짜내고 화, 목요일에는 유럽, 그리고 일요일에는 중국에서 짜냈지요. 심지어 소련은 당신네 국영 공장에서 생산한 쓰레기들을 사주고 당신들의 우정의 대가로 무기와 원조를 주기까지 했습니다. 당신은 영리하게도 그들을 경쟁시켜서 참 편하게 살았지요, 하페즈, 참 편하게 살았어요. 축하합니다. 하지만 그런 시절은 이제 지나가버렸습니다. 사우디는 더 이상 갈취당할 돈도 없어요. 당신네 석유는 소진되고 있고 당신네는 10년 안에 석유 순수 입국이 될 겁니다. 그런데 당신네는 중동에서 가장 높은 출산율을 기록하고 있지요. 좋은 상황이 아닙니다, 하페즈. 더 안 좋은 건 새로운 세계질서가 나타났다는 사실입니다. 이제 더 이상 서로 경쟁하는 두 슈퍼파워가 존재하지 않습니다. 소련은 끝장이 났고 우리는 균형 예산을 운용하고 있지요. 슈퍼파워 대신에, 하페즈, 이젠 슈퍼시장이 있습니다. 나는 이렇게 말하고 싶군요, 하페즈. 당신은 도쿄 채권시장과 프랑크푸르트 채권시장이 싸우게 하고, 다시 싱가포르 채권시장과 맞붙게 하고, 다시 월스트리트와 싸우도록 할 수 없어요. 아니, 아니, 안 돼요, 하페즈. 이제 그들이 당신에게 싸움을 시킬 겁니다. 그들은 시리아와 멕시코가 싸우게 하고, 다시 브라질과, 다시 태국과 싸우게 합니다. 잘 싸운 나라에는 슈퍼시장의 투자자본으로 보상을 해주지요. 그러지 못한 나라는 글로벌 투자의 고속도로에서 치여 죽게 되지요. 그리고 하페즈, 당신은 그렇게 치여 죽게 돼 있습니다.

그런데 하페즈, 보아하니 당신과 터키는 최근 국경에서 충돌하고 있더군요. 내가 보니 당신은 터키와 진짜 전쟁은 정말로 피하고 싶어 하는군요. 우리 둘 다 왜 그런지 알지요. 안 그래요, 하페즈? 당신은 소련이 더 이상 존재하지 않고 그래서 당신이 터키나 이스라엘이나 다른 어느 나라와 전쟁을 하더라도 거기서 무기를 잃으면 당신 자신의 돈으로 다시 무기를 사야 한다는 걸 알기 때문이지요. 돈이 있으면 보여줘요, 하페즈! 돈을 보여줘요! 이제 더 이상 당신에게 새 무기를 주거나 당신네 국영 공장에서 생산한 쓰레기와 무기를 교환해줄 소련은 존재하지 않아요. 그리고 당신을 위해 그 무기를 사줄 아랍의 석유 생산국들도 없습니다. 그들 역시 파산 상태니까요. 그래서 당신은 곤경에 빠졌어요, 하페즈. 나는 개도국 지도자들에게 무기가 필요하면 자기네 현금을 지불해야 한다고 말해주는 것보다 그들을 억제하는 더 좋은 방법은 없다고 늘 말해왔지요. 특히 지금처럼 신형 전투기 한 대에 5,000만 달러나 하는 때는 그게 가장 효과적인 방법이지요. 잘 들어요, 하페즈. 내 위성전화기를 두고 가겠습니다. 이건 모토로라가 만든 최신 모델로 새 이리듐 위성시스템에 연결됩니다. 당신은 몇 초 안에 워싱턴에 있는 나와 통화할 수 있어요. 하페즈, 나는 더 이상 이곳에 올 생각이 없습니다. 내가 올 때마다 당신의 성전에 관한 아홉 시간짜리 역사 강의를 듣는 것은 내 시간을 효율적으로 쓰는 게 아니니까요. 그 내용을 디지털화해 CD에 넣어 외교장관들이 올 때마다 나눠주거나 내 보좌관들이 내려받을 수 있도록 웹사이트에 올리지 그래요. 아세요, 하페즈, 멕시코, 태국, 중국을 포함해 가봐야 할 중요한 나라들이 너무 많아요. 누가 골란고원을 지배해야 하는가는 흥미로운 질문이지만 이는 오늘날 미국의 이해관계에는 전혀 의미가 없어요. 하지만, 이보세요, 우리는 여전히 당신과 통화하길 바랍니다. 비즈니스를 할 준비가 되면 001-202-647-4910 번호와 SEND 버튼만 누르고 크리스를 찾으세요. 그러지 않으려면, 하페즈, 내 인생에 얼쩡대지 말아요."

그러면 아사드는 이렇게 이야기할 것이다.

"크리스, 내가 크리스라 불러도 괜찮겠지요? 그 푹신한 의자가 편안하기를 바랍니다. 당신이 오기 전에도 여러 명의 국무장관들이 그 자리에 앉았었지요. 키신저는 질 세인트 존과 데이트하던 이야기로 날 즐겁게 해주기를 좋아했지요. 헨리는 참 여자들을 좋아했어요. 베이커는 늘 노트북을 탁 닫으며 내가 그의 새 조건을 받아들이지 않으면 다시는 다마스커스에 오지 않겠다고 말했지요. 아, 하지만 그들은 늘 돌아왔어요. 안 그래요, 크리스? 당신도 그럴 겁니다. 당신은 이미 여기에 스물 한 번 왔지만 멕시코에는 한 번밖에 안 갔지요. 당신이 우선순위를 잘 알고 있는 걸 보니 기쁩니다. 그런데 크리스, 당신은 시리아 바깥 세계에 대해 많은 걸 이야기해줬죠. 하지만 나는 내 이웃 나라들에 대해 이야기하려 합니다. 정치와 정서는 미국의 채권시장에는 굴복할지 몰라도 다마스커스의 뒷골목에서는 그렇지 않습니다. 채권자와의 관계가 아니라 부족 내의 유대관계가 이곳을 지배하고 있지요. 시장의 보이지 않는 손이 아니라 권력을 장악한 종파의 철권이 아직도 정치를 지배하고 있단 말입니다. 우리는 여기서 올리브 나무에 끌리고 있습니다, 크리스. 렉서스가 아닙니다. 나는 시리아의 소수 종파인 알라위파 출신입니다. 이는 내가 조금이라도 약점을 보이면 이곳 회교도의 다수파가 나를 산 채로 가죽을 벗겨 길가에 버릴 거라는 뜻입니다. 은유적인 이야기만은 아닙니다, 크리스. 산 채로 가죽이 벗겨진 사람을 본 적 있습니까? 나는 매일 아침 그런 생각을 합니다, 크리스. 아마존닷컴 이야기가 아니에요. 나는 진짜 정글에서 살고 있어요. 사이버 정글이 아니란 말입니다. 내가 가난하더라도 약하지 않은 건 그 때문입니다. 나는 약해질 수 없어요. 사람들은 내가 약해지지 않기를 바랍니다. 그들은 내

철권이 가져다주는 안정을 고마워합니다. 이런 아랍 속담이 있지요. '100년의 폭정이 하루의 무정부 상태보다 낫다.' 여기에는, 그 뭡니까, 맥도날드라는 게 없어요. 1인당 소득은 이스라엘만큼 안 되지요. 하지만 우리의 통화가치는 안정돼 있고, 누구도 굶주리거나 길거리에서 자지 않고, 가족의 유대는 여전히 강하며, 당신네 탐욕스러운 전자소떼에 짓밟히지 않지요. 우리는, 크리스, '빠른 세계'가 아니라 '느린 세계'에 살고 있어요. 우리는 참을 수 있지요. 우리 국민들이 참지 못하는 것 같습니까, 크리스? 전혀 그렇지 않습니다. 나는 요전 선거에서 99.7%의 표를 얻었지요. 개표 후 내 참모가 와서 '각하, 득표율이 99.7%나 됩니다. 각하에 반대하는 국민은 0.3%밖에 안 된다는 뜻입니다. 더 이상 뭘 바라겠습니까?' 그래서 나는 말했지요. '그들 명단을 가져와.' 하하하!

크리스, 나는 참을 수 있어요. 나는 품위 있게 평화를 지킬 줄 아는 유일한 아랍 지도자로 인식될 수 있을 때만 유대인들과 평화를 만들어갈 것입니다. 아라파트나 사다트처럼 비굴하게 엎드려 기지 않는 지도자 말입니다. 나는 이스라엘에 더 적게 주고 많이 받아내려고 합니다. 그게 국내의 반대파와 근본주의자들로부터 나를 보호할 수 있는 유일한 길입니다. 또한 언제나 다른 나라에서 시리아로 돈을 끌어올 수 있는 아랍 맹주의 지위를 유지하는 유일한 길이지요. 이를 위해 레바논의 대리인을 앞세워 이스라엘이 피를 흘리도록 해야 한다 해도 문제없어요. 여기는 거친 동네입니다, 크리스. 그리고 이스라엘은 물렁해지고 있어요. 그들은 유대인용 빅맥을 너무 많이 먹고 있어요, 크리스. 레바논과 싸우러 오는 이스라엘의 젊은 녀석들은 모두 매일 밤 엄마에게 전화를 걸려고 휴대전화를 갖고 오지요. 참 착한 녀석들이지요. 우리가 그걸 모를 줄 압니까?

그래서 크리스, 당신이 골란고원 문제에 대한 우리와 유대인들의 협상을 성사시키기를 바라면 우리 통화로 그 대가를 지불해야 합니다. 나는 거저 당신 좋은 일을 하지는 않겠습니다. 하지만 크리스, 걱정이 되는군요.

내가 줄지어서 그 푹신한 의자에 와 앉았던 국무장관들을 지켜보면 냉전뿐만 아니라 미국이라는 슈퍼파워의 끝도 보이니 말입니다. 내가 앉은 자리에서 보면 세계에는 2개의 슈퍼파워가 존재하다 하나로 줄어들고 결국 하나도 없어질 것처럼 보이네요. 크리스, 당신은 여길 빈손으로 왔고, 쇠주먹(鐵拳)이 아니라 고무주먹을 들고 왔네요. 차라리 메릴린치와 협상하는 게 낫겠어요. 그들은 적어도 위험한 일은 실행하니까요. 당신은 또 이스라엘에 제약을 가할 의지도 없이 여길 왔군요. 당신네 정부는 너무나 취약해 유대인 유권자를 한 사람이라도 기분 나쁘게 할까 겁을 내고 있으니까요. 이스라엘을 보세요. 그들은 여전히 웨스트뱅크에 이스라엘인 정착촌을 미친 듯이 짓고 있는데도 크리스, 당신들은 찍소리 못 했지요. 찍소리 한 번도 못 했어요. 시리아 대통령이 한 가지 배운 게 있다면 그건 상대의 약점에 대해 냄새를 맡을 수 있다는 겁니다. 지금 나는 미국에서 그 냄새를 맡을 수 있습니다.

당신네 미국이 정말로 언짢게 하는 게 뭔지 아세요? 당신들은 언제나 이중적이라는 점입니다. 당신들은 누구에게나 자유라는 가치를 가르치려 하지만 그런 가치가 당신네 정치적·경제적 이익을 방해하면 그 가치는 바로 잊어버리지요. 그러니 나에게 가르치는 건 관둬요, 크리스. 당신들의 슈퍼 가치를 대변하는 슈퍼파워가 될 것인지 슈퍼시장을 대표하는 떠돌이 세일즈맨이 될 것인지 마음을 정해야 할 쪽은 당신들입니다. 마음을 정하세요. 그때까지는 내 인생에 거치적거리지 말아요. 그리고 크리스, 여기 당신의 멋진 휴대전화는 도로 갖고 가세요. 나는 시리아 바깥으로 전화를 걸 상대가 아무도 없으니까요. 아, 그런데 SEND 버튼을 누를 때는 조심하세요. 무슨 일이 일어날지 모르니까요."

13
데몰리션 맨

⑦ "펩시 세대와 함께 깨어나라"는 광고 문구는 중국어로 "펩시는 조상을 무덤에서 불러온다"로 번역됐다.

⑧ 프랭크 퍼듀 닭고기 광고의 "부드러운 치킨을 만드는 데는 튼튼한 남자가 필요하다"는 스페인어로 "영계를 사랑스럽게 만들려면 흥분한 남자가 필요하다"로 번역됐다.

⑨ 코카콜라의 중국 이름은 처음에 지방에 따라 '밀랍 올챙이를 깨물다' 또는 '밀랍으로 채운 암말'이라는 뜻이 되는 '커커우컬라'였다. 코카콜라는 나중에 4만 자를 뒤져 발음이 같은 '커커우컬러(可口可乐)'로 바꿨다. '입 안의 즐거움'이라는 뜻이었다.

⑩ 파커 펜이 멕시코에서 볼펜 판촉 활동을 할 때 광고 문구는 '포켓에 새지 않아 당신을 창피하게 하지 않는다'는 뜻으로 읽혀야 했다. 하지만 번역이 잘못돼 '포켓에 새지 않아 당신을 임신시키지 않는다'는 뜻이 돼버렸다.
1998년 1월 19일 『사라소타 헤럴드 트리뷴』에 실린 「글로벌 마케팅의 열 가지 대실수」에서

1993년에 나온 영화로 별로 잘 알려지지도 않았고 기억하는 사람들도 별로 없지만 별스럽게 훌륭한 작품 「데몰리션 맨」에는 실베스터 스탤론과 웨슬리 스나입스가 함께 나온다. 영화는 2032년에 벌어지는 일들을 다룬

다. 세계화가 미국의 삶을 완전히 지배하는 이때는 욕을 하는 것이나 담배 피우는 것, 소금을 쓰는 것, 가난한 것, 체액을 교환하는 것, 불경스러운 언행을 하는 것, 알코올을 마시는 것, 또는 허가 없이 아이를 갖는 것은 불법이다. 가장 흉악한 범죄자 사이먼 피닉스(스나입스 분)는 극저온 기술로 수감자를 산 채로 얼려버리는 냉동감옥에 30년 이상 갇혀 있다 나타난다. 그는 마치 자신 같은 악당이 휘저어놓기를 기다리기라도 하는 것 같은 조용하고 평화롭고 범죄가 없는 캘리포니아 남부 지역을 발견한다. 한 번도 범죄에 대응해본 경험이 없는 그 지방 관리들은 곧 옛날식 범죄자와 싸울 옛날식 경찰이 필요하다는 걸 깨닫게 된다. 그래서 과거 피닉스와 혈투를 벌이던 중 많은 무고한 시민들이 죽은 사건 때문에 냉동감옥의 얼음 관에 갇혀 있던 존 스파르탄(스탤론 분)을 풀어준다. 이 영화의 줄거리는 중요하지 않다. 영화에서 가장 기억에 남는 건 이 세계화된 미래의 캘리포니아 남부 지역에는 오직 하나의 레스토랑만 있다는 점이다. 타코벨(Taco Bell: 멕시코식 패스트푸드 전문 레스토랑 체인-옮긴이)이 그것이다.

스탤론은 얼음감옥에서 풀려난 후 한 지방 관리가 자기 목숨을 구해준 그를 위해 디너파티를 열어줬을 때 이 사실을 발견한다. 스탤론은 디너파티가 타코벨에서 열린다는 사실에 충격을 받는다. 그는 산드라 블록이 연기한 동료 경찰과 파티장으로 차를 몰고 가면서 다음과 같은 이야기를 나눈다.

스탤론: "그는 내가 자기 목숨을 구해줬다고 하던데, 나는 내가 그랬는지도 잘 모르겠어, 그런데 그 보답이 타코벨에서 하는 만찬과 댄스파티라고? 이봐, 내 말은, 나는 멕시코 음식을 좋아하지만, 이건 좀 아니잖아."

블록: "말투가 농담 비슷하게 들리네요. 타코벨이 프랜차이즈 전쟁에서 살아남은 유일한 레스토랑인 거 몰랐군요."

스탤론: "그래서?"

블록: "그래서 지금 레스토랑은 모두 타코벨이라는 거죠."
스탤론: "말도 안 돼."

두 사람은 멋진 타코벨로 걸어 들어간다. 레스토랑 안에서는 한 가수가 피아노를 치며 베리 매닐로우 같은 목소리로 노래를 하고 있다. 그가 부르는 노래는 그린 자이언트의 야채 통조림 광고에 나오는 것이다.

이 좋은 야채가 채소밭에서 났네
채소밭은 골짜기에 있다네
즐거운 그린 자이언트 골짜기에

2032년에는 광고송밖에 남아있지 않다. 모두 저녁을 먹으러 식탁에 앉았을 때 스탤론은 누군가에게 소금 좀 건네달라고 말한다.
블록: "소금은 몸에 안 좋아요. 그래서 불법이에요."
할리우드에 따르면, 세계화가 이 땅 전부를 지배하고, 모든 문화와 환경이 동질화되고, 표준화되고, 소독되면 이 같은 일이 벌어진다. 미래에 대한 끔찍한 공상과학적 묘사다. 하지만 내가 가장 걱정하는 건 이 이야기 안에 어떤 진실이—그리고 소금이—담겨 있을 수도 있다는 점이다.

전자소떼의 탐욕을 활용하는 법

1997년 가을 카타르 도하에 갔을 때 나는 쉐라톤호텔에 머물렀다. 호텔은 페르시아만의 푸른 녹색 바다가 보이는 해안 도로 끝자락에 있었다. 해안을 따라 난 길은 10마일쯤 걸을 수 있게 흰 돌로 포장돼 있고 길을 따라 야자수와 꽃밭이 늘어서 있었다. 카타르 전통 의상을 입은 여성들이 이 길을 오가며 산책하고 있었다. 일부는 눈만 내놓은 채 검은 마스크를 쓰고 있었다. 유모차를 미는 여자와 가족들이 함께 시원한 바닷바람을 쐬며 느릿하게 걷는 동안 카타르 남자들이 이들에게 곁눈질하며 뭐라 소리치기도 했다. 도하에서 맞은 첫날 아침 나는 밖에 나가 해안 산책길을 걸으며 자연의 색깔과 다채로운 사람들이 있는 그림 같은 장면에 완전히 빠져들었다. 나는 혼자 중얼거렸다. '이곳은 정말 아름답군. 페르시아만의 진정한 문화와 풍광이 있는 곳이 있다면 바로 여기겠지.' 오래 걸을수록 더 즐거웠다. 내가 한 모퉁이를 돌았을 때 갑자기 내 앞에 커다란 오점과도 같은 게 나타날 때까지는.

타코벨이었다.

그래, 바로 거기, 카타르 해변 길 중간에 타코벨이 있었고 그 지붕 위로 6미터나 튀어나온 국왕의 사진이 보였다. 그걸 보며 나는 혼자 생각했다. '오, 맙소사. 저건 도대체 뭘 하는 거야? 하필 이 아름다운 해안 도로 중간에 타코벨을 지어야 할 까닭이 도대체 뭐야? 여기서 진정한 카타르를 느끼면서 집에서 멀리 떨어져 있는 독특한 세계를 즐기고 있는데 이런 곳에서까지 타코벨을 봐야 한다니.' 더 한심한 장면도 있었다. 그 식당이 손님들로 가득한 장면이었다!

소설가 토머스 울프는 "이제 다시는 집으로 돌아갈 수 없다"고 했지만 그가 틀린 것 같다. 세계화 시대에는 "이제 다시는 집을 떠날 수 없다"고 하는 게 맞을 것이다. 세계화는 단일시장을 만들어내기 때문이다. 전 세계에서 동시에 같은 사업을 하고 같은 상품을 팔아 엄청난 규모의 경제를 누리도록 하는 단일시장이다. 이 시장은 전 세계에서 동시에 동질적인 소비가 이뤄지도록 한다. 우리가 집을 떠날 수 없는 것은 또한 문화를 동질화하고 환경을 잠식하는 힘으로서의 세계화가 너무나 빨리 오기 때문이다. 지난 수백만 년에 걸쳐 진화한 인류와 생물의 생태적·문화적 다양성이 수십 년 만에 사라져버릴 위험이 있다.

이를 멈추게 하거나 적어도 늦추게 할 수 있는 한 가지 방법은 있다. 각국이 전자소떼에 압도당하지 않고 그들에게 접속하려면 금융 시스템에 적절한 충격 방지장치와 소프트웨어를 갖춰야 하듯이 환경과 문화의 영역에서도 같은 조치가 필요하다. 각국은 충분히 튼튼한 문화적·환경적 여과장치를 개발할 필요가 있다. 그래야 전자소떼와 상호 작용을 하면서 그들에게 완전히 압도당해 문화가 잡탕이 되고 환경이 곤죽이 되는 걸 막을 수 있다.

각국이, 특히 개도국들이 그렇게 하지 못하면 우리는 모두 더 가난해질 것이다. 어딜 가더라도 다 똑같아 보일 것이다. 어딜 가도 똑같은 타코벨과 똑같은 KFC와 똑같은 메리어트호텔이 있을 것이다. 같은 쇼핑몰, 같은 영화와 디즈니 캐릭터, 같은 음악과 MTV, 같은 민둥산과 콘크리트 골짜기를 보게 될 것이다. 세계를 여행하는 것은 마치 동물원에 가서 우리마다 똑같은 동물을 보는 것과 같을 것이다. 그것도 박제된 동물을.

1996년 3월 방콕에 갔을 때 그곳 사람들은 여전히 같은 이야기를 하고 있었다. '사상 최악의 교통체증'에 관한 이야기였다. 한 해 전 4월 태국의 우기 시작을 알리는 나흘간의 공휴일 때의 일이다. 환경공학자인 리처드 프랭켈은 그 때 상황을 이렇게 회상했다.

"수요일 밤 우리는 교통체증을 피해 시내를 벗어날 수 있으리라 생각했어요. 우리는 북쪽으로 200마일 떨어져 있는 치앙마이로 가 휴일을 보내려고 계획했지요. 우리는 자동차에 짐을 다 싣고, 든든히 배를 채우고 집에서 출발했습니다. 방콕 외곽 순환고속도로를 타고 공항을 지나 북쪽으로 간다는 계산이었습니다. 집을 떠난 게 밤 10시였어요. 아이들은 뒷자리에서 잠들어 있고 모든 게 완벽했어요. 우리가 고속도로에 이를 때까지는 말이죠. 차들이 서로 범퍼가 닿을 정도로 60마일이나 밀려 있었습니다. 다음 날 아침 10시까지 우리는 집에서 불과 몇 마일 떨어진 공항까지밖에 못

갔습니다. 어떤 사람들은 차를 버리고 가버렸어요. 우린 결국 가까스로 차를 돌려 휴일을 집에서 보냈지요."

방콕은 개도국이 성장 속도 조절에 필요한 여과장치와 과부하 보호장치도 없이 외국인 투자가 쏟아져 들어오도록 시장을 개방하면 어떤 일이 벌어질지 보여주는 극단적인 예다. 그 문제를 이런 식으로 생각해보자. 2000년 현재 지구상에는 58억 명이 살고 있다. 세계화된 라이프스타일을 가진 사람들이 15억 명이라고 치자. 이들은 각국에서 중하위계층이나 중간층, 또는 상층부를 차지하고 있다. 이들은 TV를 갖고 있고, 아마 전화기도 있을 테고, 어떤 형태든 타고 돌아다닐 수 있는 자동차 같은 걸 갖고 있을 것이다. 냉장고와 세탁기를 갖춘 집도 소유하고 있을 것이다. 달리 표현하자면 그들의 라이프스타일은 석유화학제품(플라스틱에서 비료에 이르기까지), 탄화수소연료(석탄, 석유, 가스), 금속가공품(자동차, 냉장고, 항공기)의 대량소비에 바탕을 두고 있다. 앞으로 10년 동안 세계화로 점점 더 많은 사람들이 이런 라이프스타일을 갖게 되면, 그리고 우리가 더 적은 자원으로 더 많은 일을 하는 법을 배우지 못하면 우리의 순결한 땅과 숲과 강과 습지는 인류 역사상 전례 없는 속도로 태워 없어지고, 가열되고, 훈제되고, 콘크리트로 덮이고, 온통 쓰레기장이 되고, 모조리 팔려나갈 것이다.

방콕에 가서 미래를 보라. 도시는 부유하지만 생활은 가난하다. 교통체증 때문에 방콕의 운전자들은 휴대전화와 휴대용 변기 없이는 차를 몰고 나올 수 없다. 1,000만 명이 사는 방콕은 도시계획이 너무 부실해 1990년대 말까지도 지하철 시스템은 물론 카풀 차선도 만들지 않았다. 많은 방콕 주민들이 평일 저녁에 손님을 초대하는 걸 중단했다. 손님들이 언제 도착할지 알 수 없기 때문이다. 환경 저널리스트인 제임스 판은 "방콕에서 자연스러운 생활은 사라져버렸다"며 "갑자기 친구에게 전화해 '15분 후 레스토랑에서 만나자'고 한다는 건 생각할 수도 없다"고 말했다.

과거 개도국들의 논리는 '지금은 엉망으로 만들지만 나중에 여유가 생기면 깨끗이 정돈할 수 있다'는 것이었다. 하지만 방콕의 사례가 보여주듯이 도시가 지금처럼 빠르고 무분별하게 확장되면 '나중'이라는 건 없을 것이다. 많은 인도가 이미 사라졌다. 공원을 지을 땅은 남아있지 않다. 운하는 새 빌딩을 짓기 위해 시멘트로 덮어버렸다. 강 속의 물고기들은 죽어버렸다. 교통경찰의 절반은 호흡기에 문제가 있다. 방콕에서는 자유시장과 전자소떼가 정부를 제치고 정부보다 지나치게 부유해졌다. 투자자들은 부패 관행으로 모든 환경규제를 피할 수 있다. 1996년 태국 주재 미국 외교관 한 사람은 나에게 이렇게 말했다.

"우리는 막 옛 소련 국가들에 10여 개의 대사관을 개설했는데 거기서 우리가 하는 일은 사람들에게 '시장'이라는 게 있다고 설명해주는 것입니다. 태국에서 우리가 하는 일은 사람들에게 시장 말고 다른 뭔가도 있다는 걸 설명해주는 일입니다."

나는 언젠가 자카르타에서 '인도네시아 자연보호를 위한 세계기금'이라는 환경단체를 이끌고 있는 아구스 푸르노모를 만나 이렇게 물었다. "신흥시장에서 환경주의자로 산다는 건 어떤 것입니까? 메이태그 수리공*처럼 마을에서 가장 외로운 사람입니까?"

그는 한숨을 지으며 말했다.

"우리나라는 끊임없이 개발을 향해서만 달리고 있습니다. 개발은 환경적으로 건전하게 이뤄질 때 지속가능하다는 점을 시민들에게 널리 알리기도 전에 도로와 공장과 발전소를 짓는 계획은 계속 앞으로 나아가고 있지요. 우리나라에는 실업 문제가 있기 때문에 고용에 대한 약속을 팔 수 있는 개발업자들은 누구나 지지를 얻을 수 있습니다. 이 경우 우리는 고용을 반대하는 집단이라는 꼬리표가 붙고 국외자로 취급되지요."

---

* 세탁기 제조업체 메이태그Maytag는 자사 제품이 고장이 없다는 점을 소비자들에게 각인시키기 위해 일감이 너무 없어 외로운 수리공을 광고 캐릭터로 등장시켰다. (옮긴이)

그는 환경을 황폐화하는 일은 이제 너무 빠르게 진행되고 있어 돌이키기 어렵다며 말을 이었다.

"산을 잃으면 다 잃는 것입니다. 산을 다시 기를 수는 없지요. 나무는 베고 나서 다시 기를 수는 있지만 숲속 식물과 동물을 포함한 생태계의 다양성은 잃고 맙니다. 10년 안에 우리 모두 환경문제를 인식하게 되겠지만 그때는 아예 보호할 환경이 남아있지도 않을까 걱정됩니다."

어떻게 해야 하나? 우리는 환경적으로 지속가능한 세계화의 방법을 개발할 수 있는가? 유일한 희망은 전자소떼가 짓밟을 수 있는 속도보다 더 빠르게 녹지를 보존할 수 있게 해주는 기술을 발전시키는 것이다. 몬산토의 로버트 샤피로 회장은 이렇게 말한다.

"인구에다 중산층이 되려는 인간들의 열망을 곱하고 이를 현재의 기술적 수단으로 나눠보면 지구상의 생명들을 지탱하는 생태계가 견디기 어려울 정도로 혹사당하고 있는 걸 알 수 있습니다. 세 사람이 호숫가에 살면서 그 안에 쓰레기를 버리면 큰 문제가 안 됩니다. 하지만 3만 명이 그렇게 하면 그토록 많은 쓰레기를 만들지 않는 방법을 찾거나, 그 쓰레기를 처리할 방법을 찾거나, 아니면 쓰레기를 만드는 사람들을 줄일 방법을 찾아야 합니다. 그러지 않으면 호수는 더 이상 존재할 수 없겠지요."

이는 정보기술과 바이오 기술, 그리고 나노기술(분자나 원자와 같은 수준으로 크기를 줄인 미세한 동력이 거대한 시스템을 가동할 수 있도록 하는 기술) 분야에서 그야말로 획기적인 발전을 필요로 하는 것이다. 이런 기술은 점점 더 작은 것을 이용하고 점점 더 적은 자원을 활용해 가치를 창출할 수 있도록 해준다. 예를 들어 바이오 기술 덕분에 우리가 식물 속으로 들어가 기본적인 DNA를 바꿈으로써 살충제를 쓸 필요없이 자연스럽게 해충을 퇴치할 수 있게 된 것은 고무적인 신호다. 정보기술 덕분에 녹음테이프와 필름을 '1'과 '0'의 조합인 숫자들로 바꿀 수 있는 것도 마찬가지다. 이들 숫자는 멸종위기에 있지도 않고, 쓰레기를 만들지도 않으며, 영원히 재활용할 수 있다.

하지만 기술의 비약적인 발전 하나만으로는 환경에 대한 소떼의 영향을 중화시키기에 불충분하다. 소떼가 움직이고 자라고 먹어치우는 속도에 비하면 기술혁신은 충분히 빠르지 않기 때문이다. 환경 파괴에 관한 통계만 봐도 알 수 있다. 1998년 『타임』은 233종의 영장류 가운데 50%가 멸종될 위기를 맞고 있으며 1분마다 52에이커의 숲이 사라진다고 보도했다.

이 때문에 환경보호주의자들은 더 빨리 움직이는 법을 배워야 한다. 원시 상태로 보존된 지역을 지켜가고 지속가능한 개발을 이루기 위해 환경규제의 소프트웨어와 환경보존 의무 이행 절차를 신속히 만들어야 한다. 이와 함께 건강한 숲과 자연생태계에 의존하는 농부와 원주민들과 협력도 강화할 필요가 있다. 또한 공원을 만들고 자연을 보존할 자세가 되어 있는 지역 엘리트층을 빨리 키워야 한다. 신흥부르주아지나 도시의 저소득층은 이런 일을 할 시간이나 자원 또는 성향을 갖고 있지 않기 때문이다. 효과적인 산아제한을 당장 추진할 필요가 있음은 물론이다. 고삐 풀린 인구 증가는 환경보호를 위한 어떤 여과장치라도 폭발시켜버릴 것이기 때문이다. 하워드 유쓰는 『월드 워치』에 쓴 글에서 카리브해 연안의 온두라스가 오랫동안 환경보호 의식을 높이려고 노력했지만 콘돔 부족이 이 고통스러운 노력의 결실을 빼앗아갔다고 밝혔다.

"온두라스 시골 지역을 비행기에서 내려다보면 이 나라가 자라나고 있는 걸 볼 수 있다. 잡목을 태우는 산불이 번지고, 새로운 마을이 생기고, 새 도로가 뚫리고, 산비탈의 나무들이 잘려나간 모습에서 인간의 활동이 조각보처럼 펼쳐져 있는 걸 볼 수 있다. … 인구는 시골 지역에서 가장 빠르게 늘어나고 있다. 험한 땅에 널리 흩어져 있는 대부분의 마을에서 피임약이나 기구를 이용하기가 쉽지 않다."

이런 지역에서 환경보존주의자들이 재빨리 움직여줄 수 있으면 좋겠지만 그러리라고 기대하는 것은 비현실적이다. 그렇다면 우리는 어떻게 될 것인가? 지금으로선 소떼와 같은 속도로 달릴 수 있는 유일한 방법은 소떼의 등에 올라타 그들이 뛰는 방향을 바꾸도록 하는 수밖에 없다. 우리는 소떼들에게 환경보존과 세계화와 탐욕은 서로 손잡고 갈 수 있음을 보여줘야 한다. 아마존을 구하고 싶으면 비즈니스스쿨에 가서 협상하는 법을 배워야 한다.

사회를 지키면 나무도 지킬 수 있다

그린메일(greenmail: 주식을 매집한 후 경영권을 위협해 그 주식을 비싸게 사도록 하는 것-옮긴이)과 그린피스Greenpeace의 재능을 겸비한 사람들을 찾는 건 쉽지 않다. 내가 만난 이들 중에 그런 사람들에 가장 가까운 이는 키쓰 앨저다. 나는 브라질의 대서양 열대우림에 갔을 때 44세의 앨저를 만났다. 그는 브라질 북동부 바이아 주에 있는 열대우림을 지키기 위한 연합의 리더 중 한 사람으로, 원숭이 전문가인 브라질 여성과 결혼한 미국인 정치학자였다. 그곳에서 일부 벌목꾼들에게 다른 일자리를 찾아주는 노력도 함께 하고 있었다. 앨저는 브라질 사람들에게 생태계보호의 중요성을 교육시킴으로써 열대우림을 지킬 수 있다는 생각을 갖고 그곳에 갔다. 그러나 그는 곧 열대우림을 보호하면 할 일이 없어지는 벌목꾼들에게 일자리를 만들어주지 못하는 한 아무 일도 이룰 수 없다는 걸 깨달았다. 앨저는 나에게 이렇게 말했다.

"사람들이 가난하게 사는 건 괴로운 일이고, 자기 주변을 돌보지 못하는 건 매우 창피한 일이지요. 이곳 농부들은 자기들도 열대우림을 구하고 싶지만 자기네 일자리 역시 멸종위기에 처해 있다고 말합니다. 그들은 새 차를 사거나 아들을 대학에 보내야 할 때는 그냥 벌목업자에게 오래된 나무

몇 헥타르를 베어가도록 합니다. 그 나무는 그런 때를 위해 마치 은행예금처럼 지켜둔 것이지요. 그러므로 내가 열대우림을 보호하려면 그들에게 일자리 만들어주는 걸 도와야 합니다."

그래서 남바이아 사회환경연구소를 운영하고 있는 앨저는 현지 환경보호그룹과 손잡고 워싱턴의 컨서베이션인터내셔널과 팀을 꾸려 열대우림을 지키기 위한 환경기업을 만들었다. 앨저와 브라질 동료들은 한편으로는 벌목업자들과 싸웠다. 환경정책을 두고 7년 동안 공개적인 투쟁을 벌인 것이다. 1998년 브라질 정부는 마침내 바이아 주 남부의 대서양 열대우림에서의 벌목을 전면 금지했다. 앨저의 팀과 컨서베이션인터내셔널은 다른 한편으로는 바로 그 열대우림의 빽빽한 숲을 따라 생태공원을 만들었다. 그들은 전문 암벽등반가들을 고용해 활과 화살을 써서 30미터 높이의 나무 위로 로프를 쏘아올린 다음, 그 로프를 연결하고 그물처럼 짜서, 나무와 나무의 윗부분을 잇는 다리를 만들게 했다. 나무 위에 지은 집들도 서로 연결했다. 발 하나 디딜 만한 넓이의 이 다리 위를 걸을 때는 옆으로 조금씩 흔들렸다. 나무 꼭대기 층을 오갈 수 있는 이 다리는 우나 마을 외곽에 있었다. 이곳에서는 한때 열대우림이 해안을 완전히 뒤덮었지만 지금은 벌목과 화전농업 때문에 단 7%만 남아있다.

나무 위 다리는 정말 볼 만했다. 1헥타르에 450종이나 되는 나무가 햇빛을 차지하려고 경쟁하는 장관은 어느 숲에서나 볼 수 있는 게 아니다. 나무 위 다리로 살살 걸어 열대우림 속을 지나가다 보면 지구상에서 가장 희귀한 원숭이 중 하나인 노랑머리 라이온 타마린이 바로 눈앞에서 나무 사이를 뛰어다니는 걸 볼 수 있다. 호박만한 흰개미 둥지가 천연고무가 흘러내리는 고무나무에 달려 있는 것도 들여다볼 수 있다. 역시 우나 생태공원의 일부인 열대우림 밑바닥의 어지러운 오솔길을 걷다 보면 나뭇잎 조각을 야구 투수 마운드 크기의 개밋둑으로 끌고 가는 가위개미(잎꾼개미)들의 행렬과 함께할 수 있다.

컨서베이션인터내셔널의 도움으로 앨저의 팀은 생태공원 건설자금을 조달하기 위해 USAID(미국의 국제개발지원기구)와 방코헤알Banco Real뿐만 아니라 브라질에서 많은 사업을 하고 있는 포드자동차와 안호이저부쉬(버드와이저 맥주 제조업체)의 후원을 얻어냈다. 방코헤알은 공원 근처의 트랜스아메리카호텔을 소유하고 있었다. 이 호텔 사장은 브라질 지방정부 관리에게 "나는 우리 호텔에 머무는 관광객들이 창밖을 내다볼 때 벌목으로 달 표면처럼 보이는 풍경보다는 나무가 우거진 풍경을 볼 수 있기를 바란다"고 말했다. 안호이저부쉬는 실제로 플로리다에 있는 부쉬가든의 테마파크 설계 전문가를 보내 생태공원 설계를 돕도록 했다.

앨저는 생태공원 외에도 다른 일자리를 만들기 위해 (그 자신도 벌목업자인) 우나의 시장과 함께 일했다. 예를 들어 600명을 고용하고 있는 트랜스아메리카호텔은 이제 열대우림 투어를 제공하고 있다. 앨저의 연합은 열대우림 안의 농사를 늘리고 있다. 숲속에서도 재배할 수 있는 코코아와 커피를 기르는 것이다. 앨저의 팀은 브라질 연방정부에 우나 시에 대한 직업보조금 지급을 요청했고, 연방정부 교육부는 우나 시 교사들을 위한 고급 훈련과정을 지원했다. 앨저는 "내가 시장의 사업을 접도록 했으니 난 그를 위해 뭔가를 해줘야 한다"며 "그러지 않으면 그들은 우리가 일자리를 뺏는다고 생각할 것"이라고 말했다. 앨저가 주목한 또 다른 한 분야는 첨단기술이었다. 오늘날 개도국들은 첨단기술에 엄청난 믿음을 갖고 있다. 주지사들과 시장들은 누구나 자기 지방에 마이크로칩 공장을 갖는 꿈을 갖고 있다. 인텔은 이 회사 창립자 중 한 사람이면서 컨서베이션인터내셔널의 이사인 고든 무어의 주장에 따라 앨저팀에 자금을 지원하고 열대우림 지도를 만들 수 있도록 컴퓨터 하드웨어를 제공했다. 그 지도는 가장 시급하게 문제를 해결해야 할 지역을 찾는 데 도움을 주는 것이었다. 앨저팀은 지리 정보 시스템(GIS)이라는 걸 이용해 컴퓨터에 지도를 입력하고 컴퓨터를 이용해 가장 핵심적인 문제를 해결하려 했다.

"우리가 컴퓨터에 물어본 가장 중요한 질문은 대서양 열대우림의 여러 구역 중 가장 숨 막히는 지점과 회랑이 어디인가 하는 것이었습니다. GIS는 우리에게 바로 그런 곳을 가르쳐주었지요. 회랑들은 열대우림의 큰 구역들을 서로 연결해주기 때문에 그게 없으면 열대우림은 단지 고립된 구역들이 모여 있는 것밖에 안 되지요. 그렇게 되면 숲은 많은 종種을 품을 수 없습니다. 회랑을 보존하지 않으면 수많은 생물이 멸종하게 될 것입니다. 우리는 우나 생태공원을 이들 회랑 가운데 한곳에 만들었고 시장은 그곳에서 나무를 벨 수 있도록 허가했습니다."

앨저는 또 우나 근처에 버려진 코코아 공장을 활용해 컴퓨터 공장을 차린 괴짜 미국 기업가 조지 세인트 로런트의 도움도 얻어냈다. 세인트 로런트는 그곳에 첨단기술 공장을 짓기로 하고 주정부로부터 세금감면을 받았다. 하지만 그는 주지사에게 컴퓨터 기술자들을 상파울루나 실리콘밸리에서 브라질 북동부까지 데리고 오려면 세금감면 이상의 유인이 필요하다고 말했다. 그에게는 푸른 지폐뿐만 아니라 푸른 숲도 필요했다. 환경을 잘 보존하는 것은 첨단기술을 가진 지식근로자들을 끌어들이는 중요한 매력이 될 수 있다. 이런 근로자들은 자기가 살 곳을 선택할 수 있다. 실리콘밸리는 아무 까닭 없이 캘리포니아에 자리 잡은 것이 아니다. 세인트 로런트는 "주지사에게 좋은 환경을 만들어달라고 요구했다"며 "컴퓨터 기술자들은 어디든 자기가 좋아하는 곳에 가서 살 수 있다"고 말했다. 그는 "그들은 높은 삶의 질과 주말을 즐길 수 있는 장소를 원한다"며 "그들이 어쩌다 가장 흥미롭고 다양한 생태계 주변에 살게 되면 그 생태계가 파괴되는 것을 지켜보기만 하지 않고 그 일부가 되려 할 것"이라고 말했다. 앨저가 지방정부의 지원을 받을 수 있도록 하기 위해 세인트 로런트는 그 지역 학교에 컴퓨터를 기증하겠다고 약속했다. 결국 브라질 정부와 앨저의 연합으로부터 압력을 받은 우나의 시장은 마지못해 요구를 수용했다. 그 시장은 나에게 이렇게 말했다.

"내가 처음 환경보호론자들의 말을 들었을 때 나는 그들이 우리를 못살게 군다고 생각했습니다. 2년 전쯤 나는 그들이 이 지역 발전을 돕는 데 고민하고 있다는 걸 깨달았습니다. 면적이 1,700평방킬로미터인 우나에는 3만 2,000명의 주민이 살고 있습니다. 가장 많은 고용을 하는 데는 트랜스아메리카호텔과 우나카우(대규모 코코아 농장), 그리고 지방행정 관청입니다. 이곳 생활은 아주 어렵습니다. 주민의 약 40%가 나무로 지은 오두막에 살고 있지요. 코코아 산업이 무너진 후부터는 사정이 정말 나빠졌습니다. … 나는 키쓰가 벌목은 지속가능한 산업이 아니라며 우리에게 진실을 이야기한 걸 원망하지 않아요. 우리는 스스로 일자리를 만들어야 할 것입니다. 하지만 키쓰 역시 자기 몫을 해야 할 것입니다."

이 모든 일에서 앨저가 얻은 교훈은 열대우림을 지키려면 한 나라의 금융 시스템을 지킬 때처럼 이를 신흥시장뿐만 아니라 신흥사회의 문제로 다뤄야 한다는 것이다. 사회를 지키면 나무도 지킬 수 있다. 앨저는 이렇게 설명한다.

"우리는 남바이아 사회환경연구소를 만들기 위해 이 지역에서 가장 똑똑한 대학원생들과 함께 일하기 시작했어요. 그리고 그들을 훈련시키고 자연보존을 위한 현대적인 기술로 무장시켰지요. 생물학 분야 전문가들에게 어떻게 비즈니스 거래를 하는지 가르치고, 경제 전문가들에게 최신 지도 제작기술을 가르치는 것이지요. 최근까지 이런 식의 통합적인 교육을 하는 브라질 대학은 없었어요. 요즘에는 성공적인 환경기업가가 되려면 서로 다른 분야를 넘나드는 기술이 필요합니다. 우리는 이제 새로운 세대에게 어떻게 하면 같은 돈으로 가장 많은 일을 해낼 수 있는지에 대해 교육하고 있습니다. 그 일은 다양한 종을 보존하는 일, 그리고 그 종과 함께 살아가는 인간들에게 경제적·사회적 기회를 만들어주는 일을 말합니다. 우리가 이 두 가지 일을 하는 방법을 배우지 않고서는 나무 한 그루도 지키지 못할 것입니다."

세계화를 푸르게 만드는 다른 방법은 기업과 그 주주들에게 환경적으로 건강한 생산방식을 채택하면 그들의 이익도 늘고 주가도 올라가리라는 걸 보여주는 것이다. '샌프란시스코만 보존과 개발위원회'에 참여하면서 기업들에게 환경보호와 이윤을 함께 추구하는 법을 가르쳐주는 환경공학자 짐 레빈은 이렇게 설명한다.

"당신이 해야 할 일은 기업과 주주, 그리고 월스트리트의 애널리스트들에게 환경보호를 소홀히 하는 것은 곧 이윤을 잃는 것이라는 점을 깨닫게 해주는 것입니다. 10년 전까지만 해도 제조업체들에게 환경보호는 중요한 목표가 아니었습니다. 하지만 이제 패러다임이 바뀌고 있습니다. 정부는 환경보호를 위해 정곡을 찌르는 일들을 하고 있습니다. 환경친화적인 기업들을 만들기 위해 새로운 규제와 세제상의 유인을 도입하는 것이지요. 증권거래위원회(SEC)는 기업들이 주주들에게 환경문제로 질 수 있는 부채를 정확히 알려야 한다고 요구하고 있습니다. 예를 들어 환경오염 문제로 소송을 당했는지, 그걸 깨끗이 청소하는 데 비용은 얼마나 들지에 관한 정보를 공개해야 하는 것입니다. 기업들은 방콕에 가서 환경오염을 일으키는 공장을 지었다가는 나중에 태국 정부가 환경규제 법규를 제정함에 따라 오염된 환경을 청소해야 할 수도 있다는 걸 깨닫기 시작했습니다. 이 경우 처음부터 환경친화적인 공장을 짓는 것보다 훨씬 더 많은 비용이 들 수도 있지요."

이 새로운 패러다임에서 앞서나가는 기업들 중 하나가 시카고의 의약품과 의료기기 제조업체 백스터인터내셔널이다. 전 세계 60곳에 제조 공장을 둔 백스터는 1997년 61억 달러의 매출을 올렸다. 이 회사는 주주들을 위한 연례보고서에 전 사업 부문의 환경재무보고서를 포함시켰다. 1997년 환경재무보고서는 그해 환경친화적 생산방식을 실행함으로써 1,400만 달러를 절감했으며 이는 필요한 설비를 갖추는 데 든 비용을 건지고도 남는 금액이라고 밝혔다. 또한 1990년 이후 환경친화적 생산에 따른 비용절감 효과가 이미 8,600만 달러에 이르렀다고 밝혔다. 이 보고서는 "1990년 이후 환경친화적인 조치를 실행하지 않았다면 원자재 가공과 폐기물 처리, 그리고 포장 비용으로 1억 달러를 더 썼을 것"이라고 설명했다.

지금은 대부분의 나라들이 효과적인 '환경오염부담금'에 관한 법규를 제정하지 않고 있으나 앞으로는 많은 나라들이 이 법규를 도입할 것이다. 백스터가 1997년 연례보고서에서 "우리 공장에서 나오는 모든 폐기물을 적절한 처리시설로 보내는 것이 향후 거액의 우발채무를 피하는 데 도움이 될 것"이라고 밝힌 것도 이 때문이다. 경영자들이 이런 식으로 생각하지 않는 것은 주주들의 이익을 돌보지 않는 것이며 거액의 보너스를 스스로 포기하는 것이다.

인터넷 행동주의

하지만 때로는 이런 이윤 동기조차 효과가 없을 때가 있다. 때로는 땅을 혹사시키고 글로벌 투자자들의 탐욕을 채움으로써 더 큰 이익을 남길 수도 있다. 이런 경우에 쓸 수 있는 최후의 전략이 있다. 강력한 효과를 낼 수 있는 전략이다. 세계화에 세계화로 대응하는 것이다.

나는 이 역시 브라질에서 발견했다. 열대우림이 아니라 내가 컨서베이션인터내셔널팀과 함께 찾아간 판타날 습지에서였다. 우리는 조그만 프로펠러 비행기를 타고 리오네그로 강변에 있는 목장 겸 자연 속 숙박시설 파젠다 리오네그로로 갔다. 앞마당의 풀밭이 임시 활주로였다. 우리는 마토그로소 도 술 주의 환경보호관 닐슨 드 바로스와의 인터뷰로 투어를 시작할 작정이었다. 드 바로스가 리오네그로 강 가운데서 인터뷰를 하자고 고집했을 때 나는 재미있는 인터뷰가 될 것이라는 걸 알았다. 우리는 파젠다에서 모터보트를 타고 약속 장소로 출발했다. 만나기로 한 장소는 강이 구비지고 얕은 곳이었다. 드 바로스와 그의 팀은 허리 깊이의 강 안에 서서 우리를 기다리고 있었다. 그 옆 보트의 냉장고에는 맥주가 가득했다.

"우선 맥주부터 한 캔 마시고 목욕하고 그런 다음에 이야기합시다." 그는 흐르는 강물을 즐기며 스콜 맥주 캔을 땄다.

그리고 나는 이 세상 최고의 직업을 가졌다고 생각했다!

드 바로스는 브라질, 볼리비아와 파라과이 국경을 따라 형성된 판타날 습지가 세계에서 가장 큰(위스콘신 주만한) 민물 습지로 재규어와 수많은 멸종위기 종들의 고향이라고 설명했다. 우리가 서 있는 판타날 자연보호지역은 공룡 없는 쥬라기공원 같았다. 강을 따라 우리는 큰 악어가 강가를 어슬렁거리고 커다란 강 수달이 자맥질하는 모습을 보고, 백로, 히아신스 사랑앵무새, 큰부리새, 따오기, 늪사슴, 노랑부리저어새, 검은대머리황새, 오셀롯, 그리고 아메리카타조가 숲속 여기저기서 튀어나오는 것도 봤다. 드 바로스는 아마존과는 달리, 판타날은 가난을 면하기 위해 환경을 파괴하는 주민들에게서 위협받는 것은 아니라고 밝혔다. 사실 판타날은 목장과 어로, 생태환경을 통해 인간과 자연이 조화를 이루며 잘 살아가는 희귀한 사례다. 이 지역에 대한 위험은 세계화와 함께 찾아왔다. 판타날 유역 위쪽의 고원에는 콩을 재배하는 농부들이 있었다. 그들은 급속히 늘어나는 세계 콩시장의 수요를 충족시키기 위해 열을 올렸는데 그들의 농장에서 살충제와 침적토가 흘러내려와 강과 야생동식물을 오염시켰다. 브라질, 아르헨티나, 우루과이, 볼리비아는 글로벌 경쟁력을 강화하기 위한 무역블록을 만들었다. 그리고 이 지역에서 수확한 콩을 세계시장에 더 빨리 내다팔기 위해 바지선이 더 쉽고 빠르게 오갈 수 있도록 강을 준설하고 물길을 직선으로 바로잡으려 했다. 하지만 이는 생태계에 심각한 해를 끼칠 수 있는 것이었다. 결국 엔론이 이끄는 국제 에너지기업들의 컨소시엄까지 환경적으로 위험할 수도 있는 가스관 공사를 하고 있다. 가스가 풍부한 볼리비아에서 판타날 지역을 지나 에너지가 부족한 상파울루까지 관을 연결하려는 것이었다.

　세계화는 판타날의 가장 큰 위협이지만 또한 이 지역을 구할 수 있는 가장 큰 희망이기도 하다. 무엇보다 판타날 주민들은 이제 전통적인 생활 방식을 지킬 기회를 갖고 있다. 그 땅을 자연 그대로 보존하면서 환경친화적인 제품에 기꺼이 프리미엄을 지불하는 세계시장에 자연적으로 기른 소의 고기와 생태관광을 파는 것이다. 더욱이 이곳에 첨단기술 기업이 있는 건 큰 자산이 될 수 있다. 콩 재배 사업은 대규모 바지선 업체를 끌어들였다. 그 업체는 이 지방 기업들에게는 없는 첨단기술을 활용해 환경에 대한 피해를 줄일 수 있었다. 첨단 프로펠러를 장착한 현대식 바지선은 강이 심하게 구부러진 곳에서도 운항할 수 있기 때문에 강을 일직선으로 만들 필요가 없었다.

　하지만 세계화가 진정으로 자산이 되는 것은 세계화가 전자소떼와 정부를 상대로 효과적인 반격을 할 수 있는 '슈퍼 환경운동가'를 만들어 주기 때문이다. 인터넷 덕분에 이 나라 환경운동가들은 다국적기업들이 어떻게 행동하는지 다른 나라 환경운동가들에게 신속하게 전해줄 수 있다. 그래서 점점 더 많은 다국적기업들이 인터넷 행동주의에 대응해 글로벌 시장에서 좋은 평판과 브랜드 이미지를 유지하려면 환경보호에 대한 책임을 더 강화할 필요가 있음을 깨닫게 됐다. 판타날에서는 이 지역 환경운동가들이 북미 지역 환경운동가들과 연계해 강을 준설하고 일직선으로 만드는 공사의 자금을 댈 미주개발은행(IADB)에 압력을 가했다. 글로벌 시장에서의 평판에 민감한 이 은행은 이 프로젝트를 지원하는 지방정부에 공사 규모를 줄이고 전면적인 환경영향평가를 실시하라고 압력을 넣었다. 결국 지방정부는 강의 흐름을 크게 바꾸지 않고도 바지선 운항을 쉽게 할 수 있는 방안을 찾아냈다.

　컨서베이션인터내셔널의 기업협력 담당 부대표인 글렌 프리킷은 이렇게 말했다.

"이는 15년 전과는 너무나 대조적인 일입니다. 브라질 같은 나라를 한번 생각해보세요. 15년 전 이 나라는 장군들이 통치했고, 외국 환경운동가들이 아마존 개발에 관해 비판하면 장군들은 즉각 '꺼져. 이곳은 우리 영토다. 너희들이 상관할 바 아니야'라고 말했지요. 하지만 세계화와 인터넷시대가 오면서 브라질 정부는 이들 거대 글로벌 기업들이 투자하도록 허용하고, 투자해달라고 초청하기 시작했어요. 이는 새로운 변화를 만들어냈습니다. 개발을 추진하는 동력은 글로벌 기업에 넘어갔습니다. 그들은 본래 글로벌 시장에서 비즈니스를 하고 글로벌 시장에 접근해야 하기 때문에 글로벌 환경보호에 대한 평판에 신경을 써야 했지요. 브라질 환경운동가들이 인터넷을 통해 미국과 유럽에 있는 동료들에게 어떤 글로벌 기업이 브라질의 환경을 망치고 있다고 이야기하면 다른 나라의 환경운동가들은 즉각 행동에 들어갑니다. 그러면 그 기업은 곧 브라질뿐만 아니라 전 세계의 사업에 영향을 주는 환경 캠페인에 직면하게 되지요."

전 세계에 민주주의가 이토록 확산된 지금은 대규모 발전시설이나 환경에 민감한 영향을 미치는 다른 공사에 관해 환경운동가 한 사람만 이메일을 통해 메시지를 날리면 그 프로젝트를 중단시킬 수 있다. 글로벌 기업은 환경보호 프로그램을 지원함으로써 점점 더 환경보호 의식이 높아져가는 고객들에게 자사의 글로벌 브랜드 이미지를 제고할 수 있음을 배워가고 있다.

프리킷은 "환경운동이 세계적으로 연결된 지금은 나쁜 행동을 하는 기업들이 숨을 곳이 없다"며 "고객과 규제 당국, 그리고 주주들은 기업들이 멀리 떨어진 곳에서 한 일에 대해서도 벌을 주거나 보상해줄 수 있다"고 말했다. 그는 "이들은 올바르게 행동하는 기업들에게는 문을 열어주고 나쁜 행동을 하는 기업들에게는 문을 닫을 수 있다"고 말했다.

일류 기업들은 이미 이런 것들을 터득했다. 듀퐁 회장인 찰스 할리데이 주니어는 나에게 이렇게 설명했다.

"옛날에는 어떤 지역에 화학공장을 세우려면 그 지역 주민들의 동의만 얻을 수 있으면 문제없을 것이라고 생각했지요. 더 이상은 아닙니다. 인터넷과 다른 커뮤니케이션 수단들이 생긴 지금은 만족시켜야 할 이웃이 60억 명에 이릅니다. 지금은 많은 일들에 대해 정부의 허가를 받을 수 있지만 가장 큰 문제는 일반 시민들의 광범위한 지지를 얻을 수 있느냐입니다."

현재 포드자동차가 판타날 지역에서 컨서베이션인터내셔널이 야생동식물을 관리하고 판타날 축산농장을 민간 자연보호시설로 전환하도록 재정적 지원을 하고 있는 것도 이런 이유에서다. 포드는 심지어 판타날 자연보호를 위해 브라질 정부에 로비까지 하고 있다. 포드가 이 지역의 멸종위기 동식물과 사랑에 빠졌기 때문에 판타날을 구하려는 것은 분명 아니다. 판타날의 재규어를 구하려고 노력하는 모습을 보이면 더 많은 재규어 자동차를 팔 수 있을 것으로 믿기 때문이다. 그렇게 해서 이 아름다운 생태계와 생활 방식을 지킬 수만 있다면, 헨리 포드와 인터넷에 신의 축복이 있으라.

글로컬화

전자소떼로부터 열대우림을 지키는 것이 어렵다면 열대우림 주변에 자라는 문화를 지키는 것은 훨씬 더 복잡한 과제다.

그전에는 말할 것도 없고 냉전체제 때에도 여러 나라와 문화가 오늘날처럼 자주, 직접적으로, 그리고 터놓고 만난 적이 없다. 해외 여러 곳을 여행하는 것은 더 힘들었으며, 개별 국가의 문화가 그 안에 숨을 수 있는 헤아릴 수 없는 장벽과 울타리, 계곡과 참호가 있었다. 하지만 오늘날에는 각국의 문화가 인터넷과 위성TV, 개방된 국경을 통해 글로벌 소비자들에 제공되고 잔인한 적자생존의 방식으로 시험을 받는다. 내가 세계화 전선의 저 너머에는 어떤 세계가 있는지를 보기 위해 중국 북동부 지역에 갔을 때 나는 거기서 고고 부츠를 신은 10대 소녀를 보았다. 나는 싱가포르공항에 들어갔을 때 전통의상을 입은 2명의 조그마한 인디언 할머니들이 라운지에 꼼짝 않고 앉아 루퍼트 머독의 스카이TV가 내보내는 미국 레슬링을 시청하는 걸 보았다. 나는 그 할머니들이 타잔 차림의 보기 흉한 덩치들이 서로 몸을 치고받는 걸 보면서 무슨 생각을 하고 있을까 궁금해졌다. 적절한 소프트웨어와 운영체제도 없이 세계화에 접속하면 눈 깜짝할 새 경제가 녹아내릴 것이다. 환경에 과부하를 초래하는 걸 막기 위한 적절한 보호장치도 없이 세계화에 접속하면 한순간에 도로포장 아스팔트가 숲을 덮어버릴 것이다. 적절한 여과장치도 없이 세계화 문화를 받아들이면 당신이 잠들 때는 인도나 이집트, 이스라엘, 중국, 또는 브라질 사람이라고 생각하면서 잠이 들어도 다음 날 아침 잠에서 깨면 당신의 아들딸들이 모두 진저 스파이스(영국의 여성 팝 가수 제리 할리웰의 별명-옮긴이)나 헐크 호건(미국의 유명한 프로레슬러-옮긴이)처럼 보이게 될 것이다.

카타르에서 타코벨을 보고 한 달 후에 나는 말레이시아 콸라룸푸르에 갔다. 거기서는 아시아에서 가장 훌륭하고 오래된 호텔 중 하나인 샹그릴라에 묵었다. 나는 너무나 이국적으로 들리는 샹그릴라라는 이름을 좋아한다. 나는 콸라룸푸르에 밤늦게 도착했기 때문에 시내로 들어오면서 많은 걸 보지 못했다. 그래서 다음 날 아침 일어나자마자 호텔방의 커튼을 열고 밖을 내다봤다. 그때 내가 처음 본 풍경은 옆빌딩에 2층 높이로 붙어 있는 켄터키프라이드치킨(KFC)의 샌더스 대령(KFC를 창업한 할랜드 샌더스의 애칭-옮긴이) 그림이었다.

나는 혼잣말을 내뱉었다. '오, 이런. 저건 도대체 뭐 하는 거야? 1만 5,000마일을 날아 콸라룸푸르에 와서 샹그릴라에 묵는데 처음 만난 사람이 샌더스 대령이라니!'

자카르타에서도 비슷한 경험을 했다. 자카르타 시내의 기업인을 만나고 나서 그에게 다음번 약속 장소로 가는 길을 물었다. 그는 정확히 이렇게 알려줬다. "하드록 카페 바로 위 2층에 아르마니 매장이 있는 건물까지 간 다음 맥도날드 있는 데서 오른쪽으로 도세요." 나는 그를 쳐다보고 웃으며 물었다. "내가 도대체 어디 있는 거죠?"

인도는 이 세계적인 문화 동질화에 강력히 저항하려는 나라다. 하지만 인도의 엘리트층에서도 전자소떼는 민첩하게 움직이고 있다. 1998년 여름 뉴델리에서 숨막히게 더운 어느 날 오후 나는 전 인도 총리인 I. 구즈랄을 인터뷰했다. 78세인 구즈랄은 가장 계몽적인 인도 정치인들 중 한 사람이었다. 그는 유네스코의 한 컨퍼런스에서 캐나다 대표에게 들었던 이야기를 회상하면서 이야기를 시작했다. 선진국들이 그들의 문화를 개도국들의 목에 쏟아붓는 게 아니라 양방향 소통이 이뤄지도록 하는 '새로운 정보질서'를 확립하자는 결의안을 구즈랄이 제안했을 때였다. 캐나다 대표는 그 결의안을 지지해 구즈랄을 깜짝 놀라게 했다. 구즈랄은 그 때 일을 이렇게 회상했다.

"나는 캐나다가 왜 그 결의안을 지지했는지 물어봤지요. 그는 '우리는 이미 당신들이 두려워하는 걸 경험하고 있기 때문'이라고 대답하더군요. 이제 더 이상 캐나다 음악과 캐나다 극장·영화·문화 또는 언어가 없다는 겁니다. 전부 미국화됐다는 뜻이지요."

그 문제가 왜 그토록 중요한지를 묻자 인도 전통의상을 입은 구즈랄은 "기본적으로 자기 집 뒤뜰에 자기만의 올리브나무를 갖고 있지 않으면 집에 있어도 결코 자기 집처럼 느끼지 못할 것이기 때문"이라고 대답했다. "내 뿌리는 무엇인가?" 그는 큰 소리로 자문하더니 이렇게 설명했다. "내 뿌리는 내가 인도에 살고 있다는 것뿐만이 아닙니다. 누군가가 내 모국어로 시 구절을 암송하는 걸 들을 때 나는 뿌리를 느낍니다. 내가 거리를 걸어갈 때 누군가가 내 모국어로 노래하는 걸 들을 때도 뿌리를 느낍니다. 내 집에서 전통의상을 입고 당신과 함께 앉아 있을 때도 뿌리를 느끼지요.

우리의 전통은 1,000년이나 된 것입니다. 그냥 쉽게 버릴 수는 없지요. 다채로움과 다양성이 유지되고 서로 다른 문화를 장려할 때 더욱 풍부한 세계가 될 것입니다."

나는 구즈랄의 말에 완전히 공감했다. 아마도 내가 미네소타 주의 비교적 조그만 동네에서 태어났기 때문일 수도 있다. 세계화는 완전히 방향을 잃고 혼란에 빠질 수도 있다. 자기만의 문화적 올리브나무가 뿌리 째 뽑히거나 다른 이들의 나무와 똑같은 곤죽이 되면 당신은 세계에서 기품을 잃게 된다.

나는 예루살렘에서 어느 날 오후 내 친구이자 정치이론가인 야론 에즈라히와 함께 이 문제를 골똘히 생각하고 있었다. 그때 그는 예리한 의견을 내놓았다. "이봐, 톰, 어떤 사람에게 집 없는 사람이라는 느낌이 들게 하는 데는 두 가지 방법이 있어. 하나는 집을 부숴버리는 것이고, 다른 하나는 그 집을 다른 모든 사람들의 집과 똑같아 보이고 똑같게 느껴지도록 만들면 돼."

우리는 어떻게 이런 종류의 상실감을 예방할 수 있는가? 가장 먼저 해야 할 일은 미국화된 세계화Americanization-globalization가 단지 밀어붙이는 것만이 아니고 끌어당기는 것이기도 하다는 사실을 이해하는 것이다. 세계 모든 곳의 사람들은 여러 가지 이유로 세계화에 참여하기를 원한다. 도하 해안 도로에 있는 타코벨에 꽉 들어찬 카타르 사람들은 매력적인 펍(영국식 선술집 겸 식당-옮긴이)이나 참나무와 황동으로 치장한 이탈리아식당에 다니는 사람들이 아니다. 해안도로에 타코벨이 들어서기 전에 그곳에는 아마도 파리가 꼬이는 노변 간이식당이 있고, 화장실도 전기도 없는 비위생적인 곳에서 숯불구이를 하고 있었을 것이다. 하지만 타코벨에는 깨끗한 화장실과 미소 띤 종업원들, 국제적인 위생기준의 서비스와 품질관리가 있다. 카타르 사람들이 한 번도 맛보지 못했던 멕시코 음식을 감당할 수 있을 만큼 싼 값에 팔고 있다. 손님이 가득한 것도 이상한 일이 아니다.

그리고 눈에 보이지는 않지만 더 값진 뭔가가 제공되고 있다. 나는 그게 무엇인지 말레이시아에서 처음 발견했다. 나는 말레이시아 재무장관을 만나러 갔는데, 내가 대기실에서 기다리는 동안 장관의 공보 담당자가 나처럼 장관을 만나려고 기다리고 있던 말레이시아 기업인을 나에게 이렇게 소개했다. "이쪽은 이샥 이스마엘 씨입니다. 그는 말레이시아의 모든 KFC 프랜차이즈를 갖고 있지요." 나는 즉시 IBM 노트북을 꺼내면서 그에게 인터뷰를 하자고 요청했다.

"KFC가 말레이시아에서 인기를 끌 수 있는 요인은 뭔가요?" 내가 이렇게 물었더니 그는 말레이시아 사람들이 KFC의 맛만 좋아하는 게 아니라고 대답했다. 그보다는 그것이 상징하는 현대성, 미국 문화, 최신 유행을 더 좋아한다는 것이다. "이곳 사람들은 서구적인 것, 특히 미국적인 것은 무엇이든 좋아하지요. 사람들은 그런 걸 먹고 그런 분위기를 즐기고 싶어 합니다. 말레이시아 전역의 조그만 시골 마을 사람들까지 KFC를 사러 먼 길을 마다 않고 찾아와서 줄을 섭니다. 그들은 미국과 관련을 맺고 싶어 합니다. 이곳 사람들은 현대적인 것은 무엇이든 좋아하고 KFC를 먹을 때 더 현대적이라는 느낌을 갖지요." 사실 말레이시아 시골에서 KFC점에 가는 것은 많은 사람들이 결코 가볼 수 없을 미국을 가장 싸게 여행할 수 있는 길이다.

말레이시아 사람들이 KFC에 가고 카타르 사람들이 타코벨에 가는 이유는 같은 것이다. 미국 사람들은 그들의 환상의 원천을 찾아 유니버설 스튜디오에 간다. 오늘날 그게 좋은 일인지 아닌지는 차치하고 세계화는 미국의 환상을 세계에 확산시키는 하나의 수단이 되고 있다. 오늘날의 지구촌 사람들은 세계에는 다른 방식의 삶이 있다는 걸 알고 있다. 그들은 미국식 라이프스타일을 알고 있으며 가능한 한 많이 그걸 받아들이고 싶어 한다. 미국식 생활 방식의 온갖 양념도 함께 말이다. 이를 위해 어떤 이들은 더

즈니월드로 가고, 어떤 이들은 말레이시아 북부의 KFC점으로 간다. 말레이시아의 젊은 인권운동가 아이비 조시아는 이런 현상에 대한 그녀 세대의 엇갈린 정서를 말해주었다.

"우리의 허름한 전통식당들이 KFC와 맥도날드, 칠리에 잠식당하는 걸 보면 착잡해져요. 우리는 자기의 정체성을 잃어가고 있어요. 우리는 그런 전통식당과 함께 자랐지만 젊은 사람들은 안 그래요. 이제 그런 식당에 가면 쥐도 나오고 물도 깨끗하지 않아요. 말레이시아 어린이들에게는 피자헛에 가는 것이 최고의 외식이지요. 세계화는 미국화입니다. 이곳의 엘리트들은 '맥도날드를 먹지 말아야 한다'고 말하지만 미국에 가볼 수 없는 보통 사람들에게는 맥도날드에 가는 게 미국이 그들에게 오도록 하는 길이지요."

이 모든 것들을 감안하면, 우리가 거대기업 맥도날드나 타코벨이 세계 전역에 프랜차이즈를 내는 걸 어떻게든 막을 수 있다고 생각하는 것은 순진한 발상이다. 그들은 사람들이 원하는 걸 제공하기 때문에 번창한다. 선진국에서 온 방문객들이 즐길 아름다운 경치를 망치기 때문에 맥도날드나 타코벨이 들어서는 걸 막아야 한다고 개도국 사람들에게 말한다면 이는 참을 수 없을 만큼 건방진 말이며 효과도 없는 말이다.

하지만 문화적인 관점에서 이야기하자면, 이들 세계적인 프랜차이즈가 개도국의 모든 아름다운 언덕과 공항터미널과 길모퉁이마다 점점 더 많이 들어설수록 선진국과 개도국 모두 뭔가를 잃게 될 것이다. 유일한 희망은 각국이 글로벌 자본주의의 동질화로 자국의 문화가 지워지는 걸 막기 위해 다중 여과장치를 개발하는 방법을 알게 되는 것이다. 이는 하나뿐인 희망이다. 오늘날 세계화의 힘과 속도를 감안할 때 여과 기능을 할 정도로 충분히 강하지 못한 문화는 환경변화에 적응하지 못하는 다른 모든 종과 마찬가지로 곧 깨끗이 사라지게 될 것이다.

나는 가장 중요한 여과장치가 글로컬화(glocalization: globalization과

localization을 합성한 말-옮긴이)라고 믿는다. 건강한 글로컬화는 한 문화가 다른 문화와 만났을 때 그 영향력을 흡수해서 자기 문화를 더욱 풍부하게 할 수 있는 능력이다. 또한 진정으로 이질적인 것은 거부하고 자기 문화와는 다르지만 즐길 수 있는 것은 따로 분리된 상태로 즐기는 것이다. 글로컬화의 목적은 세계화에 압도되는 것이 아니라, 그 특성들을 성장 잠재력을 높이고 다양성을 증진하는 방식으로 자기 나라와 문화에 동화시킬 수 있도록 하는 것이다.

글로컬주의는 사실 고대사회까지 거슬러 올라가는 매우 오래된 개념이다. 예컨대 어떤 지역의 문화가 헬레니즘 문화와 만났을 때 그에 압도되지 않고 가장 좋은 장점만을 흡수하려고 하는 경우가 있었다. 유대주의는 여러 세대에 걸쳐 다른 많은 나라들의 영향력을 흡수한 종교적 문화의 고전적인 사례. 유대주의는 핵심적인 정체성을 잃지 않고 다른 문화를 흡수했다. 나의 스승인 랍비 쯔비 마르크스는 유대인들이 기원전 4세기에 처음으로 그리스인들과 만났을 때 유대인들의 사고에 가장 철저히 흡수된 것은 그리스인들의 논리학이었다고 지적했다. 이는 성서와 그 시대 랍비들의 학문에 녹아들었다. 그의 설명을 들어보자.

"그리스의 논리학을 흡수하는 건 상대적으로 쉬웠어요. 그리스의 논리학이 그 시대 랍비와 성서학자들이 하고 있던 일, 다시 말해 진리를 탐구하는 일과 유기적으로 관련돼 있었기 때문이지요. 건강한 문화 흡수는 한 사회가 외부의 문화를 가져와 자기의 사고틀에 맞춰 적응시키고 그게 외부에서 왔다는 사실을 잊어버리는 것입니다. 이는 외부에서 흡수된 문화가 자기 문화에 잠재돼 있지만 완전히 개발되지 않은 뭔가를 자극했을 때 일어나는 일입니다. 그리고 외부의 자극을 만났을 때 잠재된 자기 문화가 풍부해지고 꽃피울 수 있도록 도와줄 때 나타나는 일이지요."

인종과 문화는 그렇게 발전하는 것이다.

유대인들이 그리스 논리학을 만나던 시기에 그들은 또한 육체를 찬미하는 그리스 문화도 접했다. 그리스인들이 에로스와 다신론에 몰두하는 문화를 만난 것은 물론이다. 유대인들은 이런 영향들은 흡수하지 않았다. 이런 것들은 이질적인 것으로 여겨졌고 계속 이질적인 것으로 남았다. 그리스인들은 벌거벗은 체육인들을 지켜보기를 좋아했다. 하지만 유대인들은 그런 걸 좋아하지 않았고 그리스 문화의 이런 부분은 흡수하지 않았다. 이런 문화를 받아들이는 이들은 그리스 문화에 동화돼 원래의 자아를 잃어버린 것으로 간주됐다. 그리스인들의 음식과 복식은 유대인들이 선별적으로 받아들였다. 이런 문화를 즐긴 것은 그것이 단순히 유대 문화와 다르기 때문이었으며, 유대인 자신의 것이 되지는 않았다. 조금 우습게 표현하자면, 그들은 수블라키(souvlaki: 그리스인들이 먹는 꼬치구이—옮긴이)를 먹기 위해 마쪼(matzo: 유대인들이 먹는 무교병—옮긴이) 경단을 넣은 수프를 포기하지 않았다. 하지만 수블라키를 그저 특이한 음식으로 즐겼다.

건강한 글로컬주의는 언제나 시행착오를 거치는 과정이지만 점점 더 필요성이 커지고 있다. 그토록 많은 장벽과 울타리와 참호가 제거됐고 또 앞으로도 제거될 수밖에 없는 세계에서는 글로컬화를 잘하는 문화가 정말 유리하다. 그러지 못한 문화는 글로컬화하는 법을 배워야 한다. 어떤 문화는 글로컬화하는 데 서투르며, 이는 그들에게 대단히 큰 위협이 될 것이다. 어떤 나라 문화가 글로컬화를 잘하지 못하면 아프가니스탄의 탈레반 이슬람 근본주의자들과 같은 반응을 만나게 된다. 그들은 세계화와 부닥쳤을 때의 시행착오를 두려워한다. 모든 것이 잘못되고 문화는 압도당할 것이라는 두려움 때문이다. 그래서 나라 전체에 장막을 치거나 점점 더 높은 장벽을 쌓는 것이다. 하지만 이런 장벽은 필연적으로 전자소떼에게 뚫리기 마련이며, 이 경우 사람들은 스스로 문화적 정체성을 잃고 외부의 문화에 흡수돼버린다. 외부 문화가 그 나라를 안마당처럼 휘젓고 지나가게 될 것이다.

또 다른 위험도 있다. 어떤 문화는 스스로 건강한 글로컬화를 이뤘다고 생각하지만 사실은 외부 문화에 모르는 사이 점차 동화돼 자기의 정체성을 잃어버릴 수도 있다. 진부하지만 분명한 사례 하나는 맥도날드 재팬이 일본 문화에 흡수된 경우다. '마쿠노나루도'로 불리는 일본 맥도날드점은 모두 2,000개에 이른다. 미국 바깥의 맥도날드 프랜차이즈로는 최대다. 일본 맥도날드는 일본 사회에 너무나 성공적으로 통합돼 심지어 이런 이야기까지 있다. 어린 일본 소녀가 로스앤젤레스에 와 길거리를 둘러보다 맥도날드점 몇 개를 발견하고는 엄마의 소매를 잡아당기며 말했다. "엄마, 저것 좀 봐. 이 나라에도 맥도날드가 있네." 그 소녀는 사실 맥도날드가 일본 기업이 아니라 미국 기업이라는 걸 몰랐던 것이다. (일본 맥도날드 사람들은 일본인들이 발음하기 쉽도록 '로널드 맥도날드'라는 이름을 '도널드 맥도날드'로 바꿔 부를 정도다.) 맥도날드 인터내셔널 사장인 제임스 캔틸루포는 나에게 이렇게 말했다. "미국 기업으로 보이면서 일본에 2,000개의 점포를 낼 수는 없습니다. 보세요. 맥도날드는 고기와 빵, 그리고 감자 요리를 제공합니다. 하지만 맥도날드에서가 아니더라도 세계 대부분의 지역에서 고기와 빵, 감자를 먹을 수 있습니다. 중요한 것은 어떻게 포장하고 어떤 경험을 줄 수 있느냐지요."

일본 소녀가 맥도날드는 시카고에서 온 회사이며 일본 사람과는 거리가 먼 레이 크록이라는 사람이 설립했다는 걸 모른다는 사실은 내가 보기에는 건강하지 못한 글로컬화다. '빅맥'처럼 뭔가 다른 것으로 받아들여야 하고, 또 그 다르다는 점 때문에 즐길 수 있는 것들이 일본에서는 그렇게 받아들여지지 않고 있다. 자기 문화의 일부가 아닌 외부 문화를 흡수하면서 자기 것을 잃어버리고 그 외부 문화에 빠져들 때 건강하지 못한 글로컬화가 나타난다. 쯔비 마르크스는 "의학계에 있는 사람들은 암바이러스가 세포에 침투할 때는 세포가 암바이러스의 존재를 모르도록 위장해서 침투하는 수가 있다고 이야기하지요. 그 세포가 너무 늦을 때까지 암바이러스를 자기 조직의 일부로 생각하도록 말입니다. 암이 세포핵을 차지하고 나면 세포 전체가 갑자기 죽어버리게 되지요." 글로컬화도 이런 암바이러스처럼 진행될 수도 있다. 당신이 어떤 걸 자기 것으로 생각하도록 속이는 것이다. 나는 일본에 맥도날드가 있는 것도 좋고, 우리 집이 있는 베데스다에 스시 바가 있는 것도 좋다. 나는 어린 일본 소녀가 맥도날드를 즐기는 것도 좋고, 내 딸들이 스시를 즐기는 것도 좋다. 하지만 일본 소녀가 맥도날드는 실제로 일본 것이라고 속았기 때문이 아니라 그게 일본 것과는 '다르기 때문에' 좋아하는 게 중요하다. 그렇게 속아서 좋아할 때 문화의 동질화가 찾아온다. 그렇게 됐을 때 일본 소녀는 결국 진정으로 일본적인 것과 멀어지게 될 것이다. 그리고 언젠가는 암에 정복당한 세포처럼 무언가에 침략 당해 본래의 자기와 문화는 아무것도 남아있지 않았다는 걸 깨닫게 될 것이다.

하지만 글로컬화만으로는 그게 아무리 건강한 형태라고 하더라도 세계화로부터 고유문화를 보호하는 데 충분하지 못하다. 강력한 여과장치도 필요하다. 우선 특별보호구역에 관한 법이 필요하며, 교묘하게 진행되는 천편일률적인 개발로부터 독특한 지역과 문화유산을 보존하는 프로그램이 필요하다. 이는 모든 맥도날드를 거부하라는 뜻은 아니다. 보존해야 할 곳에는 맥도날드를 들이지 말아야 한다는 뜻이다. 이는 치밀한 계획이 필요한 일이다. 그런 계획은 쉽게 매수되지 않는 관료와 문화의 보존에 진정한 가치를 두는 정치인들이 세울 수 있다.

남부 프랑스는 남부 프랑스로 보존되고 있다. 이는 부분적으로는 독일이 유럽연합을 통해 프랑스 농업에 보조금을 지불하기 때문에 가능하다. 보조금을 통해 프랑스 소농과 작은 마을의 작은 가게들을 지원함으로써 이들이 농장들을 통합하고 마을을 거대한 쇼핑몰로 만들도록 압력을 가하는 세계화에 영향 받지 않고 살 수 있도록 하는 것이다. 다시 말해 우리가 남부 프랑스의 독특한 문화를 즐길 수 있는 것들은 문화의 보존에 진정한 가치를 부여하는 정치 덕분이다. 그런 정치가 유럽의 공동농업정책과 자금 지원을 통해 소농들이 그 마을을 변함없이 지켜갈 수 있도록 하는 것이다. 그렇게 하는 게 문화적 풍요의 원천을 지키는 길이라는 생각에 바탕을 둔 정치다. 우리의 문화를 위한 이런 종류의 사회안전망이 필요하다. 정치인들은 일반 국민들이 그런 문화적 안전망의 가치를 깨닫도록 해야 하며 그런 정책을 기꺼이 펴나가야 한다.

개도국에서는 아직 문화를 보존할 필요성을 느끼고 이를 위해 노력할 만큼 중산층이 형성되지 않았다. 또한 특별보호구역이나 환경보호에 관한 법규가 약하거나 부패 때문에 쉽게 무시되거나 아니면 아예 존재하지도 않는다. 이런 상황에서는 시장이라는 또 다른 여과장치에 크게 의존해야 한다. 예컨대 12명의 가족을 먹여살려야 하는 인도네시아 벌목꾼에게 나무를 베거나 숲을 태우지 말라고 이야기하면서 그 이유로 나무와 숲은 인도네시아 문화유산의 일부이기 때문이라고 설명한다면 전혀 먹혀들지 않을 것이다. 그는 "숲을 보존하려면 돈 주고 사라"고 반발할 것이다. 사람들은 문화의 보존이 자기의 웰빙과 관련된 문제이며 번영을 좇는 경쟁에서 자기를 희생하는 게 아니라는 걸 알아야 한다. 관광은 지역 주민들이 그 지역의 특성과 전통을 지키도록 하는 유인을 만들어준다. 관광객들은 언제나 이렇게 묻는다. 그곳 공기는 숨쉴 만한가? 물은 마실 수 있는가? 이는 지역 주민들에게 1달러짜리 저녁을 파는 대신 관광객들에게 20달러짜리 저녁을 팔아야 하는 호텔업자들에게는 중요한 문제다. 피라미드나 고고학적 발굴이 필요한 땅이나 독특한 마을을 보호하는 최선의 방법은 그렇게 하는 게 그 주변에 사는 주민들에게 이득이 되도록 만드는 것이다.

1997년 인도네시아 발리에 갔을 때 나와 아내는 바닷가에 솟아오른 암벽 위의 푸라 타나 롯이라는 사원을 보러 갔다. 이 지역에서 가장 아름다운 종교 유적 가운데 하나인 이 절은 밀물 때면 암벽과 사원이 바닷물에 고립된다. 수백만 명의 인도네시아 관광객들이 이 장관을 보러 찾아와 힌두식으로 봉납을 한다. 우리는 해가 기울 때 도착했다. 그 절을 배경으로 아내의 사진을 찍으려고 할 때 골프 카트가 지나가는 게 눈에 들어왔다. 해안을 따라 골프 코스가 지어져 있었다. 이 코스는 사원에서 불과 몇백 야드 떨어진 곳에 있었고 한 홀은 카트가 지나가는 길이 해안선 바로 옆에 있었다. 나도 골프를 좋아하지만, 자연의 절경도 사랑하고 성스러운 사원도 존중한다. 그 자리에 골프 코스가 들어서도록 허가할 때 토지 이용에 관한 계획이 전혀 없었거나 그런 계획을 담당하는 관리가 매수됐던 게 분명했다.

우리가 그곳에 머물 때 『자카르타 포스트』가 그들의 낙원을 아스팔트로 뒤덮는 데 항의하는 미술작품 전시회가 열렸다는 기사를 낸 것도 이상한 일이 아니다. 『자카르타 포스트』는 전시작품 중에는 힌두 종교의식이 진행되는 곳에 골프공이 굴러들어가는 모습이나 세계가 발리를 골프공처럼 쳐내는 모습이 포함돼 있다고 전했다. 어떤 그림은 한 농부가 마치 골퍼가 클럽을 휘두르듯 괭이를 휘두르는 모습을 담고 있었다. 다만 한 가지 골프공이 아니라 개발업자를 쳐낸다는 것만 달랐다. 그 전시회는 세계화라는 뜻의 글로벌라이제이션globalization이 아니라 '글로발리제이션glo-BALI-zation'이라는 비꼬는 제목을 달았다.

발리가 계속해서 이처럼 스스로를 파괴하는 길을 간다면 결국 관광산업도 끝장이 날 것이다. 우리가 참고한 발리 관광안내책자는 2년 전에 발간된 것이었는데 푸라 타나 롯에 대해 다음과 같이 쓰여 있었다. "이곳의 지나친 관광 열기는 혼란을 부르고 있으며 아직도 끝날 줄 모른다. 호화로운 호텔과 골프 코스가 주변에 들어설 예정이다. 하지만 아직은 가볼 만하다." 어떤 나라가 문화유적을 지나치게 이용하고 있으니 다 사라져버리기 전에 어서 가보라고 관광안내책자가 경고할 정도면 그 나라가 위험지대에 들어서 있음을 알 수 있을 것이다. 발리 관광을 안내하는 그 책자의 다음 판에는 그냥 이런 내용이 쓰여 있을 것 같다. "너무 늦었습니다. 다른 곳을 찾아보세요."

바로 이 때문에 이윤 동기가 때로 필요하기도 하지만, 그것만으로는 충분하지 않다는 것이다. 시장은 문화적 아이콘들을 지나치게 이용하고 상업화할 수 있기 때문이다. 문화적 아이콘들을 보존하는 게 이득이 되지 않더라도—또는 이득이 되지 않기 때문에—기꺼이 그 비용을 지불할 수 있는 중산층과 사회적 행동에 나설 의지가 있는 엘리트층이 필요하다. 상업성이 없는 삶의 측면들을 보존하는 문제에 관한 한 시장에 너무 많은 것을 물어볼 수 없다. 당신은 시장에 너무 많은 것들을 요구하려 하지도 않을 것이다.

『포린 어페어스』의 편집장 파리드 자카리아는 이렇게 주장했다.

"장기적으로 보면 한 나라의 문화자산이나 환경자산을 보호하는 데 시장과 이윤 동기만으로 충분하다고 생각하는 것은 환상이다. 그것만으로는 충분하지 않다. 세계화가 하는 일은 보통 사람의 힘을 키워주는 것이기 때문이다. 세계화는 보통 남자와 보통 여자들의 힘을 키워주기 때문에 이들은 필연적으로 가장 마음을 끌고, 현대적이고, 매력적이고, 편리하고, 상업적으로 보이는 것들을 선택하게 된다. 그들은 거리마다 가게들이 일렬로 줄지어 선 쇼핑몰이 들어서기를 바라고 길모퉁이마다 타코벨이 들어서기를 바랄 수도 있다. 단기적으로 이런 것들이 그들의 지역과 민족의 문화를 압살하더라도 말이다. 단순히 시장만을 이용할 수 없는 이유가 바로 여기에 있다. 시장을 규제해야 한다. 하지만 시장을 규제하려면 시장으로부터 소중한 것들을 보호할 태세가 돼 있는 엘리트들이 필요하다. 시장이 침범하거나 지배하지 못하는 공간을 만들고 한 나라의 국민적 특성 가운데 전적으로 비합리적이고 비경제적인 측면을 보호할 수 있는 이들이 필요하다. 대개 엘리트층만이 자신의 부를 확보하고 있기 때문에 이런 것들에 대해 염려할 여유가 있다. 록펠러는 미국의 국립공원 체계 수립을 도왔다. 메트로폴리탄박물관은 우리에게 시장과는 전혀 관련이 없는 박물관이 필요하다고 생각한 위대한 자본가가 설립한 것이다."

지속가능한 세계화

문화와 환경을 보호하는 이 모든 여과장치들이 이론적으로는 의미가 있지만 실제 효과를 얻으려면 이 모든 것들이 한꺼번에 작동하도록 해야 한다. 열대우림 공원만으로는 결코 모든 벌목을 중단시킬 수 있을 만큼 충분한 돈을 벌 수 없다. 관료들은 모든 환경 관련 법규를 적용할 정도로 충분한 정치적 의지를 절대 갖지 못할 것이다. 녹색기업들만으로는 결코 환경파괴를 늦출 수 없을 것이다. 인터넷을 통한 행동주의만으로는 결코 전자소매를 억누르지 못할 것이다.

나는 세계화 시대의 다음 10년 동안 어떤 지도자, 또는 어떤 정당이 나서서 이 모든 여과장치들이 함께 작동하도록 만드는 정치를 확립하기를 바라고, 또 그렇게 되리라 믿고 있다. 나는 그린피스를 이야기하는 게 아니라 주류 정당과 정치인들을 이야기하는 것이다.

이는 선진국에서 시작돼 다른 곳으로 확산돼야 한다. 이런 정치가 이미 '주거환경 적합성'이라는 이름을 갖게 된 것은 좋은 소식이다. 미국에서는 앨 고어가 이 이슈를 선점했다. 그는 주거 적합성을 높이려면 '스마트한 성장'이 필요하며, 스마트한 성장은 정치인들이 이 모든 여과장치들을 함께 작동시킬 수 있는 법과 유인 체계, 그리고 이니셔티브를 확보할 수 있을 때 가능하다고 주장했다. 고어의 전략에서 핵심적인 요소는 '더 나은 미국을 위한 채권'이다. 연방정부의 세제 혜택을 통해 지역사회가 채권발행으로 95억 달러까지 자금을 조달해 아직 녹색으로 남아있는 빈 땅을 사들이거나 파괴된 공원을 복구하고 도심을 재건하는 데 쓰도록 하는 것이다. 환경이 파괴됐지만 복구할 수 있는 곳을 지원하려는 것이다. 더 많은 도심이 재건될수록 도시가 녹색지대를 무분별하게 확장하려는 압력을 줄일 수 있다.

어떤 사회가 필요한 모든 환경적·문화적 여과장치들을 조화롭게 작동시킬 수 있도록 하는 일관되고 끊임없는 정치적 노력이 이뤄져야 한다. 그것만이 나이키, MTV, 맥도날드, 피자헛, 엔론, 타코벨 같은 자본력이 강하고 효율적인 기업들이 끊임없이 일관되게 밀어붙이는 사업계획들을 중화시킬 수 있다. 이는 아직 희망이고 기도일 뿐이다. 하지만 이는 필요한 희망이고 기도이다. 환경보존과 문화보존 없이는 지속가능한 세계화도 없을 것이기 때문이다.

이것들은 모두 함께 가는 것들이다. 문화는 타고난 환경 안에서 배양되고 유지된다. 가장 흥미롭고 다양한 아마존 부족들은 가장 원시적이고, 때묻지 않고, 개발되지 않은 지역에 산다. 그리고 미국이나 카타르, 또는 남부 프랑스의 가장 흥미롭고 다양한 지역과 도시와 마을은 아스팔트나 쇼핑몰로 뒤덮여 '어디서나 미국 같은 곳'이 아니다.

이 문제에 관해 이스라엘은 매우 흥미로운 사례를 보여주고 있다. 이 나라는 수천 년 전으로 거슬러 올라가는 강인한 문화를 갖고 있기 때문이다. 또한 모든 언덕과 바위들이 성서에 언급된 이곳은 세계 어느 곳보다 친밀한 환경을 갖고 있기 때문이다. 하지만 오늘날 이스라엘자연보호협회(SPNI)는 엄청난 규모로 진행되는 무분별한 도시 확장과 싸우고 있다. 당신이 예루살렘과 텔아비브 사이의 어느 언덕에 나무를 심었다면 빨리 가보기 바란다. 그 나무가 그곳에 오래 서 있지 않을 것이기 때문이다. 2020년까지는 하이파에서부터 텔아비브와 예루살렘을 잇는 지역 전체가 하나의 거대도시가 될 것이기 때문이다. 이스라엘인들은 마치 호주에 살고 있는 것처럼 건설하고 있다. 더 많고, 더 크고, 더 넓은 것이 좋은 것이라는 생각을 하고 있다. 지금의 인구 증가 추세가 이어지면 이스라엘은 네게브 사막을 제외하고는 세계에서 가장 인구밀도가 높은 나라가 될 것이다. 슬프게도, 예루살렘 서쪽을 드나들 때 지나게 되는 유명한 언덕에는 이제 맥도날드의 황금아치가 떡 버티고 있다.

이스라엘이 유대인들의 이민 유입을 제한할 수 없다는 바로 그 때문에 지속가능한 개발에 훨씬 더 민감해져야 한다. 그러지 않으면 이스라엘과 시온주의 문화는 그 문화가 태어나고 밀접하게 연결돼 있는 환경을 잃게 될 것이다. SPNI의 보존책임자 에이브럼 샤키드는 어느 날 아침 나와 함께 불도저가 유대인들의 역사적인 언덕들 일부를 베어내는 걸 지켜보면서 말했다.

"국가계획과 맞지 않게 승인되고 빈 공간을 파괴하는 모든 공사들은 유대인의 유산들, 다시 말해 다윗과 솔로몬 시대부터 전해진 성서 속의 땅들을 파괴하는 것입니다. 성서에는 벤 쉐먼의 포도밭에 대한 언급이 있는데 지금 벤 쉐먼은 이 나라의 가장 큰 고속도로 인터체인지가 됐습니다. 우리는 여전히 추상적인 의미로 '이스라엘의 땅'을 말하고 있지만 실제 땅은 잊어버렸습니다."

그러자 SPNI 회장 요아브 사기가 끼어들었다.

"우리는 이곳의 문화를 땅을 정복하는 문화에서 땅을 보존하는 문화로 바꿔야 합니다. 이스라엘이 언젠가 전쟁이 없는 정상 국가가 되면 삶의 질과 땅에 대한 연관성이 이곳에서 우리를 지탱해주는 요소가 될 것이기 때문이지요. 하지만 지금 추세대로 가면 삶의 질도 없고 우리가 연관 지을 땅도 없어질 것입니다."

사람들의 공동체를 남들과 똑같이 만들거나 그 환경을 파괴함으로써 그들의 독특함을 없애버리고 나면 그들의 문화뿐만 아니라 사회적 응집력도 훼손하게 된다. 최선의 상태에 있는 문화는 인간의 행동을 자제하게 하는 가장 강력한 힘이다. 문화는 삶을 형성하고 삶에 의미를 부여한다. 문화는 삶의 패턴을 만들고 사회를 응집시키는 관습, 기대, 전통, 그리고 자제하는 태도를 형성한다. 고삐 풀린 세계화는 문화와 환경의 뿌리를 뽑아버리고 공동체 생활의 바탕을 파괴한다.

그러므로 우리는 다시 지속가능한 세계화를 생각하게 된다. 문화적 기반을 파괴하면서 동시에 세계화 체제를 다루는 데 반드시 필요한 '신흥사회'를 건설할 수 없다. 문화 기반은 사회를 결속시키고, 세계와 교류할 수 있는 자신감과 응집력을 준다. 내가 세계화에 짓눌리는 개도국들에 대해 걱정하고 있는 것은 그 나라가 관광객들이 즐길 수 있도록 다채로운 모습으로 남아있기를 원하는 차원을 넘어서는 것이다. 내가 염려하는 것은 환경을 보호하지 않고는 문화를 지속시킬 수 없고, 문화가 지속되지 않으면 공동체를 유지할 수 없으며, 지속가능한 공동체 없이는 지속가능한 세계화도 없을 것이라는 점이다.

나는 바로 내 이웃에서 이런 문제점을 아주 분명하게 보았다. 요즘 내가 가장 좋아하는 카페는 메릴랜드 주 베데스다에 있는, 우리 집에서 몇 마일 떨어진 코너 베이커리Corner Bakery다. 무엇보다 나는 코너 베이커리라는 이름을 좋아한다. 이는 무언가 따뜻하고 이웃 같은 느낌을 불러일으킨다. 그곳에서는 서른 가지 종류의 빵을 판다. 옛날식 빵집의 향기도 맡을 수 있다. 어두운 색의 반질반질한 목재와 황동으로 된 인테리어와 친절한 직원도 있다. 하지만 내 코너 베이커리에는 단 한 가지 문제가 있다. 이 가게는 이름과는 달리 길모퉁이에 있지 않고 몽고메리몰이라는 쇼핑 센터 안에 있다. 옛날 번화가 모퉁이에 있던 카페의 이름과 느낌은 남아있지만 그에 맞는 정신은 없다. 코너 베이커리에 들어서면 "친구, 잘 있었나?" "아저씨, 안녕하세요?" "선생님, 안녕하세요?" 같은 인사를 들을 수 없다. 고속도로에서 막 내려온 낯선 사람들뿐이다. 다시 말해, 우리는 결국 '후기 맥도날드 시대'에 이른 것이다. 우리는 우리의 뿌리에 있는 어딘가로 되돌아간 것처럼 보인다. 하지만 코너 베이커리 체인점에서는 옛날 길모퉁이에 있던 코너 베이커리를 지탱해준 지역사회와 환경은 없다. 이는 지역사회에 뿌리박은 게 아니라 콘크리트에 뿌리박은 것이다. 단지 허울만 그럴싸할 뿐이다.

내가 염려하는 것은 말레이시아와 태국, 인도, 이스라엘, 카타르, 그리고 인도네시아도 결국 그들의 코너 베이커리를 그리워하는 수준까지 개발이 진행될 것이라는 점이다. 옛날 길모퉁이에 있던 그 집의 모습과 냄새, 색깔, 길거리 간이 음식점, 건축물, 풍경들을 그리워하는 것이다. 이런 것들은 그들 자신의 독특한 문화의 둥지이며, 그들의 올리브나무였다. 하지만 그들은 이런 것들이 영원히 사라져버린 걸 발견하게 될 수도 있다. 그들의 오랜 문화와 역사 속에서 진화한 새로운 문화에 의해서가 아니라 그들의 사회에 휘몰아친 불모의 글로벌 문화에 의해서 사라진 것을 말이다.

뿌리 깊은 나무는 바람에 흔들리지 않고

우리는 세계의 모든 문화가 지금 그대로 보존되기를 바랄 수 있다. 그러나 문화를 보존하려는 내부의 의지와 응집력이 부족하면 보존을 기대할 수 없다. 생물의 종처럼 문화도 번식하고 성장하고 죽는 진화의 과정을 거친다. 하지만 오늘날 세계화 때문에 그 진화가 터보엔진을 단 것처럼 빠르게 진행되고 있다. 이는 공평하지 않다. 장벽이 없는 세계에서는 매우 강인한 문화조차도 전자소떼의 힘을 당할 수 없다. 그들은 살아남기 위해 도움을 받아야 한다. 도움을 못 받으면 진화를 통해 다시 재생하는 속도보다 훨씬 빠르게 파괴될 것이다. 우리는 결국 동물원의 모든 우리에서 한 가지 동물만을 보게 될 것이다.

『내셔널지오그래픽』이 1999년 8월 글로벌 문화에 대한 특집호에서 이렇게 지적했다.

"이런 위기는 언어의 소멸에서 가장 극명하게 드러난다. 역사를 통틀어 대략 1만 개의 언어가 존재했다. 오늘날 약 6,000개의 언어는 여전히 쓰이고 있으나 상당수는 어린이들에게 가르쳐주지 않는 것들이다. 사실상 이미 죽은 것이다. 100만 명 이상이 사용하는 언어는 300개뿐이다. 한 세기가 지나면 오늘날 세계에서 사용되는 언어의 절반은 소멸될 수 있다. …

언어의 소멸은 생물학적인 비유를 통해서도 설명할 수 있다. 어떤 종이 소멸하는 것은 새로운 종이 탄생하는 것과 균형을 이룰 때는 정상적인 현상이다. 하지만 인간의 활동 때문에 파도처럼 밀어닥치는 지금의 멸종 현상은 전례가 없는 것이다. 언어는 문화나 생물 종과 마찬가지로 언제나 진화한다. 하지만 오늘날 언어의 멸종은 한두 세대 안에 일어날 정도로 지나치게 빠르게 진행되고 있다. MIT의 켄 헤일 교수는 '언어를 잃는 것은 루브르박물관에 폭탄이 떨어지는 것과 같다'고 말한다. 언어가 사라지면 문화도 죽는다. 그러면 세계는 본질적으로 덜 재미있는 곳이 된다. 뿐만 아니라 우리는 날것 그대로의 지식과 수천 년 동안 쌓아온 지적 성취를 희생시켜야 한다."

이 문제를 제임스 울펀슨 세계은행 총재보다 더 잘 이해하는 사람은 없다. 울펀슨은 언젠가 나에게 그가 총재가 된 지 얼마 안 돼 과테말라에 갔던 이야기를 들려주었다.

"나는 고원지대에서 마야의 원로들을 만났습니다. 모든 걸 빼앗긴 끔찍하게 가난한 마을이었어요. 사람들은 아무것도 가진 게 없었지요. 우리는 그들의 보건과 교육 환경을 개선하는 걸 도울 방법을 찾으러 간 것이었습니다. 우리가 교육문제를 꺼냈을 때 그들이 가장 이야기하고 싶어 하는 게 바로 그 문제라는 걸 알게 됐습니다. 심지어 물보다 더 중요하게 생각했지요. 그들은 3,000년 이상 구전으로 전해내려오는 마야식 교육을 보호하는 걸 우리가 도와주었으면 했어요. 그곳 사람들은 너무나 가난하지만 놀라울 정도로 풍부한 역사와 문화를 갖고 있었습니다. 그들은 서양세계보다 훨씬 오래전에 수학과 천문학을 연구해왔지요. 그들은 그걸 계속 다음 세대에 전해줄 수 있도록 도와달라는 것이었습니다."

그래서 울펀슨은 세계은행에서 통상의 개발금융 외에 문화보존을 위한 대출 프로그램을 시작했다. 마야 노인들의 문화와 지식을 잃는 것은 희귀한 식물이나 동물 종의 DNA를 잃는 것과 마찬가지라는 생각에서였다. 세계은행이 문화대출을 통해 지원하는 프로젝트는 브라질 국립박물관 복구와 사마르칸트 모스크 복원, 베들레헴 문화유적 보존, 우간다 언어의 사전 편찬, 페루와 볼리비아 원주민들의 생활문화 개발, 모로코의 전통적인 전통공예 장인들에 대한 지원이 있다. 한 가지 슬픈 건 울펀슨이 이들 프로젝트에 돈을 대기 위해 각국 재무장관들이 참여하는 세계은행 이사회와 해마다 싸워야 한다는 점이다. 울펀슨은 이렇게 말했다.

"나는 그들에게 이렇게 말하지요. '역사가 없는 영국을 상상할 수 있습니까? 문화가 없는 프랑스에 가는 게 어떤 건지 상상해본 적이 있나요? 그런 걸 생각도 할 수 없다면 왜 지원이 더욱 필요한 개도국들에 대한 지원을 거부합니까? 그들이 뿌리를 둔 과거와 바탕을 인정하지 않고는 그들을 앞으로 나아가게 할 수 없습니다.'"

울펀슨의 지원 프로그램 가운데 가장 마음에 드는 대목은 문화지원자금을 받는 나라는 적어도 그 돈의 15%를 현대미술가, 화가, 공예가, 그리고 시인들에게 지원해주도록 한 것이다. 세계은행은 문화를 단지 박물관에만 넣어두지 않고 살아 있는 현실로 길러주려는 것이다.

세계화의 지속성은 우리 각자가 다른 이들의 문화와 환경 가운데 최고의 것들을 받아들이면서도 자기의 문화와 환경을 보호하는 필터들을 얼마나 잘 관리하느냐에 달려 있다. 세계화가 사람들이 더욱 많은 선택권을 가질 수 있도록 문화를 더욱 효율적인 방식으로 주고받도록 한다면, 예컨대 내가 이야기한 일본 소녀가 맥도날드와 디즈니를 즐기면서도 스시와 가부키를 지킬 수 있다면, 완전히 동화된 문화가 아니라 서로 다른 문화의 연합체를 만들 수 있다면, 그래서 영혼이 없는 표준화된 세계가 아니라 문화적으로 더욱 다양한 세계가 된다면, 그런 세계화는 지속가능할 것이다. 야론 에즈라히는 "세계화가 우리를 단지 겉으로만 동화시키고 지역의 문화적 뿌리는 그대로 남겨둘 수도 있지만, 우리의 뿌리까지 동질화시켜 환경적·문화적·정치적으로 치명적인 것이 될 수도 있다"고 지적했다.

디즈니월드에 중국의 정자나 프랑스 또는 멕시코의 파빌리온을 짓는 것은 좋다. 하지만 중국에 있었던 정자를 디즈니월드에서만 기억할 수 있게 되고, 정글에 있었던 '동물의 왕국'을 디즈니월드에서만 볼 수 있게 되며, '레인 포리스트 카페'가 우리 아이들이 볼 수 있는 유일한 열대우림이 되지 않도록 신이시여, 보호하소서.

14

승자 독식

닛케이지수 종가와 디트로이트 팀 점수를 알려주게.
마이클 조던이 광고에서 월스트리트 경영자로 나와서 한 말

데니스, 당신을 보러 폴란드에서 왔어요.
1998년 4월 11일 시카고 불스의 경기장인 유나이티드 센터의 관중 사이에 올라온 피켓

나는 NBA(전미농구협회) 워싱턴 위저즈 팀의 시즌 티켓을 사는 팬이다. 1996년 여름은 위저즈 팬에게 암흑기였다. 위저즈의 스타 포워드 주완 하워드가 그해 여름 자유계약선수가 되자 돈 많은 마이애미 히트팀이 7년간 1억 2,000만 달러까지 주겠다며 스카우트하려 했기 때문이다. 위저즈는 처음엔 '고작' 7,500만~8,000만 달러밖에 제시하지 못했다. 하워드의 계약에 관한 협상이 한창일 때 나는 미국기업연구소(AEI)의 정치 분석가 노먼 온스타인과 우연히 마주쳤다. 그 역시 위저즈 팬이어서 우리는 하워드의 마이애미행이 불가피해 보인다는 걸 애석해했다.

온스타인은 이야기 중에 이렇게 말했다. "이 모든 게 북미자유무역협정(NAFTA) 때문인 거 알아?" 우리는 함께 웃었다. 온스타인의 말에는 많은 진실이 들어 있다는 걸 알았기 때문이다. 간단히 말해 세계화는 훨씬 많은

상품과 서비스에 대해 개방되고 통합된 글로벌 시장을 만들어낸다. 이에 따라 어떤 나라가 이 체제에 접속하면 자신의 상품과 서비스를 이 통합된 시장에 팔 수 있는 기술과 재능을 가진 이들은 정말로 현금을 끌어담을 수 있다. 그들은 상품이나 서비스를 전 세계적인 규모의 시장에 팔 수 있기 때문이다. 하워드의 점프슛과 리바운드를 잡아내는 기량이 향상된 시기가 베를린장벽 붕괴와 공산주의의 종식, NAFTA, 유럽통화연맹, 관세와 무역에 관한 일반협정(GATT)이 활성화되던 시기와 맞아떨어진 건 그에게는 커다란 행운이었다. 시장을 통합하는 이 모든 힘들 때문에 NBA 농구는 세계적인 스포츠가 됐고 모스크바에서 멕시코와 마이애미에 이르기까지 수많은 팬들이 하워드의 연봉을 올려주는 데 도움을 주었다. 1998년 NBA는 해외에서 NBA 공인 농구공과 백보드, 티셔츠, 유니폼, 모자를 팔아 5억 달러 이상의 수입을 올렸다. 수백만 달러의 위성방송과 케이블방송 중계권료 수입은 말할 것도 없다.

실제로 NBA는 이제 축구에 버금가는 글로벌 스포츠가 되기 시작했다. 얼마나 세계적인가? 러시아에서 파는 전통적인 마트로시카 인형을 알 것이다. 큰 나무 인형 안에 작은 인형이 있고 그 안에 더 작은 인형이 있는 것 말이다. 1989년 내가 모스크바에 갔을 때 가장 잘 팔리는 마트로시카 인형은 소련 지도자들과 마지막 차르의 인형들이었다. 고르바초프 안에 브레즈네프가 있고, 다시 그 안에 흐루시초프, 스탈린, 레닌이 차례대로 들어 있는 인형이었다. 하지만 내가 1996년 러시아 대통령 선거를 취재하기 위해 다시 모스크바에 갔을 때는 크레믈린광장에서 가장 인기 있는 마트로시카 인형은 마이클 조던 안에 스티브 커, 그 안에 차례대로 룩 롱리, 토니 쿠코치, 스코티 피펜, 데니스 로드맨이 있는 것이었다! 시카고 불스를 좋아하지 않는가? 그래도 문제없다. 모스크바 거리의 노점상들은 모든 NBA 농구팀을 마트로시카 인형으로 만들어 팔고 있었다.

세계화는 하워드가 막대한 재산을 쌓을 수 있었던 이유를 설명해주기도

하지만 세계화 체제에 접속할 때 생기는 가장 심각한 부작용을 설명해주기도 한다. 1980~1990년대 세계화가 냉전체제를 대체하면서 선진국들의 가진 자와 못 가진 자 사이의 소득 격차는 뚜렷이 확대됐다. 그전에는 수십 년 동안 이 격차가 안정적인 수준을 유지해왔다.

경제학자들은 소득 격차 확대에 많은 원인들이 있다고 설명할 것이다. 시골에서 도시로 대규모 이주가 이뤄지고, 기술이 급속히 변화해 비숙련 근로자에 비해 지식근로자들이 훨씬 많은 보상을 받게 되고, 노동조합이 쇠퇴하고, 개도국에서 선진국으로 이민이 늘어나 어떤 분야에서는 임금수준이 하락하고, 고임금 국가에서 저임금 국가로 제조업 기반이 옮겨가 선진국 제조업 근로자들의 임금 상승이 억제된 것들이 다 그 원인으로 꼽힌다.

승자 독식 사회

가진 자와 못 가진 자 사이의 소득 격차 확대를 설명하려면 이 모든 요인들을 함께 고려해야 한다. 하지만 이 장에서는 이들 요소 가운데 가장 중요한 것과 내가 취재 여행을 다니면서 가장 뚜렷이 확인할 수 있었던 것들을 살펴보려 한다. 이는 '승자 독식' 현상에 관한 것이다. 오늘날에는 어떤 분야든 승자는 거대한 글로벌 시장에서 상품과 서비스를 팔아 많은 돈을 끌어모으는 데 비해, 재능과 기술이 그보다 조금이라도 떨어지는 이들은 시장이 그들의 지역에만 한정되기 때문에 아주 조금밖에 팔 수 없는 상황에서 승자 독식 현상이 나타난다. 『USA투데이』는 마이애미 히트가 처음에 하워드에게 제시한 9,800만 달러는 초등학교 교사의 평균연봉(3만 달러)의 3,267년치에 해당한다고 지적했다. 경제학자인 로버트 프랭크와 필립 쿡은 그들의 고전적인 책 『승자 독식 사회』에서 "세계화가 승자 독식의 상황을 만들어냄으로써 불평등의 확대에 중요한 역할을 했다"고 지적했다.

그들은 전 세계적으로 무역장벽과 관세가 낮아지거나 사라지고, 여행비용이 크게 줄어들고, 국내시장에 대한 규제가 완화되고, 정보가 국경을 넘어 자유롭게 유통됨에 따라 많은 산업과 직업 분야에서 하나의 통합된 글로벌 시장이 만들어졌다고 밝혔다. 그동안 5개 주 정도의 한정된 지역 안에서만 돌아다녔던 세일즈맨들은 이제 팩시밀리와 위성전화, 그리고 인터넷을 활용해 전국적인, 또는 전 세계적인 고객 기반을 확보하게 됐다. 한 병원에서만 일했던 의사들은 이제 전 세계를 연결하는 데이터 전송 네트워크를 이용해 멀리 떨어진 곳에 있는 환자에게도 진단과 처방을 내려줄 수 있다. 국내에서만 청중을 모을 수 있었던 가수들은 이제 CD 기술과 세계적인 유료 케이블방송을 통해 비틀스처럼 전 세계에서 청중을 모을 수 있을 뿐만 아니라 온갖 방법을 통해 돈을 벌 수 있다. 프랭크와 쿡은 특정 산업 분야에서 경쟁 입찰을 제한하는 공식, 비공식적인 규칙들이 사라진 것도 개방된 글로벌 경매시장을 만들어냈다고 밝혔다. 예컨대 프로스포츠 선수가 최고의 연봉을 제시하는 곳으로 자유롭게 이적하는 걸 제한하는 유보조항이나 기업들이 전 세계에서 가장 뛰어난 경영자를 영입하지 않고 내부에서 승진시키도록 하는 암묵적인 룰 같은 것들이 사라졌다. (소비자들은 이런 변화로 혜택을 입을 수 있다. 당신이 만약 희귀한 병에 걸렸다면 그 분야의 세계 최고 전문가에게 인터넷을 통해 진료를 받을 수 있다는 걸 감사하게 생각할 것이다. 당신이 어려움을 겪는 『포춘』 500기업의 주주라면 반드시 회사 내부의 얼간이를 승진시켜야 하는 게 아니라 멀리 호주까지 뒤져서 최고의 경영자를 영입할 수 있다는 사실에 흡족해할 것이다.)

  이 모든 요소들을 종합해보면 이제 모든 상품과 서비스의 잠재적인 시장이 세계의 이쪽 끝에서 저쪽 끝까지 확장되는 상황을 볼 수 있다. 어떤 가수나 작곡가라도, 어떤 작가나 배우라도, 어떤 의사나 변호사라도, 그리고 어떤 운동선수나 학자도 이런 시장을 가질 수 있다. 이 유례없는 개방성과 신분 이동의 기회는 기업과 산업과 전문 직업인들이 전 세계를 상대할 수 있도록 하고, 그렇게 하도록 부추기며, 그러기를 요구한다. 그렇게 하지 않으면 다른 누군가가 그렇게 할 것이다. 누군가가 자기 분야에서 '최고의 회계법인' '최고의 의사' '최고의 배우' '최고의 변호사' '최고의 가수' '최고의 세일즈맨' '최고의 농구 선수' '최고의 남자' '최고의 여자'로 꼽히면 그는 미국이나 유럽, 또는 일본이나 중국 시장만 얻는 게 아니다. 그는 세계 전역에서 동시에 엄청난 이익과 로열티를 얻을 수 있다. 이중적인 의미로 쓴 포드의 광고 문구는 이를 잘 표현하고 있다. "포드: 세계를 내 편으로."

프랭크와 쿡은 책에서 이렇게 밝혔다.

"이 지구촌에서는 최고 제품을 공급할 수 있는 최고 기업이 막대한 이익을 얻을 수 있다. 오하이오 주 애크런에 있는 가상의 타이어 제조업체 에이킴 레이디얼스를 생각해보자. 에이킴이 오하이오 북부에서 최고의 회사라면 지금까지는 성공이 보장된 사업을 하고 있었다. 하지만 오늘날에는 더 똑똑해진 소비자들이 갈수록 전 세계에서 몇 안 되는 최고의 타이어업체들의 제품만 사고 있다. 에이킴이 그들 중 하나라면 이 회사의 이익은 로켓처럼 치솟을 것이다. 그렇지 못하면 이 회사의 미래는 암울할 것이다."

프랭크와 쿡이 지적한 대로 승자가 글로벌 시장에서 놀라울 정도로 성공을 거둘 수 있는 반면 그보다 기술이 조금이라도 모자라는 이들은 성과가 훨씬 더 못할 것이고 기술이 아예 없거나 조금밖에 없는 이들은 성과가 극히 부진할 것이다. 그래서 1등과 2등의 격차는 갈수록 벌어지고 1등과 꼴찌의 격차는 충격적으로 벌어질 것이다. 물론 단 하나의 승자만 있는 분야는 그리 많지 않다. 하지만 최고에 근접한 이들은 말도 안 되게 많은 몫을 차지한다. 더 많은 시장이 승자 독식의 글로벌 시장이 될수록 한 나라 안에서, 그리고 나라들 사이에서 불평등이 더욱 커진다.

이런 불평등은 세계화 체제의 가장 불안한 사회적 부작용이다. 『내셔널

저널』의 보도에 따르면 미국의 근로가구 중 가장 가난한 20%의 인플레이션 조정 후 소득은 1971년부터 1995년 사이에 21%나 줄었다. 이에 비해 가장 부유한 20%의 소득은 같은 기간 30% 늘었다. 1998년 5월 30일『이코노미스트』는 미국에 10억 달러 이상을 가진 억만장자는 170명으로 1982년의 13명에 비해 크게 늘었다고 보도했다.『이코노미스트』의 분석은 이렇다.

"지금 경제가 이처럼 호황을 보임에 따라 모두가 더 잘살게 됐다. 하지만 지난 30년 동안 불평등이 확대돼온 사실을 놓치기는 어렵다. 신문 만평에 괴짜 영웅으로 등장하던 빌 게이츠는 이제 록펠러식으로 다른 기업을 괴롭히는 독점기업가로 묘사되고 있다. 블록버스터 영화「타이타닉」은 부자 승객 몇 명이 바닷속으로 빠져 죽을 때 정신이 버쩍 들게 하는 마르크스적인 시각을 보여주어 미국 관객들을 즐겁게 했다. 으스스한 일이다."

세계화의 영향에 관해 연구해온 벨러라이브 파운데이션의 사드루딘 아가 칸 사장은 한때 빌 게이츠의 재산이 1억 600만 명의 가난한 미국인들의 순자산과 맞먹는다고 밝혔다.

세계화가 소득 격차에 미치는 영향과 그에 따른 사회적 파장을 보여주는 사례는 많다. 하지만 내가 앞서 말한 대로 한 그룹의 사람들만 관찰해보면 이 주제에 관해 모든 걸 알 수 있다. 바로 NBA 선수들, 특히 1997~1998년 월드 챔피언인 시카고 불스 선수들이다.

세계화의 가장 큰 수혜자, NBA

NBA 선수와 구단주들은 오늘날 세계화 체제의 가장 큰 수혜자들이다. 데이비드 스턴 NBA 총재보다 이 체제를 더 잘 이해하고 이 체제를 더 잘 이용하는 방법을 아는 이는 없을 것이다. 스턴은 나와의 인터뷰에서 옛 공산주의 국가들에 퍼진 기술의 민주화 덕분에 NBA는 갑자기 수많은 나라에서 수많은 방송중계소를 갖게 됐다고 했다. 전통적인 TV뿐만 아니라 케이블과 위성 접시, 인터넷, 광통신이 모두 NBA 게임 중계에 활용될 수 있게 됐기 때문이다. 그는 NBA가 지금 전 세계 90개 방송사와 협력해 190개국에 41개의 언어로 농구게임을 중계하고 있다고 밝혔다. 심지어 중국도 토요일 아침에 그 주의 게임을 방송하고 있다. 공산주의가 무너지고 금융이 민주화되고 여행과 무역장벽이 사라진 덕분에 모든 종류의 상품에 엄청난 초국가적 시장이 창출됐다. 이 시장에 상품을 팔고 싶은 기업들은 그들의 상품을 여러 국경과 시간대에 걸쳐 있는 시장에서 동시에 통할 수 있는 세계적인 심볼과 연관시키고 싶어 한다. NBA 로고와 NBA 선수들은 이들 글로벌 브랜드를 더 돋보이게 할 수 있다. 치약과 운동화, 체취를 막는 화장품에 이르기까지 모든 글로벌 브랜드에 대해 부에노스아이레스에서 베이징에 이르기까지 세계 전역의 소비자들이 즉각적으로 신뢰를 갖게 한다. 또한 정보의 민주화 덕분에—그리고 마이클 조던의 부상 덕분에—글로벌 시장의 이쪽 끝에서 저쪽 끝까지 국적과 무관하게 칭송을 받는 스타가 탄생할 수 있다.

이 현상에 대해 스턴은 이렇게 설명한다.

"스프라이트는 덴마크와 폴란드에서 동시에 NBA 로고를 넣은 광고를 하고 있습니다. 이는 어떤 시장에서도 통할 수 있는 국제적인 인증을 제품에 찍어주는 효과가 있지요. (그는 이 점을 강조하기 위해 이렇게 덧붙였다.) NBA는 이제 TV 방송 관련 사업을 위해 파리, 바르셀로나, 런던, 대만, 도쿄, 홍콩, 멜버른, 토론토, 뉴저지, (남미 시장을 위해) 마이애미, 멕시코시티에 사무소를 두고 있지요. 그리고 우리는 도쿄에서 여덟 차례, 멕시코시티에서 두 차례 시즌 게임을 하고 있습니다."

1990년 NBA 게임은 세계 77개국의 2억 명에게 중계됐다. 1998년에는 190개국 6억 명으로 늘었다. NBA 공식 웹사이트(www.nba.com)에 접속하는 팬들 중 35% 이상이 미국 밖에 사는 이들이다. 50개국의 컴퓨터 이용자들이 정기적으로 이 사이트에 접속한다. 1994년 이후 NBA에 들어오는 외국 선수들도 4배로 늘었다.

이 주제에 관해 더 깊이 파고들기 위해 나는 시카고 불스에서 마이클 조던과 오랫동안 경기를 해온 3점슛 전문의 스티브 커를 인터뷰했다. 커의 NBA 경력은 베를린장벽 붕괴 직전 농구가 주로 미국 내 스포츠였던 시기에 시작됐다. NBA가 글로벌 게임이 된 지금 그의 경력은 절정에 이르렀다. 커는 나에게 이렇게 말했다.

"몇 년 전 도쿄에 간 적이 있어요. 션 엘리엇(또 다른 NBA 스타)이 여는 농구캠프에 참가하기 위해서였죠. 저는 도쿄 사람들에게 제가 그토록 많이 알려져 있다는 게 믿어지지 않았어요. 어느 날 아침에 저는 새벽 다섯 시에 일어나 도쿄 생선시장에 가 생선 경매하는 걸 구경했어요. 일종의 관광이었지요. 시장에 들어가보니 엄청나게 큰 참치가 널려 있고 한 마리에 5만 달러 하는 놈도 있더군요. 짚 위에 생선들이 잔뜩 쌓여 있는 곳을 걸어다니면서 참치를 구경하고 어부들이 일본 말로 소리지르며 경매를 하는 광경을 보았죠. 그런데 제가 가는 곳마다 일본인 어부들이 계속 저에게 다가와서 말하는 거예요. '어, 시카고 불스 스티브 커잖아?' 새벽 5시 도쿄 어시장에서 말이예요!"

시카고 불스가 1997년 10월 파리에서 시즌 시작 전, 시범 경기를 했을 때의 일이다(이 토너먼트는 맥도날드 챔피언십으로 불렸다. 맥도날드 아니면 어느 기업이겠는가?). 이 경기 취재를 위해 약 1,000명의 스포츠기자와 사진기자들이 등록을 했다. NBA 결승전보다 많은 숫자였다. 커는 "파리 거리를 걸어갈 때 모든 사람들이 저를 알아봐서 기분이 묘했다"고 회상했다.

1997년 겨울 CBS뉴스 국제부장인 내 친구 앨런 앨터는 CBS 기자들을 북한에 들여보내기 위해 비자를 받으려고 애쓰고 있었다. 여느 국제부장들처럼 그는 비자 발급을 담당하는 유엔 주재 북한 외교관 두 사람을 끈질

기게 접촉했다. 어느 날 저녁 식사 자리에서 그 북한 외교관들은 그들이 NBA 농구에 관심이 아주 많다고 언급했다. 그래서 앨터는 그들에게 시카고 불스와 유타 재즈가 맞붙은 1997년 NBA 결승전 녹화테이프를 보내줬다. 앨터에 따르면 그들은 전화나 팩스 메시지에 거의 회신하는 법이 없었다. 그런데 테이프를 보낸 다음 날 아침 북한 외교관들은 자발적으로 아낌없는 감사의 말을 담은 팩스를 보내왔다. 그리고 "그 테이프는 이미 외교 행낭 편으로 평양으로 가고 있다"는 말도 덧붙였다. 몇 주 후 북한 사절 1명이 뉴욕에 왔을 때 한 북한 외교관은 앨터에게 이렇게 귀띔했다. "우리는 치어리더들에게 관심이 많습니다. 우리나라 사람들은 그들에게 매료됐습니다." 이미 고질라 영화와 마술가 데이비드 카퍼필드에 매료된 북한의 '친애하는 지도자 동지' 김정일이 NBA 하이라이트 테이프를 보고 치어리더들에게 흥미를 가졌을 게 틀림없다.

이스라엘 신문 『예디옷 아하로놋』의 저명한 정치 칼럼니스트 나훔 바니아도 열렬한 NBA 팬이다. 이스라엘 TV가 일곱 시간의 시차에도 불구하고 많은 NBA 경기를 생중계해주기 때문에 그는 쉽게 NBA에 대한 열정을 불태울 수 있다. 바니아는 1998년 시카고 불스와 유타 재즈의 NBA 결승전 여섯 번째 경기가 있던 날 양로원의 어머니를 방문했던 이야기를 들려주었다. 그가 어머니와 이야기를 나누다 방 안에 있는 TV를 켜 불스와 재즈의 게임을 보았다. 어머니에 대한 문안과 농구 경기 시청을 동시에 한 것이다. 게임이 진행되는 동안 그의 아들이 너무나 숏 하나하나에 빨려드는 걸 보고 연로한 어머니는 이렇게 물었다. "어느 쪽이 이스라엘팀이니?" 나훔의 어머니에게는 아들이 단 하나의 이스라엘팀도 없는 농구 경기에 그토록 깊이 빠져들고 있다는 생각은 결코 들지 않았을 것이다.

하지만 NBA의 세계화는 진짜 사회적인 반향을 불러일으킨다. 시카고 불스의 벤치만 봐도 알 수 있다. 그 벤치의 한쪽 끝에는 마이클 조던이 앉아 있다. 『포브스』는 조던이 1997년 농구 경기 외에 벌어들이는 소득이

4,700만 달러에 이른 것으로 추산했다. 그해 조던의 연봉은 3,130만 달러 였으니 총소득은 약 8,000만 달러에 이르렀다. 조던이 은퇴하기 직전인 1998년 『포춘』은 그가 1984년 NBA에 합류한 이후 미국 경제에 미친 파급효과는 총 10억 달러에 이를 것으로 추산했다. 그 때문에 더 팔린 NBA 입장권과 해외중계권료 수입, TV 시청률 상승효과, 조던 이름과 사진을 쓰는 나이키 운동화와 의류, 기타 용품들의 매출 증대 효과까지 다 감안한 것이다. 『스포팅 뉴스』는 조던이 8개월 동안 야구를 하겠다며 자리를 비웠다 NBA에 복귀한 1995년 3월 그의 가치가 분명히 입증됐다고 보도했다. 그를 광고모델로 쓴 5개 회사(맥도날드, 사라 리, 나이키, 제너럴 밀스, 퀘이커 오츠)의 주식가치는 2주일 만에 38억 달러나 늘어났다는 것이다. 야구와 농구 카드를 만드는 어퍼 덱 컴퍼니가 『스포팅 뉴스』에 마이클 조던이 농구공만한 지구를 들고 있는 모습의 광고를 낸 것도 이런 상황에 잘 어울리는 장면이었다. 공 옆에는 이런 문구가 있었다. "실제 사이즈일까요?"

마이클 조던은 정말 모든 것을 거머쥔 승자다. 하지만 하나의 NBA팀에는 12명의 선수가 있다. 마지막 시즌에 조던과 같은 벤치에 앉아 있던—조던에게서 열한 번째 떨어진 자리에 앉아 있던—선수는 기량 면에서 조던보다 조금 떨어질 뿐이었다. 슈팅 기술의 효과가 조금 떨어지고, 점프슛의 정확도가 조금 더 낮고, 자유투가 조금 덜 믿을 만하고, 방어기술이 조금 덜 확실할 뿐이었다. 그렇지만 그도 대단한 농구 선수다. 어쨌든 그는 NBA 선수이고 우승팀인 시카고 불스 선수다. 그의 이름은 조 클라인이다. 조던에게서 열한 번째 떨어진 자리에 앉아 있던 그의 1997년 연봉은 NBA 선수 중 최저 수준인 27만 2,250달러였다. 조던의 총소득에 비해 7,972만 7,750달러 적은 수준이었다. 같은 경기, 같은 리그, 같은 팀에서 뛰고, 같은 벤치에 앉아 있는데도 말이다! 이렇게 엄청난 격차가 생긴 이유 중 하나는 마이클 조던이 자기의 서비스와 사인을 팔 수 있는 글로벌 시장을 갖고 있는 데 비해 조 클라인의 서비스와 사인을 팔 수 있는 시장은 시카고

유나이티드 센터를 크게 벗어나지 않는다는 데 있다.

1998년 4월 11일 시카고 불스와 올랜도 매직의 경기가 끝난 뒤 나는 불스팀의 라커룸으로 조 클라인과 그의 동료들을 만나러 갔다. 그곳에서는 글로벌 시장의 현실이 극명하게 드러났다. 경기 후 불스가 라커룸을 열기 전에 약 30명의 신문과 방송 리포터들이 바깥 홀에 줄지어 서 있었다. 마침내 라커룸 문이 열리자 30명의 리포터들은 마이클 조던의 라커 주변에 반원을 그리며 둘러섰다. 그중에는 서로 일본말을 주고받는 이들도 있었다. 이들을 지휘하는 일본 방송사의 젊은 일본 리포터는 2미터의 거구들이 샤워장에서 허리에 조그만 수건만 가린 채 걸어나오는 걸 지켜보면서 계속 얼굴을 붉혔다. 일본에서 쉽게 볼 수 없는 장면이었다!

하지만 이런 장면을 상상해보라. 하나의 라커룸이 있다. 거기에는 의자가 하나씩 딸린 12개의 라커가 있다. 그런데 30명의 리포터들이 한 선수의 빈 라커에 반원을 그리며 몰려든다. 마이클 조던의 라커다. 모두가 조던의 한마디라도 따내 전 세계로 방송할 수 있기를 바라며 카메라와 마이크를 빈 의자에 들이대고 그가 오기만을 기다리고 있다. 그러는 동안 다른 11명의 선수들은 거의 아무런 주목도 받지 않고 옷을 입고 있다(스코티 피펜이 오자 몇 명의 리포터들이 다가갈 뿐이다).

나는 호기심에서 조 클라인에게 어슬렁거리며 다가가 나를 소개한 다음 그 자신과 조던 사이의 갈수록 벌어지는 소득 격차 때문에 속상하지 않느냐고 물어봤다. 클라인은 승자 독식의 원리를 잘 이해하고 있다는 걸 알 수 있었다. 그는 이렇게 대답했다. "리그 선수들의 연봉이 모두 늘어나고 있지만 슈퍼스타들의 연봉은 크게 뛰었죠. 나는 최소 연봉을 받고 뛰기로 하고 이곳에 왔어요. 그건 나의 선택이었고 후회는 없습니다."

사회에도 NBA에서처럼 소득 격차가 초래하는 파장이 실제로 있다. 마이클 조던과 함께 뛴다는 심리적 보상이나 챔피언 반지를 거머쥐는 기쁨도 누리지 못하는 팀에서 적은 연봉을 받는 선수들에게 이 같은 격차는 심각한 문제다. 슈퍼스타들이 더 많이 받아가면 나머지 선수들에게 돌아가는 몫이 줄어들기 때문이다. 이는 1998~1999년 NBA 직장 폐쇄 때의 중요한 현안이었다. 1998년에는 과거 어느 때보다 많은 NBA 선수들(약 25%)이 NBA 최소 연봉을 받았다. 『피터슨스 프로 바스켓볼』 잡지는 당시 상황을 이렇게 전했다.

"NBA는 미국 전체의 사회상을 반영하기 시작했다. 부자는 점점 더 부유해지고 수많은 (상대적으로) 가난한 사람들이 생겼으며 중산층은 사라질 위기에 처한 것으로 보인다. NBA 선수 에이전트인 돈 크론슨의 말을 들어보자. '작년(1996~1997년) 리그 소속 선수의 대략 3분의 1(정확히 말하면 348명 중 110명)이 리그 최소 연봉을 받았습니다. 돌아가는 상황을 보면 올해는 그 숫자가 대략 150명으로 늘어날 것 같습니다. 믿을 수 없을 만큼 큰돈이 슈퍼스타들에게 돌아감에 따라 100만~200만 달러를 받던 팀 내 4~7위 선수들에게 줄 돈이 말라버렸어요. 그래서 상위 3명의 스타와 리그에 낀 것만으로도 감지덕지하는 하위 5명 위주로 팀을 꾸리게 됩니다. 하지만 4~7위 선수들은 팀에 많은 기여를 하기 때문에 그들을 만족시켜줘야 합니다. 그런데 그들은 팀에 남아있을지도 모르고 남아있어도 행복하지 않을 겁니다. 과거 어느 때보다 훨씬 더 심한 질투와 불화가 나타날 거예요. 연봉 격차가 커지면 라커룸에는 늘 문제가 생기죠. 인간의 본성은 그런 겁니다. 지금 프로농구 선수들의 본성도 바로 그런 것이지요.' 이처럼 선수들 간 계층 분리 현상이 나타나는 가장 좋은 예는 지난 시즌 휴스턴 로키츠에서 나타났다. 이 팀은 총 2,100만 달러 이상을 받는 3명의 슈퍼스타와 단 2명으로 줄어든 중간층(케빈 윌리스와 마리오 엘리), 그리고 8명이나 되는 최소 연봉 선수들로 이뤄졌다. 크론슨은 '내가 알기로는 그 팀은 행복하지 않은 팀'이라고 말했다."

불스로 오기 전 다른 두 NBA팀에서 뛰었던 스티브 커도 이런 게 "진짜 문제"라고 말했다. "많은 팀에서 NBA 최저 연봉을 받으면서 선발로 뛰는 선수들과 400만 달러를 받으면서 벤치를 비우는 선수들이 섞여 있습니다. 최소 연봉을 받으며 선발로 뛰는 선수들의 기분이 나쁘지 않을 수 없고 고액 연봉을 받으면서도 벤치를 비우는 선수들이 죄책감을 느끼지 않을 수도 없지요." 나는 커에게 마이클 조던과 그의 소득 격차에 대해 유감은 없느냐고 물었다. 그 역시 세계화 시대에 그의 자리가 어디인지 이해하고 있는 것 같았다. "솔직히 그런 건 없습니다. 저는 매우 훌륭한 재능을 갖고 있지만 리그에 끼지도 못한 수천 명의 선수들을 생각합니다. 그럼 제가 얼마나 큰 행운을 잡았는지 생각하게 되지요."

NBA 벤치의 격차는 구단주들 사이의 격차도 갈수록 커지게 하고 있다. NBA 구단주들은 주로 그 지역사회 출신 기업인들이었다. 하지만 오늘날 NBA 구단주들은 글로벌 스포츠의 글로벌 스타들에게 연봉을 줄 수 있을 만큼 이익을 내는 글로벌 기업이어야 한다. 뉴욕 닉스를 소유한 이는 누구인가? 케이블비전 시스템 코퍼레이션이다. 애틀랜타 호크스는 누가 갖고 있는가? 타임워너다. 포틀랜드 트레일 블레이저스 소유주는 누구인가? 마이크로소프트 공동 창업자인 폴 앨런이다. 필라델피아 세븐티식서스의 구단주는 누구인가? 컴캐스트 케이블이다. 시애틀 슈퍼소닉스는 누가 갖고 있는가? 미디어 재벌 액컬리그룹이다. 워싱턴 위저즈의 구단주 에이브 폴린은 마이클 조던과 AOL 경영자를 파트너로 영입하기 전에는 몇 안 남은 지역기업인 출신 소유주 가운데 하나였다. 워싱턴 지역사회의 한 축으로 관대한 자선사업가이기도 한 폴린은 이 지역에서 부동산 사업으로 돈을 벌었다. 그는 주완 하워드가 마이애미 히트로 도망치는 것을 붙잡아 7년 계약에 사인하기 위해 자기의 순자산과 거의 맞먹는 연봉 지급을 약속해야 했다. 하지만 지역사회의 한 부분인 폴린 같은 구단주는 이제 멸종해가고 있다. 이는 지역사회 전체의 손실이다.

1999년 1월 10일자 『뉴욕타임스』는 이렇게 보도했다.

"닉스를 소유한 케이블비전의 찰스 달런 회장은 메디슨 스퀘어 가든에 있는 닉스팀 라커룸에 가는 일이 극히 드물다. 간 적이 있기라도 하다면 말이다. 1960년대와 1970년대에 가족 같았던 분위기에서 구단주들은 선수들을 휴가지로 초대하곤 했다. 지금은 구단주를 한 번도 만나보지 못한 선수들이 많다."

야구 선수 마이크 피아자가 로스앤젤레스 다저스에서 플로리다 마린스로, 다시 뉴욕 메츠로 트레이드됐을 때인 1998년 5월 그는 다저스 구단과 선수들이 너무나 소원해 의사소통이 불가능할 정도였다고 불만을 표시했다. 누가 다저스를 소유하고 있는가? 루퍼트 머독의 호주 재벌기업 뉴스코프다. 피아자는 "구단주는 마치 저 멀리 있는 만질 수도 없는 오즈의 마법사 같았다"고 털어놓았다.

마지막으로, 벤치의 격차와 구단주석의 격차는 관중의 격차에도 반영된다. 마이클 조던의 팬들은 그의 연봉을 시샘한 적이 없다. 특히 그가 계속 우승을 차지하는 한은 그렇다. 그러나 스포츠 선수들의 연봉 격차에서도 나타나는 글로벌 경제의 승자와 패자 간 격차 확대는 사회적 반향을 불러일으키고 있다. 부자와 빈자는 갈수록 분리된 삶을 살고 있다. 그들의 자녀를 다른 학교에 보내고, 다른 동네에 살고, 다른 가게에서 쇼핑하고, 다른 스포츠를 관람한다. 혹은 일부 계층은 아예 스포츠를 보러 가지 않는다. 과거 스포츠는 지역사회를 한곳으로 끌어모으는 기능을 했다. 하지만 이제 스포츠가 그런 기능을 하기는 점점 어려워지고 있다. 스타들의 고액 연봉을 지불하려면 티켓 값을 부자들만 감당할 수 있을 정도로 올려야 하고, 경기장을 계층에 따라 나눠야 하기 때문이다. 이에 따라 75달러짜리 티켓밖에 살 수 없는 가난뱅이들이 노천 관람석에 끼어 앉아 땅콩이나 먹는 동안 부자들은 다리를 쭉 뻗을 공간이 충분한 스카이박스에 앉아 웨이트리스들의 시중을 받으며 크랩케이크를 먹는다. 가난한 집에서 태어난 이들이 대부분인 선수들도 그들의 경기를 보러 온 부유한 백인 관중과 사회적 격차를 의식한다. 『스포츠 일러스트레이티드』는 언젠가 익명의 흑인 선수가 이런 말을 했다고 전했다. "공을 쫓아 관중석으로 다이빙하면 투자자은행가의 휴대전화를 깔아뭉개게 되지요. 그런데 함께 자란 친구들은 경기를 볼 수 있는 티켓도 못 구합니다. 예, 그런 생각이 듭니다." 샤킬 오닐에게 7년 동안 1억 2,100만 달러를 지불하기 위해 로스앤젤레스 레이커스는 가장 싼 티켓 값을 9.5달러에서 21달러로 올려야 했다. 코트 주변의 가장 비싼 자리는 한 경기당 500달러에서 600달러로 올렸다. 하버드대의 정치학자인 마이클 샌들은 "과거 지역사회에 일체감을 주는 데 핵심적인 역할을 했던 운동장은 이제 더 이상 출신 배경이 다른 사람들을 한곳으로 끌어들이는 공유된 공간이 아니다"라고 지적했다.

사실 세계적인 스포츠 스타와 팬들 사이의 격차는 완전히 딴 세상처럼 벌어졌다. 스티브 커는 나에게 이런 말을 했다.

"언젠가 권투 선수 에반더 홀리필드가 5만 6,000평방피트(1,573평) 집을 짓고 산다는 기사를 읽은 적이 있어요. 그럴 만한 이유가 있었겠지요. 그런데 그 기사는 그가 못사는 집 어린이들을 초대해 집을 구경시켜주면서 열심히 노력하면 어떤 걸 이룰 수 있는지를 보여주려 했다고 설명하더군요. 5만 6,000평방피트 집이라니! 그런 집에 살 수 있는 유일한 길은 헤비급 세계챔피언이 되는 수밖에 없는데 챔피언은 단 한 사람밖에 없지요. 모든 게 얼마나 돈이 많으냐에 초점이 맞춰져 있어요. 학교에 가서 어린이들에게 '학교 열심히 다니면 나처럼 이 모든 것들을 살 수 있다'고 이야기하는 선수들이 있지요. 하지만 저는 그게 과연 옳은 메시지인지 잘 모르겠어요. 저는 '학교에 열심히 다니면 네가 원하는 일을 하면서 살 수 있다'는 게 옳은 메시지라고 생각합니다."

내가 워싱턴 위저즈 경기 티켓을 쓸 수 없을 때면 경비인 내 친구에게 그 티켓을 줄 때가 종종 있다. 그런데 그가 너무 고마워하기 때문에 나는 슬프다. 내가 어렸을 적 아버지와 함께 쉽게 즐길 수 있었던 것(내 아버지가 한 해 1만 3,000달러밖에 못 벌 때도 두 번 거듭 재 볼 필요도 없이 미니애폴리스 레이커스 경기를 보러 갈 수 있었던 것)을 그가 즐길 수 있게 됐다고 그토록 고마워 한다는 게 나를 슬프게 한다.

이토록 많은 사람들이 그 단순한 즐거움에서 배제되는 건 뭔가 잘못된 일이다. 지역사회는 한 단계 더 침식됐다. 그래서 1997년 11월 12일자 『워싱턴타임스』에서 다음과 같은 기사를 볼 때도 놀라지 않게 된다.

"필라델피아 세븐티식서스의 앨런 아이버슨과 시애틀 슈퍼소닉스의 게리 페이턴 중 누가 더 뛰어난 가드인지를 놓고 말다툼이 벌어진 끝에 2명이 숨졌다. 일요일 세븐티식서스 대 소닉스 경기가 끝난 후 벌어진 이 말다툼은 총격전으로 비화됐고 마침 서덕 플라자 공공주택단지에서 벌어진 총격전 현장에 있었던 데릭 워싱턴(21세)과 그의 사촌 제임카 라이트(22세)가 총에 맞아 사망했다."

나는 미국 역사상 이런 종류의 경제 양극화가 늘 있어왔으며 20세기 중반에 와서야 중산층이 크게 늘어났다는 사실을 알고 있다. 내 아버지는 농구 경기장에 갈 수 없는 계층이 있다는 걸 결코 이해하지 못했을 것이다. 하지만 할아버지는 이해할 수 있었을 것이다. 불행하게 내 손자들도 그럴 것 같다.

정보기술 격차

내가 NBA를 예로 든 것은 고작 27만 2,250달러밖에 못 버는 선수들을 동정해서가 아니다. 소득 격차 확대는 세계화에 대한 저항이 세계 곳곳에서 벌어지도록 부추기는 요인이라는 걸 쉽게 설명하기 위한 것이다(이 문제에 대해서는 다음 장에서 구체적으로 설명한다). 이런 소득 격차 확대는 중산층이 훨씬 적고 반독점법과 소득 균등화를 위한 법이 엄격하지 않은 해외 여러 나라에서 특히 뚜렷하게 나타난다. 이는 세계화 체제의 핵심적인 경제적 딜레마 가운데 하나다. 황금 스트레이트재킷과 전자소떼, 자유시장과 자유무역은 사회 전체적으로는 훨씬 커다란 소득을 창출한다. 이는 사실이다. 하지만 그 소득은 매우 불균등하게 분배되며 이를 되는 대로 내버려두는 자본주의는 사회적으로 엄청난 불안을 초래한다. 그러나 오늘날 뒤처진 이들의 삶을 개선시키기 위한 재원을 만들어내지 못한 채 폐쇄적이고, 규제가 심하고, 관료주의적으로 운영되는 경제체제를 고집하는 것은 사회 전체를 가난에 빠뜨리고 이는 사회적으로 더욱 큰 불안을 야기하게 될 것이다. 1990년대 피델 카스트로의 사회주의 쿠바를 보라. 쿠바에는 소득 격차는 별로 없었다. 하지만 사회 전체가 너무나 가난해져 1990년대 중반 쿠바는 서반구에서 섹스 관광의 수도가 됐다. 수천 가구가 아내나 딸들을 매춘에 내몰아 가족들이 연명할 수 있는 돈을 벌게 했다. 나는 쿠바에서 캐나다 외교관 한 사람을 만났는데 그녀는 "섹스 관광을 한 캐나다인들을 감옥에서 구해내는 일을 하고 있다"고 말했다. 결국 1990년대 후반 카스트로는 쿠바 경제를 조금 개방하고 제한된 규모로 자유기업을 허용했다. 이는 즉각 엄청난 소득 격차를 낳았다. 내가 1999년 쿠바의 하바나에 갔을 때 여행 안내자는 이렇게 말했다. "옛날에는 내가 신발 두 켤레를 갖고 당신이 세 켤레를 가졌었지요. 하지만 지금은 내가 여행 가이드를 해 외화를 벌 수 있기 때문에 당신이 세 켤레를 갖고 있는 동안 나는 서른 켤레를 가질 수 있게 됐습니다." 장기적으로 이런 소득 격차가 계속 벌어지면 세계화의 아킬레스건이 될 수 있다. 기술과 시장, 통신으로 점점 더 촘촘하게 엮이고 있지만 사회적·경제적으로 점점 더 많이 찢어지고 있는 세계에는 본질적으로 불안정한 요소가 내재돼 있다(마지막 장에서는 이 문제에 대응하는 방법에 관해 생각해본다).

어느 날 내가 통신에서 우연히 보게 된 다음 뉴스를 생각해보자. "아이티의 포르토프랭스(로이터)-서반구의 가장 가난한 나라 아이티에서 1998년 5월 말 처음으로 휴대전화 서비스가 시작된다고 서비스 제공업체가 금요일 밝혔다. 소수의 부유층과 외국투자자, 그리고 기업가들이 이 서비스를 이용할 수 있을 것으로 보인다. 아이티의 1인당 소득은 약 250달러다. 휴대전화 값은 450달러이며, 서비스 개통비용은 100달러, 월 이용료는 20달러다." 다시 말하면 아이티의 세계화된 엘리트층은 보통 아이티 사람들의 2년치 소득에 해당하는 돈을 쓰며 휴대전화를 일상적인 도구로 이용한다.

이는 안정적인 상황이 아니다. 하지만 불행하게도 이런 상황은 특이한 게 아니다. 1999년 유엔 인간개발보고서에 따르면 인터넷이 사람들을 새로운 글로벌 네트워크에 연결시켜주지만 인터넷 접속은 여전히 부자 나라들에게 집중돼 있다. 세계 인구의 19%를 차지하는 OECD 국가들은 인터넷 사용인구의 91%를 차지한다. 불가리아에는 남아프리카공화국을 제외한 사하라사막 이남의 모든 아프리카 나라들보다 많은 인터넷 이용자들이 있다. 미국과 스웨덴은 인구 1,000명당 600대의 전화를 쓰고 있지만 차드에는 1,000명당 1대의 전화밖에 없다. 세계 인구의 23%를 차지하는 남아시아의 인터넷 이용자는 세계 전체의 1%에도 미치지 못한다. 영어를 쓰는 이는 세계 인구 10명 중 1명도 채 안 되지만 영어는 웹사이트의 거의 80%를 차지하고 있다. 선진국들은 전 세계 특허권의 97%를 보유하고 있다. 나는 인터넷과 정보기기들이 사람들이 예상하는 것보다 더욱 빠르게 확산될 것으로 믿는다. 하지만 새천년으로 넘어가는 시점에서도 이 디지털 디바이드(digital divide: 정보기술 격차 – 옮긴이)는 뚜렷이 나타나고 있으며 부자와 가난한 나라 사이의 격차는 더욱 벌어지고 있다.

1999년 유엔보고서에 따르면 고소득 국가에 사는 세계 인구의 20%가 전 세계 GDP의 86%를 차지하고 있다. 또한 세계 수출의 82%, 해외직접투자의 68%, 전화 대수의 74%를 차지한다. 가장 가난한 하위 20%는 각 분야에서 약 1%만을 차지할 뿐이다. 부유한 20%가 전 세계 육류와 생선 소비량의 45%를 차지하는 데 비해 가난한 20%의 소비량은 5%가 채 안 된다. 그 격차는 더욱 벌어지고 있다. 1960년에는 세계에서 가장 부유한

20%가 올리는 소득이 가장 가난한 20%가 얻는 소득의 30배였다. 1995년에는 82배로 커졌다. 예를 들어 브라질에서는 가장 가난한 50%가 전체 국민소득의 18%를 차지했다. 1995년에는 고작 11.6%를 얻는 데 그쳤다. 가장 잘사는 10%의 몫은 63%에 달했다. 러시아에서는 가장 부유한 20%가 가장 가난한 20%보다 11배 많은 소득을 가져간다. 1998년 유엔 인간개발 보고서는 세계화 덕분에 이제 마케팅 담당자들이 '글로벌 엘리트' '글로벌 중산층' '글로벌 10대'에게 제품을 팔려 한다고 밝혔다. 그들이 어디에 살든 같은 소비 패턴을 따르고 음악, 영화, 티셔츠의 글로벌 브랜드에 대해 같은 선호를 보이고 있기 때문이다. 보고서는 이렇게 분석한다.

"그 결과는 무엇인가? 첫째, 많은 소비자들에게 여러 가지 선택권이 생겼다. 하지만 소득이 낮은 많은 이들은 그 혜택을 누리지 못하고 있다. 그리고 과시적인 소비 경쟁도 심해지고 있다. '존스네 따라잡기'는 이웃집 소비에 뒤지지 않으려 애쓰는 것에서 이제 TV쇼와 영화에 나오는 부유하고 유명한 이들의 라이프스타일을 추구하는 것으로 바뀌었다."

요즘 어느 개도국을 가봐도 구석구석까지 입이 딱 벌어지는 격차를 확인할 수 있다. 리우데자네이루에 갔을 때 나는 로친하 지역의 파벨라(favela: 도시의 빈민촌—옮긴이)에 사는 주민들을 인터뷰하러 갔다. 파벨라는 판잣집과 임시 거처가 빽빽하고 어지럽게 들어찬 남미 최대의 슬럼 지역이다. 차를 타고 파벨라로 가던 중 도로가 두 갈래로 갈라지는 걸 보았다. 오른쪽으로 돌아 잘 관리된 정원들을 지나 계속 가면 이 나라에서 학비가 가장 비싼 리우 아메리칸스쿨이 있다. 한 달에 약 2,000달러를 내야 한다. 이는 리우에서 가장 사치스러운 동네인 가비아의 중심에 있다. 이 학교에 들어가기는 매우 까다롭다. 갈림길에서 왼쪽으로 돌아가면 로친하의 파벨라로 들어가게 된다. 한 해 소득이 2,000달러도 안 되는 사람들이 살고 있고 들어가는 데 전혀 제한이 없다. 10만 명 이상이 파벨라에 몰려 산다. 브라질 경제가 계속 성장하는 한 이 교차로는 정치적으로 지속가능할 것이다. 하지만 경제성장이 둔화되면 그 두 갈래 길은 이 나라를 떨어져나간 차골처럼 갈라놓는 길이 될 것이다.

전자소떼가 만족하도록 황금 스트레이트재킷을 더욱 꼭 맞춰 입기 위해 페르난두 엔리케 카르도수 브라질 대통령은 1998년 재선된 직후 사회보장 지출을 삭감했다. 『뉴욕타임스』 브라질 특파원 다이애너 진 쉬에모는 사회보장 감축에 따라 어려움을 겪는 사람들에 관한 기사를 썼다. 카르도수는 이미 은퇴해서 사회보장 혜택으로 살아가려는 사람들을 '게으름뱅이'라고 했다가 정치적 논란에 휩싸였다. 쉬에모는 닐튼 탐바라라는 노동자를 통해 이야기를 풀어나갔다. 그는 58세의 금속노동자로 11세에 일을 시작했으며 은퇴하기 전 일한 41년 중 33년 동안 사회보장세를 냈다.

"이 나라에서 조용히 좀 살 수는 없습니까?" 탐바라는 상파울루 월마트 점포 밖에 서서 16달러 하는 알루미늄 사다리 하나 살 돈이 없다고 불만을 터뜨렸다. "정부가 말하는 계층(부유층, 중산층, 빈곤층)은 존재하지 않습니다. 그저 부자들과 비참한 자들이 있을 뿐이지요."

사자의 도시와 산 자의 도시

이집트 카이로에는 50만 명으로 추산되는 사람들이 '사자의 도시City of the Dead' 안에 있는 무덤에 산다. 사자의 도시는 수도 한복판에 5평방마일에 걸쳐 있는 묘지들이다. 하지만 이곳에서 10마일도 안 가 최신 골프시설과 주택단지가 어우러진 커뮤니티가 있다. 카타미야 하이츠라 불리는 이곳은 인공호수와 정원, 분수, 호텔을 갖춘 오아시스에 수백 가구를 지어놓은 몇 개의 복합단지 중 하나다. 인터넷에도 나오는 광고 문구는 이런 내용을 담고 있다. "카타미야 하이츠는 골프나 테니스를 사랑하고 깨끗한 사막 주변에서 가족 활동의 즐거움을 맛보려는 분들을 위한 리조트입니다.

리조트 안에는 27홀의 국제 규모 골프 코스와 연습장, 골프 아카데미를 갖추고 있으며, 5만 평방피트(약 1,400평)의 호화로운 클럽하우스에서는 레스토랑과 라운지, 수영장, 헬스와 레크리에이션 시설을 이용할 수 있습니다. 골프장 이용료는 왕복 교통요금을 포함해 1인당 165달러입니다." 1998년 이집트의 1인당 연간 소득은 1,410달러였다. 골프를 여덟 번 칠 수 있는 돈이다.

태국은 두 쪽으로 완전히 쪼개진 나라다. 한쪽은 도시 지역에서 수출 관련 산업에 종사하는 근로자와 기업가들로, 이 나라의 금융 제조 중심지에 살면서 세계화의 혜택을 누리고 있는 사람들이다. 다른 쪽은 가난한 시골 지역에 사는 내부 지향적인 사람들로, 세계화의 간접적인 영향은 받지만 그 체제를 이해하지도 못하고 혜택도 거의 받지 못하는 이들이다. 1997년 경제위기 때에도 여전히 땅을 일구면서 살던 이들은 당시 태국 정부가 어쩔 수 없이 환율 방어를 포기해 바트화가 폭락함에 따라 도시 사람들이 완전히 몰락했을 때도 별다른 동정심을 갖지 않았다.

그 당시 태국 가수인 플로엔 프롬단은 '떠다니는 바트The Floating Baht'라는 일종의 컨트리랩을 들고 나왔다. 은행원과 농부의 대화로 이뤄진 이 노래는 한 사회에서 세계화된 사람들과 그렇지 못한 사람들 사이의 격차를 예리하게 잡아내고 있다. 누가 의도하지는 않았더라도 그 격차가 확대되면, 같은 언어를 쓰는 사람들이라도 서로가 연대감을 느끼기는커녕 서로를 이해할 수도 없다는 점을 잘 보여주는 내용이라 여기 일부를 소개한다.

다음은 이 노래의 거친 번역이다. 이 노래는 이렇게 반복되는 구절로 시작된다. "우리 바트는 이제 떠다니네. 우리 바트는 이제 떠다니네. 얼마나 오래 떠다닐지는 두고 봐야 한다네. 어떻게 될지 똑똑히 지켜보세."

은행원: "좋아, 여기 보게, 모두들, 오늘 우리 바트는 벌써 떠나니네."

농부: "어제 두 살배기 아이가 강물에 빠졌는데 죽지 않았다네."

은행원: "어떻게? 뭣 때문에 죽지 않았나?"

농부: "그래, 아이가 물에 빠졌다네. 사람들은 아이가 물속에 들어갔다 나왔다 하는 걸 보았다네. 사람들은 강으로 뛰어들어 아이를 건졌다네. 아이는 떠다니는 바트를 움켜쥐고 있었다네."

은행원: "내 말 이해 못하는가? 나는 우리 통화가 떠다니는 걸 말하고 있다네."

농부: "이런, 떠다니는 바트가 없었다면 아이는 빠져 죽었을 것이네."

은행원: "나는 떠다니는 통화를 말하는 것일세, 바보야."

농부: "뭐, 우리에게 왜 그런 말을 하는가? 그게 왜 그리 중요한가?"

은행원: "난 당신들이 그걸 신경 써야 하기 때문에 이야기하는 것이네. 난 당신들이 그걸 모를까봐 두렵다네."

농부: "우리가 왜 그따위 것 때문에 마음의 짐을 져야 하는가?"

은행원: "이건 당신들이 깊이 생각해야 할 철학적인 문제라네."

농부: "우리가 왜 그따위 것을 생각하고 싶어 하겠는가? 우리는 철학자가 아니라네."

은행원: "당신은 얼간이야."

농부: "내가 얼간이가 아니었다면 금융회사 사장이 됐을 것이네." (바트화가 폭락했을 때 대부분의 태국 금융회사들이 파산했다.)

후렴: "우리 바트는 이제 떠다니네. 바트가 뜰 때는 물건 값도 모두 뜬다네."

은행원: (가르치는 말투로) "바트가 뜰 때는 물건 값도 그만큼 뜬다네. 바트가 얼마가 뜨더라도 하루 이틀이면 물건 값도 그만큼 뜬다네. 모든 것이 뜨기만 하고, 아무것도 가라앉지 않네. 그게 돌아가는 이치라네."

농부: "당신은 왜 언제나 불평하고 끙끙대는가?"

은행원: "우리는 불평하고, 소리지르고, 저주하네. 거리에 나가 길을 막고 시위도 하네. 그래야 사람들이 우리를 보고, 동정하고, 문제를 풀도록 도와준다네."

농부: "당신은 왜 문제를 풀려고 그렇게 안달하는가?"

은행원: "일이 더 잘되라고 그런다네, 이 바보야."

농부: (웃으며) "하하하. 이 사람 보게. 어린아이처럼 소리를 지르네. 그렇게 합리적인 사람이 갑자기 소리를 지르네."

은행원: "이 바보야."

후렴: "바트는 이제 약하다네. 예전처럼 강하지 않다네. 그래서 온갖 문제를 일으키네. 우리가 샀던 모든 게 값이 올라가네."

은행원: "태국 돈은 나라 밖으로 빠져나가네. 그러나 외국 돈은 들어오지 않네. 태국 사람들은 외국으로 놀러 가기를 좋아하네. 들락날락하네. 외국에 나가면 물건들을 사오네."

농부: "그래, 그들은 그걸 좋아하네. 그들은 돈이 있네. 그 돈은 그들 것이네. 그럼 뭐가 문제인가?"

은행원: "그들이 갖고 나가는 것도 여전히 태국 돈이라네. 그들이 돈을 갖고 나가면 사정은 더 어려워진다네. 태국 바트는 가치가 떨어지네. 그러면 투자할 돈이 없어지네."

농부: "그걸 어떻게 아는가?"

은행원: "날마다 뉴스에 나오는 것이라네. 뉴스도 안 보는가?"

농부: "나는 라디오를 듣지 않네. 아무것도 읽지 않네. 이 모든 것들에 관심이 없다네. 나는 태국 킥복싱과 축구 경기만 본다네."

은행원: "제발 정신 좀 차리게. 우리나라 문제를 생각하고 걱정 좀 해보게."

농부: "태국 킥복서가 외국인에게 챔피언 타이틀을 잃을까봐 겁난다네. 그게 걱정해야 할 일 아닌가?"

은행원: "우리나라가 외국에서 엄청나게 돈을 빌려온 걸 알기나 하는가?"

농부: "얼마나 엄청난가?"

은행원: "엄청난 빚이라네. 산더미 같은 빚이라네. 당신은 바보일세. 당신은 내가 하는 말을 한마디도 이해 못하네, 안 그런가? 나는 말하느라 입만 아팠다네. 외국에서 돈을 빌리면 갚아야 하네."

농부: "돈 빌린 사람은 그걸 즐길 권리가 있지 않은가?"

은행원: "나라를 망쳐놓고 돈을 낭비하는 사람은 당신 같은 사람일세. 당신도 태국 국민의 한 사람, 한 식구일세. 우리가 너무 많은 돈을 쓴 데 당신도 책임이 있다네. 우리 모두 한 가족이라네."

농부: "오, 나는 장가를 안 갔다네. 나는 가족이 없다네."

제3부

세계화에 대한 저항

15
저항

레이 보이드: "뭐가 잘못됐어요, 엄마?"
도로시 보이드: "1등석, 그게 문제야. 예전에는 더 좋은 식사를 주었지. 이젠 더 나은 삶을 준다는데."
영화 「제리 맥과이어」에서

해마다 스위스 다보스에서 열리는 세계경제포럼은 글로벌 현안들에 대한 좋은 가늠자가 된다. 매년 2월이면 세계의 대표적인 글로벌리스트들이 스위스의 산 속에 모여 세계화를 축하하고 세계화를 논의한다. 이 포럼에는 전 세계에서 모여든 정상의 기업가와 정치인들, 경제학자, 기술자, 과학자, 그리고 사회학자가 참석한다. 매년 한두 사람이 큰 흐름을 만드는 사람으로 부각된다. 어느 해에는 중국의 경제 총책 주룽지가, 다른 해에는 야세르 아라파트, 이츠하크 라빈, 시몬 페레스가, 또 다른 해에는 러시아 개혁가, 또 다른 해에는 문제가 된 아시아의 경제 지도자가 주목을 받았다. 1995년 다보스 세계경제포럼의 스타는 억만장자 금융가인 조지 소로스였다. 나도 그의 기자회견에 초청됐기 때문에 알고 있다. 세계의 모든 주요 언론 기자들이 기자회견 테이블 주변에 몰려들어 소로스가 마치 슈퍼파워의 대통령이라도 되는 것처럼 인터뷰했다. 그는 실제로 그렇다고 생각하는 듯했다. 로이터, 블룸버그, AP-다우존스, 『뉴욕타임스』, 『워싱턴포스트』, 『더 타임스』, 『파이낸셜타임스』 기자들이 멕시코에 대한 그의 견해를 물으며 질문공세를 퍼부었다. 러시아, 일본, 그리고 세계경제 흐름에 대해 묻고 회견장 밖으로 뛰어나가 전화로 소로스의 말을 긴급 송고했다. 다음 날 그의 견해는 『인터내셔널 헤럴드 트리뷴』과 다른 많은 신문들의 1면 톱에 올라왔다.

그걸 지켜보면서 나는 중요한 변화를 목격한다고 느꼈다. 소로스는 전자소떼의 화신이다. 그는 선두에서 달리는 황소였다. 아마 맨 앞에서 달리는 소였을 것이다. 당시는 많은 사람들이 2개의 슈퍼파워가 있는 세계에서 전자소떼가 소련을 대체하고 있다는 걸 깨닫기 시작했던 바로 그 때였다. 불과 몇 년 전 소로스는 영국 총리 존 메이저에게 깜짝 놀랄 만한 경제학 강의를 해주었다. 그때 메이저는 영국 파운드화가 적정 수준으로 평가되고 있다고 생각했다. 소로스는 그렇게 보지 않았다. 그래서 1992년 9월 소로스는 파운드화를 '적정'한 수준으로 떨어뜨리기 위한 소떼들의 공격을 주도했다. 메이저는 처음에 소로스를 비웃고 코웃음쳤으나 나중에는 그에게 저항했으며, 결국 백기를 들고 파운드화를 12% 절하했다. 소로스는 몇 달 동안의 작업만으로 10억 달러의 이익을 챙겨갔다. 소련은 가고 전자소떼가 왔다.

조지 소로스와 겐나디 주가노프

재미있는 것은 소로스가 다보스의 홀 전체를 자기의 기자회견장으로 만들어버린 후 1년이 지난 1996년, 나는 다시 이번에는 누가 스타일까를 궁금해하며 다보스로 갔다. 나는 메인 홀에 설치된 컴퓨터 터미널에서 이메일 메시지를 받고 있던 중 소로스가 지나가는 것을 봤다. 그때 그에게 관심을 기울이는 이는 아무도 없다는 생각이 갑자기 들었다. 실제로 그는 언제나 외톨이로 다니는 것 같았다. 한 해 만에 참 많이도 달라졌다. 그해에는 그가 기자회견을 열 수도 없을 것 같았다. 왜 그런가? 1996년 다보스의 스타는 누구인가? 다름 아닌 러시아 공산당 당수인 겐나디 주가노프였다!

다보스포럼은 근본적으로 자본주의자들의 모임이다. 냉전시대의 쥬라기공원에서 온 이 공룡(겐나디 주가노프가)이 어떻게 가장 주목받는 인물이 될 수 있는가? 다보스에 모인 경제계와 정계의 엘리트들이 세계화라 불리는 강력한 변화가 어떤 곳에서는 그만큼 강력한 저항도 낳을 수 있다는 걸 이해하기 시작했기 때문이다. 많은 사람들이 그때 처음으로 이 사실을 이해하기 시작했다. 그때는 주가노프가 실제로 러시아 대통령 선거에서 보리스 옐친을 누를 것으로 보였다. 그렇게 되면 세계화에 대한 저항세력이 중요한 한 나라를 장악하게 되는 셈이었다. 그래서 다보스에 모인 모든 경영자들이 주가노프(반격하는 야수)를 만나 그가 사유재산권과 러시아 재정, 그리고 루블화와 달러의 태환 문제에 대해 어떤 정책을 펼지를 알고 싶어 했다. 나는 그때 주가노프를 인터뷰했는데 그가 무슨 일을 해야 하는지에 대해 '아무런 실마리도 잡지 못하고 있다'는 걸 분명히 알 수 있었다. 그는 대부분의 시간을 서방기업계 엘리트들을 피해 숨어다니는 데 쓰고 있는 것 같았다. 세계화에 대해 이념적으로 반격하는 다른 사람들처럼 효과적인 정책 프로그램보다는 하나의 태도를 갖고 있었다. 소득을 어떻게 창출할지보다 어떻게 분배할지에 대해 더 많은 아이디어를 갖고 있었다.

하지만 그 후 세계화에 대한 저항은 더욱 뚜렷해졌고 더욱 확산됐다. 세계화가 과거 어느 때보다 더 부와 기술혁신을 꽃피우게 했다는 데에는 의심의 여지가 없다. 하지만 앞 장에서도 지적했지만 이런 급속한 변화는 전통적인 기업 관행과 사회구조, 문화, 관습, 그리고 환경에 도전하게 되고 이는 상당한 반발을 불러온다. 세계화에 대한 저항 가운데서도 가장 목소리 크고 뚜렷이 보이는 시위가 1999년 시애틀 세계무역기구(WTO) 각료회의 때 벌어졌다. 이는 놀라운 일이 아니다. 시장은 자본과 혼란을 함께 만들어낸다. 세계화로 시장이 더욱 강력해질수록 그에 따른 혼란도 더욱 다양해지고 더욱 널리 퍼질 것이다.

세계화에 대한 반대세력이 분개하는 것은 이런 일반적인 의미의 불안과 혼란 이상의 것이다. 이들은 그 나라가 세계화 체제에 접속하면 어쩔 수 없이 획일적인 황금 스트레이트재킷을 입어야 한다는 점에 분개한다. 어떤 이들은 황금 스트레이트재킷이 경제적인 압박을 가하기 때문에 이를 싫어한다. 어떤 이들은 황금 스트레이트재킷을 넓힐 수 있는 지식과 기술, 또는 자원을 갖고 있지 않고 있다는 점을 염려하며, 과연 그로부터 황금을 얻을 수 있을지를 걱정한다. 또 어떤 이들은 황금 스트레이트재킷이 소득 격차를 더 벌리거나 고임금 국가에서 저임금 국가로 일자리를 빼앗아가버리기 때문에 이를 싫어한다. 또 어떤 이들은 황금 스트레이트재킷이 그 나라를 온갖 글로벌 문화의 영향력에 노출시켜 자기 아이들이 자기네 전통적인 올리브나무에 오히려 이질감을 느끼도록 하기 때문에 싫어한다. 일부는 스트레이트재킷이 거북이와 돌고래와 물과 나무를 보호하는 법보다 자유무역을 촉진하는 법에 우선순위를 두는 것 같기 때문에 싫어한다. 또 일부는 그 스트레이트재킷의 설계에 참여할 수 없다고 느끼기 때문에 싫어한다. 자기 나라의 운영체제를 DOS캐피털6.0 수준으로 업그레이드하는 게 너무 어렵다고 느끼기 때문에 싫어하는 이들도 있다.

다시 말해 세계화에 대한 저항은 특별한 여러 정서와 불안을 먹고 자라는 광범위한 현상이라고 할 수 있다. 저항은 서로 다른 나라에서, 서로 다른 특성을 갖고, 서로 다른 형태로 표현된다. 이번 장은 세계화에 저항하는 그 특별한 정서와 저항의 형태와 특징에 관한 것이다. 그리고 그런 저항이 만들어내는 회오리바람이 지금 당장은 세계화에 조그만 타격을 가하는 데 그치지만 우리가 심각한 저항에 심각하게 대응하지 않으면 언젠가는 세계화 체제를 뒤흔들 수 있을 정도로 강력해질 것이라는 점을 살펴본다.

앞서 이야기한 대로 나는 1998년 여름 컨서베이션인터내셔널과 함께 브라질에 갔다. 컨서베이션인터내셔널은 우나시 지역 사람들과 협력해 대서양 열대우림에 생태공원을 만들었다. 이는 벌목을 중단시킬 수 있을 만큼 충분한 일자리를 만들어낼 수 있는 관광산업을 창출하는 걸 돕는 일이었다. 컨서베이션인터내셔널은 48세의 우나 시장인 데자이르 비르슈너를 초청해 나에게 그 지역을 보여주면서 이런 노력들이 그 지역에 미친 영향에 대해 설명해주도록 부탁했다. 그는 폴 버니언(전설 속의 거인 벌목꾼-옮긴이) 타입의 인물로 아버지와 할아버지가 모두 벌목꾼이었다고 했다. 지금은 환경운동가들이 그의 벌목사업을 접도록 했다. 우리가 열대우림 속을 걸어가는 동안 비르슈너 시장은 모든 나무를 사랑스럽게 다독거렸다. 그는 숲속 나무 하나하나의 이름을 다 알고 있었다. 나는 곧 이 브라질 나무꾼을 좋아하게 됐다. 그에게는 믿음직한 뭔가가 있었다. 우리는 걷기를 멈추고 대서양 열대우림 끝자락의 야외 테이블에 앉아 그가 직면한 도전들에 대해 이야기했다. 그는 이론적으로는 벌목이 더 이상 지속가능하지 않다는 걸 이해한다고 말했다. 하지만 그의 작은 마을이 벌목 없이 살아갈 준비가 돼 있지 않다는 점도 역시 잘 알고 있다고 했다. 우리는 30분쯤 이야기했다. 내가 인터뷰를 마치고 씽크패드 노트북컴퓨터를 가방에 싸고 있을 때 그가 말했다. "이제 내가 뭘 하나 물어볼 게 있습니다."

"뭐든지 물어보십시오." 내가 대답했다.

그는 내 눈을 똑바로 보고 물었다. "우리에게 미래가 있을까요?"

그 질문은 주먹으로 내 배를 치는 것과 같았다. 테이블 건너편의 이 늠름하고 강건한 사내가, 보통 사람도 아닌 시장이 그와 그 마을 사람들에게 미래가 있을지를 물어보는 걸 지켜보면서 나는 눈물이 나올 뻔했다. 나는 그가 무엇을 묻고 있는지 정확히 알았다. 그는 이렇게 묻고 있는 것이었다. "우리 마을 사람들은 더 이상 숲을 파먹고 살 수 없고 컴퓨터를 갖고 먹고 살 수도 없습니다. 우리 아버지와 할아버지들은 벌목으로 살아갈 수 있었고 우리 손자들은 인터넷으로 살아갈 수 있을 것입니다. 하지만 그 사이에 있는 우리는 뭘 해야 할까요?"

나는 주섬주섬 이어 맞춰서 대답을 했다. 쉬운 말로 그와 마을 주민들에게 미래는 있다고 설명하려 애썼다. 농업경제에서 지식 기반 경제로 옮겨가는 노력을 시작해야 하며 자녀들을 더 잘 교육시키는 것이 중요하다고 말했다. 시장은 내 말을 듣고 고개를 끄덕이고 정중하게 감사를 표시하고는 그의 차로 갔다. 그가 떠날 때 나는 그의 통역을 끌어당겨 시장의 차를 타면 그가 내 대답에 대해 어떻게 생각하는지 물어봐달라고 부탁했다.

몇 분 후 통역에게서 회신이 왔다. 그는 시장이 인터뷰에서 간단히 언급만 했던 걸 나에게 상기시켜주기를 원한다고 전해주었다. 그가 매일 아침 사무실에 도착하면 200명이 기다리고 있다가 일자리와 집과 먹을 것을 요구한다. 일자리를 잃은 벌목꾼들이 죽여버리겠다고 위협하는 것은 말할 것도 없다. 그가 그들에게 일자리와 집과 먹을 것을 제공하지 못하면 그들은 열대우림을 먹어치울 것이다. 그게 지속가능한지 아닌지는 상관없다.

"시장은 이런 상황을 이해해주기를 바란다고 했습니다." 통역은 그렇게 말했다.

비르슈너 시장은 오늘날 '빠른 세계'로 진입하기 위한 기술이나 에너지를 못 가졌다는 두려움 때문에 세계화에 위협을 느끼는 세계의 모든 세대를 대표하는 사람이다. 나는 이들을 '거북이'라 부른다. 왜? 실리콘밸리 첨단기술 기업가들은 언제나 그들의 피 말리는 경쟁을 정글의 사자와 가젤 이야기에 비유하기 때문이다. 정글에서 사자는 매일 밤 다음 날 아침 해가 떴을 때 가장 느린 가젤을 따라잡지 못하면 굶어야 한다는 걸 생각하면서 잠이 든다. 가젤은 매일 밤 다음 날 아침 해가 떴을 때 가장 빠른 사자를 제치지 못하면 누군가의 아침식사감이 될 거라는 생각을 하면서 잠이 든다. 사자와 가젤 모두 잠이 들 때 알고 있는 한 가지는 다음 날 아침에 해가 뜨면 바로 달리기 시작하는 게 좋을 거라는 사실이다.

세계화에 있어서도 마찬가지다.

불행하게도 모두가 빨리 달릴 수 있는 태세가 된 건 아니다. 길에서 치여 죽지 않으려고 필사적으로 노력하는 수많은 거북이들이 있다. 거북이들은 장벽들이 무너졌을 때 빠른 세계에 빨려들어간 사람들이다. 이들은 이제 이런저런 이유로 빠른 세계에 경제적인 위협을 받거나 그 세계에서 쫓겨날 것이라고 느낀다. 그들이 모두 일자리가 없기 때문이 아니다. 그들의 일자리가 세계화 때문에 급속하게 변형되거나, 축소되거나, 효율화되거나 낡은 것이 되기 때문이다. 또한 글로벌 경쟁이 그들의 정부 역시 동시에 축소하고 효율화할 것을 강요함에 따라 거북이들을 위한 안전망도 사라지기 때문이다.

브로드웨이 뮤지컬 「래그타임Ragtime」에는 헨리 포드가 자기의 조립라인이 얼마나 천재적인 것인지 설명하는 장면이 나온다. 나는 늘 그 가사를 외우고 있다. (더 이상 그렇지 않지만) 한때 거북이들에게 안전했던 세계를 너무나 잘 포착하고 있기 때문이다. 헨리 포드는 뮤지컬에서 이렇게 노래한다.

여러분, 들어보시겠소, 내 이론을?
이 나라가 가야 할 방향이라오.
근로자는 모두 돌아가는 톱니바퀴.
그래, 헨리 포드의 생각은 바로 그것.
한 사람은 죄고 한 사람은 돌리고,
또 한 사람은 줄을 잡아당기네.
차들은 한쪽으로 계속 움직이네.
헨리 포드에게 경배를!
(벨트를 더 빨리, 벨트를 더 빨리, 샘!)
대량생산이 전국을 휩쓸고,

단순한 생각에 온 세계가 보상하네.
그리 똑똑하지 않은 이들도
언제까지나 나사 하나만 조이는 건 배울 수 있다네.
페달 하나만 달거나 레버 하나만 당기는 것도.

인간 거북이들

아, 어쩌나, 오늘날에는 그리 똑똑하지 않은 이들은 언제까지도 마이크로칩을 만드는 법을 배우지 못할 것이다. 좋은 직업은 많은 기술을 요구한다. 나는 언젠가 USAID(미국국제개발처)에 관한 이야기를 다룬 적이 있다. 보통 아프리카 개도국들에게 직업훈련과 경제원조를 제공하는 일을 하던 이 기구는 볼티모어 도심 슬럼의 재건을 돕는 데 그 경험을 활용하려고 시도했다. 이에 대해 『볼티모어선』은 '볼티모어, 제3세계 해법을 시도하다'라는 제목의 기사로 소개했다. 볼티모어가 USAID를 부른 것은 그 지역의 거북이들이 '빠른 세계'를 도저히 따라갈 수 없었기 때문이다. 시 관리 한 사람은 이 문제를 간결하게 정리해주었다. 그녀는 1960년대 볼티모어의 최대 고용주는 베들레헴철강이었다고 설명했다. 고등학교 이하의 교육만으로도 철강 공장에서 일자리를 얻을 수 있었고, 괜찮은 생활을 하면서 집을 사고, 자녀를 길러 대학에 보낼 수 있었다. 이는 가장 불우한 환경에서 난 거북이들에게도 아메리칸드림이 열려 있다는 걸 뜻했다. 지금 볼티모어의 최대 고용주는 존스홉킨스 메디컬센터다. 경비원이 되려는 게 아니라면 대학 졸업장 없이는 존스홉킨스에 일자리를 얻기 위해 면접조차 볼 수 없다. 거북이들은 응시할 필요도 없다. 실제로 볼티모어 주민 73만 명 가운데 제대로 글을 읽을 줄 모르는 15만 명은 거기에 응시할 꿈도 꿀 수 없다. (볼티모어 시 관리들은 도심의 가난한 주민들이 왜 잘 갖춰진 사회

개발 프로그램을 충분히 활용하지 않을까 계속 궁금해했다. 나중에야 그들이 안내 판조차 읽을 수 없다는 걸 발견했다. USAID를 부른 것도 이 때문이다. 이 기구는 아프리카에서 문맹을 해결하는 한 방편으로 온갖 만화 캐릭터와 시각 자료들을 개발했다. "정말로 역설적인 게 뭔지 말해줄까요?" 볼티모어 보건관리관인 피터 베일렌슨 박사는 인터뷰하러 간 나에게 이렇게 물었다. "USAID에 이런 의사소통 프로그램을 개발해준 회사가 바로 볼티모어에 있습니다. 이곳에서 불과 세 블록 떨어진 곳에 말이죠.")

세계화가 진전됨에 따라 반복적인 수작업 위주의 많은 일자리가 기계로 대체되고 있으며, 남은 일자리를 얻으려면 더 많은 기술이 필요하게 됐다. 거북이들에게 허용되는 일자리는 점점 더 줄어들고 있다. 1998년 6월 『워싱턴포스트』가 미시간 주 플린트의 GM 공장 파업에 관해 다룬 다음과 같은 기사는 오늘날 거북이들이 처한 곤경에 관한 모든 것을 보여준다. "지난 20년 동안 GM은 플린트 공장 근로자를 7만 6,000명에서 3만 5,000명으로 줄였다. 앞으로 몇 년 동안 1만 1,000명을 더 줄일 수 있다고 회사 측은 밝혔다. … 지난 20년간 GM은 시간제 일자리 29만 7,000개를 없애 이제 일자리는 모두 22만 3,000개만 남았다. … 줄어든 일자리 중 일부는 더 효율적이거나 싸게 생산을 할 수 있는 캐나다와 멕시코 공장으로 옮겨갔다. 그러나 줄어든 일자리의 대부분은 기계로 대체됐다."

이 기사는 또 캘리포니아에 있는 컨설팅업체 오토퍼시픽의 조지 피터슨 사장의 말을 인용했다. 그는 오하이오 주 메리스빌의 혼다자동차 미국 현지공장 근로자들처럼 UAW(전국자동차노조)에 가입하지 않는 근로자들은 여러 가지 기술을 갖고 여러 가지 작업을 수행할 수 있다고 지적했다. 그는 이런 융통성 덕분에 혼다가 생산비용을 줄일 수 있다고 밝혔다. UAW가 직업의 안정성을 염려하고 있는 것과 관련해 피터슨은 "한 가지 이상 일을 기꺼이 하겠다면 아직도 자동차 산업에서 풀타임 일자리를 얻을 수 있다"고 말했다.

따라서 오늘날 제조업에서 일자리를 얻기 위해 과거에 비해 많은 기술이 필요할 뿐만 아니라 로봇에 일자리를 빼앗기지 않기 위해서도 여러 가지 기술을 갖춰야 한다. 거북이들에게는 매우 힘든 일이 될 것이다.

분석가들은 한동안 세계화에 뒤처지고, 가장 야만적인 대접을 받고, 마음의 상처를 입은 이들이 개방적인 자유시장경제의 대안이 될 이데올로기를 개발할 수 있을지 궁금해했다. 앞서 이야기한 것처럼 제1차 세계화가 이뤄져 글로벌 자본주의의 창조적 파괴를 처음으로 경험한 시대에는 세계화에 대한 저항이 완전히 새로운 이념(공산주의, 사회주의, 파시즘)을 낳았다. 이 이념들은 특히 보통 노동자들을 위해 자본주의의 독침을 뽑아버리겠다고 약속했다. 이제 이런 이념들은 신뢰를 잃었다. 내가 보기에는 세계화에 대응해 일관성 있고 널리 받아들여지는 새로운 이념이 나올 가능성은 낮다. 자본주의의 잔인하고 파괴적인 요소를 모두 제거하고서도 여전히 꾸준한 생활수준 향상을 이룰 수 있는 이념이나 정책은 없다고 믿기 때문이다.

세계화에 대한 저항이 통일성 있는 이데올로기를 만들어낼 가능성이 적다고 보는 또 다른 이유는 그 저항이 수많은 이질적인 집단과 관련돼 있다는 데 있다. 이는 1999년 시애틀 WTO 각료회의 때 세계화 반대 시위를 벌인 이들의 면모를 보면 알 수 있다. 그 시위에 참가한 이들은 보호주의를 지지하는 노동조합, 환경운동가, 노동착취 공장 반대자, 거북이 보호 운동가, 돌고래 보호 운동가, 유전자변형식품 반대론자, 그리고 심지어 '외계인의 신호'라 불리는 그룹까지 한데 뭉친 연합이었다. 이런 이질적인 그룹들은 글로벌 기업과 그들의 이해관계에 지배당하는 세계는 어쩔 수 없이 대단히 불공평하다는 공통된 인식으로 뭉친 것이다. 이들은 또 그런 세계화가 거북이들에게 적대적인 것처럼 인류의 진정한 관심사에도 적대적이라는 인식을 공유하고 있다. 하지만 과연 무엇이 인류에게 진정으로 이익이 되며 과연 어떻게 그걸 보호해야 하는가 라는 문제에 관해서는 이들 그룹은 그들의 옷차림만큼이나 이질적이다. 시애틀에 모인 자동차와 철강업체 근로자, 항만 노동자들은 보호주의 강화를 요구했다. 틀림없이 이들은, 미국이 거북이도 함께 걸려들 수 있는 그물로 잡은 참치를 수입해야 하는가에 관해서는 신경 쓸 수 없었다. 나는 정말이지 시애틀 항에서 하역 작업을 하는 그 항만 노동자들의 발에 채이는 거북이가 되고 싶지는 않다. 이들은 세계화가 해가 된다는 인식은 공유하면서도 모두를 위해 그 폐해를 줄이기 위한 의제와 이념, 또는 전략을 공유하지는 못하고 있기 때문에 그들의 저항이 어떻게 전개될지 예측하기는 힘들다.

내가 인간 거북이들, 그리고 단지 세계화가 문화와 환경과 지역사회에 초래하는 변화를 싫어하는 이들이 세계화의 대안 이데올로기를 만들어낼 것으로 믿지 않는 것도 이 때문이다. 이들의 반격은 온갖 형태의 단속적이고 격렬한 행동으로 나타날 것이다. 철강노동자들은 외국산 철강제품에 대해 보호장벽을 높이라고 워싱턴에 로비를 할 것이다. 급진적인 환경운동가들은 지속가능한 경제적 대안을 내놓지도 않고 세계화와 관련된 정책들을 싸잡아 비난할 것이다. 그들의 메시지는 '멈추라'는 것뿐이다.

세계화에 뒤진 개도국의 가장 가난한 인간 거북이들은 그냥 열대우림을 먹어치우거나 각자의 방식으로 세계화에 반발한다. 그들은 이런 행동을 설명하거나 정당화하거나 이데올로기로 포장하지 않는다. 이런 이들은 인도네시아에서 중국인 상인들의 가게를 약탈할 것이다. 러시아에서는 이란에 무기를 팔거나 범죄집단에 가입할 것이다. 브라질에서는 열대우림의 남은 나무들을 베거나 필요한 것은 그냥 훔쳐 쓰자는 '셈 테투(Sem Teto: 지붕 없는 사람들)'라는 농민운동에 가담할 것이다. 350만 명이나 되는 이들은 땅이 없는 농민들로 전국의 250여 개 야영지에 살고 있다. 이들은 때로 도로 바로 옆에 살며 보상을 해달라고 매달리거나 강제 퇴거시킬 때까지 버티기도 하고, 슈퍼마켓이나 트럭, 또는 은행을 습격하기도 한다. 그들은 깃발도 없고 정견도 없다. 충족되지 않은 욕구와 갈망이 있을 뿐이다. 우리는 여러 나라에서 세계화에 대한 대중적인 반대가 아니라 물결처럼 밀려오는 범죄를 목격하고 있다. 사람들은 그냥 필요한 것을 움켜쥐면서 그들 방식대로 사회안전망을 짜고 있으며, 이론이나 이데올로기에 대해서는 걱정하지 않는다.

하지만 이런 반동은 통일성 없이 느슨하게만 연결돼 있어도 분명히 실재하는 것이다. 이는 사람들의 영혼 깊숙한 곳에서 나오는 것이며, 그리고 주머니 사정에서 비롯된 것이다. 따라서 어떤 나라에서도 이런 반동이 임계점에 이르면 정치에 영향을 미칠 수 있다. 이를 무시하는 사회는 스스로 위험을 감수해야 한다.

황금 스트레이트재킷을 입은 거의 모든 나라에 적어도 하나의 포퓰리즘 정당이나 세계화에 반대할 때라고 주장하는 유력 정치 지도자가 있다. 그들은 여러 가지 보호주의적이고 인기 영합적인 해법을 내놓는다. 세계화가 요구하는 것처럼 빨리 달리거나, 모든 문을 활짝 열지 않고서도 생활수준을 높일 수 있다고 주장하는 것이다. 그들은 모두 여기저기 새로운 장벽 몇 개만 쌓아올리면 모든 게 잘될 것이라고 주장한다. 그들은 미래보다는 과거를 좋아하는 모든 사람들에게 호소한다. 러시아 의회의 공산당 의원들은 노동자들과 연금생활자들에게 옛 소련 체제에서는 천한 일을 하고 빵을 얻기 위해 줄을 서야 했지만 최소한 일자리와 빵을 구할 수는 있으리라는 걸 언제나 알고 있었다고 말하며 세계화에 대한 반동을 주도하고 있다. 이들 인기 영합적이고 반세계화적인 정치인들의 영향력은 그 나라 경제가 얼마나 취약한가에 달려 있다. 경제가 취약할수록 이런 단순한 해법에 대해 더 많은 지지층을 끌어들일 수 있다.

그러나 이 반세계화 포퓰리스트들이 상황이 나쁠 때만 활개치는 것은 아니다. 1998년 미국 의회의 대다수가 NAFTA(북미자유무역협정)를 칠레(그 작은 나라 칠레)로 확대할 수 있도록 대통령에게 권한을 부여하는 걸 거부했다. 그들은 그렇게 하면 미국인들이 일자리를 잃게 될 것이라고 주장했다.

이런 잘못된 주장은 미국 주식시장이 사상 최고 수준으로 치솟고, 미국 실업률이 사상 최저 수준으로 떨어지며, 거의 모든 연구에서 NAFTA가 미국, 캐나다, 멕시코의 원원원 전략이 되고 있음을 보여주고 있는 가운데서도 승리를 거뒀다. 이게 얼마나 바보 같은 생각인지 살펴보자. 미국 의회는 IMF의 기금 확충을 위해 180억 달러를 쓸 수 있도록 승인했다. 세계화 때문에 어려움을 겪는 나라들을 더 많이 구제할 수 있도록 한 것이다. 미국 의회는 그러나 NAFTA 자유무역지대를 칠레로 확대하는 것은 거부했다. 이게 도대체 무슨 논리인가? 이는 '대외원조는 지지하지만 무역은 지지하지 않는다'는 말밖에 안 된다.

이는 말이 안 된다. 하지만 경제 사정이 나쁠 때뿐만 아니라 좋을 때도 이런 주장이 반향을 불러일으키는 것은 지금과 같은 급속한 변화는 엄청난 번영뿐만 아니라 엄청난 불안정도 낳기 때문이다. 사람들이 볼 수도 없고 만질 수도 없는 어떤 힘에 자기 삶이 통제되고 있다는 강한 느낌을 받게 될 때 반세계화 논리는 쉽게 먹혀든다. 세계화 체제는 아직도 너무 많은 사람들에게 너무 생소하고, 너무 많은 이들에게 지나치게 많은 변화를 가져오는 것이다. 그래서 이들이 갖고 있는 일자리가 언제나 거기 있을 거라는 확신을 주지 못한다. 이는 단순한 해법만을 제시하는 반동적인 선동가들이 활개칠 여지를 만들어주고 있다. 이는 또한 어떤 사람들에게는 세계가 변해가는 속도를 늦추고 다시 벽을 쌓거나 기어에 모래를 뿌릴 필요가 있다고 느끼게 한다. 변화의 길로 출발하는 게 아니라 이 자리에 머물 수 있도록 말이다.

가장 강력한 반동세력

착각하지 마라. 그런 반동은 가장 핍박받는 이들의 폭발 때문만은 아니다. 다른 모든 혁명과 마찬가지로 세계화는 어떤 그룹에서 다른 그룹으로 권력이 옮겨가도록 한다. 대부분의 나라에서 권력이동은 국가와 관료집단에서 민간 부문과 기업가들에게로 힘의 중심이 옮겨가는 것이다. 이런 일이 일어날 때는 관료체제의 한 자리나 그들과의 연줄을 통해, 또는 규제와 보호가 심한 경제체제를 통해 특별한 지위를 누렸던 모든 이들이 그 지위를 잃게 된다. '빠른 세계'로 재빨리 옮겨가지 않는 한 말이다. 정부에게서 수출이나 수입의 독점권을 받은 기업가와 연고자들, 높은 수입관세를 통해 정부의 보호를 받는 제품을 만드는 기업의 소유주들, 지속적인 시장보호 조치 덕분에 해마다 더 많은 급여를 받으면서 더 적은 시간을 일하는 데 익숙해진 대규모 노동조합들, 이익을 내든 못 내든 상관없이 월급을 받는 국영 공장 근로자들, 어떻게 하더라도 늘 후한 사회보장과 의료 혜택을 받는 복지국가의 실업자들, 그리고 글로벌 시장의 가장 까다로운 요구에서 벗어날 수 있도록 아낌없이 도와주는 정부에 의존하는 모든 이들이 마찬가지다.

   이는 일부 국가에서는 가장 가난한 계층의 사람들보다는 한때 중산층 또는 중하위 계층이었던 사람들에게서 세계화에 대한 가장 강력한 반동이 일어나는 이유를 설명해주는 것이다. 이들 중간 계층은 보호주의적인 공산주의, 사회주의, 그리고 복지체제에서 많은 안정감을 느꼈던 이들이다. 이들은 자기 주변의 보호장벽들이 무너져 내리고, 그들이 쉽게 이기던 부정한 게임이 막을 내리고, 그들을 받쳐주던 안전망이 줄어드는 걸 보면서 엄청난 불만을 갖게 됐다. 거북이들과 달리 이들 기울어가는 그룹들은 세계화에 저항하는 세력을 조직화할 수 있는 정치적 영향력을 갖고 있다. AFL-CIO(전국노동자총연맹-산업별노동조합)는 아마 미국 내에서 세계화에 반대하는 가장 강력한 정치세력일 것이다. 노동조합들은 대중이 자유무역에 반대하도록 부추기기 위해 시애틀 시위 지지 광고에 비용을 슬쩍 대주었다.

세계화에 대한 중산층의 반발을 느끼게 한 사례 중 하나는 내가 베이징에서 중국사회과학원 북미 지역 데스크 책임자인 왕지시를 만났을 때 우연히 접하게 됐다. 우리의 대화는 미국 이야기에서 그의 개인 생활 이야기로 넘어갔다. 중국이 자유시장경제로 급속하게 옮겨가고 있는 게 환영을 받기도 하고 두려움을 낳기도 한다는 이야기였다. 그는 이렇게 말했다.

"중국에 시장 메커니즘이 도입되고 있지만 문제는 어떻게 그걸 적용하느냐입니다. 나는 지금 직장에서 제공하는 집에 살고 있습니다. 이런 집들이 모두 자유시장체제로 넘어가버리면 나는 집을 잃게 됩니다. 나는 보수주의자가 아니지만 이처럼 실제적인 문제에 부딪히면 달라집니다. 국가와 사회가 돌봐주는 데 익숙해 있다 갑자기 시장에 내던져지면 사람들은 보수적으로 바뀔 수 있습니다. 내 운전기사는 언젠가 나에게 불만을 털어놓았어요. 그는 젊었을 때 자기가 가진 모든 에너지를 마오쩌둥주의와 '사회주의 건설'에 바쳤는데 이제 45세나 50세가 되고 나니 갑자기 시장으로 가라고 한다는 겁니다. 그는 정부에 이렇게 묻고 있었어요. '당신이 수십 년 동안 나에게 무엇을 요구하든 나는 한 몸을 다 바쳤는데 이제 늙어가는 나를 갑자기 모른 체하며 시장으로 내모는 게 과연 공평한 일인가? 이건 불공평하다. 나는 아무것도 잘못한 게 없다. 나는 언제나 정부가 지시하는 대로 따랐는데 이제 와서 당신은 정부를 잊어버리라고 지시하고 있다.' 이 운전기사는 우리와 함께 일하는 걸 좋아합니다. 그는 택시운전사가 돼서 모든 혜택을 잃어버리는 걸 원하지 않습니다."

공산주의 체제의 일벌레가 아니더라도 그런 식으로 느낄 수 있다. 컨설팅회사 글로벌 비즈니스 네트워크의 회장인 피터 슈워츠는 BBC의 경제 관련 프로그램에 출연하기 전에 방송사 기자와 나눴던 대화를 나에게 전해준 적이 있다.

"그 프로그램을 담당하는 영국 기자는 나를 인터뷰 장소로 안내하면서 내 주장의 핵심 내용에 대해 물었어요. 나는 영국이 다른 유럽 국가들에 비해 기업가정신이 강한 경제로 나아가는 좋은 사례라고 언급했어요. 유럽 대륙에 비해 영국의 실업률이 낮은 게 그걸 보여준다고 했지요. 그때 영국 기자는 나에게 이런 말을 했어요. "그건 끔찍한 일 아닙니까? 이제 영국에서는 실업자에 대한 지원이 너무 적기 때문에 사람들은 더 이상 실업수당만 바라고 앉아 있을 수가 없고 일을 하러 가야만 합니다." 세계화로 가는 게 커다란 이득이 아니라 커다란 손해라고 보는 사람들이 있습니다. 그들은 이제 실업수당만 잃고 있는 게 아니라 자기들의 권리로 여겼던 것들도 잃고 있습니다. 그들은 현대 산업사회는 너무나 부유하기 때문에 후한 실업보험금을 받는 게 자기들의 당연한 권리라고 생각했던 것이지요."

오늘날 보호를 요구하는 이들과 세계화를 주창하는 이들 간의 가장 첨예한 대립을 지켜보려면 중동으로 가면 된다. 1996년 이집트는 서구와 아시아, 아랍, 그리고 이스라엘 기업 경영자들을 초청해 중동 경제정상회의를 개최할 예정이었다. 이집트 관료들은 그 정상회의에 격렬하게 반대했다. 정치적인 이유도 있었다. 이집트 관료들은 이스라엘이 팔레스타인과의 관계를 정상화하기 위해 충분한 조치를 취하지 않았다고 믿고 있었기 때문이다. 하지만 다른 이유도 있었다. 1968년 나세르가 큰 민간기업들을 국유화한 이후 이집트 경제를 지배해온 관료들은 이 정상회의가 그들의 권력을 민간 부문에 넘겨주는 첫 걸음이 될 것임을 직관적으로 알아챘다. 민간 부문은 이미 다양한 국영기업들을 사들일 수 있는 기회를 얻고 있었으며, 결국에는 정부가 통제하던 미디어 부문까지 손을 뻗칠 수 있었다. 이슬람계 신문 『알 샤브』는 이 정상회의를 "치욕의 컨퍼런스"라고 비난했다. 하지만 이집트 민간기업들은 처음으로 조직적이고 강력한 로비를 벌였다. 아메리칸-이집트 상공회의소와 대통령에 대한 이집트 기업가 자문회의, 이집트 기업가협회가 힘을 합쳐 무바라크 대통령을 설득했다. 기업인들은 전 세계에서 수백 명의 투자자들을 모아 정상회의를 개최하는 것은 해마다 40만 명씩 늘어나는 이집트 노동인구에게 일자리를 만들어내는 데 꼭 필요한 일이라고 주장했다. 무바라크 대통령은 왔다갔다하다 마침내 민간기업들 편에 서서 회의를 개최하기로 했다. 그는 정상회의 개막연설에서 이렇게 선언했다. "지금부터 이집트는 글로벌 경제에 합류합니다. 우리는 글로벌 경제의 규칙에 따를 것입니다." 하지만 민간 부문에 권력을 조금이라도 넘겨주고 싶지 않았던 이집트 관료들은 여전히 이집트가 그런 방향으로 가지 못하도록 싸우고 있다. 이집트 관료들은 1998년 아시아 경제위기 때처럼 글로벌 경제가 내리막으로 갈 때마다 무바라크에게 가서 이렇게 말했다. "보세요, 우리가 그럴 거라고 말했지요. 우리는 속도를 늦추고 새 장벽을 좀 쌓아야 합니다. 그렇게 하지 않으면 브라질과 같은 위기가 우리에게도 일어날 것입니다."

나는 오랫동안 이집트가 진정으로 세계화 체제에 접속하기를 꺼리는 근본적인 이유가 관료집단이 무지하고 최고지도자의 비전이 부족하다는 데 있다고 생각했다. 하지만 그 후 나는 내 눈을 뜨게 해준 새로운 경험을 했다. 나는 2000년 초 이 책의 저자 초청행사에 참석하기 위해 이집트에 갔다. 그때 카이로대학 학생들과 이집트 신문의 저널리스트들, 그리고 카이로와 알렉산드리아의 기업인들을 만나 이 책의 아랍어판에 관해 이야기했다.

체계적 오해

두 가지 이미지가 생생하게 떠오른다. 그 하나는 중간 또는 상위 계층 이집트인들이 가득 찬 기차를 타고 카이로에서 알렉산드리아로 갈 때의 장면이다. 두 시간 동안의 여행 중 너무나 많은 승객들이 휴대전화 통화를 하며 온갖 벨 소리를 울려대는 바람에 내가 어느 순간 벌떡 일어나서 지휘봉을 꺼내들고 휴대전화 심포니 지휘를 하고 싶은 생각까지 들 정도였다.

나는 휴대전화 소음에 너무나 시달려서 당장이라도 기차에서 내리고 싶었다. 기차 안에서 휴대전화가 삑삑대는 동안 우리는 창밖으로 기차와 함께 달리는 나일강을 내다봤다. 맨발의 이집트 농부들이 파라오시대 조상들이 쓰던 것과 똑같은 쟁기와 무소로 밭을 갈고 있었다. 나는 한 나라 안에서 이보다 더 큰 기술 격차가 나타나는 걸 상상할 수도 없다. 기차 안은 서기 2000년인데 밖은 기원전 2000년이었다.

또 하나 뚜렷이 기억하는 장면은 MIT에서 수학한 유세프 부트로스 갈리 경제무역부 장관을 만나러 갔을 때 본 것이다. 그의 사무실이 있는 건물에 도착했을 때 엘리베이터 앞에는 이집트 농부 출신의 엘리베이터 승무원이 열쇠를 갖고 기다리고 있었다. 장관실로 가도록 엘리베이터를 작동시키기 전에 그는 "참으로 자비로우시고 자애로우신 알라의 이름으로" 하며 코란 구절을 속삭였다. 나 같은 서양 사람으로서는 엘리베이터 승무원이 문을 닫기 전에 기도문을 외우는 걸 보면 불안해진다. 하지만 그에게는 그렇게 하는 게 자기들의 뿌리 깊은 전통에 따른 문화적 관습이었다. 여기서 다시 극명한 대조를 볼 수 있다. 부트로스 갈리는 이집트에서 가장 창의적이고 첨단을 걷는 세계화 주창자다. 반면 그의 엘리베이터 승무원은 그의 사무실로 방문자를 올려보내기 전에 기도문을 외운다.

이런 장면들을 보면 이집트 한가운데서 발생하는 긴장을 포착할 수 있다. 휴대전화로 무장한 소수의 엘리트들은 글로벌 경제의 열차를 잡아타고 싶어 하는 게 틀림없지만 다른 대부분의 사람들은 세계화를 추구하다 정체성을 잃거나 남들에게 뒤처지게 될 것이라는 두려움을 갖고 있다. 일주일 동안 세계화의 비용과 혜택에 관해 토론한 후 나는 얼마나 많은 이집트인들이, 아니 지식인들조차도 세계화의 비용만을 보고 있는지를 보고는 놀랐다. 내가 세계화를 더 많이 설명할수록 그들은 세계화에 대한 불편한 정서를 더 많이 드러냈다. 나중에는 문화인류학자들이 이게 바로 '체계적 오해 systematic misunderstanding'라 부르는 상황이 아닌가 하는 생각이 들었다.

체계적 오해는 어떤 사람의 사고틀과 다른 사람의 사고 체계가 근본적으로 달라 아무리 많은 정보를 추가로 준다 해도 오해를 바로잡을 수 없을 때 나타난다.

세계화에 대한 이집트인들의 불편한 정서는 부분적으로는 이 나라가 아직도 세계와 겨룰 기술적 기반을 갖추지 못했다는 두려움에 뿌리를 두고 있다. 그런 두려움은 합당한 것이다. 하지만 세계화에 대한 이집트인들의 불안감은 또한 문화적인 것에도 뿌리를 갖고 있다. 카이로대학의 한 교수는 이렇게 물었다. "세계화는 우리 모두가 미국인이 돼야 한다는 걸 의미합니까?" 이렇게 묻는 건 그 교수뿐만이 아니었다. 그들의 불안은 더욱 깊숙한 곳에서 비롯된 것이다. 그걸 이해하지 못하면 세계화에 대한 전통적인 사회의 반발을 이해하지 못한다. 미국인들은 현대화와 기술, 인터넷을 동일시한다. 이런 것들의 가장 중요한 역할은 개인의 선택권을 확대해주는 일이기 때문이다. 이런 것들은 잘 활용될 때는 개인의 힘을 키워주고 자유롭게 해준다. 하지만 이집트와 같은 전통적인 사회에서는 집단이 개인보다 훨씬 더 중요하다. 개인의 힘을 키워주는 것은 사회를 분열시키는 것과 같다. 따라서 그들에게 세계화는 빅맥을 더 많이 먹으라고 강요하는 것을 의미하며, 개인과 국가 또는 지역사회의 관계를 사회통합을 해치는 쪽으로 변화시키는 것을 뜻한다.

교육수준이 높은 한 이집트 여성은 나에게 이렇게 물었다. "세계화는 가난한 사람들이 스스로 알아서 하도록 내버려둬야 한다는 걸 뜻합니까?" 한 교수는 이렇게 물었다. "근로자들을 위한 안전망이 없는데 어떻게 국유기업 민영화를 합니까?" 이 나라에서는 정부가 산업을 '민영화한다'고 하면 국민들은 직관적으로 국가가 뭔가를 '도둑맞는다'는 뜻으로 생각하게 된다고 한 이집트 고위관리가 말했다.

충분한 대화를 나눈 후 나는 이집트 국민들이 세계화를 기회로 생각하고 추구하기보다는 실망과 필요성을 동시에 느끼면서 접근하고 있다는 걸 깨달았다(이는 이해할 만하다). 이들에게 세계화는 스스로 자유를 확대하기 위한 것이라기보다는 외부의 위협에 대응하는 것을 의미한다. 나는 이집트에서는 지난날의 이데올로기(아랍 민족주의, 사회주의, 파시즘 또는 공산주의)가 경제적으로 무의미한데도 아직도 어떤 영감을 주는 힘을 갖고 있다는 걸 알게 됐다. 그러나 세계화는 전혀 그렇지 못하다. 전통사회에게 단지 합리화하고 효율화하며 인터넷을 이용하라고만 하면, 이는 어떤 보상이나 영감을 불러일으키는 힘이 결여된 어려운 과제일 뿐이다. 아직도 엘리베이터를 타기 전에 기도문을 외우는 수백만 명의 사람들에게 세계화가 생활수준을 향상시키는 힘을 분명히 갖고 있다는 걸 설득시키는 것은 정말, 정말 어려운 것도 이 때문이다.

이런 줄다리기는 오늘날 모로코에서 쿠웨이트에 이르기까지 전 아랍 세계에서 벌어지고 있다. 한 아랍 재무 관리는 자국에서 세계화를 놓고 벌어지는 줄다리기를 이렇게 묘사했다. "가끔 내가 프리메이슨(Freemasons: 우애를 중시하는 비밀스러운 단체-옮긴이)이나 다른 어떤 비밀결사의 일원같이 느껴질 때가 있어요. 내가 주위의 많은 사람들과 너무나도 다르게 세계를 보고 있기 때문이지요. 내가 쓰는 어휘와 그들이 쓰는 어휘에는 엄청난 간극이 있습니다. 내가 그들에게 확신을 주지 못한다는 이야기가 아닙니다. 확신을 주기는커녕 아예 그들과 의사소통조차 불가능할 때가 많습니다. 그들은 세계화를 보는 관점이 너무나 다릅니다. 그래서 내가 세계화와 관련된 정책을 밀어붙일 때는 언제나 이 새로운 개념의 정책에 얼마나 많은 지지자를 규합할 수 있느냐가 문제가 됩니다. 내가 변화를 위한 임계질량을 확보할 수 있느냐를 늘 자문해보지요. 적절한 자리에 충분히 많은 사람들을 확보할 수 있다면 시스템을 밀고 갈 수가 있어요. 하지만 이는 어려운 일입니다. 사람들이 늘 나에게 찾아와 '우리는 이 방의 페인트칠을 다시 해야 한다'고 말하면 나는 '그게 아니라 우리는 새로운 기반 위에 건물 전체를 새로 지어야 한다'고 말하는 것 같은 일이 수도 없이 계속되지요.

생각해보세요. 그들이 당신에게 와서 이야기하는 건 어떤 페인트를 쓸지에 관한 게 전부입니다. 그런데 당신 머릿속에는 완전히 새로 터를 닦고 완전히 새로 건물 설계를 해야 한다는 생각이 들어 있어요. 페인트 색깔은 나중에 걱정해도 되는 겁니다! 브라질, 멕시코, 아르헨티나에는 이런 세계를 볼 수 있는 관료와 국민들의 수가 필요한 최소 수준을 넘어섰습니다. 하지만 대부분의 개도국에서는 그런 수준에 이르지 못했어요. 그들이 어떻게 바뀌어갈지 여전히 불확실한 것은 이 때문입니다."

모로코에서는 정부가 민영화를 한답시고 한때 독점기업으로 경제를 지배했던 왕족들과 관련을 맺고 있는 소수의 재벌들에게 많은 국유기업들을 팔아버리고 있다. 이 때문에 모로코 인구의 3%가 이 나라 전체 부의 85%를 차지하고 있다. 사회주의와 프랑스식 교육체제라는 최악의 조합을 갖고 있는 모로코대학은 해마다 수많은 졸업생을 배출한다. 하지만 이들은 일자리를 얻을 수 없고 오늘날 정보기술 기반의 경제에 적합한 기술이나 기업가정신도 없다. 그래서 모로코는 이제 '대졸실업자연합'을 갖게 됐다.

상처입은 가젤들

더 많은 나라들이 세계화 체제와 빠른 세계에 접속한 지금 새로운 반동 세력이 형성되고 있다. 상처입은 가젤들이다. 이 그룹에 포함되는 사람들은 세계화를 시도해봤지만 결과적으로 그 체제에서 타격을 입었다고 생각하는 이들이다. 이들은 곧바로 다시 일어나서 먼지를 털어내고 **빠른 세계**로 다시 진입하기 위해 필요한 것이면 무슨 일이든 하려는 사람들이 아니다. 그렇게 하는 대신 인위적으로 바깥 세계와 통하는 문을 닫아걸거나 체제 전체의 룰을 완전히 바꿔버리는 이들이다. 이 그룹의 대표적인 인물이 마하티르 말레이시아 총리다. 세계화에 덴 사람이 한을 품으면 오뉴월에도 서리가 내린다. 1997년 10월 25일 마하티르는 에딘버러에서 열린 영연방정상회의에서 글로벌 경제는 "무법천지가 됐다"고 말했다. 글로벌 경제가 말레이시아에 수십억 달러를 쏟아붓지 않았더라면 말레이시아 경제의 그토록 극적인 성장은 불가능했을 것이다.

하지만 마하티르는 길길이 뛰며 이렇게 말했다.

"이 세계는 불공평합니다. 우리는 열심히 싸웠고 독립을 위해 피를 흘리기까지 했습니다. 국경이 무너지고 세계가 한 덩어리가 되면서 독립은 무의미해졌습니다."

1998년 마하티르가 자국 통화와 주식시장이 투기적 거래로 요동치는 걸 막기 위해 아시아에서 처음으로 자본 통제 조치를 취한 것은 놀라운 일도 아니다. 싱가포르 정보장관 조지 여는 당시 마하티르의 조치에 대해 이렇게 묘사했다.

"말레이시아는 초호(礁湖: 산호초로 둘러싸인 얕은 바다-옮긴이)로 물러나 닻을 내리려 하고 있지만 이것도 위험이 없는 전략은 아닙니다."

실제로 아니었다. 당신이 인위적으로 만든 제3의 장소로 영원히 물러나 외부에서 아무런 압력도 받지 않으면서도 '빠른 세계'의 생활수준을 다 누릴 수 있을 거라고 생각한다면 당신은 국민과 스스로를 속이는 것이다. 그럼에도 불구하고 마하티르가 그런 곳으로 물러난 것은 개도국들 사이에서 상당한 공감을 불러일으켰다. 마하티르의 은둔은 결국 일시적인 게 되고 말았고 다른 개도국들이 아무도 따라 하지 않았지만 말이다. 세계화의 두 번째 10년으로 접어들고 있는 이 시점에서 그동안 황금 스트레이트재킷과 빠른 세계에 저항해왔던 나라들은 그 저항을 계속할 수 없다는 걸 점점 더 잘 알게 됐다. 그들은 은둔전략으로 장기적인 성장을 이룰 수 없다는 걸 알고 있다. 지난 몇 년 동안 나는 『알 알람 알 요움』의 편집장인 에마드 엘딘 아디브를 세계은행회의나 다른 자리에서 여러 차례 만났는데 그는 이집트가 세계화 체제에 합류하는 것에 대해 매우 유보적인 견해를 밝혀왔다. 1999년 다보스에서 만났을 때 그는 이렇게 말했다.

"좋습니다. 나도 우리가 세계화를 준비할 필요가 있고 그게 부분적으로는 우리 책임이라는 걸 이해합니다. 이제 열차가 떠나가고 있습니다. 우리는 진작 그걸 알고 숙제를 해놨어야 했어요. 하지만 이제 당신들이 열차가 조금 더 느리게 가도록 해 우리가 뛰어오를 수 있도록 기회를 줘야 합니다."

나는 차마 그에게 방금 전 빌 게이츠와 기자단 오찬을 하고 오는 길이라고 말해줄 수 없었다. 그곳에서 기자들은 게이츠에게 계속 질문했다. "게이츠 씨, 인터넷주식 말인데요, 주가에 거품이 낀 것 맞죠? 분명 거품입니다. 거품이 틀림없죠?" 마침내 약이 오른 게이츠가 기자들에게 이런 취지로 말했다. "이보세요. 물론 그건 거품입니다. 하지만 당신들은 모두 핵심을 놓치고 있어요. 그 거품은 인터넷 산업에 많은 새로운 자본을 끌어들입니다. 그 자본은 '더욱 더 빠른' 혁신이 이뤄지도록 할 겁니다." 나도 그 자리에 있었다. 나는 오전에는 빠른 세계가 더 빨라지려 한다는 빌 게이츠의 말을 듣고 오후에는 빠른 세계로 가는 열차를 타고 싶지만 누군가가 속도를 좀 줄여줘야 한다는 아디브의 말을 들었다. 나는 아디브에게 말했다. 나도 세계화 열차의 속도를 좀 줄일 수 있으면 좋겠다, 그러나 누구도 그걸 통제할 수 없다고.

나는 요르단 암만의 북스앳카페(Books@Cafe)라는 인터넷카페에서 커피를 마신 적이 있다. 그 카페는 대단히 잘 보존돼 있는 로마시대 원형경기장 터에서 가까운 거리에 있었다. 나는 1997년 그곳에 갔는데 카페 주인 마디안 알 자제라는 내 테이블로 와 자기를 소개했다. 그는 서비스로 줄 테니 바나나 크림 파이를 꼭 맛보라고 권했다. 왜 바나나 크림 파이냐고 내가 물었다. 그는 암만 주재 이스라엘 부대사의 부인이 만든 것이라고 설

15장 저항   465

명했다.

"그러니까, 암만에 있는 인터넷카페에서 이스라엘 부대사 부인이 만든 바나나 크림 파이를 준다 이 말이네요! 참 좋습니다. 먹어봐야죠."

내가 반가워하자 그는 모두가 좋아하는 건 아니라고 말했다. 그곳 이슬람 근본주의자들이 암만의 인터넷카페에서 이스라엘 외교관 부인이 만든 바나나 크림 파이를 판다는 걸 알고 그 파이가 메뉴에서 빠질 때까지 불매운동을 벌였다. "그들은 불매운동을 이 지역 인터넷을 통해 벌였다"고 그 주인은 덧붙였다. (불매운동은 분명 실패했고 그 파이는 여전히 메뉴에 포함돼 있다!)

이스라엘인이 만든 바나나 크림 파이에 반대하는 근본주의자들은 또 다른 세계화 저항세력을 대표한다. 이는 세계화가 사람들을 동질화하고, 이스라엘인이 만든 바나나 크림을 요르단의 회교도들 얼굴에 들이밀고, 이상하게 행동하는 낯선 사람들을 집안까지 끌어들이는 걸 싫어하는 수백만 명의 저항이다. 이들은 세계화가 문화의 차별성을 지워버리고 이 세계에서 당신의 위치를 잡아주고 안정감을 주는 올리브나무를 무자비하게 뿌리째 뽑아버리는 걸 혐오한다. 많은 사람들이 자국의 전통적인 문화를 버리고 미국화된 세계화의 소비문화를 받아들이거나 일상생활과 옷차림, 식습관, 조경에 두 문화를 적당히 버무려서 활용할 준비가 돼 있다. 사람들이 이런 종류의 조작을 하는 능력을 과소평가해서는 안 된다. 그런 조작 능력이 없다면 맥도날드와 디즈니가 지금처럼 전 세계적으로 인기를 끌지는 못할 것이다. 하지만 어떤 사람들은 이런 조작에 참여하려 하지 않는다. 사실 그들은 글로벌 문화로부터 고유문화를 지키기 위해 일전을 불사할 태세가 돼 있다. 그들의 전쟁 구호는 "나는 세계적인 걸 원하지 않는다. 난 지역적인 걸 원한다"는 것이다. 글로벌리스트들이 최고로 치는 이들은 가장 잘 연결된 사람들이다. 근본주의자들이 최고로 꼽는 이들은 모든 연결을 끊고 단 하나의 진리만을 추구하는 이들이다.

이런 문화적 저항이 정치적으로 가장 큰 혼란을 야기하는 때는 다른 종류의 저항과 결합될 때다. 세계화로 경제적인 어려움을 겪는 이들이 문화적으로 괴로움을 당하는 이들과 만났을 때다. 이런 현상이 가장 뚜렷이 나타나고 있는 곳은 중동이다. 이곳에서는 여러 갈래의 근본주의자들이 세계화에 대한 문화적·정치적·경제적 저항을 잘 엮는 데 뛰어난 능력을 갖고 있다. 여러 가지 저항들을 하나의 깃발 아래 뭉치고 권력을 잡기 위한 광범위한 정치적 운동을 벌여 세계와의 교류를 차단하는 장막을 치는 것이다. 알제리의 반대자들이 처음에 쓴 깃발은 북아프리카에서 많이 먹는 곡물 쿠스쿠스couscous를 담았던 빈 자루였다. 이는 알제리 노동자들, 특히 일자리를 못 구한 젊은이들의 불만을 상징하는 것이었다. 빈 쿠스쿠스 자루를 드는 것은 점차 알제리 정권의 서구화와 세속화에 반대하는 이슬람 근본주의자들의 저항을 상징하게 됐다. 이슬람 근본주의자들의 녹색 깃발 아래 뭉친 이들은 강력한 저항세력을 형성해 알제리를 세계화 체제에 연결하고자 하는 이들과 맞섰다.

1996년 벤야민 네타냐후가 이스라엘 총리로 선출된 것은 부분적으로는 오슬로평화협정에 대한 정치적 반발에 따른 것이다. 하지만 이는 한편으로는 이스라엘과 아랍 사이의 평화에 내포된 세계화와 통합에 대한 문화적 반발이기도 했다. 이스라엘의 종교학자 모쉬 할베탈은 언젠가 나에게 시몬 페레스가 자기 손자들과 야세르 아라파트의 손자들이 "모두 함께 마이크로칩을 만들게 될 것"이라는 비전을 제시한 것은, 이스라엘의 많은 유대교인들에게 근본적인 위협이 되는 것이라고 말한 적이 있다. 그들은 이스라엘을 둘러싼 벽이 무너져 미국의 유대인들이 미국 사회에 동화되는 것처럼 이스라엘이 중동에 동화되면 이는 유대주의에 좋지 않으리라는 걸 걱정하고 있다. 그들은 "당장 평화를"이라는 구호와 "당장 유대주의를"이라는 구호가 공존할 수 없다는 걸 염려하고 있다. 특히 평화가 더 많은 세계화와 더 많은 통합, 더 많은 블록버스터 비디오와 저질 케이블방송과 피자헛을 의미하는 것이라면 더욱 그렇다. 그래서 1996년 네타냐후가 선출되기 전날 극단적인 정통파 유대교도들이 사는 지역에서 "비비(벤야민 네타냐후의 애칭-옮긴이)에게 표를. 그는 유대인들에게 좋다"라는 선거운동 구호가 등장했다. 이스라엘에서도 세계화에 대한 문화적 저항이 경제적·정치적 반발과 결합된 것이다. 요르단과의 평화협정에 따라 이스라엘 섬유제조업체들은 경제논리에 맞는 일을 하기 시작했다. 기술수준이 낮은 일거리를 키리얏 갓과 같은 이스라엘 개발지구에서 강 건너 요르단으로 옮기기 시작한 것이다. 그곳의 임금수준이 이스라엘에 비해 훨씬 낮기 때문이었다. 갑자기 이스라엘 섬유산업 근로자들은 그곳에 공장을 짓고 있던 인텔 공장으로 옮겨갈 준비도 안 돼 있는 상태에서 일자리를 요르단에 빼앗기고 말았다. 세계화와 평화가 없었다면 결코 요르단으로 넘어갈 수 없는 일자리였다. 키리얏 갓의 근로자들은 "당장 평화를"이라는 구호와 "당장 일자리를"이라는 구호가 함께할 수 없다는 걸 걱정하고 있다. 그들 중 상당수가 동양계 유대인이기 때문에 그들은 극단적인 정통파 세파르디(중세부터 스페인, 포르투갈에 살다 15세기 후반 추방된 유대인과 그 후손-옮긴이) 정당인 샤스당에 전폭적인 지지를 보냈다. 이 당은 종교문화적 이유로 세계화에 반대하며 "당장 메시아를"이라는 구호에 가장 관심을 갖고 있는 당이다. 그렇게 해서 당장 메시아를, 당장 유대주의를, 당장 일자리를 요구하는 세력이 결합돼 세계화에 적대적인 하나의 저항운동을 이룬 것이다.

물론 당신의 사회를 종교적이고 전통적인 가치 기반 위에 안정시키려 하는 것은 전혀 잘못이 아니다. 이는 한 사회를 안정시키는 중요한 올리브나무다. 그런 가치를 옹호하는 이들이 모두 폭력적인 근본주의와 관련을 맺는 것은 아니다. 하지만 진정한 영적 사고가 아니라 세계화에 대한 반발로 이끌리는 근본주의는 흔히 종파주의적이고 폭력적이며 배타적인 운동으로 빠지기 쉽다. 당신이 포용력을 더 많이 잃어버리고 네트워크에 덜 연결될수록 당신은 더욱 뒤처지게 된다. 더 많이 뒤처질수록 더 깊숙이 은둔하고 외부세계를 배척하고 싶어진다.

올리브나무의 저항

하지만 꼭 모슬렘이나 유대인 근본주의자가 아니라도 세계화에 저항하는 세력에 합류할 수 있다. 내 집 뒷마당에서 스스로를 이방인처럼 느끼는 건 이들만이 아니다. 이는 세계적인 현상이다. 1996년 호주의 총선 기간 중 아시아를 여행하고 있던 나는 비스킷과 수영복이 뜨거운 선거 쟁점이 되고 있는 걸 보고 놀랐다. 사정은 이랬다. 당시 호주 보수당을 이끌고 있던 존 하워드는 폴 키팅의 집권 노동당이 호주를 글로벌 경제와 통합시키고 외국인 투자에 대한 개방폭을 넓히는 데 너무나 열중한 나머지 호주의 가장 소중한 기업들이 외국인 소유의 해외기업들에게 팔려나가는 상황을 만들어냈다고 주장했다. 하워드는 글로벌 시장이 호주의 경제를 개선시킨다는 점을 인정하면서도 호주가 국가의 아이콘들을 잃을 뿐만 아니라 주권과 정체성마저 잃어버리고 있다고 비판했다. 특히 모든 호주 어린이들이 먹고 자라는 아르노 비스킷이 미국 기업(켐벨 수프 아니면 어디겠는가!)에 넘어갔다는 점을 지적했다. 이와 함께 미국 기업이 마시멜로와 코코넛으로 만드는 호주의 가장 유명한 쿠키 '아이스 보보'의 제조법까지 함부로 바꿀 수도 있다고 지적했다. 하워드는 또 호주의 유명한 스피도 수영복도 마찬가지로 미국 기업에 팔려갔다며 불평했다. 수영복 문제는 실제로 선거토론에서 뜨거운 논쟁거리가 되기도 했다. 결국 이처럼 올리브를 껴안은 하워드가 렉서스를 사랑하는 키팅을 압도적인 표차로 이겼다.

그로부터 1년이 지난 1997년 봄 나는 퍼듀대로 가기 위해 인디애나 주의 농장지대를 지나가고 있었다. 퍼듀대의 대단히 사려 깊은 역사학 교수

존 라슨이 모는 차를 타고 가는 길이었다. 우리가 라파예트 가까이 갔을 때 나는 지평선에서 거대한 공장이 떠오르는 걸 보았다.

"무슨 공장이죠?" 내가 물었다.

"스바루 공장입니다." 라슨 교수는 그렇게 대답하고 나서 이 공장 때문에 인디애나 주가 "제3세계로서 첫 경험"을 했다고 밝혔다.

"무슨 말씀입니까?" 내가 물었다.

라슨 교수는 이렇게 설명했다.

"나처럼 1950년대에 자란 세대는 세계로 뻗어나가는 건 미국이나 하는 일이라고 생각했습니다. 미국이 그 모든 세계화를 하는 나라였지요. 하지만 일본 자동차업체 사람들이 스바루 공장 부지를 물색하러 왔을 때 그들은 마치 미국이 인도에 가서 하는 것처럼 행동하며 온갖 질문을 했어요. '우리가 원하는 걸 얻을 수 있느냐? 우리가 당신들을 믿어도 좋으냐? 당신들은 안정적인 노동력을 공급할 수 있느냐? 이곳 교육수준은 어느 정도냐? 우리가 세금감면 혜택을 받을 수 있느냐?' 지역사회 지도자들은 투자 유치를 간절히 원했어요. 하지만 어떤 사람들은 이렇게 물었죠. '우리 학교의 수준을 묻는 일본인들은 도대체 어떤 사람들이야?'"

스바루 사람들이 라파예트에 공장을 짓기로 결정하자, 일부에서는 이 회사가 이 모든 일자리를 만들어준 데 대한 감사의 표시로 공장 앞으로 지나가는 고속도로 이름을 '스바루 고속도로' 같은 걸로 바꿔야 한다고 제안했다. 라슨 교수는 "하지만 이 지역 해외참전전우회(VFW) 사람들이 그 이야기를 듣고 '현재 이름이 무슨 의미인지 알기나 하느냐'며 절대로 고속도로 이름을 바꿀 수 없다고 난리법석을 떨었다"고 말했다. 그 고속도로는 이미 바탄 하이웨이로 불리고 있었다. 일본군의 포로가 된 미국 군인들이 1942년 필리핀 바탄반도에서 '죽음의 행진'을 하는 동안 수천 명이 죽은 걸 기억하기 위한 이름이었다.

라슨 교수는 이야기를 이어갔다.

"스바루 사람들은 이 문제에 매우 민감하게 반응했어요. 그들은 어떤 일이 있어도 바탄 하이웨이를 스바루 하이웨이로 개명해서는 안 된다고 했지요. 그때부터 이곳 사람들은 일본인들에게 익숙해졌고 그들을 환대했어요. 일본인 경영자들은 가족들을 데리고 왔어요. 자녀들은 이 지역 학교에 갔지요. 토요일만 빼고요. 일본 아이들은 토요일에는 자기네 학교에 가서 자기 나라 말과 수학을 배웠지요. 우리 수학 교육만으로는 충분하지 않다고 생각한 거죠."

16

저항에 저항하라

1995년 겨울 나는 하노이에 갔다. 하노이에서 나는 아침마다 도시 한복판에 있는 호안키엠 호수의 탑 주변을 걸으며 운동을 했다. 그리고 체중계를 갖고 길가에 웅크리고 앉아 있는 베트남 여인에게 아침마다 들렀다. 그녀는 얼마 안 되는 요금을 받고 지나가는 사람들의 몸무게를 달아주었다. 나는 매일 1달러씩 주고 몸무게를 쟀다. 내 몸무게가 얼마나 나가는지 알아보려고 그랬던 건 아니었다. 나는 내 몸무게를 알고 있었다(내 기억에 의하면 그녀의 체중계는 그다지 정확하지 않았다). 내가 그런 식으로 그 여인과 거래한 건 그게 베트남의 세계화에 기여하는 것이라고 생각했기 때문이다. 내가 보기에는 그녀의 모토는 이런 것이었다. "당신이 무엇을 가졌든, 그게 얼마나 크든 작든, 그걸 팔고, 거래하고, 교환하고, 지렛대로 활용하고, 빌려줘라. 그리고 이익을 내고, 생활수준을 높이고, 게임에 참가하기 위한 어떤 일을 하라."

그 여인과 그녀의 저울은 세계화에 관한 본질적인 진리를 구체적으로 보여주는 것이다. 이는 엘리트 자산운용 전문가나 헤지펀드나 고속 마이크로프로세서를 이야기할 때 너무나 자주 잊어버리는 것들이다. 그건 바로 이런 이야기다. 세계화는 아래로부터 떠오르는 것이다. 길거리에서, 사람들의 내면에서, 그들의 가장 깊은 열망에서 비롯되는 것이다. 물론 세계화는 금융과 기술, 정보 민주화의 산물이다. 하지만 이 세 가지 민주화를 이끌어가는 것은 더 나은 삶에 대한 인간의 기본적인 욕구다. 더 나은 삶은 어떻게 번영하고, 뭘 먹고, 뭘 입고, 어디에 살고, 어디로 여행하고, 어떻게 일하고, 무엇을 읽고, 무엇을 쓰고, 그리고 무엇을 배울지를 선택할 수 있는 자유를 더 많이 가진 삶이다. 이는 길가에 웅크리고 앉아 체중계 하나를 '빠른 세계'로 가는 티켓으로 삼고 있는 하노이의 여인에서부터 시작되는 것이다.

오늘날 하노이 도심의 길가에는 한치의 빈틈도 없다. 좌판에 펼쳐놓은 것, 트렁크에서 꺼낸 것, 가게 진열대에 올려놓은 것들을 팔려는 사람들로 빈자리가 없다. 거리를 빼곡히 채운 사람들이 샌들을 자전거로 바꾸고, 자전거를 모터스쿠터로 바꾸고, 모터스쿠터를 혼다 시빅 승용차로 바꾸고, 혼다 시빅을 도요타 캠리 승용차로 바꾸고, 가끔은 도요타 캠리를 렉서스로 바꾼다. 우리는 세계화가 어떤 나라를 외부세계와 연결시키는 것이라고 생각하는 경향이 있다. 또 세계화는 저 멀리서, 혹은 저 위에서 부여되는 것이라고 생각하는 경향이 있다. 그래서 세계화가 우리 각자의 내면에서 비롯된 대중적인 운동이라는 걸 잊어버린다.

이는 왜 세계화의 잔인성과 압력, 도전에 대한 반동과 함께 세계화의 혜택을 요구하는 사람들의 사고의 대전환이 이뤄지는지를 설명해준다. 이는 세계화의 충격으로 쓰러졌지만 그럼에도 불구하고 다시 일어나 스스로 먼지를 털어내고 다시 세계화의 문을 두드리며 다시 그 체제 속으로 들어가기를 요구하는 수백만 명의 근로자들에게서 일어나는 사고의 대전환이다. 성공할 확률이 반만 된다면 거북이들은 거북이로 남아있으려 하지 않을 것이다. 뒤처진 이들은 계속 뒤처지지 않으려 할 것이고, 아무것도 아는 게 없는 이들은 무언가를 알고 싶어할 것이다. 그들은 사자가 되거나 가젤이 되려 할 것이다. 체제를 파괴하려 하지 않고 체제의 한 조각이라도 가지려 할 것이다.

나는 마침 브라질 정부가 국영 전화회사 텔레브라스를 민영화할 때 리우데자네이루에 있었다. 리우에서는 민영화에 반대하는 대규모 시위가 벌어졌다. 시위와 관련해 내 기억에 가장 남는 것은 다음 날 브라질 신문 『오글로보』에 실린 시위자 중 한 사람의 인터뷰 기사였다. 왜 시위에 참가했느냐는 질문에 그는 "일자리를 얻을지도 모른다고 생각했기 때문"이라고 대답했다. 그 가난한 남자는 민영화에 반대하는 게 아니었다. 그는 단지 자기 몫을 원하는 것이었다.

사람들은 세계화와 관련된 스트레스를 생각보다 많이 받아들인다. 왜냐하면 러시아 광부와 멕시코 농부, 그리고 인도네시아 노동자들이 다른 선택의 여지 없이 '빠른 세계'로 가기 위해 속도를 높일 수밖에 없다는 걸 어느 정도 이해하고 있기 때문이다. 또한 많은 이들이 그 밖의 다른 길을 원하지 않기 때문이다. 시장이 완전히 고장이 나면(체제가 너무나 미쳐버려서 열심히 일해도 더 나은 생활을 할 수 없고 그래서 고통스러운 개혁을 아무리 많이 하고 허리띠를 아무리 졸라매도 자기 몫을 얻을 수 없다고 사람들이 느끼게 되면)이 체제는 틀림없이 위험해진다. 하지만 우리는 그런 지경까지는 가지 않았다. 아직은 말이다.

공산주의가 무너진 후 몇 주일 또는 몇 달 동안 급여를 받지 못한 러시아 노동자들을 생각해보라. 그들은 왜 크레믈린을 태워버리지 않았는가? 그들은 과거에도 그렇게 해봤고 그 결과가 어땠는지도 알기 때문이다. 그들은 이번에는 다른 결과(번영, 선택, 자유)를 원하며 그걸 위해 엄청난 희생을 할 각오가 돼 있다.

1998년 러시아 상황에 관한 이야기 중 내가 가장 인상 깊게 들었던 것은 한 러시아 경제학자가 내 친구에게 들려준 러시아 탱크 조종사에 관한 이야기다. 우랄산맥 뒤의 한 도시에 사는 그 탱크 조종사는 시청으로 탱크를 몰고 와 오랫동안 밀린 봉급을 달라고 요구했다. 깜짝 놀란 시민들이 탱크 주위를 둘러싸고 그에게 시청을 날려버릴 생각이냐고 물었다. 그는 아니, 아니, 절대 아니라고 말했다. 그가 탱크를 몰고 온 까닭은 단 한 가지, 그러지 않고서는 시청까지 올 수가 없었기 때문이었다. 택시비가 없었기 때문이다. 그는 그저 봉급을 받기를 원했을 따름이다.

실제로 글로벌 자본주의가 한 사회에 몰고 오는 그 모든 혼란에도 불구하고 자본주의가 확산됨에 따라 역사상 어느 때보다 더 많은 사람들의 생활수준이 더 빨리 높아졌다. 이는 또한 인류 역사상 어느 때보다 더 많은 사람들을 더 빠르게 빈곤층에서 중산층으로 올려놓았다. 그래서(오늘날 세계화 체제에서 승리하는 이들은 그야말로 날개를 달고 다른 모든 이들과 동떨어져 살게 되는 가운데) 부자와 가난한 자 사이의 격차가 점점 더 벌어지고 있지만 세계 대부분의 지역에서 가난한 이들의 생활수준도 꾸준히 올라가고 있다. 다시 말해, 많은 나라에서 상대적인 빈곤은 점점 늘어나고 있지만 절대적인 빈곤은 실제로 줄어들고 있다. 1997년 유엔 인간개발보고서에 따르면 지난 50년 동안 줄어든 빈곤이 그 이전에 500년 동안 줄어든 것보다 많았다. 개도국들이 지난 30년 동안 이룩한 발전은 선진국들이 그 이전 1세기 동안 이룩한 발전과 맞먹는 것이었다. 1960년 이후 영아사망률과 영양실조, 문맹률은 크게 줄어들었다. 반면 안전한 물을 이용할 수 있는 인구는 크게 늘었다. 대만, 싱가포르, 이스라엘, 칠레, 그리고 스웨덴처럼 세계화에 대해 가장 개방적인 나라들은 비교적 짧은 기간에 미국과 일본에 버금가는 생활수준을 갖게 됐다. 태국, 브라질, 인도, 그리고 한국처럼 중간쯤에 있던 나라들도 세계화에 힘입어 급속히 성장했다.

다음 『이코노미스트』 기사(2000년 1월 8일자)를 한번 생각해보자.

주의: 다국적기업들이 날뛰고, 일자리를 파괴하고, 임금을 억누르고, 지역경제를 무너뜨리고 있다. 세계화에 대한 비판자들은 그렇게 주장한다. 하지만 냉정하게 숫자들을 들여다보면 이야기가 달라진다. 경제협력개발기구(OECD)의 국가 간 비교연구를 보면 분명해진다. 국가경제에 외국기업이 얼마나 기여하고 있는지 구체적으로 살펴본 것은 이번이 처음이다.

첫 번째 사실: 외국기업들은 종업원들에게 그 나라 근로자의 평균임금보다 더 많은 임금을 지급한다. 더욱이 그 격차는 더 확대되고 있다. 예를 들어 1989년에는 미국에 진출한 외국기업들이 미국 국내기업보다 4% 높은 임금을 지급했는데 1996년에는 6% 높은 임금을 주고 있다.

두 번째 사실: 대부분의 나라에서 외국기업들은 국내기업들보다 일자리를 더 빨리 창출하고 있다. 1989~1996년 미국에 있는 외국기업들의 근로자 수는 한 해 평균 1.4%씩 늘어났다. 이에 비해 국내기업 근로자는 0.8% 늘어나는 데 그쳤다. 영국과 프랑스에서 외국기업들의 근로자는 연평균 1.7% 늘어난 데 비해 국내기업 인력은 연평균 2.7%씩 줄었다. 독일과 네덜란드에서만 외국기업이 인력을 줄였다.

세 번째 사실: 외국기업들은 투자한 나라에서 적극적인 R&D 투자를 하고 있다. 미국에 진출한 외국기업들은 1996년 미국 전체 R&D투자금액의 12%를 차지했다. 이 가운데 프랑스가 19%였고 영국은 40%나 됐다. 일부 국가에서는 외국기업들의 매출액 대비 R&D 투자 비중이 국내기업들보다 높았다. 영국에서는 외국기업들이 매출액의 2%를 R&D 투자에 쓰는 데 비해 국내기업들은 1.5%밖에 안 쓰고 있다.

네 번째 사실: 외국기업들은 국내기업들보다 수출을 더 많이 한다. 1996년 아일랜드의 외국기업들은 생산제품의 89%를 수출했다. 이에 비해 국내기업은 34%를 수출하는 데 그쳤다. 외국기업과 국내기업들의 생산 대비 수출 비중은 네덜란드에서는 64% 대 37%, 프랑스에서는 35.2% 대 33.6%, 일본에서는 13.1% 대 10.6%였다. 미국은 예외였다. 국내기업들이 생산한 제품의 15.3%를 수출하는 데 비해 외국기업들은 10.7%만을 수출했다.

외국인 투자에 따른 혜택은 OECD 회원국 중 상대적으로 가난한 나라에서 더욱 크게 나타났다. 터키를 보자. 외국기업들의 임금은 전체 평균을 124% 웃돌았다. 이들 기업의 인력은 한 해 11.5% 늘어났다. 국내기업 인력은 고작 0.6% 늘어났다. 외국기업들의 R&D 지출은 국내기업들의 2배에 달했다.

사고의 대전환

세계화에 대한 저항이 살아 있기는 하지만 세계화를 지지하는 큰 물결 때문에 그 저항이 완화되는 것은 놀라운 일이 아니다. 더 많은 이들이 세계화 체제를 원하면 반동은 약화되기 때문이다. 정치학자가 아니라도 이해할 수 있다. 어떤 개발도상국을 가더라도 거리를 한 번 걸어보면 금세 알 수 있다.

방콕 거리에는 40세의 중국계 태국 여성 차녹팟 피탁와노콘이 있다. 그녀는 방콕 도심 한가운데 와이어리스 거리에 있는 조그만 판매대에서 담배와 중국 만두를 판다. 나는 1997년 12월 그곳에서 가까운 호텔에 묵고 있었다. 태국 정부가 그 나라 금융회사의 대부분을 폐쇄하던 바로 그 때였다. 나는 거리 상인들의 반응을 취재하러 나갈 텐데 같이 가달라고 『뉴욕타임스』 통역자에게 부탁했다. 내가 처음으로 이야기를 나눈 사람이 차녹팟이었다. 내가 먼저 물었다. "장사는 어떤가요?"

"매상이 40~50% 줄었어요." 그녀는 시무룩한 표정으로 대답했다.

그녀에게 조지 소로스라는 이름을 들어본 적 있느냐고 물어봤다. 아시아 통화에 대한 투기적 공격을 감행해 통화가치가 폭락하도록 만들었다는 비난을 받고 있던 억만장자 헤지펀드 매니저를 아느냐고 물었던 것이다.

"아니요." 그녀는 고개를 저었다. 소로스라는 이름은 들어본 적이 없다고 했다.

"그럼 이렇게 물어볼게요. 주식시장이 뭔지 알아요?" 내가 물었다.

"예." 그녀는 주저 없이 대답했다. "나는 방콕은행과 아시아은행 주식을 갖고 있어요."

"도대체 왜 주식을 살 생각을 했나요?" 나는 다시 물었다.

"내 친척들이 모두 샀어요. 그래서 나도 샀지요." 그녀가 대답했다. "주식들은 은행에 보관해놨어요. 지금은 별로 가치가 없어요."

그때 아래쪽을 보니 그녀는 신발을 신지 않고 있었다. 다른 곳에 놔두었을 수도 있다. 하지만 지금은 신지 않고 있다. 나는 이런 생각이 드는 걸 어쩔 수 없었다. '그녀는 신발이 없다. 초등학교 5학년 정도의 교육을 받았다. 그러나 태국증권거래소에서 거래되는 은행주식을 갖고 있다.' 그러자 몇 가지 의문이 생겼다. 그녀의 관심사는 무엇일까? 그녀는 경제를 개혁하라는 이 모든 조건들을 부과하는 IMF를 불지르기 위해 시위행진에 앞장이라도 설까? 아니면 그녀도 이제 이 체제의 일부가 됐으니 더 열심히 일하고, 더 많이 저축하고, 더 많이 희생할 각오를 할까? 태국 경제를 살리는 데 도움이 된다면 IMF에 대해서도 달리 생각할까? 어쩐지 후자일 거라는 생각이 들었다. 이 거리에서도 사고의 대전환이 이뤄지고 있는 것이다.

태국에서 가장 큰 뮤추얼펀드 중 하나를 운영하는 티라 푸트라칼도 만나보자. 나는 어느 날 오후 방콕에서 그를 인터뷰하러 갔다. 미국을 비롯한 외국은행들에 대한 태국의 반발이 어느 정도인지 알고 싶었다. 태국 통화가 이토록 싸고 많은 태국 은행들은 완전히 쓰러진 마당에 외국은행들이 태국 은행과 기업들을 집어삼키려 달려들면 태국 사람들의 반감도 클 수 있다. 티라는 잠시 생각하더니 어떤 이야기로 답을 대신했다. 몇 주 전 그의 친구 하나가 지갑을 도둑맞았다. 지갑 안에는 네 가지 신용카드가 들어 있었다. 아메리칸익스프레스카드와 태국 은행에서 발급한 세 장의 카드였다. 그는 곧바로 아메리칸익스프레스와 세 은행에 신용카드를 잃어버렸다고 신고했다. 아메리칸익스프레스는 그에게 바로 그날 새 카드를 모터스쿠터로 배달해주기를 원하느냐고 물었다. 그러나 태국 은행 세 곳에서는 아직도 연락이 없다.

티라는 이렇게 말했다. "그러니 생각해보세요. 태국 은행들이 이제 씨티은행에 넘어가 서비스 수준이 아메리칸익스프레스만큼 높아진다면 내 친구가 기분 나빠할 일이 뭐가 있겠어요?" 그가 국수주의적인 분노를 느낄까? 그럴 수도 있겠지만 그런 감정은 오래가지 않을 것이다. 그 은행들이 다시 사람들을 고용하기 시작하고, 갑자기 씨티은행과 아메리칸익스프레스만큼 수익성과 효율성이 높아진다면 말이다. 사고의 대전환이라 할 수 있다.

브라질 리우데자네이루에는 32세의 사회봉사요원 릴리안이 있다. 릴리안은 리우의 로친하 지역 파벨라에 살면서 지방정부를 위해 일하고 있다. 그녀는 파벨라 안에 있는 탁아소를 구경시켜주었다. 가는 길에 그녀는 자기가 몇 년 동안 저축해 가족들이 이곳에서 벗어날 수 있게 됐다고 말했다. 이제 가족들이 파벨라를 벗어나 '빠른 세계'로 들어갈 수 있게 된 마당에, 그녀가 가장 바라지 않는 것은 그 세계가 어렵게라도 진입할 수 있도록 문을 열어 놓지 않고 완전히 문을 닫아버리는 상황이다. 그녀는 이렇게 말했다.

"제가 어렸을 때는 이곳 이웃 주민들이 모두 한 집에 모여 TV를 봐야 했습니다. 이제 저는 직장에서 20분 걸리는 이곳에서 한 시간 20분 걸리는 먼 곳으로 이사를 갑니다. 하지만 그곳은 파벨라 안에 있는 곳이 아니기 때문에 범죄에서도 멀어질 수 있습니다. 저는 제 아이들을 위해 그곳으로 이사를 갑니다. 그곳에는 마약 밀매자들이 없거든요. 저는 한 달에 900헤알을 벌어요. 저는 이제 전화도 살 수 있습니다. 우리 집은 판잣집이 아니라 벽돌집입니다. 그리고 월말에도 얼마간 돈이 남아있을 정도로 여유도 생겼습니다. 인플레이션이 심할 때는 아무도 외상으로 물건을 살 수 없었어요. 인플레이션에 따라 높아지는 이자를 감당할 수 없었기 때문이죠. 요즘은 이곳의 가난한 사람들도 전화를 갖고 있습니다. 케이블TV도 있고 전기도 있어요. 부자들이 갖고 있는 기본적인 것들을 저도 갖고 있지요. 이제 우리는 전기와 전화회사 서비스에 대해 불평할 정도입니다. 예전에는 전기도 전화도 없었기 때문에 불평할 일도 없었죠." 사고의 대전환이다.

쿠웨이트에는 환경보건과학자 파티마 알-압달리가 있다. 그녀는 쿠웨이트시티에서 가장 인기 있는 인터넷카페 커피밸리를 소유하고 있다. 당신은 거기서 라떼를 마시며 인터넷 서핑을 할 수 있다. 미국에서 교육받은 알-압달리는 이슬람교도의 신심을 표시하기 위해 베일을 쓰고 다닌다. 그러나 베일 속에서는 웹을 생각하는 여성이다. 나는 쿠웨이트에서 세계화에 대한 강연을 했는데 그녀도 청중 가운데 한 사람이었다. 강연 후 그녀는 나를 카페로 초대해 학생 몇 명을 만나게 해주었다. 그 카페는 도심 쇼핑몰 안에 있었다. 구석 테이블에 앉았을 때 나는 그녀에게 말했다.

"그런데 나는 좀 헷갈리네요. 설명 좀 해주세요. 이슬람식 베일을 쓰고 있는 걸 보면 분명 매우 믿음이 강한 사람일 텐데 미국 대학에서 교육을 받고 이제 쿠웨이트에 인터넷을 확산시키고 있군요. 이 모든 걸 어떻게 연결시켜야 할지 모르겠네요."

그녀의 대답은 간단히 말해 과거 아랍의 이슬람 세계는 너무나 많이 외침을 당해 이질적인 문화와 기술도 함께 받아들였다는 것이었다. 그녀는 이슬람 세계는 지금도 침략을 당하고 있다고 했다. 하지만 이번에는 침략자들이 그녀를 지배하는 게 아니라 그녀가 침략자를 지배할 것이라고 말했다. 인터넷에 이슬람의 베일을 씌우고 그녀의 카페에 자주 오는 젊은이들이 그걸 올바로 쓰도록 할 것이라고 했다. 나는 그녀의 노력에 대해 칭찬을 해주었다. 세계화와 인터넷을 내치지 말고 그것을 소유하라.

그녀는 이렇게 말했다.

"저는 3년 전에 인터넷카페를 열어야겠다는 생각을 했어요. 인터넷 세상이 오리라는 걸 알았고, 내가 하지 않으면 다른 누군가가 할 것이라는 것도 알았어요. 저는 우리도 인터넷을 어느 정도 통제할 수 있다는 걸 깨달았어요. 그래서 인터넷의 장점을 가르치고, 가만히 앉아 기다리다 침략당할 게 아니라 이를 우리 문화와 어울리도록 만들자는 생각을 한 것이죠. 저는 인터넷을 도입해 우리 문화에 맞게 만들어가고 있습니다. 저희 웹사이트는 이제 조금씩 이슬람 여성들의 권리에 관한 이슈를 제기하고 있습니다."

알-압달리는 쿠웨이트대학의 몇몇 학생들을 초대해 우리와 합석하도록 했다. 그들 중 한 학생이 무심코 막 끝난 학생 대표 선거 이야기를 했다. 이슬람 근본주의자 후보가 독립적이고 개방적이며 종교적 색채가 없는 후보에게 완패를 당했다는 것이었다. 아랍 세계에서는 학생 선거가 매우 중요하다. 그들은 가장 자유롭고 그래서 여론의 동향을 잘 나타내주기 때문이다. 적어도 젊은 층에서는 그렇다. 나는 21세의 커뮤니케이션 전공 대학생 압둘 아지즈 알-살리에게 왜 이슬람주의자들이 그렇게 대패했느냐고 물었다. 그는 이렇게 대답했다.

"이슬람주의자들은 더 이상 좋은 인상을 주지 못하고 있어요. 비종교적 정당은 학생들이 요즘 신경 쓰는 작은 일들을 잘 도와주지요. 이를테면 복사와 이메일, 도서관, 주차 문제 같은 것들 말이죠. 이제 사회는 덜 이념적입니다. 우리는 일자리가 필요해요."

이것 역시 사고의 대전환이다.

호주의 내 친구 사회학자인 앤과 제럴드 헨더슨 부부도 만나보자. 헨더슨 부부는 어느 날 나를 보기 위해 워싱턴에 들렀다 호주에서 대학에 다니는 딸 이야기를 해주었다.

"우리 딸 조애너는 스물한 살일세. 딸과 그 아이 룸메이트는 어느 날 텔스트라라는 호주 전화회사에서 편지를 한 통 받았다네. 텔스트라가 회사 지분의 3분의 1을 민간에 팔기로 했고 자기네 전화를 쓰는 가구는 얼마간의 주식을 살 자격이 있다는 내용이었다. 딸아이는 우리에게 전화를 걸어 주식을 사야 할지를 물었고 우리는 사라고 했네. 그래서 딸 아이는 그 제안을 받아들였지. 그 녀석은 돈이 얼마 없었어. 한 주에 호주 달러로 3달러씩 하는 주식 300주를 샀다네. 그 아인 아직 월급도 받아본 적이 없어. 나중에 도서관 사서가 되든 교사가 되든 힘들게 일해 돈을 벌겠지. 하지만 그 아인 우리 식구 중 유일하게 텔스트라 주식을 샀어. 텔스트라 직원들이 매각주식 중 약 90%를 샀다더군. 그 후로는 그 직원들이 덜 뻣뻣해졌다네. 사람들은 이제 이런 것들이 중요하다는 걸 이해하고 있어. 보수당은 1996년 선거에서 폴 키팅의 노동당 정부를 이기려고 반세계화 주장을 폈지만 이제 그들도 세계화 논리를 펴고 있지. 다른 대안이 없어. 과거로 되돌아가려고 하지 않는다면 말이야. 10년 전이었다면 우리 딸은 세계화 반대운동에 휩쓸렸을 걸세. 하지만 전 재산을 털어 텔스트라 주식 몇 주를 갖게 된 후로는 월스트리트에서 일어나는 일들에 갑자기 관심을 갖게 됐네. 그 일들이 자기에게도 영향을 미치기 때문이지."

이곳에서도 사고의 큰 전환이 이뤄졌다.

잘못된 평론

만약 세계화에 비판적인 지식인들이 그 체제를 어떻게 무너뜨릴까를 생각하기보다는 어떻게 활용할까를 생각하는 데 더 많은 시간을 쓴다면 이 모든 보통 사람들이 이미 깨닫고 있는 걸 그들도 깨달을 수 있을 것이다. 세계화는 문제를 만들어내는 만큼 기회와 해법도 만들어낸다는 사실 말이다. 하지만 세계화가 가장 중요한 문제에 대한 해결책을 만들어낼 수 있을까? 세계화와 인터넷과 다른 현대적 기술이 밑바닥 중에서도 밑바닥 삶을 사는 사람들(아직도 하루 1달러로 살아가는 13억 명의 사람들)의 운명을 바꿔놓을 수 있을까?

이 문제에 관해 정확하게 무의미한 수많은 정치적 평론이 쏟아져 나왔다. 세계화 비판자들은 세계 인구의 90% 혹은 그와 비슷한 숫자가 전화를 못 갖거나 한 번도 전화를 써본 적이 없는 사람이라는 둥 온갖 통계들을 들먹일 것이다. 그들은 그래서 세계화와 인터넷의 확산은 그들에게 아무것도 해줄 수 없고 앞으로도 아무것도 해주지 않을 것이라고 주장한다. 그들과 나머지 세계와의 격차만 벌려놓을 뿐이라는 주장이다. 이는 한마디로 틀린 주장이다.

우선 기술적인 차원에서 이 주장은 틀렸다. 2000년에는 지구촌 대부분의 사람들이 한 번도 전화를 써본 적이 없는 게 사실일 수도 있지만 2005년이 되면 그건 사실이 아닐 테고 2010년이 되면 그건 역사가 될 것이다. 통신업계 추정에 따르면 대략 2005년까지 10억 대의 값싼 휴대용 인터넷 정보기기가 전 세계에 보급될 것이다. 휴대전화나 무선호출기, 또는 손바닥 컴퓨터 같은 것으로 인터넷에 접속하는 것이다. 그리고 2010년까지는 그 숫자가 30억 대로 늘어날 것이다. 지구상에 사는 가구는 모두 10억 가구밖에 안 되므로 이들 정보기기는 믿기 어려울 정도로 싸질 것이다. 대다수 가난한 사람들이 인터넷에 연결되지 못할 까닭이 없다(내 기술 전문가 친구는 2010년까지 약 1억 대의 토스터가 온라인으로 바뀔 것이라고 전망했다. 모든 전자기기에 적합한 소프트웨어가 나오고 이들은 모두 연결될 수 있다는 것이다).

따라서 진짜 질문은 이것이다. 이런 기술이 광범위하게 이용될 수 있게 되면 과거의 기술 도약 때와는 다른 방식으로 가난과 싸우는 데 도움을 줄 수 있을까? 이런 질문을 한다고 해서 내가 가난과 싸우는 데 기술의 유무가 유일한 변수라고 주장하는 것은 아니다. 사실 사회를 어떻게 관리하느냐가 가장 중요한 변수로 남아있다. 사람들이 자유롭게 기업을 일으키고 생산성을 높일 수 있도록 안정적인 정치적·법적·경제적 환경을 만들어주어야만 가난과 효과적으로 싸울 수 있다. 노벨상을 받은 경제학자 아마티아 센은 그의 뛰어난 저서 『자유로서의 발전Development As Freedom』에서 한 개인이 그의 삶에 대해 결정할 수 있는 능력은 건강하고 발전된 사회를 건설하는 가장 효율적인 수단일 뿐만 아니라 그 자체가 궁극적인 목표라는 점을 분명히 했다. 라이베리아나 버마에서처럼 정치적으로 왜곡된 환경에서 자산을 가난한 사람들의 손에 쥐어줄 때는 특별히 달라지는 게 없다. 하지만 안정적이고 자유로운 환경에서 가난한 이들에게 자산을 나눠주는 것은 많은 변화를 가져올 수 있다. 오늘날 인도를 포함해 자유언론이 있고 다당제 정치가 이뤄지는 민주주의 국가에서는 기아가 없었던 것도 이 때문이라고 센은 지적했다. 센은 "정치적 자유는 전체 인구 중 취약한 부문이 목소리를 낼 수 있도록 해주며, 위기 때 보호와 지원을 요구하고 받아낼 수 있는 힘을 준다"고 밝혔다.

케냐와 잠비아 같은 가난한 나라가 세계화 시대에 뒤처진 것은 세계화가 그들을 멸시해서가 아니라 그들 스스로 세계화를 이용할 수 있는 최소한의 정치적·경제적·법적 하부구조를 갖추지 못했기 때문이다. 번영이 그들에게서 도망가버린 게 아니라 그들이 번영을 붙잡아두기 위한 결정을 하지 못했기 때문이다. 우간다나 폴란드, 또는 한국 같은 나라들은 올바른 선택을 했고 혜택을 입었다. 어떤 나라들이 개발 그 자체에 실패하는 게 아니라 좋은 정부의 개발에 실패하는 것이다.

그러므로 우리는 핵심적인 질문을 더욱 정교하게 고칠 필요가 있다. 세계화는 과거 체제 변화와 기술적 도약이 이뤄졌을 때와는 다른 방식으로 자유를 증진하면서 가난을 줄이는 데 도움을 줄 수 있을까? 답은 두 가지 차원에서 다 도움을 줄 수 있다는 것이다. 나는 이미 9장과 10장에서 세계화가 어떻게 더 책임성 있고 더 나은 정부를 만들도록 하고, 어떻게 개인과 행동주의자들과 기업들이 장벽이 사라진 세계의 '조형자'가 될 수 있도록 힘을 주는지를 설명했다.

주목할 만한 것은 가난한 이들이 이런 것들을 얼마나 이해하고 활용하기 시작했는가다. 세계화 체제는 가혹한 만큼, 세계화로 타격을 입은 이들에게도 큰 힘을 줄 수 있다. 이들이 다른 사람들에게 고통을 호소하고 운동을 조직해 무언가 조치를 취해달라고 요구할 수 있도록 하는 능력을 부여하는 것이다. 이는 세계화를 지지하는 사고의 대전환이 왜 일어나는지를 설명해주는 것이다. 또한 그러한 지지와 사고의 전환이 지속될 수 있도록 해주는 것이다.

예를 들면, 인터넷 덕분에 이제 많은 사람들이 많은 사람들에게 이야기할 수 있게 됐다. 이제 더 이상 소수의 거대 미디어 재벌들만이 많은 사람들에게 이야기할 수 있는 게 아니다. 나는 이걸 '정의로운 세계를 위한 국제운동'이라는 말레이시아 인권단체 회장인 찬드라 무자파르를 통해 알게 됐다.

나는 이 점잖은 말레이시아 회교도를 만나기 위해 콸라룸푸르 교외에 있는 그의 초라한 사무실로 찾아갔다. 나는 그가 세계화를 맹공격하는 걸 들으려는 분명한 목적을 갖고 갔다. 그의 단체가 그토록 강력히 옹호하는 뒤처진 이들과 소외된 이들의 이름으로 세계화를 비난할 것이라는 생각에서였다. 하지만 나는 그에게서 생각보다 미묘하고 흥미로운 메시지를 들었다.

무자파르는 이렇게 말했다.

"나는 세계화가 단지 식민주의로 돌아가는 거라고 생각하지 않습니다. 그렇게 주장하는 사람들은 잘못 생각하는 것입니다. 세계화는 그보다 훨씬 복잡한 것입니다. 세계화의 결과가 어떤지 주위를 한번 둘러보세요. 지배당하던 사람들의 문화 중 일부는 이제 잘사는 나라들로 파고들어가고 있습니다. 영국인들이 가장 좋아하는 음식은 이제 피시 앤 칩스(fish and chips: 생선튀김과 감자칩)가 아니라 카레입니다. 카레는 더 이상 이국적인 요리도 아닙니다. 난 단지 카레 이야기를 하려는 게 아닙니다. 사고의 차원에서도 그렇습니다. 사람들은 이제 다른 사람들의 종교에도 어느 정도 관심을 갖게 됩니다. 미국화라는 압도적인 힘도 있지만 그 아래 다른 여러 가지 흐름이 있지요. … 보통 사람들도 이제 인터넷을 통해 그들의 주장을 펼 기회가 있습니다. 이란은 인터넷과 잘 연결돼 있어요. 그들은 인터넷을 자기네 관점을 확산시킬 수 있는 수단으로 생각하고 있지요. 말레이시아를 보면 마하티르는 이제 CNN을 통해 세계 전역에서 뉴스를 탑니다. 지뢰금지 캠페인은 인터넷을 통해 시작됐지요. 이게 한계선상의 사람들에게 세계화가 해줄 수 있는 일입니다. 세계화가 단지 일방통행식이라고만 주장하는 것은 맞지 않아요. 우리는 그 복잡성을 이해해야 합니다. 사람들은 서로 다른 차원에서 행동합니다. 어떤 때는 미국화가 사회에 부당한 일을 한데 분노하면서 다른 때는 미국에서 공부하는 아이들과 맥도날드를 먹으면서 그 이야기를 하지요."

세계화에 대한 저항과 저항에 대한 반대가 만났다.

인터넷과 세계화

가장 선진화된 사회에서도 마찬가지다. 『포브스』는 무지한 사람들을 옹호하는 매체라고 보기 힘들지만 1998년 7월 그런 인식을 깨는 훌륭한 기사를 하나 실었다. 타임워너-CNN이 그해 6월 7일 미국 특전부대가 1970년 라오스에서 변절자를 의도적으로 가스를 써서 살해했다고 보도한 것과 관련된 기사였다. 그 보도가 전파를 타자마자 미국의 퇴역군인들은 이른바 '테일윈드Tailwind 작전'에 대한 폭로라는 게 의심스러운 정보에 바탕을 둔 조작된 기사라고 주장했다. 수많은 불만이 제기됐지만 거대 글로벌 미디어 CNN은 아무런 대응을 하지 않았다(거대 글로벌 미디어는 누구에게도 사과하지 않는다. 특히 퇴역한 군인들에게는).

『포브스』는 이렇게 전했다.

"타임워너는 그 분노가 시간이 지나면 가라앉을 것으로 기대했을 것이다. 그러나 분노한 베트남전 참전용사들은 그들이 쉽게 활용할 수 있는 유일한 매체인 인터넷으로 모였다. 인터넷이 없었다면 사실을 발굴하는 데 몇 달이 걸렸을 것이다. 그렇게 시간이 지나버렸으면 아무도 이 문제에 신경을 쓰지 않았을 것이다. CNN에서 군사문제 자문가로 있다 문제의 보도에 대한 항의로 사퇴한 후, 그 보도를 반박하는 일을 도와온 퇴역한 공군 소장 페리 스미스는 '(CNN 프로듀서) 에이프릴 올리버가 여덟 달 동안 한 일을 나는 인터넷 덕분에 사흘 만에 할 수 있었다'고 말했다. 스미스는 문제의 기사가 방송되던 날 라오스에서 실제로 무슨 일이 벌어졌는지에 대한 질문들을 급히 만들었다고 밝혔다. 그냥 버튼 하나만 누르자 질문서는 300명 이상의 최고급 정보원으로 즉시 배달됐다고 스미스는 설명했다. 그는 자기의 정보원들을 '내 이메일 두뇌신탁'이라고 표현하면서 '곧바로 여기저기서 이메일이 날아오기 시작했다'고 말했다."

테일윈드 작전은 최고 기밀로 분류돼 있었기 때문에 베트남전 참전 군인들은 펜타곤의 관리들이 CNN 보도를 반박하기 위해 필요한 정보를 기밀에서 해제해줄 수 있는지 결정할 때까지 기다려야 했다. 하지만 그동안에 이 문제를 둘러싼 분노는 모두 가라앉아버렸을 것이다. 그러나 퇴역군인들은 사실상 돈 한 푼 들지 않는 이메일 네트워크를 활용해 누구에게 의존하지 않고 스스로의 힘으로 당시 현장에 있었던 군인들에게서 모든 필요한 증언들을 모아 며칠 만에 CNN의 면상에 던져버릴 수 있었다.

결국 이메일로 무장한, 연금으로 살아가는 퇴역군인들은 고액 연봉을 받는 CNN의 릭 캐플런 사장이 자기네 방송 프로그램에 나와 헤드라이트 불빛에 얼어붙은 불쌍한 사슴 같은 모습으로 자기네 보도 내용을 부인하면서 자기 자리를 보전하고 CNN의 잃어버린 신뢰를 되찾기 위해 비참하게 거듭거듭 사과하지 않을 수 없게 만들었다. 최종 스코어는 이메일을 쓰는 베트남전 참전 퇴역군인 1 대 세계 최대 미디어 재벌 타임워너-CNN 0이었다.

인터넷과 세계화는 개인들에게 더 많은 표현의 자유를, 정부에게는 더 많은 투명성을 창출해줄 수 있었고 앞으로도 그럴 것이다. 그렇다면 나는 왜 인터넷과 세계화가 가난한 이들이 특별한 방법으로 빈곤과 싸우도록 도와줄 수 있다고 믿는가? 월드 리소스 인스티튜트의 수석 과학자인 앨런 해먼드는 이렇게 대답한다.

"인터넷은 다른 기술들과 눈금부터 다르기 때문입니다. 힌두어, 중국어, 스와힐리어, 스페인어로 번역되는 하나의 웹사이트는 20억 명의 잠재적인 이용자를 갖고 있습니다. 이는 가장 가난한 사람들이라도 가난에서 벗어날 수 있는 방법을 발명하고, 디지털 격차가 아니라 디지털 배당을 만들어낼 수 있도록 도와줄 수 있습니다."

한 가지 사례만 들어보자. 방글라데시 출신 미국 은행가 이크발 콰디르의 이야기다.

"1993년 초 나는 뉴욕의 한 투자은행에서 일하고 있었습니다. 나와 내 동료는 리포트를 공동으로 작성하기 위해 플로피디스켓을 수도 없이 교환하며 성가신 일을 해야 했습니다. 컴퓨터들을 연결하는 간단한 장치가 설치된 후로는 디스켓을 교환하는 물리적인 작업은 필요없게 됐고 우리는 더 빨리 리포트를 작성하고 더 편리하고 창의적으로 일할 수 있게 됐지요. 이는 1971년 방글라데시가 독립전쟁을 하고 있을 때 내가 시골 마을에서 경험했던 일을 떠올리게 합니다. 그 전쟁은 도시에서 시작됐는데 우리 가족은 비교적 멀리 떨어진 마을로 피난을 갈 수밖에 없었지요. 그 지역은 두 척의 모터보트 외에는 현대적인 기반시설이 없었어요. 이 배는 두 도시를 오가며 승객과 화물을 날랐는데 그 사이에 있는 우리 마을 가까운 곳에 잠시 섰다 가곤 했어요. 전쟁 때문에 몇 달 동안 이 두 척의 배도 다니지 않았습니다. 그러다 다시 다니기 시작하자 마을에는 즉각적인 효과가 나타났어요. 농부와 어부들은 그들의 산출물을 더 좋은 값에 팔 수 있었고 시장에서 살 수 있는 물건들도 늘어났지요. 그 변화는 너무나 극적이어서 심지어 열세 살이었던 내 눈에도 뚜렷이 보였습니다. 그동안 나는 두 마을을 온종일 걸어다녀야 했습니다. 내 부모들은 10킬로미터 떨어진 마을에 있는 약방에 가서 약을 사오라고 심부름을 보냈어요. 아침 내내 걸어서 그곳에 도착해보니 약방 주인은 도시로 약을 보충하러 가고 없었어요. 다시 오후 내내 걸어서 집으로 돌아와야 했지요. 그래서 1993년 내 사무실 컴퓨터가 연결됐을 때 1971년의 낭비했던 나날들을 다시 생각하게 됐습니다. 연결성은 생산성입니다. 현대적인 사무실에서든 저개발 지역 마을에서든 연결은 뭐든지 할 수 있게 하고 단절은 뭐든지 불구가 되게 합니다.

연결성이 생산성을 의미하는 것이라면 이는 가난과 싸우는 데 필요한 무기가 될 수 있습니다. 하지만 1993년 내 조국 방글라데시가 가난과의 전쟁터에서 무슨 일을 하고 있었습니까? 어떤 조사 결과를 보고 방글라데시는 대부분의 사람들이 전화도 없이 살아가고 있다는 걸 새삼 알게 됐습니다. 1억 2,000만 명이 사는 나라가 이처럼 연결이 부족하면 인간의 에너지가 얼마나 낭비될까 궁금해지더군요. 인구 1,000명당 전화는 두 대밖에 없고 1억 명 이상이 사는 시골 지역에는 사실상 전무한 실정입니다. 인터넷과 이메일 같은 새로운 형태의 연결수단이 미국과 같은 성숙한 경제도 크게 바꿔놓고 있는 마당에 연결성을 조금만 높여도 큰 효과를 볼 수 있는 방글라데시는 아직도 그 모양이라는 건 더욱 속상한 일입니다. 1993년 이맘때 나는 방글라데시 정부가 이동전화사업 허가를 1994년에 내주기 위해 절차를 밟기 시작했다는 소식을 들었습니다. 이는 매우 적절한 조치입니다. 시골 지역의 연결성을 높이기 위해 새로운 발상을 할 필요가 있고 새로운 전화회사를 세워 운영해야 합니다. 이 경우에는 정부의 허가를 받아 무선전화회사를 만드는 것이지요. 나는 재빨리 조직했습니다. 방글라데시 시골 지역의 통신 서비스를 위해 투자를 끌어오는 건 극히 힘들 것이라는 생각이 들겠지만 나는 길이 있을 거라고 생각했어요. 연결성이 곧 생산성을 의미하는 것이라면 투자자들에게 보상을 하기 위해 생산성 향상에 따른 이득을 회수할 수 있는 길도 있어야 합니다. 문제의 핵심은 지역 주민들이 전화 서비스를 얼마에 이용해야 하느냐가 아니라, 그 서비스를 이용할 수 있으면 주민들이 얼마나 더 벌 수 있느냐입니다. 주민들은 전화 서비스를 통해 번 돈으로 서비스 요금을 낼 것이니까요."

하지만 어떻게 시작하느냐가 문제가 아닌가?

그 물음에 대해 콰디르는 이렇게 설명했다.

"이 암담한 상황에서 한 가지 밝은 빛을 던져준 것은 그라민뱅크라는 놀라운 기관이었습니다. 이 마이크로렌딩 은행은 1,100개 지점과 1만 2,000명의 직원을 두고 3만 5,000개 마을에서 사업을 하고 있었습니다. 보통 한 여성이, 이를테면 소 한 마리를 사기 위해 담보 없이 그라민뱅크에서 100~200달러를 대출받을 수 있습니다. 이 소가 우유를 생산하면 그녀는 이웃에 우유를 팔아 생활을 하고 대출도 갚을 수 있게 되죠. 이런 과정을 통해 가난한 사람들 중에서도 가장 가난한 사람들이 홀로서기를 할 수 있게 되는 것이죠. 내가 보기에는 연결성도 비슷한 일을 할 수 있습니다. 나는 휴대전화를 하나의 '소'라고 생각하자고 제안했습니다. 적어도 은행에서 돈을 빌리는 사람의 관점에서는 그런 거죠. 한 여성이, 이를테면 200달러를 그라민뱅크에서 빌려 휴대전화를 산 다음 집집마다 다니면서 마을 사람들에게 전화 서비스를 파는 겁니다. 거기서 요금을 받아 생활도 하고 대출금도 갚는 거죠. 내 제안은 그라민뱅크의 비범한 창립자 무하마드 유누스의 관심을 끌었어요. 그가 없었더라면 이 모든 게 불가능했을 겁니다. 유누스는 나에게 그 가능성을 더 연구해보라고 격려했어요. 나는 1994년 초 벤처캐피털업계를 떠나 조수아 메일맨이라는 사회적 책임의식이 강한 미국 투자가를 설득해 뉴욕에서 함께 창업을 했지요.

　2년 후 결실이 맺어져 그라민폰이라는 파트너십 회사가 출범했습니다. 방글라데시의 도시와 시골에서 상업적으로 휴대전화 서비스를 제공하는 회사지요. 그라민뱅크의 관리 담당자들은 전화 서비스 요원을 뽑을 때 주로 과거 대출 실적을 참고해 여성을 골랐어요. 예를 들어 어떤 여성이 새로운 걸 배우는 데 재능을 보인 경우 서비스 요원 후보자로 우선적으로 고려되죠. 다른 요소는 위치인데, 마을 중심에 집이 있으면 더 유리하지요. 그라민은 또 전화 서비스 요원의 가족 중 적어도 한 사람은 영어 문자와 숫자를 알아야 한다는 걸 분명히 하고 있습니다. 전화 서비스 요원의 하루 평균수입이 2달러라는 건 전화의 유용성을 보여주는 하나의 지표입니다. 그 밖에도 전화 서비스가 시작된 후 마을 주민들이 다르게 생각하고 일하고 있다는 걸 보여주는 일화가 수없이 많습니다. 예를 들어 한 여성은 많은 병아리를 기를 생각을 하고 있는데, 이 사업은 예전에는 할 수 없었던 것입니다. 병아리들에게 병이 돌면 제때 수의사를 부를 길이 없다는 걱정 때문이었지요. 어떤 남자는 바나나를 대규모로 재배하려고 합니다. 이제 시장가격을 즉시 알아볼 수 있기 때문에 시장 상황에 따라 출하 시기를 정확히 맞출 수 있기 때문이지요. 또 다른 여성은 제때 의사를 불러 열병에 걸린 아이의 목숨을 구하기도 했어요. 방글라데시에 뿌리를 두고 전 세계에 나가 있는 이주 노동자들은 이제 가족들이 어떻게 지내는지, 자기가 송금한 돈은 잘 도착했는지 알아보기 위해 집으로 전화를 할 수도 있습니다. 사회적으로 긍정적인 영향도 대단히 많이 나타나고 있습니다. 마을에서 가장 가난한 여성들이 글로벌 커뮤니케이션이 가능한 통신수단을 손에 쥐고 있게 됨에 따라 계층 구분이 심했던 마을에 잔잔한 변화의 물결이 일어나고 있습니다. 비교적 부유한 주민도 전화 서비스가 필요하면 가난한 여성의 집으로 걸어가야 하지요."

콰디르는 이런 경험에서 몇 가지 교훈을 얻었다고 말했다. 그중 하나는 디지털 기술이 새로운 사고를 가능하게 하고 가난한 나라에서도 적용할 수 있는 새로운 비즈니스 모델을 창출한다는 점이다. 하지만 이를 위해서는 보통 사람들에게 그 기술을 전달해 스스로 그 힘을 이용할 수 있도록 해주는 기관들이 만들어져야 한다. 그라민폰이 하는 일이 바로 그런 일이다. 또 하나의 교훈은 기업가정신 없이는 '경제개발' 같은 건 없다는 점이다. 기업가정신은 한 나라를 고양시키는 가장 중요한 힘이다. 인터넷과 세계화가 적절한 상상력과 결합되면 가장 가난한 방글라데시 주민들도 기업가가 될 수 있도록 해준다.

콰디르는 이렇게 결론지었다.

"어떤 나라가 가난하다는 건 말 그대로 그 나라에 가난한 사람들이 엄청나게 많다는 뜻이지요. 그런 나라에서는 그 가난한 사람들의 에너지가 그 나라를 발전시킬 수 있는 가장 중요한 잠재력이라는 걸 인식해야 합니다. 전화 서비스를 하는 방글라데시 여성에게 휴대전화는 '소'와 같다고 했지만 사실 그건 마을 전체를 가난에서 벗어나도록 해주는 '말'과 같은 것이지요."

가난한 사람들도 디즈니월드에 갈 권리가 있다

지금까지 한 이야기들이 우리에게 가르쳐주는 것은, 세계를 움직이는 힘이 점점 더 추상적인 수준으로 올라가버려 만져볼 수도, 영향을 미칠 수도, 심지어 볼 수도 없는 지경이 됨에 따라 세계화는 깊은 소외감을 낳기도 하지만, 그 힘은 반대로 작용할 수도 있다는 점이다. 세계화는 가장 취약한 개인이나 지역도 어느 때보다 많은 힘과 기회와 자원을 활용해 새로운 세계의 '조형자'가 될 수 있도록 해준다.

이런 이야기들은 또한 세계화에 대한 반동과 저항이 왜 지금까지 어느 곳에서도 새로운 체제를 뒤흔들어놓을 만큼 에너지를 축적하지 못하고 있는지를 설명해준다. 너무나 많은 사람들이 여전히 이 체제에 들어가기를 바라며 그 길을 찾기 위해 애쓰고 있다. 당장은 고통스럽더라도 말이다. 왜냐하면 너무나 많은 개도국 국민들이 세계화는 그들이 과거에 가져봤던 그 어떤 것보다 그들을 더 빠르고 더 잘살게 만들어준다는 걸 이해하고 있기 때문이다. 모든 일자리가 좋은 일자리인가? 절대 그렇지 않다. 스리랑카의 모든 사람들이 시애틀의 모든 사람들과 똑같은 급여를 받는가? 아니다. 하지만 전자소떼가 개도국에서 만들어낸 일자리가 그 대안들, 뼈에 사무치는 가난과 아동 매춘보다 나은가? 물론이다. 전자소떼가 만들어낸 일들이 가난에서 벗어나기 위해 필요한 첫걸음인가? 물론이다. 경제학자 폴 크루그먼은 1999년 11월 23일 온라인 잡지 『슬레이트』를 통해 이렇게 지적했다.

"분명한 사실은, 지난 한 세기 동안 나타난 성공적인 경제개발 사례는 모두 세계화를 통해 이뤄진 것이라는 점이다. 가난한 나라가 품격 있는 생활을 누리게 되거나 극적으로 생활수준을 향상시킨 경우는 다 그랬다. 이들은 자급자족을 시도하기보다는 세계시장에 제품을 팔았다. 글로벌 시장을 위해 생산하는 많은 근로자들이 '제1세계' 기준에 비춰보면 형편없는 급여를 받고 있다. 하지만 그들이 세계화 때문에 가난해졌다고 주장하려면 … 그들이 새로운 수출 산업 일자리를 얻기 전에는 더 가난했다는 사실을 잊어버려야 한다. 또한 글로벌 시장에 접근할 수 없는 근로자들은 그럴 수 있는 이들에 비해 훨씬 더 가난하다는 사실도 무시해야 그런 주장을 펼 수 있다."

1999년 시애틀 WTO 각료회의 때 미국과 다른 선진국들이 개도국들에게 노동과 환경 기준을 즉각 개선하지 않으면 세계무역에서 배제시키겠다고 위협했을 때, 그토록 많은 개도국 대표들이 그토록 심하게 반발한 것도 바로 이 때문이다. 선진국들의 그런 요구는 미국 노동조합이 저임금 국가들과의 교역을 제한하기 위해 이용한 정치적으로 적당한 구실일 뿐이었다. 그런 낮은 임금이라도 받지 못하면 개도국들은 더 높은 발전단계를 밟아가기 위해 첫발을 떼는 것조차 어려울 것이다. 그 첫발을 내딛는 것은 앞으로 근로와 환경 기준을 개선하기 위한 전제조건이다. 세계화에 대한 저항이 신흥시장 근로자보다 서구의 지식인 사이에서 더 강한 것은 놀라운 일이 아니다. 신흥시장 근로자들은 세계화와 관련된 것들을 좋아하지 않을 수도 있지만, 그 대안은 훨씬 더 나쁜 것이라는 걸 알고 있다.

뉴스는 때로 소란 속에서 찾을 수 있다. 시애틀 거리의 구호나 벽에다 페인트로 쓴 낙서에서 발견되는 것이다. 하지만 뉴스는 때로 침묵 속에 있다. 실제로 말하지 않은 가운데 뉴스가 있다. 기자로서 얻을 수 있는 가장 훌륭한 지혜는 그 둘 사이의 차이를 이해하는 것이다. 그리고 침묵이 많은 걸 이야기할 때를 아는 것이다. 나는 1998년과 1999년 아시아와 러시아에서 나온 가장 중요한 기사는 태국, 한국, 말레이시아, 인도네시아, 그리고 옛 소련 국가들의 중산층 이하 계층이 비교적 조용하게 글로벌 시장의 심판을 받아들인 것이었다고 본다. 글로벌 시장은 그들의 소프트웨어와 운영체제에 근본적인 문제가 있다고 판결했다. 이들은 그에 따른 벌을 받을 준비가 돼 있었고 이제 필요한 조정을 해가고 있다.

그게 얼마나 지속될지는 예측할 수 없다. 하지만 이는 세계화의 임박한 사망을 예견했던 모든 사람들을 더욱 난처하게 만들고 있다. 글로벌 경제의 혼란이 올 때마다, 인도가 핵실험을 할 때마다, 시애틀 WTO 각료회의에서 소란이 일어날 때마다 아는 체하는 이들은 이 모든 게 세계화가 끝장나고, 체제가 무너지고, 가난한 사람들이 들고일어나리라는 걸 보여주는 사례라고 써댔다. 세계화는 그 체제와 사람들의 진정한 열망에 대해 가장 기본적인 것도 이해하지 못하는 사람들에 의해 끊임없이 매장당하고 있다. 그 사람들은 하노이에서 체중기를 들고 나온 조그만 여인은 말할 것도 없고 릴리안이나 티라, 찬드라, 이크발, 헨더슨 부부의 딸, 혹은 러시아 광부 같은 사람들을 한 번도 만나본 적이 없다. 이들 모두가 빠른 세계로 가려는 시도를 포기할 때, 그리고 이들 모두가 차라리 낡고 폐쇄적이고 규제가 심한 체제로 되돌아가겠다고 선언할 때, 그리고 그들과 그들의 아이들을 위한 더 나은 삶을 위해 노력하는 걸 포기할 때, 그때 나는 세계화가 '끝장났다'며 반동세력이 승리했다는 걸 인정할 것이다.

그때까지는, 내가 이 모든 사람들과 이야기하면서 배운 작은 비밀 하나를 이야기하려 한다. 혁명이론가들에 대한 모든 존경심을 잃지 않고 이야기하는 것이지만, '이 세상의 비참한 사람들'은 바리케이드가 아니라 디즈니월드로 가고 싶어 한다. 그들은 레미제라블이 아니라 매직킹덤을 원한다. 그들에게 열심히 일하고 희생하면 디즈니월드로 갈 수 있고 매직킹덤을 즐길 수 있다는 믿음을 반만이라도 가질 수 있도록 경제적·정치적 환경을 만들어 준다면, 그들 대부분은 당신이 생각하는 것보다 훨씬 더 오래 이 게임에 계속 참여할 것이다.

제4부
미국과 세계화

17
이성적 과열

앨런 그린스펀 연방준비제도이사회(FRB) 의장은 1997년 초 아주 유명한 코멘트를 한 적이 있다. 미국 주식투자자들이 '비이성적 과열'에 빠져 있다는 경고였다. 당시 투자자들이 개별 종목 주가를 해당 기업의 실적 개선으로는 도저히 설명이 안 되는 수준까지 끌어올려놓았기 때문이었다. 나는 그린스펀 의장이 독자들의 건강 상담을 해주는 의사라고 가정하고 그에게 보내는 편지 형식의 칼럼을 쓴 적이 있다. 그 칼럼은 이렇게 시작된다.

"그린스펀 선생님. 전 아주 끔찍한 문제를 갖고 있습니다. 제 자신이 미국 증시에 대해 비이성적으로 과열돼 있습니다. 그러나 이 생각을 떨쳐낼 수가 없습니다. 물론 선생님 말씀대로 '비이성적 과열'이 제 건강에 안 좋은 것은 아닙니다. 저도 해볼 만한 것은 다 해봤습니다. 최면치료도 해봤고 정신안정제도 먹어봤습니다. 공매도도 해봤습니다. 심지어 선생님의 1987년 이후 모든 연설문을 다시 읽어보기도 했습니다. 그런데 아무 효과가 없었습니다. 제가 유럽이나 일본에 다녀올 때마다 전 미국 시장에 더 투자하고 싶다는 생각에 온몸이 근질근질합니다. 제발, 제발 저를 도와주세요. 미스터 '올인' 드림."

그린스펀 의장에게 보내는 이 편지에서 나는 미국 주식시장의 적정한 수준이란 게 뭔지 모르겠다고 덧붙였다. 또 미국이 생산성을 높이고 금리와 물가상승률을 낮추는 기본을 유지하지 못한다면 주식시장은 언제든 올라왔을 때처럼 떨어질 수 있다고 생각한다는 말도 썼다. 그러나 내가 칼럼을 통해서 지적하고 싶었던 것은 미국 시장이 고평가됐다면 미국 경제에 대한 '비이성적 과열'과 함께 '이성적 과열'도 있다는 점이었다.

강대국의 조건

나는 상당한 시간을 해외에서 보내거나 월스트리트에서 멀리 떨어져 지내왔다. 따라서 외부에서 미국이란 나라를 들여다볼 수 있었다. 미국 이외의 국가에서 나는 항상 미국에 대한 '이성적 과열'을 접해왔다. '이성적 과열'은 다음과 같은 논리에 근거하고 있다. 세계화는 현재 전 세계를 지배하는 체제다. 이 체제 안에서 번영을 누리기 위해 필요한 기업과 국가의 특징을 찾는다면 미국은 약점보다 강점이 많다. 세계화 체제에서 미국은 다른 어느 주요 국가보다 더 많은 강점을 갖고 있다. 이것이 내가 '이성적 과열'이라고 부르는 것이다. 전 세계 투자자들이 갖고 있는 생각도 바로 이것이다. 유럽이나 일본 사회는 세계화에 더 잘 맞는 사회를 만들려고 하고 일부 국가들은 이제서야 세계화의 출발선상에 서 있는 이 순간에 큰 형님 미국은 이미 전속력으로 경기장을 돌며 다른 국가들과 한 바퀴 이상의 차이를 벌리고 있는 셈이다.

이 같은 이성적 과열을 검토해보는 유용한 방법은 이런 질문을 던져보는 것이다. 100년 전에 아주 상상력이 풍부한 지정학적 설계자geoarchitect를 만나 2000년에 지구가 '세계화'라 불리는 체제로 바뀔 것이라는 말을 해주었다면 그는 그런 세계에서 경쟁에서 이기기 위해 어떤 나라를 설계했을까? 그가 내놓은 답은 놀라울 정도로 현재의 미국과 닮아 있을 것이다.

내가 여기서 말하고 싶은 것은 이런 얘기다.

무엇보다 그 설계자는 우선 지리적 위치부터 경쟁력이 높은 국가를 설계할 것이다. 즉 대서양과 태평양을 주무르는 권력, 쉽게 말하면 양쪽 방향을 모두 관찰할 수 있으며 또 한편으로는 캐나다와 남미 대륙과 연결된 나라다. 이 같은 지리적 특성으로 인해 이 나라는 전 세계에서 가장 중요한 3개 시장인 아시아, 유럽, 아메리카 대륙에 쉽게 접근할 수 있다. 이는 매우 편리할 것이다.

그는 또 다양한 문화와 인종과 언어가 섞여 있는 국가를 만들었을 것이다. 다양한 배경의 사람들을 통해 이 나라는 전 세계 어디와도 연결될 수 있다. 물론 이 사람들은 모두에게 공통된 언어이자 인터넷을 지배하는 언어인 영어를 통해 하나로 연결된다. 그는 또 이 나라에 단일통화이자 전 세계 기축통화인 달러를 쓰는 적어도 5개의 지역경제를 줘야겠다고 생각했을 것이다. 한 나라 안에 복수의 지역경제가 있다는 것은 매우 큰 자산이다. 한 지역이 경기침체에 빠져도 다른 지역의 경기가 활황을 누릴 수 있어 경기 부침으로 인한 충격을 완화시켜줄 수 있기 때문이다. 이런 모든 조건들은 매우 도움이 될 것이다.

그 설계자는 또한 극단적으로 다양하고 창조적이며 효율적인 자본시장을 가진 나라를 만들었을 것이다. 벤처캐피털은 고상하고 대담한 예술로 간주된다. 누구든 훌륭한(혹은 한심한) 발명품을 지하실이든 창고에서든 만들어내기만 하면 자금을 지원해줄 벤처자본가를 만날 수 있다. 이는 매우 좋은 일이다. 왜냐하면 속도만 놓고 봐도 미국 자본시장보다 더 빠르게 새로운 아이디어에 돈을 투자하는 곳은 없기 때문이다. 한 예로 25년 전 유럽의 상위 25개 대기업 리스트와 현재 상위 25개 대기업의 리스트를 비교해보면 사실상 거의 비슷하다. 만약 미국의 25년 전 상위 25개 기업과 현재의 상위 25개 기업을 비교하면 전혀 다른 기업들이 나타나 있을 것이다. 그렇다.

미국의 금융시장은 끊임없이 단기이익과 분기실적에 욕심을 부리면서 종종 기업들이 장기목표에 집중하느라 '자본을 낭비'하는 것을 허용하지 않는다. 맞는 얘기다. 그러나 이러한 금융시장이 또 설익은 아이디어를 가진 사람에게도 하룻밤 안에 5만 달러를 빌려줘 결국 또 다른 애플 컴퓨터가 태어나게 만들 것이다. 매사추세츠 주의 벤처캐피털 규모는 유럽 전체를 다 합친 것보다 더 크다. 벤처캐피털은 지금 이 시대에 단순한 자금 공급원 이상의 의미가 있다. 무엇보다 벤처캐피털은 신생기업에 진정한 전문성을 제공해준다. 그들은 많은 신생기업들을 봐왔고 이들 회사가 성장을 위해 거쳐야 할 여러 단계에 대해 잘 알고 있다. 그리고 벤처캐피털은 신생기업이 이러한 관문을 통과할 수 있도록 도와준다. 이는 벤처캐피털이 제공하는 돈보다 더 중요한 것이다.

우리의 지정학적 설계자는 분명히 전 세계에서 가장 정직한 법과 규제 체계를 갖춘 국가를 고안해냈을 것이다. 이 국가에서는 내국인이든 외국인이든 비교적 적은 부패를 경험할 것이다. 또 투자한 뒤 얻은 수익을 언제든 회수하려는 외국인을 위해 충분한 안전장치가 갖춰진 합리적인 시장을 기대할 수 있다. 또 이 나라에서는 시장과 계약이 제대로 이행될 수 있도록 하는 법률이 갖춰져 있으며 특허를 통해 혁신이 장려될 것이다. 미국 자본시장은 다른 어느 나라보다도 더 효율적일 뿐만 아니라 가장 투명하다. 미국 주식시장은 단지 비밀을 참지 못할 뿐만 아니라 모든 기업들이 적시에 실적과 감사 보고서를 제출하도록 하고 있다. 그래서 잘못된 경영과 잘못된 자원 배분이 쉽게 적발되고 또 벌을 받게 된다.

그 설계자가 만드는 국가는 파산법과 파산법원제도가 잘 갖춰졌을 것이다. 그래서 누구든 쉽게 파산을 신청하고 다시 도전할 수 있도록 용기를 북돋워줄 것이다. 또 설사 다시 실패했다고 하더라도 또 파산신청을 하고 재도전하고 성공해서 또 다른 아마존닷컴을 시작할 수 있다. 한 번 실패가 평생을 쫓아다니며 괴롭히는 꼴을 경험하지 않아도 되는 것이다. 실리콘밸리에서 유명한 벤처자본가인 존 도어는 "실패하는 것은 문제가 되지 않는다"며 "사실 다른 사람의 돈으로 사업하기 전에 실패해보는 것은 매우 중요하다"고 말한다. 실리콘밸리에서는 파산을 혁신에 필요한 어쩔 수 없는 비용으로 간주한다. 이런 자세가 사람들의 도전의식을 자극한다. 만일 당신이 절대 실패하지 않겠다면 사업을 시작할 수 없을 것이다. 실리콘밸리에서 가장 성공적인 소프트웨어 진단 시스템 개발업체를 세운 해리 살은 몇 번의 신생벤처에 투자했으나 대부분 파산하고 말았다. 그는 언젠가 팔로알토에서 커피를 마시며 내게 이런 말을 했다.

"이곳 실리콘밸리에서는 실패가 더 현명하고 더 나은 방법이라고 여깁니다. 실리콘밸리에서 뭔가를 해보려다가 실패를 했다면 다음번엔 더 쉽게 자금을 끌어모을 수 있으니까요. 사람들은 '아, 그 사람 첫 벤처에서 실패했다고? 그럼 뭔가 배웠을 게 틀림없으니 다음번에 그 사람한테 투자해야겠군' 하는 식으로 말할 정도지요."

유럽에서 파산은 일생에 걸쳐 고통을 수반한다. 당신이 무슨 일을 하든지 독일에서는 파산 경력을 알려서는 안 된다. 독일 사회에서는 파산의 경력은 당신과 당신의 자녀가 계속 짊어져야 할 주홍글씨이기 때문이다. 만일 당신이 파산한 경력이 있음을 알려야만 한다면 차라리 독일을 떠나는 것이 나을 정도다(팔로알토에서는 두 팔을 벌려 당신을 환영할 것이다).

우리의 설계자는 분명히 새로운 이민자를 받아들이는 분위기가 사회 전반에 녹아 있는 나라를 만들었을 것이다. 이 나라에서는 이론상 어느 누구든 국경을 넘을 수 있고, 헌법에서 이민자에 대해 동등한 대우를 보장하고 있다. 이러한 사회 분위기는 이 나라가 꾸준히 세계 최고의 인재를 산업계, 의료계, 학계로 흡수할 수 있게 만들어줄 것이다. 실리콘밸리에 있는 과학자와 공학자의 약 3분의 1이 해외에서 태어난 이민자로 이들은 이제 실리콘밸리의 가치와 제품을 전 세계에 전파하고 있다. UC버클리의 도시문제 전문가인 애너리 삭세니언에 따르면 캘리포니아 공공정책연구소는

1996년 전체 매출 126억 달러, 고용 인원 4만 6,000명에 이르는 1,786개 실리콘밸리기업이 인도나 중국 이민자가 경영하는 기업이라는 사실을 발견했다.

텔레다인의 전 회장인 도널드 라이스는 유로제네시스란 바이오벤처기업을 창업했다. 이 회사는 1997년부터 전립선 질환에 대한 해결책을 파고들기 시작했다. 그는 본사를 캘리포니아 주 산타모니카에 차렸다. 나중에 그는 나에게 회사 직원들을 설명하면서 "우리는 총 19명의 직원이 있는데 이 중 3명이 베트남 출신이고 2명은 과학자, 1명은 관리직으로 근무하고 있습니다. 또 캐나다에서 태어난 과학자가 2명, 독일, 페루, 말레이시아, 중국, 이란, 인도에서 태어난 과학자가 각각 1명씩 있습니다. 나머지 사람들은 모두 미국에서 태어난 사람들이죠. 전 세계 어디에서도 이런 팀을 꾸릴 수 있는 나라는 없을 겁니다"라고 했다. 맞는 얘기다. 최근에 주변에서 일본 국적이나 스위스 국적을 따려고 한 사람이 있는가? 일본 국적을 따기 위해서는 일본인으로 태어나야만 한다. 또 스위스 사람이 되기 위해서도 스위스인으로 태어나야 한다. 그러나 미국인이 되기 위해서는 미국인이 되려는 '생각만' 갖고 있으면 된다. 물론 이 얘기가 누구든 미국인이 되려는 사람은 모두 미국인으로 받아들인다는 뜻은 아니다. 국적 문제는 민족, 인종, 혹은 국가의 문제가 아닌 법률적인 차원에서 다뤄지고 있다. 그만큼 미국은 다른 나라에 비해서 유능한 인재를 끌어들이기 더 쉽다. 실리콘밸리에 있는 내 친구들은 이렇게 말한다. "일본이나 다른 아시아 국가가 두렵지 않아. 왜냐하면 나와 함께 일하는 아시안들이 그들을 언제든 뛰어넘을 수 있기 때문이지."

더 많은 지식근로자를 자신의 영토 안으로 끌어들일수록 당신은 더욱 성공할 수 있을 것이다. 나는 미국 입장에서는 돈 많고 교육을 받은 기업가들뿐만 아니라 이민을 신청하는 사람은 모두 다 끌어들이라고 말하고 싶다. 나라면 아이티 출신 보트피플을 모두 다 이민자로 받아들일 것이다.

누구든 우유포장지로 만든 뗏목을 타고 대서양을 건너 미국의 해안까지 올 수 있는 사람이라면 이민자로 받아들이고 싶다. 사이프러스반도체의 최고경영자인 T.J. 로저스는 의회가 외국인 엔지니어들의 임시 노동비자를 제한한 데 대해 이렇게 불평한 적이 있다.

"정보화 시대의 승자와 패자는 브레인파워에 의해서 결정될 것입니다. 아쉽게도 현재 미국 하원의원들은 이러한 사실을 제대로 보고 있지 못합니다. 하원의원들은 누구나 데려가고 싶어 하는 우수한 인재들을 자국으로 돌려보내서 그들이 미국을 상대로 경쟁하기를 바라고 있습니다. 우리 회사 10명의 부사장 중 3명은 이민자들입니다. 엔지니어 직원들도 35%가 이민자들입니다. 최첨단 반도체를 만들어낸 연구 담당 부사장은 쿠바 출신입니다."

당신은 국내에서 길러낸 기술자들에게만 의존할 것인가, 아니면 전 세계 상위 10%의 엔지니어를 고용할 것인가? 미국은 전 세계 상위 10%의 엔지니어를 고용할 수 있는 유일한 국가다. 일본, 스위스, 독일은 모두 진정한 의미에서 이민의 전통을 갖고 있지 못하다. 이는 이들 국가에게 매우 큰 약점이다.

우리의 설계자는 분명히 민주적이고 유연한 연방 정치 시스템이 있는 나라를 만들어냈을 것이다. 이 정치체제는 정치적 의사결정 과정이 잘 분산돼 있다. 덕분에 각 지역과 지방자치단체들은 중앙정부가 시대 흐름에 맞는 변화를 택할 때까지 기다리지 않고 독자적으로 변해나갈 수 있다. 사실 연방체제는 50개의 주가 모두 교육, 복지, 의료 부문에서 복잡하게 얽혀 있는 문제에 대한 해결법을 찾기 위해 경쟁하고 새로운 실험을 하도록 유인한다. 세계화 시대에 이 같은 특징은 엄청난 자산이다. 이러한 문제들은 너무 복잡해서 몇 번의 시행착오를 거치지 않고서는 해답을 찾아내기 어렵기 때문이다.

우리의 설계자는 또 전 세계에서 가장 유연한 노동시장을 가진 나라를 구상해냈을 것이다. 노동자들은 쉽게 다른 지역에서 새로운 직장을 구할 수 있으며 고용주 입장에서는 상대적으로 쉽게 직원을 채용하고 해고할 수 있다. 격변의 시기에 이동이 자유롭다는 건 중요한 문제다. 어느 날 메인 주에서 직장을 잃었더라도 다음 날 샌디에이고에서 새로운 직업을 구할 수 있다. 당신이 이사 갈 준비만 돼 있다면 말이다. 그러나 만일 당신이 도쿄에서 직업을 잃었다면 나는 새로운 직업을 서울에서 구해보라고 권하지는 않을 것이다. 비록 동일한 화폐와 하나의 시장으로 묶였다고는 하지만 뮌헨에서 직업을 잃은 사람이 다음 날 밀라노에서 새로운 직장을 찾기는 쉽지 않다. 경제 전체로 봐서는 큰 약점이 아닐 수 없다.

게다가 해고가 쉬울수록 고용주 입장에서는 더 많은 사람을 고용할 수 있게 된다. 언뜻 말이 안 되는 얘기 같지만 이는 미국이 일본과 서유럽을 제치고 1990년대에 정보화혁명을 가장 먼저 경제발전으로 연결시킬 수 있었던 가장 중요한 요인이다. 인터넷에서 PC에 이르는 새로운 기술이 모든 선진국에 퍼지긴 했지만 신기술을 활용하는 데에는 차이가 생긴 까닭을 한번 자문해보길 바란다. 간단한 답은 이러한 신기술이 노동을 대체하면서 공장의 생산성과 사회 전반의 생활수준을 높인다는 것이다. 로봇은 공장 조립라인의 사람보다 더 효율적으로 임무를 수행해낸다. 전화기 속의 음성사서함은 전화교환원보다 일을 더 잘한다. 바꿔 말하면 정보화혁명의 핵심은 노동생산성을 높인 것이 아니라 노동투입량을 줄인 것이다. 정보화혁명으로 효율성이 높아지고 비용절감이 가능해지면서 나타난 현상이다.

어떤 일을 하기 위해 필요한 물리적 노동력의 절대량이 줄었다. 이는 만약 당신이 속한 문화와 사회가 쉽게 노동자를 신기술로 대체할 수 있다면 당신은 기술이 주는 혜택을 충분히 누릴 수 있다는 뜻이다. 기술을 활용해 생산성을 높이고, 이윤을 더 많이 창출할 수 있으며, 궁극적으로 사회 전반의 번영과 더 많은 일자리를 만들어낼 수 있다.

미국만이 지닌 강점들

앞서 언급한 모든 것들이 결합돼 경쟁력 있는 국가를 만든다. 현재의 미국 사회는 슘페터가 말한 창조적 파괴가 작동하는 사회다. 앨런 그린스펀은 지난 1999년 중반에 새로운 기술로 인해 미국에서 매주 30만 개의 일자리가 사라지고 있다고 지적한 바 있다. 그러나 30만 1개의 일자리가 매주 신기술에 의해서 창출되고 있다. 미국의 실업률이 낮은 수준에서 계속 유지될 수 있는 비결이 여기에 있다. 미국 기업들이 쉽게 직원들을 해고할 수 있고 새로운 기술을 활용할 수 있기 때문에 신기술 구매를 두려워하지 않으며 직원들을 해고해서 확보한 자본으로 신기술을 사들일 수 있는 것이다. 그러나 또 한편으로는 해고가 쉽다는 점이 직원을 더 쉽게 고용할 수 있게 만드는 원동력이기도 하다.

반대로 유럽과 일본에서는 사람을 해고하는 것이 매우 어렵다. 회사의 전화 시스템을 혁신적으로 바꿀 수 있고 10명의 교환원을 해고할 수 있는 새로운 음성사서함 기술을 생각해보자. 전형적인 서유럽 기업은 새로운 음성사서함 기술을 사고서도 여전히 10명의 교환원을 그대로 유지시킬 것이다. 아니면 매우 비싼 대가를 치르고 10명의 교환원이 회사를 그만두도록 할 것이다. 그 결과 회사는 신규인력 채용을 매우 주저하거나 아니면 새로운 기술 도입을 하지 않을 것이다. 새로운 기술로 얻을 수 있는 이익이 새로운 기술을 도입하면서 기존 직원들을 계속 유지할 만큼 크지 않기 때문이다. 신기술 도입이 얻을 수 있는 수익성이 매우 낮은 것이다. 이런 맥락에서 2000년대를 맞이하면서 미국 역사상 가장 중요한 분기점은 1981년에 로널드 레이건 대통령이 파업을 벌인 항공관제사들을 모두 해고하기로 결정한 것이다. 이 사건은 경영진과 직원 사이의 역학관계를 바꾼 가장 중요한 사건이자 미국 기업들이 직원을 해고할 수 있는 길을 열어준 계기였다. 이 결과로 미국 경제는 더 빨리 정보화혁명을 흡수해 더 많은 노동자를 고용할 수 있게 됐다. 1990년대 미국에서 수백만 개의 일자리가 사라지고 대신 더 많은 수백만 개의 일자리가 만들어진 것도 놀랄 일이 아니다. 비슷한 시기 서유럽의 노동시장은 여전히 정체 상태에 있었고 실업률은 12%대에서 얼어붙어 있었다.

우리의 설계자는 카르텔을 비호하는 국가를 매우 혐오했을 것이다. 모든 기업과 은행들이 이익을 얻기 위해 스스로 싸워야 하며 독점은 용납되지 않을 것이다. 이는 중요한 대목이다. 미국 기업은 마이크로소프트처럼 세계 일류 수준의 기업이 됐다고 하더라도 미국 법무부의 반독점관련 질문에 답해야만 한다. 이는 미국이 가진 놀라운 강점 중 하나다. 마이크로소프트 같은 회사가 무슨 짓을 하든 거대기업을 키워야만 한다는 말을 하는 사람들이 있다. 미국이 현재의 힘을 유지하기 위해서는 그래야만 한다는 것이다. 이는 미국의 강점을 전혀 모르고 하는 말이다. 연봉 7만 5,000달러의 법무부 변호사들이 미국 최대의 기업인 마이크로소프트를 상대로 소송을 제기하고 승소할 수 있다는 사실이 미국이 가진 힘의 진정한 원천이다. 독점기업들이 득실대는 길을 치울 준비가 돼 있는 법무부 반독점국과 독점기업을 향해 책 던지기를 겁내지 않는 토머스 펜필드 잭슨 같은 판사가 있는 한, 또 다른 마이크로소프트는 언제라도 존재할 수 있다. 마이크로소프트가 소비자의 권익을 해칠 수 있는 독점을 행하고 있음을 잭슨 판사가 발견한 1999년 11월이 베를린장벽 붕괴 10주년 기념일과 같은 주였다는 것은 역설적인 우연이다. 베를린장벽을 무너뜨린 사람들이 진정으로 원했던 것은 무엇인지를 기억할 필요가 있다. 그들이 원했던 것은 분명히 빌 게이츠가 팔고 있는 윈도우와 디즈니월드, 빅맥 그리고 더 나은 삶이었다. 그러나 베를린장벽을 무너뜨린 사람들은 잭슨 판사가 이뤄낸 법치 역시 원했다. 만약 공산주의 사회가 지난 10년간 뭔가 배운 것이 있다면 이는 법의 지배가 미국 사회 번영의 기반이라는 점이다. 러시아가 배운 것처럼 어떤 번영도 법의 지배 없이는 지속가능하지 않다. 미국 방식의 핵심은 어떤 개인이나 기업도 법 위에 군림할 수 없다는 통치체제에 기반한 미국식 룰이다.

나는 지난 1999년 중국이 미국의 핵 기밀을 캐내려 한다는 의혹을 제기한 보도를 접하고 다른 모든 사람들처럼 매우 괴로웠다. 참을 수 없는 일이었다. 그러나 동시에 중국이 미국의 핵기술을 훔치려고 시도했다는 사실 자체에 대해서도 동정심이 일었다. 미국의 가장 큰 비밀이자 미국의 힘의 원천인 '미국인이 사는 방식'은 중국인들이 훔칠 수 없다. 중국이 미국인이 사는 방식을 그대로 따라 하기 시작한다면 나는 중국을 미국의 경쟁 상대로 간주할 것이다. 그러나 중국이 미국의 최신 군사기밀을 훔치려는 노력을 하는 것만으로는 부족하다. 중국이 미국의 최신 기술을 훔치면 미국은 더 나은 기술을 개발할 것이다.

우리의 설계자는 괴짜를 용인하는 사회를 만들었을 것이다. 수학 천재이거나 소프트웨어 귀재이면서도 긴 머리를 하고 있는 남자나 코걸이를 한 여자를 받아들이는 나라다. 미국이란 나라는 어떤 사람이 벌떡 일어서서 "그런 일은 불가능해"라고 외치면 다른 문으로 들어온 또 다른 사람이 "우리가 방금 그 일을 해냈소"라고 말하는 사회다. 인텔의 부회장이던 에이브럼 밀러는 미국의 강점을 이렇게 설명했다.

"일본 사람들은 동질성에 집중하다 보니 이해하지 못합니다. 똑같은 상품을 무한대로 생산해내는 것에 관해서는 일본이 전 세계 최고의 전문가입니다. 그리고 우리는 그런 능력을 특별한 재능이라고 오해했었습니다. 그러나 오늘날 세계는 더 이상 동일한 많은 것들을 원하지 않습니다. 모든 사람들이 서로 다른 뭔가를 원하고 있으며 기술은 모든 사람들에게 (본인의 수요와 필요에) 딱 맞는 것을 제공할 수 있습니다. 이 부분에서는 미국이 진짜 강점을 지니고 있지요."

우리의 설계자는 유럽이나 일본과 달리 이미 1990년대에 기업 규모 축소, 민영화, 사내외 정보를 가장 효율적으로 활용하는 네트워크화, 규제 완화, 업무 프로세스 재설계, 조직 간소화와 구조조정을 마친 나라를 만들었을 것이다. 이를 통해 금융과 기술, 정보의 민주화에 제대로 적응하고 이를 활용할 수 있으며, 앞서 설명한 마이크로칩 면역결핍증(MIDS)도 피할 수 있기 때문이다. 미국은 우주개발 경쟁에서 승리했듯이 사이버 세계에서도 승리하고 있다. 미국 기업 직원들은 전 세계 어떤 나라보다 더 많은 정보기술을 사용하고 있다.

우리의 설계자는 또 뿌리 깊은 기업가 문화와, 성공적인 투자자와 혁신가가 자본이득의 대부분을 가져갈 수 있는 세제를 가진 나라를 만들었을 것이다. 이를 통해 늘 더 큰 부자가 되려는 노력을 하도록 유인을 제공하는 셈이다. 이상적인 국가에서는 호레이셔 앨저Horatio Alger*가 신비에 둘러싸인 인물이 아니라 바로 옆집에서도 발견할 수 있는 인물이다. 누구든 인텔이나 AOL의 엔지니어로 사회생활을 시작해서 1,000만 달러 이상의 스톡옵션을 받으며 직장생활을 마무리할 수 있다.

우리의 설계자는 분명히 지식근로자를 모을 수 있는 넓고 개방된 공간과 작은 도시들이 많은, 매력적인 환경을 가진 국가를 만들었을 것이다. 인터넷과 팩스, 빠른 택배업체 덕분에 많은 첨단기술업체와 기술자들이 도심에서 벗어나 자신들이 원하는 어디에든 정착할 수 있다. 이 때문에 바다와 산에서 멀지 않은 곳에 푸른 계곡을 많이 갖고 있는 것은 큰 자산이다. 아이다호, 워싱턴, 오레건, 미네소타, 노스캐롤라이나에서 오늘날 첨단기술 산업이 붐을 이루는 것도 이 때문이다.

우리의 설계자는 가장 외설적인 포르노 제작자나 가장 선동적인 인종차별주의자도 자신의 의사를 표현할 수 있을 정도로 자유로운 정보의 흐름을

---

* 1867년 작 『누더기를 입은 딕Ragged Dick』을 비롯해 120여 편의 소설을 발표한 미국의 작가. 가난한 소년이 근면, 절약, 정직의 미덕으로 성공한다는 내용이 주를 이루는 그의 소설은 1870~1880년대 어린 독자들에게 인기를 끌며 총 2,000만 부 이상이나 팔렸다. 오늘날에도 그의 이름은 아메리칸드림과 연결돼 인용된다. (옮긴이)

중시하는 나라를 만들었을 것이다. 이 역시 자산이다. 정보와 지식, 재화와 용역이 점점 더 빠른 속도로 빠른 세계와 사이버세상을 흘러다니는 시대에 자유로운 표현이 가져올 수 있는 불협화음과 혼돈을 편하게 받아들일 수 있어야 한다. 보호라는 틀에 갇혀 있지 않고 상상력이라는 이름으로 경쟁을 자유롭게 받아들이는 개방성은 진정한 강점이다. 미국은 정부가 비밀을 영원히 갖고 있는 것을 거의 허용하지 않는 정보자유법 덕분에 오랜 기간에 걸쳐 국가의 밑바탕에서부터 개방적인 문화가 자랄 수 있었다.

무엇보다도 우리의 설계자는 다국적기업이든 소기업이든 전 세계를 무대로 생각할 수 있는 나라, 또 신속한 결정과 네트워크, 지식집약이 필요한 분야에서 다른 모든 나라를 선도하는 국가를 만들었을 것이다. 미국은 소프트웨어 설계, 컴퓨팅, 인터넷 디자인, 인터넷 마케팅, 상업은행, 이메일, 보험, 파생상품, 유전공학, 인공지능, 투자은행, 첨단의료, 고등교육, 특송서비스, 컨설팅, 패스트푸드, 광고, 바이오, 미디어, 연예, 호텔, 쓰레기 처리, 금융 서비스, 환경 산업, 통신 산업에서 앞서가고 있다. 산업화 이후의 세계에서 미국은 모든 '산업화 이후의 산업'에서 앞서나가고 있다.

미국이 가야 할 길

승자 독식의 세계에서 미국은 적어도 지금은 승자가 많은 것을 가져가는 체제를 유지하고 있다. 이것이 미국을 유일한 초강대국으로 만들었다. 미국은 전통적인 권력의 원천인 군사력에서도 앞서나가고 있다. 미국은 많은 항공모함과 첨단전투기, 수송기와 핵무기로 무장한 막강한 국방력을 갖고 있어 다른 어떤 나라보다 자국의 힘을 과시할 수 있다. 미국이 B-2 장거리 스텔스 폭격기와 단거리 F-22 스텔스 폭격기를 개발 중이란 사실은 미 공군이 사실상 타국의 항공방위 시스템에 노출되지 않고 전 세계 어느 나라든 침범할 수 있다는 얘기다. 동시에 앞서 언급한 대로 미국은 세계화 시대에 권력의 모든 수단에서 다른 나라를 압도하고 있다.

다만 이건 기억해야 한다. 불과 10여 년 전만 하더라도 아시아와 유럽 국가들이 주류로 부상하고 미국은 몰락해가는 것처럼 보였다. 하지만 지금은 도쿄 미쓰이 해상연구소의 존 노이퍼가 『뉴욕타임스』와의 인터뷰에서 밝혔듯이 모든 것이 바뀌었다. 노이퍼는 이렇게 말했다. "일본인들은 터널 끝에서 빛을 보지 못하고 있습니다. 그리고 미국인들은 자신들이 지나가야 할지도 모를 벼랑을 보지 못하고 있습니다."

미국인들이 벼랑을 보지 못한다고 벼랑이 없다는 뜻이 아니다. 언제나 벼랑은 있었다. 역사 속 현재의 시점에서 미국의 문화 자체가 갖고 있는 경쟁우위가 무엇이든 경쟁을 위해서는 기초가 바르게 서 있어야 한다. 또 점차 더 낮은 가격에 재화와 서비스를 제공할 수 있도록 생산성이 꾸준히 높아져야 한다. 그래야 물가상승이 없는 상태에서 임금상승을 기대할 수 있다. 지난 1990년대 후반 미국에서 나타난 생산성 향상은 기술 개발에 따른 현상이었다. 그러나 생산성 향상이 계속 이처럼 높은 수준에서 유지될 수 있을지, 아니면 지난 25년간 그래왔듯이 천천히 속도를 늦추게 될지 오히려 속도를 더 높일 수 있을지는 알 수 없다. 현단계에서 보자면 일본은 세계화 시대에 강점보다는 약점이 더 많은 나라다. 그러나 일본은 많은 주요 산업 부문에서 여전히 매우 효율적인 생산을 하고 있다. 또한 매우 높은 저축률을 꾸준히 유지하고 있으며 일본인들은 여전히 근면성실하다. 일본은 또한 첨단제품 생산, 재고관리, 가전제품에서 혁신의 엔진 역할을 하고 있다. 일본의 거시경제는 지난 1990년대에 고전했지만 일본이 무너지지는 않을 것이다. 일본은 다만 적응하는 데 시간이 필요할 뿐이다. 일본과 서유럽 사람들이 복지 시스템을 고수해 자본주의가 가진 파괴력을 약화시키고 또한 창의력과 부의 창출 효과를 감소시키는 한 이들 국가는 미국에 위협이 되지 않을 것이다. 그러나 세계화의 시대에 미국이 앞서나

갈수록 이들 국가는 미국을 따라 하게 될 것이다. 피할 수 없는 세계화로의 이행과정은 매우 고통스러울 것이다. 그러나 일본과 서유럽 국민들이 현재 누리는 생활수준을 유지하려면 어쩔 수 없다.

일본과 서유럽 사회가 세계화 시대에 걸맞은 기업가정신이 없어서가 아니다. 프랑스 사람들도 미국 사람과 비슷한 생각을 한다. 그러나 서로 다른 경제·사회적 분위기가 기업가정신이 꽃피울 수 있는지를 결정하는 차이다. 많은 프랑스의 수준급 소프트웨어 엔지니어들이 실리콘밸리로 몰려드는 이유는 단순하다. 현재 프랑스에서는 성공하기 어렵다고 느끼기 때문이다. 1998년 3월 21일 『워싱턴포스트』에는 프랑스에서 실리콘밸리로 인력이 유출되고 있는 현상에 관한 기사가 실렸다. 이 기사에서는 프랑스 인력유출의 원인을 미국에 비해 떨어지는 사회적 유연성이라고 평가했다. 24세의 레자 말렉자데는 프랑스의 명문 경영대학원을 졸업하고 미국으로 건너와 3년간 직장을 세 번 옮긴 뒤 샌프란시스코 소재 네트워크시스템회사인 소프트웨이의 미국 영업 담당 이사가 됐다. 그는 이렇게 말한다.

"제가 미국에서 할 수 있는 일을 프랑스에서는 하지 못했습니다. 프랑스에서는 당신이 50세가 되더라도 사람들은 당신이 어느 학교 출신인지를 놓고 얘기를 합니다. 그러나 미국에서는 내 능력에 관해서만 얘기를 합니다. 몇 살이냐, 15년 전에 어느 학교를 다녔느냐 따위는 물어보지 않지요."

그는 현재 캘리포니아 북부에 살고 있는 4만 명의 프랑스인 중 1명이다. 프랑스 사회의 분위기가 바뀐다면 의심할 여지 없이 많은 사람이 프랑스로 돌아갈 것이고 또 미국으로 건너오는 사람의 숫자도 줄 것이다. 미국 입장에서는 약점보다 강점이 많은 지금 이 순간에 미국 사회의 진정한 문제라 할 수 있는 끊임없는 도심 범죄, 통제불능의 총기 사용, 소득 격차 심화, 공립학교의 재정 악화, 자영업자부터 대기업까지 모든 기업을 약화시키는 소송문화를 개선해야 한다. 여기에 덧붙여 재정 악화에 빠진 사회보장제도, 많은 사람들이 자신의 소득보다 많은 소비를 하도록 유도해 개인의 빚이 폭발적으로 늘도록 만든, 결과적으로 경기침체기에 전체 금융 시스템에 위험이 될 수 있는 신용카드, 느슨한 선거자금법 때문에 왜곡되고 부패한 미국의 정치 시스템도 개선해야 한다. 미국의 문제점을 세계화 시대에 해결하면 여로모로 편리하다.

나는 미국이 자기 자산을 현명하게 사용할 것이라고 믿는다. 또한 이 같은 이성적 과열이 나 혼자만의 생각은 아닐 것이라고 믿는다. 그러나 우리가 타성에 젖기 시작한다면 새벽 뒤에 황혼이 따라오듯 현재 우리가 누리는 경기호황은 언젠가 불황으로 바뀔 것이다. 내가 항상 마음속에 새겨놓고 있는 래리 서머스 재무장관의 말이 있다.

그는 1990년대의 미국에 대해 이렇게 말했다. "우리가 두려워해야 할 한 가지가 있다면 그것은 '두려움 그 자체'가 없다는 것이다."

18
미국식 세계화혁명의 명암

맥도날드는 모든 이야기에 등장한다. O.J. 심슨은 니콜을 살해하기 전에 어디에서 식사를 했나? 맥도날드다. 상무부 장관 론 브라운이 죽기 전에 미육군에 제공한 식사는 무엇인가? 맥도날드다.
일리노이 주 오크브룩의 맥도날드 홍보부서에서

청바지를 입고 어떻게 "미국에 죽음을" 하고 외칠 수 있습니까?
1999년 11월 4일 테헤란에서 열린 이란혁명 20주년 시위 때 21세의 이란 여학생이 얼굴을 찌푸리며 청바지를 입고 시위를 하고 있던 다른 학생들에 대해 『뉴욕타임스』 기자 존 번스에게 한 말

우리 스스로를 보네, 남들이 우리를 보듯!
로버트 번스(Robert Burns: 「올드랭사인」을 지은 스코틀랜드 시인-옮긴이)

나는 세계경제를 설명하는 5개 주유소이론을 믿는다.

그렇다. 세계경제를 5개의 주유소로 나눌 수 있다는 얘기다. 먼저 일본 주유소가 있다. 갤런당 5달러다. 4명의 직원이 유니폼을 입고 있으며 하얀색 장갑을 끼고 있다. 종신계약이 돼 있는 이들 직원이 주유소에서 당신을 기다린다. 그들은 주유를 하고 엔진오일을 바꿔주며 창문도 닦아준다. 또 당신이 주유소를 빠져나갈 때면 손을 흔들며 친밀하게 웃어줄 것이다. 다음은 미국 주유소다. 갤런당 1달러다. 그러나 주유는 직접 해야 한다. 창문도 직접 닦아야 하며 타이어도 직접 바람을 넣어야 한다. 당신이 주유소를 빠져나가려고 할 때면 4명의 노숙자들이 당신의 모자를 뺏으려 달려들 것이다. 세 번째는 서유럽 주유소다. 갤런당 5달러다. 주유소 직원은 1명이다. 그는 마지못해 한다는 표정으로 주유를 해주고 또 웃음기도 없는 얼굴을 하고 당신의 엔진오일을 갈아줄 것이다. 그리고 끊임없이 자신은 계약상 주유와 엔진오일 교체만 해야 한다고 말할 것이다. 그는 유리창을 닦아주지 않을 것이다. 그는 일주일에 35시간을 일하고 매일 90분씩 점심을 먹는다. 점심시간에는 주유소 문을 닫는다. 그는 매년 6주간 휴가를 얻어 프랑스 남부로 떠난다. 길 건너편에는 그의 두 형제와 삼촌이 보체(boccie: 잔디밭에서 하는 이탈리아식 볼링-옮긴이)를 하고 있다. 그들은 정부에서 지급하는 실업수당이 직전 직장에서 받던 월급보다 더 많아서 10년 동안 일을 하지 않고 있다. 네 번째 주유소는 신흥국 주유소다. 15명이 일하며 모두 사촌이다. 당신이 주유소에 들어서면 아무도 당신에게 관심을 갖지 않을 것이다. 서로 얘기하느라 너무 바쁘기 때문이다. 보조금을 정부에서 받기 때문에 갤런당 35센트밖에 안 된다. 그러나 6개의 주유기 중에서 하나만 작동한다. 다른 주유기는 고장이 났거나 수리를 위해 배달시켜놓은 부품이 유럽에서 오기를 기다리고 있다. 이 주유소는 돈을 모아서 뭔가 다른 일을 해볼 수가 없다. 취리히에 살고 있는 주인이 모든 이윤을 다 국외로 빼돌리고 있기 때문이다. 소유주는 주유소 직원 절반이 정비장에서 잠을 자고 있으며 차량세척기가 샤워기로 사용된다는 것도 알지 못한다. 신흥국 주유소의 고객들은 최신형 벤츠를 타거나 오토바이를 타거나 딱 두 종류다. 주유소는 항상 붐빈다. 많은 사람들이 공기주입기를 이용해 자전거 타이어에 바람을 넣으려고 하기 때문이다. 마지막으로 공산주의 주유소가 있다. 갤런당 50센트다. 그러나 주유소엔 기름이 없다. 4명의 직원이 이미 암시장에 갤런당 5달러를 받고 팔아치웠기 때문이다. 4명의 직원 중 단 한

명만이 실제로 주유소에 있다. 나머지 3명은 다른 곳에서 일하며 일주일에 한 번 주급을 받으러 들른다.

5개의 주유소이론

넓은 의미에서 보자면 지금 현재 세계에서 벌어지는 일들은 세계화를 통해 모두가 미국 주유소로 몰리게 되는 과정이다. 당신이 미국인이 아니라서 직접 주유하는 방법을 모른다면 배우기를 권한다. 냉전시대가 끝나면서 세계화는 앵글로-아메리칸 스타일의 자본주의와 황금 스트레이트재킷을 전 세계로 퍼뜨렸다. 세계화는 미국 문화와 문화 아이콘들을 세계로 퍼뜨렸다. 세계화는 미국의 최고, 최악의 모습을 세계에 퍼뜨렸다. 세계화는 미국식 혁명과 미국 주유소를 전 세계에 확산시켰다.

그러나 모든 사람들이 미국 주유소와 미국 주유소가 상징하는 것을 좋아하는 것은 아니다. 그 이유는 아마 당신도 알 것이다. 일본과 서유럽, 공산주의 사회의 주유소마다 깔려 있는 사회적 계약은 미국과는 매우 다르다. 물론 시장이 어떻게 움직여야 하는지, 또 어떻게 통제돼야 하는지에 대한 자세도 매우 다르다. 유럽인들과 일본인들은 정부가 국민과 시장에 대해서 영향력을 행사하는 것을 정당하다고 믿는다. 이에 비해 미국인들은 힘이 정부보다는 국민들에게 부여돼야 한다고 믿으며, 시장이 스스로 승자와 패자를 걸러낼 수 있도록 해야 한다고 믿는다.

일본과 서유럽 사람들, 그리고 공산주의자들은 완전히 고삐가 풀린 시장과 시장의 불평등한 보상 체계를 불편하게 느낀다. 덕분에 그들이 운영하는 주유소는 이러한 불평등을 제한하고 동등한 보상을 주는 방식으로 설계돼 있다. 그들의 주유소는 그들 사회의 특수한 전통과 가치가 반영돼 있다. 서유럽 사람들은 적은 수의 사람이 일하는 대신 높은 임금을 주고 그들에게 더 많은 세금을 거둬 실직자와 일반 국민들에게 나눠줄 국가의 복지수당이라는 선물 봉투를 더 두툼하게 하는 데 사용하고 있다. 일본인들은 확실한 종신고용과 각종 혜택을 보장하는 대신 임금을 적게 지불한다. 이를 위해 일본인들은 해외 경쟁자들이 일본 시장에 들어오는 것을 제한하고 있다. 미국 주유소는 반대로 운전자에게 매우 효율적인 곳이다. 고객을 왕으로 대접하지만 사회적 기능은 없다. 주유소의 목적은 가장 저렴한 가격에 많은 휘발유를 제공하는 것이다. 만약 이 기능을 수행하기 위해서 직원을 1명도 고용할 필요가 없다면 오히려 더 잘된 일이다. 유연한 노동시장 덕택에 직원들은 다른 곳에서 직장을 찾을 수 있다. 너무 잔인하다고 말할 수도 있다. 그럴지도 모른다. 그러나 준비가 돼 있건 안 돼 있건 전 세계 다른 나라들은 미국식 모델을 모방하도록 압력을 받게 될 것이다.

이에 대해 미국은 비난받고 있다. 세계화는 곧 미국화를 뜻하기 때문이다(적어도 다른 나라들이 그렇게 믿고 있다). 세 가지 민주화는 대부분 미국에서 배양된 것이다. 황금 스트레이트재킷은 미국과 영국에서 만들어졌다. 전자소떼는 미국 월스트리트의 낙관론자들이 이끌었다. 타국에 자유무역과 자유로운 투자를 위해 시장을 개방하라고 강요한 가장 큰 세력은 미국 정부였다. 그리고 미국의 세계 군대는 전 세계 시장과 해상운송로를 세계화 시대를 위해 항상 열려 있도록 만드는 역할을 맡았다. 영국 해군이 19세기 세계화 시대에 했던 것과 똑같은 방식이다. 하버드 케네디스쿨의 조지프 나이 교수는 현실을 이렇게 표현했다.

"최근 부활한 세계화의 원류는 2차 세계대전 후 미국의 전략으로 거슬러 올라갑니다. 개방된 국제경제를 만들어 새로운 대공황을 막고 소련과 힘의 균형을 이루고 공산주의의 확산을 억제하기 위한 것이었지요. 시장을 개방하도록 제도적 틀과 정치적 압력을 행사하는 것은 미국의 힘과 정책의 산물이었습니다. 그러나 이제는 운송수단과 통신기술의 발달로 개도국들이 글로벌 시장의 힘에 대항해 쇄국정책을 유지하는 것은 매우 힘들어졌습니다." 바꿔 말하면 냉전시대에도 미국은 자국의 경제적·전략적 이유로 글로벌 경제체제를 구축하기 위한 수고를 아끼지 않았다. 그 결과로 정보화혁명과 세 가지 민주화가 1980년대 말에 동시에 나타났을 때 이러한 변화와 기술을 매우 잘 활용하는 힘의 구조가 이미 만들어져 있었다. 덕분에 새로운 변화와 기술은 전 세계로 더 빠르게 퍼져나갔다. 앞서 지적한 대로 미국의 힘과 전략적 이해가 미국산 정보혁명과 어울려 두 번째 세계화를 가능하게 만들었다. 당연한 얘기지만 이 결과로 두 번째 세계화는 미국식이 됐다.

세계화와 미국화

오늘날 세계화는 미키마우스의 모습을 하고, 빅맥을 먹고, 코카콜라나 펩시콜라를 마시거나, 인텔 펜티엄 II 칩이 내장돼 있고 윈도우 98이 깔려 있는 IBM PC로 시스코시스템의 네트워크를 이용하는 모습으로 다가온다. 이 때문에 미국인들에게는 세계화globalization와 미국화Americanization의 구분이 매우 명확하지만 다른 나라 사람들에게는 불행하게도 둘의 차이가 그리 선명하지 않다. 대부분의 다른 나라 사람들은 미국의 힘, 미국의 수출, 미국의 문화 공격, 미국의 문화 수출과 개성 없는 세계화의 차이를 구분하지 못한다. 통상 이 모든 것이 하나로 뭉뚱그려진다. 나는 세계화는 미국화여야 한다고 말하려는 게 아니다. 다만 대부분의 사람들에게 세계화가 어떻게 인식되는지를 지적하고 싶었다. 1999년 6월 4일자 『니혼게이자이신문』에 도쿄에서 열린 컨퍼런스에 관한 기사가 실렸다. 기사는 제목에서 세계화를 '미국이 부추긴 세계화'라는 식으로 표현했다. 이런 게 무리는 아니다. 많은 개도국 사람들이 세계화 체제를 볼 때 처음 마주치게 되는 게 '엉클 샘은 (전자소떼에 입대할) 당신을 원한다'는 모병 포스터다.

전 이스라엘 주재 미국 대사인 마틴 인다이크가 이런 상황을 극명하게 보여주는 사례를 얘기해준 적이 있다. 미국 대사 자격으로 그는 예루살렘에 처음으로 문을 연 맥도날드 개점식에 초대됐다. 내가 신성한 도시에서 문을 연 맥도날드에 대해 뭐라고 할 말이 없느냐고 묻자 그는 "빠른 나라를 위한 패스트푸드"라고 말했다. 나중에 그가 말해줬지만 어쨌든 그날의 하이라이트는 개점식 날 맥도날드 측에서 예루살렘의 첫 매장에서 만든 기념비적인 첫 빅맥을 먹으라고 주면서 시작된다. 그날 저녁뉴스에는 그가 빅맥을 먹는 장면이 방송됐다. 맥도날드는 그에게 맥도날드 로고가 박힌 화려한 야구 모자를 써달라고 부탁했다. 그날 맥도날드 매장엔 역사적인 순간을 함께하려는 이스라엘 젊은이들로 가득 찼었다고 한다. 인다이크 대사가 예수살렘의 첫 공식적인 빅맥을 먹으려고 하는 순간 한 이스라엘 소년이 군중을 뚫고 나왔다. 그는 인다이크 대사에게 자신의 맥도날드 모자와 펜을 주면서 이렇게 물었다. "대사님이세요? 제가 사인을 받을 수 있을까요?"

인다이크 대사는 얼마간 쑥스러워하면서 대답했다. "물론이지, 내 평생 처음으로 사인을 요청받았는데."

대사가 모자를 받아들고 사인을 하려고 할 때 소년이 말했다. "와, 맥도날드 대사라면 정말 좋겠어요. 전 세계에 문을 연 맥도날드 매장엔 다 가보실 수 있는 거잖아요."

깜짝 놀란 인다이크 대사는 아이에게 말했다. "아니, 아니, 난 미국 대사지 맥도날드 대사가 아니야!"

이 말을 들은 이스라엘 아이는 매우 실망한 듯했다. 인다이크 대사는 그다음 어떤 일이 벌어졌는지 말해주었다. "내가 그 소년에게 '그럼 내 사인은 더 이상 필요없는 거니' 하고 물었더니 그 녀석은 됐어요, 필요없어요 하면서 모자를 받아 가버리더군요."

미국과 다른 나라들 사이의 애증의 관계는 오랫동안 계속돼왔으나 최근 그 정도가 심해진 것도 이해하지 못할 일은 아니다. 어떤 사람에게 미국화된 세계화Americanization-globalization는 매우 매력적인 변화이자 삶의 수준을 비약적으로 개선시킬 수 있는 것처럼 느껴질 것이다. 그러나 더 많은 사람들에게는 미국화된 세계화가 부러움의 대상이 될 수 있지만 또 한편으로는 분노의 대상이기도 하다. 미국은 세계화라는 변화의 호랑이에 쉽게 올라탈 수 있으니 부러운 것이다. 한편으로는 미국이 다른 나라들에게 계속 더 속도를 내서 인터넷을 보급하고, 효율화하고, 표준화하고, 미국식 문화에 채널을 맞추며 빠른 세계로 전진하라고 채찍질하는 듯한 느낌을 받게 되니 분노를 느끼는 것이다. 비록 나는 현재 미국을 사랑하는 사람들이 미국을 미워하는 사람들보다 더 많다고 확신하지만 이번 장은 미국을 싫어하는 사람들에 관한 것이다. 세계화가 가져온 또 다른 후폭풍이다. 미국의 아이콘과 시장과 군사력에 많은 영향을 받는 세계화 체제로 이행해갈수록 미국에 대한 분노의 수위도 점점 높아지고 있다.

역사학자인 로널드 스틸이 일찍이 이 문제를 이렇게 설명했다.

"진정한 혁명의 힘을 지닌 나라는 소련이 아니라 미국이다. 우리는 미국의 제도가 다른 모든 나라의 제도를 역사로 만들어버릴 것이라고 믿는다. 미국의 경제 시스템이 효과적으로 다른 모든 형태의 생산과 유통 형태를 파괴할 수 있을 것이다. 이 과정에서 막대한 부를 가져올 수도 있고 또 반대로 어마어마한 손실을 가져올 수도 있다. 미국이 할리우드와 맥도날드를 통해 전파하는 문화 메시지는 해외 곳곳을 돌아다니며 그 나라 사람들을 사로잡기도 하고 다른 사회를 파괴할 수도 있다. 전통적인 정복자와 달리 미국은 다른 사람들을 굴복시키는 것에 만족하지 않는다. 미국은 그들이 자신과 같아지기를 요구한다. 물론 그들 자신을 위해서다. 미국은 세계에서 가장 잔혹한 전도사들이다. 세계는 반드시 민주주의와 자본주의를 받아들여야만 한다. 또한 월드와이드웹이 전하는 국가 전복의 메시지도 받아들여야 한다. 많은 사람들이 미국이 대변하는 것들에 위협을 느끼는 것도 당연한 일이다."

전통적인 미국인의 자화상은 그랜트 우드의 「아메리칸 고딕American Gothic」이다. 건초용 갈퀴를 손에 들고 금욕적이고 무표정한 모습으로 과묵하게 헛간 밖을 쳐다보며 서 있는 이미지다. 그러나 세계에서 아메리칸 고딕의 이미지는 긴 머리에 목걸이와 코걸이를 하고 발톱에도 색칠을 한 채 샌들을 신은 20대의 미국 소프트웨어 2명의 기술자가 당신 나라에 들어서는 모습이다. 그들은 당신 집의 앞문을 발로 차고 들어와 집 안의 모든 것을 뒤집어엎고 당신의 입속에 빅맥을 우겨 넣을 것이다. 또 그들은 당신의 아이들 머릿속에 당신이 상상도 해보지 못했고 또 이해할 수도 없는 생각들을 채워 넣을 것이다. 그러고는 당신의 TV에 케이블TV를 연결해 MTV를 켠 뒤에 컴퓨터를 인터넷에 연결시켜놓고는 이렇게 말할 것이다. "다운로드해. 안 하면 죽어."

이것이 바로 미국인의 초상이다. 미국인들은 빠른 세계의 사도이자 전통의 적이다. 자유시장의 예언자이자 첨단기술의 전도사다. 미국은 미국의 전통가치와 피자헛을 동시에 '확장'하기를 원한다. 미국은 전 세계가 자신을 따라 민주화되고 자본주의를 받아들이는 사회가 되길 원한다. 모든 곳이 웹으로 연결되길 바라며 모든 사람이 펩시를 마시길 원한다. 모든 컴퓨터에 마이크로소프트 윈도우가 깔리길 바란다. 그리고 무엇보다, 정말 무엇보다도, 모든 곳에서 모든 사람들이 순수 주유하기를 바라고 있다.

거대한 사탄

1996년 9월 테헤란 시내의 호마호텔 로비에 들어서자마자 정문 위에 걸린 그 표시를 봤다. '미국 타도'라고 적혀 있었다. 현수막이 걸린 것도 아니었고 그라피티(벽에 페인트로 그림이나 글자를 쓴 것−옮긴이)도 아니었다.

벽에 타일로 박혀 있었다.

나는 '이런, 벽에 타일로 박아 넣기까지 하다니 이 사람들 미국을 어지간히 싫어하고 있구나' 하고 생각했다.

얼마 지나지 않아 미국의 문화와 군사력에 누구보다 민감한 이란의 율법학자들이 미국을 '거대한 사탄'이나 '제국주의와 시오니즘의 요새'란 말 대신 다른 말로 부르는 것을 알게 됐다. 이란 사람들은 미국을 '전 세계에서 가장 오만한 나라'라고 부르기 시작했다. 미묘하지만 매우 뜻이 깊은 변화였다. 이란 지도자들은 '전 세계에서 가장 오만한 나라'라는 것은 제국주의와 다르다는 것을 이해하기 시작했다. 제국주의란 한 국가의 방식을 다른 나라에 강요하기 위해서 물리적으로 지배하는 것을 뜻한다. 이에 비해 전 세계에서 가장 오만한 나라라는 것은 미국의 문화와 경제적 위상이 매우 막강하고 널리 녹아들어 있어 다른 나라 사람들의 삶에 영향을 끼치기 위해 굳이 그 나라를 점령할 필요는 없는 것이다. 인도의 재무장관인 시리 야시완트 시냐가 내게 미국이 다른 나라와 맺고 있는 관계에 대해서 이렇게 말한 적이 있다. "균형이나 평형추란 것은 존재하지 않습니다. 미국이 말하는 것이 곧 법입니다."

이것이 오늘날 미국화와 세계화의 결합을 막강하게 만든 것이다. 미국과 관련해 많은 사람들을 불편하게 만드는 것은 미국이 어디든 군대를 파견하는 것이 아니라 미국의 문화와 가치, 경제, 기술과 라이프스타일을 전파시키는 것이다. 독일의 외교 전문가인 요셉 요페는 1997년 『포린 어페어스』에 기고한 글에서 다음과 같이 지적했다.

"미국은 상대방을 화나게 만들고 억압하지만 정복하는 것은 아니다. 미국은 엄포를 놓고 제멋대로 법을 바꾸려고 한다. 그러나 영토와 영광을 위해 전쟁에 나서지는 않는다. … 미국은 가장 앞선, 그렇다고 규모가 가장 크지는 않은 군사력을 가졌다. 그러나 군사력의 영역이 아닌 소프트파워 게임에서는 확실히 가장 뛰어나다. 도박에서는 함께 겨루고 있는 중국, 러시아, 일본은 물론 서유럽조차도 미국이 들고 있는 칩과 겨룰 엄두를 내지 못할 정도다. 사람들이 바다의 격랑 속에서도 죽을 위험을 무릅쓰며 가고자 하는 곳은 중국이 아닌 미국이다. 모스크바대학 MBA를 가려는 사람은 점점 줄어들고 있다. 일본인처럼 옷을 입고 춤을 추려는 사람도 역시 줄고 있다. 슬프게도 프랑스어와 독일어를 배우는 학생들 수도 점점 더 줄어들고 있다. 미국식 액센트의 영어는 세계 공용어가 되고 있다. 문화는 외부로 뻗어나가고 시장은 점점 많은 것을 빨아들인다. 그 힘은 미는 것이 아니라 끌어당기는 것이다. 수용이지 정복은 아니란 이야기다. 더 나쁜 일은 이런 힘은 집약될 수 없고 또 균형을 이룰 수도 없다. 유럽과 일본, 중국, 러시아가 이 영역에서는 과거처럼 동맹을 이뤄 미국에 대항할 수도 없다. 그들의 모든 영화 스튜디오를 합해도 할리우드에 구멍 하나 뚫기 힘들다. 그리고 이들 국가의 모든 대학이 컨소시엄을 구성한다고 하더라도 하버드를 왕좌에서 끌어내릴 수 없다. … 이것이 1997년 러시아와 중국이 맺은 '전략적 동맹'이 시대에 뒤떨어졌다고 보는 이유다. 그들이 미국에 대해서 어떤 일을 할 것인가? 보리스 옐친이 중국에서 노하우와 컴퓨터를 살 리도 없거니와 중국이 가장 중요한 시장을 잃을 위험을 감수하려고 하지는 않을 것이다."

당분간 상황은 더욱 악화될 뿐이다. 미국과 다른 나라들의 경제력 격차가 좁아지기는커녕 더 확대될 것이기 때문이다. 이를 확인하기 위해서는 인터넷 세상에서 과연 어떤 일이 벌어지고 있는지를 확인하면 된다.

사이버 세계에서는 주도권 쟁탈전이 벌어지고 있다. 전 세계 상업 웹사이트와 사이버거래소를 누가 세울 것이며 누가 통제권을 가질지를 놓고 전쟁이 벌어지고 있다. 사이버거래소는 다수의 구매자들이 다수의 판매자들과 벌이는 쌍방향 경매다. 일단은 현물시장처럼 거래가 시작됐다. 현물시장은 원유, 철강, 마이크로칩을 비롯해 불량으로 품질검사를 통과하지 못한 물품을 포함해 과도한 재고를 팔기 위한 방식이다. 그러나 높은 효율성 덕분에 사이버거래소는 현물시장에서 매우 짧은 기간에 발달해 거대한 시장 조성자로 발전했다. 일반 소비자들이 접할 수 있는 곳 중에서 사이버 거래소와 가장 비슷한 것은 이베이 경매사이트다. 개인들은 이베이 경매사이트를 통해서 지하실에 잠자고 있던 어떤 물건이든 모두 거래할 수 있다. 만일 이 같은 이베이가 모든 산업 부문에서 갖춰져 있다고 상상해보자. 모든 개별 산업과 관련된 재화와 용역이 구매자와 판매자 사이에 거래되는 것이다. 일례로 미사이트닷컴(Mesite.com)은 이미 전 세계 모든 건설회사가 필요한 철강 등을 가장 낮은 가격을 제시하는 사람에게서 살 수 있다. 또 화학품이나 의약품 거래를 위한 이케미컬스닷컴(E-Chemicals.com)이나 켐덱스닷컴(Chemdex.com)도 있다. 조만간 e-고무, e-플라스틱, e-시멘트, e-종이, e-보험이 생겨날 것이다.

구 경제체제에서는 기업들이 주의 깊게 선택한 공급자그룹과 오랜 기간 신뢰를 구축하며 좋은 관계를 만들고 또 자신들이 필요한 조건을 조율해 나가며 원자재와 필요한 물품들의 안정적인 공급망을 구축했다. 그러나 점점 더 많은 물품들이 일반화되면서 IBM과 같은 회사는 마이크로칩과 화장지, 심지어 에너지에 대한 주문까지 사이버거래소에 내놓고 있다. 생산자들은 사이버거래소에 와서 직접 자신의 조건을 제시한다. 장벽이 없는 세상에서 이러한 글로벌 거래소는 모든 물건과 서비스가 전 세계에서 판매, 구매, 경매, 교환되는 방식과 기준을 결정하는 역할을 할 것이다. 사이버세상의 영토 확장 전쟁에서 미국이 선두에 서기 때문에 이들 사이버거래소는 대부분 미국 기업들이 미국에서 만들고 있다.

IBM의 기업전략을 담당하는 조얼 콜리는 지난 2000년 나에게 이렇게 설명했다.

"모든 일이 지평선 아래에서 이뤄지고 있는 데다 상대적으로 숫자 역시 적어서 사람들이 아직 잘 모를 뿐입니다. 그러나 사이버거래소는 앞으로 매우 중요해질 것입니다. 어떤 예측에 따르면 오는 2004년까지 사이버래소가 전 세계 전자상거래의 40~50%가량을 차지하게 될 것이라고 합니다. 이런 사이버거래소들이 세워지고 운용되면서 모든 사람들의 관심을 받게 될 때는 이미 너무 늦습니다. 승자들은 이미 거래소를 세운 후일 것이고 선발자의 강점이 유지되는 네트워크 효과가 이미 시작됐을 겁니다. 그때 가서 거래 사이트를 바꾸거나 새로운 거래소를 세우는 비용은 너무 클 것입니다."

엔론을 생각해보자. 엔론은 온라인 마켓플레이스를 세워 전 세계 모든 기업들이 천연가스와 전기, 석탄, 플라스틱, 펄프, 종이와 석유를 거래하고 있으며 조만간 데이터통신에 필요한 주파수대역폭까지 거래하게 될 것이다. 대역폭은 기업들이 인터넷 데이터를 보낼 때 사용하는 기본적인 파이프다. 대역폭 구매자와 판매자 사이를 연결시켜줄 수 있는 엔론의 '풀링 포인트 오퍼레이터Pooling Point Operators'라는 마켓플레이스가 조만간 세워질 것이다. 이곳에서는 올 여름부터 방학 중에 대역폭이 남아도는 학교들을 찾아내서 그들의 여유분을 수요가 늘어나는 기업에 판매하게 될 것이다. 지금까지 매번 몇 달이 필요했던 대역폭 거래가 이제는 몇 초 만에 해결될 수 있을 것이다.

케네스 레이 엔론 CEO는 "우리는 천연가스와 전기를 처음으로 거래한 기업"이라고 말했다. 그는 "대역폭시장은 가장 규모가 커질 것"이라며 "현재 300억 달러의 시장이지만 3년 안에 900억 달러나 1,000억 달러로 확대될 것이며 또 전 세계에 걸쳐 이뤄질 것"이라고 말했다.

인터넷 경제는 대역폭을 기초로 이뤄진다. 만약 엔론의 거래소가 제대로 작동한다면 이는 엔론과 미국을 위해 사이버 석유를 발견하는 것과 동일해질 것이다.

레이 사장은 이렇게 말한다.

"이런 종류의 시장에서는 선발주자란 것이 매우 장점이 많습니다. 선두주자가 되면 빠르게 덩치를 키워 규모의 경제가 가능해지고 이는 거래비용을 줄일 수 있게 해줍니다. 이를 통해서 유동성을 더 확보할 수 있으며 다른 사람보다 더 복잡한 거래도 할 수 있게 됩니다. 물론 경쟁자들은 있습니다. 그러나 승자가 모든 것을 맘대로 쥐락펴락할 수 있는 상황입니다. 이들 시장에 먼저 진입할수록 시장 환경 자체를 결정할 수 있는 데다 일단 글로벌 시장에서 확고한 위치를 확보하면 경쟁업체가 그를 뛰어넘기가 매우 어려워지지요."

이는 지정학적인 시사점도 갖고 있다. 유럽 사람들이 미국의 사업 방식을 싫어한다고 생각한다면 잠시만 기다려보면 된다. 몇 년 후 그들이 잠에서 깨어나 미국 기업들이 이미 사이버세상을 점령했다는 것과 인터넷 거래소의 모든 규정과 표준을 장악했다는 것을 알게 될 것이다.

그런 때가 되면 프랑스인들이 미국인을 어떻게 부를까? 20세기 말에 프랑스 사람들은 이미 미국을 부르는 새로운 용어를 만들었다. '슈퍼파워'란 말이 아니다. 프랑스 사람들은 미국이 미국을 위한 '하이퍼파워Hyperpower'라는 별도의 카테고리가 필요하다는 것을 깨달았다고 NATO 본부에서 한 프랑스 외교관이 말해줬다. 전 세계를 여행하면서 발견한 것을 생각하면 놀랄 일도 아니다. 미국을 '전 세계에서 가장 오만한 나라'라고 부르는 곳은 이란 사람만이 아니었다. 프랑스, 말레이시아, 러시아, 캐나다, 중국, 인도, 파키스탄, 이집트, 일본, 멕시코, 한국, 독일 국민들 대부분이다. 이란 사람들처럼 국제 정세 변화에 매우 민감하게 반응하는 이라크 대통령 사담 후세인은 전 세계에서 나타나고 있는 이러한 새로운 형태의 분노를 재빠르게 알아채고 그의 선전 방식을 바꿨다. 1990년대 첫 걸프전 위기 때 사담은 그 자신을 아랍 세계의 로빈훗으로 표현했다. 아랍의 부자들에게서 빼앗은 것을 가난한 사람들에게 돌려주기도 했다. 1990년대 후반의 걸프전 위기 때에 사담은 자신을 루크 스카이워커(영화 「스타워즈」의 주인공-옮긴이)에 비유했다. 악의 제국 미국에 대항한다는 것이었다. TV와 인터뷰를 할 때마다 사담 후세인 정권의 외무부 장관은 미국이 마치 "로마제국 말기"와 같다고 비난했다. 이것이 정권 최고위층에서 길거리의 필부에까지 내려오는 이라크의 새로운 선전 방식이었다. 어느 날 CNN을 보다가 '바그다드의 어떤 사람'을 인터뷰하는 장면이 나왔다. 그는 "미국은 전 세계 사람들의 피를 빨아먹는 국제 드라큘라"라고 말했다.

전 세계의 보안관

그래, 좋다. 그래서 미국을 제외한 전 세계 사람들이 미국인을 불쾌한 깡패로 여기면서도 부럽다고 여긴다. 그래서 어쨌단 말인가? 이것이 미국과 다른 나라 정부와의 관계에 진정으로 어떤 영향을 미칠 수 있는가? 간단히 말해 미국은 다른 나라와의 관계가 예전에 비해서 좀 더 복잡해졌다. 어떤 나라들은 미국의 매부리코를 비틀기라도 하듯 독자 노선을 걷고 있다. 다른 나라들은 그냥 편안한 자세로 '무임승차'를 즐기고 있다. 미국이 전 세계의 보안관 노릇을 하도록 놔두고 있다. 미국이 사담 후세인과 다른 불량국가들을 상대하면서 막대한 비용을 치르는 사이에 이들 국가는 미국에 대해서 불평하면서도 이익은 다 챙기고 있다. 어떤 사람들은 미국 지배에 대한 분노를 계속 드러내놓고 얘기한다. 또 어떤 사람들은 그냥 말 없이 남들 하는 대로 따라 하고 있다.

사실 새천년에 접어들 즈음에 미국이 다른 나라와 맺고 있는 관계는 마이클 조던이 전성기에 다른 NBA 선수나 팀과 맺고 있는 관계와 비슷하다. 모든 팀과 선수들이 그를 제압할 수 있기를 원했다. 모든 선수와 팀이 마이클 조던과 경기하면 자신들의 약점이 드러난다는 점 때문에 그를 미워하면서도 모든 평가의 기준을 마이클 조던으로 잡았다. 자신의 자세를 마이클 조던처럼 바꾸려고 노력했다. 그러면서도 마이클 조던만이 할 수 있었던 반칙에 대해 심판들이 계속 눈감아주고 있다며 불평을 늘어놓았다. 그러나 이 모든 것에도 불구하고 아무도 마이클 조던이 부상을 당하거나 은퇴하는 것을 원하지 않았다. 그가 출전하는 경기는 매번 표가 매진됐기 때문이다. 마이클 조던은 모든 다른 선수들이 마실 음료를 저어주는 빨대와도 같은 존재였다.

이런 현상의 몇 가지 예를 생각해보자. 러시아 민영화 프로그램의 설계자였던 아나톨리 추바이스는 1998년 IMF와 새로운 러시아 지원책을 협상하고 있었다. IMF는 그 어느 때보다 강력한 변화를 요구했고 추바이스는 따를 수밖에 없었다. 협상이 한창 진행되고 있을 때에 러시아 TV쇼인 쿠클리에서는 러시아 지도자들 분장을 한 꼭두각시들이 '빨간 모자 소녀 이야기'를 했다. 할머니는 보리스 옐친이었고 당시 총리였던 키리옌코가 빨간 모자를 쓴 소녀였다. 그는 러시아 구제안이 결정되기 전에 다른 누구보다 먼저 옐친을 만나서 힘을 좀 써달라고 말할 계획이었다. 그러나 할머니 집에 도착했을 때는 추바이스가 우주복과 헬멧을 쓰고 옐친 할머니 옆에 서 있었다. 추바이스가 입고 있는 우주복에는 'IMF'라는 글자와 함께 성조기가 그려져 있었다. 추바이스는 말 그대로 미국의 앞잡이로 러시아 사람들에게 뭘 어떻게 해야 할지 지시하는 이미지로 그려졌다. 키리옌코는 추바이스가 옐친 옆에 앉아 있는 것을 보고 나서는 관객들에게 이렇게 외쳤다. "제가 너무 늦은 것 같은 생각이 드네요."

1999년 다보스의 세계경제포럼에서 일본의 공룡기업 이토추의 미노루 무로후시 회장은 당시 러시아 총리였던 예브게니 프리마코프와 한 세션에 패널로 함께 참석했다. 무로후시는 프리마코프 총리가 러시아의 경제위기 상황을 끝내려고 노력하는 데 대해 평하면서 "총리께서 내일 IBM, 아니 IMF의 피셔 씨를 만난다고 들었습니다만…"이라고 말실수를 했다. 사실 프로이트가 말한 대로 무의식에서 생각하던 것이 말실수로 드러난 사례라고 생각된다. IBM이든 IMF든 무슨 차이가 있겠는가? 사실 둘 다 미국인들이 통제하는 상황이기 때문이다.

베이징대의 국제관계학 교수인 밍위안은 중국에 있는 대표적인 미국학자다. 그녀가 한 번은 내게 미국의 오만함에 대응하는 유일한 방법은 중국이 나름의 오만함으로 미국을 대하는 것뿐이라는 것을 알려준 적이 있다. 그녀는 이렇게 말했다.

"중국 정치 지도자들은 공식적인 연설에서 '세계화'라는 말을 사용하지 않습니다. 대신 '현대화'라는 말을 사용하지요. 여기에는 문화적인 이유가 있습니다. 중국이 지난 세기 말 총을 든 사람들에 의해 강제로 국제사회에 편입됐던 역사의 교훈이 아직도 중국인들에게는 생생합니다. 이 때문에 '세계화'라는 것은 중국 사회가 추구해야 할 것이 아니라 서구 사회나 미국이 중국에 부과한 어떤 것이란 인상을 줍니다. 그러나 현대화는 중국인들이 통제할 수 있는 것이란 인상을 주지요. 중국의 대표적인 전국방송채널에서 매년 초에 편성하는 프로그램은 TV 쇼 중에서는 가장 규모가 큰 것으로 통상 가수나 코미디언들이 등장합니다. 그런데 3년쯤 전(1995년)에 촌극을 하나 내보냈는데 중국 시골에 사는 부모가 나와 미국에 유학 간 아들에게 전화를 건 내용이었습니다. 전화 내용이란 것이 '미국에서 새해는 어떠냐'고 부모가 묻자 아들이 '전 괜찮아요. 그리고 박사학위 따고 나면 집으로 돌아가고 싶어요' 하고 대답하는 것이었습니다. 부모가 아들의 대답을 듣고 기뻐했죠. 제게 가장 기억에 남는 말은 부모가 아들에게 곧 중국이 미국만큼이나 좋은 것들이 많아질 것이라면서 '네가 미국에서 설거지를 했으니 우리도 곧 미국인들을 불러다 설거지를 시켜야겠다'는 것이었습니다."

1997년 12월 14일, 일본에서 중국으로 돌아올 때 『저팬타임스』에 실린 독자기고문을 읽은 적이 있다. 나는 어느 나라에 가든 독자투고를 읽는 것을 좋아한다. 그 나라에서 벌어지는 재미있는 것들을 찾을 수 있기 때문이다. 어쨌든 당시 읽은 투고의 제목은 '미국의 오만'이었다. 당시 투고의 내용은 이랬다.

"이번에 저는 미국이 (환경변화에 관한 교토 회의에서) 자기네가 요구하는 세 가지 조건이 충족되지 않으면 어떤 협약에도 서명하지 않을 것이란 글을 읽었습니다. 전 미국이 그동안 누군가를 '도운' 것에 대해서 나쁘게 평가할 생각은 없습니다. 그러나 세계 최고의 강대국(제 주장이 아니라 미국의 주장입니다)이라는 미국은 부끄러운 줄 알아야 합니다. 최근 미국의 득세는 경쟁 상대의 정치와 경제가 몰락한 덕분입니다. 자부심이 지나치면 망합니다. 미국 정부는 이 말을 잘 기억해야 할 겁니다. 도쿄에서 앤드류 오게 드림."

나는 1998년 인도의 핵실험 직후에 그곳을 방문한 적이 있다. 인도의 육군 참모총장을 지내고 지금은 델리 정책그룹의 분석가로 있는 V. 라하반은 얼마 전 핵 관련 국제 세미나에 참석했던 얘기를 해줬다. 영국, 미국, 중국, 인도의 전문가들이 세미나에 참석했다.

"쉬는 시간에 우리는 인도의 조그만 마을로 가봤습니다. 거기서 그들에게 소똥을 에너지원으로 활용하는 가정집과 가게를 보여주었지요. 무엇보다 가장 놀라운 일은 우리가 중학교를 방문했을 때입니다. 30명 정도의 10대 초반 아이들과 선생님 몇 분이 계셨는데 우리 그룹 중 몇 명이 그들과 대화를 하고 싶어 했습니다. 벤치에 자리를 잡고 이야기를 시작했는데 우리 일행 중 뉴욕 출신 변호사가 중국과 미국에 대해서 어떻게 생각하는지를 물었습니다. 잠시의 머뭇거림도 없이 어린아이들은 인도가 비록 중국과 큰 전쟁을 치렀고 주변 나라들과 문제가 있긴 하지만 자신들의 가장 큰 친구고 별 문제가 없다는 답을 내놨습니다. 미국에 대해서 어떻게 생각하는지 묻자 아이들은 미국은 깡패고 사람들을 억누르며 오직 자신만을 생각한다는 답을 하더군요. 같이 갔던 일행들이 모두 그 답변을 듣고 아연실색했죠."

1997년 나는 모로코에서 '세계화와 아랍 세계'란 제목의 학술대회에 참석한 적이 있다. 아랍 세계에서 온 대부분의 사람들은 프랑스인이었다. 북아프리카와 프랑스에서 온 지식인들이었다. (교육 수준이 높은 아랍계 프랑스인은 세계화를 이해하는 데 있어 최악의 조합이다. 프랑스나 아랍 양쪽 모두 세계화라는 전반적인 현상에 대해서 직관적으로 적대감을 느끼기 때문이다.) 세계화에 대한 짧은 소개 형식의 설명을 하는 것이 내가 맡은 일이었고 내가 실제로 한 일이었다. 내가 브리핑을 마쳤을 때 망명 중에 이 컨퍼런스에 참석한 전직 알제리 총리가 논평을 하기로 돼 있었다. 그는 내가 말한 모든 것을 프랑스어로 비난했다. 그는 "당신이 말한 세계화라는 것은 아랍 세계의 발전을 저해하려는 미국의 음모이며 시오니즘, 제국주의와 전혀 다를 것이 없다"고 주장했다. 나는 이런 식으로 장황하게 이어진 그의 말을 공손히 듣다가 의도적으로 도발하는 말투로 반응을 해보기로 했다. 그의 딱딱하게 굳어버린 정신세계를 깰 수 있기를 희망했다. (너무 무례한 말은 뺐다.)

"총리님, 세계화가 아랍 세계의 발전을 막으려는 미국의 또 다른 음모라고 말씀하셨습니다만 제가 한 가지 말씀드리자면 실상은 그보다 더 심각합니다. 훨씬 더 심각합니다. 아시다시피 워싱턴에서는 총리님께 어떻게 해를 끼칠지를 계획하고 있습니다. 할 수 있는 모든 일을 다하고 있습니다. 적어도 전 다하고 있기를 바랍니다. 원 세상에! 내가 그걸 바라고 있었군요. 나는 당신을 좋아하기 때문에 당신을 위해 전화를 연결해줄 생각도 있습니다. 그러나 실상은 저나 미국이 당신에 대해서 전혀 생각도 하지 않고 있다는 것입니다. 심지어 단 1초라도 말입니다. 무슨 악의가 있어서 그런 건 아닙니다. 우리도 당신과 똑같은 압력에 직면해 있기 때문입니다. 경쟁에서 한발 더 나아가야 하고, 내일 채권시장이 어떻게 될지 궁금해하고 있습니다. 우리가 당신에게 뭔가 해를 끼치고 싶어도 우리는 그렇게 할 수가 없습니다. … 만약 총리님께서 세계화라는 열차와 이슬람 세계를 잇는 가교를 만들고 싶다면 이슬람식의 가교를 만드십시오. 마오쩌둥식의 가교를 세우고 싶다면 마오쩌둥식의 다리를 만들기 바랍니다. 제퍼슨식으로 만들고 싶다면 제퍼슨식 다리를 세우셔도 됩니다. 다만 당신이 다리를 만들 것이란 한 가지만은 약속해주시길 바랍니다. 열차는 당신 없이도 떠날 테니까요."

그러나 많은 북아프리카 사람들이 미국식 세계화에 대해서 주먹을 흔들지만 또 많은 사람들은 새로운 조류에 편승해서 이를 최대한 이용하고 있다. 1997년 카사블랑카를 방문했을 때의 일이다. 미사일함인 USS카Carr가 카사블랑카 항에 잠시 정박했다. 카사블랑카 주재 미국 총영사가 카 선상에서 지역 사람들과 나를 포함한 손님들을 위해 만찬회를 열었다. 몇몇 모로코 소녀들이 미국 해군의 유니폼을 빌려 입고 사진을 찍으려고 법석을 부리고 있었다. 한켠에서는 손님들이 닭다리를 안주 삼아 버드와이저를 마시고 있었다. 나는 카사블랑카 시장과 대화를 나누게 됐다. 맞춤 양복을 입은 이 모로코 관리는 완벽한 프랑스어로 자랑스럽게 자신이 왜 두 자녀를 자신이 교육받은 프랑스 학교가 아닌 카사블랑카의 미국 학교에 보냈는지를 설명했다. 그는 "두 가지 이유가 있다"고 말했다. "우선, 우리가 살게 될 시대에 영어를 못하면 문맹이나 다름없기 때문입니다. 두 번째로는 프랑스 학교는 학생들을 관료로 만들지만 미국 학교는 어떻게 자력으로 살아남을 수 있는지를 가르칩니다. 내가 우리 애들에게 가르치고 싶은 건 그런 겁니다."

1912년부터 모로코의 대도시에 프랑스 문화와 교육이 실시됐다. 지금은 대기자 명단에 들어가려는 사람들을 위한 대기자 명단이 있을 정도로 인기가 높은 미국 학교가 3개나 생겼다. 전통적으로 프랑스가 점령했던 북아프리카와 서아프리카에서 모로코 젊은 세대의 정신과 마음을 빼앗기 위한 미국과 프랑스의 본격적인 문화경쟁이 벌어지고 있다. 미국은 큰 노력을 하지 않고도 경쟁에서 이기고 있다. 이 모든 게 수요에 의해 결정되고 있다.

"프랑스 고등교육은 지금과 같은 혁명적 시대에 제대로 적응하지 못했습니다." 프랑스의 국립 행정학교인 명문 ENA에서 강의를 하고 국제문제에 있어서 프랑스에서 최고로 인정받는 전문가인 도미니크 므와시의 말이다.

"프랑스 시스템은 개방된 길을 잘 따라가는 능력에 따라 개인들에게 보상을 합니다. 이러한 시스템에서는 자신의 성격을 확 바꾸거나 개발시키는 것을 유도하지 못합니다. 세상 분위기란 게 이렇습니다. 1990년대 들어 조금씩 변화를 맞고 있습니다만 이는 프랑스 자체의 동력에 의한 것이 아닙니다. 미국을 보면서 우리도 저걸 했어야 하는데 하는 생각을 하면서 놓친 것들을 찾고 변화해나가고 있다는 겁니다."

미국화된 세계화에 대한 오늘날의 또 다른 반응은 국제사회에서 미국의 비중을 거론하면 미국을 통렬히 비난하는 몇몇 나라의 방식이다. 이들 국가는 한편으로는 비난하지만 또 다른 한편으로 편안히 앉아서 미국의 힘을 이용해 과실이나 따먹고 있다. 일본 사람들은 중국에 국제 지적재산권 관련 규정을 지키라고 요구한 미국의 행동을 '매우 합당한' 처사라고 동조한다. 그러고는 월트디즈니나 마이크로소프트만큼 소니나 닌텐도 역시 중국산 해적판으로 고생한다고 덧붙인다. 그러나 이 문제에 관해서 일본은 중국과 정면충돌하려고 하지 않는다. 그저 세계 유일의 초강대국인 미국이 지적재산권 문제를 해결하도록 놔두고, 지적재산권 문제로 대치 중이라는 이유로 미국이 중국에서 잃어버린 시장까지도 파고들어 가능한 많은 사업을 하려고 한다. 미국이 중국과의 지적재산권 분쟁에서 이긴다면 일본도 그 혜택을 누리게 된다. 일본어엔 '무임승차'라는 말이 아예 없는 것이 아닐까?

마지막으로 전통적인 지정학적 이유나 단순한 재미로 미국의 외교를 복잡하게 만들거나 미국의 힘을 시험할 수 있는 기회를 찾는 나라들도 있다. 러시아와 프랑스를 예로 들어보자. 빠른 세계에서 러시아와 프랑스가 명예와 존엄성을 확보하는 것이 어려워질수록 그들은 엉뚱한 곳에서 명예와 존엄성을 얻으려고 한다. 가령 미국의 보스니아 외교에 도전한다든지, 러시아의 소규모 부대를 미국과 NATO 군대가 도착하기 전에 코소보에 급파

하든지, 이라크에서 사담 후세인의 편을 드는 것과 같은 식이다.

사실 러시아는 자신의 힘이 약해질수록 미국과의 차별성을 강조한다. 러시아가 더 약해질수록 일부 러시아인들은 미국의 눈에 손가락을 찔러 넣는 치사한 방식을 써서라도 자신들이 미국과 동등하다는 자부심을 느끼려고 한다. 러시아 평론가인 알렉세이 푸시코프는 "미국이 자신의 힘에 열중하고 있는 현시점에서 러시아가 균형을 제공해야 한다는 인식이 러시아 사회에 퍼져 있다"고 말한 적이 있다. 이 말을 약간 다른 식으로 표현하자면 러시아와 많은 다른 나라들의 비공식적인 모토란 것이 "국내 문제에서 여론의 관심을 돌리고 싶은데 방법이 없다면 미국인을 상대로 논쟁을 벌여보라"는 것이다. 세계의 유일 초강대국이라는 것이 미국이 마음대로 어디서든 자국의 의지를 관철시킬 수 있다는 뜻은 아니다. 오히려 미국이 어디서든 비판받게 될 뿐이다. 다시 NBA를 생각해보자. 게리 페이튼은 시애틀 슈퍼소닉스의 올스타 가드다. 그는 뛰어난 선수지만 마이클 조던만큼은 아니다. 페이튼은 그의 부족한 기량을 채우기 위한 방법으로 상대방을 험담하는 길을 택했다. 특히 마이클 조던이 은퇴하기 전에 그랬다. 내 생각에는 지금의 프랑스와 러시아가 가장 험담을 많이 하는 지정학에서의 게리 페이튼이다. 자신들이 부족한 점을 남들, 특히 미국에 대해서 나쁜 얘기를 함으로써 보상받으려 하고 있다.

불청객

막스 형제(1930년대에 모든 권위를 비웃는 독설적인 개그로 불황기 미국인들의 마음을 달랬던 4명의 형제 코미디언-옮긴이)의 고전영화인 「오리 수프」에 보면 치코와 하포가 사악하고 계산적인 유럽 정치인이자 자신들을 스파이로 고용한 트렌티노와 대화하는 장면이 나온다. 트렌티노는 그루초의 정치적

라이벌이다. 치코와 하포가 트렌티노의 사무실에 들러 지금까지 정탐한 사실을 보고할 때 그의 비서가 전보를 갖고 들어온다. 하포가 비서의 손에서 전보를 빼앗아 꼼꼼히 읽어본 뒤에 갈기갈기 찢어서 바닥에 버리고는 고개를 젓는 장면이 나온다. 당황한 트렌티노가 '무슨 일이냐'는 듯 묘한 표정을 지으며 바라보자 치코는 "읽을 수 없는 게 화가 나서 저런다"고 답한다.

이 장면은 미국화된 세계화에 대한 또 다른, 매우 위험한 대응 방식을 떠 올리게 한다. 미국화된 세계화에 동참하지 못했거나 문화, 경제, 정치적인 이유로 동참하기 어려운 국가들이 말만 나오면 변화의 추세 자체를 없애버리고 싶어 하는 것이다. 그들은 하포와 비슷한 부류인 셈이다. 지도자들과 달리 화난 사람들은 미국에게 굽실거리기도 싫고 또 뒤에서 험담을 하기도 싫어한다.

로널드 스틸이 내게 해준 얘기를 하자면 화난 사람들은 미국화된 세계화를 불청객쯤으로 여긴다는 것이다. 문을 닫으면 창문으로 몰래 들어오고, 창문을 닫으면 케이블TV로 들어오고, 케이블TV를 끊으면 전화선을 타고 인터넷이란 이름으로 등장하고, 전화선마저 끊어버리면 위성을 통해서 휴대전화로 넘어온다는 것. 아예 휴대전화까지 없애버리면 도로변의 광고판을 통해 나온다. 광고판마저 부숴버린다면 직장과 공장으로 파고든다. 미국화된 세계화는 당신의 바깥 공간에 존재하는 것이 아니라 내부까지 파고들었다. 당신의 몸 안에 살면서 아버지와 아들, 어머니와 딸, 할아버지와 손녀 사이에 세대 차이의 거대한 벽을 만들고 있다. 어린 세대가 기성세대와는 확연히 구분되는 세계관을 갖고 있다면 이는 모두 미국의 잘못으로 치부된다. 사우디아라비아의 백만장자 테러리스트인 오사마 빈 라덴은 미국이 아랍 반도, 넓게는 아랍권에서 사라져야 하는 이유로 미국식 삶이 "이슬람 가정을 파괴하기 때문"이라고 줄기차게 주장하고 있다.

I.K. 구즈랄 전 인도 총리는 오사마 빈 라덴 같은 사람이 전혀 아니다. 그러나 나는 일전에 뉴델리에서 미국화된 세계화가 초래한 가족과 가정 내의 변화가 주는 고통에 대해서 얘기한 적이 있다. 구즈랄 총리는 이렇게 말했다.

"인도에서도 똑같은 변화가 나타나고 있습니다. 의복이 변했고 식습관이 변하고 있습니다. 네 살짜리 내 손녀는 항상 인도 음식이 아닌 풍선껌 얘기를 하거나 '할아버지, 전 코카콜라가 펩시보다 좋아요'라고 말합니다. 힌두어보다 영어를 더 자주 말할 정도지요. 왜 할아버지한테 힌두어로 말하지 않느냐고 물어본 적도 있습니다. 그랬더니 엄마한테 쪼르르 달려가서는 '할아버지는 영어 못하냐'고 물어보더군요. 나는 내 손녀를 유심히 관찰합니다. 통찰력을 주기 때문이죠. 어느 날은 손녀가 피자를 먹고 싶다고 하더군요. 그래서 할머니한테 말해줬고 할머니가 다음 날 만들어주마 약속을 했습니다. 그랬더니 손녀가 하는 말이 '아니 피자 말고 피자헛'이라는 겁니다."

상하이에서 중국 4대 국영은행의 하나인 교통은행의 경영자 왕궈량을 인터뷰했을 때의 일이다. 단지 재미 삼아 국제뉴스를 어디서 읽는지 물었다. 그는 매일 아침 비서가 자신을 위해 인터넷과 로이터에서 뉴스 스크랩을 해준다고 했다. 또 많은 뉴스를 자신의 아들한테서 듣는다고 했다. 그러더니 갑자기 부자관계에 대한 강의를 시작하더니 결국 인터넷의 해악에 대한 일장 연설을 늘어놨다.

"내 아들은 인터넷 전문가입니다. 그가 뭔가 재미있는 것을 인터넷에서 발견하면 그걸 제게 보여줍니다. 아버지는 아들을 보호해야만 합니다. 아들은 나한테 충고도 합니다. 그러나 저는 그 아이가 하는 제안의 대부분을 별로 좋아하지 않습니다. 아버지는 아들의 말을 들어서는 안 됩니다. 권위가 깎이기 때문입니다. 난 아들에게 인터넷을 줄이고 공부를 더 하라고 시켰습니다."

구즈랄과 왕궈량은 모두 교양 있고 세련된 사람이라서 이런 일에 폭력을 행사하지는 않았다. 그러나 모든 사람이 다 그런 건 아니다. 세계화에 대해 화가 난 사람들은 미국화된 세계화를 대체할 만한 제대로 된 이데올로기를 갖고 있지 않다. 그들은 하포처럼 메시지를 찢어버리고 발로 밟아버리는 것을 선호한다. 화난 사람들은 불평을 하면서도 미국 뒤를 따라가는 우유부단한 정부와는 달리 언제든 선을 넘어 방아쇠를 당길 준비가 돼 있다. 이제 우리는 진짜 무서운 게 어떤 건지 알게 됐다. 미국화된 세계화는 화난 사람들이 더 미국을 싫어하도록 만들 뿐 아니라 개인으로서 그들이 방아쇠를 당길 수 있는 힘을 주고 있다. 세계화는 크게 두 가지 방식으로 그들에게 막강한 힘을 부여했다.

우선 전 세계가 더 잘 연결돼 있다. 우리는 더 여러 곳에서 더 오랫동안 서로와 연결된다. 그런 만큼 테러리스트들도 일순간에 더 많은 사람을 공포로 밀어 넣을 수 있다. 1998년 12월 당시 내 겨울휴가 얘기를 해보겠다. 나는 록키산맥에 스키를 타러 갔다. 그곳에서 스키 리프트에 탄 누군가가 휴대전화로 통화하고 있는 것을 보았다. 내 친구는 실시간으로 다우존스 지수와 자신의 포트폴리오 등락률을 보여주는 호출기를 들고 스키를 탔다. 그는 스키를 타며 산을 내려오는 중에도 호출기를 확인했다. 이 책의 몇 장을 다음 날 아침 10시 30분까지 미국 땅의 절반을 가로질러 배달시켜야 했던 나는 페덱스 사무소로 가던 중에 NBA 총재인 데이비드 스턴과 마주쳤다. 귀에 휴대전화용 헤드폰을 꽂은 그는 NBA 운영에 관한 협상을 걸어가며 하고 있었다. 스키를 다 탄 뒤에 숙소로 가면 40개 지역 케이블 채널 중 하나를 골라서 봤다. 또 AT&T를 통해 카이로와 예루살렘에 있는 친구에게 전화를 걸었다. 또 AOL 800을 이용해 새로운 뉴스나 이메일을 확인했다. 새해 저녁에 레스토랑에서 맡긴 코트를 찾기 위해 기다리는 사이에 성난 고객과 식당 직원 사이의 이런 대화를 들었다. "내 이름으로 예약된 것이 없다는 게 무슨 소리요. 난 벌써 몇 주 전에 이메일을 보냈는데. 아시라프로 한 번 더 찾아보시오. A,s,h,r,a,f요." 잠자리에 들기 전에 난

『USA투데이』를 집어들었다. 신문 안에는 이 책 3장에 있는 한 유대인이 통곡의 벽 앞에 휴대전화를 대고 있는 모습의 사진이 실려 있다. 사진 설명은 이렇게 적혀 있었다. "프랑스에 있는 친척이 통곡의 벽에 대고 기도할 수 있도록 시몬 비스톤 씨가 휴대전화를 벽에 대고 있다."

이 모든 것이 내가 휴가 때 있었던 산 중에서 벌어졌다!

우리가 집이나 사무실에 있을 때를 상상해보자. 우리는 항상 너무 잘 연결돼 있다. 매일 더 많은 사람이 지금 이 순간 전 세계에서 무슨 일이 벌어지고 있는지 알고, 또 알 수 있다. 이러한 세상에서 극소량의 다이너마이트나 생화학무기, 고농축 우라늄으로도 전 세계 수십억 명에게 단시간 내에 불안감을 조장하고 대혼란을 초래할 수 있다. 세계화는 또 테러리스트들이 같은 비용으로도 더 많은 사고를 만들어낼 수 있게 만들고 있다. 마이크로칩과 소형화 덕분에 많은 것들이 더 작고 가벼워지고 있다. 중성자탄을 개발한 샘 코언은 1998년 6월 7일자 『워싱턴타임스』 기고문에서 알라모고도에서 치러진 첫 플루토늄 분열 실험 이후 10년 안에 똑같은 20킬로톤의 파괴력을 지닌 폭탄의 중량을 100분의 1로 줄일 수 있을 것으로 전망했다. 미국은 NATO용으로 2명이 들고 다닐 수 있는 바주카포에 사용하는 10분의 1킬로톤의 위력을 가진 탄두를 개발하기도 했다. 러시아 역시도 비슷한 무기를 만들었다. 러시의 전직 국가안보좌관인 알렉산더 레베드가 말했듯이 '서류 가방 폭탄'으로 알려진 미니 핵탄두 100개가 러시아 특수군 무기고에서 분실되기도 했다. 썬마이크로시스템즈의 네트워크 설계 총괄책임자인 제프 바예르가 언젠가 이런 말을 했다. "나에게 가장 큰 고민은 모든 기반시설들이 외부 공격에 너무 취약하다는 것입니다. 과장이 아닙니다. 컴퓨터 해커뿐만 아니라 전화선에 연결할 수 있는 사람들 모두가 위협을 가할 수 있습니다. 지금은 전화로 공격을 하다가 집에 가서 샌드위치를 먹고 또 돌아와서 다시 공격을 할 수도 있습니다."

인터넷 근본주의자들

세계화에 대해 화난 사람들과 미국화된 세계화가 개인들에게 부여한 막대한 권력이 결합되면 내가 믿는 대로 21세기 미국의 가장 즉각적인 국가안보 위협인 '성난 슈퍼개인'이 태어나게 된다. 맞는 얘기다. 20세기의 끝 무렵에 미국을 위협했던 초강대국을 얘기하는 것이 아니다. 가장 큰 위험은 미국이 오늘날 직면한 위험 요소가 더욱 많아지고 커졌다는 것이다. 왜냐하면 세계화 덕분에 개개인이 스스로 더 큰 일을 벌일 수 있기 때문이다.

스탈린처럼 냉전시대의 성난 슈퍼개인 가운데 미국을 싫어했던 이들이 전 세계를 대혼란으로 밀어 넣으려면 우선은 국가의 힘을 빌려야 했다. 그러나 오늘날의 성난 슈퍼개인은 세계화로 인해 얻게 된 힘으로 초강대국도 공격할 수 있다. 광대한 로마제국은 동서남북 모든 길이 로마로 통한다는 말도 있었다. 시저(카이사르)가 그의 힘을 확장할 수 있었던 것도 발달된 도로 시스템 덕분이었다. 그러나 재미있는 일은 도로는 양방향으로 오갈 수 있다는 점이다. 반달족과 고트족이 로마를 공격하기로 한 뒤 선택한 길도 바로 이 길이었다. 세계화도 마찬가지다. 성난 슈퍼개인은 다양한 유형이 있다. 매우 화났지만 덜 폭력적인 사람부터 매우 화가 나 있고 폭력적인 사람, 매우 화가 나 있고 매우 폭력적인 사람들까지 다양하다. 매우 화는 나지만 덜 폭력적인 사람의 대표적인 예가, 내가 일하는 신문사이자 미국이란 나라를 지탱하는 기둥 중의 하나인 『뉴욕타임스』를 공격한 컴퓨터 해커다. 1998년 9월 13일 해커들은 『뉴욕타임스』의 웹사이트를 해킹해 들어왔다. 이는 사실 해커들이 메이저 뉴스기관의 웹사이트를 공격한 첫 사례다. 『뉴욕타임스』의 전자미디어회사 마틴 니센홀츠 회장은 내게 이런 얘기를 해줬다.

"금요일에 클린턴 대통령에 관한 케네스 스타 특별검사의 보고서를 웹에 올렸습니다. 이날은 정말 우리 웹사이트에게는 대단한 날이었습니다. 우리만 보고 전체를 색인화해 올려놔서 키워드만 치면 뭐든 원하는 정보를 얻을 수 있었죠. 그날 우리 웹사이트는 모든 신기록을 갈아치웠습니다. 나도 우리의 성과가 만족스러워서 필라델피아에서 열리는 와튼국제포럼에서 연설해달라는 요청을 수락했어요. 그래서 토요일 밤에 필라델피아로 갔습니다. 일요일 아침 7시 45분에 웹 페이지 편집자한테서 해킹당했다는 전화가 왔습니다. 그때까지 해킹을 당한 경우는 해커그룹이 우리 서버로 문의 메일을 엄청나게 보낸 것뿐이었습니다. 그러나 이번엔 달랐습니다. 해커들이 아예 우리 웹사이트 전체를 장악했더군요. HFG(Hacking for Girlies: 여자들을 위한 해킹)란 로고를 걸어놓고는 자신들 메시지를 보내더군요. 해커들은 여성의 나체사진을 HFG로고 위에 걸쳐 띄워놨습니다. 우리가 다시 사이트를 장악해서 원래 사이트 모습으로 돌려놓으면 해커들이 다시 돌아와서 사이트를 장악했습니다. 두 시간 동안 우리는 홈페이지를 놓고 결투를 벌였습니다! 해커들은 우리 시스템을 파고들어서 우리의 모든 웹 페이지가 저장된 서버를 차지하고 우리 웹 페이지를 통제할 수 있는 경로를 확보했습니다. 우리가 평소에 『뉴욕타임스』 웹사이트를 관리할 때 했던 것처럼 말입니다. 우리는 웹사이트를 폐쇄해야 하는지에 대해 고민했습니다. 나는 안 된다고 거부했죠. 그러나 결국 우리가 폐쇄해야만 한다는 결론을 내리게 됐습니다. 그래서 오전 10시 20분에 모든 사이트를 폐쇄하고 외부에서 『뉴욕타임스』 웹사이트로 연결된 모든 해치들을 닫았습니다. 우리는 해킹당한 서버를 되찾았고 어떤 곳으로부터도 연결되지 않은 곳에 새로운 서버를 만들었습니다."

내가 흥미를 느낀 것은 해커들이 『뉴욕타임스』 웹 페이지에 붙여놓은 메시지였다. 첫 페이지의 메시지는 "우리가 너희 놈들을 잡았다WE OWN YER DUMB ASS"였다. 그들 메시지의 일부는 그들만의 최첨단 올리브나무 언어로 돼 있었다. HFG의 스펠링은 'H4CK1NG F0R G1RL3Z'로 돼 있었다. 어떤 모음은 숫자로 돼 있었다. 그리고 마지막 메시지는 "휴식은 보장된다. 우리는 곧 돌아온다(R3ST ASSUR3D, W3 WILL B3 BACK SOON)"는 것이었다.

해커들은 제시 제임스처럼 단순히 재미로 한 것이다. 마치 그들이 『뉴욕타임스』로 대변되는 세계적인 기관보다 더 똑똑하다는 것을 보여주는 것 같았다. 그들의 메시지는 '당신들이 더 돈이 많을지는 모르지만 인터넷 지하세계의 가난하지만 똑똑한 사람들과 경쟁할 수는 없다'는 것이었다. 해커들은 스스로가 세계의 균형을 잡는 사람이라고 말하고 싶은 것처럼 보였다. 해커가 쓴 말 중에는 이런 대목도 있다. "우리가 대문자만 쓰고 엘리트들의 언어를 쓰지 않는다고 우리가 어린애인 건 아니다. 우리를 성숙하지 않은 어린애라고 부르는 것은 우리를 과소평가하고 있다는 또 다른 증거일 뿐이다. 게다가 당신네 안전에 대해서는 어떻게 장담할 수 있는가? 성숙하지 않은 어린애들이 당신의 2만 5,000달러짜리 방화벽을 뛰어넘고 대학에서 ○○○ 학위를 따고 ○○년의 경력을 지닌 사람이 관리하는 보안망을 뚫고 다니는데. 메롱."

해커들의 유일한 요구는 지난 1995년 2월 FBI에 붙잡힌 뒤로 수감생활을 하고 있는 악명 높은 컴퓨터 해커인 케빈 미트닉을 풀어달라는 것뿐이었다. 미트닉은 전 세계에서 가장 악명 높은 해커였다. 그의 혐의는 수천 개의 데이터 파일을 훔치고 적어도 2만 장의 신용카드 번호를 전국의 컴퓨터 시스템에서 빼낸 것이었다. 그는 자신의 휴대전화에 연결된 모뎀을 사용했다. 그는 샌디에이고 슈퍼컴퓨터센터의 보안 전문가인 시모무라 쓰토미의 집 컴퓨터를 뚫고 들어가다 덜미가 붙잡혔다. 시모무라는 전화회사 기술자들과 FBI의 휴대전화 스캐너 사용을 허가받아서 미트닉을 끝까지 추적해 체포하도록 도왔다.

이런 유의 해커들은 기본적으로 인터넷 근본주의자들이다. 해커들은 그들 부족 나름의 습성이 있고, 그들 나름의 영웅이 있으며, 그들 나름의 언어, 그들 나름의 음모론, 그들 나름의 정보원을 갖고 있다. 그러나 진정한 대안으로서의 새로운 체제라는 관점에서는 일관된 정치적 이데올로기를 갖고 있지 않다. 그들은 진정한 하포인 셈이다. 그들에겐 사상은 없고 의견만이 있을 뿐이다. 그들은 단지 존재하지 않는 권력구조를 무너뜨리고 싶은 것뿐이다. 그들은 단지 현 체제가 자신들을 통제하지 못하며 그들이 체제를 통제할 수 있음을 보여주고 싶은 것이다.

다시 시선을 돌려 좀 더 화가 나 있고 좀 더 폭력적인 사람을 살펴보자. 1998년 9월 워싱턴 주재 스리랑카대사관을 공격한 성난 슈퍼 타밀 분리주의자들이 대표적인 예다. 『워싱턴타임스』는 이 사건을 이렇게 보도했다. "스리랑카 대사관이 이메일 주소를 공개했을 때 타밀 타이거 게릴라들은 새로운 형태의 테러를 개발했다. 즉각 대사관에 폭파 협박과 함께 대사관 사람들이 공식 업무를 볼 수 없을 정도로 많은 스팸메일을 쏟아부은 것이다. 외교관 중 한 사람은 이를 '이메일 테러리즘'이라고 불렀다.'

스리랑카대사관은 지난해 결국 컴퓨터 전문가를 불러서 타밀 타이거(LTTE)*와 관련된 이메일을 걸러낼 수 있는 새로운 프로그램을 개발한 것으로 알려졌다. 또 자칭 '인터넷 블랙타이거'라는 집단은 1997년 9월 각국 대사관들의 이메일 시스템을 사용할 수 없게 만든 '무기'를 사용한 적이 있다. 국무부는 보고서에서 "인터넷 블랙타이거라는 집단은 인터넷에 게재한 글에서 자신들을 '이메일 자살폭격'에 능통한 LTTE의 전문가 집단이라고 소개했다"고 밝혔다. 이들은 'FTTP서버를 파괴하는 미사일 메일'이라는 걸 사용해 목표한 이메일 주소를 과부화 상태로 만들어버린다. 결국 서버에서는 이들의 공격을 감당하지 못하고 결국 전체 이메일 사이트를 폐쇄할 수밖에 없다.

---

* 타밀 엘람 해방 호랑이Liberation Tiger of Tamil Eelam로 불리는 반군으로 1970년부터 스리랑카 북동부에 독립국가를 세우기 위해 스리랑카 정부와 싸우고 있다. (옮긴이)

테러리스트들의 주 표적

마지막으로, 정말 화가 나 있고 또 폭력적인 성난 슈퍼개인들이 있다. 이들은 이메일 사용에만 그치지 않는다. 이 하포들은 진짜 총을 들고 있다. 그들은 세계를 지배하는 시스템에 자신들이 포함돼 있지 않다고 여기며 또 편입될 수도 없다고 여긴다. 그들의 관점에서 미국, IBM, 월스트리트, 『뉴욕타임스』, 세계경제는 모두 무너뜨려야 하는 권력구조의 일부다. 이런 부류의 폭력적인 성난 슈퍼개인들에게는 일본의 옴진리교, 아프가니스탄의 오사마 빈 라덴 그룹, 뉴욕의 유나버머(University Airline Bomber의 줄임말로 대학과 공항에 폭탄을 배달시킨 무리들을 지칭한다-옮긴이) 그룹과 램지 유세프 그룹이 포함돼 있다. 옴진리교는 힌두교와 불교, 미국, 유대인, 프리메이슨과 전 세계 자본가들이 엮여 있는 다양한 세계의 음모론들이 섞인 미치광이 사교의 칵테일을 신도들에게 설파했다. 옴진리교는 1995년 3월 도쿄 지하철 안에 사린가스를 살포함으로써 12명을 죽이고 수천 명에게 중경상을 입혔다. 『이코노미스트』는 옴진리교가 당시 이미 10억 달러에 달하는 자산을 축적한 상태로 독가스를 살포하기 위해서 러시아산 최신 헬리콥터까지 갖추고 있다고 보도했다. 사우디의 백만장자인 오사마 빈 라덴은 200명 이상이 사망한 1998년 케냐와 탄자니아의 미국 대사관 연쇄 폭탄테러를 사주했다. 그는 자신의 지하드온라인(JOL)을 통해서 위성전화로 전 세계와 정기적으로 연락을 취했다. 『뉴욕타임스』는 FBI가 빈 라덴의 부하 중 케냐에서 활동하던 하로운 파질의 PC를 압수해 이메일을 분석했다. 이 결과 이 사람이 CNN을 통해서 정보를 수집하고 빈 라덴의 지하 네트워크와 인터넷을 통해서 연락했다는 것을 밝혀냈다. 그는 스스로를 "동아프리카 지역 미디어 정보 담당관"이라고 칭했다. 램지 유세프는 1993년 2월 26일 뉴욕 세계무역센터에 폭탄테러를 주도한 사람이다. 이 사고로 6명이 숨졌으며 1,000명 이상이 중경상을 입었다. 램지 유세프는 제3세계 출신으로 자신의 부모들에겐 불가능했던 일을 할 수 있기를 갈망했다. 그는 자신의 분노를 서방을 향해 풀어내려고 했다. 그는 서방에 큰 혼란을 초래하기 위해 서양의 기술을 사용했으나 그 뒤에 숨어 있는 서양의 가치 체계는 거부했다. 그들은 단순히 기술적 노하우만을 취하기 위해 비자카드로 결제만 하면 된다는 사실을 좋아했다. 여전히 모든 창문은 다 닫은 채로 자신의 근본주의자 생활은 유지할 수 있기 때문이었다. 인터넷 근본주의자들이 마우스와 유닉스 체제의 결함을 자신들의 강점으로 활용했지만 램지 유세프와 그의 친구들은 다이너마이트와 라이더 트럭을 활용했다. 그러나 결국 그들은 기본적으로 동일한 목표를 지니고 있었다. 미국화된 세계화의 얼굴에 침을 뱉어주고 짓밟아버리는 것이다. 이 과정에서 세계화의 산물을 활용해 세계를 파괴하는 것이다. 램지 유세프는 정말 '성난 슈퍼개인'의 전형이었다. 그에 대해서 잠시만 생각해보자. 그의 계획은 무엇이었는가? 그의 이데올로기는 무엇이었는가? 결국 그는 미국에서 가장 높은 두 빌딩을 날려버릴 생각을 했다. 그가 뉴욕 브루클린에 팔레스타인 국가나 뉴저지에 이슬람 국가를 세우려 했던 건 아니다. 그는 단지 미국의 최고층 빌딩 2개를 날려버리려고 한 것뿐이다. 맨해튼 연방지방법원 재판정에서 그는 건물에 폭탄을 설치해 세계무역센터 한쪽이 다른 쪽으로 무너지도록 만들어 25만 명의 시민들을 죽이는 게 목표였다고 밝혔다. 램지 유세프의 메시지는 그 자신이 아무런 메시지도 갖고 있지 않다는 것뿐이었다. 그는 초강대국 미국으로부터 자신의 사회로 보내지는 메시지를 갈기갈기 찢어버리고 싶었을 뿐인 셈이다. 『이코노미스트』에는 이런 말이 나온다. "테러리스트들은 많은 사람들이 관심을 갖기를 원할 뿐 많은 사람들이 죽기를 원한 것은 아니라고 말한다." 그러나 성난 슈퍼개인은 그렇지 않다. 그들은 많은 사람들이 죽기를 원한다. 그들은 세상을 바꾸려는 것이 아니다. 그들은 자신이 세상을 바꿀 수 없다는 것을 알고 있다. 이 때문에 가능한 한 많이 파괴하려고 하는 것뿐이다.

램즈 유세프 이야기 중에서 내가 가장 좋아하는 부분은 공범 중 1명인 모하메드 살라메가 세계무역센터 폭발 이후 빌려온 라이더 트럭을 반납하러 갔다는 것이다. 물론 이 라이더 트럭은 폭발에 사용되면서 이미 없어진 상태였지만 살라메는 자신이 담보금으로 잡힌 400달러를 돌려받으려고 했던 것이다(그는 그곳 직원들에게 차량을 도둑맞았다고 했다).

살라메에게는 철저히 다른 2개의 세계가 존재했다. 오전에 그는 악에 맞서 선을 실행한다며 세계무역센터를 폭파해 가능한 한 미국인을 죽이려고 했다. 오후에는 미국의 계약법과 법 원칙에 따라 환불을 받으려고 했다. 성난 슈퍼개인들이 지닌 가장 뛰어난 능력은 그 뒤의 가치들은 받아들이지 않고 첨단기술을 활용하는 것이다. 수사관들이 램지 유세프에게 자신들이 유세프를 잡는 데 큰 도움을 준 살라메가 어떻게 돈을 돌려받으러 갈 생각을 했는지 묻자 '머저리'란 말을 쏟아냈다. 살라메는 실제로 램지 유세프를 잡는 데 큰 도움을 줬다. 경찰은 유세프를 필리핀까지 쫓아가 아파트를 부수고 들어가서 그가 버리고 간 회색 도시바 노트북컴퓨터 C드라이브에 저장된 새로운 계획을 찾아냈다. 미국 정부는 그의 음모들을 입증하기 위해 그의 노트북에서 발견된 파일에 크게 의존했다(램지는 1993년 세계무역센터 폭파 기도 외에도 1995년 1월 아시아에서 수십 기의 미국 비행기를 폭파시키는 계획을 세워놓고 있었다). 그의 컴퓨터 안에는 비행기 운항 정보, 예상 폭파 시점과 폭파 시간, 공모자들의 사진이 포함된 견본 신분증 서류들이 들어 있었다. 램지 유세프는 진정으로 성난 슈퍼개인이었다. 그는 한 손에는 폭탄, 다른 손에는 하드드라이브를 들고 있었다.

램지 유세프와 다른 이슬람 출신 성난 슈퍼개인들 사이에는 공통점이 있다. 중동 전문가인 스티븐 코언의 설명은 이렇다. "그들은 예전에 미국을 전복시키려면 그전에 자국 정부를 전복시켜 장악해야 한다고 믿었다. 그러나 지금은 개인이 직접 나서고 있다."

세계화는 그들 개인의 힘으로도 미국을 공격할 수 있게 만들었다. 세계화는 그들에게 그렇게 할 동기와 함께 실행에 나설 논리도 제공했다. 그 논리란 자국 정부가 더 이상 진정으로 세계화 체제의 권력구조를 대변하지 않는다는 것이다. 권력구조는 이제 전 세계에 퍼져 있다. 슈퍼파워 미국과 슈퍼시장의 손안에 권력구조가 있다. 슈퍼파워 미국과 슈퍼시장은 다른 정부들에게 무엇을 해야 하는지를 지시한다. 그러므로 만약 진정한 권력구조를 붕괴시키고 싶다면 슈퍼파워와 슈퍼시장을 쫓아가야지 파키스탄이나 이집트 정부를 붙잡고 있을 일이 아니란 것이다.

성난 슈퍼개인들을 정말 화나게 하는 것은 미국이 기술뿐만 아니라 자신의 가치 체계도 우월하다며 다른 나라에 전파하려는 것이다. 테러리스트의 관점에서 미국의 가치란 것은 영혼이 없는 소비주의와 신념이 없는 기술 신봉일 뿐이다. 재판 막판에 벌어진 램지 유세프와 케빈 토머스 더피 판사 사이의 대화는 성난 슈퍼개인과 슈퍼파워 사이의 사고 차이를 보여준다.

램지 유세프: "당신은 계속 집단적인 응징이니 무고한 사람을 죽였느니 하는 이야기만 하고 있소. 무고한 사람을 죽이기 시작한 건 당신들이오. 미국은 일본에 원자탄을 투하해 수만 명의 여자들과 아이들을 죽였고, 도쿄를 융단폭격 하면서 10만 명이 넘는 민간인들을 태워 죽였소. 테러리즘을 인류 역사에서 처음으로 시작한 것이란 말이오. 또 미국은 베트남에서 이른바 오렌지 에이전트(고엽제)라 불리는 화학무기로 민간인들을 죽였소. 참전한 전쟁마다 군인이 아닌 민간인과 무고한 사람을 죽인 것은 미국이오. 미국은 이번 세기에만 전 세계 다른 어느 나라보다 많은 전쟁에 뛰어들었소. 그리고도 무고한 시민을 죽이는 것에 대해 비난하고 있소. 미국은 또 무고한 사람을 더 죽일 수 있는 새로운 방법을 만들어내고 있소. 미국은 이른바 경제제재라는 이름으로 다른 누구도 아닌 노약자를 죽이고 있소. 미국은 이라크와 쿠바를 비롯한 다른 나라들에 경제제재를 35년 이상 취하고 있소. 당신네들은 재판 서류의 첫 문장에서 나를 테러리스트라고

못 박았소. 맞소. 나는 테러리스트고 이를 자랑스럽게 생각하오. 테러의 대상이 테러리스트보다 더한 미국이나 이스라엘이라면 나는 테러에 찬성하오. 테러리즘을 만들어낸 사람들이고 매일 사용하는 사람들은 바로 당신들이오. 당신들은 백정이고 거짓말쟁이에다 위선자들이오."

케빈 토머스 더피 판사는 유세프에게 염세주의적인 분노를 인정하고 이를 극복하라며 훌륭한 답변을 내놨다.

"램지 유세프, 당신은 이슬람 군인이라고 주장한다. 당신은 세계무역센터 폭발로 죽거나 다친 사람들 중 단 한 명의 이름도 댈 수 없을 것이다. 당신은 그들이 누구인지 신경도 안 썼다. 시체와 부상자들만 남겨둘 수 있으면 그만이었다. 당신은 이슬람을 신봉할 자격이 없다. 당신의 신은 죽음일 뿐 알라가 아니다. … 당신은 사람들의 개종을 원한 것도 아니었고 유일하게 바란 것이라곤 사람들의 죽음뿐이었다. 당신은 죽음과 파괴를 신봉하고 있다. 당신이 한 행동은 알라를 위한 것이 아니라 당신의 뒤틀린 자아를 만족시키기 위한 것일 뿐이다. 당신은 다른 사람들이 당신을 군인으로 여길 것으로 믿고 있다. 그러나 당신이 지금 이 자리에 서 있게 만든 문명에 대한 공격은 철저히 무고한 사람들을 살해하고 불구로 만들기 위한 비열한 공격이다. … 램지 유세프, 당신은 이슬람 근본주의자 행세를 하면서 이 나라에 왔지만 당신은 이슬람이나 모슬렘의 신념에 대해서는 전혀 신경 쓰지 않고 있다. 당신은 알라를 숭배하는 것이 아니라 당신 스스로가 화신이 된 악을 신봉하고 있는 것이다. 나는 당신이 악마의 사도로서 가장 뛰어난 자라고 말할 수밖에 없다."

이런 사람에 대해서 누가 변호를 해주려고 할까? 적절한 사회, 경제, 문화 프로그램을 통해서 사회 차원에서 미국화된 세계화로 인해 동기가 유발되고 분노를 느끼는 모든 사람들을 치유할 수 있다고 믿는 것은 좋은 일처럼 느껴진다. 그러나 이는 가능한 일이 아니다. 램지 유세프와 같은 사람은 매우 높은 수준의 동기와 상실감을 갖고 있다. 그들의 고통을 함께한다고 해서 그들을 되돌려놓을 수는 없다. 유일한 방어책은 그와 같은 강경파들과 그들 주위의 일반 대중을 분리시키는 것이다. 이를 위해서 가능한 한 많은 사회가 세계화 체제에서 지분을 갖도록 하는 것이 중요하다. 이 같은 일을 어떻게 가능하도록 할 것인가는 이 책의 마지막 장에서 다루는 주요한 내용이다. 그렇다고 환상은 금물이다. 성난 슈퍼개인들은 어디에든 있다. 그리고 이들이 미국과 새로운 체제에 대한 가장 즉각적인 위협이 되고 있다. 램지 유세프 같은 사람이 미국 등의 권력을 빼앗을 수 있기 때문이 아니다. 절대 그런 일은 가능하지 않다. 다만 오늘날엔 매우 많은 사람들이 램지 유세프처럼 될 수 있기 때문이다.

19
인간과 통화하려면 1번을 누르세요

이 책 전반에 걸쳐서 나타나는 공통분모가 있다면 '세계화는 모든 것이면서 동시에 그 반대'라는 인식이다. 세계화는 믿을 수 없을 만큼 사람들에게 힘을 실어주지만 또 믿을 수 없을 만큼 고압적이다. 세계화는 기회를 민주화하기도 하지만 불황을 민주화하기도 한다. 세계화는 고래를 더 크게 만들면서도 새우를 더 강하게 한다. 세계화는 당신을 점점 더 빠르게 뒤처지게 만들면서 또 점점 더 빠르게 당신을 뒤따라 잡는다. 화합하는 문화이면서 동시에 개개인이 자신의 독특한 개성을 더 멀리, 더 넓게 타인과 공유할 수 있게 만들어준다. 세계화는 우리가 렉서스를 더 열렬히 쫓게 만들고 또 한편으로는 우리가 올리브나무에 더 강하게 매달려 있도록 만든다. 세계화는 우리가 기존에는 상상할 수 없을 정도로 세계와 만날 수 있게 해주는 동시에, 또 우리의 생활 속에 기존에는 상상할 수 없었을 정도로 세계가 다가오도록 만들었다.

내가 입증하려고 했듯이 세계화가 국제체제로서 기능을 하기 시작한 이래 많은 나라와 사회가 세계화가 주는 이점에 끌리기도 했고 또 세계화의 단점으로 인해 멀어지는 일을 반복해왔다.

세계화와 그 반작용의 흐름 속에서 지금까지는 세계화가 늘 승리해왔다. 그 체제에 발을 들여놓은 모든 주요 국가들의 경우에 그랬다. 주요 국가에서 세계화의 저항세력이 권좌를 차지한 적은 없다. 또 주요 국가에서 1차 대전 직전에 오스트리아-헝가리 제국, 2차 대전 직전의 일본과 독일이 그랬던 것처럼 세계화에 반대하는 여론이 확산되면서 국가 전체가 세계화 체제를 평가절하한 적도 없다.

앞으로도 계속 그럴 것인가? 세계화는 되돌릴 수 없는 것인가? 내 생각으로는 되돌리는 건 '거의' 불가능하다. 왜 확정적으로 되돌릴 수 없다고 말하는 것이 아니라 '거의' 되돌릴 수 없다고 말하는 것인가? 세계화가 매우 되돌리기 어려운 것은 세계화가 더 높은 생활수준을 원하는 인간의, 대단히 강한 열망과 우리가 좋아하든 싫어하든 일상 속에서 우리를 통합시키는 뛰어난 기술에 의해서 움직이고 있기 때문이다.

이론적으로 인간의 욕망과 기술 발전은 꺾일 수 있다. 그러나 사회의 발전이라는 값비싼 대가를 치러야만 하며 또 더 높고 두꺼운 벽을 세워야만 가능한 얘기다. 이런 일은 물론 가능하다. 그러나 나는 이 같은 일이 벌어질 것이라고 생각하지는 않는다. 이런 일이 가능해지려면 체제 자체가 이상해져서 사회적 소수자뿐만 아니라 대중과 거대국가들 역시도 불이익을 당하고 있다고 느껴야 한다.

이런 일이 어떻게 가능할까? 그런 일이 일어날 수는 있다. 세계화의 가장 큰 적은 바로 세계화이기 때문이다. 체제 안에 체제를 파괴할 수 있는 가능성을 내포하고 있는 것이다. 세계화는 그 특성상 만약 폭동이 나타날 경우 매우 폭압적으로 진압을 할 것이고 이 경우 대다수의 국가에서 대다수의 국민들이 스스로를 패자로 여기게 될 수 있다. 이 경우 체제 전복 자체를 꾀하는 폭동이 발생하거나 새로운 벽을 세우려는 노력이 나타날 수 있다. 이런 일이 발생할 수 있는 가장 중요한 이유들을 지금부터 살펴보려 한다.

너무 힘든 세계

1997년 아시아 경제위기 당시 방콕을 방문했을 때 나는 당시의 위기가 태국에 미칠 영향에 대해서 현지 미국 대사와 얘기를 해봤다. 특히 우리는 세계화 시대에 태국의 번영이 속도를 내기 위해서 단기간 내에 태국이 갖춰야 할 소프트웨어와 체제에 대해서 논의했다. 대사는 개혁이 필요한 목록을 써서 내게 건네줬다. 그가 적어준 목록을 보면서 나는 "대사님도 잘 아시겠지만 미국이 200년 걸렸던 일을 태국은 20년 만에 하라고 요구하는 셈이네요"라고 말했다.

그러자 대사는 고개를 저으며 아니라고 했다. 나는 완전히 잘못 이해하고 있었다. 대사는 "아니, 아니, 20년 안에 하라는 것이 아니라 1년 안에 마치라는 얘기"라고 말했다.

한 나라의 권력과 지위가 세계화 시대에 작동하는 것은 그 나라가 번영에 필요한 적절한 소프트웨어와 운영체제를 얼마나 잘 개발하려고 하는지, 또 얼마나 잘할 수 있는지에 달려 있다는 것은 분명하다. 그러나 만약 이러한 조직을 세우고, 시장을 개방하고, 황금 스트레이트재킷을 입는 것이 많은 대형 국가들에게 너무 어려운 일이라면 어떻게 할 것인가? 정치인과 그들의 추종자들은 많은 고통과 긴축을 견뎌낼 수 있지만 한계가 있는 법이다. 헨리 키신저는 일찍이 "다른 나라들이 요구하는 것처럼 반영구적인 긴축정책을 옹호하는 정치 지도자는 살아남을 수 없다"고 지적한 바 있다. 소프트웨어를 구축하는 것은 오랜 시간이 걸린다. 한 국가를 전자소떼와 교류하기에 적합한 사회로 바꾸는 것은 오랜 시간이 소요된다. 또 일부 국가는 정치적·경제적인 이유로 이러한 임무를 수행할 수 없다. 적어도 전자소떼들이 요구하는 시간 내에서는 말이다. 어떤 나라들은 문화적으로 이러한 변화가 불가능한 경우도 있다. 문화가 변하는 것은 매우 느리게 나타난다. 몇 세대에 걸친 시간이 필요한 새로운 형태의 다양한 올리브나무로 진화하는 것보다는 새 렉서스 모델을 개발하는 것이 훨씬 시간이 덜 걸린다.

현재의 세계화 체제가 베를린장벽의 붕괴에서 시작된 것이라고 본다면 세계화 체제는 이제서야 열 살이 됐을 뿐이다. 그동안 우리는 보스니아, 알바니아, 알제리, 세르비아, 시리아와 여러 아프리카 국가들이 체제 변화를 이루지 못했을 때 어떤 일이 벌어지는지 보았다. 이들 국가들은 너무 약하고 규모가 작아서 세계화 체제는 이들 국가들에 보호벽을 세워야 했다.

열 살이 된 세계화가 스무 살이 될 때까지 더 심각한 문제들에 직면할 것이다. 인도네시아, 브라질은 말할 것도 없고 유럽통화 체제에 포함된 작은 나라들과 러시아, 중국, 일본과 같은 강대국들마저 세계화 체제로의 이행이 불가능하면 어떻게 할 것인가 하는 문제다. 이들 국가가 황금 스트레이트재킷을 입기엔 너무 고통스럽다는 것을 발견하면 어떻게 할 것인가? 실패한 기업은 당장 파산하게 만들어 계속 유령처럼 살게 놔두지 않는 잔인한 슘페터식 자본주의로 이들 국가의 문화, 정치, 경제가 변화될 수 없다면 어떻게 할 것인가? 세 가지 민주화는 소련과 중국 공산주의 시대의 붕괴를 피할 수 없게 만들었다. 세 가지 민주화는 알바니아와 인도네시아의 부패한 정권의 붕괴를 불러왔다. 또한 변화를 모르고 과보호 경향이 있는 일본의 경제체제도 붕괴가 불가피하게 만들었다. 그러나 이것들이 새로운 세계화 체제의 성공을 보장한다는 의미는 아니다.

러시아, 중국, 일본 세 나라를 보자. 이들 세 나라를 꼼꼼히 살펴볼 때 당신은 어떤 생각이 드는가? 내가 발견한 것은 크고 강한 국가들이다. 외견상으로는 탄탄한 근육의 280파운드(128킬로그램) 레슬러지만 내면에서는 울혈성심부전(심장이 점차 기능을 잃으면서 폐나 다른 조직으로 혈액이 모이는 질환-옮긴이)으로 고통 받고 있다. 국가의 소프트웨어와 기업들에게 피를 공급해야 할 국가경제의 운영체제인 심장에 노폐물이 쌓여 있어, 발에는 너무 많은 피를 공급하고 머리와 다른 부위에는 공급이 부족한 상태다. 러시아는 심장 전체의 이식이 필요할 정도다. 중국은 대대적인 혈관확대수술이 필요하다. 일본은 급진적인 콜레스테롤 강하 처방이 필요하다. (프랑스, 독일 그리고 다른 서유럽 국가들은 그들 자체의 황금 스트레이트재킷인 유럽통화연맹에 자신의 몸을 맞추려면 이처럼 급진적인 치료는 아니더라도 심각한 무지방 다이어트가 필요하다. 이 같은 식이요법은 한동안 매우 고통스러울 것이며 상당한 생활 습관의 변화를 필요로 한다. 유럽통화연맹과 단일통화가 생각보다 정치적으로 쉽지 않은 것도 이 때문이다.)

나는 러시아와 중국의 군사적 위협과 일본의 경제적 위협이 미국에 대한 외부의 가장 큰 위협이 되는 시대에 자랐다. 지금 12세, 15세인 내 딸들이 자라나는 시대에도 중국과 러시아의 '약한' 군사력과 일본의 '약한' 경제력이 미국에 가장 심각한 외부 위협 요인이 될지는 의문이다. 새로운 체제에 적응하는 것은 이들 세 국가에 매우 어려운 일이 될 것이다. 확실히 이들 세 국가는 각기 다른 나라며 각각 다른 문제에 직면해 있으나 당신이 생각하는 정도로 차이가 크지는 않다.

일본

여기 비밀이 하나 있다. 일본 경제는 늘 자본주의보다는 공산주의에 가까웠다. 『월스트리트저널』의 기술 분야 칼럼니스트인 월터 모스버그는 "일본은 세계에서 가장 성공한 공산주의 국가"라고 말하길 좋아했다. 사실 일본은 공산주의가 제대로 기능하는 유일한 나라다. 사실이 그렇다. 냉전시대에 일본은 자민당 일당 지배체제였다. 자민당이 일본을 지배하는 동안 러시아나 중국처럼 엘리트 관료(노멘클라투라)가 국가를 지배했다. 이들 엘리트 관료들이 자원을 어디에 분배할지 결정했다. 일본 언론은 믿을 수 없을 정도로 유순했고 공식적으로 정부에 의해서 통제되지는 않았지만 사실상 정부에 의해서 논조가 결정됐다.

일본에서는 다른 의견을 제시한 사람은 매우 비싼 비용을 지불해야만 하기 때문에 획일적인 동의가 잘 이뤄졌다. 동의하지 않는 사람들이 강제노동수용소로 보내지는 것은 아니었지만 일본 내부의 시베리아로 유배됐다. 일본에서는 동의하지 않는 사람들에겐 '창가에 선 사람들窓際族,まどぎわぞく'이란 딱지가 붙었다. 창가를 바라보는 사람들이란 뜻으로 일반적으로 창가에 책상을 놔두고 사람들로부터 격리시킨 데서 나온 말이다.

순응하는 국민들은 초과근무를 받아들이는 대신 높은 생활수준, 종신고용, 안정적인 삶이라는 보상을 받았다. 일본은 개인이나 기업이 저축과 투자는 하되 소비는 못하게 하는 강제저축 프로그램을 유지했다. 만약 소련 공산주의가 일본의 절반만큼이라도 잘 작동했다면 모스크바는 냉전체제를 계속 유지할 수 있었을 것이다. 사실 이런 평가엔 어느 정도 비아냥거림이 없지 않다. 일본 경제에도 자유시장의 요소가 있다. 일본 경제의 3분의 1은 최첨단 기술로 세계적인 경쟁력을 지닌 소니, 미쓰비시, 캐논, 렉서스 같은 기업들이 차지하고 있다. 이들은 세계 최고 수준의 기업이며 일본에 엄청난 부를 축적하고 있다. 이 저축이 일본 경제의 나머지 3분의 2를 차지하는 공산주의 부문들을 보호하고 있다. 공산주의 부문이란 자민당 일당 지배가 만들어낸 보호주의 장벽 덕분에 생존하면서 비대해지고 경직된 공룡기업들이다. 냉전 시기에 쌓아놓은 높은 저축 덕분에 세계화 체제가 태어난 1992년 이후 경제성장이 사실상 정체됐음에도 일본 경제는 무너지지 않을 수 있었다. 일본 모델을 추종했던 한국은 반대로 저축이 많지 않았다. 따라서 모든 장벽들이 무너지자 한국은 고통스럽고 잔인한 구조조정을 단기간에 거치며 새로운 체제에 적응해야 했다.

일본이 영구적인 정체를 피하고 싶다면 일본 경제의 공산주의 부문을 중국과 러시아처럼 '민영화'해야만 한다. 비효율적인 기업과 은행은 떼어내 파산시킨 뒤 이들 회사의 자산은 더 효율적인 회사로 이전시켜야 한다.

이미 일본에서는 이에 대한 논의로 나라가 분란에 휩싸였다.

미국의 문화적 규범(유연성과 투명성)과 세계화 체제에서 기업들에게 가장 중요한 규범(유연성과 투명성)은 서로 같다. 그러나 일본에서는 두 규범이 비슷하지 않다. 일본은 갖가지 비밀을 간직하는 불투명하고 완고하기로 유명한 문화를 갖고 있다. 개별 국가의 문화적 규범과 세계화 체제의 규범이 서로 차이가 클수록 세계화에 적응하는 과정은 더 고통스럽다. 이슬람 세계에서 신실한 여성은 세계가 다가오지 못하도록 얼굴에 히잡을 두르고 있다. 일본은 나라 전체가 히잡을 두르고 있다. 일본이 두르고 있는 히잡은 매우 얇아서 가끔은 있는 것 같지도 않을 정도다. 그러나 분명히 존재한다. 그리고 가끔씩 들르는 방문객들이 느끼는 것 이상으로 외부 세계를 배척하고 있다.

그럼에도 불구하고 역사적으로 일본은 항상 새로운 체제에 변화하고 적응해왔다. 문제는 일본 사회가 최악의 위기에 도달한 뒤에나 변화가 나타난다는 것이다. 나는 일본이 다시 가공할 만한 경제 대국이 될 것이라고 믿어 의심치 않는다. 그러나 일본이 사회, 정치, 문화 분야에서 조정을 거친 뒤에나 가능할 것이다. 간단한 일본 전통을 예로 들어보자. 사실상 일본 상장기업의 이사회는 대부분 전직 혹은 현직 최고경영진으로 구성돼 있고 주주들은 발언권이 없다. 물론 소니처럼 최첨단이며 미국화된 기업은 예외다. 독립적인 사외이사들은 사실 일본에서는 거의 존재하지 않는다. 이러한 시스템을 갖고 있는 한 다가올 10년 동안 필요한 변화와 빠른 창조적 파괴는 불가능하다. 일본 사회는 변해야 하며 이미 변하고 있다. 매우 고통스럽게 말이다.

내가 1999년 초 도쿄를 방문했을 때 일본 외무성에 있는 친구와 이런 대화를 나눴다.

"내 아들이 얼마 전 나랑 아내에게 자기는 펀드매니저가 되겠다고 하는 거야. 그런데 일본계 은행에서는 일하고 싶지 않고 자기는 외국계 은행에서 일하고 싶다고 하더군. 우리 세대가 젊을 때는 당연히 입사하고 싶던 대형 은행 같은 곳은 이제 고전하고 있어. 이건 새로운 변화야. 아내는 전혀 이해를 못하더군. 그래서 아들이 제 엄마한테 한다는 말이 '엄마가 절 이해하고 싶으시다면 이 영화를 보세요' 하면서「타인의 돈Other People's Money」이라는 영화테이프를 주더군. 뉴욕의 금융가가 뉴잉글랜드의 죽어가는 회사를 살리는 내용이었어. 어쨌든 아내는 아직도 걱정이 많지."

경영자 헤드헌팅업체에 있는 또 다른 일본인 친구는 미국계 회사에서 일할 일본인을 구하기가 쉽지 않다고 말했다. 그녀는 자신과 계약을 맺고 있는 미국계 회사가 일본인들에게는 자기네 회사들과 다른 '3K회사'로 알려져 있기 때문이라고 털어놓았다. 3K란 '힘든Kitsui' '해고Kaiko' '경쟁Kyoso'이란 말의 일본어 발음이 모두 K로 시작하는 데서 붙은 이름이다. 그러나 일본에서도 변화가 나타나고 있다. 내 친구는 자신의 고객들에게 이렇게 권유한다고 말했다.

"선생님이 일본계 기업에서 정년을 보장받고 있다고는 하지만 언젠가는 외국 회사가 대주주인 회사에서 일하게 될 겁니다. 어쨌든 그렇게 될 거라면 하루라도 일찍 외국계 회사로 옮겨서 적응하는 법을 배우는 게 낫지 않을까요?"

중국

중국 역시 매우 어려운 조정과정을 거치게 될 것이다. 문화적인 이유가 아니라 정치적인 이유 때문이다. 중국은 의지는 있으나 아직 자신만의 방법을 찾지 못했다. 많은 전략가들이 범하는 가장 큰 실수는 중국이 경제나 군사 면에서 지금 방식대로 향후 25년간을 꾸준히 나아갈 것으로 전망한다는 것이다. 그때엔 미국과 동등한 수준의 초강대국이 돼 있을 것으로 예상하지만 내 생각은 다르다.

　내 말뜻을 제대로 이해하길 바란다. 중국은 25년 뒤에 미국과 어깨를 나란히 할 만한 경제·군사 대국이 될 수 있을 것이다. 그러나 지금과 같은 방식을 그때까지 유지하지는 않을 것이다. 중국 앞에는 수많은 커다란 과속방지턱이 존재하고 발전을 위해서는 이들 장애물을 뛰어넘어야 하기 때문이다.

　2000년 1월 기준으로 중국 경제의 40%가량을 국영기업과 은행이 차지하고 있다. 그들 중 상당수는 파산했거나 비생산적인 상태다. 중국이 이들 기업에서 일하는 수백만 명의 국민들을 위하는 유일한 길은 국영기업과 은행을 민영화시키거나 폐쇄하거나 합병해서 자금을 효율적이고 수익성이 높은 곳에 흘러가도록 하는 것이다. 중국이 대량실업의 충격 없이 이 과정을 수행할 수 있는 유일한 방법은 대규모 외국인 투자 유치뿐이다. 물론 중국은 이미 엄청난 수준의 외국인 직접투자를 공장으로 끌어들였다. 그러나 위안화는 아직 환전이 충분히 자유화되지 않았으며 해외투자자들이 자유롭게 거래할 수 있는 주식이나 채권시장이 없다. 중국은 극단적인 정실자본주의 체제이며, 최근에는 외국인 투자자들을 쫓아내기 시작했다. 게다가 중국 공산당은 기본적으로 당이 많은 사업을 직접 운영하고 또 부패한 돈벌이를 통해 부를 축적하고 스스로를 보호하고 있다. 거대한 공직자 부패 사건의 한 사례가 지난 1998년 10월에 드러났다. 보도에 따르면 지난 1992년부터 650억 달러 규모의 곡물 수매 과정에서 40%에 달하는 250억 달러의 예산이 '사라진' 것이다. 『타임』(1998년 11월 2일자)은 사라진 돈이 정부 관료들의 호화 콘도와 선물, 자동차, 휴대전화 구입에 사용된 사실을 수사관들이 밝혀냈다고 전했다.

　중국의 딜레마는, 경제의 절반을 차지하며 사실상 부도 상태인 공기업을 개혁하기 위해 필요한 자금을 전자소떼로부터 끌어모으기 위해서는 사회 전반의 개혁이 필요하다는 것이다. 사회의 운영체제를 현재의 DOS캐피털 1.0에서 6.0으로 업그레이드해야하며 진정한 의미의 법에 의한 지배가 이뤄질 수 있는 문화를 만들어야 한다. 이러한 개혁은 중국의 부패한 공산당 관습이나 이해관계와 충돌할 게 자명하다. 중국이 지금과 같은 방식으로 25년 동안 꾸준히 성장하는 동안 중국 공산당이 여전히 지금처럼 통치하면서 권위적인 체제를 유지하고 더 많은 부를 축적하지는 못할 것이라고 보는 이유도 여기에 있다. 중국이 지금의 모습 그대로 성장을 이어갈 것이란 건 말이 안 된다. 언제든 중국은 기존 체제에 반대하는 세력과 맞닥뜨려야 할 것이다. 사회 곳곳에서 기존 체제에 대한 반대가 지속적으로 나타나는 것은 공산주의 이데올로기에 대한 끊임없는 집착과 강박 수준에 이른 정부의 정치 통제 때문이다. 기존 체제에 대한 저항이 언제 나타나든 중국은 부자가 될 수 없거나 아니면 지금처럼 권위적인 체제를 유지하지 못하거나 둘 중 하나를 선택해야 할 것이다. 지금은 중국 정부가 어떻게든 수습을 해나갈 수 있겠지만 한 번 전자소떼에 접속되고 난 뒤에는 현 상태를 유지한다는 것은 불가능하기 때문이다.

나와 다른 생각을 하는 사람들은 중국 지도자들의 말을 너무 많이 들었거나 아니면 중국이 직면하고 있는 무수한 도전들을 아직 제대로 보지 못했기 때문일 것이다. 12억 명의 사람이 시속 80마일의 속도로 달리다 과속방지턱에 부딪힐 때에는 전 세계가 요동치게 될 것이다. 그리고 중국이 이 과속방지턱에 부딪힐 때가 중국이 세계 안정을 가장 위협하는 때가 될 것이다. 또 한 번 중국의 강점이 아닌 약점 때문에 전 세계가 흔들릴 수 있는 것이다. 왜냐하면 중국이 공산주의 이데올로기를 완전히 포기했을 때는 다시 국수주의로 돌아갈 것이기 때문이다. 세계화에 적응하기 위해 정치, 경제, 문화를 완전 개방했을 때 나라를 하나로 묶고 또 법에 정당성을 부여하고 국민의 관심을 분산시키기 위해 정권이 기댈 수 있는 것은 중국의 오래되고 비틀어진 올리브나무인 국수주의밖에 없기 때문이다. 국수주의에 사로잡힌 중국은 새로운 세계화 체제가 '너무 힘들다'는 것을 알게 될 것이고 이는 세계화 체제에 대한 진정한 위협이 될 수 있다.

러시아

똑같은 문제가 러시아에도 있다. 그러나 러시아는 출발선이 중국이나 일본보다 한참은 뒤처져 있기 때문에 문제는 러시아에서 더욱 심각하다.

러시아는 핵무기를 가진 중무장 국가다. 그러나 세계화 체제로 편입된 이상 전 세계의 안정에 위협을 가할 수 있다는 것은 러시아의 강점이 아니라 약점이다. 그리고 이러한 상황은 한동안 지속될 것이다. 러시아의 경제가 1998년 8월에 무너졌을 때 이는 즉각적으로 전염 효과를 가져왔고 공산주의로 지냈던 지난 70년 동안 서구 경제에 미친 영향보다 더 심각한 충격을 끼쳤다. 일부 정치인이나 정치평론가들은 너무 냉전시대를 좋아해서 지금의 러시아를 제대로 보지 못하고 있다. 그들은 러시아를 냉전체제 속의 소련으로밖에는 보지 못한다. 2차 대전을 일으키고 600만의 유대인을 말살했던 나치 독일이 단 두 세대 만에 가장 민주적이고 세계에서 가장 활력이 넘치는 국가로 변모한 것은 놀라운 일이다. 그러나 아직도 냉전시대에 빠져 있는 사람들은 러시아를 영원한 미국의 적이자 변화가 불가능한 나라로 간주하고 있다.

러시아가 몇 번의 선거를 치렀다고 캐나다가 될 수 있는 것은 아니다. 그러나 러시아는 대국이고 오랜 역사와 함께 상당한 양의 핵무기를 갖고 있으며, 다른 나라에 대한 영향력을 놓고 계속 미국과 경쟁할 것이다. 그러나 이는 프랑스도 마찬가지다. 러시아는 더 이상 소련이 아니다. 러시아는 새로운 국제체제에 발맞추기 위해 매우 불안정한 이행과정을 지나고 있을 뿐이다. 러시아는 6.0은 고사하고 DOS캐피털1.0으로 이행도 성공하지 못할 수 있다. 그러나 6.0 시대로 이행할 수 없는 운명은 아니다. 중국과 일본의 경우처럼 러시아의 순조로운 이행에 미국은 상당한 책임을 지고 있다. 미국은 러시아의 이행과정을 결정할 수는 없겠지만 일부 영향력은 발휘할 수 있다. 미국 혼자서 러시아를 더 나은 곳으로 만들 수 있는 힘은 없다. 그러나 미국은 러시아를 덜 위험하고, 덜 호전적이고, 덜 고립된 곳으로 만들 수는 있다. NATO의 확장이 실수인 이유가 여기에 있다. 세계화 체제에서 미국에 가장 위협적인 문제는 핵탄두가 암시장에서 거래되는 것이다. 또한 전략적 핵미사일 감축, 환경오염, 이라크와 북한 같은 불량국가 억제, 그리고 금융시장 교란도 위협이 되고 있다. 이들 중 어느 것 하나도 안정되고 민주화된 러시아의 협력 없이 미국 홀로 해결할 수 있는 것은 없다. 그 때문에 러시아와 협조를 강화하고 러시아의 정치적 개혁을 추진하기 위해 우리가 할 수 있는 모든 행동을 취해야 한다. 이와 함께 러시아와의 협력에 장애가 될 수 있는 NATO의 확장을 막는 것이 우리의 첫 과제다.

1998년 초 나는 체코 외무부 차관인 카엘 코본다의 프라하 집무실에 앉아 있었다. 그는 나토가 왜 체코공화국까지 확장해야 하는지 감동적으로 설명했다. 중간중간에 그는 세계화가 그의 이웃들과 체코를 어떻게 바꿨는지에 대해서 말해줬다.

코본다 차관은 이렇게 설명했다.

"나는 냉전시대는 끝났고 체코는 세계를 향해 열려 있다고 생각하는 국제사회의 분위기가 고맙습니다. 내 아이들은 한국, 크로아티아, 보스니아에서 온 아이들과 함께 유아원에 다닙니다. 과일은 동네 청과점에서 중국에서 수입된 것을 삽니다. 그러나 한켠에는 부정적인 면도 있습니다. 내가 사는 집 바로 옆건물에 우크라이나 마피아들이 있습니다. 프라하 외곽의 작은 위성도시에 말입니다. 그리고 최근에 급격히 늘고 있는 불법체류자에 대한 불편함과 의심도 늘고 있습니다. 그들은 불법체류, 불법노동, 불법거래, 불법영업 등을 하고 있습니다. 이런 상황은 프라하 도심 한복판이든 산간 오지든 비슷합니다. 체코에서 세계화의 양면을 볼 수 있습니다. 우리나라는 유럽의 교차점에 있기 때문에 동쪽에서 서쪽으로 이동하는 많은 불법 이민자들의 첫 기착지입니다. 또 한편으로는 우리의 경계가 독일과 맞닿아 있지만 독일은 덜 개방적입니다. 내 책상 위에 체코에서 활동

중인 국제범죄조직과 이들이 벌이는 국제범죄사건에 관한 일급기밀 파일이 있습니다. 공산주의가 지배할 때는 이 모든 일이 불가능했습니다. 그러나 공산주의가 지배했을 때는 외국인이 비자 신청을 내도 절반 정도는 비자를 발급받을 수 없었습니다. 그리고 지금은 비자 자체가 필요하지도 않습니다. 문제는 이들이 핵무기 부품과 핵분열 물질 밀수를 하고 있다는 겁니다. 이건 매우 위험한 일이지요. 동쪽 접경 지역부터 남쪽 접경 지역에 이르기까지 곳곳에서 밀수업자들이 적발되고 있습니다. 그러나 대다수 국민들은 아직 이런 문제에 대해서 별로 심각하게 느끼지 않고 있습니다."

나는 머리를 끄덕였다. 과연 그 위험한 핵분열 물질들이 어디서 흘러나오는지, 또 NATO 확장과 함께 러시아를 멀리하는 상황에서 어떻게 그가 현재의 문제를 풀 수 있을지 물어보기가 꺼려졌다.

러시아와 중국, 일본에서 냉전시대의 지도자들은 세계화로의 이행을 진행하기 위해 노력하고 있다. 그러나 많은 경우에 이들 지도자들은 수단이 부족하다. 러시아는 중앙계획경제, 공산주의 이념, 구소련의 정치위원을 없앴다. 그러나 아직까지는 공산주의 잔재를 없애지 못했고 자본주의로의 대체 역시 제대로 이뤄지지 않고 있다.

물론 러시아와 중국, 일본에서 우리는 로버트 호매츠가 말한 '밀레니엄 세대(세계화와 함께 성장해온 세대)'가 이들 국가에서 권력을 잡을 때까지 기다려야 한다. 호매츠는 이렇게 말했다.

"사람들이 내게 '아니 어떻게 러시아에서 정치 변화를 가져온다는 거죠' 하고 물을 때마다 나는 항상 이렇게 대답하지요. '그건 21년 하고도 9개월만 있으면 됩니다.' 현재 러시아는 그 과정에 있는 것이라는 말입니다."

신세대의 출현을 기다리는 사이에 발생할 수 있는 일들은 걱정스럽다. 앞서 나는 국가와 기업을 비교하고 둘 사이에 공통점이 있다는 것을 발견했다. 그러나 국가와 회사가 같을 수 없는 점도 있다. 회사는 설립되고 실패하고 망하면 사라진다. 국가는 성립되고 실패하면 몰락할 수 있다. 그러나 사라지기는 쉽지 않다. 대신 실패한 국가로 계속 남아있다. IBM이 파산하고도 여전히 시장에서 자리를 차지하는 경우를 생각해보자. 급여를 지급받지 못한 영업직원과 관리인은 암시장에서 컴퓨터 부품을 팔 것이다. 과거 고객들을 속이려고 할 것이고 과거 경쟁자들이 일하는 곳마다 쫓아다니며 렌치를 집어던지는 식으로 자신들이 아직 건재함을 세상에 알리려고 노력할 것이다.

1914년 이전의 세계화가 1차 대전으로 붕괴한 것은 오스트리아-헝가리 제국 때문이었다. 당시까지 유럽 세력 균형의 중요한 축이었던 이 제국이 오랜 기간 천천히 힘을 잃다가 갑자기 1909~1914년에 급속히 기울었다. 오스트리아-헝가리 제국은 강대국들과의 경쟁에서 경제·군사·정치 면에서 자국이 밀리고 있다는 것을 알게 됐다. 이후 오스트리아-헝가리 제국은 조용히 수모를 받아들이기보다는 포커게임에서 승산이 없어진 총잡이라도 되는 것처럼 행동했다. 테이블 위로 올라가 총을 난사하기 시작한 것이다. 오스트리아-헝가리 제국은 어떤 때는 세르비아를 없애기 위해서 독일과 제휴를 맺기도 했다. 새로운 동맹이 러시아와의 세계대전을 촉발할 걸 알면서도 말이다.

세르비아, 알바니아, 알제리가 전쟁에 나설 경우 모든 상황이 뒤죽박죽이 되겠지만 세계화 체제 전체를 위협하지는 못할 것이다. 그러나 우리는 러시아, 중국, 일본을 비롯한 큰 나라들이 세계화에 실패하고도 구시대로부터 물려받은 군사력을 유지하고 있다면 어떤 일이 벌어질지 장담할 수 없다. 정치학자인 로버트 패스터는 『세기의 여행: 강대국들이 어떻게 세계를 바꾸었나A Century's Journey: How the Great Powers Shape the World』란 책에서 냉전시대 이후 세계화 체제가 직면한 문제는 1차 대전 후 베르사유체제가 직면했던 문제들과 흡사하다고 지적했다. 패전국을 어떻게 승자의 체제 안으로 편입시킬 것인가? 베르사유체제가 이들 패전국을 통합하는 데 실패하면서 패전국들의 화를 북돋웠고 결국 그만큼 2차 대전의 싹은 커나가고 있었던 것이다. 2차 대전 이후엔 일본과 독일이라는 가장 큰 패전국을 성공적으로 체제

안으로 편입시키면서 유럽과 아시아가 안정이 됐고 평화가 찾아왔다.

탈냉전시대에 우리가 직면한 질문은 어떻게 냉전시대의 패자들을 민주주의 국가들이 주도하는 시장 중심의 세계화 체제 안으로 편입시킬까 하는 것이다. 패스터는 이 과정이 순탄치 않을 것이라고 지적했다. 왜냐하면 탈냉전시대의 평화는 서방세계가 승전 후에 무조건적인 항복을 받아냈던 베르사유체제와는 다르기 때문이다. 서방세계는 러시아와 중국, 베트남을 점령하지 못했다. 이 때문에 이들 국가에 대한 서방세계의 영향력이 매우 제한적이고 또 국가별로도 상황이 다를 수밖에 없다. 그러나 세계화 체제가 자리 잡기 위해서는 중국과 러시아를 세계화 체제로 성공적으로 통합 시키는 게 매우 중요하다. 패스터는 안정적인 국제체제로 세계화가 자리매김하기 위해 가장 중요한 요소는 "세계화 체제를 전복시키는 것보다 유지하는 것이 이들 국가에게 더 도움이 될 것이란 점을 인식시키는 것"이라고 지적했다. 현 상황에서 세계화 체제와 관련해 중요한 국가는 러시아와 중국이다. 그러나 이들 국가가 느끼기에 세계화로의 이행이 너무 어렵다면 어떻게 될까? 마이크로칩을 생산하지 못하는 국가들이 문제를 일으키게 될까?

단지 개발도상국이나 기술이 없는 나라들만의 문제는 아니다. 이는 '마이크로칩을 생산할 수 있는 나라'에도 적용된다. '너무 힘들다'는 문제와 함께 요즘 사람들에게 또 문제가 되고 있는 비슷한 고민은 '너무 빠르다'는 것이다. 세계화 체제의 변화 속도가 너무 빠르고 성공을 위한 필요조건이 계속 달라져서 자기가 확실한 기반을 갖고 있다고 느끼는 이들은 거의 없다. 우리의 부모 세대는 종신고용이나 노조 가입을 통해 안정감을 느꼈으나 이제는 이를 기대하기 힘들다. 이 책의 초판이 나온 다음 나는 일리노이 주 로아노케의 한 여성 독자로부터 감동적인 편지를 하나 받았다. 편지에서 이 여성은 많은 사람들이 제기하고 있지만 나 자신 마땅한 대답이 없는 걱정거리들에 대해서 이야기했다. 만약 세계화 체제가 요구하는 속도가 개인, 기업, 국가가 낼 수 있는 속도보다 더 빠르다면 어떻게 될 것인가 하는 질문이다. 편지의 내용은 다음과 같다.

프리드먼 씨, 이 편지가 당신에게 전달돼 당신이 저의 미스터리를 풀어줄 수 있기를 바랍니다. 당신이 나오는 토크쇼를 보다가 당신의 책을 사보기로 했습니다. 책을 몇 번이나 읽었지만 제 질문에 대한 답은 찾을 수가 없더군요. 저 개인은 오늘날의 시장 어디에 있어야 하는가 하는 질문입니다. 제 남편과 저는 꾸준히 사업을 해왔습니다만 성공하지는 못했습니다. 1984년 대학에 입학한 뒤에 저는 컴퓨터, 경제, 주식, 경영, 회계를 포함한 거의 모든 공부를 닥치는 대로 열심히 했습니다. 그러나 캐터필러(건설장비 제조회사-옮긴이)에 의존하는 이 지역경제의 특성상 회사가 힘들어지자 지역경제는 심한 침체에 빠져 있었습니다. 제 첫 직장은 별 볼일 없는 회사였고 결국 그만두게 됐습니다. 그러는 사이 남편은 직접 제작한 컴퓨터를 팔아 처음으로 돈을 벌기 시작했습니다. 그러나 1,000달러 이하의 컴퓨터들이 나오기 시작하면서 남편의 사업도 다시 빛이 바래기 시작했습니다. 우리는 인터넷이나 컴퓨터를 포함한 모든 종류의 사업에서 필수적인 요소들은 갖추고 있다고 생각합니다. 그러나 전 세계 시장에서 우리가 차지할 수 있는 자리가 어디인지 잘 모르겠습니다. '어떻게' 팔아야 할지 알지만 '뭘' 팔아야 할지 모르는 셈이죠. 한 예로 제가 위대한 미국 소설을 쓸 모든 수단을 갖고 있으나 소재가 없는 식입니다. 백만장자들이 주식시장에 더 큰 돈을 벌 수 있는 씨앗을 뿌릴 때 우리는 파산한 상태였습니다. 저 같은 보통 사람은 이 큰 글로벌 시장의 어디에서 자리를 찾을 수 있을까요? 우리 부부만 이런 곤경에 처한 것은 아닙니다. 저희 주변에는 같은 자리에 앉아서 우리에게 무슨 일이 일어날지 또 앞으로 어떤 일을 해야 하는지 고민하는 많은 친구들이 있습니다. 이에 대한 답을 해주실 수 있기를 바라겠습니다.

나도 내가 명쾌한 답을 갖고 있었으면 좋겠다. 단 하루도 신문에 노동자와 기업주들에게 규모를 축소하라, 새로운 기술을 익혀라, 과거를 버려라, 웹에 집중하라, 더 빨라지고, 더 유연해지고, 과거의 것은 버리고 새로운 것을 택하고 더 새로운 방식을 택하라는 식의 기사가 나오지 않은 날이 없다. 문제는 새로운 것이 거의 6개월에 한 번씩 바뀐다는 것이다. 그 속도가 너무 빨라서 교육수준이 낮은 사람은 말할 것도 없고 심지어 배웠다는 사람들에게도 적응하기엔 너무 빠르고 너무 어렵다. 새로운 세계화라는 변화가 자신들이 적응하기엔 더럽게 빠르고, 더럽게 힘들고 또 지긋지긋할 정도로 오래 지속된다면 사람들은 과연 어떻게 반응할까?

너무 많이 연결된 세계

세계화가 세계화를 위협할 수 있는 또 다른 가능성은 세계화 자체가 매우 매끄럽게 작동하면서 전 세계가 아주 단단하게 연결됐을 때 나타날 수 있다. 소수의 투자자 혹은 성난 슈퍼개인이 전체 구조를 위협할 수 있는 것이다. 월스트리트의 투자은행들은 지난 1998년 8월과 9월에 발생한 시장 붕괴에 대해 많은 이야기를 해줄 수 있다. 당시에는 월스트리트의 전문가들 역시 자신들이 예상했던 것보다 훨씬 더 세상이 연결돼 있다는 사실을 발견하고 깜짝 놀랄 수밖에 없었다. 과거 투자와 특정 사건 사이에 존재했던 상관관계를 바탕으로 개발된 투자위험관리모델로는 1998년에 발생한 연쇄적인 상황을 예상하지 못했고 결국 분산투자의 개념을 전면 재검토해야 할 상황이 됐다. 당시만 해도 많은 기업들이 만기와 통화와 시장이 각기 다른 여러 종류의 금융자산에 투자하면 위험분산이 잘돼 있는 것이라고 생각했다. 그러나 1998년 위기와 함께 기업들은 자신들의 투자가 모두 하나의 큰 고리에 연결돼 있어 한 번 시장이 붕괴되면 빠져나갈 방법이 없다는 걸 깨달았다. 연결고리의 한쪽이 무너지면 다른 쪽도 함께 끌려

내려갔다. 세계화 덕분에 체인은 매일 더 길어지고 더 빡빡해졌다. 또 하나 무서운 사실은 우리가 아직도 서로 연결돼 있다는 게 뭘 의미하는 것인지 충분히 이해하지 못하고 있으며 연결고리의 한 쪽이 약해졌을 때 우리 스스로를 어떻게 보호할 수 있는지도 제대로 알지 못한다는 사실이다. 지나친 연결의 문제는 금융시장뿐만 아니라 Y2K 같은 문제에서도 확인할 수 있다. Y2K 또는 밀레니엄버그는 컴퓨터를 처음 설계할 때 메모리 용량을 줄이기 위해서 연, 월, 일의 표시 단위를 모두 2개로 하면서 시작됐다. 즉 1999년 12월 31일까지만 표시가 가능한 셈이다. 그만큼 2000년 1월 1일이 됐을 때는 00년 1월 1일로 표시되면서 1900년이 다시 시작되는 셈이다. 다행히도 이 문제에 대한 대비를 잘하고 국가와 기업들이 새로운 컴퓨터를 구입했기 때문에 Y2K 위협은 새천년이 시작될 때 별 무리 없이 지나갈 수 있었다. 덕분에 2000년은 전 세계를 불안감으로 하나되게 한 악몽 같은 한 해가 아니라 모두 함께 축하할 수 있는 한 해였다.

Y2K는 잘 극복했지만 이것이 우리가 과도하게 연결돼 있다는 문제를 모두 해결했다는 뜻은 아니다. 다른 사안을 생각해보자. 핵폭발이 고공에서 나타나면 거대한 전자기장 충격이 나타난다. 불량국가의 일부 테러리스트가 미국 상공에서 아주 작은 폭발이라도 만든다면 미국의 모든 컴퓨터가 멈춰서고 망가질 것이다. Y2K쯤은 해변에서 보내는 한가로운 일상처럼 느껴질 정도의 사건이다. 팀 와이너는 미국 정부의 비밀 프로그램에 대해 쓴 『백지수표Blank Check』라는 책에서 다음과 같이 밝혔다. "오마하 300마일 상공에서 폭발이 발생한다면 폭발로 인해 발생한 전자파로 미국 전역은 초토화될 것이다. 모든 전자 시스템, 모든 전파 시스템, 모든 컴퓨터 연결회로는 벼락의 몇백만 배나 되는 충격을 경험하게 될 것이다. 미터당 5만 볼트에 달하는 고밀도 충격이 전국의 모든 전선에 흐르게 될 것이다. 이러한 현상은 미국이 3개의 핵무기를 태평양 상공에서 폭발시킨 1962년에 발견됐다. 폭발이 하와이 800마일 상공에서 발생했지만 오아후

의 모든 가로등과 호놀룰루의 도난경보기들이 모두 난리였다."

와이너에 따르면 Y2K와 달리 전자기파의 효과는 공학자들의 용어를 빌려 표현하자면 "모른다는 사실을 알고 있는known unknown" 것이다. 존재하는 것은 알려져 있지만 해결책은 모르는 것이다.

서로 연결됐다는 것이 우리에게 문제가 될 수 있는 또 다른 경우가 있다. 단순한 연결, 또는 조금 과도한 연결도 사회적으로 참을 수 없는 수준이 될 수 있는 경우다. 1999년 여름 어느 날 내 사무실에 앉아서 AP통신의 이스라엘 관련 기사를 우연히 발견하게 됐다. 이 보도에 따르면 어떤 이스라엘 남자가 해변도시 네타냐에서 양손에 휴대전화를 들고 운전을 하다 여경에게 적발됐다. 그는 당시 대화에 몰두하느라 팔꿈치로 핸들을 돌리고 있었다고 일간『하레츠』가 보도했다. 자원봉사 중이었던 여경은 남자의 회색 미쓰비시 자동차가 갈지자로 움직이는 것을 보고 그를 제지했다.

나는 양손으로 휴대전화를 들고 귀에다 붙여대고는 팔꿈치로 핸들을 조작하는 이 기사 속 이스라엘 남자의 얘기가 과도한 연결이 가져오는 병폐를 가장 잘 보여주는 사례라고 생각한다. 이게 바로 선진국에서 지속적으로 나타날 진짜 Y2K 바이러스다. 통신장비들이 시계, 휴대전화, 자동차, 토스터, 워크맨으로도 인터넷에 접속할 수 있어 언제 어디서나 인터넷에 접속되는 '24시간 인터넷(에버넷)'과 연결된 후 사람들에게 남게 되는 것은 초조함뿐이다.

과도한 연결이라는 바이러스는 매일 퍼져나가며 아직까지 알려진 해결책은 없다. 나는 1999년 여름 내 딸아이와 함께 식당에 앉아 있었다. 내 옆으로는 두 가족이 있었다. 공통점은 두 가족의 가장들이 모두 마치 사무실에 있는 것처럼 큰 목소리로 휴대전화 통화를 하고 있었다는 점이다. 나는 이렇게 소리 지르고 싶었다. "이보세요. 난 지금 휴가 중입니다. 난 내 사무실에서 벗어나고 싶단 말이오. 난 당신의 사무실에 있는 듯한 느낌을 받고 싶지 않아요. 빨리 휴대전화 좀 끄세요!" 1999년 10월 나는 내 조카의 유대교 할례의식 참가를 위해 시카고에 갔다. 하얀색 수염의 랍비가 할례를 하기 직전에 휴대전화가 울렸다. 우리는 누가 이 신성한 의식을 방해하는지를 확인하기 위해 두리번거렸다. 이때 갑자기 랍비가 수술용 칼을 내려놓더니 자신의 주머니에서 휴대전화를 꺼냈다. 점점 더 나는 내 자신이 사람들의 휴대전화에 대해서 반응하는 방식이 저녁식사 때 옆테이블에서 시가를 피울 때처럼 분노를 갖고 대응하게 된다는 것을 알게 됐다.

나는 하루빨리 식당에 휴대전화 금지구역이 생기기를 기대한다. 식당 종업원이 "통화 가능 테이블을 원하세요, 통화 금지 테이블을 원하세요"라고 묻고 그에 따라서 자리를 안내하는 시스템이 도입되기를 원한다. 또 조만간 모토로라에서 주차장 문을 여는 것처럼 아주 간편하게 주변의 모든 휴대전화를 먹통으로 만들 수 있는 기계를 만들어내길 바란다. 단추 하나를 누르면 주변 15미터 안에서는 휴대전화가 불통이 되는 것이다. 과도한 연결이 인터넷시대의 병폐가 되는 것은 놀랄 일이 아니다. 인터넷과 세계화는 공간과 시간의 제약을 단축시켜주기 때문이다. 사업을 하는 데는 매우 유용하다. 그러나 사회적으로는 모두 폐쇄공포증 환자가 돼가고 있다. 『뉴요커』에 이런 만평이 실린 적이 있다. 데이트를 마치고 남자가 여자를 집까지 바래다주는 장면이다. 여자는 남자의 손을 뿌리치며 "하워드, 들어오라고 하고 싶지만 10분 뒤에 홍콩 증시가 문을 열어요"라고 말한다. 시간과 공간은 우리 삶에서 숨쉴 수 있는 틈을 만들어준다. 그러나 일순간에 시간과 공간의 틈이 사라져버리면 삶에서 중요한 완충장치가 사라져버리는 것이다. 몇몇 랍비는 내게 보낸 편지에서 과도한 연결 때문에 유대인들이 안식일의 중요성을 더욱 크게 느끼게 될 것으로 믿고 그렇게 되기를 희망한다고 밝혔다. 모든 휴대전화를 끄고 다른 사람들에게서 단절되는 휴식일은 완전히 새로운 매력으로 다가올 것이다.

메디슨가에서 일하는 내 친구는 휴대전화나 호출기가 생기기 전에는 누군가 사무실에 전화를 걸어 그를 찾으면 비서가 "앨런 씨는 외출하셨습니다"라고 말하면 모든 상황이 종료됐다고 한탄했다. 지금은 외출 중이란 말이 끝나기가 무섭게 "어디 있든 상관없으니 휴대전화나 호출기로 연결 좀 해주세요"라는 답이 돌아온다는 것이다. 사람들은 상대방이 언제, 어디에 있든 연락이 가능하다는 전제를 깔고 있는 셈이다. 상대는 절대 출타 중일 수 없는 것이다. 바깥에 있을 수 있는 시대는 끝났다. 이제는 항상 내부에 있는 것이다. 그리고 당신이 언제나 내부에 있다는 것은 당신이 언제든 연결돼 있다는 말이다. 당신이 언제나 컴퓨터 서버처럼 연결돼 있다는 것은 당신은 절대 멈출 수도, 쉴 수도 없다는 뜻이다. 최근 들어 "그 문제는 잠깐 보류하도록 하지"란 말을 들어본 것이 언제인가? 이제는 어떤 일에 대해서 생각할 시간이나 공간이 더 이상 없다. 월스트리트의 한 경영자는 내게 일본 여행을 좋아한다고 말한 적이 있다. 낮에는 열심히 일하고 저녁에는 도쿄의 멋진 식당에 가는 걸 좋아한다는 것이다. 그러나 지금은 발달된 통신 기술 덕분에 낮 동안 열심히 일하고 저녁 때 멋진 도쿄의 스시집에 가려고 할 때면 팩스, 호출기, 휴대전화가 모두 울려대기 시작한다. 그는 "최근 5년 동안 도쿄에서 저녁을 밖에 나가서 먹어본 적이 없다"며 "결국 도쿄에 가면 하루에 19시간을 일하게 된다"고 말했다.

한번은 영국의 국방부 관리를 인터뷰할 때였는데, 그가 공항 보안검색대에 휴대전화를 엑스선 검색대 안으로 밀어 넣은 뒤 깜빡 잊어버렸다는 얘기를 들려주었다. 5분 뒤에 이 관료는 자신이 휴대전화를 깜빡했다는 사실을 발견하고 검색대로 부리나케 달려가 휴대전화를 되찾았다. 보안검색대 요원은 그 5분 사이에 전화가 2통 걸려왔다며 전화기를 돌려줬다. 나중에 안 일이지만 2통 모두 동료 국방부 공무원들로부터 걸려온 전화였다. 이 공무원은 "그때 보안검색 요원이 말 한마디라도 잘못했으면 전쟁이라도 날 판이었다"고 말했다.

나는 그 국방부 관리에게 휴대전화를 잃어버렸을 때 그가 근무 중이었는지 아니면 휴가 중이었는지 물어보는 것을 깜빡했다. 그러나 그는 아마도 그때 어떤 상황이었는지 본인 스스로도 잘 기억하지 못할 것이다. 우리가 항상 연결돼 있을 때면 일과 휴식의 경계가 사라진다. 일하는 엄마, 아빠는 발달된 통신기술 덕분에 더 집에 오래 있을 수 있다. 이론적으로는 좋은 얘기다. 그러나 집에 더 오랜 시간 있을 수 있다는 건 근무시간이 하루에 19시간이라는 뜻이다. 나에게는 정부의 법률 관계 고위직에서 많은 스트레스를 받으며 일하는 친구가 있다. 그는 10대 딸을 위해서 가급적 자주 일찍 퇴근하고 또 주말에는 집에서 휴대전화로 일하려고 한다고 말했다. 비록 두 시간마다 20분 가량을 휴대전화로 통화를 해야 하지만 아예 집 밖에 있는 것보다는 낫다고 말했다. 그러나 그의 딸은 아빠의 생각에 동의하지 않는다. 그의 딸은 휴대전화가 계속 울려대는 것에 화가 나 결국 "그냥 회사에서 일하세요"라고 말하고 말았다.

내 생각도 친구네 딸과 같다. 나 역시 그 여자아이의 아빠만큼이나 내 자녀들에게 죄의식을 느끼고 있지만 말이다. 이는 단지 시작에 불과하다. Y2K 문제는 불과 몇 달 안에 해결됐다. 그러나 사회적 Y2K 병폐는 상당히 오랜 기간 동안 우리를 괴롭힐 것이다. 물론 연결돼 있다는 것이 주는 장점도 상당히 많다. 이웃들과 더 자주 연락할 수 있고 또 더 친해질 수 있다는 것부터 근무시간을 유동적으로 만들 수 있다는 것 등이다. 그러나 모든 게 균형의 문제다. 균형이 과도한 접속 쪽으로 쏠리게 되면 사람들은 세계화 체제에 질식할 것 같다는 느낌을 받게 되고 결국 폭력적이 될 것이다.

너무 단절된 세계

우리가 점점 더 연결되는 시대의 역설은 한편으로는 더 쉽게 단절되기도 한다는 것이다. 왜냐하면 통신망을 통해 더 많이 연결되고 네트워크를 통해 더 많이 접속되면서 홀로 일하는 것이 더 쉬워졌기 때문이다. 집이든, 휴양

지든, 나무 위에 지어놓은 집이든, 멀리 떨어진 아프리카든 상관없다. 우리가 네트워크에 더 접속될수록 우리는 더 프리랜서처럼 활동할 수 있게 됐다.

대형 컨설팅회사에서 일하는 내 친구는 세계화로 인해 최근에 이뤄진 합병 후에 기본적으로 사무실을 잃었다. '모텔 데스킹motel desking'이라는 시스템을 도입해서 몇 명이 책상을 공유하는 식으로 바뀌었기 때문이다. 자신이 필요할 때만 책상을 사용할 수 있다는 것이다. 모든 파일은 온라인으로 중앙 시스템에 저장해놓고 필요할 때 내려받으면 된다. 서류상으로는 매우 많이 효율적이 됐지만 일할 맛은 확실히 떨어졌다고 한다.

그의 이야기를 들어보자.

"내가 지금까지 20년 가까이 대기업의 법무를 해왔어. 아주 오래 일한 것은 아니지만 예전과는 달라졌어. 예전(1980년대)엔 일하다 뭔가 문제가 생기면 복도를 지나 정수기가 있는 곳으로 갔어. 거기에 누구라도 한 명 있으면 말을 붙였지. '실은 내가 이런 회사 땜에 골치가 아픈데 말이야. 회사에서는 자산을 분리하려고 하고 분리하면 양도소득세가 문제가 되고. 이럴 때 자네라면 어떻게 하겠나.' 그럼 거기 있는 친구 중 한 명이 몇 년 전에 비슷한 일을 이렇게 저렇게 처리했다고 말해주지. 또 다른 사람은 그때 일이 꼭 그런 식으로 처리됐던 것은 아니고 이렇게 처리됐다고 말을 해주지. 만약 거기에 부동산 전문가인 다른 누군가가—가령 빌이라는 친구가—있다면 아주 좋은 답변을 얻을 수 있지. 그러기 위해서는 편안한 방식으로 얼굴을 맞대고 동료들과 일을 해야 해. 근데 지금은 말이야. 회사 직원의 절반이 자기 사무실도 없어. 나는 심지어 내 책상도 없어. 사무실 공간을 아낀다고 책상을 공유하고 있거든. 게다가 정수기도 없고 복도 건너편엔 빌도 없어. 빌은 아마 집에서 일하겠지. 통신기술 발전 덕분에 재택근무를 하거든. 그가 줄 수 있는 많은 해법들은 아마 컴퓨터 서버 어딘가에 저장돼 있겠지만 도대체 어떻게 그걸 찾을 수 있는지 모르는 게 문제지. 내가 잃어버린 것은 빌의 조언이야. '음. 이걸 이런 식으로 처리하라고 책에는 돼 있지만 이런 일을 할 때 저런 부분을 조심해야 해' 하는 식의 조언 말이야. 이런 것들은 사실 검색엔진으로는 찾을 수 없는 무형자산이지. 그래 빌에게 메일을 써서 물어볼 수도 있고 빌이 대답을 해줄지도 몰라. 그래도 예전 같지는 않아."

친구와 얘기를 나눈 몇 달 뒤에 오피스닷컴이란 비즈니스 소프트웨어 회사의 광고 문구를 보게 됐다. 이 회사의 모토가 '정수기로 가는 것보다 더 많은 정보를 얻을 수 있는 길'이 있다는 것이었다. 맞는 얘기지만 그리 만족도가 높을 것 같지는 않다는 생각이 들었다.

시간이 지난다고 해서 상황이 나아질 것 같지도 않다. 더 이상 야구 선수나 농구 선수만 자유계약이 아니었다. 이제는 누구든 이 팀에서 저 팀으로, 이 직업에서 저 직업으로, 이 회사에서 저 회사로 옮길 수 있다. 요즘 식으로 표현하자면 우리는 모두 프리랜서와 비슷한 'E랜서E-lancers'인 셈이다.

왜 이런 일이 벌어지는 것일까? 『하버드비즈니스리뷰』의 편집장인 니콜라스 카는 1999년 6월호에 이런 상황이 발생하는 원인을 잘 요약해놨다.

"20세기(벽이 존재하는 시대)에는 전문적으로 조율된 협업 체계를 통해 각자 자신의 일을 하던 옛 산업시대 조직 모델이 경제적 관점에서도 합당한 것이었다. 그러나 오늘날에는 더 이상 합리적인 방식이 아니다. 비용도 많이 드는 데다 조직 자체가 너무 비대하기 때문이다. 작은 규모의 임시팀으로 일을 추진하고 스스로 시장 변화에 맞춰 협업을 하도록 하는 게 훨씬 더 효율적이다. … 신경제의 관점에서 기업들이 더 높은 수준의 유연성을 추구하는 것이 합리적이다. 그러나 이 방식이 과연 인간에게 맞는 방식일까?"

카는 사회학자인 리처드 세넷이 유연성과 단절의 부정적인 면에 대해 쓴 도발적인 책 『인격의 부식: 새로운 자본주의 시대 근로가 개인에게 미치는 영향Corrosion of Character: The Personal Consequences of Work in the New Capitalism』에 대한 서평에서 이 같은 의문을 제기했다. 카가 서평에서 지적한 대로 유연해진다는 것은 애착이 사라지는 것이다. 유연한 회사는 내 친구가 일하는 컨설팅회사처럼 이익을 더 많이 남기고 더 효과적으로 사업을 하려면 전략, 제품, 사람 그리고 고객마저도 언제든지 버릴 준비가 돼 있어야 한다. 그러나 사람들과 연결고리를 찾고, 나름의 공동체를 만들고, 자신의 올리브나무를 붙잡는 것은 사람만의 독특한 특성이다. 사무실에 마련된 자기 책상을 장식하고 회사를 제2의 집이라고 부르는 것처럼 말이다. 우리가 이 같은 타인과의 연결을 계속 끊어야 한다고 쉴 새 없이 요구하는 세계화는 우리를 새롭게 바꿔버릴 것이다. 단기적으로 생각하고 유연한 태도를 유지하는, 부유동물처럼 소속감이 사라진 모든 사람들에게 마치 일용직 근로자 같다는 느낌을 갖게 만들 것이다. 카는 세넷의 주장을 이렇게 풀어 설명했다.

"우리는 스스로가 누구인지, 어떻게 행동해야만 하는지 확실히 알지 못한다. 모두가 그렇게 되면 우리 사회의 근간이 뒤흔들리게 될 것이다. 우리는 타인과 함께하는 것이 아니라 타인과 '팀'을 이룰 뿐이다. 우리에게 친구는 없고 단지 연락할 사람만 남게 됐다. 우리는 고통을 함께하고 서로를 격려하며 발전시켜주는 공동체의 일원이 아니라 끊임없이 변하며 매정한 효용성 위주의 네트워크의 한 고리일 뿐이다. … 그러나 매번 우리가 스스로를 재창조할 때마다 과거의 경험이 가르쳐준 것은 지워버린다. 우리는 어떤 소속감을 느끼며 인간으로서 윤리의식을 갖는 대신 하나의 조립된 존재라는 모순적인 감각만을 갖게 될 것이다. 그 결과 우리는 점점 비현실적인 가상현실이 될 뿐이다."

세넷이 자신의 책에서 밝혔듯이 가장 무서운 점은 이 모든 게 우리가 '진보'라고 부르는 것의 결과라는 사실이다. 세넷은 이렇게 밝혔다.

"오늘날 존재하는 불확실성에 역사적 재앙의 징후는 없다. 오늘날 불확실성의 가장 뚜렷한 특징은 이것이다. 오늘날의 불확실성은 활기찬 자본주의의 일상적인 활동에 스며들어 있다. 불안정은 정상을 의미한다. 모든 사람들이 슘페터가 말하는 창조적 파괴를 이뤄내는 기업가를 이상형으로 삼고 있다. 이에 따라 인격의 부식은 이제 피할 수 없을 것으로 보인다."

세넷이 비판한 뿌리 없는 유연성이 사람들을 무기력하게 만들기도 하지만 한편으로는 자유롭게 한다는 점도 분명히 할 필요가 있다. 이제 당신을 보호해줄 벽이 더 줄어들었으며 동시에 당신을 새로운 자리로 옮기지 못하게 막는 장벽도 줄어들었다. 게다가 세계화 체제의 유연성은 실패에 대한 벌이 예전에 비해 약해졌다는 걸 의미한다. 카는 이렇게 지적했다. "당신은 지난번 과제를 망쳤을 수도 있다. 그러나 다음번 과제는 당신의 능력에 더 잘 맞을 가능성이 크다."

우리의 올리브나무가 뿌리를 내릴 만한 사무실과 책상, 가게, 웹사이트와 집을 찾을 수 있을까? 아니면 엘리베이터를 타고 계속 오르락내리락해야 하는 게 우리의 운명일까? 이 질문에 대한 대답에 따라 사람들이 세계화에 대해서 어떻게 느낄 것인지, 그리고 세계화에 대해 반란을 일으킬 것인지에 대한 대답도 달라질 것이다.

너무 간섭하는 세계

1999년 여름 나는 시카고의 대형 호텔 체인에 머물렀다. 아침에 수영을 할 때면 방 열쇠를 수영복 주머니에 넣어뒀다. 어느 날 나는 수영장에서 방 열쇠를 잃어버렸다. 그래서 수영복을 입은 채로 프런트로 가서 방 열쇠를 새로 달라고 했다.

"손님 얼굴 사진이 들어 있는 신분증을 볼 수 있을까요?" 프런트 직원이 물었다.

"없어요. 난 지금 수영복 입고 있어요! 신분증은 당연히 없어요." 내가 대답했다.

"문제없습니다." 그 직원은 컴퓨터에 뭔가를 타이핑하더니 나를 다시 쳐다보며 물었다. "그럼 두 따님은 몇 살인가요?"

내 딸들은 나와 같이 있지 않았다. 한 해 전에 딸들과 함께 이 호텔에 머문 적이 있었다. 데스크 직원의 질문에 정확하게 답했고 새 방 열쇠를 받을 수 있었다. 그러나 매우 화가 났다. '대체 저 사람들은 그 작은 컴퓨터 안에 나에 관해 얼마나 많은 정보를 갖고 있고, 그걸 또 누구에게 팔지는 않을까' 하는 의문이 들지 않을 수 없었다. 몇 달 뒤 오랜 친구인 리처드 데이로부터 편지를 받았다. 내가 그를 처음 만난 것은 지난 1982년 베이루트에서였다. 이후 나는 그와 연락이 끊겼다. 컨설턴트인 리처드는 두바이에 살고 있었다. 그는 편지에서 자신이 어떻게 내 연락처를 구했는지를 설명했다.

"나는 자네 주소를 사람 찾기 사이트에서 발견했어. 정말 놀랐던 건 99달러만 내면 자네 신용 상태 확인은 물론이고 자네가 자산을 얼마나 갖고 있는지도 다 확인할 수 있다는 사실이야. 물론 나야 99달러를 낭비하지 않았지. 그런데 대체 이 많은 것들이 다 어디서 나오는 것일지 궁금하더군. 내 아들과 자네 딸은 아마도 우리가 전혀 꿈도 못 꿔볼 방법으로 서로에 대해 조사해볼 수도 있겠더군."

이 일은 약과였다. 인터넷 시대의 가장 중요한 법칙은 우리 모두가 연결돼 있지만 누구 하나 관리하는 사람은 없다는 것이다. 인터넷 세상은 조지 오웰이 생각했던 그대로지만 '빅브라더'가 없다는 점만 다른 셈이다. 빅브라더가 없는 대신 수많은 '리틀 브라더'가 있다. 리틀 브라더를 조심해야 한다. 성난 슈퍼개인, 웹사이트, 기업, 호텔의 리틀 브라더들은 정부의 감독을 벗어나서 어마어마한 양의 정보를 취합할 수 있다. 일부는 책임감을 갖고 이들 정보를 다루지만 다 그런 건 아니다.

1999년 '민주주의와 기술 센터' 조사에 따르면 경제협력개발기구(OECD)의 기본적인 개인 정보 보호 가이드라인을 따르는 사이트가 전체 웹사이트의 10%도 안 된다고 한다. OECD의 개인 정보 보호 가이드라인은 '사용자의 신상 정보가 본인 동의 없이는 다른 용도로 사용될 수 없고, 사용자가 잘못된 정보를 수정할 권리가 있으며, 자신의 데이터가 유용되지 않고 적절히 보호된다고 믿을 수 있어야 한다'는 내용이다.

세계화의 긍정적인 효과 중 하나는 세계화로 인해 금융거래에서 투명성이 높아졌다는 것이다. 국가나 기업 모두 과거에는 계속 숨길 수 있었던 정보를 이제는 전자소떼를 끌어모으기 위해 시장에 공개해야 한다. 그러나 국가가 숨을 곳이 없어진 것처럼 언젠가는 당신이 걸었던 모든 전화를 추적할 수도 있고 당신이 신용카드로 구매한 넥타이도 알 수 있다. '핫섹스' 같은 포르노 사이트를 방문하는 사람이라면 꼭 기억해야 할 것이 있다. 오늘 당신이 방문한 웹사이트에 대한 기록이 '쿠키'란 형식으로 모두 저장되고 있다는 점이다. 쿠키란 당신의 인터넷 브라우저에 당신이 방문한 다양한 사이트가 남겨놓은 전자 지문이다. 쿠키는 당신이 어딜 갔는지, 또 어디에서 무엇을 샀는지, 또 당신이 온라인에서 무엇을 했는지를 알려준다. 가령 온라인숍에서 당신의 쿠키함에 들어 있는 쿠키들을 모두 취합한다면 당신의 습관과 선호에 관한 꽤 정확한 그림을 그려내서 당신에게 맞춤형 홍보메일을 보낼 것이다.

당신은 걱정할 것 없다고 생각하는가? 이 얘기를 들으면 생각이 달라질 것이다. 1998년에 나는 '가드독Guard Dog'에 대한 TV 광고를 봤다. 가드독은 인터넷보안을 제공하는 소프트웨어로 PC나 웹사이트의 암호화도 해준다. 광고에는 어떤 사람이 닫힌 창문 셔터 틈새 사이로 내부를 훔쳐보는 장면이 나온다. 이때 성우가 "인터넷은 당신이 세상을 보는 창문이지만 세상이 당신을 쳐다보는 창문이 될 수도 있다"고 말한다. 이어 "당신을 지키고 싶다면 가드독 소프트웨어를 사라"며 "이 소프트웨어는 웹이 당신을 서핑하는 것을 막아줄 것"이라고 권한다. 몇 달 뒤에 ABC뉴스에서 왜 사람들이 가드독을 원하는지를 정확히 설명해주는 뉴스를 봤다. 뉴스는 '1998

년 실시된 설문조사에서 응답자의 81%가 신용등급, 의료 기록과 금융기관 거래내역을 포함한 신상 정보가 안전하지 않다고 느끼고 있다'는 내용이었다. 또 텍사스는 이미 범행 기록을 온라인화하고 있으며 3.5달러만 내면 원하는 이름에 대한 관련 기록 검색이 가능하다는 내용도 있었다. 카리브해의 영국령 앵길라 섬에 있는 퍼블릭데이터라는 회사는 공공 기록을 대량으로 사들여 이를 온라인에 검색 가능한 데이터베이스로 만들어 한 번 검색할 때마다 3센트씩 받고 있다. 이 회사는 개인의 범죄 기록, 일부 국가의 법원 명령 기록, 선거인 명부 기록, 운전면허 기록을 제공한다. 상황은 점점 더 심해지고 있다. 1998년 12월 『USA투데이』는 날짜와 주소, 스케줄을 저장하기 위해 만들어진 인기 있는 PDA를 이용해 다른 사람의 자동차 리모컨 열쇠에서 코드를 복제해 차량 잠금장치를 해제할 수 있다고 보도했다. 제조회사도 이를 인정했다. 팜 III에 369달러짜리 소프트웨어만 설치하면 3미터내에서 적외선 자동차 리모컨에서 나오는 신호를 가로채 복제할 수 있다는 것이다.

우리가 이러한 리틀 브라더들을 어떻게 다뤄야 하는지는 점차 매우 중요한 정치 이슈가 되고 있다. 다양한 아이디어들이 나오고 있다. 하버드 법대의 로렌스 레식은 자신의 책 『코드를 비롯한 다른 사이버공간 관련법』에서 사람들이 지금 사이버공간이 움직이는 방식으로 앞으로도 동일하게 움직일 것이라는 환상을 갖고 있다고 지적했다. 즉 사이버공간이란 우리가 만들어가는 것이라기보다 발견하는 곳이며 변화되지 않을 것으로 생각한다는 얘기다. 그러나 사이버공간은 신이 하사한 게 아니다. 사이버공간의 구조는 특정한 목적을 갖고 만들어낸 것이다. 레식 교수는 "이용자들의 자유와 신상 정보를 얻을 수 있는 구조로 가상공간의 하드웨어를 설계한다"고 말한다. 그는 또한 사이버공간의 구조가 기업과 정부의 영향을 많이 받는다고 지적했다. 그는 "기업과 정부는 사람들이 어디서 무엇을 하는지에 대해서 가능한 한 많이 알고 싶어 한다"며 "새롭게 부상하는 인터넷이 사람들을 추적해서 개인 정보를 수집하기 쉬운 것은 우연이 아니며, 이는 정부가 사람들을 추적하고 싶어 하고 기업들이 개인 정보 취합하기를 좋아하기 때문"이라고 말한다.

레식은 정부가 사이버공간에서는 법규 준수를 강제할 수단이 없어 인터넷의 개인 정보 보호를 위한 법규를 제정할 수 없다고 주장한다. 그러나 정부는 사람들이 개인 정보 보호장치를 만들고 인터넷상의 안전장치를 만들도록 유도할 수는 있다. 레식의 설명을 들어보자.

"만약 정부가 당신에 관한 정보는 당신의 재산이고 다른 사람이 이를 취할 수 있는 유일한 방법은 당신과 협상을 하는 방법뿐이라고 정한다면 웹디자이너들은 개인 정보와 관련된 협상이 쉽도록 사이버공간의 구조를 설계할 것입니다. 이런 구조가 가능하다면 우리는 자신의 정보 중에서 어떤 것은 공짜로 제공할 수 있는지, 또 어떤 것은 유료로 제공할 것인지, 또 어떤 정보를 절대 포기하지 않을 것인지를 결정하면 되는 것이지요."

개인의 사생활 보호는 미국 헌법과 건국의 아버지들이 가장 중시한 가치다. 우리는 이 가치가 땅에서만 중요하고 사이버세상에서는 전혀 중요하지 않은 시대로 옮겨가고 있는 것인가? 루이스 브랜다이스 판사는 자주 개인들이 '홀로 있을 권리'를 유지할 수 있도록 할 필요가 있다고 얘기한다. 그러나 인터넷이 우리의 통신, 교육, 사업의 주요 수단으로 부상하면서 잠재적으로 더 심각한 문제가 생겼다. 홀로 있을 권리가 아니라 '모호하게 있을 권리'가 침해될 위기다. 모호하게 남아있을 권리란 당신의 기록을 남기지 않을 수 있는 권리다. 누구든지 39달러만 내면 언제 어디서든 당신 인생과 관련된 모든 기록을 다운로드할 수 있도록 해서는 안 된다는 것이다. 개인 정보가 정부와 기업의 리틀 브라더들에게 산더미처럼 쌓여가는 시대가 오고 있다. 『이코노미스트』는 1999년 5월 1일자에서 이렇게 지적했다.

"컴퓨터 기술의 발전은 양날의 칼과 같다. 컴퓨터 기술의 발전은 과거에는 기록으로 남지도 않았던 정보들을 취합할 수 있게 해주는 것뿐만 아니라 최근까지 사실상 불가능했던 이들 정보의 저장, 분석과 재해석을 가능하게 만들었다."

또 점점 작아지고, 성능이 개선되고 저렴해진 데다 더 잘 연결된 컴퓨터가 나올수록 리틀 브라더들의 힘은 강해지고 있다. 헌법이 웹이 시작되는 곳에서 힘을 잃게 되고, 인터넷이 개인을 세상으로 연결시켜주는 것이 아니라 개인의 삶과 사생활을 파고드는 것이라고 사람들이 느끼게 되거나, 사람들이 웹을 서핑하는 것이 아니라 웹이 자신들을 서핑한다고 느끼게 되면 사람들은 새로운 벽을 쌓을 것이다.

너무 많은 이들에게 너무 불공평한 세계

1990년대 후반 『뉴욕타임스』 멕시코시티 특파원이었던 줄리아 프레스턴은 멕시코 사회의 세계화 과정에서 승자와 패자 사이에 있었던 긴장을 잘 잡아낸 이야기를 들려줬다.

프레스턴의 얘기를 들어보자.

"1996년 노동절 때였어요. 멕시코시티에서 큰 시위가 있었죠. 긴축정책이 시행된 직후여서 정부가 시위 참가를 금지했음에도 불구하고 정부기관 노조를 포함한 수많은 노조들이 참가한, 이례적으로 큰 시위였습니다. 나는 오랫동안 좌익 성향을 유지해왔으며 노조 중에서도 시끄럽기로는 알아주는 '대학 교직원 노조' 행렬의 중간쯤에서 걷고 있었습니다. 그들은 '오르티즈에게 죽음을' 하는 구호를 외치고 있었습니다. 시끄럽고 매우 호전적이었죠. 시위의 중간쯤에 휴대전화로 전화가 걸려왔습니다. 기예르모 오르티즈 재무장관의 비서였는데 장관이 나와 통화하고 싶다는 거였습니다. 지금 시위 행렬의 중간에 있어서 너무 시끄러워 말하기 힘들다고 말했습니다. 그러고는 행렬을 벗어나 조용한 곳으로 찾아 들어갔습니다. 그러면서 내가 오르티즈 장관과 무슨 말을 할지 준비할 시간도 벌었지요. 조금 있다 오르티즈의 목소리가 들리더군요. 난 '장관님, 지금 여기에는 당신의 경제정책에 동의하지 않는 사람들이 많네요'라고 말했습니다. 그는 웃는 것 같았어요. 곧 오르티즈 장관은 시위에는 전혀 관심이 없음이 분명해졌습니다. 그는 단지 방금 멕시코가 30년 장기국채 발행에 처음으로 성공했다는 것을 알리려고 전화했다고 말했어요. 지난 1995년 페소화 폭락 이후 처음으로 미국의 지원도 없이 월스트리트에서 장기국채를 발행했고 꽤나 인기를 끌고 있다고 하더군요. 그는 신이 나서 기분이 연처럼 높은 곳에서 날아가는 듯했고 나는 그를 죽이라고 외치는 시위대 행렬의 중간쯤에서 그와 전화로 대화를 한 것이지요."

멕시코 사람들이 세계화 체제에서 충분한 이익을 취할 수 있고 세계화 체제를 감내할 수 있는 한 세계화 반대 시위에도 불구하고 오르티즈 장관이나 세계화는 살아남을 것이다. 멕시코 사람들은 가끔 정책을 비판하거나 노동조건에 관한 요구를 할 때 도로를 점거할 것이다. 그러나 이들 멕시코 노동자들은 그들의 국가를 세계화 체제에서 완전히 분리시키려는 마르코스나 그가 이끄는 사파티스타 게릴라*에 참여하지는 않을 것이다. 아직은 말이다.

이런 일은 전자소떼와 거대시장 덕분이다. 이들은 멕시코와 같은 나라를 집중적으로 공격하지만 더 나은 성과를 보일 때면 언제나 재빠르게 보상해줬다. 가령 국내경제가 안정되면 더 많은 멕시코 물건을 사들였고 또 멕시코에 대한 투자를 늘렸다. 이런 성장이 전 세계의 수많은 오르티즈들

---

* 1994년 멕시코 치아파스 주 원주민들에 대한 토지분배와 처우개선을 요구하며 봉기한 반정부 투쟁단체. 마르코스는 사파티스타 민족해방군(EZLN) 부사령관이자 실질적인 지도자. 반란 초기에는 무장투쟁을 전개했으나, 나중에는 인터넷을 통한 '언어의 전쟁'을 벌였으며 '멕시코의 체게바라'로 알려졌다. (옮긴이)

로 하여금 자기를 죽이라는 구호를 쉽게 무시하고 또 노동자들에게 "조금만 더 날 믿어보면 상황이 달라질 것이라고 약속하겠다"는 말을 쉽게 할 수 있도록 만들었다. 그러나 만약 미국과 서유럽에서 동시에 경기침체가 나타나고 일본은 침체된 경기가 살아나지 않는다면 어떻게 할 것인가? 전자소떼는 급격히 움츠러들 것이다. 그렇게 되면 그동안에는 멕시코, 브라질, 한국 정부가 자국 경제를 개혁하고 황금 스트레이트재킷을 입으며 바른 일을 할 때처럼 이들 나라의 국채를 사줄 수 없게 될 것이다. 미국과 서유럽이 모든 해외 개도국의 수출을 다 받아줘야만 이들 개도국의 경제가 정상적으로 유지된다. 그러나 경기가 위축되면 선진국들은 자국민의 일자리를 지키기 위해서 더 많은 보호주의 장벽을 세우려는 유혹을 받게 된다. 이런 상황에서 세계화 체제가 유지될 수 있을까? 세계화가 열 살이 되는 동안 우리는 이런 상황에 직면해본 적이 없어서 과연 어떤 일이 벌어질지 알 수 없다. 그러나 세계화 체제의 핵심이라고 할 수 있는 선진국에서 경기침체가 나타났을 때 어떻게 살아남을 것인지가 세계화 체제에 대한 진정한 시험이 될 것이다. 그때까지 우리는 과연 세계화 체제를 거꾸로 돌리는 건 불가능한 것인지 정확히 알 수 없을 것이다.

너무 비인간적인 세계

어느 날 워싱턴의 고속도로를 달리던 중에 WTOP라디오에서 흥미로운 뉴스를 하나 들었다. 뉴욕의 한 케이블회사가 "사람과 통화하려면 1번을 누르세요"라는 새로운 옵션을 제공하고 있다는 내용이었다.

나는 언제나 1번을 눌러왔으며 앞으로도 계속 1번을 누를 것이다. 사실 나는 "버튼식 전화기가 아니면 잠시 기다려주시면 교환원이 도와드립니다"라는 메시지를 들을 때도 항상 교환원과 얘기를 할 수 있을 때까지 기다린다. 버튼식 전화기를 쓸 때도 기다린다. 언제든 1번을 누르고 사람과 대화를 할 수 있다는 것은 세계화 시대의 성공에 매우 중요하다. 어느 정도 수준이 되면 당신은 세계화 체제가 기계가 아닌 사람을 위해 만들어졌다는 것을 느낄 필요가 있기 때문이다. 만약 이를 느끼지 못한다면 매우 심한 소외감을 느끼게 될 것이다.

그러나 1번을 누르는 옵션이 더 이상 제공되지 않는다면 어떻게 될까? 만약 세계화가 극단적으로 표준화돼 극단적으로 비인간적인 것이 된다면 어떤 일이 벌어질까?

내 매제인 테드 센추리는 의료기기 개발 전문가다. 그의 집 지하에 작업실을 만들어놓고 믿을 수 없을 정도로 정교한 장비를 손으로 만들어내는 세상의 소금과 같은 존재다. 어느 날 그와 온라인 상거래, 인터넷, 위성기술에 관해 이야기할 때 그는 내 말을 들으며 고개를 끄덕이다 이렇게 물었다. "맞아요. 그런데 이 모든 것들이 삶의 질을 높이는 데 어떤 기여를 할 수 있나요?"

테드와 내 동생 제인은 그들을 괴롭히고 있는 문제에 대해서 이야기를 해주었다.

"매년 여름에 우리는 필라델피아의 우리 집에서 농산물, 특히 저지 비프스테이크 토마토를 사러 사우스 저지까지 갑니다. 저지 비프스테이크 토마토는 이만한 크기에 풍부한 과즙과 향이 있죠. 사우스 저지의 모래 같은 땅에는 수분을 보관하는 특별한 뭔가가 있습니다. 그곳 땅은 정말 토마토, 옥수수 등을 키우기엔 적합한 땅이라서 캠벨에서 토마토 수프용 재료를 늘 그곳 농부들에게서 살 정도입니다. 그런데 문제는 이곳 토마토가 장거리 수송에는 적합하지 않다는 겁니다. 그래서 세계시장에 내다팔 생각도 못하죠. 게다가 크기와 모양도 제각각인 데다 윗부분에는 못생긴 흉터가 있어요. 그래도 맛은 최고입니다. 우리는 매년 사우스 저지의 시장에 가서 파운드 단위로 토마토를 사옵니다. 집에 가져와서는 샐러드에 넣어 먹기도 하고 토마토 소스 만들 때 이용하기도 하죠. 우리 친구들 중에서는 한 번에 너무 많이 먹어서 입술이 부르튼 사람도 있을 정도예요. 가끔 토마토가 과일이라는 사실을 잊어버리는 사람이 있지만 사우스 저지 비프스테이크 토마토를 맛본 사람이라면 너무 달아서 과일이라는 것을 인정할 수밖에 없을 겁니다. 그런데 1997년 여름에 우리가 해마다 그랬던 것처럼 토마토를 사러 그곳에 갔을 때는 구하기가 쉽지 않더군요. 이듬해인 1998년 여름에 사우스 저지의 시장에 갔을 때는 아예 구할 수가 없었어요. 완전히 사라져버린 거에요. 대신에 시장에는 모두 같은 크기에 분홍 비슷한 색깔이 나는 느끼한 맛의 새 토마토들로 가득 차 있더군요. 한 상점에서는 주인이 냉장고 문을 열어줬는데 이런 토마토만 잔뜩 들어 있는 상자들이 가지런히 쌓여 있었어요. 상점 주인 말에 따르면 이 토마토들은 더 오래 보관할 수 있어서 더 먼 곳까지 배송할 수 있다고 하더군요. 또 다 똑같이 생겼고 토마토에 흉터도 없다고 했어요. 상점 주인은 '고객들은 흉터를 싫어한다'며 예전 토마토들이 보기 흉했다고 말하더군요."

이때 내 동생 제인이 끼어들었다.

"게다가 더 심한 건, 연구실에서 만들어진 이 토마토가 여전히 '저지 비프스테이크 토마토'로 불린다는 거야. 다시 말하면 그들은 진짜 토마토는 없애버리고는 이름만 남겨놓은 거지. 그렇게 해서 진짜와는 맛도 모양도 다른 토마토를 저지 비프스테이크 토마토라고 이름 붙여서 전 세계에 팔아먹겠다는 거야. 이걸 보니깐 내 삶의 질에서 중요한 한 부분이 영영 사라져버렸다는 생각이 들어. 난 남은 평생 플라스틱 식품이나 먹기에는 아직 너무 젊어. 난 이게 미래의 한 모습이 아닐까 싶어. 우리네 삶의 독특했던 것들이 플라스틱으로 변해버리는 그런 미래 말이야."

대화가 끝날 때쯤 매제는 내게 이런 말을 했다.

"더 이상 진짜 저지 비프스테이크 토마토가 없다는 것을 알게 된 뒤로 집에 와서 제일 먼저 한 일은 인터넷으로 진짜 저지 비프스테이크 토마토를 파는 사람이 없는지 찾아본 것이었어요. 누군가 분명히 하고 있을 겁니다."

테드의 본능은 말이 된다. 여전히 시장이 남아있고 씨앗을 갖고 있으며 인터넷에 연결돼 있으면 가능하다. 저지 비프스테이크 사이트(www.tomatoes.Jerseybeefsteaks.com)를 열고 페텍스와 비자카드를 이용하면 누구든 가상 점포를 열수 있고 고객들은 자신의 가정용 PC로 토마토를 주문할 수 있다. 적어도 나는 그렇게 희망한다.

세계화의 미래는 여기에 달려 있다.

우리는 개인에게 더 많은 힘을 부여해주고 인간적인 삶을 영위할 수 있도록 해주는 세계화의 특성과, 개인의 힘을 빼앗고 삶을 비인간적으로 만들어버리는 세계화의 또 다른 특성 사이에서 어떻게 적절한 균형을 찾을 수 있을까? 우리가 어떻게 균형을 잡느냐에 따라 세계화가 단지 일시적인 변화인지, 아니면 인간사회의 진화과정상의 근본적인 혁명인지도 결정될 것이다. 세계화를 거꾸로 돌릴 수 있는지 없는지도 그에 따라 결정될 것이다.

1998년 7월호 『뉴요커』에 실린 만평에는 긴 머리에 턱수염을 길게 늘어뜨린 저승사자 둘이 등장한다. 한쪽은 해골 아래에 뼈가 교차해 있는 그림이 그려진 티셔츠를 입고 있고, 다른 한쪽은 오토바이를 타고 있었다. 그 둘은 서로에게 오늘 하루가 어땠는지를 물어보고 있었다. 나중에 그중 하나가 이렇게 말했다. "오늘 하루가 어땠느냐고? 결국 좋은 일이 나쁜 일보다 많았지."

세계화도 마찬가지다. 세계화는 균형을 유지하다가도 이쪽으로 기울거나 저쪽으로 기울기도 한다. 늘 그렇다. 세계의 시민으로서 우리가 할 일은 절대다수의 사람들이, 언제나 발전이 퇴보보다 많다고 느끼도록 하는 것이다. 그럴 때만 세계화는 지속가능할 것이다. 그리고 미국보다 더 큰 책임과 기회를 갖고 있는 나라는 없을 것이다.

20
우리 앞에는 길이 있다

자유사회가 가난한 다수를 돕지 못한다면 부유한 소수를 구할 수도 없다.
존 케네디

1996년 겨울 나는 유엔 주재 미국 대사인 매들린 올브라이트와 함께 유엔평화유지군이 파견된 아프리카의 분쟁 지역을 둘러볼 기회가 있었다. 이 여행에서 라이베리아, 앙골라, 르완다와 브룬디를 방문했다. 여행 막바지에 르완다에 머무는 동안 올브라이트는 수행원들과 보잉737 승무원들에게 키갈리국제공항에서 단체사진을 찍자고 제안했다. 그녀의 비행기는 미니 에어포스원처럼 하얀색과 파란색이 칠해져 있었고 측면에는 '미합중국'이란 단어가 적혀 있었다. 올브라이트의 수행원과 승무원들이 트랩과 날개 아래에 줄지어 섰다. 일행 중에는 그리스계 미국인, 체코계 미국인, 유대계 미국인, 흑인, 백인이 포함돼 있었다. 시골 출신의 비행기 승무원과 아이비리그대학 출신의 국무부 전문가들이 모두 어깨를 나란히 하고 서 있었다. 기자로 동행한 나는 이 사진을 함께 찍을 자격이 없다고 느끼고 옆으로 비켜나 르완다 공항 수비대가 미국인들의 사진 촬영을 지켜보는 걸 봤다. 르완다 사람들은 약간 괴이하다는 표정을 짓고 있었다. 나는 이 한 장의 사진이 르완다가 갖지 못한 미국의 강점을 잘 보여주는 것이라고 생각했다. 공동체 의식, 문화와 인종의 용광로, 도움이 필요한 사람을 위해 멀리 찾아가는 자발성, 자신의 영역에서 최고가 될 수 있는 자유와 기회, 그리고 무엇보다 중요한 것으로, 종족에 대한 충성이 아니라 사상에 대한 충실함을 바탕으로 한 시민권 개념을 잘 보여주는 장면이라고 생각했다. 르완다는 수백만의 인명이 살육당하고 그중 일부는 칼로 잔인하게 살해당한 후투족과 투시족 간의 분쟁이라는 난장판에서 갓 벗어난 상태였다. 르완다에는 올리브나무만 있을 뿐 렉서스는 없었다. 그나마 이 나라의 올리브나무는 뒤틀린 뿌리들이 서로를 옥죄며 꽃 한번 피워보지 못했다.

활주로에서 이 광경을 지켜보면서 나는 순간적으로 화가 났다. 아프리카의 비극 때문이 아니라 미국 하원에서 벌어지고 있는 예산 논쟁 때문이었다. 그 당시나 지금의 나는 미국 사회가 뭔가 매우 특별한 것을 갖고 있다고 생각한다. 그러나 미국인들이 이를 지키고 보존하려면 우리는 그에 대한 값을 치러야 하며, 잘 키워나가야 한다. 그러나 당시 하원에서는 1994년 공화당 초선의원들이 어떤 사회적 합의에도 무관심한 비열한 목소리로 미국 정부가 악마라도 되는 듯 말했다. 그들은 또 시장만이 지배할 수 있다거나 경제적 규범으로는 자유무역과 세계화가 적당하며 나머지는 스스로 알아서 해야 한다고 말했다. 또 어떤 의원들은 미국이 가장 혜택을 많이 받고 있는 세계화를 안정시키는 데 중요한 유엔, 세계은행, IMF 같은 국제기구의 유지를 위해 미국이 나서서 노력할 특별한 이유가 없다는 소리도 했다.

나는 이 모든 것을 키갈리공항의 활주로에서 생각했다. 그때 나는 이렇게 혼잣말을 했다. '이보시오, 공화당 초선의원 친구들, 아프리카에 한번 와보시지요. 아마 당신들의 천국일 테니.' 그렇다. 라이베리아에서는 아무도 세금을 내지 않는다. 앙골라에서는 총기규제가 전혀 없다. 브룬디에서는 흔히 우리가 알고 있는 복지란 것은 아예 존재하지 않는다. 또 르완다에서는 거대정부의 시장 간섭도 없다. 그러나 이들 국가의 국민들은 이런 것들을 바라고 있다. 앙골라의 호텔 프런트 직원을 예로 들어보자. 내가 그녀에게 호텔에서 세 블록 정도를 걸어서 가는 것이 안전한지를 물었을 때 마치 바보를 보는 듯한 표정으로 대답했다. "안 돼요, 안 돼요, 절대 안 됩니다. 안전하지 않아요." 대낮에 앙골라 수도의 중심부에 있는 호텔에서 오고간 대화다. 나는 그녀가, 더 많은 경찰이 거리에 배치될 수 있다면 세금을 더 낼 것이라고 확신한다. 라이베리아의 몬로비아에서는 한 라디오 리포터가 1989년 내전이 발생했을 때, 미군이 왜 라이베리아에 왔는지 알아야겠다며 내게 말을 걸어왔다. 그는 미국 해군이 미국 국민들을 탈출시키기 위해서 왔으며 임무가 끝난 뒤엔 라이베리아를 버리고 떠났다며 이렇게 말했다. "미 해군이 왔을 때 많은 사람들은 '이제 살았구나' 생각했지만 그들은 떠나버렸죠. 어떻게 그렇게 떠날 수 있죠?" 불쌍한 친구였다. 그의 조국에는 그를 구해줄 해군이 없다. 나는 그가 조국의 해군 창설을 위해 세금을 내는 데 기꺼이 찬성할 것이라고 확신한다. 라이베리아 국민들은 '큰 정부'에 대해서 걱정하지 않는다. 그들은 정부에 대한 걱정은 아예 하지 않는다. 지난 10년간 라이베리아를 지배해온 것은 조직폭력배와 군벌이었기 때문이다. 또 라이베리아 사람들은 정부의 규제에 대해서도 전혀 걱정하지 않는다. 사실 내가 라이베리아의 대통령 관저에서 발견한 유일한 규제는 총알 자국이 나 있는 창문에 적힌 "소지한 총기는 이곳에 맡기시오"란 문구뿐이었다.

앙골라에서는 장애인 우대는 물론 성가신 노동자보호 규정 같은 것에 대해 고용주가 고민할 필요가 없다. 지난 25년간의 내전 기간에 설치된 지뢰에 다리가 잘린 사람만 7만 명이 넘지만 이들은 혼자 알아서 생계를 해결해야 한다. 르완다의 길거리에서 당신은 페데리코 펠리니의 영화에 나올 법한 장면들을 보게 될 것이다. 절름거리며 돌아다니는 사람들이 음식을 서로 차지하겠다며 달려드는 것이나 나무로 만든 의족을 쓰는 모습들 말이다. 르완다와 브룬디에서는 누구도 헤드스타트(빈곤층 자녀를 위한 교육 지원 프로그램—옮긴이), 실업보험, 건강보험, 국방비, 학생대출 프로그램에 돈을 대라고 하지 않는다. 대신 부족한 토지, 에너지, 물을 놓고 투시족과 후투족이 서로 더 많이 차지하려 다른 부족을 죽여나가는 것과 같은 잔혹한 경쟁을 견뎌야 한다.

새내기 하원의원들은 의회예산으로 출장을 가본 적이 한 번도 없다고 말했다. 아마도 지역구 주민들한테 별로 안 좋게 보일 것이란 점을 염려했기 때문일 것이다. 이들 중 대부분은 아예 여권도 갖고 있지 않다. 너무 안됐다. 그들은 모두 오늘날 세계화 체제에서 미국인이란 지위를 통해 농구의 세계에서 마이클 조던이 누리던 것과 같은 존경과 혜택을 지정학적 세계에서 누리고 싶어 한다. 그러나 국내외 어디서든 그에 따르는 희생과 의무는 다하지 않으려고 한다. 그들은 반드시 전쟁으로 유린된 아프리카에 와서 과연 공동체 의식이 전혀 없을 때, 정부에 대해서 빚진 게 아무것도 없다고 느낄 때, 다른 사람을 챙겨야 할 필요가 전혀 없다고 느낄 때, 부자들은 높은 벽과 가려진 창문 뒤편에서 살아야 한다고 생각할 때, 가난한 사람들은 시장의 자비나 바라고 있어야 할 때 어떤 일이 벌어지는지를 직접 봐야 한다.

나는 이런 나라나 세계에 살고 싶은 생각은 전혀 없다. 이는 도덕적으로 잘못됐을 뿐만 아니라 점차 더 위험해질 것이다. 이러한 위험을 피할 수 있는 길을 찾아내는 것이 미국의 국내정책과 대외정책의 핵심이 되어야 할 것이다. 불행하게도 민주당이나 공화당이나 정치를 하는 데 있어 냉전 시대에서 세계화 시대로 바뀐 변화를 따라잡지 못하고 있다. 양당 모두 마치 지금의 세계가 미국에게 안전한 것처럼 모든 안건에 대해서 서로 고립적이고 무조건 파벌로 갈라져 싸우고 있다. 오늘날 미국 국민들의 공통된 관심사에 대해 진지한 논의가 이뤄진 게 있다면, 그것은 새로운 사명을 규정하는 것이 아니라 새로운 공통의 위협을 규정할 수 있는지에 관한 것이다. 미국의 대외정책에서 가장 중요한 원칙은 여전히 '큰 기회'나 '큰 책임'이 아니라 '큰 적'이다. 미국은 현재의 세계화 체제에서 큰 기회와 큰 책임이라는 기치 아래 국익을 추구해야 한다. 간단히 말하자면 미국의 제품, 가치, 기술, 아이디어가 가장 세계화됐다는 의미에서 전 세계 통합에서 가장 많은 혜택을 받는 국가로서 미국은 세계화가 지속가능하도록 만들어야 한다. 세계화가 안정을 유지하고 가능한 한 많은 나라에서 되도록 오랜 기간 동안 퇴보보다는 진보가 많이 이뤄지도록 만들어야 한다. 냉전 체제에서 가장 본질적인 질문은 어떤 하드웨어와 운용 시스템을 고를까 하는 것이었다. 세계화 시대에서 가장 본질적인 정치적 질문은 이것이다. 유일한 하드웨어와 운용 시스템으로서 전 세계적으로 통합된 자유시장 자본주의를 어떻게 작동하도록 만들 것인가? 미국은 이 질문에 대해 전 세계의 역할모델이 될 수 있으며 그렇게 돼야만 한다.

미국은 지난 200년 동안 시장이 자유를 누리면서도 괴물로 변하지 않도록 만들 수 있는 균형 잡힌 방식을 창조하고, 재창조하고, 조정해왔다. 미국은 차이를 만들 수 있는 수단을 갖고 있으며 차이를 만들어내야 할 책임이 있다. 그리고 미국은 차이를 만들어내는 데 지대한 관심을 갖고 있다. 세계화를 관리하는 것은 미국이 무서워할 일이 아니다. 이는 미국이 현재의 국익을 보호할 수 있는 길이다. 이를 먼저 이해하고, 가장 사리에 맞고 믿을 수 있으며 창의적인 방법을 찾아내는 정당이 미래로 이어지는 길목을 차지하게 될 것이다.

이러한 도전을 어떻게 받아들일 것인지 생각해보기 위해서는 현재의 문제를 정확히 반영하지 못하는 냉전시대의 정치언어를 제거하고 세계화 시대에 적합한 새로운 용어를 만드는 것부터 시작할 필요가 있다. 이를 위해 세계화 체제에서 사람들이 택할 수 있는 네 가지 기본적인 정치적 성향을 보여주는 매트릭스를 만들었다.

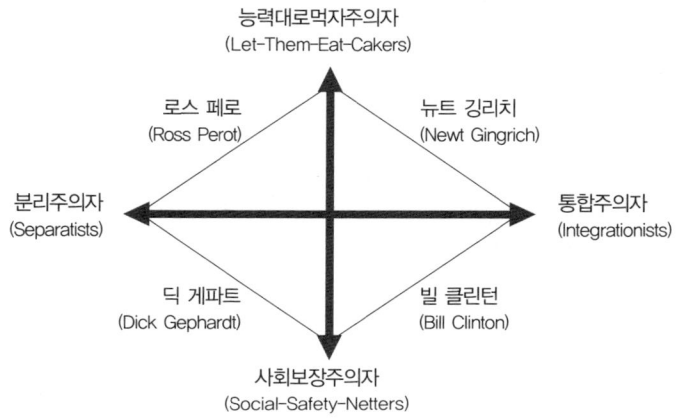

　이 매트릭스를 통해 우리는 자신이 누구이고 경쟁 상대가 누구인지를 찾아낼 수 있다. 좌우로 뻗은 선은 세계화의 정도를 보여준다. 먼저 자신이 세계화에 대해서 어떻게 느끼는지에 따라 좌우로 뻗은 선에 위치를 표시하면 된다. 오른쪽 끝은 통합주의자들이다. 여기에 속하는 사람들은 세계화가 바람직하고 불가피한 것이기 때문에 환영한다는 쪽이다. 이들은 더 많은 자유무역과 인터넷 상거래, 학교, 공동체, 사업의 네트워킹과 전자메일을 통해 세계화를 부추기고 싶어 하는 부류다. 궁극적으로 전 세계 24개 시간대가 하나로 사이버공간에서 통합될 수 있기를 바라는 쪽이다.

　세계화 축의 왼쪽 끝은 분리주의자들이다. 이들은 자유무역과 기술적 통합이 좋은 것도 아니고 불가피한 것도 아니라고 믿는다. 세계화가 소득격차를 키우고 해외에서 일자리를 뺏기는 결과를 낳으며 천편일률적인 문화가 전 세계에 퍼지고 얼굴도 없는 시장의 힘에 의해서 삶이 통제되는 상황으로 이어질 것이라 믿기 때문이다. 이들은 세계화가 조만간 멈추는 것을 보고 싶어 한다. 아예 세계화가 당장 끝나기를 바란다.

　당신은 세계화 축의 한곳에 당신의 위치를 표시해야 한다. 당신은 분리주의자인가, 아니면 통합주의자인가? 아니면 그 둘 사이에 자리 잡았는가?

이제 매트릭스의 상하로 뻗은 축에 대해서 살펴보자. 이 축은 분배의 축이다. 세계화와 황금 스트레이트재킷에 대해서 정부가 어떤 정책을 펼쳐야 하는지를 보여주는 축이다. 이 축의 맨 아래는 사회보장주의자들이다. 나는 사회보장주의자들을 세계화가 경제와 정치의 관점에서 민주화 될 때에만 지속가능하다고 보는 사람들이라고 정의했다. 경제의 관점에서 사회보장주의가 의미하는 것은 도약을 위한 트램펄린(trampoline: 탄력이 큰 바닥에서 공중으로 뜀뛰기할 수 있도록 만든 놀이기구—옮긴이)과 사회안전망을 구축하는 것이다. 단순히 뒤처진 사람들, 지식이 부족한 사람들, 느린 거북이들의 몰락을 완충시켜주는 것이 아니라 그들이 경쟁할 수 있는 수단과 자원을 확보해 뒤처진 사람들을 사회체제 안으로 끌어들이는 것이다. 정치적 관점에서는 세계화되는 과정에 있는 개도국의 민주화를 장려하는 것이다. 개인의 자유가 자라지 않으면 지속가능한 경제성장도 없기 때문이다.

이런 방식에 모두가 동의하지 않는 것은 분명하다. 그래서 분배축의 맨 위, 즉 사회보장주의자들의 정반대에는 '능력대로먹자주의자들Let-Them-Eat-Cakers*'이 있다. 이들은 세계화는 필연적으로 승자가 독식하는 체제이고 패자는 알아서 스스로를 보살피는 구조라고 믿고 있다. 그들은 정부, 세금, 사회안전망을 줄이기를 바란다. 그래서 사람들이 자신의 노동의 과실을 온전히 취할 수 있고 자신의 부족함에 대한 대가를 치르게 놔둬야 한다는 것이다. 자신을 보호해줄 사회안전망이 없다는 사실보다 더 사람들로 하여금 일자리를 구하고 유지하는 것에 집중하도록 하는 건 없다고 '능력대로먹자주의자'들은 말한다.

이제 당신은 분배의 축 위에 자신의 위치를 표시해야 한다. 당신은 사회보장주의자인가, 아니면 능력대로먹자주의자인가? 아니면 그 둘 사이에 있

---

* 루이 16세가 통치하던 프랑스에 기근이 왔을 때 굶어죽기 직전이니 빵을 달라는 민중들의 외침에 대해 마리 앙투아네트 왕비가 "그럼 케이크를 먹으라고 하세요let them eat cake"라고 했다는 속설이 있다. (옮긴이)

는가? 모든 미국의 중요 정치인들은 민주당원, 공화당원, 무소속이라는 설명보다 이 매트릭스를 이용해 더 쉽게 정체를 파악할 수 있다. 빌 클린턴은 통합주의자이면서 사회보장주의자다. 전 하원 대변인이었던 뉴트 깅리치는 통합주의자이면서 능력대로먹자주의자다. 이 점이 클린턴과 깅리치가 늘 자유무역에 대해서는 공조하면서 사회보장과 복지 지출에 대해서는 반대 위치에 서 있는 까닭이다. 하원 소수파 리더인 딕 게파트는 분리주의자이면서 사회보장주의자다. 로스 페로는 분리주의자이면서 능력대로먹자주의자다. 이것이 게파트와 페로가 북미자유무역협정(NAFTA)과 더 많은 자유무역에 반대할 때는 공조하면서도 사회보장 지출, 그리고 노동자의 능력이 아닌 '권리'를 보장하는 문제에 관해서는 서로 의견이 다른 이유다.

나는 이 매트릭스를 현재의 미국을 설명하기 위해 사용했지만 이는 어떤 다른 나라에서도 쉽게 적용할 수 있다. 당신 자신을 이 매트릭스 안에 표시해보면 당신은 누구인지 또 다음번 정치토론에서 당신의 적은 누가 될지를 알 수 있을 것이다.

나는 통합주의자이면서 사회보장주의자다. 사회보장주의자가 된다는 것은 무슨 뜻인가? 이는 지속가능한 세계화의 정치와 지속가능한 세계화의 지정학(외교와 국방 정책), 지속가능한 세계화를 위한 지경학地經學, 지속가능한 세계화의 윤리(가치와 부모의 역할, 신이 이 체제 어디에 속하는지를 생각하는 방식)를 명확히 한다는 것이다. 다른 말로 표현하자면 매트릭스에서 위치를 정하는 것은 새로운 국제체제에 대한 새로운 비전을 명확히 하는 것을 의미한다.

세계화 시대의 정치

지속가능한 세계화의 정치부터 얘기해보자. 이는 두 가지로 구성돼 있다. 하나는, 사람들이 자신이 어디에 있는지 이해하기 위한 세계관이다. 또 다른 하나는, 세계화를 다루기 위한 통합주의적 사회보장주의 정책이다.

우선 세계에 대한 그림이 필요하다. 정책이 필요한지에 대한 대중의 동의가 없이는 어떤 정책도 지속될 수 없기 때문이다. 정치인들은 여러 이유로 세계화를 왜곡하고 악마로 만드는 것이 정치인 자신에게 도움이 되기보다는 악재가 될 수 있음을 주의해야 한다. 경제적 관점에서는 맞는 것이라 할지라도 정치에서 통제불능 상태가 될 수 있기 때문이다. 왜 이런 일이 벌어지는가? 로봇과 해외 노동착취 공장에 일자리를 빼앗긴 노동자들은 세계화의 가장 큰 피해자가 자신들임을 정확히 알고 있기 때문이다. 이로 인해 노동자들은 더 높은 수준의 통합과 기술과 자유무역에 대한 반대 운동을 조직적으로 전개할 수 있다. 세계화보다 개방된 무역과 해외투자의 수혜자들은 종종 자신들이 누구인지에 대해 잘 모른다. 종종 이들은 세계화와 자신의 생활수준 향상을 연결시켜서 생각하지 않는다. 이 때문에 조직화하기도 쉽지 않다. 마이크로칩 공장 근로자가 이런 이야기를 하는 걸 들어본 적이 있는가? "이봐 친구, 난 행운아일세. 세계화 덕분에 미국산 최첨단 기술 제품에 대한 수요가 높아져서 이 나라에선 숙련공이 부족한 상황이고 개발도상국에서 매출 증가가 예상되기 때문에 내 상사가 월급을 올려줬어. NAFTA란 참 멋지지 않은가?"

사람들이, 세계화가 쉽게 왜곡될 수 있다는 사실을 잘 모르는 것은 세계화가 기본적으로 무역 확대가 아닌 기술 발전에 따른 것임을 이해하지 못하기 때문이다. 『뉴욕타임스』의 워싱턴 접수창구에 직원이 한 명 있는데 회사에서 그녀를 해고하려고 했다. 이 사람의 자리를 빼앗아간 것은 멕시코 사람이 아니라 우리 회사 모든 사람의 보이스메일을 처리하는 마이크로 칩이었다. 즉 멕시코와 아무런 교역이 없었다고 하더라도 마이크로칩이 그녀의 자리를 빼앗았을 것이다. 이 마이크로칩은 미국과 멕시코 국경 전체에 30인치 벽을 세워놔도 그녀의 자리를 빼앗았을 것이다. 그러나 정치인들은 이 같은 사실을 인정하려 들지 않는다. "지금 자리를 박차고 일어나 전화기에서 선을 빼버리세요. 전화기를 창밖으로 던져버리고 외치세요. '나는 더 이상 이런 일을 받아들일 수 없어! 미국인의 일자리를 구하라! 보이스메일을 금지시켜라! 감자칩은 좋지만 마이크로칩은 싫다!'" 어떤 정치인도 이런 구호로는 선거에서 이길 수 없다. 대신 멕시코 사람들과 해외 공장에 대해서 공격하는 것이 훨씬 쉽다. 왜냐하면 외국인 노동자와 공장은 쉽게 볼 수 있지만 마이크로칩은 잘 보이지 않기 때문이다. 그리고 외국인 노동자와 공장은 우리 의식 속에서 마이크로칩보다는 큰 골칫덩어리로 자리 잡고 있기 때문이다. 실제로 사람들이 느끼는 세계화에 대한 불안감의 원인은 신기술과 규제 완화인데도, 많은 이들에게 눈에 보이는 무역이 빠른 변화와 세계화의 상징이 된 것도 이 때문이다.

빌 클린턴이 조지 부시와 밥 돌을 물리친 것도 대다수 미국인 유권자들이 직관적으로 자신들이 새로운 세계에 접어들었으며 클린턴이 이러한 변화를 어떻게 해결할지에 대해 믿음직한 아이디어를 내놨기 때문이다. 반면 조지 부시와 밥 돌은 이러한 변화를 전혀 눈치채지도 못했다. 불행하게도 집권 이후 클린턴은 한 번도 자신의 직관을 발전시켜 이를 명확하게 만들지 못했다. 또 앞으로 계속 반복될 세계에 대한 제대로 된 그림도 그리지 못했다. 취임 첫 주부터 그랬다. 클린턴 대통령은 미국이 지닌 문제의 핵심으로 지속가능한 세계화가 아닌 감당할 수 있는 의료보장제도를 택했다. 클린턴 대통령은 자신의 취임식에서 과연 무엇을 말했어야 했는가? 이런 내용이었다면 어땠을까?

"친애하는 국민 여러분. 제 대통령 임기는 냉전이 끝나고 세계화가 부상하는 시기와 일치합니다. 냉전체제가 1950년대부터 1980년대까지였다면 1990년대와 새천년은 세계화의 시기입니다. 냉전체제가 소련의 위협과 도전 위에 세워졌다면, 세계화 체제는 빠른 기술적 도전과 전 세계를 하나로 묶는 경제통합의 도전과 빠른 변화 위에 세워졌습니다. 세계화는 전 세계를 통합시키고 있으며 전 세계의 직장·직업·시장·공동체를 변화시키고 있습니다. 과거의 직업, 생활 방식, 시장, 산업을 빠르게 파괴하고 새로운 직업, 생활 방식, 몇 배의 시장, 산업을 만들어내고 있습니다. 1080년대 GDP의 13%를 차지하던 해외무역은 이제 미국 GDP의 30%를 차지하며 그 비중이 계속 높아지고 있습니다. 기술 변화는 너무도 급격해서 미국의 컴퓨터 제조업체들은 매년 세 가지의 다른 모델을 출시할 정도입니다. 이는 새로운 세계일 뿐만 아니라 대부분의 영역에서 더 나은 세계입니다. 세계화 체제와 한동안은 씨름해야 할 것입니다. 그러나 특정 국가의 투자자들이 다른 나라에 무역과 투자를 더 쉽게 할 수 있도록 만든 효율적인 금융시장 덕분에 중국, 인도네시아, 한국, 태국, 말레이시아, 브라질, 아르헨티나는 역사상 가장 빠르게 생활수준을 향상시키고 있습니다. 세계화는 전례 없는 경제성장의 엔진이며 우리는 이를 놓쳐서는 안 됩니다. 래리 서머스 재무장관이 지적한 대로 인류의 4분의 1 이상이 세계화에 참여하면서 전 세계의 생활수준은 단 한 세대 만에 4배나 높아졌습니다. 또한 이러한 성장이 미국의 일자리를 희생시키지도 않아서 미국의 실업률은 근 50년 만에 최저 수준까지 낮아져 있습니다. 그러나 세계화는 전례 없는 도전을 제시하고 있습니다. 세계화 체제는 이 체제에 편입된 많은 나라에게 장기적으로 큰 번영을 가져올 엔진이기도 하지만 단기적으로는 큰 혼란을 가져올 것입니다. 이는 해외 공장의 저임금 노동자 때문에 갑자기 일자리를 잃은 공장 노동자에게 '당신에게는 불행한 일이지만 예전엔 당신이 만들던 강철이나 테니스 운동화를 더 싼 가격에 살 수 있게 되면서 사회 전체가 누리는 삶의 질이 더 높아졌다'고 말하는 것만으로 해결될 일이 아닙니다. 신형 컴퓨터 시스템을 도입하면서 업무가 사라진 사무직 노동자에게 '당신에게는 불행한 일이지만 우리 사회 전체로는 새 컴퓨터 시스템이 더 생산적일 것'이라고 말해서 해결될 수 있는 게 아닙니다. 세계화의 효과는 장기적으로 사회 전반에 걸쳐서 나타날 것입니다. 그러나 혼란은 즉각적이며 '자신이 피해를 입었다는 걸 명확히 아는' 개인에게 나타납니다.

그러므로 최악의 상황을 피하고 세계화의 장점을 최대한 누리면서 지속 가능한 체제를 만들기 위해서는 장기적인 전략이 필요합니다. 장기적인 관점에서 세계화가 가져올 새로운 기회와 더 높은 생활수준, 그리고 단기적으로 나타날 수 있는 정치·경제·사회적인 폐해의 간극을 메우기 위해서입니다. 세계를 하나의 바퀴로 생각해봅시다. 이 바퀴의 중심에는 '세계화와 빠른 경제, 그리고 기술의 변화'라는 이름을 붙여놓은 것이 있습니다. 쉬운 말로 '큰 것 하나the one big thing'가 있는 것입니다. 이로 인해 우리는 의료보장, 복지, 교육, 직업훈련, 환경, 시장규제, 사회보장, 선거자금 모집, 자유무역의 확장에 대한 다른 접근 방식이 필요합니다. 이 모든 분야에서 우리는 세계화에서 미국 사회가 얻어낼 수 있는 최고를 얻어내고 부작용을 최소화할 수 있도록 이들 각 분야를 조정하고, 조율하고, 개혁해야 합니다. 세계화는 미국 사회가 과거 어느 때보다 빠르게 움직이고, 더 현명하게 일하며, 더 많은 위험을 짊어지기를 요구합니다. 미합중국의 대통령으로서 저는 두 가지를 약속하겠습니다. 첫 번째는 통합 프로그램과 사회보장제도를 통해 여러분과 미국 사회 전체가 새로운 변화에 준비할 수 있도록 돕겠습니다. 또 세계화 시대에도 미국의 교역법을 수호하기 위해서 쉼 없이 일하겠습니다. 우리의 교역 상대국이 미국 시장에서 싼 값에 막대한 양의 상품을 판매하고서도 자국 시장에 미국 기업이 진출하는 건 막아 미국 근로자들에게 피해를 주며 우리의 개방성을 악용하는 행위를 절대 용납하지 않겠습니다. 이 모든 것이 쉬울 것이라고는 말하지 않겠습니다. 사실 이를 수행하는 것은 매우 어려울 것입니다. 그러나 우리가 균형을 잘 잡는다면 미국은 냉전시대에 봉쇄정책을 관리하는 선도자의 역할을 수행했듯이 세계화 시대에 통합을 관리하는 선도자의 역할을 해낼 수 있을 것입니다. 미국에 신의 축복이 있기를."

이는 클린턴의 신념이었으나 그가 늘 이런 말을 한 것은 아니다. 우선 그의 건강보험 개혁안이 반대파에 의해 갈기갈기 찢어졌던 이유는(유일한 이유가 아니라 여러 이유 중 하나는) 그의 개혁방안이 명확하고 일관된 세계관을 효과적으로 보여주지 못했기 때문이다. 즉 세계화를 중심에 놓고 이에 필요한 정책들을 보여주지 못한 것이다. 이 때문에 하버드대 경제학 교수인 대니 로드릭은 "대중의 논란 속에서 이 모든 영역의 연결고리와 보완적인 성격이 사라지고 말았다"고 지적했다. 전체를 아우르는 그림이 제시되지 못했기 때문에 결국 이상주의자와 극단주의자는 물론 인기에 영합하는 포퓰리스트와 국수주의자, 무식한 사람들, 외국인 배척주의자, 기회주의자들까지 모두 끼어들면서 교역부터 의료보장 개혁까지 대부분의 논의에서 논점이 흐려지고 결국 흐지부지 끝나고 말았다.

만약 대중들에게 오늘날 세계의 정확한 특성을 제대로 알리고 세계화에 대한 환상을 깨지 않는다면 분리주의자들은 언제나 이런 혼란을 이용해 자신의 이익을 취할 것이다. 1998년 클린턴은 노조가 주도한 소수의견 때문에 NAFTA를 칠레까지 확장하는 데 실패했다. 노조가 이끄는 소수는 더 많은 자유무역으로 자신들이 이익을 얻지 못할 것이라고 믿었고 NAFTA의 확장을 반대하는 데 매우 열심이었다. 이에 비해서 자유무역의 확대로 이익을 보는 대다수는 사실 자신들이 이익을 누리게 될 것이란 사실도 몰라서 자신들의 이익을 대변하기 위해 행동에 나설 생각도 하지 못했다.

지속가능한 세계화의 정치를 위해서는 세계에서 지금 어떤 일이 벌어지고 있는지에 대한 이해만으로는 부족하다. 제대로 균형 잡힌 정책이 필요하다. 구체적으로 정치는 지속가능한 세계화를 위한 새로운 사회적 협의가 노동자와 은행가, 정부 사이에 이뤄져야 한다. 그들에게 그들의 몫을 줘야 한다. 대처주의자들과 레이건주의자들은 세계화 시대에 맞춰 영국과 미국이 변화하도록 만들었다. 대처주의자들과 레이건주의자들은 세계화 시대의 순수한 자유시장에 대한 비전을 제공하는 역할을 담당했다. 그들은 '가능한 모든 곳에서 시장이 모든 걸 지배하면 모든 일이 잘 이뤄질 것'이라는 관점을 제시했다. 그러나 순수한 시장에 대한 비전만으로는 충분치 않았다. 시장에 대한 비전 자체는 너무 잔혹해서 정치적으로 불안정하기 때문이다. 이와는 반대로 좌파, 기존 좌파에 남아있는 사람들은 가능한 한 오랫동안 복지국가에 대한 온정주의를 유지했으나 이는 경제적으로 불안정하다.

이 같은 양 극단의 대안으로 필요한 것은 자유시장을 끌어안으면서도 가능한 한 많은 사람들이 혜택을 누릴 수 있도록 해주는 새로운 사회적 협약이다. 세계화를 안정시키기 위해서 필요한 것은 더 많은 사람들이 항상 세계화를 위해 일하도록 만듦으로써 세계화를 민주화시키는 것이다. 세계화의 민주화를 위한 사회적 합의를 이끌어내는 것은 중도좌파인 미국의 클린턴 정부와 영국의 토니 블레어 정부의 임무다. 많은 사람들은 이 임무를 '제 3의 길The Third Way'이라고 부르지만 나는 동의하지 않는다. 클린턴과 블레어 정부가 모색해온 사회적 합의는 내가 '통합주의적 사회보장주의'라고 부르는 것에 더 가깝다. 이는 새로운 체제 안에서 국가가 번영하고 살아남을 수 있는 사실상 유일한 길이다. 제3의 길이란 없다. 균형 잡힌 길, 단 하나의 길만이 존재한다.

통합적 사회보장주의자들은 사회민주주의자가 되지 않고서는 감히 세계주의자(통제를 전혀 받지 않는 교역, 국경의 개방, 탈규제, 모든 사람들을 위한 인터넷 같은 것들을 옹호하는 세계주의자)가 되려 해서는 안 된다고 생각한다. 가난한 사람, 무지한 사람, 거북이들이 살아남도록 노력을 기울이지 않는다면 결국 이들이 만들어내는 역풍으로 국가 자체가 질식할 수밖에 없으며 개방을 유지하는 데 필요한 사회적 여론도 유지할 수 없기 때문이다. 또 사회민주당원 혹은 사회보장주의자라면 세계화를 찬성할 것이라고 생각한다. 세계와의 통합 없이는 생활수준의 향상과 뒤처진 사람들을 보살피는 데 필요한 수입을 창출할 수 없기 때문이다.

이제 우리가 직면한 문제는 오늘날 세계화 체제에서 사회안전망과 통합 사이의 적절한 균형점이 어디인지를 찾는 것이다. 트래피즈(Trapeze: 서커스용 공중그네에서 두 줄에 매달린 짧은 봉-옮긴이), 트램펄린, 안전망safety net 이 세 가지 요소의 균형을 찾아야 한다.

생명줄

첫째, 우리는 자유시장에 기반한 경제체제를 원한다. 이 경제체제는 가능한 한 많은 자유와 빠른 성장을 추구한다. 이 경제체제 안에서는 사람들이 아무런 제약 없이 광적인 묘기도 부릴 수 있다. 위험을 적극적으로 받아들이는 사람과 벤처자본가가 없다면 기업가정신은 기대할 수 없다. 기업가정신이 없다면 성장도 있을 수 없다. 그러므로 모든 건강한 경제에는 자유롭게 움직이는 자유시장이라는 트래피즈가 있다. 실업률이 낮은 건강한 경제보다 더 나은 사회안전망은 없기 때문이다. 점점 더 성장하고 더 세계화된 미국 경제에서 고등학교 미만의 교육을 받은 사람들의 실업률은 1994년 10.75%에서 1999년 6.75%까지 낮아졌다. 이 과정에서 소수인종의 많은 젊은이들이 직업을 찾았다. 이들은 기술을 배우고 직업을 통해 얻을 수 있는 품위를 갖게 됐다. 햄버거를 굽는 직업을 찾은 사람도 있고 웹 페이지 디자인을 하는 사람도 있다. 그러나 어떤 직업이든 일자리를 갖고 있다는 것은 개인에게 자존심과 안정감을 주는 출발점이다.

이 문제를 생각할 때마다 나는 러시아 언론인인 알렉세이 푸시코프가 지난 1995년 4월에 해준 이웃집 사람 얘기가 떠오른다.

"아파트 출입문 옆에 사는 가난한 운전사가 있는데 금요일 밤만 되면 잔뜩 취해서는 「해피 네이션Happy Nation」이나 「그녀가 원하는 것은 또 한 명의 아기All She Wants Is Another Baby」라는 팝송을 고래고래 소리지르며 불렀지요. 그는 아마 그 노래가 무슨 뜻인지도 모를 겁니다. 어느 날 그가 정말 만취해서 아내를 때리더군요. 부인은 계속 비명을 질러댔지요. 아파트에 사는 다른 사람들이 미칠 지경이었죠. 정말 그 녀석한테 수류탄이라도 던져버리고 싶었습니다. 어쨌든 8개월쯤 지나서 어찌 된 일인지는 잘 모르겠지만 그가 작은 자동차 수리점을 공동 창업했더군요. 그때 이후로는 「해피네이션」을 더 이상 부르지 않았어요. 밤새 노래를 부르지도 않고 자기 부인을 때리지도 않더군요. 매일 아침 8시 30분이면 일터로 나갔고 일에 만족하는 것 같았습니다. 자기 인생에도 희망이란 것이 있다고 생각하는 것 같았어요. 아내가 어느 날 '그 해피네이션—우리는 그를 그렇게 불렀어요—이 이제 자기 삶의 주인이 된 것 같아요.'라고 말하더군요."

이 사례는 시장의 자유를 추구하는 트래피즈 전략이 단순히 정부가 한 켠으로 비켜서서 시장이 모든 것을 좌우하도록 놔둬서는 안 된다는 점을 잘 보여준다. 또한 정부가 어떻게 하면 더 많은 국민이 자기 삶의 주인이 되고 성공한 자유시장주의자가 되도록 만들 수 있는지를 보여주는 것이다. 미국에서 이러한 정책이란 가장 가난한 계층이 자금을 확보할 수 있는 통로를 더 만들어주는 정부 주도의 프로그램을 뜻한다. 사람들에게 있지도 않은 일자리를 구해주겠다며 직업교육을 시키는 것과는 다르다. 미국의 도심은 방글라데시와 하등 차이가 없는 신흥시장이다. 미국 극빈층에게는 때때로 정부 주도의 지원 프로그램이 필요하다. 래리 서머스 재무장관의 얘기를 들어보자.

"민간 금융시장이 극빈층에 대해서는 실패했다고 봅니다. 주요 은행들은 극빈층을 신경 쓰지 않습니다. 돈이 없기 때문이죠. 다른 장벽들도 우리의 이웃 혹은 소수사회로 자금이 흘러가는 것을 인위적으로 막고 있습니다. 이는 명백한 시장 실패입니다. 그러나 빈곤층의 자금대출과 저축의 기회를 박탈하면 이들은 현재 상태로 계속 남아있게 될 수밖에 없습니다."

어느 계층에 속해 있느냐와는 상관없이 쉽게 자본에 접근할 수 있도록 하기 위해서는 상업은행들이 유리한 조건으로 극빈층에게 대출하도록 정부가 압력을 행사하는 '지역재투자법Community Reinvestment Act'을 활성화시킬 필요가 있다. 그러나 일부 대출은 상업은행이 절대 할 수 없다. 지난 1999년에 시작된 빈곤층을 위한 정부 지원 벤처캐피털펀드를 장려하자고 말하는 것도 이 때문이다. '지역사회개발 금융기관 펀드Community Development Financial Institutions Fund'로 알려진 이 사업은 저개발 지역에서 위험한 투자를 시작할 기업가들에게 사업자금을 지원해주는 것이다. 보통의 경우엔 대출이 잘 이뤄지지 않는 저소득 가구를 위한 사립탁아소 운영사업, 저소득층 건설사업, 미용사업, 위락시설 같은 것들이 대상이 될 수 있다.

트램펄린

경제가 빠르게 성장한다 하더라도 모든 사회는 새로운 변화에 뒤처진 노동자들을 부축해주고 이들이 다시 경제활동에 복귀할 수 있도록 만들어주는 트램펄린 프로그램이 필요하다. 트램펄린은 밑바닥까지 떨어지기 전에 개인을 지지해주고 다시 사회에 복귀시켜줄 수 있을 만큼 강하다. 그렇다고 영원히 트램펄린에 의지해 살 수 있을 만큼 편안하지는 않다. 트램펄린 프로젝트는 무엇보다 뒤처진 사람들의 숫자를 지속적으로 줄여나가는 데 효과적이다. 가장 중요한 트램펄린은 평생에 걸친 교육이라는 것은 두말할 나위도 없다.

장벽이 사라진 세계에서는 더 이상 국가의 관대한 복지정책이나 노조 가입을 통해 경제적 안전을 확보할 수 없다는 걸 모든 노동자들이 이해해야 한다. 경제적 안전은 당신이 좋은 성과를 꾸준히 낼 때만 얻을 수 있다. 기술 변화가 매우 빠르고 국가와 회사를 둘러싼 벽이 매우 낮은 시대에는 새로운 기술과 평생에 걸친 교육만이 직업을 계속 유지할 수 있는 안전판이다. 포드자동차의 CTO(최고기술경영자)인 루이스 로스는 이렇게 말한다.

"지식은 우유와 같습니다. 우유통에 유통기한이 적혀 있죠. 공학으로 치자면 지식의 유통기한은 3년입니다. 그때까지 당신이 알고 있는 모든 것을 새로 교체하지 않으면 당신의 경력은 유통기한 지난 우유처럼 상하기 시작할 겁니다."

짐 보트킨과 스탠 데이비스는 저서 『침대 밑의 괴물The Monster Under the Bed』에서 지적했듯이 지식경제 시대에 중요한 것은 '살아가기 위해 돈을 버는 것'이 아니라 '살아가는 법을 배우는 것'이다.

이런 현실 속에서 정부의 역할은 노동자를 보호하는 것이 아니다. 변화를 극복하는 것이 혼자만 해결해야 하는 일이 아님을 알려주고 싸워나갈 힘을 주는 것이다. 이를 위해 세계화 시대에는 모든 정권이 새로운 법안을 연 단위로 시행할 필요가 있다고 본다. 새로운 법을 '급속한 변화 속에서 기회를 잡도록 도와주는 법(The Rapid Change Opportunity Act, 이하 기회법)'이라고 하자. 이는 정부가 추진하는 세계화 체제에 대한 통합주의 정책과 함께 갈 수 있다. 통합주의 정책이 NAFTA에 칠레를 포함시키는 것이든, 아니면 다른 나라와 FTA를 체결하는 것이든 뭐든지 간에 기회법과 함께 시행해도 괜찮을 것이다. 기회법은 해마다 내용이 달라질 수 있다. 이 법의 목표는 세계화가 진행되고 있으며 그 혜택이 불공평하게 분배되고 있는 현실을 정부가 정확히 이해하고 있음을 널리 알리는 것이다. 이 법은 더 많은 사람들이 '빠른 세계'의 속도를 따라잡을 수 있는 능력과 선택의 기회를 갖도록 정부가 지속적으로 트램펄린을 조정하도록 만들자는 취지를 갖고 있다. 이는 세계화로 혜택을 보는 사람들의 숫자를 늘릴 수 있으며 세계화를 지속가능하게 만들 수 있는 유일한 방법이다.

내게 마법막대가 있다면 1999년의 기회법에 임시로 일자리를 잃은 사람들을 공공 부문에서 고용하기 위한 시범사업, 실직자들의 퇴직수당과 실직수당에 대한 세금감면, 실직자에 대한 정부의 이력서 컨설팅, 해고된 노동자들이 건강보험 혜택을 누릴 수 있도록 하는 '캐시바움-케네디 법Kassebaum-Kennedy Act'의 추가 확대, '인력투자법Workforce Investment Act'에 대한 전국적인 홍보를 포함시키고 싶다. 1998년 8월에 통과된 인력투자법은 클린턴 정부의 가장 뛰어난 업적이다. 그럼에도 불구하고 그 가치에 비해 덜 알려져 있다. 이 법은 150개에 달하던 정부의 직업교육 프로그램을 3개의 무상지원금 제도로 바꿨다. 노동자들은 개인교육계좌를 통해 지원금을 받고 이를 자신의 향후 직업 선택을 위해 가장 효과적일 것 같은 프로그램을 듣는 데 쓸 수 있다. 또한 향후 5년간 청소년 교육 프로그램에 12억 달러를 증액하는 내용을 담고 있다.

나는 또한 기회법에 아시아, 아프리카, 남미 개발은행에 대한 자금대출을 늘리는 내용도 포함시키고 싶다. 이를 통해 여성에 대한 교육, 여성과 소형 기업에 대한 마이크로크레디트, 그리고 미국과의 교역량이 많은 개발도상국의 환경보호를 위한 자금 지원을 하기 위해서다. 이와 함께 아동착취가 심한 나라에서 그 대안을 만들기 위해 국제노동기구(ILO)가 새롭게 추진하는 지원 프로그램에 자금 지원을 늘리는 내용도 포함시키고 싶다. 또 교역으로 인해 직업을 잃은 사람들에게 자금과 교육을 지원하는 기존 '무역조정지원trade adjustment assistance 프로그램'에 대한 예산 증액도 포함시키고 싶다. 또 신기술로 인해 자신의 직업을 잃은 사람을 지원해주는 '해고자 트레이닝 프로그램'도 예산을 늘려주고 싶다. 그리고 마지막으로 누구든 자신의 소득세에서 교육이나 기술 습득 과정에 등록한 비용에 대해 1,000달러까지 소득세를 줄여주는 '평생학습 세액공제'에 대해서 대대적으로 홍보하는 전국 캠페인을 시작하고 싶다.

가정과 공동체가 빠르게 변하는 고용시장에서 살아남느라 고통을 겪고 있는 노동자들에게 정신적인 지원을 하도록 강제하는 프로그램도 만들고 싶다. 이 프로그램은 일과 시간 동안 아이를 맡아줄 수 있는 유아센터를 짓는 것부터 시작된다. 또 모든 근로자가 자신이나 가족을 위해 더 많은 시간을 쓸 수 있는 유연시간제와 초과근무수당 중에서 선택할 수 있도록 하는 제도 개선을 포함한다. 우리는 세계화 체제 속에서 좀 더 자립적이 될 필요가 있다. 그러나 개인들이 진공 속에서도 잘살 수 있는 것은 아니다. 개인들은 좀 더 적극적이고 건강하며 책임감이 있는 공동체로부터 지원을 받을 필요가 있다. 공동체는 사람들이 통제되지 않는 시장과 고압적인 정부로부터 받는 충격을 완화시켜줄 수 있다. 새로운 체제 안에서는 시장과 정부 사이의 간극을 메워줄 수 있는 PTA(사친회)나 자율방범대 같은 더 많은 시민 자율 활동단체를 만드는 노력이 매우 중요해졌다. 통합주의적 사회보장주의자들은 세계화 시대에 정부가 할 수 있는 일이 여전히 많다고 믿는다. 비용이 많이 드는 것도 아니고 급진적인 소득 재분배를 주장하는 것도 아니다. 또 황금 스트레이트재킷의 룰을 위반할 수 있는 방만한 복지비용 지출을 말하는 것도 아니다. 이런 일들은 세계화 시대에 더 많은 사람들이 승자가 될 수 있게 만들어줄 것이다.

이런 정책들이 시민들에게 전하고자 하는 메시지는 다음과 같다. '오늘날 세계화 체제는 당신에게 점점 더 높이, 점점 더 빨리, 점점 더 멀리 한쪽 트래피즈에서 또 다른 트래피즈로 건너뛰기를 요구하고 있다. 그러나 정부는 당신이 실수를 해서 땅바닥에 떨어져 세계화라는 사자들에 잡혀먹도록 놔두지 않을 것이다. 나눠줄 것은 없을지 몰라도 당신에게 손을 내밀 것이다.' 우리는 이 같은 지원 프로그램을 위해 약간의 돈을 낭비한다고 할 수 있다. 하지만 이 비용을 지불한 덕분에, 전 세계가 가능한 한 자유롭게 개방된 상태로 시장을 유지하면서 얻는 이득과 효율에 비하면 비용은 매우 작다. '기회법'과 같은 것들은 통합과 자유무역을 위한 정치적 합의와 사회적 통합을 위해 지불해야 하는 값치고는 매우 저렴하다. 그래서 내 모토는 이렇다. "보호주의가 아닌 보호를, 벽이 아닌 완충장치를, 상승을 제한하는 천장보다는 안전판이 될 수 있는 마루를, '빠른 세계'의 현실을 부정하기보다는 적극 대응을."

안전망

마지막으로, 우리는 여전히 전통적인 사회안전망이 필요하다. 사회보장, 메디케어(노약자를 위한 미국 건강보험-옮긴이), 메디케이드(저소득층을 위한 미국 건강보험-옮긴이), 식료품 배급 같은 복지제도 말이다. 능력이 없거나 교육을 받지 못해 빠른 세계의 변화에 빨리 적응하지는 못하지만 사회 밑바닥으로 떨어지도록 놔둬서는 안 되는 사람들을 돕기 위해서다. 그러나 세계화 체제에서 어떤 안전망이 최선일지에 대해서는 다시 한 번 생각해봐야 한다. 예컨대 쇼핑, 교육, 비행기표 예약, 정부정책에 대한 의견 제시, 통신을 비롯한 모든 영역에서 인터넷에 대한 접근이 필수적인 만큼 우리는 인터넷에 대한 보편적 접근이 인간의 기본권이라고 생각해야 한다.

확실히 트래피즈, 트램펄린 그리고 안전망 사이에는 상호 보완 관계가 있다. 현재의 미국을 비롯한 많은 나라에서 정치란 이 세 가지 사이에서 균형점을 찾는 일이다. 점점 더 많은 직업과 적절한 트램펄린과 안전망을 만들어내는 개방형 통합주의 경제에서 무엇이 적절한 조합인지를 결정하는 것이 정치인 셈이다.

균형점은 냉전시대에 있었던 왼쪽에서 점점 더 오른쪽으로 옮겨가고 있다. 냉전시대에 각국 정부는 노동자들이 공산주의에 끌리지 않도록 정교한 복지국가 프로그램을 유지하려 했다. 그런 시절은 이제 끝났다. 그렇다고는 하지만 민간 부문에 모든 것을 양보했다는 의미는 아니다. 통합주의 덕분에 미국의 황금 스트레이트재킷은 충분한 금을 만들어내고 있으며 트램펄린과 안전망을 구축할 만한 충분한 재정흑자를 새천년으로 넘겨줬다.

경제 프로그램에만 의존하려고 한다면 어떤 지속가능한 세계화의 정치학도 완전하다고 할 수 없다. 세계화에 대한 접근성을 높이는 것 역시 중요하다. 경제와 함께 정치체제의 민주화도 진행해야 하는 개도국에는 특히 중요하다. 이것이 세계화가 열 살이 되는 동안 배운 중요한 교훈이다.

당신이 속한 사회를 세계화의 속도로 끌어올리는 것은 매우 복잡한 과정이다. 점점 더 민주화된 사회를 요구하기 때문이다. 냉전시대에 개발도상국의 지도자들은 국정 운영을 어떻게 하든 자신의 지위를 지탱해줄 강대국이란 후견인이 있었다. 그러나 이제는 후견인이 사라졌다. 요즘처럼 다른 사람들이 어떻게 살아가는지 쉽게 알 수 있는 시대에 대중은 실패한 정권을 오랫동안 기다려주지 않는다(인도네시아를 사전에서 찾아보길 바란다). 당신이 개도국 지도자라면 실패는 권좌에서 밀려나는 걸 의미한다. 국민들이 당신을 잡아주고 지지해주지 않는다면 더 심각한 추락을 경험할 것이다(수하르토를 사전에서 찾아보길 바란다).

민주주의 연구자인 래리 다이아몬드는 다음과 같이 지적한 바 있다.

"우리는 라틴아메리카와 동유럽과 동아시아의 많은 정권들이 세계화에 따른 개혁의 고통을 참기 힘들어하는 국민들의 탄핵으로 물러난 사례를 봤다. 새 정부는 약간의 조정은 있지만 그래도 대략 세계화와 비슷한 걸 추구하면서 시장화 정책을 펴고 있다. 이런 정책을 추진하면서도 탄핵을 받지 않는 비결은 무엇일까? 의사결정 과정의 민주화로 국민들이 경제개혁의 고통스러운 과정에 대해 주인의식을 갖게 됐기 때문이다. 개혁의 고통은 더 이상 위로부터 지시를 받아야 하는 완전히 이질적인 것이 아니다. 국민들은 개혁과정에 대해 의견을 개진할 수 있었고 개혁의 방향 자체는 바꿀 수 없을지라도 적어도 개혁의 속도는 결정할 수 있었다. 게다가 개혁에 참여할 수 있는 기회를 갖게 된 데다 개혁을 거칠고 갑작스럽게 추진했거나, 너무 부패했거나, 국민여론을 무시했던 지도자를 몰아낼 수 있는 기회를 가졌다. 덕분에 모든 개혁과정은 더 높은 수준의 정치적 정당성을 갖게 됐으며 지속성도 가질 수 있게 됐다."

이들 나라에서는 더욱이 정권이 교체돼 야당이 집권하더라도 대부분 전 정권과 비슷한 경제 자유화와 세계화를 추진하고 있다. 이러한 현상은 국민들에게 황금 스트레이트재킷의 대안은 없다는 것을 각인시켰다. 지난

10년간 얼마나 많은 남미, 동유럽, 동아시아의 야당 지도자가 집권했는가? 이들은 권력을 잡은 후에 국민들에게 이렇게 공표했다. "이런, 알고 보니 우리가 완전히 파산 상태군요. 우리는 이제 진정으로 개방을 할 수밖에 없습니다. 사실 우리가 생각했던 것보다 더 심각하네요. 이제는 빠져나갈 길이 없으니 계속 개혁의 속도를 높일 수밖에 없습니다. 그러나 적어도 인간의 얼굴을 한 개혁을 추진하겠습니다."

민주화는 현실을 직시할 수 있게 해준다. 오늘날 세계화에 가장 잘 적응한 나라들이 원래부터 부자였던 사우디아라비아, 나이지리아, 이란 같은 나라가 아니라 가장 민주적이었던 폴란드, 대만, 태국, 한국이라는 사실이 이를 증명한다. 민주화된 세계화를 추진한다는 것은 세계화가 지속가능하도록 만드는 가장 효과적인 길이다. 또한 어떤 정부라도 추진할 수 있을 만큼 정부의 이익에도 부합하며 윤리적인 정책이다.

세계화 시대의 지경학

나는 얼마 전 1990년대의 투자를 가상으로 한 칼럼을 쓴 적이 있다. 그 내용은 이렇다.

"그래서 나는 해외에 한번 투자해보기로 했다. 독일어도 다시 배워보고 독일 국채도 샀다. 일본어도 조금 배워봤고, 닛케이 상장종목 몇 개를 사들였다. 우리 동네 후난식당에서 일하는 중국인한테도 소문을 좀 듣고 상하이거래소에서 주식을 샀다. 내 브로커는 레바논 국채를 팔라고 권유했지만 이미 사무실 벽지로 써버렸다고 말했다. 심지어 러시아 개혁에 대해서도 공부를 하고, 키릴문자도 다시 공부해보고, 러시아 국채를 좀 샀다. 그러나 외국어와 현지 사정에 대해서는 열심히 공부했지만 '앨런 그린스펀'이란 두 단어는 잊어버리고 있었다는 사실을 깨달았다. 그린스펀이 1990년대 중반 갑자기 금리를 올리는 바람에 해외채권에서 받는 높은 이자의 매력이 줄어들었기 때문이다. 모두가 해외채권을 팔아치우고 미국으로 다시 돌아왔고 나는 완전히 거덜나고 말았다. 나는 엉터리 채권자였다. 투자 대상에 대해서 제대로 알아보지 않고 단순히 고수익만을 쫓아다녔다. 이들 나라에 투자할 때 내가 이미 갖고 있는 것이 뭔지 잘 몰랐으며 또 이들 국가에서 손실이 난 상태로 손을 뗐을 때도 나한테 뭐가 남았는지를 잘 몰랐다.

시간이 가면서 나는 조금 더 똑똑해졌고 돈을 좀 더 잘 활용하는 채권자가 된 것 같다. 이제 직접투자보다는 전 세계 시장을 잘 알아서 개별 시장을 꼼꼼히 확인할 수 있는 뮤추얼펀드를 통한 간접투자를 하고 있다. 1998년 8월 러시아 경제가 추락하기 시작한 지 얼마 되지 않아 나는 내가 투자한 펀드인 트위디와 브라운글로벌의 운용보고서를 받았다. 두 펀드 모두 러시아 부도에 따른 금융시장 혼란으로 수익이 줄었으나 다른 펀드들보다는 선방했다는 내용이었다. 펀드들이 개별 시장에 대한 조사를 열심히 한 덕분에 러시아 투자 비중이 높지 않았기 때문이다. 트위디의 보고서에는 "정치가 매우 불안정한 데다 투자자를 보호하는 법제도 갖춰져 있지 않고, 통화는 화장지로 쓰는 것이 더 나을 법한 나라에 투자하는 것을 이해할 수 없다"고 적혀 있었다. 맞는 얘기다. 이 보고서는 또 1998년 초에 러시아 시장이 5배 이상 뛰었다가 하룻밤 사이에 80%나 폭락한 적이 있다며 이는 '완벽한 왕복여행이었다'고 덧붙였다. 러시아에는 운용체제도 소프트웨어도 없다. 그리고 결국에는 투자자에게 0에서 80%로 갔다 다시 0으로 돌아오는 쓰라린 경험만 안겨줬다."

나는 이 두 가지 이야기가 지금 전 세계 금융체제가 직면한 가장 심각한 두 가지 위협의 축소판이라고 본다. '불량채권자'에 의해 촉발된 위기와 '불량채무자'에 의해 촉발된 위기다. 마약판매상과 마약중독자가 있는 것과 같다. 세계경제에서는 '불량채무자'인 러시아와 같은 나라가 있고 또 '불량채권자'인 나 같은 사람이 있다. 우리가 짚고 넘어가야 할 지경학적인 질문은 "어떻게 하면 세계경제가 불량채권자와 불량채무자에 덜 흔들리도록 만들 수 있는가"라는 질문이다. 요즘은 불량채무와 불량채권의 규모가 너무 커지고 또 확산 속도도 빨라서 체제 전반을 뒤흔들 수 있기 때문이다.

불량채무자 이야기부터 시작해보자. 세계화가 1990년대에 태국, 한국, 말레이시아, 인도네시아, 멕시코, 러시아의 경제를 파산시킨 것은 세계화가 우리에게 호의를 베푼 일이라고 개인적으로 생각한다. 왜냐하면 경제 위기가 때 이른 세계화를 추진했던 이들 국가의 부패한 관습과 조직을 만천하에 드러냈기 때문이다. 수하르토 일가의 부패와 타락이 세상에 노출된 것은 인도네시아의 위기가 아니다. 한국의 '정실자본주의'가 만천하에 드러난 것 역시 위기로 여겨지지 않는다. 또한 태국의 부패한 내부자거래가 공개된 것 역시 위기라고 보기 힘들다. 갚을 능력도 없이 단기적인 달러 대출을 끌어모으기만 했던 멕시코 정부의 생명이 말도 안 될 정도로 연장된 사실이 세상에 알려진 것도 위기라고 여겨지진 않는다. 어차피 이들 국가는 모두 조만간 붕괴됐을 것이기 때문이다.

세계화는 붕괴가 더 빨리 나타나도록 도와준 것뿐이다. 여기서 우리가 던져야 할 질문은 이것이다. 우리는 이 기회를 어떻게 활용해야 하는가?

일부에서는 전자소떼가 놀라서 이들 국가로부터 도망치는 것을 막고 싶어 한다. 또 다른 사람들은 이들 국가가 전자소떼를 배제할 수 있도록 장벽을 쳐야 한다고 했다. 두 방식 모두 잘못된 것이다. 전자소떼는 21세기 에너지의 원천이다. 개별 국가들은 전자소떼를 관리할 수 있는 방법을 배워야 한다. 전자소떼를 통제하려는 것은 무의미하며 전자소떼를 오랫동안 배제하려는 것은 자원과 기술 그리고 전문적 조언을 얻을 수 있는 기회를 박탈하는 것이다. 또한 정실자본주의만을 연장시키는 결과를 가져올 뿐이다.

많은 전문가들은 칠레가 자본이탈을 막기 위해 취한 방식을 개도국들의 모범적인 사례로 꼽고 있다. 1991년부터 칠레는 자국에 투자하는 외국인에게 적어도 1년은 투자할 것을 요구했다. 또한 칠레는 해외대출을 쓰는 자국 기업에 대해 감춰진 세금을 부과했다. 그 결과는 그저 그랬다. 1998년 5월 18일자 『포브스』는 세계은행의 전 라틴아메리카 담당 수석 이코노미스트인 세바스천 에드워드의 연구를 인용해 칠레 정부의 시도가 부분적으로 효과를 거뒀으나 칠레에서 자본 조달 비용을 큰 폭으로 증가시켰다고 지적했다. 한 예로 칠레에서 대출금리는 대략 잡아도 통화위원회제도가 자본 통제를 막고 있는 아르헨티나의 2배가량 된다. 자본 통제는 시장이 아닌 관료나 연줄을 가진 사람들에 의한 자본의 분배로 가는 지름길이다. 정부가 통화가치를 매우 낮은 수준으로 고정시켜 수출 기업의 경쟁력을 확보할 수 있다면, 자본 통제는 경제를 안정시키기 위한 일시적인 수단으로 유용하고 효과적일 수 있다. 그러나 장기적으로 자본 통제는 해결책이 될 수 없다. 상대적으로 덜 부패한 칠레와 같은 나라에서 자본 통제는 결과적으로 경제구조의 왜곡으로 이어진다. 이미 상당히 부패한 나라에서 자본 통제는 부패의 심화를 가져온다.

그러므로 지경학적 차원에서 올바른 접근 방식은 불량채무국을 강하게 만드는 데 집중해서 이들이 다시 전자소떼 속으로 들어갈 수 있도록 하는 것이다. 자본이탈은 나타날 수 있다. 그리고 어떤 나라들은 의심의 여지없이 불공평한 피해를 입을 수 있다. 그러나 전자소떼는 절대로 영원히 비합리적이지 않다. 아주 드문 경우가 있기는 하지만 전자소떼는 건전한 자본시장을 갖고 건전한 경제정책을 추진하는 나라에서 도망치거나 이들 국가를 공격하지 않는다. 일부에서는 태국, 한국, 인도네시아, 러시아의 사례에서 볼 수 있듯이 갑작스럽게 전자소떼가 이들 국가를 빠져나갔다며 탄식하는 사람도 있다. 이들이 교과서대로 경제를 운용했지만 전자소떼가 어느 날 갑자기 아무런 이유도 없이 도망갔다는 것이다. 이는 말도 안 된다. 이들 나라는 불량채무국의 행태를 보여왔다. 통상 불량채무는 일반적인 경우 외화로 표시된 단기부채를 정부와 기업들이 엄청난 규모로 소진하면서 발생한다. 보통의 경우 이 정도 규모의 단기부채는 합리적으로 사용되지도 않거니와 환율변동에 매우 취약하다. 전자소떼는 과도하다는 것을 인식하기 시작하면 순식간에 빠져나가버린다. 래리 서머스 미국 재무장관은 얼마 전 이렇게 말한 적이 있다.

"식욕이 왕성한 국제 자본시장에서 한동안 자본수지 적자를 비난하는 게 유행이 된 적이 있었지요. 위기의 상당 부분은 정부가 이성적으로는 쉽게 지탱할 수 없는 수준의 단기자금을 끌어들이려 한 데서 비롯됐습니다. 우리는 이 같은 사례를 '테소보노스'(Tesobonos: 채권가치가 미국 달러화 가치에 연동되는 멕시코 단기국채-옮긴이) 발행에 점점 더 의존하다 결국 위기에 처한 멕시코, 외화대출에 대해서 세금감면 혜택을 준 태국, 국내 채권시장으로 외국자본을 끌어들이려 했던 러시아에서 발견할 수 있습니다."

경제학자와 금융가들은 불량채무국을 다시 살리고 전자소떼에 짓밟히지 않도록 하는 구체적인 방안에 관한 토론을 앞으로도 계속할 것이다. 개별 국가들마다 각기 해결책이 다르다. 그러나 일반적으로 말해 다음의 4단계로 구성된다.

첫 단계는 불량채무국의 목표가 성장을 위해 필요한 조건들을 충족시키고 전자소떼를 다시 불러들이는 것임을 분명히 해야 한다. 이는 이들 나라의 경제 운영 체제를 DOS캐피털1.0에서 6.0으로 개선시키려는 신뢰할 만한 약속을 의미한다. 나라별로 다르기는 하지만 예산삭감, 파산 직전에 있는 비효율적인 기업과 금융기관의 문을 닫게 하는 것, 환율과 금리의 조정, 부채의 상각, 정실자본주의 관행의 타파를 실행해야 한다는 것이다. 이러한 개혁의 목표는 통화가치를 안정시키는 것이다. 이런 개혁은 결국 금리하락으로 이어지고 그 결과 국내 수요가 촉진되며 계약이 존중된다는 믿음을 갖게 해준다. 이 과정에서는 전자소떼가 이들 나라의 기업을 사기 쉽도록 만들어주는 게 필요하다. 마지막 부분이 논란의 여지가 있다는 것은 인정한다. 마치 내가 미국 자본주의를 위해 전 세계를 싸고 안전하게 만들려는 것처럼 들릴 수 있다. 그러나 내 의도는 그게 아니라 세계화혁명을 위해, 그리고 자본주의에 필수적인 창조적 파괴를 위해 더 안전한 세계를 만들려는 것이다. 비효율적인 기업을 없애는 대신 국제 기준에 더 잘 맞는 방식으로 경영과 자본 조달이 이뤄지는 기업을 만들려는 것이다. 나는 기업을 인수하는 투자자의 국적이 미국인지, 독일이나 일본, 또는 인도인지에 대해서는 신경 쓰지 않는다. 나는 오직 그들의 기준과 자본 활용에 관한 것들만 신경 쓸 뿐이다. 애리조나 주는 연줄과 연고에 의존하는 은행체제로 악명이 높았었다. 애리조나의 금융계에 일어난 최대 사건은 주州의 경계를 넘나드는 은행이 허용되면서 더 나은 기술과 경영 능력과 자본력을 갖춘 뉴욕, 시카고, 샌프란시스코 은행들이 애리조나에 와서 현지 은행들을 사들인 것이다. 아르헨티나가 1990년대 초 남미 금융위기에서 빠르게 회복할 수 있었던 것은 해외은행들이 아르헨티나 은행을 많이 인수했기 때문이다.

전자소떼가 다시 돌아와서 자신 있게 장기투자를 하고 기술과 첨단공장 경영 방식을 가르쳐주도록 하는 것은 더 나은 운영체제를 갖추는 가장 효과적이고 빠른 방법이다. 그리고 솔직히 전자소떼가 언제든 떠나버릴 수 있다는 공포는 개별 국가가 자국의 소프트웨어와 운영체제를 꾸준히 개선한다는 원칙을 지키게 하는 근본적인 요인이다. 다른 아시아 호랑이들과 달리 한국은 1960년대에서 1990년대에 이르는 개발과정에서 외국자본의 한국 진출을 막으려고 늘 노력해왔다. 대신 한국은 재정적인 자립을 지키기 위해 국내 저축과 대출로 성장에 필요한 자금을 마련했다. 그러나 아시아 금융위기로 한국은 외국인들이 한국의 부실기업을 사들이도록 허용할 수밖에 없었다. 외국인들은 점차적으로 한국에 주주의 권리가 신장되고 더 투명한 기업문화를 도입했다.

두 번째 단계는 불량채무국들이 단지 자국의 운영체제뿐만 아니라 정치체제 역시 개혁하도록 설득하는 것이다. 부패와 탈세를 막고 법치와 민주주의를 개선해서 허리띠를 졸라매야 할 때 전 국민이 기본적으로 공정한 개혁이 진행되고 있다는 믿음을 갖게 만드는 것이다. 지난 1998년 아시아 금융위기 당시 가장 영향을 적게 받은 두 나라인 대만과 호주가 가장 역동적인 민주주의와 자유로운 언론을 갖고 있다는 것은 우연이 아니다. (일부에서는 중국이 가장 영향을 적게 받았다고 말하지만 중국 경제는 세계화 체제에 온전히 편입돼 있지도 않았고 금융 면에 있어서는 여전히 많은 장벽을 쌓아놓고 있었다.) 모든 국가는 자국이 누릴 자격이 있는 만큼 경제발전을 향유하고 있다. 그리고 이러한 경제발전은 개별 국가의 운영체제와 소프트웨어, 그리고 민주화 정도와 직접적으로 관련돼 있다.

세 번째 단계에서는 IMF를 비롯한 국제금융기구가 어떤 나라의 국제수지 불균형 해소, 경제 회복을 위한 대출과 채무 재조정을 지원하려면, 그 나라가 1단계와 2단계를 분명히 이행한다는 조건을 충족시켜야 한다는 점을 확실히 해야 한다. IMF 지원의 목적은 명확하다. 지원을 받는 나라의 안정과 성장, 신뢰도를 제고해 국내외의 전자소떼가 다시 투자를 시작하고 싶도록 만드는 것이다. 래리 서머스 장관은 앞으로 IMF가 해야 할 일은 이들 나라가 시장원리에 바탕을 둔 해법을 마련하도록 하고 정확하고 광범위한 재무 정보를 제때 공개해 전자소떼가 더 나은 판단을 내릴 수 있도록 만드는 것이라고 밝혔다. 이는 전적으로 옳은 이야기다. 이런 변화 없이는 민간 부문이 성장을 위한 자본과 혁신의 원천이 된 현 세계에서 지속가능한 회복은 불가능하다.

네 번째 단계는 IMF나 다른 기관의 지원 가운데 일정 부분을 사회적 약자를 위해 사용하는 것이다. 최소한의 사회안전망을 구축하고 실직자를 고용하기 위한 공공사업을 추진하는 것이다. 보통 구제금융 프로그램은 사회안전망부터 줄이고 본다. 어느 나라에서나 은행이 쓰러지는 걸 막는 데 급급한 국제금융가들은 이들 나라에 불황이 나타날 가능성 따위는 신경 쓰지 않는다. 불량채무자들을 돕기 위한 사회안전망 따위는 귓등으로도 듣지 않는다. 이는 미친 짓이다. 이들 불량채무국이 마지막 순간에 직면할 진정한 위기는, 그리고 이들 나라가 세계화 체제에 몰고 올 진정한 위협은 경제가 아닌 정치문제이기 때문이다.

그 이유가 여기에 있다. 불량채무국들의 썩은 관행을 드러내게 한 세계화는 정실자본주의 세력들만 무너뜨린 게 아니다. 근면하게 일하며 세계화 체제의 규칙을 따르고 만사가 다 잘 풀릴 것이라고 믿는 민초들까지 깔아뭉개버렸다. 이들은 자기 나라가 잘못된 바탕 위에 서 있었다는 사실도 몰랐다. 그러나 러시아, 멕시코, 태국, 인도네시아, 브라질에서 나타났던 것처럼 한 번 바닥이 꺼지면 대량해고와 실직, 물가 하락, 재정긴축, 급격한 실질소득 감소로 이어진다. 경제 회복기에 기본적인 사회안전망과 일자리 창출 프로그램이 필수적인 것도 이 때문이다. 사회안전망과 일자리 프로그램 없이는 개혁정책이 자리를 잡고 불량채무국이 지속가능한 성장궤도에 오를 때까지 국민들이 참아주지 않는다.

대도시에서 수많은 사람들이 굶주리기 시작하면 그들의 지도자는 세계화 체제에서 홀로 탈퇴하거나, 보호주의 벽을 세우거나, 경쟁적인 통화가치 절하를 통한 근린궁핍화 정책(beggar-thy-neighbor: 이웃 나라를 희생시켜 자국의 번영을 도모하는 정책-옮긴이)을 추진하려는 유혹에 빠지기 쉽다. 이런 정책들이 1920년대에 대공황을 만들었고 2차 세계대전을 불러왔다.

세계화 체제 그 자체를 위협할 수 있는 또 다른 형태의 세계경제 위기는 불량채권자의 위기다. 은행, 뮤추얼펀드, 헤지펀드에 이르기까지 지금은 가능한 한 많은 기관이, 가능한 한 많은 사람들에게, 가능한 한 많은 돈을 빌려주려고 했다. 만약 이들이 엄청난 규모로 무책임한 대출을 해놓고 일순간에 이를 회수하려고 한다면 이는 경제의 건전성에 상관없이 모든 나라에 심각한 충격을 줄 수 있다.

불량대출은 다양한 형태로 이뤄진다. 신흥시장 국가가 어떻게 운영되는지에 대한 아무런 지식도 없이 이들 국가에 투자했던 시절에 나는 불량채권자였다. 최근에 나타난 최악의 채권자 중에는 대형 은행도 포함돼 있다. 홍콩 시장에서 일하는 내 친구는 아시아 경제가 빠른 성장을 이어가던

1990년대 초 독일의 드레스트너은행이 아시아 매니저들에게 직설적으로 이렇게 말했다고 이야기했다. "빌려줘라, 빌려줘라, 빌려줘라. 그러지 않으면 우리는 시장을 잃게 된다." 은행은 대출을 통해서 수익을 거둔다. 당시 은행들은 아시아를 무뇌아 정도로 생각했고 다른 은행에 시장을 빼앗기지 않으려 했다. 그래서 마약상처럼 돈을 문밖으로 뿌려댔다. 신흥시장에 임하는 이들의 모토는 "얘들아 이 돈 좀 써봐, 첫 대출은 공짜야"라는 것이었다. 이에 따라 너무 많은 대출이 신흥시장으로 흘러갔다. 전 세계 30개 선진국의 500개 은행에서 신흥시장에 대출한 돈은 동남아시아와 러시아의 경제위기 후인 1999년 초에도 여전히 2조 4,000억 달러에 달했다.

불량대출의 또 다른 형태는 헤지펀드가 '레버리지투자(차입투자)'를 할 수 있도록 은행들이 수백만 달러를 대출해준 것이다. 헤지펀드는 투자자로부터 모은 1달러를 기반으로 은행에서 9달러를 빌릴 수 있었다. 헤지펀드는 차입을 통해 전 세계의 다양한 주식, 채권, 파생상품, 통화에 더 많은 돈을 걸 수 있었다. 일반적으로 말하자면 차입 자체가 문제가 되는 것은 아니다. 보통 개인들이 짊어지고 있는 주택담보대출도 차입이다. 이 정도라면 차입의 장점을 알리고 차입을 통해 투자 위험을 떠안는 것을 추천할 수도 있다. 쓰러져가는 기업체가 자금을 지원받았다 망할 수도 있지만 마이크로소프트 같은 기업이 되기도 한다. 이 모든 게 차입을 매개로 이뤄진다. 문제는 지금 헤지펀드나 신흥시장에 대한 대출 규모가 지나치게 큰 데다 세계화 체제가 유기적으로 연계돼 있다는 데 있다. 이 때문에 공격적으로 위험을 안았던 롱텀캐피털매니지먼트 같은 회사들이 한 번 큰 실수를 저지르면 모두가 피해를 입는다.

1994~1995년의 멕시코 페소화 위기 이후 전 세계의 대출 위기가 글로벌 금융 시스템에 몰고 오는 충격도 커지고 각국 정부와 국제기구들이 연쇄적인 국가 부도를 막기 위해 쏟아부어야 하는 자금의 양도 점점 더 많아졌다. 이는 매우 위험한 추세다.

이제 불량대출이 지닌 문제의 전체 그림을 그려볼 수 있게 됐다. 세계화 체제 안에서는 대출이 이뤄져야 하며 또 위험을 지는 사람도 있어야 한다. 그러나 특정 개인이나 은행, 헤지펀드, 국가 또는 묻지마 투자자 집단이 대출할 수 있는 금액을 지금보다 줄여 이들 때문에 연쇄 파산이 나타날 수 있는 위험을 줄일 필요가 있다. 문제는 어떻게 하느냐다.

그 해법에 대해서는 많은 '전문가'들이 있다. 어떻게 이 문제를 해결하고 세계를 바꿀 수 있는지에 대해서 갖가지 대책을 내놓는다. 헨리 키신저는 이러한 시장을 길들이기 위해서는 국가 간 공조가 필요하다고 말했다. 어떤 경제학자들은 세계화 체제의 톱니바퀴에 모래를 뿌릴 필요가 있다고 말한다. 특정한 외환거래에 과세를 한다든지 국가들의 제한적인 자본 통제를 장려하는 식이다. 연방준비제도이사회가 미국 경제를 통제하듯이 어떤 이들은 시장에서는 글로벌 중앙은행이란 게 있어서 세계경제를 조절할 필요가 있다고도 말한다. 또 다른 사람들은 은행이 빌릴 수 있는 자금에 상한을 정해야 한다는 의견도 내놓는다.

개인적인 생각으로는 이런 의견들 중 어떤 것도 곧 적용될 것 같지 않다. 그리고 이러한 의견들 중 상당수는 헤지펀드와 헤지호그(고슴도치)의 차이도 모르는 사람들이 늘어놓는 허풍일 뿐이다.

좀 더 현실적인 대안을 생각해보자. 우선 우리는 천천히 그리고 겸손하게 접근할 필요가 있다. 현재 우리가 활동하고 있는 새로운 세계경제체제가 태어난 지 얼마 되지 않았음을 이해해야 한다. 또 이 시대 최고의 지성들조차 세계화가 어떻게 작동하는지, 또 여기서 레버를 당기고 저쪽에서 다이얼을 돌리면 어떤 일이 벌어질지에 대해 정확히 이해하지 못하고 있다. 앨런 그린스펀은 평생에 걸친 국제금융학자이자 이 시대 가장 중요한 행동가다. 1998년 12월에 그에게 현재의 세계화된 금융 시스템에 대해 물었을 때 보도해도 상관없다며 이런 말을 했다. "국제금융 시스템이 어떻게 돌아가는지에 관해 지난 20년보다 지난 12개월 새 더 많은 걸 배웠습니다."

"세계경제 톱니바퀴에 모래를 약간 뿌릴 필요가 있다"는 사람들의 의견에 나는 동의할 수 없다. 톱니바퀴가 어떻게 생겼는지도 아직 잘 모르는 상황에서 모래를 뿌리는 건 절대 현명한 행동이 아니다. 만약 빠르게 회전하며 윤활유도 잘 칠해진 스테인리스 기계에 모래를 뿌린다면 속도만 늦춰지는 것으로 끝나지 않는다. 괴성을 내며 결국엔 철골이 휘면서 멈춰버릴 것이다. 그리고 코네티컷에 앉아서 휴대전화와 고속모뎀, 인터넷을 통해 파나마를 본거지로 하는 은행을 거쳐 브라질에 투자하는 펀드매니저를 상대한다면 또 어디에 모래를 뿌릴 것인지도 불분명하다. 또한 가상공간은 말할 것도 없고 형체가 있는 마이크로칩에 모래를 뿌리는 것도 쉽지 않다. 게다가 외환거래에 세금을 매기면 더 많은 은행과 헤지펀드가 미국을 떠나 규제가 적은 케이먼군도로 떠날 것이다. 이미 케이먼군도에는 전 세계에서 다섯 번째로 큰 금융센터가 있다(덧붙이자면 롱텀캐피털매니지먼트는 코네티컷에서 운영됐으나 케이먼군도에 등록돼 있다). 은행이 헤지펀드나 신흥시장에 해줄 수 있는 대출 규모에 제한을 두자는 의견도 있다. 그러나 미국의 은행 산업이 워싱턴에 대해 강력한 로비력을 갖고 있어 은행들이 대출 총액 규제에 강하게 반대할 것이란 점을 지적하고 싶다. 은행에 있어 대출은 돈을 잃는 것이기도 하지만 수익의 원천이기도 하다. 그리고 핫머니들이 빠르게 들락날락하는 것을 막기 위해 정부가 자본 통제를 해야 한다고 말하는 이들도 있다. 중국은 현재 엄격한 자본 통제를 하고 있다. 그러나 1998년 중국의 은행, 개인, 법인들이 다양한 방식으로 규제를 피해 수십억 달러의 돈을 해외로 빼돌렸다. 중국과 같은 권위주의 국가가 효과적인 자본통제를 할 수 없는 마당에 브라질 같은 나라에서 가능하리라 보기는 힘들다. 마지막으로, 미국에 연방준비제도이사회가 있듯이 세계에도 중앙은행이 있어야 한다는 주장도 있다. 멋진 아이디어지만 조만간 실현되기는 힘들 것으로 보인다. 우리는 200여 개의 정부가 있는 200여 개의 나라에 걸쳐 살고 있기 때문이다.

그렇다면 우리가 할 수 있는 일이란 없는 것일까? 아니다. 새로운 규제를 정하지 않아도, 또 톱니바퀴에 모래를 뿌리지 않아도 1998~1999년의 위기를 계기로 시장이 스스로를 더 잘 규율하고 있다는 건 고무적인 일이다. 이런 흔적을 어디서든 발견할 수 있다. 바클레이즈, 뱅크오브아메리카, UBS를 비롯해 세계 대형 은행들의 최고경영자들은 위험이 높은 신흥시장에 대한 대출과 거래로 엄청난 손실을 잃었다는 사실이 드러나면서 쫓겨났다. 또 러시아와의 거래 때문에 1998년 한 분기에만 5억 달러의 손실을 입은 뱅커스트러스트는 도이체방크에 인수됐다. CEO 교체와 대형 은행의 도산을 거친 후 모든 대형 은행들은 차입을 제한하고 과도한 투자에 나선 펀드매니저들을 해고했다. 또 대출을 받은 기업과 개인에 대해서 더 높은 투명성을 요구하기 시작했다. 이와 함께 신흥시장에 대해서도 숫자만을 맞춰보는 정도가 아니라 이들 국가의 운영체제, 법체계와 전반적인 소프트웨어를 꼼꼼히 점검하기 시작했다. 다시 말해 어떤 법이나 규제의 도입 없이도 모두가 과거에 해왔던 것보다 더 신중하게 위험관리를 하게 된 것이다.

은행들은 펀드매니저에게 "우리의 전체 위험 수준이 어느 정도나 되죠? 최악의 경우에 우리가 입을 수 있는 손실이 얼마나 되죠?"라고 묻기 시작했다. 투자자들 역시 펀드매니저에게 "우리에게 닥칠 수 있는 가장 큰 위험은 뭡니까? 보호장치는 마련해뒀나요?"라고 묻기 시작했다. 또 IMF나 미국 재무부, 모든 펀드매니저들이 신흥시장 국가들에게 더 자주 "금융 시스템과 규제 당국의 감독을 강화하기 위해서 뭘 하고 있습니까?" 또는 "민간과 공공 영역에서 자금 유출입 동향은 어떤가요? 앞으로 제가 실시간으로 확인하고 싶군요"라고 말하기 시작했다.

펀드매니저들은 자금을 더 모으려고 한다면 투자자와 은행에 보다 정확한 정보를 제공해야 한다는 것을 배웠다. 내가 아는 어떤 런던의 헤지펀드 매니저는 1998년 투자자들에게 자신이 웹사이트를 열었다고 공지했다. 이 사이트에서는 고객들이 비밀번호를 입력하고 접속하면 지금 펀드가 투자하고 있는 전 지역에서 차입을 얼마나 했는지, 또 현재 투자 성과가 어떤지 등에 대해서 매일 업데이트된 자료를 볼 수 있었다. 이 헤지펀드 매니저는 그 결정에 대해 이렇게 말했다.

"내가 자금을 더 모으고 싶다면 이제 고객들에게 더 많은 투명성을 제공해야 한다는 것을 알고 있습니다. 사실 지금까지 많은 은행들은 다른 은행에서 돈을 얼마나 빌렸는지 물어보지도 않고 돈을 투자했습니다. 마치 대출 경쟁이라도 붙은 것처럼 말입니다. 은행들은 정말 머저리처럼 행동했습니다. 내가 20개의 은행에 각기 다른 정보를 제공해도 그들은 몰랐을 겁니다. 나는 매일 자금을 빌리기 때문에 은행에서는 매일 내 총대출이 얼마인지를 확인해야만 합니다. 요즘에 이런 일이 벌어지기 시작했습니다. 이젠 은행들은 '당신이 누구한테 돈을 빌리든 상관없지만 그래도 전체 대출에서 내가 빌려준 돈이 얼마나 되는지, 또 어떤 상태인지는 좀 알아야겠소'라고 말하고 있습니다."

유일한 현실적인 해결책은 세계적인 금융규제 시스템이 만들어지기 전까지 현재의 임시변통 방식대로 시장이 자율적으로 해결해나가도록 놔두는 것이다. IMF부터 메릴린치, 베브 아줌마까지 모든 사람들이 펀드매니저에게 자주 그리고 더 많이 물어야 한다. 이 방식을 통해 앞으로 발생할 다섯 번의 금융위기 중 두 번은 막을 수 있고 또 한 번은 그 충격을 줄일 수 있을 것이다. IMF가 현시점에서 취할 수 있는 중요한 일은 불량채무자들과 협력해 적절한 시기마다 믿을 만한 방식으로 이들 국가의 외화 표시 부채와 민간 부문 해외대출의 규모와 만기를 포함한 전체적인 자금 상황을 발표하는 것이다. 자신의 행동을 지켜보고 또 정확히 무슨 일을 하고 있는지 아는 사람이 있다는 것은 인간이 스스로의 행동을 가장 잘 통제하도록 하는 방법이다.

민간은행과 일부 투자자 주도로 롱텀캐피털매니지먼트 구제방안을 추진했던 뉴욕연방준비은행 총재 윌리엄 맥도너는 이렇게 말한다.

"실수를 한 사람뿐만 아니라 수많은 무고한 구경꾼들한테까지 해를 끼칠 수 있는 상황을 피하는 것이 중요합니다. 그 핵심은 정보를 파악해서 이를 공유하는 것입니다. 우리가 정보를 갖고 있다면, 가끔 간단한 질문 몇 개만 해봐도 전체 상황을 알 수 있습니다. 우리는 우리가 통제하는 은행들에게 '지금 이 펀드와 저 펀드는 너무 규모가 커지고 있고 당신이 그걸 돕고 있다'며 경고할 수 있게 됩니다."

체제 안의 모든 규제 당국이 일을 더 잘하고, 채무자들이 더 정보를 개방하고, 투자자들이 더 현명해지고 은행과 채권자들이 조금 더 신중해지길 원하는 것은 그다지 실현 가능성이 높지 않은 것으로 들릴 수도 있다. 그러나 바보짓은 그만해야 한다. 전 세계를 총괄하는 중앙은행 설립은 요원한 일이다. 슈퍼시장과 슈퍼투자자를 포함해 성난 슈퍼개인들이 넘쳐나는 네트워크의 시대에는 정부도 통제할 수 없는 일과 힘들이 존재한다. 그러므로 글로벌 중앙은행이 우리에게 이래라저래라 하는 상황까지 몰리지 않고 더 나은 금융 통제가 이뤄지도록 하기 위해서는 스스로 금융기관들과 공조할 필요가 있다. 시장 참여자들이 스스로에게 규율을 부여하고 규제 당국이 업무를 성실히 수행하며 IMF가 감독을 철저히 한다면 적어도 글로벌 체제 전체를 위협하는 과도한 차입까지는 나타나지 않도록 할 수 있다.

그 이상을 기대하는 것은 무리다. 오늘날의 시장은 너무 거대하고, 다양화된 데다 인터넷의 출현으로 변화가 너무 빨라져서 위기에 대해 면역력을 갖는 것은 불가능하다. 세계적인 금융위기는 이제 다가오는 시대에는 보편적인 일이 될 것이다. 오늘날 변화의 속도와 세계화 체제에 대한 적응단계가 각 국가별로 달라서 위기는 각 국가별로 전혀 다른 모습을 보일 것이다. 그래서 독자들에게도 이런 조언밖에 해줄 수 없다. 안전벨트를 단단히 매고 좌석 등받이와 테이블은 원위치로 돌리고 자세를 똑바로 하라. 거품의 형성과 붕괴가 더 빠르게 반복될 것이므로 이제 익숙해져야 한다. 그리고 차입이 세계 전체를 뒤흔들 정도로 많아지지 않도록 주의해야 한다. 누구든 모든 위기를 없앨 수 있다고 말한다면 당신을 놀리는 것일 뿐이다. 당신이 이 책을 읽을 때엔 이미 전 세계 어딘가에서 다음 금융위기가 싹트고 있을 것이다.

오늘날 세계경제에 참여하는 걸 매년 더 빨라지는 포뮬러 원Fomula One 경주용 자동차를 운전하는 것과 같은 일이라고 생각해보라. 누군가는 항상 벽에 부딪히고 충돌할 것이다. 특히 몇 년 전까지만 해도 당나귀를 타고 다니는 사람이었다면 말이다. 당신에겐 두 가지 선택이 가능하다. 첫 번째는 포뮬러 원을 금지시키는 것이다. 그럼 아무도 부딪힐 일이 없을 것이다. 그러나 진보도 없을 것이다. 선택 가능한 또 다른 방법은 경주의 모든 측면을 개선해서 충돌의 충격을 줄이기 위해 가능한 한 모든 방법을 택하는 것이다. 앰뷸런스를 항상 대기시켜놓고 숙련된 구조요원들을 배치하고 모든 혈액형의 피를 충분히 마련해놓는 것이다(시장에서 IMF, G7, 주요국 중앙은행들이 시장 붕괴가 발생하는 것을 막기 위해 위기 때 자금을 주입하는 것과 같다). 동시에 포뮬러 원 경주용 차를 견고하게 만드는 것이다(모든 투자자들이 어떤 나라에 한 푼이라도 투자할 때는 그 나라의 운영체제와 소프트웨어가 자산을 적절히 배분할 수 있고 빚을 갚을 수 있을 만큼 수입이 있는지를 확인하는 것이다). 또 레이서들을 더 잘 훈련시키는 데 집중해야 한다(IMF와 투자자, 그리고 은행들이 지속적으로 경제발전 상황과 자본, 특히 단기자금 흐름에 대해 더 정확하고 더 빠른 데이터를 내놓도록 압력을 가하는 것이다). 마지막으로 경주용 차들이 통제불능 상태에서 튕겨져나갔을 때 짚단에 부딪히면 담과 매우 가까운 상태라는 걸 경고할 수 있도록 경기장 주변에 가능한 한 많은 짚단을 쌓아놓아야 한다. 그러나 짚단이 경기 흐름을 방해할 정도가 되지 않도록 하는 것도 필요하다(시장에서는 문제의 발생을 가능한 한 일찍 감지하고 그 위험을 줄일 수 있도록 은행들이 스스로 조심하고, 금융위기 조기경보체제와 적절한 규제가 필요하다).

이런 조치들을 취하고 싶지 않다면 포뮬러 원은 잊고 조깅이나 하는 것이 낫다. 그러나 주의해야 한다. 요즘 세상에선 조깅하다 포뮬러 원 경주차에 치일 가능성이 매우 높기 때문이다.

세계화 시대의 지정학

미국인들이 세계화 시대에 미국이 얼마나 중요한지를 이해하기는 쉽지 않다. 역사적으로 미국은 세계사에서 멀찍이 떨어져 있든지 아니면 다른 공격적인 위협세력으로부터 세계를 구하기 위한 도덕적 원정의 일환으로 깊숙이 관여하든지 둘 중의 하나였다. 고립화는 설명하기도 쉽고 이해하기도 쉽다. 거대하고 위협적인데다 핵으로 무장한 소련이라는 나라가 자유 진영을 항상 호시탐탐 노리던 양극체제 시대에는 국제문제에 대해 적극적인 개입에 나서는 것을 이해하는 것이나 설명하는 게 어렵지 않았다. 그러나 지금은 미국이 세계화의 최대 수혜자이면서 유일한 초강대국이며, 미국에 버금가는 여러 강대국들이 있고, 즉각적으로 눈에 보이는 위협은 없지만 소소한 위협들은 많고, 추상적이고 복잡한 세계화 체제를 유지해야 하는 상황이다. 이런 상황에서 국제문제에 대한 미국의 적극적인 개입은 설명하기도 쉽지 않고 정당성을 이해하는 것도 쉽지 않다. 그러나 이것이 현재 우리가 살아가고 있는 세계다. 또 지금 세계에서는 고립을 유지하거나 우리를 둘러싼 작은 역경들이 생명을 위협하는 적이 될 때까지 기다릴 수는 없다.

앞서 지적한 대로 미국은 지정학의 세계에서 마이클 조던과 같은 존재다. 마이클 조던이 되는 것은 대단한 일이다. 광고에서 말하듯이 모두가 마이클 조던이 되고 싶어 한다. 그러나 마이클 조던은 NBA 29개 팀과 자신의 역량을 전 세계에 퍼뜨려줄 TV 방송이 없다면 사실 아무것도 아니다. 미국도 마찬가지다. 다른 나라가 없다면 미국은 아무것도 아니고 또 다른 나라들은 미국이 없다면 번영을 구가할 수 없다. 다른 나라들은 여러 가지 노력을 통해 미국을 넘어서려고 할지 모르겠다. 그러나 성난 슈퍼개인들을 제외한 전 세계 대부분의 사람들은 강한 미국이 없다면 전 세계가 더 불안한 곳이 될 것임을 알고 있다.

지속가능한 세계화는 안정된 권력구조를 필요로 한다. 안정된 권력구조를 위해서 미국보다 더 중요한 나라는 없다. 실리콘밸리에서 개발한 인터넷과 다양한 기술들이 디지털 음성, 동영상과 데이터를 전 세계로 전달하고 있다. 또 전 세계 교역과 금융의 통합은 미국의 혁신과 이를 통해 창출된 부를 통해 이뤄지고 있다. 이 모든 것이 워싱턴 DC에 수도를 둔 인자한 초강대국 덕분에 안정된 세계에서 나타나고 있다. 앞서 살펴본 대로 맥도날드 체인점을 갖게 된 두 나라가 전쟁을 벌인 적은 없다. 이는 부분적으로는 세계적인 경제적 통합에 힘입은 것이다. 하지만 이는 미국의 존재 덕분이기도 하다. 미국이 이란부터 북한까지 세계화 체제를 위협하는 국가를 상대로 언제든 자기의 힘을 사용할 의지를 갖고 있기 때문이다. 시장의 숨은 손은 숨겨진 주먹이 없으면 절대로 기능을 할 수 없다. 즉 시장은 재산권이 보장되고 강제적으로 행사될 수 있을 때에만 제 기능을 하고 꽃을 피울 수 있는 것이다. 든든한 군사력을 바탕에 둔 정치가 필요한 이유다. 조지프 나이 하버드대 교수는 "경제성장과 정보혁명의 시대에 군사력의 중요성을 잊는 것은 숨을 쉴 때 산소의 중요성을 잊어버리는 것과 같다"고 지적한다. 실제로 맥도날드는 미 공군 F15기를 생산해내는 맥도널더글라스가 없다면 번영을 이어갈 수 없다. 또 실리콘밸리의 기술이 꽃필 수 있도록 해주는 숨은 주먹은 미국의 육해공군과 해병대다. 그리고 이들 군대와 기관들은 미국 국민들의 세금으로 운영되고 있다.

실리콘밸리를 아무리 높게 평가한다고 하더라도 아이디어와 기술은 그 자체로 세계로 확산될 수 없다. 대외정책 전문 역사학자인 로버트 케이건은 "훌륭한 아이디어와 기술은 강한 군사력을 필요로 한다"며 "강한 군사력이 아이디어와 기술을 전파시킬 수 있으며 전장에서 승리해야만 아이디어를 보호할 수 있다"고 지적했다. 그는 "미국의 군사력이 약했다면 미국의 아이디어와 기술은 지금처럼 전 세계에서 통하지 않았을 것"이라며 "소련과 같은 강한 군사력을 지닌 국가는 아이디어가 형편없었지만 반세기 이상 전 세계에서 통했다"고 밝혔다.

이런 사실은 요즘엔 너무 쉽게 잊혀진다. 실리콘밸리의 많은 경영자들에게 지정학은 안중에 없다. 그들에겐 스톡옵션과 디지털만이 머릿 속을 채우고 있을 뿐이다. 1998년 실리콘밸리를 방문했을 때 나는 지극히 전형적인 하이테크기업 경영자들에게 가장 최근에 이라크나 러시아 혹은 전쟁에 대해서 얘기해본 적이 언제인지를 물어봤다. 이들의 자랑스러운 대답은 이랬다.

"1년에 한 번도 안 될 겁니다. 우리는 사실 미국 정치도 신경 안 쓰거든요. 실리콘밸리에서 번 돈을 워싱턴의 정부 관료나 정치인들이 다 낭비하고 있어요. 나는 부와 일자리를 창출해내는 사람들과 얘기를 하고 싶습니다. 나는 건강하지도 않고 생산적이지도 못한 사람들과는 말하고 싶지 않습니다. 내가 내 나라의 부를 파괴하는 사람들에 대해서 신경 쓰지 않는 마당에 왜 남의 나라에서 부를 파괴하는 사람들에 관심을 가져야 합니까?"

워싱턴의 정치인들을 적으로 여기고 정부와 정치인들에게 지급되는 세금이 낭비되고 있다고 여기는 것은 괴상한 일이다. 실리콘밸리에는 "충성심은 클릭 한 번으로 얻을 수 있다"는 말이 있다. 그러나 실리콘밸리 사람들은 너무했다. 실리콘밸리의 경영자들은 이렇게 말한다. "우리는 미국 회사가 아닙니다. 미국 IBM, 캐나다 IBM, 호주 IBM, 중국 IBM일 뿐입니다." 정말로 그럴까? 그렇다면 앞으로는 중국 IBM에서 문제가 발생하면 장쩌민에게 도움을 요청하라. 또 의회에서 아시아의 군사기지를 폐쇄할 때도 정부와 정치인들에게 관심이 없는 그들은 아마 신경 쓰지 않을 것이다. 마이크로소프트의 해군에 전화해서 태평양 해상항로를 보호해달라고 하길 바란다. 또 다음번에 새내기 공화당원들이 더 많은 미국 대사관을 폐쇄할 때면 아마존닷컴에 여권을 주문하길 바란다.

미국이 세계화를 지탱하기 위해 필요 이상의 부담을 지는 것은 불공평해 보일 수 있다. 즉 프랑스와 같은 무임승차자들이 있다는 뜻이다. 프랑스는 미국 힘에 기대어 지내고 있으면서도 사사건건 미국을 비난하고 있다. 이는 지정학적 질서를 주도하는 이들이 늘 겪는 일이다. 다른 사람을 향해 손을 내밀지 않고는 숨겨진 주먹도 숨겨진 손도 제 기능을 하지 못한다. 손을 내민다는 것은 미국이 세계화 체제의 안정을 위해서 다른 나라보다 조금 더 많은 돈을 지불하고 다른 나라에 더 관대한 자금 지원을 해줄 수 있다는 의미다. 하지 않을 이유가 없다. 세계화 체제에서 가장 혜택을 받고 있는 것이 누구인가? 마이클 조던이 자신의 팀이나 전체 NBA를 짊어져야 한다고 불평하는 것을 들어본 적이 있는가?

그렇다고 미국이 언제 어디서든 모든 일에 개입하고 돈을 대야 한다는 뜻은 아니다. 크고 중요한 지역이 있는가 하면 작고 별로 중요하지 않은 지역도 있다. 외교는 이 둘 사이의 차이를 알고 우리가 함께 갈 수도 없고 가서도 안 되는 곳은 다른 나라들과 함께 가는 방법을 취하는 것이다. 미국이 유엔, IMF, NATO, 세계은행과 다양한 개발은행을 지원해야 하는 이유는 이들 기구를 활용해 미국의 힘과 미국의 지원을 확대시킬 수 있기 때문이다. 미국이 아시아개발은행에 맡겨놓은 1달러는 빈곤 퇴치와 자유시장경제 활성화를 위해 몇 배로 활용될 수 있다. 미국이 내는 유엔 분담금으로 이뤄지는 평화유지군 활동을 통해 미국인들을 사선에 세우지 않고도 전 세계에서 미국의 이해를 관철시킬 수 있다. 다국적기구들은 이들 국가가 의사결정 과정에서 목소리를 낼 수 있다는 점을 인식시키는 대신 미국의 지정학적 리더십을 받아들이도록 만들고 있다. 이는 미국이 성공적인 지정학의 조형자로 남기 위해서 매우 중요하다.

이러한 정책을 지탱하기 위해서는 미국의 국제주의를 좋아하는 사람들이 지지할 수 있는 새로운 연대를 구축해야만 한다. 미국이 국제주의를 지난 50년간 지탱해왔고 미국의 중요성을 충분히 이해했던 후원자들이 이른바 '동부 지식인 모임Eastern Intellectual Establishment'이다. 오늘날까지 이어지고 있는 동부 지식인 모임은 '내가 바보임을 자랑스럽게 생각한다'는 정치인이나 여권은 갖고 있지도 않고 한 번도 미국을 벗어나본 적이 없음을 자랑하는 상원의원들에 큰 비중을 두지 않는다. 어느 당이 집권하든 행정부는 소프트웨어 제작자에서 인권운동가, 아이오와 주 농부, 환경운동가, 수출업자, 첨단제품 생산라인의 노동자까지 모두가 새로운 세계화를 포용할 수 있도록 만들어야 한다. 이에 대한 합의가 이뤄져야 자유무역과 미국의 국제주의를 보호하기 위한 새로운 21세기 연대를 형성할 수 있다.

쉽지 않다는 걸 나도 안다. 냉전시대에 미국인들은 어떤 대가도 지불할 준비가 돼 있었고 어떤 짐도 짊어질 준비가 돼 있었다. 자신의 가정과 삶의 방식이 위기에 처해 있다는 급박한 위기의식이 있었기 때문이다. 그러나 지금은 북한, 이라크, 코소보는 물론 미국에 치명적 위협을 가할 힘을 갖고 있는 러시아가 존재하고 있음에도 불구하고, 대부분의 미국인들이 과거처럼 생각하지 않는다. 미국인들이 모든 것에 대해 책임이 있으면서도 어떤 것도 희생하려 하지 않는 이상한 자세를 취하는 것도 이 때문이다.

세계화 시대에 적극적으로 게릴라와 싸우려는 사람은 줄고 그저 집 안에서 아이들과 함께 시간을 보내겠다는 수동적인 사람이 늘고 있는 것도 이 때문이다. 또 지상전 대신 미사일전을 벌이고, 녹색 베레모(특전부대) 대신 유엔의 푸른 헬멧이 나서는 것도 같은 이유에서다. 이제 미국은 해외에서 밀리는 전쟁을 오래 지속할 수 없으며 국내에서도 오랫동안 전쟁을 지속할 수 없다. 이제 미국 대통령이 군사적 위협에 직면했을 때 처음으로 던지는 물음은 "이 위협을 근본적으로 끝내버리기 위해서 어떤 전략을 취해야 할까"가 아니다. 그보다는 "이 문제를 잊기 위해 CNN이 조용히 하도록 하려면 얼마를 쏟아부어야 하는가"를 먼저 묻게 된다. 아무것도 해결되지 않은 채로 모든 것들이 그대로 남아있을 뿐이다.

미국은 매우 자비로운 권력이며 강제 집행을 꺼린다. 그러나 역사를 통해 미국이 너무 집행을 꺼리면 체제 전체의 안정을 위협할 수 있다는 것을 배웠다. 일리노이대의 폴 슈로더 명예교수는 20세기의 가장 뛰어난 국제 역사학자 중 한 명이다. 그는 나에게 이렇게 말했다.

"역사를 보면 필요한 최소한의 게임 규칙을 조정하고 유지할 수 있는 지속적이고 안정적이며 참을 만한 패권자가 있었을 때 상대적 평화가 지속됐습니다. 그리고 패권을 쥔 나라는 항상 전체 비용에서 많은 몫을 부담했지요. 심지어 정복 기회를 포기하기도 하고 자신의 입지를 제한하면서까지 말입니다. 이렇게 해야 다른 사람들의 분노를 줄이고 다른 사람들도 견딜 만하다고 느끼게 만들어 체제를 유지시킬 수 있었습니다."

이는 사실이다. 예컨대 흔히 비엔나체제라고 부르는 1815년에서 1848년까지 영국과 러시아가 헤게모니를 쥐던 시기를 살펴보자. 영국과 러시아는 서로 떨어져 있었지만 자비로운 헤게모니를 쥔 국가들이었고 기초적인 규범은 강제하면서도 지역자치와 번영은 허용했다. 독일의 1871년에서 1890년에 이르는 이른바 비스마르크 시대에도 상황은 비슷했다. 슈로더 교수는 이렇게 설명한다. "체제를 안정적으로 유지해야 할 인자한 헤게모니 권력이 불안정하거나 체제 안정을 위해 많은 비용 치르기를 꺼린다면 평화는 지속되기 어려워집니다. 또 패권을 쥔 나라가 점잖지 못하고 참을 수 없을 정도로 횡포를 부리거나 다른 나라를 지배하려는 식이 될 때, 또 다른 나라들이 패권국의 규칙에 반대하거나 패권국에 도움이 안 되는 다른 체제를 주장할 때도 평화 지속은 어려워집니다."

이는 미국이 반드시 피해야 하는 상황이다. 세계화 체제는 다양한 활동가들과 관대한 미국의 대외 정책 없이는 유지될 수 없다. K마트 고객들은 기억해야 한다. 미국의 역할이 없으면 아메리카온라인도 없다.

세계화 시대의 올리브나무

이 책의 초판이 나온 뒤 나는 상자 안에 책을 가득 넣어서 샌프란시스코에 있는 내 친구에게 배달시키려고 했다. 중년의 덩치 큰 흑인 배달부가 책을 받아가려고 집에 왔을 때 책에 서명을 하는 동안 잠시만 부엌에서 기다려달라고 했다. 내가 사인하고 책을 포장하는 동안 배달부는 부엌 테이블에 앉아서 책을 읽었다. 몇 분이 지나자 그는 책을 내려놓고는 물었다. "그러니까 렉서스는 기술과 컴퓨터 같은 걸 말하는 거군요?"

나는 맞다고 대답했다. "그리고 올리브나무는 공동체와 가족, 뭐 그런 것들이란 뜻이지요?" 나는 또 맞다고 대답했다. "제대로 이해하셨군요!"

그러자 그는 "하나 물어보자"며 말했다. "그럼 하나님은 어느 쪽에 어울립니까? 주 예수 그리스도는 어느 쪽에 맞습니까?"

나는 책에 관해 강연을 할 때마다 비슷한 질문을 여러 번 받은 터라 그의 질문을 듣고 웃고 말았다. 지금까지 내 책에 관해 가장 많이 받은 질문은 다음 세 가지다. 사이버세상에 신은 있는가? '빠른 세계'에서는 아이들을 어떻게 키워야 하는가? 나와 내 공동체의 삶은 어떻게 될까? 나는 이 세 가지 질문이 출발점은 동일하다고 믿는다. 비록 우리가 지속가능한 세계화를 위해 바른 정치, 지정학, 지경학, 지리경영학을 갖게 된다고 하더라도 사람들의 마음속에는 여전히 남아있는 질문이다. 비록 손에 잘 잡히지 않지만 공통체와 영적 의미, 아이들에게 가르쳐야 할 가치를 비롯해 우리 마음속의 올리브나무에 대한 욕구를 위한 정책들도 필요하다는 것을 명심해야 한다. 세계화가 지속가능하기 위해서는 이러한 정책은 잘 보호하고 가꿔가야 한다. 누군가 이 주제만을 갖고도 책을 쓸 수 있을 것이다. 이 책에서는 이 문제를 어떻게 다룰 수 있을지 개략적으로 살펴보자.

종교부터 시작해보자. 신은 사이버세상에 존재하는가? 이는 당신의 신에 대한 관점에 따라 달라질 수 있다. 만약 신이 자신의 존재를 현세에서 벌어지는 갖가지 일과 같은 기적을 통해서 드러낸다고 생각한다면 사이버세상에 신은 존재하지 않는다. 혹은 사이버세상이 당신을 무신론자로 만들었다고 말해야 할 것이다. 사이버세상을 보면서 신의 손길로 만들어졌다고 말하기는 어렵기 때문이다.

잘 알려져 있듯이 사이버세상에서 가장 유명한 사이트는 포르노, 도박, 대중음악과 관련된 것들이다. 사이버세상에서 가장 자주 사용되는 세 글자 짜리 단어가 'sex(성)'와 음악 다운로드를 위한 'mp3'다. 'God(신)'는 아니다.

유대교의 전통 속에서 형성된 나의 신에 대한 관점은 다르다. 나의 신에 대한 개념은 성서 이후post-biblical 시대의 신의 개념이다. 성서 속 신의 개념은 항상 세상만사에 개입한다. 그는 우리의 행동에도 책임이 있다. 그는 나쁜 짓을 벌하고 잘한 일에는 보상을 해준다. 그러나 성서 이후 신의 개념은 우리 스스로의 선택과 결정에 따라서 신의 존재가 드러난다. 유대교의 전통인 성서 이후의 신에 대한 관점은 신은 사이버세상이든 동네 쇼핑몰에서든 항상 존재를 드러내지 않는다. 실제 세계에서든 사이버세상에서든 신을 당신의 방이나 채팅룸으로 모시기 위해서는 당신 자신의 행동에 의해서 신을 모셔와야 한다. 즉 당신의 행동과 마우스 클릭이 도덕적인지의 여부에 달려 있다는 것이다.

내 스승 랍비인 쯔비 마르크스는 구약성서 이사야서의 "너는 나의 증인이라. 내가 너의 하나님이라"는 구절을 들려준 적이 있다. 랍비인 마르크스는 2세기의 랍비 논평가들이 이 구절을 "만약 네가 나의 증인이라면 나는 네 하나님이다. 그러나 네가 나의 증인이 아니라면 나는 네 하나님이 아니다"라는 식으로 해석했다고 설명했다. 바꿔 말하자면 우리가 행동거지를 좋게 해서 신의 존재를 증명하지 않는다면 신은 존재하지 않는 것이다. 신이 모든 일을 관장하고 있다고 우리가 믿지 않는다면 그는 만사를 관장하고 있지 않다는 것이다. 성서 이후 시대에서 신은 첫날부터 인간에게 선택의 기회를 줬다. 신은 아담을 신뢰하고 에덴동산에서 어떤 과일을 먹을지에 대한 선택을 하게 했다. 우리의 행동을 통해서 신의 존재를 입증할 책임이 우리에게 있는 것이다. 이 문제가 사이버세상에서 첨예한 이유는 사이버세상을 책임지고 있는 사람이 없기 때문이다. 오늘날 세계에서 사이버세상보다 신이 더 많은 선택권을 인간에게 부여한 곳은 없다.

그래서 나는 배달부에게 신은 사이버세상에 존재하지 않는다고 말해야 했다. 그러나 신은 사이버세상에 존재하고 싶어 하며 우리가 사이버세상에서 어떻게 하는지에 따라서 우리가 신을 사이버세상으로 데려올 수 있다고 말했다. 신은 사이버세상처럼 인간의 자유가 많은 세상을 축복한다. 왜냐하면 신이 진정으로 세상에 자신의 존재를 드러낼 수 있는 유일한 방법은 세상사에 개입하는 것이 아니라 우리에게 모든 선택의 자유를 부여하고 인간이 고결함과 도덕성을 택할 때이기 때문이다.

랍비 마르크스는 이렇게 가르쳤다.

"성서 이후 시대 유대교의 세계관은 우리가 극단적 자유를 누리기 전에는 도덕적일 수 없다는 것입니다. 당신이 철저히 자유로울 때에만 어떤 선택이든 내릴 수 있는 힘을 충분히 부여 받은 것이기 때문입니다. 신께서 사이버세상에 대해서 말씀하시는 것은 당신이 그곳에서 진정으로 자유롭다는 것입니다. 당신이 바른 선택을 할 때 신은 존재하시는 것입니다."

세계화든 인터넷이든 어떤 것도 인간 행동을 구속할 수 있는 도덕이나 이상의 필요성을 없애지는 못한다. 우리가 기술에 더 의존하면 할수록 우리는 스스로의 도덕률과 이상으로 단단히 무장할 필요가 있다. 이스라엘의 철학자인 데이비드 하트만은 신이 사이버세상에 존재하기를 원하고 인간 스스로도 신이 사이버세상에 존재하길 원하는 이유는 예지자들이 말하던 "모든 인류가 하나로 통합되고 완전히 자유로운 장소"이기 때문이라고 주장한다. 그러나 그는 인류가 단 하나의 언어, 단 하나의 매개체를 통해서 통합되는 사이버세상의 문제는 신이 존재하지 않는다는 것이라고 설명했다.

확실히 인류는 어떠한 가치 체계도 없고, 판단 기준도 없고, 비즈니스 외에는 어떤 새로운 의미도 없고, 최저가를 찾는 모습 외에는 인류의 새로운 모습이 전혀 없는 인터넷을 통해 하나가 되기를 원하지 않는다. 인간에게 훨씬 필요한 이런 가치들은 인터넷 바깥의 오프라인에서 가장 잘 배울 수 있다. 인류가 인터넷 세상에서 신을 찾을 수 있는 유일한 방법은 부모가 있는 집과 공동체, 교회, 유대교회, 절, 모스크(이슬람 교회)라는 현실세계의 올리브나무에서 배운 자신의 이성과 감성 그리고 행동을 통해 인터넷 세상으로 신을 모시고 가는 것뿐이다.

이는 가장 많이 나오는 두 번째 올리브나무 관련 질문인 "빠른 세계에서 내 아이를 어떻게 키울 것인가" 하는 질문과도 연결된다. 많은 미국의 부모들이 지난 1999년 콜롬바인 고등학교 총기난사 사건을 접한 뒤로 고민하기 시작했다. 당시까지만 해도 전혀 어울리지 않던 NRA와 AOL이 하나로 묶인 첫 사건이었다. NRA(National Rifle Association: 미국총기협회)부터 설명해보자. 미국총기협회가 콜롬바인 학살에 대해 죄책감을 느껴야 한다는 건 말할 필요도 없다. 고등학생 2명이 용돈을 모아서 증거를 남기지 않도록 지문도 묻지 않는 소재로 만들어진 다연발 준군사용 공격무기인 '인트라텍 AB-10'과 사냥에나 쓰일 법한 산탄총 '하이포인트 9mm 카빈'을 살 생각을 했다는 것 자체만으로도 총기규제를 반대하는 사람들은 모두 스스로를 수치스럽게 느껴야만 한다.

아메리카온라인America Online의 약자인 AOL은 또 어떤가. 총기난사 주범 중 한 명인 에릭 해리스는 자신의 웹사이트를 AOL에 갖고 있었다. 해리스의 웹사이트에는 '산탄이 매우 중요하다'는 등의 파이프폭탄 제조법이 있었다. 또 해골을 쌓아놓은 옆에 산탄총과 칼을 들고 서 있는 이상한 생물체를 그려놓은 그림도 있었고 "내가 하지 않는 잃은 싫어해. 내가 싫어하는 것은 다 쓰레기로 만들어버릴 거야"란 노래 가사도 올려놨다.

부모들은 이제 인터넷을 인트라텍 다연발총처럼 걱정해야 할까? 간단히 답하면 '아니다'이다. AOL을 NRA와 비슷하게 놓을 일은 아니지만 그렇다고 문제가 없다는 것도 아니다. 인터넷이 새천년에 의사소통, 교육, 사업의 수단으로서 생활의 중심으로 들어온다는 것과 함께 기억해야만 하는 중요한 것이 있다. 인터넷이 이처럼 흥미진진하면서도 골칫거리가 된 것은 『뉴욕타임스』와는 달리 편집자도 출판자도 아무도 없다는 것이다. 당신과 당신 아이들이 사실상 완전히 발가벗은 상태의 네트워크와 교류를 하는 것이다. 인터넷이 중립적이고 개방되고 자유롭고 규제를 받지 않는 상업, 교육, 통신의 수단인 만큼 개인적 판단과 책임이 인터넷이라는 신기술을 사용할 때 매우 중요하다. 유일한 여과장치는 당신의 아이들이 인터넷에 접속할 때 갖고 있는 그들의 이성과 감성뿐이다. 아이들은 보통 판단력이라는 마이크로칩이 없는 만큼 부모와 교육자들이 아이들을 대신해 판단하는 것이 중요하다. 우리가 우리 아이들의 마음속에 판단과 책임에 대해서 제대로 만들어주지 못하면 아이들이 인터넷이라는 발가벗은 신기술과 적절한 방식으로 교류할 수 없을 것이고 이는 심각한 문제가 될 것이다.

나는 미니애폴리스 시 외곽에서 자랐다. 뭔가 문제가 있을 법한 동네까지 가려면 적어도 한 시간은 움직여야 했다. 그러나 인터넷에서 문제를 발견할 때까지는 몇 클릭만 하면 된다. 몇 번의 클릭만으로 신나치주의자 맥주집에도 갈 수 있고, 또 포르노 사진가의 책장도 볼 수 있고, NASA 컴퓨터를 해킹할 수도 있고, 소르본대학 도서관을 배회할 수도 있다. 아무도 인터넷 세상에서 당신을 통제하지도 또 당신에게 길을 가르쳐주지도 않는다. 다른 말로 하자면 인터넷을 통해 방송제작자, 연구원, 소비자, 소매상이 될 수도 있지만 또 한편으로는 잠재적인 폭탄제조자가 될 수도 있다. 인터넷이 발전하고 생활 속으로 더 파고들수록 교사, 부모, 지역사회가 아이들을 건전한 시민으로 만드는 데 더 중요한 역할을 해야 한다. 이 모든 일은 오프라인으로만 이뤄질 수 있는 일이다. 인터넷과 컴퓨터는 단지 도구일 뿐이다. 우리의 행동반경을 어마어마하게 넓혀줄 수 있는 멋진 도구다.

그러나 인터넷에서 어떻게 가장 좋은 정보만을 추려낼 수 있을지 알 필요가 있다. 인터넷은 당신의 생각을 도울 수는 있지만 당신을 현명하게 만들 수는 없다. 인터넷이 검색해서 뭔가를 찾아줄 수는 있지만 판단을 대신해주지는 못한다. 인터넷은 당신이 더 멀리 또 넓게 교류할 수 있게 해주지면 어떻게 좋은 이웃이 되는지는 가르쳐주지 않는다. 또 인터넷은 당신에게 많은 사람들의 인생을 볼 수 있게 해주지만 사친회에서 무슨 말을 해야 할지 또 왜 그런 얘기를 해야 하는지에 대해서는 전혀 도움을 주지 못한다.

이것이, 인터넷이 어렵게 만들어놓은 부모의 역할이다. 부모들이 아이들을 위해서 해줄 수 있는 최선의 선택은 더 많은 전문 지식과 고도의 기술을 가르쳐주거나 더 빠른 모뎀과 컴퓨터를 사주는 것이 아니다. 오히려 전통적인 가치를 더 강조하는 것이 최선의 선택이다. 아이의 모뎀이 빠를수록 온라인 접속 속도도 빨라질 것이다. 아이들이 잘 자라나는 것을 보기 위해 더 키워줘야 하는 것은 컴퓨터 사양이 아니라 아이들 본인의 능력이다. 그리고 아이들의 능력은 예전 방식을 통해서만 키워질 수 있다. 바로 읽기와 쓰기, 산수, 교회, 유대인 교회, 절, 모스크, 그리고 가족이다. 이런 것들은 인터넷에서 다운받을 수 있는 것들이 아니다. 오직 부모, 선생님, 성직자들에 의해서만 올려놓을(업로드할) 수 있는 것이다. 이것이 내가 모든 모뎀에 공공보건청장 명의로 된 "가치판단은 포함돼 있지 않습니다"란 문구를 붙여서 팔고 싶은 이유다. 당신은 당신 스스로 가치판단을 해야 한다. 올리브나무 아래에서 전통적인 방식을 통해서만 배울 수 있는 가치판단을 말이다.

나는 이 책을 카인과 아벨의 이야기로 시작했다. 이제 이 책을 바벨탑의 얘기로 마무리 지으려고 한다. 바벨탑의 문제는 무엇이었는가? 혹시 요즘 세계주의자들이 꿈꾸는 '모든 사람들이 단 하나의 언어로 말하고, 단 하나의 통화를 사용하고, 동일한 회계준칙에 따르는' 세상이 아니었는가? 성서 시대의 사람들이 서로 협력해 천국에 도달할 수 있는 바벨탑을 지을 수 있었던 것은 동일성 때문이었다. 나는 어느 날 이 문제를 내 친구 랍비 마르크스와 얘기해봤다. 그는 갑자기 커피에서 눈을 떼더니 "지금 바벨탑이 인터넷의 원조라고 했나요"라고 되물었다. 결국 인터넷 역시 특정 문화권의 경계를 벗어나 공통의 언어로 말할 수 있는 것이다. 인터넷은 의사소통의 보편적 방식이 돼가고 있으며 비록 우리가 서로 다른 언어를 사용하고 있어도 적어도 표면적으로는 모두가 서로 이해될 수 있다. 또 인터넷을 통해서 우리는 올리브나무를 한 번도 공유한 적이 없는 다양한 사람들과 연결되고 있다.

신은 바벨탑 건설을 중단시켰다. 그리고 이를 위해서 모든 사람들이 각기 다른 언어를 써서 더 이상 협력할 수 없도록 만들었다. 신은 왜 그런 결정을 내렸을까? 랍비 마르크스는 이렇게 설명했다.

"신께서 그렇게 하신 이유는 인간들이 천국으로 이어진 탑을 통해서 인류에게 주어진 한계를 넘어서려 했고 이것이 신에 대한 도전으로 여겨졌기 때문입니다. 그러나 신은 결국 바벨탑을 파괴하셨습니다. 모두 똑같은 언어를 쓰고 똑같은 방식으로 생각하는 것이 지극히 비인간적이라고 느끼셨기 때문입니다. 바벨탑은 모든 인류가 동일한 언어와 프로젝트에 집착함으로써 개성을 잃어버리도록 만들었던 것입니다. 결국 신의 해결책이자 벌은 모두 다른 언어를 쓰도록 만들어 바벨탑 건설을 중단시키신 것입니다."

결국 바벨탑을 무너뜨린 것은 사람들이 다시 올리브나무로 돌아가서 스스로의 개성과 자신만의 장소, 공동체, 문화, 종족, 가족에 대한 연대의식을 회복하도록 만들기 위한 신만의 해결책이었다.

내 어머니가 프랑스인 온라인 친구와 브리지게임를 즐길 수 있게 된 것처럼 세계화와 인터넷은 전에는 연결되지 않았던 사람들을 하나로 묶어주고 있다. 그러나 새로운 형태의 공동체를 만들기보다는 거짓 유대감, 친밀감을 만들어낸다. 마치 2개의 호출기가 서로 교신하는 것과 같다. 우리가 정말로 이메일, 인터넷 브리지게임, 인터넷 채팅을 통해 다른 사람과 연결될 수 있을까? 아니면 이 모든 표준화 기술들이 우리가 이웃집 사람과 실제 관계를 맺고 공동체를 구축하는 데 필요한 노력을 면제시켜 우리가 현실로부터 점점 멀어지도록 만드는 것일까? 나는 콜로라도 스키장 리프트에서 전 세계에서 온 사람들과 얘기하곤 했다. 나는 지금도 여전히 스키장 리프트를 탄다. 그러나 지금은 모두가 휴대전화를 갖고 있다. 이제는 리프트에서 다른 나라에서 온 '누군가'와 얘기할 기회는 거의 없어졌다. 대신 전 세계의 사무실에 있는 누군가와 통화하는 그들의 목소리를 들어야 한다. 나는 이런 변화들이 정말 싫다. 공동체는 이메일이 아니라 사친회 모임에 참석해서 만들 수 있다. 공동체는 채팅방이 아니라 새 도로를 내달라는 청원을 동네 주민들과 함께 하는 과정에서 만들어진다. 진짜 공동체를 대체할 수 있는 사이버 공동체를 우리가 정말로 만들 수 있을까? 별로 미덥게 생각되지 않는다. 어느 날 아침에 눈을 떠보니 조물주가 마치 바벨탑을 무너뜨린 것처럼 인터넷을 망가뜨려놔도 나는 별로 놀라지 않을 것이다.

나는 쿠웨이트시티의 한 인터넷카페에서 만났던 쿠웨이트 젊은이의 말을 자주 생각한다. "제가 학생이었을 때는 인터넷이 없었습니다. 당시엔 몇 명의 진보적인 교수들과 어울려 그들 집에서 조용히 모여 정치에 대해 이야기했지요. 그러나 지금 학생들은 집에 앉아서 전 세계와 얘기를 할 수 있습니다." 그는 더 이상 자신을 가르치던 교수들과 예전처럼 함께 어울리지는 않는다고 털어놓았다. 사회가 인터넷화되고 우리 삶에서 기술이 모든 변화를 이끌어내고 있으며 전 세계는 광섬유케이블로 더 가까워지고 있다. 이러한 변화로 생겨난 위험은 어느 날 아침에 깨어나서 자신이 컴퓨터를 통해서만 다른 사람과 교감한다는 사실을 깨닫게 되는 상황이 벌어질 수 있다는 것이다. 이런 일이 벌어진다면 사람들은 어김없이 나타나 우리의 신체와 영혼 그리고 올리브나무를 하나로 묶어주겠다고 꼬드기는 사이비 종교, 뉴에이지 종교의 환상에 쉽게 넘어가게 될 것이다. 단일화와 표준화에 대해 진정으로 광적인 폭동이 나타날 때쯤이면 사람들은 남들과 달라 보이기 위해서 다른 것을 택할 것이다. 그러나 남들과 다르다는 것이 실제 역사에 대한 기억, 뿌리, 전통에 기반을 두고 있는 것은 아니다.

렉서스와 올리브나무 사이의 균형은 모든 사회가 매일 노력해야 하는 것이다. 최고 전성기 때의 미국은 균형을 잘 이뤘다. 미국은 최고 전성기 때 시장과 개인, 공동체의 요구를 매우 진중하게 받아들였다. 미국이 단순한 국가가 아니라 정신적인 가치와 롤모델인 것도 이 때문이다. 미국은 달에 가는 것을 두려워하지 않는 나라일 뿐만 아니라 여전히 리틀리그(청소년 야구-옮긴이)를 위해 집으로 가기를 좋아하는 나라다. 미국은 사이버 세계와 뒷뜰 바비큐를 창조한 나라다. 또 인터넷과 사회보장제도, 증권위원회, ACLU(미국시민자유연합)를 동시에 갖고 있는 나라다. 이런 변증법이 미국의 정수다. 그리고 이 변증법은 어느 한쪽을 다른 쪽보다 중시하는 식으로는 해결된 적이 한 번도 없다. 또한 아무런 노력 없이 얻어진 것도 없다. 또한 앞으로도 끊임없이 가꾸고 관심을 기울여야 한다. 미국은 공립학교를 지원하고, 세금을 내며, 정부가 적이 아님을 이해하고, 웹을 통해서가 아니라 담장 너머로 이웃을 알아가는 과정을 통해 성장해왔다. 미국이라고 항상 좋을 수만은 없다. 그러나 미국이 좋을 때엔 정말 아주 훌륭하다.

큰딸 올리가 메릴랜드 주 베데스다에 있는 버닝트리초등학교 4학년 합창단이었던 1994년 겨울 이야기다. 크리스마스엔 모든 초등학교 합창단이 베데스다 시 광장에 모여 큰 공연을 펼친다. 나도 내 딸의 노래를 듣기 위해 광장에 갔었다. 합창단 지휘자는 흑인으로 크리스마스 분위기를 내려 산타클로스 복장을 하고 있었다. 합창단은 '록오브에이지스rock of ages'의 멜로디에 하누카(유대교 축제) 음악인 '마오추르Maoztur'를 그날 밤 공연의 첫 노래로 불렀다. 이 장면을 지켜보면서 나는 눈물을 흘렸다. 집에 돌아왔을 때 아내 앤은 공연이 어땠는지 물었고 나는 이렇게 말했다. "여보, 방금 산타클로스 옷을 입은 흑인이 지휘를 하고 400명의 초등학생 아이들이 마오추르를 부르는 걸 베데스다 시 광장에서 봤어. 미국에 신의 축복을."

건강한 글로벌 사회는 언제나 렉서스와 올리브나무의 균형을 이룰 수 있는 사회다. 그런 사회를 만드는 데 오늘날 지구상에 미국보다 더 좋은 모델은 없다. 이것이, 내가 세계화가 지속가능하기 위해서는 미국이 오늘도, 내일도 그리고 언제나 최상의 상태여야 한다고 굳게 믿는 이유다. 미국은 세계의 햇불이 될 수 있고 그렇게 돼야 한다. 이 소중한 유산을 허비하지 말자.

| 감사의 말 |

이 책을 만드는 데 모두 4년이 걸렸다. 이 기간 동안 많은 사람들의 도움을 받았다. 아서 슐츠버그『뉴욕타임스』발행인은 이 책 집필을 위한 시간을 갖게 해줬을 뿐만 아니라 내가 국제문제 칼럼니스트가 될 수 있도록 해줬다. 덕분에 세계화를 최전선에서 보고 이해할 수 있게 됐다. 하웰 레이니스『뉴욕타임스』오피니언면 에디터는 이번 집필 작업을 꾸준히 지원해줬다. 덕분에 이 책이 나올 수 있게 된 걸 진심으로 감사하게 생각한다. 현 편집국장인 조 렐리벨드와 전임 맥스 프랑켈 국장에게도 사의를 표하고 싶다. 두 분 덕분에 금융과 외교를 아우르는 기사에 대한 노력을 더 기울일 수 있었다. 당시 생각했던 내용들이 이 책에 녹아들어 있다. 또 수많은 친구들이 이 책 내용에 대해서 자신들의 의견을 내줬다. 미국 외교사에 대해서는 마이클 만델바움 존스홉킨스대 국제대학원 교수의 도움이 컸다. 매주 이뤄진 만델바움 교수와의 대화는 내게 엄청난 지적 자극이 됐다. 야론 에즈라히 예루살렘 히브류대학 정치학과 교수는 책 집필을 처음부터 격려해줬고 민주주의 이론, 예술, 저널리즘에 대한 그의 놀라운 통찰력을 제시했다. 그의 지식과 우정에 항상 도움을 받고 있다. 중동에서 생활할 때부터 나의 정신적 형제인 스티브 코언 뉴욕 중동평화센터 연구원은 세

계화 전문가는 아니지만 국제정치에 대한 놀라운 아이디어를 제공해 이 책의 내용이 더 풍부해지는 데 일조했다. 친구이자 스승으로 그를 만났다는 것이 내겐 축복이었다. 스탠퍼드대학 후버연구소의 수석연구원이자 『민주주의저널』의 공동 편집자인 래리 다이아몬드는 민주화에 관해서 내게 많은 가르침을 줬다. 중국 북동부의 지역선거를 감독하면서 그를 만난 것은 내 인생에서 가장 운이 좋았던 일 중 하나였다. 골드만삭스의 짐 하스켈은 어느 날 갑자기 내가 『뉴욕타임스』에 썼던 칼럼을 보고 전화를 해 온 뒤로 꾸준히 연락하고 있다. 정보차익거래의 전문가인 그 덕분에 이 책이 난관에 봉착했을 때마다 좋은 코멘트로 작업을 진행할 수 있었다. 골드만삭스인터내셔널의 부회장인 로버드 호매츠 역시 자주 의견을 교환해줬다. 금융과 외교정책을 동시에 고려해야 할 때는 호매츠보다 더 편하게 문의할 수 있는 사람이 없었다. 그와 만날 때마다 새로운 아이디어를 얻을 수 있었다. 와튼스쿨 로더연구소의 스티븐 코브린 소장은 와튼스쿨의 동료들과 이 책에 관해서 매우 유익한 세미나를 할 수 있도록 마련해줬으며, 초고를 검토하는 수고를 아끼지 않았다. 스티븐이 쓴 세계화에 대한 칼럼과 코멘트가 내겐 엄청난 도움이 됐다. 아메드 갈랄 세계은행 이코노미스트는 이집트의 신진 경제학자로는 가장 유능한 사람 중 한 명으로 이 책에 대해서 다양한 의견교환을 했다. 초고를 읽고 자신의 생각을 표현해주어 큰 도움이 됐다.

컨서베이션인터내셔널의 글렌 프리킷 부대표는 위기에 처한 브라질 환경보호구역 여행에 동참해 환경과 세계화에 대해 많은 것을 가르쳐줬다. 그에게 큰 신세를 졌다. 제프리 가튼 예일대 경영대학 학장은 대학원생들에게 이 책의 내용을 설명할 수 있는 기회를 마련해줬으며 세계화에 관한 자신의 통찰력을 꾸준히 공유했다.

재무장관 래리 서머스와 미셸 스미스 보좌관은 지난 6년간 꾸준히 국제경제에 대한 대화를 함께 해줬다. 특히 서머스 장관은 비보도를 전제로 다양한 의견교환을 했으며 그의 통찰력 가운데 일부가 이 책에 등장하고 있다. 이코노미스트인 클라이드 프레스토위츠는 국제교역에 대해서 항상 많은 통찰력을 보여줬다. 그의 도움에 감사를 표시하고 싶다. 전 재무장관 로버트 루빈과 연방준비제도이사회 의장 앨런 그린스펀, 이스라엘은행 총재 야콥 프렝켈, 이코노미스트인 헨리 카우프만과 켄 커티스, 뉴욕연준 의장인 윌리엄 맥도너, 헤지펀드 매니저인 리언 쿠퍼만, 채권 트레이더인 레슬리 골드와서, 세계은행 수석 이코노미스트인 존 페이지, 국가경제자문회의 의장 진 스펄링, 세계은행 총재 짐 울펀슨 역시 세계화에 대한 의견을 제시해줬다. 민간기업 부문에서는 몬산토 회장 로버트 샤피로, 시스코시스템 사장 존 체임버스, 볼티모어 기업가 제리 포트노이, 미네소타의 농부인 게리 와그너와 컴팩컴퓨터의 임원진들도 집필에 필수적이었던 인터뷰를 수차례에 걸쳐 허락해줬다.

나의 스승인 랍비 쯔비 마르크스는 그의 뛰어난 지성으로 세계화의 문화, 종교적 측면을 정리하는 데 엄청난 도움을 줬다. 내 오랜 친구인 하버드대 교수 마이클 샌들 역시 지적 영감을 얻는 데 많은 도움을 줬다. 『포린 폴리시』의 편집장 모이제스 나임, 외교정책 역사학자인 로버트 케이건, 중국학 교수인 마이클 옥센버그, 『월스트리트저널』의 기술 분야 칼럼니스트인 월트 모스버그, 에모리대 교수인 로버트 패스터, 『포린 어페어스』 편집장 파리드 자카리아, 다보스포럼의 클라우스 슈왑과 클로드 스마자, 바바라 에스킨, 내 매제인 테드 센추리, 이들 모두 각기 다른 방식으로 이번 작업을 할 수 있도록 격려해줬다. 내 어머니인 마가렛 프리드먼과 장인, 장모님인 매트 벅스바우른과 케이 벅스바우른 역시 끊임없는 지원을 보내주셨다.

지금 이 순간부터는 위에 언급한 모든 이들을 책 때문에 더 이상 괴롭히지는 않게 됐다. 독자들이 이미 봤듯이 이 책에서는 세계화 문제에 있어서 전 세계 언론 중 가장 정확하게 이해하고 있으며 또 보도하고 있는 『이코노미스트』를 자주 인용하고 있다. 또 메디슨가에서 본 광고들도 많이 인용하고 있다. 몇 가지 이유로 광고회사 카피라이터들은 세계화에 대해서 놀라운 통찰을 보여준다. 그리고 이들의 통찰을 적극적으로 활용했다.

마지막으로 내 골프파트너인 카베스 밸리, 조엘 핑켈스타인, 잭 머피, 콜로라도의 댄 호니그는 이 책에 대해서 전혀 관심을 보이지 않고 오로지 골프 내기에만 집중하면서 내가 미치지 않는 데 큰 도움을 줬다. 내 비서이자 연구원인 마야 고먼은 전 세계 구석구석에서 벌어진 일과 뉴스 보도를 찾아낼 때는 무서울 정도로 놀라운 능력을 보여줬다. 책은 그녀의 노력과 격려에 큰 신세를 졌다.

『베이루트에서 예루살렘까지』의 출판팀도 큰 도움을 줬다. 내 딸 올리와 나탈리는 이 책을 주제로 만든 강연을 몇 번이고 끝까지 듣느라 이제는 본인들이 강의를 할 수 있을 정도가 됐다. 두 아이는 내게 언제나 끝없는 영감의 원천이며 즐거운 운동 상대였다. 그러나 항상 그렇듯이 처음과 마지막 편집인은 아내인 앤 프리드먼이다. 최고의 인생 동반자인 그녀에게 이 책을 바친다.

Nous 사회와 경제를 꿰뚫는 통찰
'nous'는 '통찰'을 뜻하는 그리스어이자 '지성'을 의미하는 영어 단어로,
사회와 경제를 꿰뚫어 볼 수 있는 지성과 통찰을 전하는 시리즈입니다.

Nous 06
렉서스와 올리브나무

1판 1쇄 발행 2009년 2월 26일
1판 16쇄 발행 2024년 11월 1일

지은이 토머스 프리드먼
옮긴이 장경덕
펴낸이 김영곤
펴낸곳 (주)북이십일 21세기북스

정보개발팀장 이리현
정보개발팀 이수정 강문형 박종수 최수진 김설아
디자인 표지 디스커버 **본문** 박숙희
출판마케팅팀 한충희 남정한 나은경 최명열 한경화
영업팀 변유경 김영남 강경남 황성진 김도연 권채영 전연우 최유성
해외기획팀 최연순 홍희정 소은선
제작팀 이영민 권경민

출판등록 2000년 5월 6일 제406-2003-061호
주소 (10881) 경기도 파주시 회동길 201(문발동)
대표전화 031-955-2100 팩스 031-955-2151 이메일 book21@book21.co.kr

ISBN 978-89-509-1745-6 13320
KI신서 1686

(주)북이십일 경계를 허무는 콘텐츠 리더

21세기북스 채널에서 도서 정보와 다양한 영상자료, 이벤트를 만나세요!
페이스북 facebook.com/jiinpill21   **포스트** post.naver.com/21c_editors
인스타그램 instagram.com/jiinpill21   **홈페이지** www.book21.com
유튜브 youtube.com/book21pub

서울대 가지 않아도 들을 수 있는 명강의! 〈서가명강〉
유튜브, 네이버, 팟캐스트에서 '서가명강'을 검색해보세요!

• 책값은 뒤표지에 있습니다.
• 이 책 내용의 일부 또는 전부를 재사용하려면 반드시 ㈜북이십일의 동의를 얻어야 합니다.
• 잘못 만들어진 책은 구입하신 서점에서 교환해드립니다.